Birklbauer, Hilf, Tipold • Strafrecht Besonderer Teil I

Strafrecht
Besonderer Teil I

§§ 75–168b StGB

von

Dr. Alois Birklbauer
Universitätsprofessor in Linz

Dr. Marianne Johanna Hilf
Professorin in St. Gallen

Dr. Alexander Tipold
Universitätsprofessor in Wien und Graz

2., überarbeitete Auflage

Wien 2012

facultas.wuv

Bibliografische Information Der Deutschen Nationalbibliothek

Die Deutsche Nationalbibliothek verzeichnet diese Publikation in der Deutschen Nationalbibliografie; detaillierte bibliografische Daten sind im Internet über http://dnb.d-nb.de abrufbar.

facultas.wuv Universitätsverlag, Stolberggasse 26, A-1050 Wien

Satz: SOLTÉSZ. Die Medienagentur
Druck: Facultas AG
Printed in Austria
ISBN 978-3-7089-0927-1

Vorwort

Beinahe zwei Jahre sind seit der Erstauflage des Lehrbuchs vergangen. Die Aktivitäten des Gesetzgebers, die Neuerungen der Rechtsprechung und auch zahlreiche Anregungen von Leserinnen und Lesern zum Lehrbuch haben uns veranlasst, eine Neuauflage vorzunehmen. Das Konzept der Erstauflage wird darin im Wesentlichen fortgesetzt, zumal es überwiegend auf sehr positives Echo gestoßen ist.

Die Autoren haben sich die Arbeit aufgeteilt und die einzelnen Teile gegengelesen. Dennoch steht jeder Teil für sich selbst und im alleinigen Verantwortungsbereich des Bearbeiters. *Alexander Tipold* hat die strafbaren Handlungen gegen Leib und Leben (§§ 75 bis 95 StGB) sowie den Schwangerschaftsabbruch (§§ 96 bis 98 StGB) geschrieben. Für die Freiheitsdelikte (§§ 99 bis 110 StGB), die strafbaren Handlungen gegen die Ehre (§§ 111 bis 117 StGB), die Privatsphäre und bestimmte Berufsgeheimnisse (§§ 118 bis 124 StGB) sowie die Vermögensdelikte (§§ 125 bis 168b, ausgenommen §§ 156 bis 163 StGB) zeichnet *Alois Birklbauer* verantwortlich. Aus dem Bereich der Vermögensdelikte wurden die „Kridadelikte" (§§ 156 bis 163 StGB) von *Marianne Johanna Hilf* bearbeitet. Da die §§ 168c bis 168e StGB mit dem Korruptionsstrafrechtsänderungsgesetz 2012 aus dem Bereich der Vermögensdelikte gestrichen und zu den Amtsdelikten verschoben werden, finden sie in der Neuauflage keine Berücksichtigung mehr.

Die Erläuterung der strafrechtlichen Bestimmungen beginnt überwiegend mit einem Beispielsfall, der die Leserinnen und Leser während der Bearbeitung der gesetzlichen Bestimmung begleiten soll. Am Ende der bearbeiteten Norm wird dieser Fall gelöst. Nach dem Beispielsfall werden die relevanten Tatbestandsmerkmale der gesetzlichen Bestimmung aufgezählt und gleichsam als Vorblick auf die Strafnorm vorangestellt. In diesem Überblick finden sich auch Hinweise zur praktischen Bedeutung der Strafnorm, überwiegend bezogen auf die gerichtliche Kriminalstatistik, zT ergänzt um die polizeiliche Anzeigestatistik. Am Ende jeder Norm wird auch auf die prozessualen Gesichtspunkte hingewiesen. Dadurch soll es den Studierenden erleichtert werden, diesen wesentlichen Bereich des Strafrechts stets mitzudenken und das Strafprozessrecht nicht allzu sektoral zu lernen.

Am Ende jeder Strafnorm werden deliktspezifisch besonders relevante Probleme in Form von Schlagworten zusammengefasst. Auch weiterführende Literatur findet sich an dieser Stelle und soll die Leserinnen und Leser dazu ermuntern, spezifische Probleme nachzulesen. Das Lehrbuch kann, wenn es realistischen Prüfungsanforderungen an die Studierenden angesichts der vorhandenen Studienpläne gerecht werden soll, kein umfassendes Nachlesen von Literatur verlangen. Daher sollen die in den Literaturangaben erwähnten Monografien und Aufsätze nur Beispiele sein, in der Hoffnung, dass so manche der Studierenden zumindest Teile davon auch tatsächlich nachlesen.

Für den Umfang der Darstellung der einzelnen strafbaren Handlungen waren die gesellschaftliche Bedeutung des verletzten Rechtsguts, die Prüfungsrelevanz und in gewisser Weise auch die praktische Bedeutung der jeweiligen Strafnormen maßgeblich. Die einzelnen dargestellten Lehrmeinungen und die erwähnten höchstgerichtlichen Entscheidungen beanspruchen keine Vollständigkeit. Es sollen vor dem Hintergrund der Auswahl lediglich die wesentlichsten Argumentationslinien in Lehre und Rechtsprechung dargestellt werden, um eine grundlegende Basiskenntnis zu vermitteln.

Um die Bedeutung der einzelnen Strafbestimmungen für die Prüfung hervorzuheben, wurde in der Neuauflage mit Groß- und Kleindruck gearbeitet. Dabei finden sich zum einen weiterführende Beispiele bei einzelnen Strafbestimmungen in kleingedruckter Form. Darüber hinaus wurden einzelne Strafbestimmungen zur Gänze im Kleindruck gesetzt, um zwar das Bild über den besonderen Teil des Strafgesetzbuchs abzurunden, zugleich aber darauf hinzuweisen, dass sie im Studium von untergeordneter Bedeutung sind.

Am Zustandekommen des Lehrbuchs waren verschiedene MitarbeiterInnen beteiligt, denen an dieser Stelle ausdrücklich gedankt sei. Von der Universität Linz waren dies *Johannes Oberlaber* und *Kathrin Schmidthuber*. Sie haben auch das Stichwortverzeichnis überarbeitet, das den BenutzerInnen die Arbeit mit dem Buch wesentlich erleichtern soll. Für die bewährt kritische Durchsicht des Manuskripts der Kridadelikte gebührt besonderer Dank *Cathrine Konopatsch* von der Universität St. Gallen. Die strafbaren Handlungen gegen Leib und Leben sowie der Schwangerschaftsabbruch wurden von *Farsam Salimi* von der Universität Wien sowie *Mariella Friedrich* von der Universität Graz kritisch durchgesehen. Auch ihnen sei an dieser Stelle herzlich gedankt.

Ein Dank gebührt auch dem facultas.wuv Verlag, allen voran *Christian Kaier*, mit dem die unkomplizierte Kooperation in bewährter Weise fortgesetzt werden konnte. Wir hoffen auf ein positives Echo zum vorliegenden Lehrbehelf. Für Anregungen, Vorschläge und konstruktive Kritik sind wir jederzeit offen. Abschließend möchten wir an dieser Stelle noch allen Leserinnen und Lesern der Erstauflage danken, die uns immer wieder auf Unstimmigkeiten bzw auf schwer verständliche Passagen des Lehrbuchs hingewiesen haben. Dies hat die Neubearbeitung über weite Teile wesentlich erleichtert.

Linz, Wien, Graz, St. Gallen, im August 2012

Alois Birklbauer
Marianne Johanna Hilf
Alexander Tipold

Inhaltsverzeichnis

3. Kapitel

Abkürzungsverzeichnis

aA	anderer Ansicht
ABGB	Allgemeines Bürgerliches Gesetzbuch
Abs	Absatz
aF	alte Fassung
aM	anderer Meinung
Anm	Anmerkung(en)
AntikorrG	Antikorruptionsgesetz
AnwBl	Österreichisches Anwaltsblatt
ARD	ARD-Betriebsdienst
arg	argumentum
ASoK	Arbeits- und Sozialrechtskartei
AT	Allgemeiner Teil
bez	bezüglich
BGBl	Bundesgesetzblatt
BGH	Bundesgerichtshof
BGHSt	Entscheidungen des BGH in Strafsachen
Bkd	Entscheidungen der Obersten Berufungs- und Disziplinarkommission für Rechtsanwälte und Rechtsanwaltsanwärter (Teil der Aktenzahl)
BlgNR	Beilagen zu den Stenographischen Protokollen des Nationalrats
BMJ	Bundesministerium für Justiz
Bsp	Beispiel
bspw	beispielsweise
BT	Besonderer Teil
BVergG	Bundesvergabegesetz
BWG	Bankwesengesetz
bzw	beziehungsweise
ca	circa
ders	derselbe
dh	das heißt
dies	dieselbe(n)
DokStGB	Dokumentationen zum Strafgesetzbuch (BMJ 1974)
DoS	Denial of Service
DRdA	Das Recht der Arbeit
dStGB	deutsches Strafgesetzbuch
E	Entscheidung
EBRV	Erläuternde Bemerkungen zur Regierungsvorlage
ecolex	ecolex, Fachzeitschrift für Wirtschaftsrecht
EDVuR	EDV und Recht
EGVG	Einführungsgesetz zu den Verwaltungsverfahrensgesetzen
EMRK	Europäische Menschenrechtskonvention
EO	Exekutionsordnung
Erl	Erläuterungen
EU	Europäische Union
EvBl	Evidenzblatt der Rechtsmittelentscheidungen in der ÖJZ
f, ff	und der/die folgende(n)
FinStrG	Finanzstrafgesetz
FinVerfG	Finanzverfassungsgesetz
FMG	Fortpflanzungsmedizingesetz
FN	Fußnote
FS	Festschrift

G	Gesetz
gem	gemäß
GP	Gesetzgebungsperiode
GS	Gedächtnisschrift
hA	herrschende Ansicht
Hg	Herausgeber
hL	herrschende Lehre
hM	herrschende Meinung
hRspr	herrschende Rechtsprechung
idF	in der Fassung
idR	in der Regel
idS	in diesem Sinn
ieS	im engeren Sinn
iHv	in Höhe von
insb	insbesondere
IO	Insolvenzordnung
iS	im Sinne
iSd	im Sinn des
iSe	im Sinne eines/-r
iSv	im Sinne von
iVm	in Verbindung mit
iwS	im weiteren Sinn
JA	Justizausschuss
JAB	Justizausschussbericht
JAP	Juristische Ausbildung und Praxisvorbereitung
JBl	Juristische Blätter
JMZ	Justizministerialzahl
JSt	Journal für Strafrecht
JUS-E; Jus-Extra	Jus extra (Beilage zur Wiener Zeitung)
leg cit	legis citatae
LG	Landesgericht
lit	litera
LMSVG	Lebensmittelsicherheits- und Verbraucherschutzgesetz
KAKuG	Bundesgesetz über Krankenanstalten und Kuranstalten
KorrStrÄG 2009	Korruptionsstrafrechtsänderungsgesetz 2009
KorrStrÄG 2012	Korruptionsstrafrechtsänderungsgesetz 2012
krit	kritisch
KRSlg	Sammlung von Entscheidungen in Krankenanstaltenfragen *(Radner/Haslinger/Reinberg)* [Nummer]
maW	mit anderen Worten
mE	meines Erachtens
ME	Ministerialentwurf
MK-StGB	Münchner Kommentar zum Strafgesetzbuch
mN	mit Nachweisen
MR	Medien und Recht
MR-Int	Medien und Recht International
mwN	mit weiteren Nachweisen
nF	neue Fassung
Nov	Novelle
NRsp	Neue Rechtsprechung des OGH (Beilage zur ÖJZ)
oÄ	oder ähnlich(es)
Ob	Oberster Gerichtshof in Zivilsachen (Teil der Aktenzahl)
ÖBA	Österreichisches Bank-Archiv

OGH	Oberster Gerichtshof
ÖJZ	Österreichische Juristen-Zeitung
ÖJZ-LSK	Leitsatzkartei in der ÖJZ
OLG	Oberlandesgericht
oö	oberösterreichische(s)
Os	Oberster Gerichtshof in Strafsachen (Teil der Aktenzahl)
ÖS	Öffentliche Sicherheit
ÖStZ	Österreichische Steuer-Zeitung
RdM	Recht der Medizin
RdU	Recht der Umwelt
RdW	Österreichisches Recht der Wirtschaft
RS0…	RIS-Justiz Rechtssatz Nr …
Rspr	Rechtsprechung
RV	Regierungsvorlage
Rz	Randzahl
RZ	Österreichische Richterzeitung
SbgK	Salzburger Kommentar zum Strafgesetzbuch
schwStGB	schweizerisches Strafgesetzbuch
SMG	Suchtmittelgesetz
sog	sogenannte(r)
SPG	Sicherheitspolizeigesetz
SSt	Entscheidungen des österreichischen Obersten Gerichtshofes in Strafsachen und Disziplinarangelegenheiten
StGB	Strafgesetzbuch
StPdG	Strafrechtliche Probleme der Gegenwart
StPO	Strafprozessordnung
str	strittig
stRspr	ständige Rechtsprechung
SWK	Steuer- und Wirtschaftskartei
ua	und andere; unter anderem
üA	überwiegende Ansicht
UbG	Unterbringungsgesetz
udgl	und dergleichen
üM	überwiegende Meinung
uU	unter Umständen
UWG	Gesetz gegen den unlauteren Wettbewerb
VbVG	Verbandsverantwortlichkeitsgesetz
vgl	vergleiche
VO	Verordnung
Vorbem	Vorbemerkungen
VwGH	Verwaltungsgerichtshof
wbl	Wirtschaftsrechtliche Blätter
WK	Wiener Kommentar zum Strafgesetzbuch
Z	Ziffer
ZAS	Zeitschrift für Arbeits- und Sozialrecht
zB	zum Beispiel
ZIK	Zeitschrift für Insolvenzrecht und Kreditschutz
ZnStR	Zum neuen Strafrecht, Referate bei der Österreichischen Richterwoche I (1973) und II (1974)
ZStW	Zeitschrift für die gesamte Strafrechtswissenschaft
zT	zum Teil
zust	zustimmend
ZVR	Zeitschrift für Verkehrsrecht

Literaturverzeichnis

Bertel/Schwaighofer Österreichisches Strafrecht, Besonderer Teil I, §§ 75 bis 168e StGB, 11. Auflage (2010) zit: *B/S* BT I^{11} § ... Rz ...

Bertel/Schwaighofer Österreichisches Strafrecht, Besonderer Teil II, §§ 169 bis 321 StGB, 9. Auflage (2010) zit: *B/S* BT II^{9} § ... Rz ...

Fabrizy Strafgesetzbuch und ausgewählte Nebengesetze. Kurzkommentar, 10. Auflage (2010) zit: *Fabrizy* StGB^{10} § ... Rz ...

Fuchs Österreichisches Strafrecht. Allgemeiner Teil I. Grundlagen und Lehre von der Straftat, 7. Auflage (2008) zit: *Fuchs* AT^{7} Seite

Fuchs/Reindl-Krauskopf Strafrecht. Besonderer Teil I. Delikte gegen den Einzelnen (Leib und Leben, Freiheit, Ehre, Privatsphäre, Vermögen), 3. Auflage (2009) zit: *F/R-K* BT I^{3} Seite

Hinterhofer/Rosbaud Strafrecht. Besonderer Teil II. §§ 169 bis 321, 5. Auflage (2012) zit: *Hinterhofer/Rosbaud* BT II^{5} § ... Rz ...

Höpfel/Ratz (Hg) Wiener Kommentar zum Strafgesetzbuch, 2. Auflage (ab 1999) zit: *Bearbeiter* in WK^{2} § ... Rz ...

Joecks/Miebach (Hg) Münchener Kommentar zum Strafgesetzbuch zit: *Bearbeiter* in MK-StGB § ... Rz ...

Kienapfel Grundriss des österreichischen Strafrechts. Besonderer Teil II. Delikte gegen Vermögenswerte, 3. Auflage (1993) zit: *Kienapfel* BT II^{3} § ... Rz ...

Kienapfel/Höpfel Strafrecht. Allgemeiner Teil, 13. Auflage (2009) zit: *Kienapfel/Höpfel* AT^{13} Z ... Rz ...

Kienapfel/Schroll Studienbuch Strafrecht. Besonderer Teil I. Delikte gegen Personenwerte, 2. Auflage (2008) zit: *K/Schr* StudB BT I^{2} § ... Rz ...

Kienapfel/Schroll Grundriss des Strafrechts. Besonderer Teil I. Delikte gegen Personenwerte, 5. Auflage (2003) zit: *K/Schr* Grundriss BT I^{5} § ... Rz ...

Kienapfel/Schmoller Studienbuch Strafrecht. Besonderer Teil II. Delikte gegen Vermögenswerte (2003) zit: *K/Schm* BT II § ... Rz ...

Lewisch Strafrecht. Besonderer Teil I. §§ 75 – 168e, 2. Auflage (1999) zit: *Lewisch* BT I^{2} Seite

Leukauf/Steininger Kommentar zum Strafgesetzbuch, 3. Auflage (1992) zit: *L/St* StGB^{3} § ... Rz ...

Rebisant Kontroversen im österreichischen Strafrecht. Standpunkte in Judikatur und Literatur (2011) zit: *Rebisant* Rz ...

Triffterer/Rosbaud/Hinterhofer (Hg) Salzburger Kommentar zum Strafgesetzbuch (ab 1992) zit: *Bearbeiter* in SbgK § ... Rz ...

Wegscheider Strafrecht. Besonderer Teil, 3. Auflage (2009) zit: *Wegscheider* BT^{3} Seite

1. Kapitel

SCHUTZ DES MENSCHLICHEN LEBENS UND KÖRPERS

Die beiden ersten Abschnitte des Besonderen Teils des StGB beinhalten Delikte zum Schutz des Lebens und der körperlichen Integrität des (lebenden) Menschens (§§ 75 ff) sowie – im Vergleich dazu etwas abgeschwächt – des werdenden Lebens (§§ 96 ff). Nach dem Tod besteht durch § 190 ein eingeschränkter Schutzbereich für den Leichnam. Der Abschnitt zum Schutz von Leben und körperlicher Integrität ist auch durch das Vorhandensein vieler Fahrlässigkeitsdelikte gekennzeichnet, die in einer solchen Dichte nur noch im siebenten Abschnitt bezüglich gemeingefährlicher strafbarer Handlungen und Delikte zum Schutz der Umwelt auftreten. Außerhalb dieser Bereiche sind Fahrlässigkeitsdelikte im StGB sehr selten (zB §§ 159, 303), finden sich aber auch im Nebenstrafrecht (FinStrG, § 82 LMSVG).

Vorbemerkungen §§ 75 ff und 96 ff

I. Beginn und Ende des menschlichen Lebens

Ermordet kann nur ein lebender Mensch werden, nur ein solcher kann am Körper verletzt werden. Davor ist er durch die Bestimmungen gegen den Schwangerschaftsabbruch (§§ 96 und 98) geschützt, nach dem Tod von § 190. Daraus ergeben sich mehrere Phasen strafrechtlichen Schutzes: 1

Schutzlose Zeit: Bis zur Einnistung, dh von Empfängnis bis zur Nidation (idR 13. Tag nach der Befruchtung, praktisch vier Wochen nach der letzten Menstruation), ist das werdende menschliche Leben vom Strafrecht ungeschützt.[1] Daher sind nidationsvermeidende Maßnahmen vom Strafrecht aus betrachtet völlig neutral[2] – es sei denn, sie schädigen die Gesundheit der Frau; dann ist aus diesem Grund eine Körperverletzung an der Frau zu prüfen. 2

Das gilt im Übrigen auch für die durch In-vitro-Fertilisation befruchteten Eizellen. Für sie besteht bis zur Einnistung kein Schutz durch das StGB.[3]

Schutz des werdenden Lebens: Mit der Nidation beginnt der strafrechtliche Schutz des ungeborenen Lebens.[4] Bis zur Geburt ist das werdende menschliche 3

---

1 *Schmoller* in SbgK § 96 Rz 5; *K/Schr* Grundriss BT I[5] Vorbem §§ 96 ff Rz 4 f; *L/St* StGB[3] § 96 Rz 5; *F/R-K* BT I[3] 57.

2 *Schmoller* in SbgK § 96 Rz 5; *K/Schr* Grundriss BT I[5] Vorbem §§ 96 ff Rz 5; *L/St* StGB[3] § 96 Rz 5; *F/R-K* BT I[3] 57.

3 *K/Schr* Grundriss BT I[5] Vorbem §§ 96 ff Rz 5; *F/R-K* BT I[3] 57; *Eder-Rieder* in WK[2] Vorbem zu §§ 96–98 Rz 18.

Leben durch die §§ 96 und 98 im 2. Abschnitt des Besonderen Teils des StGB geschützt. Der Schutz ist allerdings nicht so umfassend wie jener des geborenen Lebens: Dieser Abschnitt enthält keine Fahrlässigkeitsdelikte, und in § 97 finden sich – neutral formuliert – dogmatisch nicht immer klar einordbare Strafausschließungsgründe. Hervorzuheben ist hierbei die sogenannte Fristenlösung in § 97 Abs 1 Z 1.

4 **Beginn des Lebens:** Mit Beginn der Eröffnungswehen bzw mit dem Operationsbeginn beim Kaiserschnitt[5] beginnt das menschliche Leben und der Schutzbereich der §§ 75 ff. Ab diesem Zeitpunkt ist das Tatobjekt „ein anderer" im Sinn der §§ 75 ff gegeben. Im Zivilrecht beginnt hingegen die volle Rechtsfähigkeit des Menschen (erst) mit der vollendeten Geburt.

5 **Abgrenzung:** Alle Maßnahmen, die zu einem **Abgang eines an sich lebenden, sich weiter entwickelnden Fötus** führen, erfüllen den Tatbestand des § 96, unabhängig davon, ob die Leibesfrucht im Mutterleib getötet wird oder nicht lebensfähig abgeht.[6] Zu denken ist auch an die Abtreibungspille RU 486.[7] Wird vor dem Beginn der Eröffnungswehen eine Tötungshandlung gesetzt, kommt mangels Tatobjekts nie § 75 in Betracht, sondern immer § 96. Wird hingegen noch danach eine Handlung gesetzt, liegt Mord vor. Führt der Versuch eines Schwangerschaftsabbruches zu einer **vorzeitigen Geburt** eines Kindes und wird das Kind danach erst mit einer zusätzlichen Handlung getötet, kommt zusätzlich zu §§ 15, 96 (98) eine Strafbarkeit nach § 75 (für die Mutter eine Strafbarkeit nach § 79) in Betracht.[8]

Ist unklar, ob das Kind durch den Schwangerschaftsabbruch gestorben ist oder lebend geboren und danach getötet wurde, ist es zulässig, den Täter nach § 96 zu verurteilen. Schließlich steht diese Bestimmung in einem Stufenverhältnis zu § 75.[9]

Wird während der Schwangerschaft fahrlässig der Fötus verletzt und hat dies die Behinderung des Menschen nach der Geburt zur Folge, ist dieses Verhalten straflos. Die §§ 96 ff stellen eine **Exklusivregel** dar, und die vorsätzliche oder fahrlässige Verletzung des Fötus ist gerade nicht erfasst: Für eine Haftung wegen eines Körperverletzungsdeliktes (§ 88) mangelt es in dem Zeitpunkt, in dem die Tathandlung auf das Objekt trifft, an einem Objekt iSd Körperverlet-

---

4 *Schmoller* in SbgK § 96 Rz 5; *K/Schr* Grundriss BT I[5] Vorbem §§ 96 ff Rz 4; *L/St* StGB[3] § 96 Rz 5; *F/R-K* BT I[3] 57.

5 Vgl *B/S* BT I[11] § 96 Rz 3; *Moos* in WK[2] Vorbem zu §§ 75–79 Rz 12; *L/St* StGB[3] § 75 Rz 2. In Deutschland wird beim Kaiserschnitt an die Eröffnung des Uterus angeknüpft, *Schneider* in MK-StGB Vor §§ 211 ff Rz 12.

6 *Schmoller* in SbgK § 96 Rz 8; *K/Schr* Grundriss BT I[5] § 96 Rz 5; *L/St* StGB[3] § 96 Rz 6; *F/R-K* BT I[3] 57.

7 *Schmoller* in SbgK § 96 Rz 5; *K/Schr* Grundriss BT I[5] § 96 Rz 5; *F/R-K* BT I[3] 57.

8 *Moos* in WK[2] Vorbem zu §§ 75–79 Rz 14 und § 79 Rz 38; *K/Schr* StudB BT I[2] Vorbem §§ 75 ff Rz 10; *F/R-K* BT I[3] 6; *Schmoller* in SbgK § 96 Rz 39; *L/St* StGB[3] § 96 Rz 25.

9 *Schmoller* in SbgK § 96 Rz 40.

zungsdelikte; der Fötus ist kein anderer iSd § 88.[10] Wird gleichzeitig die Mutter verletzt, dann kommt eine Haftung nach § 88 wegen der Verletzung der Mutter in Betracht.

Ende des Lebens: Mit dem Tod hört der Mensch auf, Tatobjekt der §§ 75 ff zu sein. Er ist dann nicht mehr „ein anderer". Der Tod liegt im Falle des Hirntodes vor, dh beim irreversiblen Funktionsausfall der gesamten Hirnfunktion (Groß-/Stammhirn).[11] Das gilt auch für anenzephale Neugeborene (Fehlen von Großhirn und Schädeldach bei intaktem Stammhirn).[12] **6**

Der Hirntod kann mithilfe eines EEG (Elektroenzephalogramm) festgestellt werden.[13] Es ist dafür aber auch eine Angiographie (Blutfluss im Hirn mit Kontrastmittel) möglich.[14] Diese Vorgangsweise ist natürlich unnötig, um den Tod etwa des „Ötzi" oder eines Unfallopfers, dem beim Unfall der Kopf vom Rumpf abgetrennt wurde, zu bestimmen.

II. Aufbau der Bestimmungen und praktische Bedeutung

Das **Leben** wird vor vorsätzlichem und fahrlässigem Eingriff geschützt: § 75 (Mord) ist das vorsätzliche Grunddelikt, in den §§ 76, 77 und 79 finden sich Privilegierungen hierzu. § 78 (Mitwirkung am Selbstmord) ist demgegenüber ein eigenständiges Delikt.[15] § 80 enthält das Grunddelikt im Falle von Fahrlässigkeit, § 81 dazu Qualifikationen. **7**

Für die Haftung wegen Mordes und seiner Privilegierungen ist es erforderlich, dass der Täter vorsätzlich im Hinblick auf den Tod handelt. Da dolus eventualis genügt, muss der Täter es im Zeitpunkt der Tathandlung ernstlich für möglich halten und sich damit abfinden, dass seine Handlung den Tod eines Menschen verursacht. Handelt der Täter mit Verletzungsvorsatz, aber ohne Vorsatz auf den Todeserfolg, haftet er im Falle des Todeseintritts gemäß § 83 Abs 1 iVm § 86 (Körperverletzung mit Todesfolge); bei Misshandlungsvorsatz nach §§ 83 Abs 2 iVm 86. Fehlt es an einem Verletzungs- oder Misshandlungsvorsatz, kommt fahrlässige Tötung (§ 80) in Betracht.

Praktische Bedeutung: Im Jahr 2010 wurden in der gerichtlichen Kriminalstatistik 44 Morde (davon 13 versucht), fünfmal Totschlag sowie eine Tötung auf Verlangen dokumentiert. Demgegenüber sind 180 fahrlässige Tötungen sowie 48 Fälle des § 81 festgehalten worden.

---

10 *Moos* in WK² Vorbem zu §§ 75–79 Rz 13; *K/Schr* StudB BT I² Vorbem §§ 83 ff Rz 4; *F/R-K* BT I³ 5; *Messner* in SbgK § 83 Rz 30.

11 *Moos* in WK² Vorbem zu §§ 75–79 Rz 52 ff; *K/Schr* StudB BT I⁷ Vorbem §§ 75 ff Rz 11; *F/R-K* BT I³ 6.

12 *Moos* in WK² Vorbem zu §§ 75–79 Rz 52.

13 *Moos* in WK² Vorbem zu §§ 75–79 Rz 56; *F/R-K* BT I³ 6.

14 *Moos* in WK² Vorbem zu §§ 75–79 Rz 56; *F/R-K* BT I³ 6.

15 *Moos* in WK² § 78 Rz 7; *K/Schr* StudB BT I² § 78 Rz 7.

Diversion: Eine diversionelle Erledigung scheidet immer dann aus, wenn die Tat den Tod eines Menschen zur Folge hat (§ 198 Abs 2 Z 3 StPO) oder das Schöffen- oder das Geschworenengericht zuständig ist (§ 198 Abs 2 Z 1 StPO). Daher ist dieser Bereich einer diversionellen Erledigung nicht zugänglich. Eine Ausnahme besteht für Jugendliche in engen Grenzen nach § 7 JGG für den Bereich der fahrlässigen Tötung (vgl § 7 Abs 2 Z 2 JGG).

8 Die **körperliche Integrität** ist vor vorsätzlichen Eingriffen durch § 83 (vorsätzliche Körperverletzung) als Grunddelikt geschützt, in den §§ 84 bis 86 finden sich aufbauend auf diesem Grunddelikt Qualifikationen. Die Haftung wegen § 83 setzt vorsätzliches Verhalten voraus: Der Täter muss entweder Verletzungsvorsatz (Abs 1) oder Misshandlungsvorsatz (Abs 2) haben. Beide Absätze enthalten Grunddelikte. Für die darauf aufbauenden Erfolgsqualifikationen der §§ 84 Abs 1, 85 und 86 genügt gemäß § 7 Abs 2 Fahrlässigkeit.

§ 87 ist eine selbständige Abwandlung zu § 83 und enthält in seinem Abs 1 das Grunddelikt und in Abs 2 Qualifikationen.[16] Für die Erfüllung des Grunddeliktes (§ 87Abs 1) ist erforderlich, dass der Täter Absicht (§ 5 Abs 2) auf den schweren Verletzungserfolg hat: Ihm muss es somit darauf ankommen, dass das Opfer schwer verletzt wird. Absicht allein auf das Handeln (zB Absicht auf das Schlagen mit der Faust) genügt nicht.

Auch die körperliche Integrität ist vor fahrlässigen Eingriffen strafrechtlich geschützt: § 88 Abs 1 enthält hierfür das Grunddelikt, in § 88 Abs 3 und Abs 4 finden sich Qualifikationen. Hat der Täter nicht einmal Misshandlungsvorsatz (§ 83 Abs 2), kommt nur eine Fahrlässigkeitshaftung in Betracht. Allerdings genügt hierfür nicht allein der Erfolgseintritt, vielmehr muss der Täter objektiv sorgfaltswidrig handeln, und der Erfolg muss diesem sozial inadäquaten Verhalten objektiv zurechenbar sein. Gerade im Bereich der fahrlässigen Körperverletzung und der fahrlässigen Tötung sind die Überlegungen zur Sorgfaltswidrigkeit und zur objektiven Zurechnung, die im AT I eingehend dargestellt werden, von größter Wichtigkeit.

Praktische Bedeutung: Im Jahr 2010 wurden in der gerichtlichen Kriminalstatistik 4.713 Körperverletzungen nach § 83, 1.069 nach § 84 sowie 16 nach § 85 qualifizierte Fälle registriert. In zwei Fällen lag ein § 86 vor. Für § 87 wurden 214 Fälle gezählt. Demgegenüber sind insgesamt 2.340 fahrlässige Körperverletzungen registriert worden, von denen 960 Fälle auf Abs 1, 643 auf Abs 3 (davon 452 auf die Berauschung), 541 auf Abs 4 erster Fall und 196 auf Abs 4 zweiter Fall entfallen.

Diversion: Eine diversionelle Erledigung ist wegen der Zuständigkeit und des Todes (§ 198 Abs 2 Z 1 und Z 3 StPO) nur bei § 86 und 87 Abs 2 ausgeschlossen, ansonsten aber zulässig. Allerdings darf die Schuld des Täters nicht als schwer iSd § 32 anzusehen sein. Daher wird eine diversionelle Erledi-

16 *Burgstaller/Fabrizy* in WK[2] § 87 Rz 2.

gung bei § 87 ausgeschlossen sein[17] und vielfach auch bei § 88 Abs 4 zweiter Fall.[18]

9 Nicht nur die Verletzung der Rechtsgüter Leib und Leben ist geschützt, sondern auch deren **Gefährdung**: § 89 bestraft unter Beschränkung auf besonders gefährliche Fälle, wie sie in § 81 beschrieben sind, sowohl die vorsätzliche als auch die fahrlässige konkrete Gefährdung. Konkret gefährdet ist das Tatobjekt Mensch, wenn der Eintritt einer Verletzung als wahrscheinlich zu erwarten war, es also bloßer Zufall war, dass es nicht zu einer tatsächlichen Beeinträchtigung gekommen ist.[19] Das ist zB dann gegeben, wenn sich jemand vor einem rasch herannahenden Auto gerade noch durch einen Sprung zur Seite retten konnte.

Im Regelfall wird der Täter des § 89 keinen Vorsatz auf die konkrete Gefährdung haben, sondern bloß fahrlässig handeln. In Abgrenzung zum Verletzungsvorsatz ist Vorsatz bloß auf die Gefährdung anzunehmen, wenn der Täter zwar den Eintritt einer Verletzung ernstlich für möglich hält, er aber zugleich darauf vertraut, dass es nicht zu einer Verletzung des Opfers kommt; er findet sich folglich nicht mit einer Verletzung des Opfers (sondern bloß mit dessen konkreter Gefährdung) ab und handelt daher mangels Erfüllung der voluntativen Komponente des Verletzungsvorsatzes nicht mit Verletzungsvorsatz (sondern bloß mit Gefährdungsvorsatz).

Praktische Bedeutung: In der gerichtlichen Kriminalstatistik des Jahres 2010 sind 235 Verurteilungen wegen § 89 verzeichnet. Eine Diversion ist nach den allgemeinen Regeln (insbesondere: nicht schwere Schuld) möglich.

10 Die bisher genannten Bestimmungen sind alles Erfolgsdelikte, bestrafen daher die Herbeiführung eines Erfolges durch ein Tun. Als Erfolgsdelikte können sie mithilfe des § 2 auch durch Unterlassen begangen werden (sogenannte **unechte Unterlassungsdelikte**). Das gilt sowohl für die Vorsatz- als auch für die Fahrlässigkeitsdelikte. In den §§ 94 und 95 (Im-Stich-Lassen eines Verletzten und Unterlassen der Hilfeleistungspflicht) finden sich **echte Unterlassungsdelikte**. Diese Bestimmungen können nur durch Unterlassen begangen werden. Die §§ 94 und 95 erfassen nur vorsätzliches Unterlassen, ein Gegenstück für fahrlässiges Unterlassen ist nicht vorgesehen.

Praktische Bedeutung: Im Jahr 2010 sind für § 94 67 und für § 95 fünf Verurteilungen verzeichnet. Abgesehen von der Todesqualifikation ist eine diversionelle Erledigung zulässig.

11 § 91 (Raufhandel) ergänzt die Bestimmungen zum Schutz des Lebens und der körperlichen Integrität bei Schlägereien und einem Angriff mehrerer und wirkt subsidiär dazu.[20] Im Jahr 2010 wurden 346 Verurteilungen gezählt.

---

17 *K/Schr* StudB BT I^2 § 87 Rz 14; *Burgstaller/Fabrizy* in WK^2 § 87 Rz 22; *Messner* in SbgK § 87 Rz 61.

18 *Burgstaller/Schütz* in WK^2 § 88 Rz 81.

19 *Burgstaller/Schütz* in WK^2 § 89 Rz 14 ff.

20 *L/St* $StGB^3$ § 91 Rz 2; *F/R-K* BT I^3 50; *Jerabek* in WK^2 § 91 Rz 21.

12 Ebenfalls ergänzend wirken die §§ 82 (Aussetzung), 92 (Quälen oder Vernachlässigen unmündiger, jüngerer oder wehrloser Personen) und 93 (Überanstrengung unmündiger, jüngerer oder schonungsbedürftiger Personen), deren praktische Bedeutung nicht sehr groß ist (2010 wurden 17 Verurteilungen bei § 92 gezählt, bei den anderen hingegen keine einzige).

§ 90 ist kein Tatbestand, sondern ein Rechtfertigungsgrund und wird daher hier nicht behandelt.

13 Das **werdende Leben** ist auf vorsätzliche Delikte in den §§ 96 und 98 beschränkt. Es gibt kein Fahrlässigkeitsdelikt in diesem Bereich. Die Einwilligung der Schwangeren ist ein Abgrenzungsmerkmal zwischen diesen beiden Tatbeständen.[21] Sie wirkt daher hier nicht rechtfertigend; Irrtümer über die Einwilligung sind demnach nicht nach § 8 zu beurteilen.

Praktische Bedeutung: Seit 2007 (bis 2010) wurde keine Verurteilung gezählt, 2006 waren es drei, zuvor vier Verurteilungen. Auch in den Jahren 1998 bis 2004 wurde ebenfalls keine Verurteilung gezählt. Eine diversionelle Regelung ist nach den allgemeinen Regeln zulässig, der Ausschluss der Diversion im Falle des Todes betrifft nur geborene Menschen.

III. Rechtsvergleichende Überlegungen

14 Die Bestimmungen zum Schutz des Lebens, der körperlichen Integrität und des werdenden Lebens gehören zum **Kern** jedes Strafrechts; daher finden sich derartige Regelungen auch in den ausländischen Rechtsordnungen. Allerdings ist es nicht zwingend, dass der Besondere Teil mit diesen Bestimmungen beginnt. Das ist gerade in Deutschland nicht der Fall, wo hochverräterische Delikte an der Spitze stehen. In der Schweiz beginnt hingegen wie in Österreich der Besondere Teil mit den Delikten zum Schutz von Leib und Leben.

15 Im Vergleich zu **Deutschland** ergeben sich bei den Tötungsdelikten Abweichungen, die sich auf die Bezeichnungen durchschlagen. Grunddelikt der vorsätzlichen Tötung ist in Deutschland § 212 dStGB, der mit „Totschlag“ bezeichnet ist. „Mord“ ist hingegen eine Qualifikation dazu, die es in Österreich nicht gibt. Der österreichische Totschlag in § 76 entspricht dem minder schweren Fall des Totschlages im deutschen Recht. Dieser Unterschied kann insbesondere bei der Betrachtung deutscher Fernsehkrimis deutlich werden. Das deutsche Recht kennt eine Tötung auf Verlangen (§ 77) in § 216 dStGB, hingegen gibt es keine Privilegierung der Tötung eines Kindes bei der Geburt (§ 79). Auch ist die Mitwirkung am Selbstmord straflos.

Die fahrlässige Tötung ist in § 222 dStGB geregelt. Vorsätzliche Körperverletzung findet sich in § 223 dStGB, die fahrlässige in § 229 dStGB. Hinzuweisen ist auf die Aussetzung in § 221 dStGB und die Schlägerei in § 231 dStGB. Der Abbruch der Schwangerschaft ist in § 218 dStGB geregelt.

---

21 *Schmoller* in SbgK § 96 Rz 10.

Die Strafdrohungen unterscheiden sich zum Teil erheblich von jenen in Österreich. Allerdings ist hier ein Rechtsvergleich im Einzelfall nicht sinnvoll durchführbar, da das System der Strafdrohungen völlig anders gestaltet ist. Der Hinweis, in Deutschland sei etwas viel strenger bestraft, kann zwar zutreffend sein, genügt aber nicht, um eine Erhöhung österreichischer Strafdrohungen zu begründen.

In der **Schweiz** ist das Grunddelikt für die vorsätzliche Tötung in Art 111 **16**
schwStGB geregelt und mit der Überschrift „Vorsätzliche Tötung" versehen. In Art 112 schwStGB findet sich dazu eine mit „Mord" betitelte Qualifikation, die sich von der vorsätzlichen Tötung durch besondere Merkmale unterscheidet. Vergleichbar mit dem österreichischen Recht finden sich Delikte wie Totschlag in Art 113 schwStGB, Tötung auf Verlangen in Art 114 schwStGB, Mitwirkung am Selbstmord in Art 115 schwStGB und Kindestötung in Art 116 schwStGB.

I. Tötungsdelikte

A. Mord (§ 75)

I. Überblick

1 Mord ist das **vorsätzliche Töten** eines anderen Menschen. Der Täter hält es im Handlungszeitpunkt zumindest ernstlich für möglich und findet sich damit ab (Eventualvorsatz), dass seine Handlung den Tod eines anderen Menschen verursacht.

2 Bei § 75 handelt es sich um ein **Erfolgsverursachungsdelikt**. Es gibt an sich keine Beschränkung hinsichtlich der Tötungshandlung: Jede Handlung, die kausal zum Tod führt, kommt als Tathandlung in Betracht; sie muss aber durchaus objektiv sorgfaltswidrig sein, wobei die Sorgfaltswidrigkeit durch das auf den Tod abzielende Verhalten indiziert ist. Daher ist es nicht erforderlich – wie beispielsweise bei der fahrlässigen Tötung nach § 80 – die objektive Sorgfaltswidrigkeit genau zu bestimmen.[1] Nur in Ausnahmefällen (Verschenken eines Flugtickets einer Billigairline mit dem Vorsatz, dass die Maschine abstürzt; Beten um den Tod eines Menschen) entfällt die Strafbarkeit mangels sorgfaltswidriger Tötungshandlung.[2]

Wie immer bei Erfolgsverursachungsdelikten sind Kausalität und objektive Zurechnung zu prüfen. Hier gelten die allgemeinen Überlegungen aus dem AT.

3 Als Vorsatzdelikt kann § 75 **versucht** werden. Als Erfolgsdelikt kann § 75 in Verbindung mit § 2 auch durch **Unterlassen** begangen werden; dies setzt insbesondere Garantenstellung voraus.

Allfällige Rechtfertigungs- (zB Notwehr) und Entschuldigungsgründe (zB entschuldigender Notstand) sind nach den allgemeinen Regeln zu beurteilen.

4 § 75 ist das **Grunddelikt** zu den §§ 76, 77 und 79.

Im Gegensatz zum deutschen StGB sind für den Mord im österreichischen Recht keine qualifizierenden Schuldmerkmale wie Mordlust, Habgier, Heimtücke, Grausamkeit ua erforderlich. So gesehen entspricht § 75 öStGB dem deutschen Totschlag nach § 212 dStGB.

5 Geschütztes **Rechtsgut** ist das **menschliche Leben**.[3]

6 Für die Aburteilung des § 75 sind die **Geschworenen** zuständig (§ 31 Abs 2 Z 1 StPO). Das Delikt kann nicht diversionell erledigt werden (§ 198 Abs 2 Z 1 StPO). Für das **Jahr 2010** wurden 31 Verurteilungen wegen vollendeten und 13 wegen versuchten Mordes in der gerichtlichen Kriminalstatistik gezählt. In der polizeilichen Anzeigenstatistik finden sich im Jahr 2010 162 Anzeigen, davon 111 wegen Versuchs.

---

1 *Fuchs* AT I[7] 11/3 ff.

2 *Fuchs* AT I[7] 11/5.

3 Vgl *K/Schr* StudB BT I[2] Vorbem §§ 75 ff Rz 2.

Beispielsfälle: Richard gibt einen gezielten Schuss auf den Hals seiner geschiedenen Frau Christine ab, die davon getroffen stirbt (OGH 15 Os 104/95). Der 12-jährige Peter ist zum Selbstmord entschlossen. Der erwachsene Robert stellt ihm in Kenntnis dessen einen Revolver zur Verfügung, mit dem sich Peter tatsächlich umbringt (OGH 14 Os 158/99 = EvBl 2000/162 = JBl 2001, 194 mit Anm *Moos*).

II. Tatbestand des § 75

Mord begeht, wer
- einen anderen (Menschen)
- vorsätzlich
- tötet.

1. Ein anderer

Ermordet kann nur ein lebender Mensch werden. Das menschliche Leben beginnt mit Beginn der Eröffnungswehen bzw mit dem Operationsbeginn (Öffnen der Bauchdecke) beim Kaiserschnitt.[4] 7

2. Töten

Jede im Hinblick auf das Leben objektiv sorgfaltswidrige Handlung ist eine geeignete Tötungshandlung (Rz 2). 8

3. Subjektive Tatseite

Der Täter muss im Handlungszeitpunkt das Herbeiführen des Todes in seinen **Vorsatz** aufgenommen haben. Es genügt aber Eventualvorsatz. Handelt der Täter mit Verletzungsvorsatz, aber ohne Vorsatz auf den Todeserfolg, haftet er im Falle des Todeseintritts gemäß § 83 Abs 1 iVm § 86 (Körperverletzung mit Todesfolge); bei Misshandlungsvorsatz nach §§ 83 Abs 2 iVm 86. Fehlt es sowohl an einem Verletzungs- als auch an einem Misshandlungsvorsatz, kommt fahrlässige Tötung (§ 80) in Betracht (vgl Rz 16). 9

Zur Abgrenzung error in persona – aberratio ictus siehe AT I.

III. Problembereich Sterbehilfe

Sterbehilfe kann in unterschiedlichen Formen erfolgen, manche sind strafrechtlich unbedenklich, manche verstoßen gegen das StGB. Dieser Bereich ist 10

4 Vgl *B/S* BT I[11] § 96 Rz 3; *Moos* in WK[2] Vorbem zu §§ 75–79 Rz 12; *L/St* StGB[3] § 75 Rz 2. In Deutschland wird beim Kaiserschnitt an die Eröffnung des Uterus angeknüpft, *Schneider* in MK-StGB Vor §§ 211 ff Rz 12.

durch eine große Vielfalt an vertretenen Literaturmeinungen und durch weitgehendes Fehlen von Rechtsprechung gekennzeichnet[5]. Ökonomische Überlegungen spielen keine Rolle, eine Kosten-Nutzen-Analyse wäre daher verfehlt. Denn das menschliche Leben ist immer höherwertig. Soweit das Strafrecht es erfordert, ist daher zu behandeln. Auch hier ist vieles im Fluss, so ist etwa in den Niederlanden die Tötung auf Verlangen in gewissen Grenzen zulässig.[6] Vorsicht ist auch beim **Begriff** der Sterbehilfe geboten, die einzelnen Formen werden mit teils unterschiedlicher Begrifflichkeit behandelt.[7]

11 **Unbedenklich** ist die Verabreichung von schmerzlindernden und bewusstseinsdämpfenden Mitteln (auch als **aktive indirekte Euthanasie** bezeichnet), mag damit auch uU (was nicht immer der Fall ist) eine Lebensverkürzung bei einem unausweichlich Sterbenden als Nebenwirkung verbunden sein **(Hilfe im Sterben)**.[8]

12 Die Verabreichung von Todesspritzen oder entsprechenden anderen pharmazeutischen Mitteln, die direkt auf die Herbeiführung des Todes gerichtet sind, ist hingegen jedenfalls verboten. Der Täter macht sich gemäß § 75 (Mord), allenfalls gemäß § 77 (Tötung auf Verlangen) oder § 78 (Mitwirkung am Selbstmord) strafbar **(direkte aktive Euthanasie)**.[9]

13 Ein Behandlungsabbruch kommt bei **Sterbenden** in Betracht. Das sind sogenannte **Moribunde**, bei denen der Eintritt des Todes nach medizinischen Erfahrungen unabwendbar ist (dh eine Lebensverlängerung ist nur um Stunden oder wenige Tage durch hohen Aufwand möglich, der Patient liegt irreversibel im Koma). Nicht darunter fallen nicht unheilbar Kranke oder schwerstgeschädigt Leidende. Nach Ansicht in der juristischen Lehre hört bei Moribunden vom strafrechtlichen Standpunkt aus betrachtet die Behandlungspflicht auf, weshalb auch das Abschalten der Herz-Lungen-Maschine oder des Respirators – obwohl ein Tun – als zulässig angesehen wird.[10] Das ist die sogenannte **passive Euthanasie**.[11]

5 *Moos* in WK^2 Vorbem zu §§ 75–79 Rz 17 ff; *K/Schr* StudB BT I^2 Vorbem §§ 75 ff Rz 14 ff; *F/R-K* BT I^3 16 ff; *Schneider* in MK-StGB Vor §§ 211 ff Rz 88 ff.

6 *Moos* in WK^2 Vorbem zu §§ 75–79 Rz 21.

7 Siehe zum letzten Stand der verwendeten Begriffe *Kletečka-Pulker*, Therapieentscheidungen am Lebensende aus rechtlicher Sicht, Klinik 2012, 55 ff.

8 *Moos* in WK^2 Vorbem zu §§ 75–79 Rz 23 ff; *K/Schr* StudB BT I^2 Vorbem §§ 75 ff Rz 14, 17 ff; *L/St* StGB^3 § 75 Rz 7, 9.

9 *Moos* in WK^2 Vorbem zu §§ 75–79 Rz 20 ff; *K/Schr* StudB BT I^2 Vorbem §§ 75 ff Rz 16; *L/St* StGB^3 § 75 Rz 8.

10 *Moos* in WK^2 Vorbem zu §§ 75–79 Rz 45; *K/Schr* StudB BT I^2 Vorbem §§ 75 ff Rz 26; *F/R-K* BT I^3 18.

11 *Moos* in WK^2 Vorbem zu §§ 75–79 Rz 31 ff; *K/Schr* StudB BT I^2 Vorbem §§ 75 ff Rz 20 ff; *L/St* StGB^3 § 75 Rz 10.

Beispiele: Ein tödlich Erkrankter kann nicht sterben, weil das Herz zu stark ist. Lässt das Herz nach, ist der Arzt nicht verpflichtet, herzstärkende Mittel zu verabreichen. Bei hirngeschädigten und auf Dauer nicht lebensfähigen Kindern, bei denen sich die Fähigkeit zum bewussten Leben gar nicht entwickeln kann, sind medizinische Maßnahmen zum Hinausschieben des Todes rechtlich nicht geboten.[12]

Unberührt bleibt aber die Verpflichtung zur Aufrechterhaltung der Basispflege und **Grundernährung.**[13] Ein Verhungernlassen ist unzulässig und begründet eine Strafbarkeit nach den Tötungsdelikten (§§ 75, 77, 78 in Verbindung mit § 2 [Unterlassen] bzw nach § 95). Hier wird lediglich der Fall ausgenommen, dass der Patient dies in einer aktuellen Willensäußerung ablehnt.[14]

Gegen den (freien) Willen des Patienten hat überhaupt jede Behandlung zu unterbleiben. Dieser Vorrang des Willens des Patienten, und mag er auch dessen Tod bedeuten, ergibt sich aus § 110. Hierfür ist nicht nur der aktuelle Wille des entscheidungsfähigen Patienten relevant, sondern auch früher getroffene **verbindliche Patientenverfügungen** nach dem Patientenverfügungsgesetz.[15] **14**

IV. Abgrenzung und Konkurrenzen

1. § 75 ist im Verhältnis zu den §§ 76, 77 und 79 das Grunddelikt; die genannten Delikte unterscheiden sich – im Wesentlichen – im Bereich der Schuld von § 75. § 78 erscheint demgegenüber als delictum sui generis.[16] § 78 scheidet aus, wenn man einen anderen – beispielsweise durch Vortäuschen einer unheilbaren Krankheit – in den Tod treibt oder dessen mangelnde Einsichtsfähigkeit ausnützt.[17] Diesfalls ist § 75 erfüllt. **15**

2. Von der Körperverletzung mit Todesfolge (§ 86) unterscheidet sich § 75 durch den Vorsatz: Bei Mord ist der Vorsatz auf den Tod gerichtet, bei § 86 hingegen nur auf eine Körperverletzung (§ 83 Abs 1 als Grunddelikt) oder auf eine Misshandlung am Körper (§ 83 Abs 2), im Hinblick auf die Todesfolge handelt der Täter fahrlässig (§ 7 Abs 2). Eine Haftung wegen fahrlässiger Tötung (§ 80) kommt demnach nur in Betracht, wenn der Täter bei der sorgfaltswidrigen Handlung nicht einmal mit Misshandlungsvorsatz (§ 83 Abs 2) handelt. **16**

Ist die Todesfolge qualifizierendes Merkmal anderer, nicht auf den Schutz menschlichen Lebens gerichteter Delikte – zB Raub nach § 143 letzter Fall, Vergewaltigung nach § 201 Abs 2, Brandstiftung nach § 169 Abs 3 –, verdrängt

---

12 *K/Schr* StudB BT I² Vorbem §§ 75 ff Rz 19; *F/R-K* BT I³ 18; *Moos* in WK² § 79 Rz 11.

13 *Moos* in WK² Vorbem zu §§ 75–79 Rz 44; *K/Schr* StudB BT I² Vorbem §§ 75 ff Rz 21.

14 *Moos* in WK² Vorbem zu §§ 75–79 Rz 44; *K/Schr* StudB BT I² Vorbem §§ 75 ff Rz 21.

15 *F/R-K* BT I³ 17. Siehe dazu *Körtner/Kopetzki/Kletečka-Pulker* (Hg), Das österreichische Patientenverfügungsgesetz. Ethische und rechtliche Aspekte (Wien 2007).

16 *Moos* in WK² § 78 Rz 7; *K/Schr* StudB BT I² § 78 Rz 7.

17 *F/R-K* BT I³ 15; *K/Schr* StudB BT I² § 78 Rz 11; *L/St* StGB³ § 78 Rz 10.

im Falle des Tötungsvorsatzes die Strafbarkeit wegen Mordes jene wegen der qualifizierten Tat. Der Täter haftet demnach wegen Mordes und des jeweiligen Grunddelikts (§§ 142, 201 Abs 1, § 169 Abs 1 oder Abs 2) in echter Konkurrenz.

17 **3.** In Abgrenzung zu den Delikten wegen Schwangerschaftsabbruchs ist zu beachten, dass die Strafbarkeit nach §§ 96 und 98 bis zum Beginn der Eröffnungswehen greift. Wird davor eine Tötungshandlung gesetzt, kommt mangels Objekts nie § 75 in Betracht, sondern immer § 96 (oder § 98). Anders ist der Sachverhalt zu beurteilen, wenn danach noch eine Handlung gesetzt wird. Führt der Versuch eines Schwangerschaftsabbruches zu einer vorzeitigen Geburt eines Kindes und wird das Kind erst mit einer zusätzlichen Handlung getötet, kommt zusätzlich zur Strafbarkeit wegen versuchten Abbruchs eine Strafbarkeit nach § 75 (oder § 79) in Betracht.[18]

Ist unklar, ob das Kind durch den Schwangerschaftsabbruch gestorben ist oder lebend geboren und daran anschließend getötet wurde, ist es zulässig, den Täter nach § 96 StGB zu verurteilen. Schließlich steht diese Bestimmung in einem Stufenverhältnis zu § 75.[19]

Zentrale Probleme zur Wiederholung: *Vorsatz auf den Erfolg; Sterbehilfe.*

Weiterführende Literatur: *Birklbauer*, Strafrechtliche Haftung der Gesundheitsberufe in Resch/Wallner (Hrsg), Handbuch Medizinrecht (2011), 327; *Burgstaller*, Sterbehilfe und Strafrecht in Österreich, JAP 2009/2010, 200; *Kert,* Sterbehilfe, JAP 2005/2006, 207; *Kletečka-Pulker*, Therapieentscheidungen am Lebensende aus rechtlicher Sicht, Klinik 2012, 52; *Schmoller,* Lebensschutz bis zum Ende? Strafrechtliche Reflexionen zur internationalen Euthanasiediskussion, ÖJZ 2000, 361 = StPdG XXVIII 1; *Schmoller*, Schmerztherapie und Palliativmedizin: Rechtliche Aspekte in Bernatzky/Sittl/Likar (Hrsg), Schmerzbehandlung in der Palliativmedizin (2012)^3 301.

18 *Moos* in WK^2 Vorbem zu §§ 75–79 Rz 14 und § 79 Rz 38; *K/Schr* StudB BT I^2 Vorbem §§ 75 ff Rz 10; *F/R-K* BT I^3 6; *Schmoller* in SbgK § 96 Rz 39; *L/St* StGB^3 § 96 Rz 25.

19 *Schmoller* in SbgK § 96 Rz 40.

B. Totschlag (§ 76)

I. Überblick

§ 76 pönalisiert wie §75 die **vorsätzliche Tötung eines anderen Menschen**. Der Täter hält es im Handlungszeitpunkt zumindest ernstlich für möglich und findet sich damit ab (Eventualvorsatz), dass seine Handlung den Tod eines anderen Menschen verursacht. Von § 75 unterscheidet sich der Totschlag auf der **Schuldebene**: Der Täter muss sich zum Mord in einer allgemein begreiflichen heftigen Gemütsbewegung hinreißen lassen. Somit ist § 76 eine durch gemilderte Schuld bedingte **Privilegierung des Mordes**. Die hL sieht § 76 als formal eigenständiges Delikt an.[1] Abgesehen von der Schuld gelten alle Überlegungen zu § 75 auch hier. Wie Mord kann auch § 76 als Vorsatzdelikt problemlos versucht werden. 1

Im deutschen StGB heißt die – § 75 öStGB entsprechende – ohne besondere Schuldmerkmale qualifizierte oder privilegierte vorsätzliche Tötung Totschlag (§ 212 dStGB). Der Totschlag des österreichischen Rechts entspricht dem „minder schweren Fall des Totschlags" in § 213 dStGB. In der Schweiz hingegen entspricht der Totschlag nach Art 113 schwStGB vom Grundgedanken her dem § 76 öStGB.

Geschütztes **Rechtsgut** ist wie bei § 75 das **menschliche Leben**. 2

Für die Aburteilung des § 76 sind die Schöffen zuständig (§ 31 Abs 3 Z 1 StPO). Das Delikt kann daher nicht diversionell erledigt werden (§ 198 Abs 2 Z 1 StPO). Wird das Verfahren wegen Mordes vor den Geschworenen geführt und käme aufgrund der vorliegenden Tatsachen auch eine Verurteilung wegen Totschlages nach § 76 in Betracht, ist gemäß § 314 StPO eine Eventualfrage nach § 76 zu stellen.[2] Im **Jahr 2010** wurden in der gerichtlichen Kriminalstatistik fünf Verurteilungen angeführt.

Beispielsfälle: Manfred hat Streit mit seinem Vater, wodurch er in einen seelischen Ausnahmezustand gerät. Er beschließt, durch einen absichtlichen Frontalzusammenstoß mit einem entgegenkommenden Auto Selbstmord zu begehen. Mit hoher Geschwindigkeit wechselt er auf die Gegenfahrbahn. Der entgegenkommende Franz kann den Unfall gerade noch verhindern (14 Os 197/95). Ein Autoraser tötet in einer Wohnstraße ein spielendes Kleinkind, weil er mit weit überhöhter Geschwindigkeit gefahren ist. Der Kindesvater holt eine Pistole aus dem naheliegenden Haus und erschießt den Autofahrer.

1 *F/R-K* BT I[3] 9; *K/Schr* StudB BT I[2] § 76 Rz 1; *Moos* in WK[2] § 76 Rz 4.
2 *Moos* in WK[2] § 76 Rz 4.

II. Tatbestand des § 76 und sein besonderes Schuldmerkmal

Totschlag begeht, wer
- einen anderen Menschen
- vorsätzlich
- tötet,
- wobei er sich dazu in einer allgemein begreiflichen heftigen Gemütsbewegung hat hinreißen lassen.

1. Tötung eines anderen Menschen

3 Wie bei §75 ist die vorsätzliche Tötung eines anderen Menschen tatbestandsmäßig.

4 Der Täter muss im Hinblick auf den Tod des anderen vorsätzlich handeln. Dolus eventualis genügt auch bei § 76.[3]

Handelt der Täter nur mit Verletzungsvorsatz, kommt eine Strafbarkeit wegen § 83 Abs 1, bei Eintritt eines Todeserfolges wegen § 86 in Betracht. Für diese Konstellation ist eine strafsatzmindernde Privilegierung nicht vorgesehen. Dem Täter kommt aber der Milderungsgrund des § 34 Abs 1 Z 8 StGB zugute.[4]

2. Allgemein begreifliche heftige Gemütsbewegung

5 Grund für die geringere Strafe ist die herabgesetzte **Schuld**. Der Täter hat sich in einer
- allgemein begreiflichen
- heftigen
- Gemütsbewegung

zur Tat hinreißen lassen.

6 Bei einer **Gemütsbewegung** handelt es sich um eine Gefühlsregung; diese Gefühlsregung muss heftig, daher hochgradig sein.[5]

7 Der Grund für diese hochgradige Gefühlsregung ist egal. Es kann sich um Verzweiflung, Angst oder Zorn bzw Rachsucht handeln.[6] Die Gefühlsbewegung kann sich auch rein innerlich, ohne äußere Veranlassung gebildet haben. Sie kann sich auf längere Zeit hin ausbilden, um dann beim berühmten Tropfen auf den heißen Stein aufzubrechen.[7] Fehlt es an diesem letzten Tropfen, der das Fass zum Überlaufen bringt, ist § 76 nicht erfüllt: Nicht jeder Gefühlskonflikt ist schon eine Gefühlsbewegung, die den Täter zum Töten hinreißen lässt.

8 Die Gemütsbewegung ist **allgemein begreiflich**, wenn auch ein maßgerechter Mensch in den Affekt geraten könnte. Entscheidend ist, ob der maßgerech-

---

3 HM: *K/Schr* StudB BT I^2 § 76 Rz 12; *F/R-K* BT I^3 9.

4 Siehe zur selben Auslegung dieser Ziffer wie § 76 *Ebner* in WK^2 § 34 Rz 20 f.

5 *F/R-K* BT I^3 10; *K/Schr* StudB BT I^2 § 76 Rz 16 f; *Fabrizy* StGB^{10} § 76 Rz 1a.

6 *F/R-K* BT I^3 10; *K/Schr* StudB BT I^2 § 76 Rz 16; *Fabrizy* StGB^{10} § 76 Rz 1a; *B/S* BT I^{11} § 76 Rz 2.

7 *B/S* BT I^{11} § 76 Rz 2; *F/R-K* BT I^3 11.

te Mensch ebenso empfunden hätte. Hingegen ist unerheblich, ob er sich beherrscht hätte:[8] Die Tat (Tötung) muss demnach nicht allgemein begreiflich sein.

Stirbt ein Kind bei einem Autounfall etwa im Bereich einer Wohnstraße und tötet daraufhin der Kindesvater den Unfalllenker, ist ein Fall des § 76 gegeben. Die durch den Tod des Kindes ausgelöste Gemütsbewegung ist allgemein begreiflich. Ob die Tötung des beim Ehebruch in flagranti erwischten Ehepartners heute noch allgemein begreiflich ist, dürfte hingegen in dieser Allgemeinheit nicht mehr gesichert sein.[9]

Der Mord muss im Affekt geschehen, dh unter Einfluss dieser Gemütsbewe- 9
gung („wegen und während des Affekts").[10] Dabei ist ein planvolles Vorgehen (zB Suchen einer Waffe) durchaus möglich.[11] Ist der Affekt hingegen abgeklungen, liegt Mord vor.

Der OGH verlangt einen Zusammenhang mit von der Tat betroffenen Op- 10
fern.[12] Beschließt der Täter aus einem allgemein begreiflichen Affekt heraus, sich mit dem Auto umzubringen, so haftet er nach der Judikatur wegen Mordes, wenn er mit Selbsttötungsvorsatz auf die Gegenfahrbahn ausschert und beim Zusammenprall auch den Tod des entgegenkommenden, ihm unbekannten Fahrers ernstlich für möglich hält und sich damit abfindet. Dieser Ansatz ist angesichts des Wortlautes zweifelhaft, schließlich kommt es nur auf die allgemeine Begreiflichkeit der Gemütsbewegung, nicht aber der Tat an (Rz 8).[13]

Demnach wäre der Täter wegen Mordes zu bestrafen, wenn sich im entgegenkommenden Fahrzeug der Affektverursacher befindet, was der Täter nicht weiß. Andererseits wäre § 76 zu bejahen, wenn der Täter glaubt, den Verursacher zu töten, er sich aber (in einem error in persona) über die Person irrt.

Anders ist die Rechtslage in **Deutschland** (§ 213 dStGB): Geringer bestraft wird, wer „ohne eigene Schuld durch eine ihm oder einem Angehörigen zugefügte Misshandlung oder schwere Beleidigung von dem getöteten Menschen zum Zorn gereizt und hierdurch auf der Stelle zur Tat hingerissen" wurde. Die Provokation muss somit vom Opfer ausgehen.[14] Die Auslegung des OGH erinnert im Ergebnis ein wenig an die deutsche Rechtslage. Ein anderer Ansatz wäre es, entgegen Rz 8 die allgemeine Begreiflichkeit auch auf die Tat zu beziehen.

---

8 *Moos* in WK² § 76 Rz 28 ff; *F/R-K* BT I³ 10; *K/Schr* StudB BT I² § 76 Rz 26; *Fabrizy* StGB¹⁰ § 76 Rz 2; *B/S* BT I¹¹ § 76 Rz 3.

9 Klar bejahend *Moos* in WK² § 76 Rz 41. Zum Meinungsstreit hinsichtlich des Umfangs der Berücksichtigung der Ausländereigenschaft siehe *Moos* in WK² § 76 Rz 36 mwN.

10 *Moos* in WK² § 76 Rz 21 ff; *F/R-K* BT I³ 10; *K/Schr* StudB BT I² § 76 Rz 18 f.

11 *Moos* in WK² § 76 Rz 23; *F/R-K* BT I³ 11; *K/Schr* StudB BT I² § 76 Rz 20. Der Täter sieht rot, aber er sieht (*Welzel*).

12 14 Os 197/95 = EvBl 1996/131= SSt 62/82; dem OGH folgend *Moos* in WK² § 76 Rz 50; *K/Schr* StudB BT I² § 76 Rz 16; ablehnend hingegen *F/R-K* BT I³ 11; *B/S* BT I¹¹ § 76 Rz 3.

13 Nach *Moos* in WK² § 76 Rz 50 soll aus dem „hinreißen läßt, einen anderen zu töten" auch die Basis für diese Ansicht des OGH sein, ohne aber die Tat zum Gegenstand der allgemeinen Begreiflichkeit zu machen. Diese Differenzierung ist nicht nachvollziehbar.

14 Näher dazu etwa *Schneider* in MK-StGB § 213 Rz 24.

3. Beteiligung

11 Da die allgemein begreifliche heftige Gemütsbewegung Schuldelement ist, kann wegen § 76 nur bestraft werden, wer in dieser Gemütsbewegung handelt.[15] Alle Übrigen sind wegen Beteiligung am Mord zu bestrafen. So kann es sein, dass der unmittelbare Täter wegen Totschlages, der Beitragstäter, der diesem eine Waffe reicht, wegen Mordes zu bestrafen ist. Genauso ist umgekehrt denkbar, dass der Bestimmende aus der heftigen, allgemein begreiflichen Gemütsbewegung heraus agiert, während der unmittelbare Täter ein cooler Auftragskiller ist. Hier haftet der Bestimmungstäter nach §§ 12/2, 76, während der Killer wegen § 75 zu bestrafen ist.

Zentrales Problem zur Wiederholung: *Allgemein begreifliche heftige Gemütsbewegung.*

15 *Moos* in WK^2 § 76 Rz 57; *K/Schr* StudB BT I^2 § 76 Rz 38; *F/R-K* BT I^3 12; *B/S* BT I^{11} § 76 Rz 4.

C. Tötung auf Verlangen (§ 77)

I. Überblick

§ 77 pönalisiert wie § 75 die **vorsätzliche Tötung eines anderen Menschen**. Der Täter hält es im Handlungszeitpunkt zumindest ernstlich für möglich und findet sich damit ab (Eventualvorsatz), dass seine Handlung den Tod eines anderen Menschen verursacht. Von § 75 unterscheidet sich § 77 durch das ernstliche und eindringliche Verlangen. Dieses Element prägt sowohl die Unrechts- als auch die Schuldebene.[1] Der Verzicht auf das Leben durch den Rechtsgutsträger reduziert das Unrecht der Tat,[2] hebt es aber nicht zur Gänze auf; das Leben ist somit kein disponibles Rechtsgut. Es ist aber auch nötig, dass der Täter durch dieses Verlangen zur Tat motiviert ist,[3] was sich auf der Schuldebene auswirkt.[4] 1

Unklar und strittig ist, wie sehr sich dieses nicht nur das Unrecht, sondern auch die Schuld betreffende Merkmal auf der **Beteiligungsebene** auswirkt.[5] Der unmittelbare Täter muss wohl jedenfalls durch das Verlangen motiviert sein: Der Auftragskiller, der gegen Geld tötet, bleibt daher Täter des § 75. Wurde er durch jemanden bestimmt, demgegenüber das Verlangen geäußert wurde und der dadurch motiviert war, haftet der Bestimmungstäter (nur) wegen §§ 12/2, 77. An der unmittelbaren Tat eines durch das Verlangen Motivierten kann man sich beteiligen, auch wenn man selbst nicht durch das Verlangen motiviert ist.[6] Der Vorsatz muss sich aber auf das Vorliegen eines Verlangens und die entsprechende Motivation des unmittelbaren Täters beziehen. 2

Letztlich ist § 77 eine durch geringeres Unrecht und geringere Schuld geprägte **Privilegierung des Mordes**.[7] Die hL sieht § 77 als formal eigenständiges, zu § 75 spezielles Delikt an.[8] Wie Mord kann auch § 77 als Vorsatzdelikt problemlos versucht werden. 3

Das deutsche Recht kennt eine Tötung auf Verlangen (§ 77) in § 216 dStGB, das schweizerische Recht eine solche in Art 114 schwStGB. 4

---

1 *Moos* in WK[2] § 77 Rz 6; *K/Schr* StudB BT I[2] § 77 Rz 2; *F/R-K* BT I[3] 12. Nur für Schuld: *Fabrizy* StGB[10] § 77 Rz 1; *L/St* StGB[3] § 77 Rz 9a.

2 *Moos* in WK[2] § 77 Rz 8. Zum Teil für Straflosigkeit in Fällen wie dem eingangs geschilderten *B/S* BT I[11] §§ 77, 78 Rz 3, was aber mit dem Wortlaut des § 77 nur schwer vereinbar ist, mag der Einzelfall auch sehr verständlich sein und nichts mit den Gräueltaten des NS-Regimes zu tun haben.

3 *F/R-K* BT I[3] 13.

4 *Moos* in WK[2] § 77 Rz 28.

5 Eingehend dazu *Moos* in WK[2] § 77 Rz 45 ff. Vgl auch *Lewisch* BT I[2] 11.

6 *F/R-K* BT I[3] 14; aA *K/Schr* StudB BT I[2] § 77 Rz 31 („zumindest mitmotiviert"); *L/St* StGB[3] § 77 Rz 9a (reines Schuldmerkmal).

7 *Moos* in WK[2] § 77 Rz 4.

8 *F/R-K* BT I[3] 12; *Moos* in WK[2] § 76 Rz 3.

5 Geschütztes **Rechtsgut** ist wie bei § 75 das **menschliche Leben**.[9]

Für die Aburteilung des § 77 ist das Schöffengericht zuständig (Eigenzuständigkeit nach § 31 Abs 3 Z 2 StPO). Das Delikt kann daher nicht diversionell erledigt werden (§ 198 Abs 2 Z 1 und Z 3 StPO). Wird das Verfahren wegen Mordes vor den Geschworenen geführt und käme aufgrund der vorliegenden Tatsachen auch eine Verurteilung wegen Tötung auf Verlangen nach § 77 in Betracht, ist nach § 77 mit einer Eventualfrage gemäß § 314 StPO zu fragen.[10] Im **Jahr 2010** wurde wie auch 2006, 2008 und 2009 eine Verurteilung in der gerichtlichen Kriminalstatistik angeführt, in den Jahren 2004, 2005 und 2007 gab es keine statistisch erfasste Verurteilung.

Beispielsfall: Julia möchte sterben. Sie hat Unterleibskrebs und nicht mehr lange zu leben. Romeo erschießt sie nach eindringlichen Bitten, sie nicht elendiglich sterben zu lassen. Die Waffe hat er von Mercutio. (Die Geschichte geht in Wirklichkeit natürlich ganz anders.)

II. Tatbestand des § 77

Tötung auf Verlangen begeht, wer
- einen anderen Menschen
- vorsätzlich
- auf dessen ernstliches und eindringliches Verlangen hin
- tötet.

1. Tötung eines anderen Menschen

6 Wie bei §75 ist die vorsätzliche Tötung eines anderen Menschen tatbestandsmäßig.[11]

7 Der Täter muss im Hinblick auf den Tod des anderen vorsätzlich handeln. **Dolus eventualis** genügt auch bei § 77.[12] Allerdings wird wohl nur bei Kenntnis des ernsten und eindringlichen Verlangens die motivierende Situation für § 77 gegeben sein, sodass diesbezüglich wohl Wissentlichkeit erforderlich ist.[13]

Handelt der Täter nur mit Verletzungsvorsatz, kommt eine Strafbarkeit wegen § 83 Abs 1, bei Eintritt eines Todeserfolges wegen § 83 Abs 1 iVm § 86 in Betracht. Für diese Konstellation ist eine strafsatzmindernde Privilegierung nicht vorgesehen. Dem Täter kommt aber der Milderungsgrund des § 34 Abs 1 Z 8 zugute. Allerdings führt das noch immer zu einer Wertungswidrigkeit, da die Strafdrohung des § 86 höher ist als jene des § 77; daher wird die

---

9 *K/Schr* StudB BT I^2 § 77 Rz 3.
10 *Moos* in WK^2 § 76 Rz 4 (§ 77 Rz 4).
11 *L/St* $StGB^3$ § 77 Rz 2.
12 *K/Schr* StudB BT I^2 § 77 Rz 20; *Moos* in WK^2 § 77 Rz 32.
13 Ebenso wenig Eventualvorsatz ausreichen lassend *K/Schr* StudB BT I^2 Vorbem § 77 Rz 21; *Moos* in WK^2 § 77 Rz 32.

Strafdrohung des § 77 jene des § 86 begrenzen, um ein gleichheitswidriges Ergebnis zu vermeiden.[14]

2. Ernstes und eindringliches Verlangen

Verlangen: Es muss sich um ein Verlangen handeln, ein Einwilligen oder Geschehenlassen genügt nicht.[15] Hierfür wird verlangt, dass die Initiative zur Tötung vom Opfer ausgeht und das Opfer die Entscheidung über Art, Ort und Zeit der Tötung in der Hand behält.[16] Allerdings ist § 77 durchaus auch dann gegeben, wenn das Opfer – was nicht der Regelfall sein wird – diese Entscheidung dem Täter überlässt, um sich das Sterben zu erleichtern. Jedoch kann das Verlangen jederzeit widerrufen werden;[17] diesfalls begeht der Täter einen Mord, wenn er trotz bekannten Widerrufs handelt (Rz 13).[18] 8

Ob konkludentes Verhalten genügt,[19] erscheint fraglich, wobei hier eher Unklarheit darüber vorliegen dürfte, was Konkludenz bedeutet (vgl dazu § 863 ABGB); Gesten und Gebärden können genügen, wenn sie eindeutig sind und die übrigen Voraussetzungen erfüllen.[20] Beschränkt das Opfer das Verlangen auf ein bestimmtes Mittel, ist davon nicht abzuweichen, es sei denn, man könnte mutmaßlich von einer Zustimmung zur Abweichung ausgehen, etwa weil das andere Mittel als gleichwertig wie das ursprünglich verlangte erscheint[21] oder sogar milder ist.

Ernstlichkeit: Ernstlich ist das Verlangen, wenn es frei von Willens- und Wissensmängeln ist.[22] Es kommt dabei eine Selbstverantwortlichkeit zum Ausdruck, letztlich wird die Plausibilität des Motivs vorausgesetzt.[23] Daran fehlt es bei einem Verlangen aus dem Augenblick heraus aufgrund einer Stimmungsschwankung.[24] Irrtümer des Opfers – und sei es auch nur das Motiv zu sterben betreffend – schließen die Ernstlichkeit aus.[25] Dasselbe gilt bei mangelnder Einsicht über die Tragweite des Verlangens, etwa bei Unmündigen und in aller Regel bei Jugendlichen.[26] 9

---

14 So im Zusammenhang mit § 79 für den Fall eines Lebensgefährdungsvorsatz mit Todesfolge (§ 82 Abs 3) *F/R-K* BT I³ 20.

15 *K/Schr* StudB BT I² § 77 Rz 12; *F/R-K* BT I³ 13; *L/St* StGB³ § 77 Rz 2; *Moos* in WK² § 77 Rz 13; *Lewisch* BT I² 10.

16 *F/R-K* BT I³ 13; *Moos* in WK² § 77 Rz 13.

17 *K/Schr* StudB BT I² § 77 Rz 15; *Fabrizy* StGB¹⁰ § 77 Rz 1; *Moos* in WK² § 77 Rz 19.

18 *L/St* StGB³ § 77 Rz 8; *K/Schr* StudB BT I² § 77 Rz 15.

19 In diesem Sinn *L/St* StGB³ § 77 Rz 3.

20 *K/Schr* StudB BT I² § 77 Rz 13; *Moos* in WK² § 77 Rz 14.

21 *K/Schr* StudB BT I² § 77 Rz 16.

22 *F/R-K* BT I³ 13; *Moos* in WK² § 77 Rz 23; *L/St* StGB³ § 77 Rz 4.

23 *F/R-K* BT I³ 13; *Moos* in WK² § 77 Rz 24, 27.

24 *F/R-K* BT I³ 13; *Fabrizy* StGB¹⁰ § 77 Rz 1; *L/St* StGB³ § 77 Rz 4; *Moos* in WK² § 77 Rz 26; *Lewisch* BT I² 10.

25 *F/R-K* BT I³ 13.

26 *F/R-K* BT I³ 13; *Fabrizy* StGB¹⁰ § 77 Rz 1; *L/St* StGB³ § 77 Rz 4; *K/Schr* StudB BT I² § 77 Rz 17; *Moos* in WK² § 77 Rz 25.

Daher liegt kein § 77 vor, wenn das Opfer eine tödliche Krankheit irrtümlich annimmt. Spiegelt der Täter diese Krankheit vor, haftet er wegen Mordes.[27] Hat der Täter keine Ahnung von dem Irrtum, bleibt es bei einer Strafbarkeit wegen § 77 (Rz 13).[28]

Ebenso scheidet § 77 aus, wenn das Verlangen mittels Drohung oder Zwang abgenötigt wurde.[29]

10 **Eindringlichkeit:** Eindringlich ist das Verlangen, wenn es klar, deutlich und beharrlich zum Ausdruck gebracht wird.[30] Es muss geeignet sein, die natürliche Tötungshemmung des Menschen zu überwinden.[31] Daran fehlt es wohl immer bei einem Verlangen unbekannter Dritter.[32]

11 **Motivierende Wirkung:** Das Opfer muss auf den Täter eindringen, dieser muss durch das Verlangen motiviert worden sein.[33] Daran wird es bei einem Verlangen über eine Mittelsperson fehlen.[34] Die Motivationslage des Täters ist gegeben, wenn er gerade wegen des Verlangens tötet.[35] Wird der Täter bezahlt, so ist idR nicht das Verlangen, sondern die Bezahlung motivierend gewesen, weshalb § 77 ausscheidet. Nur wenn die Bezahlung keine motivierende Größe erreicht, steht sie § 77 nicht entgegen.[36] Insgesamt ist § 77 eher zurückhaltend anzuwenden; man hat bei dieser Bestimmung an notstandsähnliche Situationen beim Täter gedacht.[37]

12 Das Opfer selbst ist wegen dieses Verlangens nicht als (versuchter) Bestimmungstäter (zum Versuch) nach § 15 Abs 2 oder § 15 Abs 1 iVm § 77 strafbar[38] – zum einen ist das Opfer „kein anderer“, zum anderen ist das Opfer der Rechtsgutsträger; gegenüber dem Rechtsgutsträger ist das Rechtsgut nie geschützt. Es liegt ein Fall notwendiger Beteiligung vor.[39]

---

27 *L/St* StGB[3] § 77 Rz 8; *K/Schr* StudB BT I[2] § 77 Rz 17; *Moos* in WK[2] § 77 Rz 33.
28 *Moos* in WK[2] § 77 Rz 34 (selbst bei Vorwerfbarkeit).
29 *L/St* StGB[3] § 77 Rz 4.
30 *F/R-K* BT I[3] 13. Wiederholtes Verlangen soll nicht erforderlich sein, *Moos* in WK[2] § 77 Rz 28.
31 *K/Schr* StudB BT I[2] § 77 Rz 18.
32 *K/Schr* StudB BT I[2] § 77 Rz 18; *Moos* in WK[2] § 77 Rz 15.
33 *K/Schr* StudB BT I[2] § 77 Rz 25: spezielles Schuldmerkmal.
34 *F/R-K* BT I[3] 13; im Ausnahmefall zulassend *K/Schr* StudB BT I[2] § 77 Rz 14.
35 *F/R-K* BT I[3] 13.
36 Nach *Moos* in WK[2] § 77 Rz 38 kann der Einsatz von Bestechungsmitteln das Bedrängen allerdings sogar verstärken.
37 *K/Schr* StudB BT I[2] § 77 Rz 2, 26; *F/R-K* BT I[3] 12; *Moos* in WK[2] § 77 Rz 39.
38 *F/R-K* BT I[3] 14; *Moos* in WK[2] § 77 Rz 44.
39 *K/Schr* StudB BT I[2] § 77 Rz 32; *Fuchs* AT I[7] 36/25 ff.

Irrtum: Nimmt der Täter irrtümlich ein derartiges Tötungsverlangen an, ist er wegen vollendeten § 77 zu bestrafen.[40] Auch dieses Ergebnis folgt aus dem teils zur Schuld einzuordnenden Element des Verlangens.[41] **13**

Liegt hingegen ein derartiges Verlangen zwar vor, aber hat der Täter keine Kenntnis oder wird er dadurch nicht motiviert, haftet er – aus denselben Überlegungen heraus – wegen vollendeten § 75.[42]

III. Abgrenzung und Konkurrenzen

Will ein Paar Doppelselbstmord begehen, dann stellt sich die Frage der Abgrenzung zu § 78.[43] Zum Teil wird hier darauf abgestellt, wer das Geschehen in der Hand behält. Dieser Gedanke stammt aus dem Teilnahmesystem, bei dem auf Tatherrschaft abgestellt wird. Im Falle der Selbsttötung durch Abgase wird nicht nur derjenige das Geschehen in der Hand haben, der das Gaspedal niederdrückt, denn der andere Partner kann wohl noch den Bereich verlassen. Dem Einheitstätersystem entsprechend wird auch darauf abgestellt, wer die letzte Handlung setzt.[44] So gesehen verantwortet der Mann am Gaspedal § 77. **14**

Liegen sowohl § 76 als auch § 77 vor, verdrängt § 77 den Totschlag.[45] **15**

Strittig ist, ob § 77 durch Unterlassen begangen werden kann.[46] Als Erfolgsdelikt ist dies – Garantenstellung vorausgesetzt – an sich problemlos möglich. Andererseits wird bei § 95 ein Verzicht als zulässig angesehen, und im Zusammenhang mit Heilbehandlungen geht der Verzicht aufgrund des § 110 vor. Dies muss auch bei § 77 gelten, um Widersprüche zu vermeiden. Daher steht der gültige Verzicht einer Strafbarkeit nach §§ 2, 77 entgegen.[47] **16**

Zentrale Probleme zur Wiederholung: *Ernstliches und eindringliches Verlangen; Irrtumsprobleme, Beteiligung.*

Weiterführende Literatur: *Felnhofer-Luksch,* Irrtümer über privilegierende Deliktsmerkmale, JBl 2004, 703.

---

40 *F/R-K* BT I^3 14; *L/St* StGB^3 § 77 Rz 8; *K/Schr* StudB BT I^2 § 77 Rz 23; *Moos* in WK^2 § 77 Rz 34; *Lewisch* BT I^2 11. AA *Felnhofer-Luksch*, JBl 2004, 710: Haftung wegen vollendeten Mordes in beiden Irrtumsfällen.

41 Ähnlich *K/Schr* StudB BT I^2 § 77 Rz 23. Zweifel an der Stichhaltigkeit dieses Arguments wie auch anderer Argumente im Zusammenhang mit Irrtümern bei Privilegierungen bei *Felnhofer-Luksch*, JBl 2004, 710.

42 *F/R-K* BT I^3 14; *K/Schr* StudB BT I^2 § 77 Rz 11, 24; *Moos* in WK^2 § 77 Rz 35.

43 Siehe dazu *B/S* BT I^{11} §§ 77, 78 Rz 2; *L/St* StGB^3 § 77 Rz 9.

44 *Moos* in WK^2 § 77 Rz 5.

45 *K/Schr* StudB BT I^2 § 77 Rz 35; *Moos* in WK^2 § 77 Rz 49.

46 Bejahend *Moos* in WK^2 § 77 Rz 29.

47 *Murschetz* in SbgK § 95 Rz 10.

D. Mitwirkung am Selbstmord (§ 78)

I. Überblick

1 § 78 pönalisiert Handlungen, die als Bestimmung („verleiten") und Beitrag („Hilfe leisten") strafbar wären, wenn die vorsätzliche Selbsttötung ein strafbares Delikt wäre, was sie aber nicht ist. Mit dieser Konstruktion hebt sich diese Bestimmung ganz wesentlich von den anderen Delikten gegen das Leben ab und nimmt eine **Sonderstellung** ein.[1] Wie weit diese Sonderstellung geht, ist umstritten und betrifft die Frage, ob Platz für eine fahrlässige Tötung bleibt, wenn der Täter vorsatzlos agiert, oder ob § 78 als Spezialdelikt einer solchen Strafbarkeit entgegensteht (Rz 9).[2]

2 § 78 ist ein **Vorsatzdelikt**. Der Täter muss es im Handlungszeitpunkt zumindest ernstlich für möglich halten und sich damit abfinden (Eventualvorsatz), dass er einen anderen zu dessen Selbsttötung verleitet oder dazu Hilfe leistet.

§ 78 ist ein **Erfolgsdelikt**:[3] Der Erfolg liegt im Tod des Selbstmörders durch Selbstmord. Garantenstellung vorausgesetzt kann zwar nicht das Verleiten, wohl aber das Beitragen durch Unterlassen erfolgen und ebenfalls strafbar sein.[4]

3 Die beiden Tathandlungen des § 78 entsprechen den **Beteiligungshandlungen** des § 12 2. und 3. Fall (Bestimmen, Beitragen).[5] Mangels Strafbarkeit des Selbstmordes werden diese Beteiligungshandlungen zur unmittelbaren Tat erhoben.

Daran anknüpfend ist der Umfang der **Versuchsstrafbarkeit** zum Teil strittig: § 78 ist jedenfalls versucht, wenn der Selbstmörder mit seinem Vorhaben so weit gekommen ist, dass man von einem Versuch des Selbstmordes sprechen könnte, wenn ein solcher strafbar wäre (Ausführung oder Ausführungsnähe des Selbstmordes). § 78 ist aber auch dann in strafbarer Versuchsform erfüllt, wenn der Täter den anderen bloß zum Selbstmord zu verleiten versucht, der andere aber gar nicht in dieses nahe Stadium des Selbstmordes kommt, weil er beispielsweise dieses Ansinnen gleich ablehnt. Denn auch die versuchte Bestimmung ist gemäß § 15 Abs 2 strafbar. Anders ist dies – aus einem Gegenschluss zu § 15 Abs 2 – beim versuchten Beitrag. Diese Wertung des § 15 Abs 2 wird von der überwiegenden Ansicht auf § 78 für die Tathandlung „dazu Hilfe leistet" übertragen. Die versuchte Hilfeleistung zum Selbstmord ist demnach so

---

1 *Moos* in WK[2] § 78 Rz 7; *K/Schr* StudB BT I[2] § 78 Rz 7 („Tötungsdelikt eigener Art"). AA *L/St* StGB[3] § 78 Rz 1 (Privilegierung).

2 Für den Ausschluss des § 80 *K/Schr* StudB BT I[2] § 78 Rz 30; *Moos* in WK[2] § 78 Rz 11.

3 *Lewisch* BT I[2] 13; *Moos* in WK[2] § 78 Rz 13.

4 *F/R-K* BT I[3] 15; *K/Schr* StudB BT I[2] § 78 Rz 15; *Moos* in WK[2] § 78 Rz 31; *Lewisch* BT I[2] 11; *Fabrizy* StGB[10] § 78 Rz 3; *L/St* StGB[3] § 78 Rz 4.

5 *K/Schr* StudB BT I[2] § 78 Rz 12; *Moos* in WK[2] § 78 Rz 25; *Lewisch* BT I[2] 11.

lange straflos, solange nicht der Selbstmörder in das Stadium der Ausführung oder der Ausführungsnähe seines Selbstmordes gelangt.[6]

Auch eine **Beteiligung** an § 78 ist möglich (Bestimmung zum Verleiten, Hilfe zur Hilfeleistung). Hier gelten die Überlegungen zur **Kettenbeteiligung**.[7]

Die Mitwirkung am Selbstmord ist in **Art 115 schwStGB** strafbar, allerdings 4
auf **selbstsüchtige** Beweggründe beschränkt. Daher ist eine Form der „Sterbebegleitung" in der Schweiz zulässig.[8]

Das deutsche Recht kennt hingegen keine derartige Bestimmung.

Geschütztes **Rechtsgut** ist letztlich wie bei § 75 trotz des unterschiedlichen 5
Anknüpfungspunktes das **menschliche Leben**.[9]

Für die Aburteilung des § 78 ist das Schöffengericht zuständig (Eigenzuständigkeit nach § 31 Abs 3 Z 2 StPO). Das Delikt kann daher **nicht diversionell** erledigt werden (§ 198 Abs 2 Z 1 StPO). Wird das Verfahren wegen Mordes vor den Geschworenen geführt und käme aufgrund der vorliegenden Tatsachen auch eine Verurteilung wegen Mitwirkung am Selbstmord nach § 78 in Betracht, ist gemäß § 314 StPO eine Eventualfrage nach § 78 zu stellen. In den **Jahren 2008 bis 2010** wurde keine, im Jahr 2007 zwei Verurteilungen nach § 78 in der gerichtlichen Kriminalstatistik angeführt.

Beispielsfall: Ein Zwölfjähriger ist zum Selbstmord entschlossen. Ein Erwachsener stellt ihm den Revolver zur Verfügung, mit dem sich der Unmündige dann erschießt (14 Os 158/99 = EvBl 2000/162 = JBl 2001, 194 mit Anm *Moos*).

Andreas ist als Lenker eines Klein-Lkw auf der Burgenlandschnellstraße bei eingeschaltenem Abblendlicht mit einer Geschwindigkeit von zumindest 90 km/h nicht auf Sicht gefahren und hat den auf der Fahrbahn befindlichen Fußgänger Martin zu spät bemerkt, aufgeschaufelt und über das Dach des Fahrzeuges auf die Fahrbahn geschleudert und dadurch fahrlässig den Tod des Martin herbeigeführt. Nach Ansicht des Erstgerichts konnte nicht festgestellt werden, auf welche Weise und aus welchem Grund der Fußgänger auf die Fahrbahn kam, zumal er dafür eine Böschung überwinden musste, um auf die Fahrbahn zu gelangen. Es war nicht auszuschließen, dass er sich in selbstmörderischer Absicht zur Unfallstelle begab (11 Os 82/98 = EvBl 1999/71).

---

6 *F/R-K* BT I³ 15; *K/Schr* StudB BT I² § 78 Rz 24; *Moos* in WK² § 78 Rz 16; *Fabrizy* StGB¹⁰ § 78 Rz 2; *L/St* StGB³ § 78 Rz 6a. AA *Lewisch* BT I² 12 (strafbar).

7 *K/Schr* StudB BT I² § 78 Rz 13.

8 Siehe dazu *Bruckmüller/Schumann* „In die Schweiz fahren": Sterbetourismus und Strafbarkeit der Mitwirkung an der Selbsttötung, Jahrbuch Gesundheitsrecht 2008, 97 ff.

9 *K/Schr* StudB BT I² § 78 Rz 6.

II. Tatbestand des § 78

Mitwirkung am Selbstmord begeht, wer
- einen anderen Menschen
- vorsätzlich
- dazu verleitet oder ihm dazu Hilfe leistet,
- sich selbst zu töten.

1. Selbstmord

6 § 78 ist ein Erfolgsdelikt.[10] Im Unterschied zu § 75 liegt der Erfolg zwar auch im Tod eines Menschen, aber durch Selbsttötung.

Selbstmord setzt eine **Selbstverantwortlichkeit** des Opfers für seine Selbsttötung voraus.[11] Diese fehlt, wenn der Mensch wegen des Alters – jedenfalls bei Unmündigen, bei Jugendlichen kommt es auf den Einzelfall an – oder einer Geisteskrankheit nicht in der Lage ist, die Dimension seiner Tat einzuschätzen.[12] Der Täter muss darüber hinaus auch **frei von Willensmängeln** agieren.[13] Wird dem Täter eine schwere Krankheit vorgetäuscht und begeht er daraufhin eine Selbsttötung, so verantwortet der Vortäuschende – Vorsatz vorausgesetzt – Mord nach § 75.[14] Das gilt für jeden, der einen anderen vorsätzlich in den Tod treibt.[15]

2. Tathandlung

7 Der Täter **verleitet** das Opfer zur Selbsttötung. Verleiten ist nichts anderes als Bestimmen iSd § 12 2. Fall.[16] Hierfür ist keine subtile Vorgangsweise erforderlich. Aber man muss aktiv auf den anderen einwirken.[17] Das Schaffen einer Situation, die das Opfer zum Selbstmord anregt (Aufbau eines Galgens oder Übersenden eines Stricks mit Henkersknoten), genügt für das Verleiten nicht, sondern ist eine Hilfeleistung hierfür.

8 **Hilfeleisten** ist jeder physische oder psychische Beitrag zur Selbsttötung.[18] Handelt es sich um Alltagshandlungen, wird wohl nicht Eventualvorsatz reichen, sondern Wissentlichkeit erforderlich sein.[19]

---

10 *Lewisch* BT I² 13; *Moos* in WK² § 78 Rz 13.

11 *Moos* in WK² § 78 Rz 20; *K/Schr* StudB BT I² § 78 Rz 9; *F/R-K* BT I³ 15.

12 *F/R-K* BT I³ 15; *Moos* in WK² § 78 Rz 22; *Fabrizy* StGB¹⁰ § 78 Rz 1; *L/St* StGB³ § 78 Rz 6.

13 *K/Schr* StudB BT I² § 78 Rz 11; *Moos* in WK² § 78 Rz 23; *F/R-K* BT I³ 75.

14 *F/R-K* BT I³ 15; *K/Schr* StudB BT I² § 78 Rz 11; *L/St* StGB³ § 78 Rz 10.

15 *K/Schr* StudB BT I² § 78 Rz 11; *L/St* StGB³ § 78 Rz 10.

16 *Moos* in WK² § 78 Rz 25; *L/St* StGB³ § 78 Rz 2; *Fabrizy* StGB¹⁰ § 78 Rz 1.

17 *Moos* in WK² § 78 Rz 25.

18 *Moos* in WK² § 78 Rz 28; *L/St* StGB³ § 78 Rz 2; *Fabrizy* StGB¹⁰ § 78 Rz 1.

Die Strafbarkeit bei dieser Tathandlung beginnt – im Unterschied zum Verleiten – erst, wenn der Selbstmörder unmittelbar zum Selbstmord ansetzt (Rz 3). Hier kann auf dieselben Kriterien wie beim Versuchsbeginn gemäß § 15 abgestellt werden (örtliche, zeitliche Nähe).

3. Vorsatz

Der Täter muss im Hinblick auf den Selbstmord des anderen vorsätzlich handeln. Es genügt **dolus eventualis**.[20] 9

Fehlt dem Täter der Vorsatz, ist fraglich, ob eine **Strafbarkeit nach § 80** in Betracht kommt.[21] Dem Selbstverantwortlichkeitsgedanken des Selbstmordes entspricht es, eine Strafbarkeit wegen § 80 zu verneinen, schließlich gefährdet sich der Selbstmörder selbst. Die Mitwirkung an fremder Selbstgefährdung begründet keine objektive Sorgfaltswidrigkeit.[22] Die Abgrenzung erfolgt hierbei mithilfe einer sogenannten „Vorsatzprobe": Läge bei Vorsatz § 78 vor, ist eine Strafbarkeit nach § 80 ausgeschlossen.[23]

Die Rechtsprechung ist hingegen anderer Ansicht und hat im oben genannten Burgenlandautobahnfall eine Strafbarkeit nach § 80 bejaht.[24] Ebenso wurde eine Haftung in dem Fall bejaht, in dem jemand nach einem missglückten Selbstmord zwar in Erster Hilfe behandelt, aber dann nicht weiter betreut wurde (Rz 10). Nach dieser vorzeitigen Entlassung war das Opfer beim zweiten Versuch, sich zu töten, erfolgreich.[25]

4. Hilfeleistungspflicht bei und nach einem Selbstmord

Liegt ein Selbstmord vor, ist im Hinblick auf eine Hilfeleistungspflicht zu unterscheiden: Will der Selbstmörder behandelt werden, ist zu behandeln.[26] Zunächst ergibt sich diese Verpflichtung aus § 95 und daran anschließend aus der Garantenstellung kraft Behandlungsübernahme. Wird zu wenig gemacht, kann das nach der Judikatur strafrechtliche Konsequenzen nach sich ziehen (Rz 9): Hier ist der Fall einzuordnen, in dem es als objektiv sorgfaltswidrig angesehen wurde, wenn der diensthabende Unfallchirurg nach Versorgung der Schnittwunden den Selbstmörder nicht einem Neurologen oder der Aufnahme in eine neurologisch-psychiatrische Abteilung zuführte, sondern den Patienten aufgrund 10

19 *Reindl* in WK² § 5 Rz 42.

20 *K/Schr* StudB BT I² § 78 Rz 21; *L/St* StGB³ § 78 Rz 8.

21 Für den Ausschluss des § 80 *K/Schr* StudB BT I² § 78 Rz 30; *Moos* in WK² § 78 Rz 11.

22 Siehe dazu etwa *Fuchs* AT I⁷ 33/87.

23 *Moos* in WK² § 78 Rz 11; *K/Schr* StudB BT I² § 78 Rz 30.

24 EvBl 1999/71; der E folgend *Moos* in WK² § 78 Rz 12, da die Fremdtötungskomponente überwiege.

25 OLG Linz KRSlg 802; der E folgend *Moos* in WK² § 78 Rz 12, sofern es an der Eigenverantwortlichkeit des Patienten fehle.

26 *Murschetz* in SbgK § 95 Rz 10.

des Berichtes des Turnusarztes, der den Patienten als psychisch unauffällig bezeichnet hat, entließ. Der Chirurg wurde nach § 2 iVm § 80 wegen des sodann erfolgreichen zweiten Selbstmordversuchs bestraft.[27] Vorsatz – und daher eine Strafbarkeit nach § 78 – wird im Regelfall nicht gegeben sein. Man kann aber Zweifel an der Richtigkeit dieser Entscheidung haben, wenn man aus einem Gegenschluss heraus für § 80 keinen Platz neben § 78 sieht (Rz 9).

11 Anders und komplizierter ist die Situation beim Selbstmörder, der nicht behandelt werden will. Hier findet sich eine beachtliche Meinungsvielfalt im Schrifttum,[28] richtigerweise ist bei einem rechtswirksamen Verzicht nicht zu behandeln. § 110 geht vor und begrenzt Garantenstellung und Behandlungspflicht.[29]

12 Letztlich gilt es, sich zwischen den Strafbarkeiten nach § 110, § 95 und § 80 sowie § 78 durchzulavieren: Wird jemand nach einem misslungenen Selbstmord bereits behandelt, ist er de facto weiter zu behandeln, auch wenn er eine Behandlung ablehnt, sofern ein Behandeln möglich ist. Gemeint sind Erst- und Wundversorgung sowie psychotherapeutische Gespräche. Wehrt sich der Patient, läge eine Hilfeleistung auch in gutem Zureden etc. Zwar droht hier uU eine Strafbarkeit nach § 110, aber die Gefahr, wegen Unwirksamkeit des Ver zichtes von den Strafverfolgungsbehörden nach § 80 zur Verantwortung gezogen werden, ist größer und unangenehmer.

Darüber hinaus wäre eine Unterbringung nach dem UbG (§§ 8 iVm 3 UbG) zu veranlassen, was aber eine Geisteskrankheit und Gefahr für sich selbst voraussetzt. Ein weiterer Schutz – des Selbstmörders vor sich selbst – ist nicht möglich. Hier endet die Verpflichtung zur Behandlung.

III. Abgrenzung und Konkurrenzen

13 Will ein Paar Doppelselbstmord begehen, dann stellt sich die Frage der Abgrenzung zu § 77, vgl dazu § 77 Rz 14.

Zentrale Probleme zur Wiederholung: *Vorliegen eines Selbstmordes – Abgrenzung zum Mord; Frage der Strafbarkeit des versuchten Beitrags zum Selbstmord; Abgrenzung zu § 77 beim gemeinsamen Selbstmord; Behandlungspflicht nach Selbstmord.*

Weiterführende Literatur: *Bruckmüller/Schumann,* „In die Schweiz fahren": Sterbetourismus und Strafbarkeit der Mitwirkung an der Selbsttötung in *Kierin/Lanske/Wenda* (Hg), Jahrbuch Gesundheitsrecht 2008, 97.

27 OLG Linz KRSlg 802.
28 Vgl *Moos* in WK^2 § 78 Rz 32 mwN.
29 *Murschetz* in SbgK § 95 Rz 10. AA *Moos* in WK^2 § 78 Rz 32.

E. Tötung eines Kindes bei der Geburt (§ 79)

I. Überblick

§ 79 pönalisiert wie § 75 die **vorsätzliche Tötung eines anderen Menschen**, was sich bereits aus dem Titel ergibt. Die Täterin hält es im Handlungszeitpunkt zumindest ernstlich für möglich und findet sich damit ab (Eventualvorsatz), dass ihre Handlung den Tod eines anderen Menschen verursacht. Von § 75 unterscheidet sich § 79 auf **Schuldebene**: Die Mutter des Kindes tötet ihr Kind während der Geburt oder unter Einfluss des Geburtsvorgangs. Damit wird auf den Ausnahmezustand der Täterin Rücksicht genommen.[1] Auch § 79 ist eine durch eine gemilderte Schuld bedingte **Privilegierung des Mordes**.[2] Die hL sieht § 79 als formal eigenständiges Delikt an.[3] Abgesehen von der Schuld gelten alle Überlegungen zu § 75 auch hier. Wie Mord kann auch § 79 als Vorsatzdelikt problemlos versucht oder als Erfolgsdelikt durch Unterlassen begangen werden.[4] Die Mutter ist Garantin kraft Familienrechts (§ 137 ABGB).[5] 1

Im deutschen StGB gibt es keine entsprechende Privilegierung, während Art 116 schwStGB die Kindestötung nahezu ident regelt.

Geschütztes **Rechtsgut** ist wie bei § 75 das **menschliche Leben**.[6] 2

Für die Aburteilung nach § 79 sind die Schöffengerichte zuständig (§ 31 Abs 3 Z 2 StPO). Das Delikt kann daher nicht diversionell erledigt werden (§ 198 Abs 2 Z 1 und Z 3 StPO). Wird das Verfahren wegen Mordes vor den Geschworenen geführt und käme aufgrund der vorliegenden Tatsachen auch eine Verurteilung nach § 79 in Betracht, ist gemäß § 314 StPO eine Eventualfrage nach § 79 zu stellen. Im **Jahr 2010** wurde in der gerichtlichen Kriminalstatistik keine Verurteilung angeführt. Im Jahr 2009 waren es zwei, 2008 drei, 2007 eine Verurteilung.

Beispielsfall: Eine Frau beschließt schon vor der Geburt, ihr Neugeborenes zu töten, und tut dies während der Geburt auch tatsächlich (15 Os 130/03), indem sie es in einen bereits vorher bereitgestellten, mit Wasser gefüllten Kübel fallen lässt (13 Os 124/82 = SSt 53/59). Der Kindesvater hilft ihr dabei.

1 *K/Schr* StudB BT I^2 § 79 Rz 3; *Fabrizy* StGB^{10} § 79 Rz 1; *F/R-K* BT I^3 19; *L/St* StGB^3 § 79 Rz 1; *Moos* in WK^2 § 79 Rz 6.

2 *Moos* in WK^2 § 79 Rz 16.

3 *F/R-K* BT I^3 19.

4 *Fabrizy* StGB^{10} § 79 Rz 1a.

5 *F/R-K* BT I^3 20.

6 *K/Schr* StudB BT I^2 § 79 Rz 5.

II. Tatbestand und Schuld des § 79

Tötung eines Kindes bei der Geburt begeht
- die Mutter,
- die ihr Kind
- während der Geburt oder solange sie unter der Einwirkung des Geburtsvorganges steht,
- tötet.

1. Täterin, Tatopfer

3 § 79 kann nur die Mutter an ihrem eigenen, gerade lebend geborenen[7] Kind begehen. Diese Bestimmung ist somit ein **Sonderdelikt**. Da es sich um eine schuldrelevante Sondereigenschaft handelt (vgl § 14 Abs 2), ist eine Beteiligung nicht möglich; Außenstehende („extranei") haften für Mord. Die Mutter muss aber nicht eigenhändig das Kind töten. Sie kann auch bloße Bestimmungs- oder Beitragstäterin sein,[8] wobei die jeweilige Tathandlung aber im entscheidenden Zeitraum erfolgen muss.[9] In diesem Fall haftet die Mutter nach §§ 12/2 oder 12/3, 79, während der unmittelbar Ausführende nach § 75 zu bestrafen ist.

Die Handlung betrifft nur das eigene, gerade geborene Kind.[10] Irrt sich die Täterin und tötet sie im Glauben, ihr Kind zu töten, unter dem Einfluss des Geburtsvorganges ein fremdes Neugeborenes, ist sie dennoch nach § 79 zu bestrafen.[11] Das ist die Konsequenz daraus, dass es sich hierbei um ein Schuldmerkmal handelt.[12]

2. Subjektiver Tatbestand

4 Die Täterin muss im Hinblick auf den Tod des anderen vorsätzlich handeln. Dolus eventualis genügt auch bei § 79.[13]

Handelt der Täter nur mit Verletzungsvorsatz, kommt eine Strafbarkeit wegen § 83 Abs 1, bei Eintritt eines Todeserfolges wegen § 83 Abs 1 iVm § 86 in Betracht. Für diese Konstellation ist eine strafsatzmindernde Privilegierung nicht vorgesehen. Die Situation ist aber aus der Wertung des § 79 mildernd zu bewerten; darüber hinaus wird wohl die Strafdrohung des § 79 jene des § 86 begrenzen, um ein wenig sachgerechtes (Tötungsvorsatz ist milder bestraft als

---

7 *F/R-K* BT I[3] 19.

8 *F/R-K* BT I[3] 20; *Fabrizy* StGB[10] § 79 Rz 1; *K/Schr* StudB BT I[2] § 79 Rz 28; *Moos* in WK[2] § 79 Rz 13.

9 *Moos* in WK[2] § 79 Rz 35.

10 *Fabrizy* StGB[10] § 79 Rz 1 (nicht ein älteres Kind); *F/R-K* BT I[3] 19; *Moos* in WK[2] § 79 Rz 9.

11 AA *Moos* in WK[2] § 79 Rz 19.

12 Allgemein zu besonderen Schuldmerkmalen etwa *Fuchs* AT[7] 25/1 ff; *Kienapfel/Höpfel* AT[13] Z 15/26 f.

13 HM; *K/Schr* StudB BT I[2] § 79 Rz 12.

Körperverletzungs- oder Misshandlungsvorsatz) und damit gleichheitswidriges Ergebnis zu vermeiden.[14]

3. Während der Geburt oder unter Einwirkung des Geburtsvorganges

Grund für die geringere Strafe ist die herabgesetzte **Schuld**. Die Täterin hat 5

– während der Geburt oder
– unter Einwirkung des Geburtsvorganges

ihr Kind vorsätzlich getötet.

Die Geburt beginnt mit Beginn der Eröffnungswehen bzw beim Kaiserschnitt mit dem Operationsbeginn.[15] Die Geburt endet mit dem Ausstoßen der Nachgeburt.[16] 6

Innerhalb dieses Zeitraumes gilt kraft Gesetzes die Schuld der Mutter als herabgesetzt. Es handelt sich um ein sogenanntes **objektives Schuldmerkmal**:[17] Auswirkungen der Geburt auf die Psyche sind im Einzelfall nicht zu prüfen. Daher greift § 79 auch dann, wenn die Mutter bereits vor der Geburt die Tötung geplant und vorbereitet hat.[18]

Die Mutter kann aber noch nach der Geburt (Rz 6) unter der Einwirkung des Geburtsvorganges stehen. Bei diesem Merkmal handelt es sich somit um ein **subjektives Schuldmerkmal**.[19] Hier gilt es daher im Einzelfall zu prüfen, ob die Tötung des Kindes unter dieser Einwirkung erfolgt ist. 7

4. Beteiligung

Da die Muttereigenschaft und der Geburtsvorgang die Schuld betreffen, kann wegen § 79 nur die Mutter bestraft werden.[20] Alle Übrigen sind wegen Beteiligung am Mord zu bestrafen.[21] So kann es sein, dass die Mutter wegen § 79, der Kindesvater als Bestimmungs- oder Beitragstäter wegen Mordes zu bestrafen 8

---

14 So für den ähnlichen Fall eines Lebensgefährdungsvorsatzes mit Todesfolge (§ 82 Abs 3) *F/R-K* BT I³ 20; *K/Schr* StudB BT I² § 79 Rz 32 („Sperrwirkung des milderen Strafsatzes"). Gegen diesen Ansatz *L/St* StGB³ § 79 Rz 12.

15 Vgl *B/S* BT I¹¹ § 79 Rz 3 und § 96 Rz 3; *Moos* in WK² Vorbem zu §§ 75–79 Rz 12; *L/St* StGB³ § 75 Rz 2. In Deutschland wird beim Kaiserschnitt an die Eröffnung des Uterus angeknüpft, *Schneider* in MK-StGB Vor §§ 211 ff Rz 12.

16 *B/S* BT I¹¹ § 79 Rz 3; *F/R-K* BT I³ 20; *Fabrizy* StGB¹⁰ § 79 Rz 1a; *K/Schr* StudB BT I² § 79 Rz 20; *Moos* in WK² Vorbem zu §§ 75–79 Rz 12, § 79 Rz 26; *L/St* StGB³ § 75 Rz 2; enger *Lewisch* BT I² 21 (vollständiger Kindesaustritt).

17 *B/S* BT I¹¹ § 79 Rz 3; *F/R-K* BT I³ 20; *Lewisch* BT I² 20; *K/Schr* StudB BT I² § 79 Rz 20; *L/St* StGB³ § 79 Rz 5; *Moos* in WK² § 79 Rz 25 ff.

18 *B/S* BT I¹¹ § 79 Rz 4; *Fabrizy* StGB¹⁰ § 79 Rz 1a; *F/R-K* BT I³ 20; *K/Schr* StudB BT I² § 79 Rz 22; *Moos* in WK² § 79 Rz 28 f.

19 *B/S* BT I¹¹ § 79 Rz 3; *F/R-K* BT I³ 20; *Lewisch* BT I² 20; *K/Schr* StudB BT I² § 79 Rz 23; *Moos* in WK² § 79 Rz 30 ff.

20 *F/R-K* BT I³ 20; *B/S* BT I¹¹ § 79 Rz 4; *Lewisch* BT I² 22; *Moos* in WK² § 79 Rz 35.

21 *B/S* BT I¹¹ § 79 Rz 4; *F/R-K* BT I³ 20; *Lewisch* BT I² 20; *K/Schr* StudB BT I² § 79 Rz 27; *L/St* StGB³ § 79 Rz 11; *Moos* in WK² § 79 Rz 35.

ist. § 79 ist zwar ein Sonderdelikt, es setzt aber nicht die eigenhändige Tötung durch die Mutter voraus.[22] Die Mutter kann daher als Bestimmende wegen §§ 12/2, 79 bestraft werden, während der das Kind tötende Kindesvater nach § 75 strafbar ist.

Zentrale Probleme zur Wiederholung: *während der Geburt, unter Einwirkung des Geburtsvorganges.*

Weiterführende Literatur: *Schmoller,* Abschaffung der Sonderregelung für „Kindestötung“? Gössel-FS (2002), 369.

22 *F/R-K* BT I³ 20; *Fabrizy* StGB¹⁰ § 79 Rz 1; *K/Schr* StudB BT I² § 79 Rz 28; *Moos* in WK² § 79 Rz 13.

F. Fahrlässige Tötung (§ 80)

I. Überblick

Fahrlässige Tötung ist das entsprechende Fahrlässigkeitsdelikt zu § 75 und 1
erfasst das **fahrlässige Töten** eines anderen Menschen. Der Täter hat im Tatzeitpunkt gerade keinen Vorsatz, einen anderen zu töten. Ebenso hat er keinen Vorsatz, einen anderen zu misshandeln oder ihn zu verletzen. Andernfalls käme nämlich für den Fall des Todeseintritts nicht § 80, sondern § 86 mit § 83 Abs 1 oder Abs 2 als Grunddelikt zur Anwendung.

Bei § 80 handelt es sich um ein **Erfolgsverursachungsdelikt**.[1] Es gibt an 2
sich keine Beschränkung hinsichtlich der Tötungshandlung: Jede Handlung, die objektiv sorgfaltswidrig ist, kommt als Anknüpfungshandlung in Betracht.

Wie aus dem AT bekannt, ergibt sich die Sorgfaltswidrigkeit aus einem Verstoß gegen das Gesetz, gegen Verkehrsnormen oder aus einem Vergleich mit dem maßgerechten Menschen.[2] Diesbezüglich ist Genauigkeit geboten, insbesondere ist die zwingende Ex-ante-Sicht der Betrachtung einzuhalten. Ein weiterer Schwerpunkt der Strafbarkeitsprüfung ist der Risikozusammenhang (näher dazu AT I).

Als Erfolgsdelikt kann § 80 in Verbindung mit § 2 auch durch **Unterlassen** 3
begangen werden;[3] dies setzt insbesondere Garantenstellung voraus.

§ 80 ist – materiell betrachtet – das **Grunddelikt** zu § 81.[4] 4

Geschütztes **Rechtsgut** ist das **menschliche Leben**.[5] 5

Für die Aburteilung des § 80 ist das Bezirksgericht zuständig. Das Delikt 6
kann nicht diversionell erledigt werden (§ 198 Abs 2 Z 3 StPO; ausgenommen ist ein kleiner Bereich in § 7 JGG). Für das **Jahr 2010** wurden 180 Verurteilungen in der gerichtlichen Kriminalstatistik angeführt.

Ein typischer Bereich für § 80 ist der Straßenverkehr,[6] allerdings ist diese Bestimmung nicht darauf beschränkt.[7]

---

1 *F/R-K* BT I^3 21.

2 *K/Schr* StudB BT I^2 § 80 Rz 14 ff; *L/St* $StGB^3$ § 80 Rz 4 ff; *B/S* BT I^{11} § 80 Rz 3 ff.

3 *Burgstaller* in WK^2 § 80 Rz 13 f; *K/Schr* StudB BT I^2 § 80 Rz 8; *F/R-K* BT I^3 27; *L/St* $StGB^3$ § 80 Rz 2.

4 Nach nahezu einhelliger Ansicht wird § 81 als eigenständiges Delikt angesehen, vgl *Burgstaller* in WK^2 § 81 Rz 4; *F/R-K* BT I^3 27; *L/St* $StGB^3$ § 81 Rz 3.

5 *K/Schr* StudB BT I^2 § 80 Rz 3; *F/R-K* BT I^3 27.

6 *Burgstaller* in WK^2 § 80 Rz 17 f; vgl die Beispiele bei *L/St* $StGB^3$ § 80 Rz 7.

7 Andere Beispiele mit Nachweis bei *Burgstaller* in WK^2 § 80 Rz 37 ff; *L/St* $StGB^3$ § 80 Rz 8 ff.

Beispielsfälle: A fährt zu schnell und kann vor einem Fußgänger auf einem Zebrastreifen nicht rechtzeitig bremsen. Der Fußgänger wird von dem Auto erfasst und stirbt.

Zwei Jugendliche fahren mit derselben Rodel. Beide kennen die Gefahren ungefähr gleich gut, wenn sie die Rodelbahn verlassen und auf der Piste hinunterfahren. Dennoch fahren sie auf der Skipiste. Sie können nicht bremsen, der Hintermann stirbt beim Aufprall auf einen Betonpfeiler (15 Os 68/03 = EvBl 2003/174).

Stefan P verwahrt einen Revolver samt Munition unversperrt in der Wohnung auf dem Schlafzimmerkasten. Seine medikamentensüchtige Ehefrau kann so auf die Waffe zugreifen und erschießt sich (15 Os 102/00).

II. Tatbestand und Schuld des § 80

Fahrlässige Tötung begeht, wer
- einen anderen (Menschen)
- fahrlässig
- tötet.

1. Ein anderer

7 Fahrlässig getötet kann nur ein lebender Mensch werden.[8]

2. Töten

8 Jede im Hinblick auf das Leben **objektiv sorgfaltswidrige** Handlung ist eine geeignete Tötungshandlung (Rz 2).

Typischerweise finden sich **Anwendungsfälle** im Straßenverkehr (zu hohe Geschwindigkeit, nicht ausreichender Seitenabstand),[9] im Arbeitnehmerschutz (keine Schutzhelme; Missachtung von Arbeitszeiten), bei ärztlichen Fehlleistungen, im Baubereich (Verstoß gegen Bauvorschriften zum Schutz von Menschen), bei der Jagd („Erlegen" eines Grundwehrdieners als tragisches Beispiel) usw.[10] § 80 erfasst somit jede Lebenslage.

Die Mitwirkung an **fremder Selbstgefährdung** ist nicht sorgfaltswidrig.[11] Die Abgrenzung zwischen dieser Mitwirkung einerseits und der einvernehmlichen Fremdgefährdung andererseits ist letztlich eine Wertungsfrage und daher nicht immer klar zu beurteilen.[12]

---

8 *Burgstaller* in WK² § 80 Rz 3; *L/St* StGB³ § 80 Rz 1.

9 Vgl die Beispiele bei *L/St* StGB³ § 80 Rz 7.

10 Beispiele mit Nachweis bei *Burgstaller* in WK² § 80 Rz 37 ff; *L/St* StGB³ § 80 Rz 8 ff.

11 *Burgstaller* in WK² § 80 Rz 42; *K/Schr* StudB BT I² § 80 Rz 64 ff; *B/S* BT I¹¹ § 80 Rz 15; *Fuchs* AT I⁷ 33/87.

12 Siehe eingehend dazu *Messner* Strafrechtliche Verantwortung bei riskantem Zusammenwirken von Täter und „Opfer", ZVR 2005, 43.

Verhält man sich selbst sorgfaltsgemäß, darf man auf ein ebensolches Verhalten der anderen vertrauen, solange nicht deren Fehlverhalten eindeutig erkennbar ist oder es sich um (wahrnehmbare) schutzwürdige Personen handelt **(Vertrauensgrundsatz)**.[13] Dieser aus dem Straßenverkehrsrecht stammende Vertrauensgrundsatz wird insbesondere auf Fälle arbeitsteiligen Zusammenwirkens mehrerer angewandt.[14]

Zentrale strafbarkeitseinschränkende Bedeutung kommt der objektiven Er- **9**
folgszurechnung, insbesondere dem Risikozusammenhang, zu. Siehe dazu AT I.

Auf **Schuldebene** hat va die subjektive Sorgfaltswidrigkeit Bedeutung:[15] Der Täter muss geistig und körperlich in der Lage sein, sich objektiv sorgfaltsgemäß zu verhalten. Bezugspunkt ist jene Sorgfaltswidrigkeit, die auf der Ebene des (objektiven) Tatbestandes geprüft wurde. Diese Fähigkeit kann für eine Sorgfaltswidrigkeit fehlen, für eine andere ebenfalls (zeitgleich vorliegende oder früher begangene) Sorgfaltswidrigkeit hingegen zu bejahen sein (Stichwort: Einlassungs- und Übernahmsfahrlässigkeit).[16]

III. Abgrenzung und Konkurrenzen

1. Von der Körperverletzung mit Todesfolge (§ 86) unterscheidet sich § 80 **10**
dadurch, dass bei § 80 der Täter ohne Vorsatz handelt, während er für § 86 Vorsatz auf eine Körperverletzung bzw Misshandlung haben muss (§ 83 Abs 1 bzw Abs 2).

Ist der Tod qualifizierendes Merkmal anderer, nicht auf den Schutz menschlichen Lebens gerichteter Delikte – zB Raub nach § 143 letzter Fall, Vergewaltigung nach § 201 Abs 2, Brandstiftung nach § 169 Abs 3 –, haftet der Täter wegen dieser Qualifikation. § 80 – sofern erfüllt, denn idR handelt es sich um § 86 – wird kraft Spezialität verdrängt.

2. Das Verhältnis zu § 78 ist strittig. Nach der Judikatur ist bei mangelndem **11**
Vorsatz sehr wohl eine Haftung wegen § 80 möglich. Demgegenüber steht beim Selbstmord die Selbstverantwortung des Selbstmörders im Zentrum, sodass es für eine Haftung wegen § 80 an einer objektiven Sorgfaltswidrigkeit fehlt (siehe § 78 Rz 9).

---

13 *Burgstaller* in WK^2 § 80 Rz 27 ff; *K/Schr* StudB BT I^2 § 80 Rz 29 ff; *Fabrizy* StGB^{10} § 80 Rz 9.

14 *K/Schr* StudB BT I^2 § 80 Rz 38 ff; *Burgstaller* in WK^2 § 80 Rz 60.

15 Nach einer im Vormarsch befindlichen Lehrmeinung wird die subjektive Sorgfaltswidrigkeit – gleich dem Vorsatz beim Vorsatzdelikt – als subjektiver Tatbestand auf Tatbestandsebene geprüft, vgl *Moos* in SbgK § 4 Rz 118 ff; *Triffterer* in SbgK § 6 Rz 32 ff; *ders* AT^2 Kap 13 Rz 24 ff.

16 Siehe dazu etwa *Fuchs* AT I^7 26/7.

Zentrale Probleme zur Wiederholung: *Sorgfaltswidrigkeit des Verhaltens, Erfolgszurechnung.*

Weiterführende Literatur: *Messner,* Strafrechtliche Verantwortung bei riskantem Zusammenwirken von Täter und „Opfer", ZVR 2005, 43; *Hinterhofer*, Substitutionsbehandlung und Strafrecht, RdM 2010, 132; *Schmoller*, Verletzung oder Tötung des Gegners im Kampf- und Wettkampfsport: (k)ein Fall des Strafrechts? In Urnik (Hrsg) Sport und Gesundheit in Wirtschaft und Gesellschaft (2007) 191; *Schütz*, Todeseintritt nach einverständlich verabreichter Suchtmittelinjektion, Burgstaller-FS (2004), 177.

G. Fahrlässige Tötung unter besonders gefährlichen Verhältnissen (§ 81)

I. Überblick

Fahrlässige Tötung unter besonders gefährlichen Verhältnissen (§ 81) ist materiell betrachtet eine Qualifikation zu § 80, nach hA aber ein **eigenständiges Delikt**.[1] Unabhängig davon müssen alle Voraussetzungen wie bei § 80 erfüllt sein: objektive Sorgfaltswidrigkeit im Hinblick auf den Todeserfolg, Erfolgszurechnung, Schuld (subjektive Sorgfaltswidrigkeit); zusätzlich werden in den drei Ziffern noch das Handlungsunrecht steigernde Faktoren angeführt, deren Vorliegen für eine Strafbarkeit nach § 81 nötig ist. Ein typischer Bereich für § 81 ist – abgesehen von der Z 3 – der Straßenverkehr.[2] 1

Geschütztes **Rechtsgut** ist das **menschliche Leben**.[3] 2

Für die Aburteilung des § 81 ist das Landesgericht als Einzelrichter (§ 31 Abs 4 Z 1 StPO) zuständig. Das Delikt kann nicht diversionell erledigt werden (§ 198 Abs 2 Z 3 StPO; ausgenommen ist ein kleiner Bereich in § 7 JGG). Für das **Jahr 2010** wurden 48 Verurteilungen in der gerichtlichen Kriminalstatistik gezählt. Auf die Z 1 entfielen 35, auf die Z 2 13 Verurteilungen. Z 3 blieb statistisch gesehen ohne Anwendung. 3

Beispielsfälle: Autorennen am Wiener Ring. Die Kurve bei der Universität schafft A mit einem Tempo von 180 km/h nicht mehr und kracht in den Abgang zur U-Bahn. Dabei tötet er einen Passanten, der dort gerade auf die Straßenbahn gewartet hat.

Nach einem netten Abend mit ein paar Flaschen Bier fährt B nach Hause; alkoholbedingt übersicht er einen Radfahrer und stößt diesen nieder. Der Radfahrer verstirbt an den durch den Unfall erlittenen Verletzungen.

II. Tatbestand des § 81 Abs 1

1. Besonders gefährliche Verhältnisse (Z 1)

Erforderlich ist eine **gesteigerte Gefährlichkeit** der Handlung iS einer außergewöhnlich hohen Wahrscheinlichkeit des Erfolgseintritts (Tod, schwere Verletzung):[4] Diese ist jedenfalls gegeben, wenn der Täter mehrere Sorgfaltswidrigkeiten begeht, die sich im Enderfolg (Tod) ausgewirkt haben **(Mosaik-** 4

1 *Burgstaller* in WK[2] § 81 Rz 4; *F/R-K* BT I[3] 27; *Lewisch* BT I[2] 52; *Fabrizy* StGB[10] § 81 Rz 1; *L/St* StGB[3] § 81 Rz 3.

2 *Lewisch* BT I[2] 57; *K/Schr* StudB BT I[2] § 81 Rz 6.

3 *K/Schr* StudB BT I[2] § 81 Rz 3.

theorie).[5] Zu denken ist etwa an ein Fahren mit überhöhter Geschwindigkeit mit Sommerreifen bei schneebedeckter, nicht gestreuter Fahrbahn.

Sorgfaltswidrigkeiten, die sich nicht im Tod ausgewirkt haben (Risikozusammenhang), bleiben unberücksichtigt.[6]

Die Steigerung der Gefährlichkeit ist aber auch dann gegeben, wenn eine einzige Sorgfaltswidrigkeit derart gefährlich ist, dass von einer erhöhten Unfallwahrscheinlichkeit gesprochen werden muss.[7] Das trifft etwa auf eine Geisterfahrt auf der Autobahn zu.

Ist ein Verhalten an sich schon gesteigert gefährlich, wie etwa Operationen, so sind gefährliche Verhältnisse nur dann gegeben, wenn zusätzlich zur derart normalen Gefährlichkeit weitere Komponenten hinzukommen, die die Erfolgswahrscheinlichkeit noch mehr erhöhen.[8]

Auch auf Schuldebene muss sich die besondere Gefährlichkeit widerspiegeln, nämlich bei der subjektiven Sorgfaltswidrigkeit: Die hohe Gefährlichkeit muss dem Täter erkennbar sein.[9]

5 Umstritten ist, ob sich die gesteigerte Gefährlichkeit – nicht die Zahl der tatsächlich Toten – auf mehr als eine Person beziehen muss. Dies wird zum Teil bejaht, sodass § 81 in dieser Variante nur dann erfüllt ist, wenn mehrere Personen ex ante betrachtet getötet werden könnten.[10] Überwiegend wird dies aber verneint.[11]

6 Alkohol spielt nur dann eine Rolle, wenn auch weitere Faktoren von Bedeutung sind. Andernfalls drohen über Z 1 die Grenzen der Z 2 ausgehöhlt zu werden.[12]

2. Begehung im Minderrausch (Z 2)

7 Z 2 erfasst Fälle, in denen sich der Täter als ersten Akt zunächst durch Alkohol oder andere berauschende Mittel in einen Minderrausch versetzt. Daran anschließend begeht er als zweiten Akt eine fahrlässige Tötung. Im Zeitpunkt des

4 *Burgstaller* in WK[2] § 81 Rz 10; *F/R-K* BT I[3] 28; *B/S* BT I[11] § 81 Rz 2; *Lewisch* BT I[2] 52; *Fabrizy* StGB[10] § 81 Rz 2; *L/St* StGB[3] § 81 Rz 6; *K/Schr* StudB BT I[2] § 81 Rz 10.

5 *Burgstaller* in WK[2] § 81 Rz 12; *F/R-K* BT I[3] 28; *B/S* BT I[11] § 81 Rz 5; *Lewisch* BT I[2] 53; *Fabrizy* StGB[10] § 81 Rz 2; *L/St* StGB[3] § 81 Rz 10; *K/Schr* StudB BT I[2] § 81 Rz 18.

6 *Burgstaller* in WK[2] § 81 Rz 18 ff; *F/R-K* BT I[3] 28; *B/S* BT I[11] § 81 Rz 9; *Lewisch* BT I[2] 55; *L/St* StGB[3] § 81 Rz 15; *K/Schr* StudB BT I[2] § 81 Rz 28.

7 *F/R-K* BT I[3] 28; *B/S* BT I[11] § 81 Rz 4; *Lewisch* BT I[2] 53 (Geisterfahrt auf der Autobahn); *L/St* StGB[3] § 81 Rz 10; *K/Schr* StudB BT I[2] § 81 Rz 20.

8 *K/Schr* StudB BT I[2] § 81 Rz 26.

9 *Burgstaller* in WK[2] § 81 Rz 22; *K/Schr* StudB BT I[2] § 81 Rz 14; *Lewisch* BT I[2] 56. AA *L/St* StGB[3] § 81 Rz 16.

10 *F/R-K* BT I[3] 28.

11 *B/S* BT I[11] § 81 Rz 3; *Lewisch* BT I[2] 55; *Fabrizy* StGB[10] § 81 Rz 2; *L/St* StGB[3] § 81 Rz 7 ff; *K/Schr* StudB BT I[2] § 81 Rz 10.

12 *Burgstaller* in WK[2] § 81 Rz 13; *B/S* BT I[11] § 81 Rz 19; *Lewisch* BT I[2] 52.

Trinkens kann er vorhersehen, dass er eine gefährliche Tätigkeit unternehmen wird.

Für das Berauschen genügt Fahrlässigkeit. An der Fahrlässigkeit fehlt es, wenn dem Täter Alkohol eingeflößt oder versteckt verabreicht wird. Da Menschen normalerweise die Wirkung von Alkohol und anderen berauschenden Mitteln kennen und sich beim Konsum mit diesen Folgen abfinden, erfolgt die Berauschung in der Regel vorsätzlich.

Minderrausch ist ein Rausch, der die Zurechnungsfähigkeit nicht ausschließt. 8
Entscheidend ist, ob der Rausch abstrakt betrachtet gefahrenerhöhend wirkt.[13] Es ist hier nicht erforderlich, dass sich der Rausch im Tötungsdelikt wirklich ausgewirkt hat.[14]

Für den Bereich des Straßenverkehrs ist eine derartige Gefahrensteigerung bei 0,8 Promille unwiderleglich anzunehmen (absolute Fahruntüchtigkeit), darunter dann, wenn die Fahrtüchtigkeit beeinträchtigt ist.[15] Abgesehen vom Straßenverkehr gilt es zu überprüfen, ob die Fähigkeit zur Vornahme der gefährlichen Handlung durch die Berauschung herabgesetzt ist und deren Vornahme dadurch gefährlicher ist.[16]

Der Täter muss im Zeitpunkt des Berauschens **vorhersehen** können, dass er 9
eine gefährliche Tätigkeit unternehmen wird. Sieht er die Vornahme dieser Tätigkeit nicht voraus, kommt dieser qualifizierende Umstand nicht in Betracht. Der Alkohol zählt dann nur als ein Element der Z 1, was aber grundsätzlich voraussetzt, dass andere Faktoren ebenfalls gefahrensteigernd wirken.[17]

Trinkt der Täter zunächst in Unkenntnis der bevorstehenden Tätigkeit und trinkt er nach der Kenntnis weiter, so muss dieser **„Resttrunk"** zu einer merkbaren Verschlechterung führen.[18] Nach der Judikatur genügen dafür aber geringe Mengen.[19]

Die objektive Sorgfaltswidrigkeit liegt hier in der Regel in der Vornahme der gefährlichen Handlung. Verhält sich der Täter völlig korrekt (und reagiert er auch jeweils korrekt), dann begründet allein die Trunkenheit nicht die Strafbarkeit nach § 81.[20] Bei der subjektiven Sorgfaltswidrigkeit wird die Alkoholisierung bei § 81 Abs 1 Z 2 nicht weiter berücksichtigt.[21]

---

13 *F/R-K* BT I^3 29.

14 *F/R-K* BT I^3 30; *B/S* BT I^{11} § 81 Rz 17; *L/St* StGB^3 § 81 Rz 32; *K/Schr* StudB BT I^2 § 81 Rz 85.

15 *Burgstaller* in WK^2 § 81 Rz 47 ff; *F/R-K* BT I^3 29; *B/S* BT I^{11} § 81 Rz 13 f; *Lewisch* BT I^2 58; *Fabrizy* StGB^{10} § 81 Rz 3; *L/St* StGB^3 § 81 Rz 22 ff; *K/Schr* StudB BT I^2 § 81 Rz 60 ff.

16 *Burgstaller* in WK^2 § 81 Rz 44 ff; *F/R-K* BT I^3 29; *L/St* StGB^3 § 81 Rz 28.

17 *Burgstaller* in WK^2 § 81 Rz 13; *B/S* BT I^{11} § 81 Rz 19; *Lewisch* BT I^2 52.

18 *F/R-K* BT I^3 30; *K/Schr* StudB BT I^2 § 81 Rz 72.

19 Dieser mit beachtlichen Argumenten folgend *Lewisch* BT I^2 61.

20 *Burgstaller* in WK^2 § 81 Rz 84; *F/R-K* BT I^3 30; *L/St* StGB^3 § 81 Rz 33; *K/Schr* StudB BT I^2 § 81 Rz 80.

21 *F/R-K* BT I^3 30. Zu Recht kritisch *Lewisch* BT I^2 62 f.

3. Fahrlässige Tötung durch ein gefährliches Tier (Z 3)

10 Z 3 erfasst Fälle, in denen der Täter ein gefährliches Tier hält, verwahrt oder führt und es dadurch zu einer fahrlässigen Tötung kommt. Die Gefährlichkeit des Tieres muss sich in der Tat ausgewirkt haben.[22] Das allein genügt aber nicht: Das Verwahren, Halten oder Führen ist nur dann relevant, wenn es **entgegen einer Rechtsvorschrift** oder einem behördlichen Auftrag erfolgt. Z 3 ist somit – wie beispielsweise die Umweltdelikte – **verwaltungsakzessorisch**.[23] Gibt es keine Verwaltungsvorschrift, ist diese Ziffer nicht erfüllt. Zu den Rechtvorschriften beispielsweise: § 6 oö Polizeistrafgesetz; § 3c Steiermärkisches Landes Sicherheitsgesetz (StLSG).

Fraglich ist, ob bei Fehlen entsprechender Vorschriften nicht nur die Haftung wegen § 81, sondern auch jene wegen § 80 entfällt. Dies ist zu verneinen.[24] Für § 80 kann durchaus an andere Sorgfaltsmaßstäbe angeknüpft werden, die nicht gesetzlich festgelegt sind. § 81 Z 3 mit seiner Verwaltungsakzessorietät regelt die Sorgfaltswidrigkeit nicht abschließend.

11 **Halten** heißt, über dieses Tier verfügen zu können. Halter ist idR der Eigentümer des Tieres. Beim Verwahrer ist das Tier vorübergehend untergebracht.[25] Das Tier führt, wer es gerade in Besitz hat.[26]

Es handelt sich um ein **gefährliches Tier**, wenn ein sachgerechter Umgang schon wegen der typischen Gefahren erforderlich ist und Gefahren nicht erst in Ausnahmesituationen entstehen.[27] Zu denken ist etwa an einen Pitbull-Terrier.[28]

12 § 81 Abs 2 bezieht sich ausschließlich auf Abs 1 Z 3 und betrifft die Frage, wie ein Irrtum über die verwaltungsakzessorische Rechtsvorschrift zu beurteilen ist. Entsprechend der Rechtsvorschrift des § 9 – und daher durchaus im Unterschied zu § 183a – ist die Vorwerfbarkeit der Unkenntnis oder des Irrtums entscheidend. Im Falle der Vorwerfbarkeit von Unkenntnis oder Irrtum haftet der Täter nach § 81 Abs 1 Z 3. Der Vorwurf kann insbesondere darauf begründet werden, dass der Täter von Berufs wegen, wegen seiner Beschäftigung oder nach sonstigen Umständen verpflichtet gewesen wäre, sich mit den maßgeblichen Rechtsvorschriften zu beschäftigen. Der sonstige Vorwurf besteht dann darin, dass jeder andere maßgerechte Mensch in der jeweiligen Situation nicht geirrt hätte, weil der gebotene und normierte Verhaltensmaßstab offensichtlich ist. Verfügt man über ein bekanntermaßen gefährliches Tier, so besteht aus die-

---

22 *Burgstaller* in WK² § 81 Rz 118.

23 *Burgstaller* in WK² § 81 Rz 115 ff; *B/S* BT I¹¹ § 81 Rz 21; *Fabrizy* StGB¹⁰ § 81 Rz 13; *K/Schr* StudB BT I² § 81 Rz 105.

24 *F/R-K* BT I³ 32.

25 *Fabrizy* StGB¹⁰ § 81 Rz 12; *K/Schr* StudB BT I² § 81 Rz 104.

26 *Burgstaller* in WK² § 81 Rz 113; *F/R-K* BT I³ 31; *Fabrizy* StGB¹⁰ § 81 Rz 12; *K/Schr* StudB BT I² § 81 Rz 104.

27 *Burgstaller* in WK² § 81 Rz 111; *F/R-K* BT I³ 31; *Fabrizy* StGB¹⁰ § 81 Rz 11; *K/Schr* StudB BT I² § 81 Rz 103.

28 *F/R-K* BT I³ 31.

sem Grund die Verpflichtung, sich mit den jeweiligen Vorschriften auseinanderzusetzen.

III. Abgrenzung und Konkurrenzen

Es ist durchaus möglich, dass ein Täter sowohl nach Z 1 als auch nach Z 2 echt konkurrierend verurteilt wird.[29] 13

Zentrale Probleme zur Wiederholung: *Besonders gefährliche Verhältnisse, Minderrausch, gefährliches Tier und Verwaltungsakzessorietät.*

Weiterführende Literatur: *Mitgutsch,* Die „Kampfhunderegelung" in § 81 Abs. 1 Z 3 StGB – Ein Fall unnötiger Anlassgesetzgebung? JSt 2005, 111.

29 *Burgstaller* in WK² § 81 Rz 98; *L/St* StGB³ § 81 Rz 42; *Fabrizy* StGB¹⁰ § 81 Rz 10; *K/Schr* StudB BT I² § 81 Rz 46.

II. Verletzungsdelikte

A. Körperverletzung (§ 83)

I. Überblick

1 § 83 ist ein Vorsatzdelikt und enthält zwei sich durch den Vorsatz unterscheidende Grunddelikte:

§ 83 Abs 1 erfasst das **vorsätzliche Verletzen am Körper oder der Gesundheit** eines anderen Menschen. Der Täter hält es im Handlungszeitpunkt zumindest ernstlich für möglich und findet sich damit ab (Eventualvorsatz), dass seine Handlung den anderen Menschen am Körper oder an der Gesundheit schädigt. Abs 1 ist ein reines Vorsatzdelikt und ein **Erfolgsverursachungsdelikt**.[1] Es gibt an sich keine Beschränkung hinsichtlich der Verletzungshandlung: Jede Handlung, die kausal zur Verletzung oder Gesundheitsschädigung führt, kommt als Tathandlung in Betracht; sie muss aber durchaus objektiv sorgfaltswidrig sein,[2] wobei die Sorgfaltswidrigkeit durch das vorsätzliche auf die Körperverletzung oder Gesundheitsschädigung gerichtete Verhalten indiziert ist. Daher ist es nicht erforderlich, die objektive Sorgfaltswidrigkeit genau zu bestimmen. Nur in Ausnahmefällen (zB Beten um das Krankwerden eines anderen) entfällt die Strafbarkeit mangels sorgfaltswidriger Verletzungshandlung.[3]

Wie immer bei Erfolgsverursachungsdelikten sind Kausalität und objektive Zurechnung zu prüfen. Hier gelten die allgemeinen Überlegungen aus dem AT. Die Zurechnung wird aber in der Regel keine Probleme bereiten.

Als Vorsatzdelikt kann § 83 Abs 1 **versucht** werden.[4] Als Erfolgsdelikt kann § 83 in Verbindung mit § 2 auch durch **Unterlassen** begangen werden;[5] dies setzt insbesondere Garantenstellung voraus.

Allfällige Rechtfertigungs- (zB Notwehr) und Entschuldigungsgründe (zB entschuldigender Notstand) sind nach den allgemeinen Regeln zu beurteilen.

2 § 83 Abs 2 erfasst das **vorsätzliche Misshandeln** eines anderen, das fahrlässig eine Körperverletzung oder Gesundheitsschädigung nach sich zieht. § 83 Abs 2 ist somit eine sogenannte eigentliche **Vorsatz-/Fahrlässigkeitskombination**[6] und enthält mit Misshandeln eine Handlungsmodalität. Abs 2 ist somit kein Erfolgsverursachungsdelikt. Misshandeln bedeutet, unter Einwirkung physischer Kraft den anderen in dessen körperlichem Wohlbefinden nicht ganz un-

1 *F/R-K* BT I[3] 33; *Messner* in SbgK § 83 Rz 10.
2 *Burgstaller/Fabrizy* in WK[2] § 83 Rz 19; *F/R-K* BT I[3] 33; *Messner* in SbgK § 83 Rz 33.
3 *Fuchs* AT I[7] 11/5.
4 *B/S* BT I[11] § 83 Rz 10; *L/St* StGB[3] § 83 Rz 23; *Burgstaller/Fabrizy* in WK[2] § 83 Rz 38; *Messner* in SbgK § 83 Rz 71, 90.
5 *Burgstaller/Fabrizy* in WK[2] § 83 Rz 16; *Messner* in SbgK § 83 Rz 93.
6 *Lewisch* BT I[2] 23; *K/Schr* StudB BT I[2] § 83 Rz 63; *Burgstaller/Fabrizy* in WK[2] § 83 Rz 22; *Messner* in SbgK § 83 Rz 13.

erheblich zu beeinträchtigen.[7] Hierauf muss der Täter im Handlungszeitpunkt Eventualvorsatz haben (Misshandlungsvorsatz). Stößt man einen anderen nieder, wird man nicht unbedingt mit Verletzungsvorsatz, ganz sicher aber mit Misshandlungsvorsatz agieren (kleine Rangeleien am Schulhof ausgenommen).[8] Tritt dadurch fahrlässig eine Körperverletzung oder Gesundheitsschädigung ein, haftet der Täter nach § 83 Abs 2 ebenfalls wegen „Körperverletzung".

Auch hier gilt es, Kausalität und objektive Zurechnung zu prüfen. Hier gelten die allgemeinen Überlegungen aus dem AT. Als Vorsatz-/Fahrlässigkeitskombination kann § 83 Abs 2 an sich **nicht versucht** werden (unten Rz 15). Ein schlichtes Unterlassen wird nur selten einer Misshandlung gleichwertig sein, sodass eine Begehung durch Unterlassen – trotz allfälliger Garantenstellung – weitgehend ausgeschlossen ist.

Allfällige Rechtfertigungs- (zB Notwehr) und Entschuldigungsgründe (zB entschuldigender Notstand) sind nach den allgemeinen Regeln zu beurteilen.

§ 83 ist das **Grunddelikt** zu den §§ 84, 85 und 86. Das gilt für beide Absätze. Daher kann auch ein von Vorsatz getragenes Misshandeln, das den Tod eines anderen fahrlässig (§ 7 Abs 2) verursacht, Grundstein für die Haftung nach § 86 sein. 3

Geschütztes **Rechtsgut** ist die **körperliche Integrität** eines anderen.[9] 4

Für die Aburteilung des § 83 ist das Bezirksgericht zuständig. Das Delikt kann diversionell erledigt werden; wegen des geringen Strafrahmens wird die Schuld eher selten als schwer anzusehen sein.[10] Für das **Jahr 2010** wurden 4.713 Verurteilungen wegen § 83 in der gerichtlichen Kriminalstatistik gezählt. 5

Beispielsfälle: Adam schlägt Gustav mit der Faust auf die Nase, die in weiterer Folge für längere Zeit zu bluten beginnt. Herbert stellt Alexander das Bein, der daraufhin stürzt und sich am Asphalt die Handflächen aufschürft.

II. Tatbestand des § 83 Abs 1

Körperverletzung begeht, wer

- einen anderen (Menschen)
- vorsätzlich
- am Körper verletzt oder an der Gesundheit schädigt.

7 *F/R-K* BT I[3] 34; *Lewisch* BT I[2] 27; *Fabrizy* StGB[10] § 83 Rz 4; *L/St* StGB[3] § 83 Rz 14; *K/Schr* StudB BT I[2] § 83 Rz 65; *Burgstaller/Fabrizy* in WK[2] § 83 Rz 23.

8 *Lewisch* BT I[2] 28; *Messner* in SbgK § 83 Rz 42.

9 *K/Schr* StudB BT I[2] Vorbem §§ 83 ff Rz 3; *Messner* in SbgK § 83 Rz 7.

10 *K/Schr* StudB BT I[2] § 83 Rz 57; *Messner* in SbgK § 83 Rz 105.

1. Körperverletzung

6 **Körperverletzungen** sind nicht ganz unerhebliche Eingriffe in die **körperliche Integrität**.[11] Zu nennen sind zB: Wunden, Schwellungen, Verstauchungen, Verrenkungen, Brüche, sonstige Läsionen, Lockerung der Zähne.[12]

7 **Minimale** Hautabschürfungen und alsbald vorübergehende Hautrötungen sind Bagatellen, die unter normativen Gesichtspunkten nicht von den Körperverletzungsdelikten erfasst sind.[13] Im Einzelfall ist hier aber viel strittig: So ist etwa der Stich mit einer Injektionsnadel nach dem OGH eine Körperverletzung, nach der Lehre hingegen nicht.[14]

2. Gesundheitsschädigung

8 **Gesundheitsschäden** sind körperliche oder seelische **Funktionsstörungen**, die Krankheitswert im medizinischen Sinn besitzen.[15] Zu nennen sind zB: Infektionen mit Salmonellen, Hepatitis, Schockzustände, Vergiftungen (auch durch Medikamente), HIV-Infektion, auch wenn die Krankheit noch nicht ausgebrochen ist.[16] Ob das Verabreichen von Schlafmitteln und Abführmitteln und deren Folgen derartige Schäden sind, ist strittig.[17]

9 **Schmerzen** wurden nach der alten Judikatur als Gesundheitsschädigung angesehen, wenn sie anhaltend sind, auch wenn sie nur zeitweise auftreten (etwa Kopfschmerzen bei einer Drehbewegung), und als Leiden empfunden werden.[18] Folgende Beispiele finden sich hier in der Judikatur: Kopfschmerzen nach heftigen Schlägen mit einem Polster[19] oder nach einem Stoß gegen einen Fensterrahmen sowie Halsschmerzen nach einem Würgegriff,[20] Bauchschmerzen nach einem Stoß in den Unterleib.

---

11 *F/R-K* BT I^{3} 22; *Burgstaller/Fabrizy* in WK^{2} § 83 Rz 6; *B/S* BT I^{11} § 83 Rz 1; *Lewisch* BT I^{2} 23; *Fabrizy* StGB^{10} § 83 Rz 2; *L/St* StGB^{3} § 83 Rz 5; *Messner* in SbgK § 83 Rz 46.

12 *Burgstaller/Fabrizy* in WK^{2} § 83 Rz 6; *Lewisch* BT I^{2} 24; *B/S* BT I^{11} § 83 Rz 1; *Fabrizy* StGB^{10} § 83 Rz 2; *L/St* StGB^{3} § 83 Rz 5; *K/Schr* StudB BT I^{2} § 83 Rz 6; *Messner* in SbgK § 83 Rz 47; SSt 48/62.

13 *B/S* BT I^{11} § 83 Rz 2; *Lewisch* BT I^{2} 25; *K/Schr* StudB BT I^{2} § 83 Rz 9; *Messner* in SbgK § 83 Rz 49.

14 12 Os 63/01 (es wurde Suchtmittel injiziert); *K/Schr* StudB BT I^{2} § 83 Rz 9.

15 *F/R-K* BT I^{3} 22; *Lewisch* BT I^{2} 23, 25; *L/St* StGB^{3} § 83 Rz 9; *K/Schr* StudB BT I^{2} § 83 Rz 15; *Messner* in SbgK § 83 Rz 53. Gegen seelische Leiden *B/S* BT I^{11} § 83 Rz 4 und *Messner* in SbgK § 83 Rz 63. Hier ist jedenfalls Zurückhaltung geboten.

16 *F/R-K* BT I^{3} 22; *Lewisch* BT I^{2} 26; *K/Schr* StudB BT I^{2} Vorbem §§ 83 ff Rz 7; *Burgstaller/Fabrizy* in WK^{2} § 83 Rz 11; *Messner* in SbgK § 83 Rz 54.

17 Eher bejahend, jedenfalls bei tiefer Bewusstlosigkeit, *F/R-K* BT I^{3} 22. Bei lindem Abführmittel als Bagatelle bezeichnend *Lewisch* BT I^{2} 26; § 83 verneinend *K/Schr* StudB BT I^{2} § 83 Rz 12. Bei Schlafmittel ablehnend *B/S* BT I^{11} § 83 Rz 3; *K/Schr* StudB BT I^{2} § 83 Rz 65; *Messner* in SbgK § 83 Rz 44.

18 SSt 53/35.

19 SSt 53/35.

20 SSt 60/35.

Nach neuerer Judikatur[21] stellen Schmerzen nur das Indiz für das Vorliegen einer Gesundheitsschädigung dar. Entscheidend ist, ob es zu einer Verschlechterung des Gesundheitszustandes gekommen ist. Die bloße Aufrechterhaltung eines Schmerzzustandes genügt nicht.[22]

Jede im Hinblick auf die körperliche Integrität objektiv sorgfaltswidrige Handlung ist eine geeignete Tathandlung.[23] 10

3. Subjektive Tatseite

Der Täter muss im Handlungszeitpunkt das Herbeiführen der Körperverletzung oder Gesundheitsschädigung in seinen **Vorsatz** aufgenommen haben. Es genügt Eventualvorsatz.[24] Handelt der Täter bloß mit Misshandlungsvorsatz, kommt eine Strafbarkeit nach § 83 Abs 2 in Betracht. 11

III. Tatbestand des § 83 Abs 2

Körperverletzung begeht auch, wer

- einen anderen (Menschen)
- vorsätzlich
- am Körper misshandelt
- und dadurch fahrlässig verletzt oder an der Gesundheit schädigt.

1. Misshandeln als Tathandlung

Der Täter muss auf den Körper des anderen mit pysischer Kraft einwirken, nur dann kann von einem Misshandeln gesprochen werden. Diese Einwirkung muss das körperliche Wohlbefinden des anderen nicht ganz unerheblich beeinträchtigen.[25] 12

Zu nennen sind Stöße, Ohrfeigen, Umwerfen, Beinstellen.[26] Das Bewerfen mit Eiern oder das Bespritzen mit Wasser genügt nicht.[27]

---

21 SSt 62/41; *Lewisch* BT I² 25; *Burgstaller/Fabrizy* in WK² § 83 Rz 12; *K/Schr* StudB BT I² § 83 Rz 10; *L/St* StGB³ § 83 Rz 10; *Messner* in SbgK § 83 Rz 50; *Fabrizy* StGB¹⁰ § 83 Rz 3; kritisch *Schmoller*, Schmerztherapie und Palliativmedizin: Rechtliche Aspekte 302 f.

22 *Lewisch* BT I² 25; *K/Schr* StudB BT I² § 83 Rz 17.

23 *Burgstaller/Fabrizy* in WK² § 83 Rz 19; *F/R-K* BT I³ 33; *Messner* in SbgK § 83 Rz 33.

24 HM: *F/R-K* BT I³ 34; *Burgstaller/Fabrizy* in WK² § 83 Rz 17; *Messner* in SbgK § 83 Rz 69.

25 *F/R-K* BT I³ 34; *Lewisch* BT I² 27; *Burgstaller/Fabrizy* in WK² § 83 Rz 23; *K/Schr* StudB BT I² § 83 Rz 65; *Fabrizy* StGB¹⁰ § 83 Rz 4; *L/St* StGB³ § 83 Rz 14; *Messner* in SbgK § 83 Rz 39. Enger *B/S* BT I¹¹ § 83 Rz 7: Schmerzen oder schwere Übelkeit zufügen.

26 HM, zB *L/St* StGB³ § 83 Rz 14; *K/Schr* StudB BT I² § 83 Rz 65; *Burgstaller/Fabrizy* in WK² § 83 Rz 23; *Messner* in SbgK § 83 Rz 40.

27 Ebenso eher verneinend *F/R-K* BT I³ 34; *Lewisch* BT I² 28.

2. Erfolg

13 Die Misshandlung muss fahrlässig zu einer Körperverletzung (Rz 6) oder Gesundheitsschädigung (Rz 8) geführt haben.

3. Subjektive Tatseite

14 Der Täter muss im Handlungszeitpunkt Eventualvorsatz auf das Misshandeln haben. Auf die Folgen seiner Misshandlung (Körperverletzung, Gesundheitsschädigung) braucht er keinen Vorsatz zu haben; hat er Vorsatz darauf, haftet er nach Abs 1!

Bezüglich der Folgen muss Fahrlässigkeit vorliegen. Die objektive Sorgfaltswidrigkeit liegt in der Misshandlung begründet.[28] Der Enderfolg muss dieser Misshandlung objektiv zurechenbar sein.[29]

4. Versuch des § 83 Abs 2

15 Tritt der Erfolg nicht ein, haftet der Täter nicht wegen Versuchs nach § 83 Abs 2, da sich sein Vorsatz nur auf die Misshandlung bezogen hat. Handelt er mit Verletzungsvorsatz, kommt ein Versuch nach § 83 Abs 1 in Betracht. Bei Abs 2 hat der Täter – und das ist das entscheidende Abgrenzungsmerkmal – keinen Vorsatz auf den Enderfolg. Daher kann er auch Abs 2 nicht versuchen. Das Misshandeln allein ist zu wenig. Allenfalls kommt eine Strafbarkeit nach § 115 in Betracht.[30]

16 Strittig ist die Situation, wenn der Täter versucht, das Opfer zu misshandeln, dieses der Misshandlung ausweicht und sich beim Ausweichen verletzt. Hier ist der Erfolg (Körperverletzung, Gesundheitsschädigung) zwar eingetreten, aber der Täter hat die Handlungsmodalität des Misshandelns nicht erfüllt, sondern bloß versucht. Die Versuchssituation bezieht sich somit nicht auf den Taterfolg, sondern auf die Tathandlung.

17 Zum Teil wird hier dennoch eine Vollendungshaftung angenommen,[31] obwohl der Täter gerade nicht auf den Körper eingewirkt hat.[32] Zum Teil wird – mE zu Recht – eine Versuchshaftung nach §§ 15, 83 Abs 2 vertreten,[33] da die Verletzung der versuchten Misshandlung zugerechnet wird. Ähnlich ist hier der – allerdings völlig unumstrittene – Fall, dass bei einem Raub bereits der Todeserfolg durch die Gewaltausübung eintritt, der Räuber in weiterer Folge aber nichts wegnimmt: versuchtes Grunddelikt (§ 142) bei vollendeter Todesqualifikation (§ 143). Dasselbe wird auch hier angenommen, nur dass es sich allein

---

28 *F/R-K* BT I³ 34.
29 *Lewisch* BT I² 29.
30 *F/R-K* BT I³ 34.
31 *Lewisch* BT I² 30; *B/S* BT I¹¹ § 83 Rz 10.
32 Kritik etwa bei *Burgstaller/Fabrizy* in WK² § 83 Rz 38.
33 *K/Schr* StudB BT I² § 83 Rz 77; *L/St* StGB³ § 83 Rz 23; *Messner* in SbgK § 83 Rz 92.

um ein Grunddelikt handelt. Bei dieser Lösung werden eigentliche und uneigentliche Vorsatz-/Fahrlässigkeitskombinationen gleich behandelt.

Schließlich wird vertreten, dass der Erfolg der versuchten Misshandlung nicht zugerechnet werden kann, weshalb eine Strafbarkeit nach §§ 15, 83 Abs 2 ausscheidet.[34] Allerdings ist die versuchte Misshandlung ein objektiv sorgfaltswidriges Verhalten iSd § 88, und hier ist der Erfolg sehr wohl dem Verhalten zurechenbar, da der Schutzzweck der Norm (Risikozusammenhang) bei § 88 anders zu beurteilen ist als beim Misshandeln des § 83 Abs 2. Nach dieser Meinung haftet der Täter nach § 88. 18

IV. Ärztliche Heilbehandlung

Der Begriff der Heilbehandlung kommt in zweierlei Richtung vor: einerseits unter dem Aspekt des Eingriffs in die körperliche Integrität (Haftung nach § 83), andererseits im Zusammenhang mit dem Selbstbestimmungsrecht des Patienten (Haftung nach § 110). 19

Heilbehandlungen sind alle ärztlichen Eingriffe[35] und Behandlungen, die aufgrund einer medizinischen Indikation vorgenommen werden, um Krankheiten (siehe dazu auch § 120 ASVG), Leiden, Körperschäden usw zu erkennen, zu heilen und zu lindern.[36] Erfasst sind daher diagnostische,[37] heilende und auch vorbeugende Maßnahmen. § 110 geht nach hA[38] im Übrigen weiter und erfasst auch Fälle, die keine Heilbehandlung sind.

Keine Heilbehandlung sind zB: Piercing, kosmetische Operationen (sofern sie nicht medizinisch indiziert sind, wie etwa Klumpfuß, Schielaugen) und Sterilisationen sowie Kastration (diese kann nur bei Hodenkrebs eine Heilbehandlung sein), Entnahme von Organen,[39] In-vitro-Fertilisation (ist auf die Schaffung eines Menschen gerichtet und daher keine Heilbehandlung).[40] 20

Führt der Arzt eine „Blinddarmoperation" durch, verletzt er ua die Haut. Dem Patienten geht es nach der Operation auch nicht so besonders gut. Oberflächlich könnte an eine Körperverletzung gedacht werden, die allenfalls durch Einwilligung gerechtfertigt ist. Aber es ist fraglich, ob eine derartige oder andere Operationen, die auf die Heilung des Menschen gerichtet sind, wirklich den Tatbestand des § 83 erfüllen. Diese Frage wird unter dem Titel „Ärztliche Heilbehandlung" abgehandelt: 21

---

34 *Burgstaller/Fabrizy* in WK² § 83 Rz 38.

35 Dem Arzt sind hier Hilfspersonen im Rahmen ihrer (zulässigen) Hilfstätigkeit gleichgestellt.

36 *K/Schr* StudB BT I² § 83 Rz 25; *Burgstaller/Fabrizy* in WK² § 83 Rz 30; SSt 14/47.

37 SSt 13/72; SSt 30/46.

38 Vgl etwa *F/R-K* BT I³ 82 f.

39 *Burgstaller/Fabrizy* in WK² § 83 Rz 31.

40 *K/Schr* StudB BT I² § 83 Rz 32.

22 Die Heilbehandlung im Zusammenhang mit dem Eingriff in die körperliche Identität wird entweder als Tatbestandsausschließungsgrund im Hinblick auf die §§ 83 ff betrachtet[41] oder als Rechtfertigungsgrund eigener Art.[42] Alle anderen außerhalb dieses Begriffs liegenden körperlichen Eingriffe erfüllen den Tatbestand der vorsätzlichen Körperverletzung gemäß § 83. In diesen Fällen wird aber idR eine Einwilligung des Verletzten vorliegen (§ 90), der als Rechtfertigungsgrund der Strafbarkeit entgegensteht.

23 Dogmatisch wird für die Heilbehandlung eine „Tatbestandslösung" (Rz 24) einerseits und eine „Rechtfertigungslösung" andererseits vertreten. Dieser Streit ist primär eine Wertungsfrage (Operation als Körperverletzung; Heilen ist das Gegenteil von Verletzen) und könnte sich – dann allerdings in verfehlter Weise – allenfalls bei der Einordnung des § 8 im Zusammenhang mit der Beteiligung auswirken.

Bei der **Rechtfertigungslösung** erfüllt die Heilbehandlung den Tatbestand der vorsätzlichen Körperverletzung, es liegt aber in der ärztlichen Heilbehandlung ein eigener – von der Frage einer Einwilligung völlig unabhängiger – Rechtfertigungsgrund für die vorsätzliche Körperverletzung vor.[43] Vorausgesetzt ist, dass die Maßnahme medizinisch indiziert ist, wofür ex ante betrachtet eine überwiegende Chance auf eine Verbesserung des Gesundheitszustandes erforderlich ist, und dass sie lege artis durchgeführt wird.[44] Auch dies ist ex ante zu beurteilen.

Die Rechtfertigung ist von der Einwilligung unabhängig, sie greift auch, wenn sich der Patient dagegen ausgesprochen hat.[45] Daran ändert sich nichts, wenn im Zuge der Heilbehandlung ein Fehler passiert. Der Arzt kann sich deswegen nicht gemäß § 83 strafbar machen, da er für das korrekte Verhalten gerechtfertigt ist. Sehr wohl ist aber eine Fahrlässigkeitshaftung möglich.

24 Nach überwiegender Meinung **entfällt** hingegen bei der ärztlichen Heilbehandlung bereits der **Tatbestand**.[46] Auch diese Lösung ist unabhängig vom Vorliegen einer Einwilligung. Die Voraussetzungen sind dieselben wie bei der Rechtfertigungslösung: Die Maßnahme muss medizinisch indiziert sein und lege artis durchgeführt werden. Sie muss von einem Arzt bzw in beschränktem Rahmen von diesem gleichgestelltem Personal vorgenommen werden.

Beim Nicht-Arzt liegt keine ärztliche Heilbehandlung vor; dieser benötigt eine Einwilligung, um durch § 90 gerechtfertigt zu sein.[47]

---

41 *K/Schr* StudB BT I² § 83 Rz 25; *B/S* BT I¹¹ § 83 Rz 1; *Lewisch* BT I² 26; *L/St* StGB³ § 83 Rz 21; *Burgstaller/Fabrizy* in WK² § 83 Rz 30.

42 *F/R-K* BT I³ 41.

43 *F/R-K* BT I³ 41.

44 *F/R-K* BT I³ 41; *K/Schr* StudB BT I² § 83 Rz 28 ff.

45 *F/R-K* BT I³ 41. Bei mangelnder Einwilligung ist aber eine Strafbarkeit nach § 110 zu prüfen.

46 *K/Schr* StudB BT I² § 83 Rz 25; *B/S* BT I¹¹ § 83 Rz 1; *Lewisch* BT I² 26; *L/St* StGB³ § 83 Rz 21; *Burgstaller/Fabrizy* in WK² § 83 Rz 30.

47 *K/Schr* StudB BT I² § 83 Rz 29.

V. Abgrenzung und Konkurrenzen

1. § 83 ist im Verhältnis zu den §§ 84, 85 und 86 das Grunddelikt; die genannten Delikte unterscheiden sich im Wesentlichen durch den qualifizierten Erfolg vom Grunddelikt. 25

2. Knüpft ein Delikt an die Vornahme von Gewalt an (zB § 142), so liegt darin jedenfalls eine Misshandlung. § 83 wird von derartigen Gewaltdelikten verdrängt. Üblicherweise finden sich in derartigen Fällen auch Qualifikationen hinsichtlich der Körperverletzung (vgl § 143), sodass die §§ 83 ff von diesen Delikten zur Gänze verdrängt werden.[48] 26

Zentrale Probleme zur Wiederholung: *Körperverletzung, Gesundheitsschädigung, Bagatellen, Vorsatz auf Verletzung (Abs 1) oder auf Misshandlung (Abs 2).*

Weiterführende Literatur: *Schmoller*, Schmerztherapie und Palliativmedizin: Rechtliche Aspekte in Bernatzky/Sittl/Likar (Hrsg), Schmerzbehandlung in der Palliativmedizin[3] (2012) 301.

48 *Lewisch* BT I[2] 27; *Fabrizy* StGB[10] § 83 Rz 5; *Burgstaller/Fabrizy* in WK[2] § 83 Rz 45.

B. Schwere Körperverletzung (§ 84)

I. Überblick

1 § 84 enthält drei Arten von Qualifikationen zu § 83 Abs 1 und Abs 2. § 84 Abs 1 ist eine **Erfolgsqualifikation**,[1] daher genügt gemäß § 7 Abs 2 Fahrlässigkeit. In der Erfüllung des Grunddeliktes (§ 83 Abs 1 oder Abs 2) liegt die objektive Sorgfaltswidrigkeit.[2] Hat der Täter weder mit Verletzungs- noch mit Misshandlungsvorsatz gehandelt, ist fahrlässige schwere Körperverletzung nach § 88 Abs 4 zu prüfen.

Abs 2 enthält qualifizierende **Handlungsmodalitäten**,[3] daher ist Vorsatz darauf erforderlich (§ 7 Abs 1). An sich sind diese Handlungsmodalitäten auch auf § 83 Abs 2 anwendbar, idR wird aber gerade beim Einsatz eines lebensgefährlichen Mittels wohl Verletzungsvorsatz vorliegen.[4]

Abs 3 enthält eine Art **Zusammenrechnungsregel**.[5] Da erhebliche Gewalt verlangt ist, wird sich § 84 Abs 3 weitgehend wohl nur auf § 83 Abs 1 beziehen.

2 Entscheidend bei Abs 1 ist nicht nur der schwere Verletzungserfolg, sondern auch die objektive Zurechnung. Bei Handeln mit Misshandlungsvorsatz kann im schweren Erfolg eine überschwere Folge der Tat liegen, was aber in der Regel nicht der Fall ist.[6]

3 **Versuch** des § 84 Abs 1 könnte geprüft werden, wenn der Täter Vorsatz auf die schwere Verletzung hat, die Folgen aber nicht eintreten. Da es sich bei § 84 um eine Erfolgsqualifikation handelt, ist es strittig, ob ein Versuch möglich ist.[7]

Bei § 84 Abs 2 ist ein Versuch problemlos möglich:[8] Der Täter will dem Opfer mit einem lebensgefährlichen Mittel eine Körperverletzung zufügen, es gelingt ihm nicht. Der Täter will den Polizisten verletzen, dieser kann ausweichen.

---

1 *F/R-K* BT I^3 35; *Lewisch* BT I^2 30; *L/St* $StGB^3$ § 84 Rz 10; *Messner* in SbgK § 84 Rz 9; *Burgstaller/Fabrizy* in WK^2 § 84 Rz 4, 29; *K/Schr* StudB BT I^2 § 84 Rz 3. Nach *K/Schr* StudB BT I^2 § 84 Rz 10 f enthält der Fall der an sich schweren Verletzung bzw Gesundheitsschädigung auch (!) eine Deliktsqualifikation, für die Vorsatz erforderlich ist. Diese Einzelmeinung ist vor dem Hintergrund des Meinungsstreites über den Versuch (Rz 3) zu sehen.

2 *Burgstaller/Fabrizy* in WK^2 § 84 Rz 30; *F/R-K* BT I^3 35.

3 *Burgstaller/Fabrizy* in WK^2 § 84 Rz 4; *F/R-K* BT I^3 35; *Lewisch* BT I^2 31; *Messner* in SbgK § 84 Rz 10.

4 *Messner* in SbgK § 84 Rz 94.

5 *Burgstaller/Fabrizy* in WK^2 § 84 Rz 80; *Messner* in SbgK § 84 Rz 85.

6 Vgl dazu etwa *Burgstaller/Fabrizy* in WK^2 § 84 Rz 32 ff; *Messner* in SbgK § 84 Rz 62 ff.

7 Dazu *Fuchs* AT I^7 28/26. Verneinend *B/S* BT I^{11} § 84 Rz 7; *Fabrizy* $StGB^{10}$ § 84 Rz 23; *Messner* in SbgK § 84 Rz 106; *Burgstaller/Fabrizy* in WK^2 § 84 Rz 38. Bejahend *L/St* $StGB^3$ § 84 Rz 37. Da nach *K/Schr* StudB BT I^2 § 84 Rz 10 § 84 Abs 1 auch eine Deliktsqualifikation enthält, ist diesbezüglich Versuch konsequenterweise möglich, *K/Schr* StudB BT I^2 § 84 Rz 22.

8 *F/R-K* BT I^3 37; *B/S* BT I^{11} § 84 Rz 14; *Lewisch* BT I^2 31; *L/St* $StGB^3$ § 84 Rz 39; *Fabrizy* $StGB^{10}$ § 84 Rz 24; *Messner* in SbgK § 84 Rz 107.

Bei § 84 Abs 3 ist ein Versuch ausgeschlossen,[9] da es sich um eine Zusammenrechnungsregel handelt.

Geschütztes **Rechtsgut** ist die **körperliche Integrität**.[10] 4

Für die Aburteilung des § 84 ist der Einzelrichter am Landesgericht zuständig (§ 31 Abs 4 Z 1 StPO). Das Delikt kann diversionell erledigt werden, sofern die Schuld des Täters nicht als schwer anzusehen ist (§ 198 Abs 2 Z 2 StPO), was im Einzelfall zu beurteilen ist.[11] Naheliegender ist diese Reaktion, wenn der Täter mit Misshandlungsvorsatz handelt. Für das **Jahr 2010** wurden 1.069 Verurteilungen in der gerichtlichen Kriminalstatistik gezählt. 5

Beispielsfälle: Alexander stößt Robert heftig zu Boden. Beim Zu-Boden-Fallen bricht sich Robert das linke Handgelenk (Radius). Nachdem Student Franz durchgefallen ist, schlägt er den Prüfer nieder, der leichte Verletzungen erleidet. Aus Ärger über einen Prozessverlust schlägt Herbert einen gegen ihn aussagenden Zeugen nieder.

II. Tatbestand des § 84 Abs 1

Vorausgesetzt ist die Erfüllung des § 83 Abs 1 oder Abs 2. Als Qualifikation ist sodann § 84 Abs 1 zu prüfen, wofür Fahrlässigkeit genügt (§ 7 Abs 2). In der Erfüllung des Grunddeliktes liegt die objektive Sorgfaltswidrigkeit.[12] Eingehend sind sodann Kausalität und vor allem die objektive Zurechnung zu prüfen. Die schweren Folgen könnten als überschwere Folgen dem Täter nicht zurechenbar sein.[13] 6

Zu unterscheiden sind drei Fälle: Die Körperverletzung oder Gesundheitsschädigung ist an sich schwer, die Gesundheitsschädigung dauert länger als 24 Tage, oder die durch die Verletzung oder Schädigung bedingte Berufsunfähigkeit dauert länger als 24 Tage.

Ob eine Körperverletzung oder Gesundheitsschädigung **an sich schwer** ist, ist oft eine Einzelfallentscheidung, die anhand ua der Wichtigkeit des Organs, der Gefährlichkeit der Verletzung und des Ausmaßes der Krankheitserscheinung getroffen wird.[14] Folgende Beispiele finden sich in der Judikatur: 7

9 *L/St* StGB[3] § 84 Rz 40.

10 *Messner* in SbgK § 84 Rz 6.

11 *Messner* in SbgK § 84 Rz 121; *Burgstaller/Fabrizy* in WK[2] § 84 Rz 90; *K/Schr* StudB BT I[2] § 84 Rz 55.

12 *Burgstaller/Fabrizy* in WK[2] § 84 Rz 30; *F/R-K* BT I[3] 35.

13 Vgl dazu etwa *Burgstaller/Fabrizy* in WK[2] § 84 Rz 32 ff; *Messner* in SbgK § 84 Rz 62 ff.

14 *F/R-K* BT I[3] 26; *Burgstaller/Fabrizy* in WK[2] § 84 Rz 17; *Lewisch* BT I[2] 35; *L/St* StGB[3] § 84 Rz 7; *Fabrizy* StGB[10] § 84 Rz 4; *Messner* in SbgK § 84 Rz 48; *K/Schr* StudB BT I[2] § 84 Rz 12. Auf Lebensgefahr abstellend *B/S* BT I[11] § 84 Rz 4.

Die **Körperverletzung** ist an sich schwer bei: Eröffnung größerer Blutgefäße, Oberschenkeldurchschuss, Lungenstich, Bauchstich, Dickdarmperforation, Nasenbeintrümmerbruch, Schlüsselbeinbruch, Bruch des Mittelgliedes des Zeigefingers wie überhaupt bei den meisten Knochenbrüchen.[15]

Hingegen wurde eine an sich schwere Verletzung verneint bei unkompliziertem Rippenbruch, Fraktur des Grundgliedes der 3. Zehe (anders, dh § 84 bejahend, bei Bruch der Großzehe) und bei einem nicht verschobenen Nasenbeinbruch.[16]

8 Bei **Gesundheitsschädigungen** wird § 84 Abs 1 in dieser Variante zB bejaht bei akut drohendem Verbluten oder Ersticken, bleibendem Hirnschaden, anhaltenden Lähmungserscheinungen, lebensgefährlichem Fieberzustand, HIV, Lungenentzündung.[17]

9 Bei einer **Gehirnerschütterung** ist die Qualifikation (an sich schwer) erfüllt, wenn sie mit Bewusstlosigkeit und retrograder Amnesie (oder mehrfachem Erbrechen) verbunden ist.[18]

Bei **Zahnverlust** ist die Qualifikation zu bejahen, wenn zwei Schneidezähne betroffen sind, sonst kommt es darauf an, ob die Kau- und Beißfunktion beeinträchtigt ist.[19]

10 Eine **länger als 24 Tage** (über der Bagatelle liegende) dauernde **Gesundheitsschädigung** liegt zB vor aufgrund der nötigen Tragedauer des Gipses[20] oder einer Kieferspange.[21]

11 Eine **länger als 24 Tage dauernde Berufsunfähigkeit** tritt ein, wenn der Verletzte nicht in der Lage ist, den wesentlichen Anforderungen seines Berufes ohne Gefährdung des weiteren Heilungsverlaufes und ohne zumutbare Erschwernisse zu genügen.[22]

---

15 *F/R-K* BT I³ 26; *L/St* StGB³ § 84 Rz 8; *K/Schr* StudB BT I² § 84 Rz 12; *Fabrizy* StGB¹⁰ § 84 Rz 11 ff; *Messner* in SbgK § 84 Rz 50 ff. Knochenbrüche generell aus der an sich schweren Verletzung ausnehmend *B/S* BT I¹¹ § 84 Rz 5.

16 *F/R-K* BT I³ 26; *L/St* StGB³ § 84 Rz 8.

17 *Lewisch* BT I² 36.

18 *F/R-K* BT I³ 26; *L/St* StGB³ § 84 Rz 9; *Burgstaller/Fabrizy* in WK² § 84 Rz 23; *K/Schr* StudB BT I² § 84 Rz 15.

19 *F/R-K* BT I³ 26; *Lewisch* BT I² 36; *L/St* StGB³ § 84 Rz 8; *Burgstaller/Fabrizy* in WK² § 84 Rz 22; *K/Schr* StudB BT I² § 84 Rz 16. AA mangels Lebensgefahr *B/S* BT I¹¹ § 84 Rz 5.

20 *F/R-K* BT I³ 25; *B/S* BT I¹¹ § 84 Rz 3; *L/St* StGB³ § 84 Rz 5. Zur Vorsicht mahnend *Kienapfel*, der Vorsorgemaßnahmen zumindest zT herausrechnen möchte.

21 SSt 48/62: Lockerung der Zähne plus fünf Wochen Kieferspange mit Einschränkungen bei der Nahrungsaufnahme; *F/R-K* BT I³ 25.

22 *Burgstaller/Fabrizy* in WK² § 84 Rz 12; *Messner* in SbgK § 84 Rz 40; *Fabrizy* StGB¹⁰ § 84 Rz 2.

Beispiele aus der Judikatur in diesem Zusammenhang: Schmerzen beim längeren Sitzen (Schneiderin) genügt nicht für Berufsunfähigkeit.[23] Ebenso nicht Befreiung des Schülers vom Turnunterricht,[24] anders, wenn er nicht im Unterricht mitschreiben kann.[25] Bruch eines Fingers kann (Musiker), muss aber nicht zur Berufsunfähigkeit führen.

Hinsichtlich der **Berechnung** ist die Dauer nicht mit der Heilungsdauer oder mit der Dauer des Krankenstandes[26] ident. Maßgebend ist, wann die Krankheitserscheinungen (Funktionsausfälle, Schmerzen, Fieber) im Wesentlichen abgeklungen sind (Fortbestand der pathologischen Veränderungen).[27] Das ist eine Rechtsfrage, die natürlich unter der Mithilfe eines Sachverständigen entschieden wird. Der Tag der Verletzung wird nicht mitgezählt.[28] 12

Zum Verhältnis der einzelnen Fälle der Z 1 siehe Rz 20.

III. Tatbestand des § 84 Abs 2

Das **Mittel** (Z 1) muss abstrakt lebensgefährlich sein (Messer, Waffen, Werkzeuge) und – kumulativ – konkret lebensgefährlich eingesetzt werden.[29] Allerdings wird dieser Ausgangspunkt nicht immer so streng durchgehalten.[30] 13

Zu denken ist an Hieb-, Stich- und Schusswaffen, aber auch Werkzeuge, die sodann konkret lebensgefährlich eingesetzt werden, was bei einem Bauchstich oder einem Kopfschuss der Fall ist.[31] Allerdings wurden in der Judikatur bereits eine Krawatte, eine Schaumweinflasche und ein Weißweinglas für diese Ziffer herangezogen, wenn sie konkret lebensgefährlich eingesetzt wurden.[32] Die bloßen Hände sind aber kein Mittel, daher kann der Täter, der bloß damit – wenn auch auf lebensgefährliche Weise – handelt, nicht nach dieser Qualifikation bestraft werden.[33]

Verabredung von mindestens drei Leuten (Z 2) bedeutet, dass diese bei der Tat dabei sind und an der Tat direkt mitwirken, somit als Einheit dem Opfer entgegentreten.[34] Es ist aber nicht nötig, dass alle auf das Opfer einschla- 14

23 SSt 31/12 aus dem Jahr 1960.
24 OLG Wien ZVR 1977/49; *F/R-K* BT I³ 26; *Messner* in SbgK § 84 Rz 41.
25 ZVR 1972/162; *B/S* BT I¹¹ § 84 Rz 2. Bei Schülern und Studenten den Beruf verneinend *Lewisch* BT I² 34.
26 *F/R-K* BT I³ 26; *B/S* BT I¹¹ § 84 Rz 3; *Lewisch* BT I² 33; *L/St* StGB³ § 84 Rz 5, 6; *Messner* in SbgK § 84 Rz 42; *K/Schr* StudB BT I² § 84 Rz 36.
27 *Burgstaller/Fabrizy* in WK² § 84 Rz 7; *K/Schr* StudB BT I² § 84 Rz 36; *Lewisch* BT I² 33. Etwas weitergehend *Messner* in SbgK § 84 Rz 33.
28 *Messner* in SbgK § 84 Rz 31.
29 *L/St* StGB³ § 84 Rz 16; *F/R-K* BT I³ 35; *Burgstaller/Fabrizy* in WK² § 84 Rz 41.
30 Vgl dazu *Messner* in SbgK § 84 Rz 69 ff. Auf die abstrakte Lebensgefährlichkeit verzichtend *B/S* BT I¹¹ § 84 Rz 9; *K/Schr* StudB BT I² § 84 Rz 59.
31 *L/St* StGB³ § 84 Rz 18 f; *Burgstaller/Fabrizy* in WK² § 84 Rz 45; *F/R-K* BT I³ 35.
32 Vgl *Messner* in SbgK § 84 Rz 71 mwN.
33 *F/R-K* BT I³ 36; *L/St* StGB³ § 84 Rz 17; *Messner* in SbgK § 84 Rz 68.
34 *Burgstaller/Fabrizy* in WK² § 84 Rz 49; *K/Schr* StudB BT I² § 84 Rz 64; *F/R-K* BT I³ 36; *Messner* in SbgK § 84 Rz 74.

gen.[35] Es genügt, wenn einer oder zwei das Opfer halten, sodass es wehrlos dem Schläger ausgeliefert ist.

Hingegen sind Personen, die am Tatort nicht anwesend sind, für die Qualifikation nicht mitzuzählen. Zu denken ist etwa an einen Bestimmungstäter, der zwei Schläger zur späteren Tat auffordert; hier ist die Qualifikation nicht erfüllt.[36]

15 Hinsichtlich der besonderen **Qualen** (Z 3) ist erforderlich, dass die Tatausführung derart quälend erfolgt.[37] Entscheidend sind Intensität und Dauer der Einwirkung.[38]

Folgende **Beispiele** finden sich für besondere Qualen: glühender Elektrokocher auf den Oberschenkel, mehrfache Brandwunden mit Zigarette, Hervorrufen von Todesangst.[39]

16 Z 4 bestraft die Tat der Körperverletzung höher, wenn sie an bestimmten Personen wegen oder während ihrer Aufgaben begangen wird. Es muss somit ein zeitlicher oder sachlicher Zusammenhang mit den genannten Eigenschaften bestehen.[40] Der Beamtenbegriff richtet sich nach § 74 Abs 1 Z 4, Zeugen und Sachverständige sind Begriffe der StPO, wie sie auch in § 288 StGB Anwendung finden und in diesem Sinn auszulegen sind.[41]

17 Wesentlich ist, dass diese Qualifikationen auch greifen, wenn der Verletzungserfolg nur leicht iSd § 83 ist. Man kann daher auch wegen schwerer Körperverletzung verurteilt werden, obwohl der Verletzungserfolg ein leichter ist. Aber auch die Erfüllung der Handlungsmodalitäten wiegt „schwer“. Der Täter muss **Vorsatz** iSd Grunddeliktes und auch auf diese Modalitäten haben.[42]

IV. Zusammenrechnung nach § 84 Abs 3

18 **Selbständigkeit** der Taten liegt vor, wenn sie zu verschiedenen Gelegenheiten begangen wurden. Sie müssen aber im selben Verfahren abgeurteilt werden, es geht hier nicht um eine Rückfallsfrage.[43]

---

35 *Messner* in SbgK § 84 Rz 74; *B/S* BT I^{11} § 84 Rz 10; *L/St* StGB^{3} § 84 Rz 21; *Fabrizy* StGB^{10} § 84 Rz 26.

36 *F/R-K* BT I^{3} 36.

37 *Burgstaller/Fabrizy* in WK^{2} § 84 Rz 54; *F/R-K* BT I^{3} 36.

38 *Burgstaller/Fabrizy* in WK^{2} § 84 Rz 53; *F/R-K* BT I^{3} 36; *L/St* StGB^{3} § 84 Rz 24; *K/Schr* StudB BT I^{2} § 84 Rz 67; *Messner* in SbgK § 84 Rz 76; *Fabrizy* StGB^{10} § 84 Rz 27.

39 MwN *F/R-K* BT I^{3} 36; *L/St* StGB^{3} § 84 Rz 24; *Messner* in SbgK § 84 Rz 77; *Burgstaller/Fabrizy* in WK^{2} § 84 Rz 55.

40 *F/R-K* BT I^{3} 36.

41 *F/R-K* BT I^{3} 36. Auf die Ladung abstellend etwa *L/St* StGB^{3} § 84 Rz 27; *Messner* in SbgK § 84 Rz 83; *K/Schr* StudB BT I^{2} § 84 Rz 68.

42 *Burgstaller/Fabrizy* in WK^{2} § 84 Rz 66; *B/S* BT I^{11} § 84 Rz 13; *L/St* StGB^{3} § 84 Rz 28; *Messner* in SbgK § 84 Rz 95.

43 *F/R-K* BT I^{3} 37.

Ohne begreiflichen Anlass handelt der Täter, wenn er mutwillig, aus Lust und Laune heraus vorgeht.[44]

Erheblich ist die Gewalt, wenn gröbere Verletzungen zu befürchten sind oder es sich um eine sehr schmerzhafte Gewaltanwendung handelt, wie beispielsweise bei heftigen Tritten gegen den Kopf.[45]

V. Abgrenzung und Konkurrenzen

1. Sehr oft finden sich Qualifikationen, die auf § 84 Abs 1 verweisen. Diesfalls wird § 84 Abs 1 verdrängt.[46] Da § 131 und § 140 erst ab schweren Dauerfolgen eine Qualifikation vorsehen – worin sich diese Bestimmungen ua von § 143 wesentlich und ohne sachlichen Grund unterscheiden –, ist bei diesen Delikten auch die schwere Verletzung im Grunddelikt mit enthalten. **19**

2. Die Judikatur geht davon aus, dass echte Konkurrenz innerhalb des § 84 Abs 1 vorliegt, wenn eine an sich schwere Verletzung eine 24 Tage überdauernde Schädigung oder Berufsunfähigkeit bedeutet.[47] Diese Doppelanlastung erscheint als verfehlt,[48] ist doch bei an sich schweren Verletzungen die längere Heilungsdauer geradezu typisch. Daher ist von scheinbarer Konkurrenz auszugehen. **20**

§ 84 Abs 1 steht zu seinem Abs 2 in echter Konkurrenz, auch die einzelnen Modalitäten konkurrieren echt miteinander.[49]

Zentrale Probleme zur Wiederholung: *Schwere Körperverletzung; lebensgefährliches Mittel, besondere Qualen; selbständige Taten ohne Anlass.*

Weiterführende Literatur: *Hinterhofer*, AIDS, HIV und Strafrecht, JRP 2002, 99; *Schmoller,* Ist die versuchte Herbeiführung einer qualifizierenden Folge strafbar? JBl 1984, 654.

---

44 *F/R-K* BT I³ 37; *L/St* StGB³ § 84 Rz 34; *Messner* in SbgK § 84 Rz 88; *Burgstaller/Fabrizy* in WK² § 84 Rz 85; *K/Schr* StudB BT I² § 84 Rz 93; *Fabrizy* StGB¹⁰ § 84 Rz 29.

45 *F/R-K* BT I³ 37; *Burgstaller/Fabrizy* in WK² § 84 Rz 88 f; *K/Schr* StudB BT I² § 84 Rz 89.

46 Vgl etwa *Messner* in SbgK § 84 Rz 117.

47 SSt 2004/29; *Fabrizy* StGB¹⁰ § 84 Rz 22a.

48 Zu Recht kritisch *Messner* in SbgK § 84 Rz 61.

49 *Lewisch* BT I² 32; *L/St* StGB³ § 84 Rz 48; *Messner* in SbgK § 84 Rz 114; *Burgstaller/Fabrizy* in WK² § 84 Rz 73; *K/Schr* StudB BT I² § 84 Rz 77.

C. Körperverletzung mit schweren Dauerfolgen (§ 85)

I. Überblick

1 § 85 StGB ist eine **Erfolgsqualifikation** zu § 83.[1] Die Haftung setzt somit voraus, dass der Täter das Grunddelikt des § 83 erfüllt[2] – wobei es an sich unerheblich ist, ob er nach Abs 1 mit Verletzungsvorsatz oder nach Abs 2 mit Misshandlungsvorsatz handelt. Diese Tat (§ 83) führt fahrlässig zu schweren Dauerfolgen beim Opfer. Hat der Täter weder mit Verletzungs- noch mit Misshandlungsvorsatz gehandelt, ist idR fahrlässige schwere Körperverletzung nach § 88 Abs 4 zu prüfen.

2 Entscheidend ist nicht nur der Erfolg der Dauerfolgen, sondern die objektive Zurechnung. Gerade bei Handeln mit Misshandlungsvorsatz kann im schweren Erfolg eine überschwere Folge der Tat liegen.

3 **Versuch** des § 85 könnte geprüft werden, wenn der Täter Vorsatz auf die Folgen hat (zB auf Kastration), die Folgen aber nicht eintreten. Da es sich bei § 85 um eine Erfolgsqualifikation handelt, ist es wie bei § 84 strittig, ob ein Versuch möglich ist.[3]

4 Geschütztes **Rechtsgut** ist die **körperliche Integrität**.[4]

5 Für die Aburteilung des § 85 ist der Einzelrichter am Landesgericht zuständig (§ 31 Abs 4 Z 1 StPO). Das Delikt kann diversionell erledigt werden, sofern die Schuld des Täters nicht als schwer anzusehen ist (§ 198 Abs 2 Z 2 StPO). Angesichts des hohen Erfolgsunwertes, der auch in der hohen Strafdrohung zum Ausdruck kommt, wird eine Diversion wohl nur in den Fällen des Handelns mit Misshandlungsvorsatz in Betracht kommen.[5] Für das **Jahr 2010** wurden 16 Verurteilungen in der gerichtlichen Kriminalstatistik gezählt.

Beispielsfälle: Zwischen Willy und seiner Lebensgefährtin Petra eskaliert der Streit. Willy fügt Petra durch wuchtige Schläge einen zentralen Leberriss mit Blutungen im Bauchraum, eine 3 cm lange bis zum Schädeldach reichende Rissquetschwunde, Hämatome an den Ober- und Unterlidern, eine Blutunterlaufung an der rechten Wange, Rötungen an der rechten Halsseite, mehrere kleine Hautabschürfungen und Blutergüsse am rechten Unterarm, ein Hämatom am Oberbauch sowie Hautabschürfungen am linken Kniegelenk und im Bereich des rechten Fußes zu. Die lebensrettende operative Versor-

---

1 *Burgstaller/Fabrizy* in WK^2 § 85 Rz 3; *Messner* in SbgK § 85 Rz 9; *K/Schr* StudB BT I^2 § 85 Rz 1.

2 *L/St* StGB^3 § 85 Rz 1.

3 Dazu *Fuchs* AT I^7 28/26. Bejahend *L/St* StGB^3 § 85 Rz 22. Verneinend *Messner* in SbgK § 85 Rz 55; *Burgstaller/Fabrizy* in WK^2 § 85 Rz 32.

4 *Messner* in SbgK § 85 Rz 5.

5 *Messner* in SbgK § 85 Rz 67. Gegen ein diversionelles Vorgehen bei § 85 *K/Schr* StudB BT I^2 § 85 Rz 27.

gung der Leberruptur führt zu einer 20 cm langen, etwas überentwickelten, den Nabel umschließenden und verziehenden Operationsnarbe, die eine Verunstaltung der 23-jährigen Frau nach sich zieht, die – wenn überhaupt – nur durch mehrere kosmetische Eingriffe gemindert bzw. beseitigt werden könnte. Die Narbenbildung ist beim Tragen eines Bikinis, nicht aber eines einteiligen Badeanzuges sichtbar (OGH 12 Os 110/ 91).

Ambros wird von dem alkoholisierten Heinrich wiederholt belästigt und schleudert ihm aus Zorn ein Weinglas ins Gesicht. Heinrich erleidet dadurch eine Wunde unmittelbar über dem rechten Oberlid und eine perforierende Verletzung des rechten Auges mit Blutung in die Augenvorderkammer. Noch in derselben Nacht wird die Wunde über dem rechten Oberlid in der Universitätsklinik versorgt. Sodann wird Heinrich am nächsten Tag unmittelbar nach der Versorgung der Wunde über dem Auge in die Augenklinik überwiesen, wo man die erwähnte schwere Augenverletzung feststellt und dem Verletzten dringend die stationäre Aufnahme sowie eine sofortige Operation des Auges empfiehlt, was Heinrich gegen Unterfertigung eines Reverses ablehnt. Er lässt sich lediglich in einem anderen Krankenhaus die Nähte über dem rechten Oberlid entfernen. Dabei wird er wegen Beeinträchtigung des Sehvermögens an einen Augenarzt überwiesen, sucht diesen Arzt jedoch nicht auf, sondern behandelt das Auge selbst mit Borwasser. In der Folgezeit kommt es zu einer fortschreitenden Verschlechterung des Zustandes des Auges und zunehmenden Schmerzen. Schließlich muss vier Monate später das Auge operativ entfernt werden (11 Os 42/80 = SSt 51/25 = EvBl 1981/15).

II. Tatbestand des § 85

Körperverletzung mit schweren Dauerfolgen begeht, wer

- einen anderen (Menschen)
- vorsätzlich
- am Körper verletzt oder misshandelt
- und dadurch fahrlässig schwere Dauerfolgen verursacht.

Vorausgesetzt ist die Erfüllung des § 83 Abs 1 oder Abs 2. Als Qualifikation ist sodann § 85 zu prüfen, wofür Fahrlässigkeit gemäß § 7 Abs 2 genügt. In der Erfüllung des Grunddeliktes liegt die objektive Sorgfaltswidrigkeit. Eingehend ist weiters Kausalität und vor allem die objektive Zurechnung zu prüfen. Die Dauerfolgen könnten als überschwere Folgen oder wegen nachträglichen Fehlverhaltens dem Täter nicht zurechenbar sein.[6] 6

Die Folgen müssen **für immer** oder für **lange Zeit** anhalten. Letzteres steht in Relation zur verbleibenden Lebenserwartung des Opfers und muss am ver- 7

6 *Burgstaller/Fabrizy* in WK² § 85 Rz 27 ff; *Messner* in SbgK § 85 Rz 45 ff; *K/Schr* StudB BT I² § 85 Rz 13 ff; *B/S* BT I¹¹ § 85 Rz 6.

bleibenden Leben einen wesentlichen Anteil haben.[7] Drei Jahre Krankenstand genügen nicht.[8]

8 Im Falle einer **Wiederherstellbarkeit** (somit nicht bei der Verstümmelung denkbar) ist die Zumutbarkeit der Behandlung entscheidend.[9] Hilfsmittel zum Ausgleich der Schädigung (Brille, Hörgerät) sind irrelevant.[10]

9 Der Verlust oder die schwere Schädigung der Sprache, des Sehvermögens, des Gehörs oder der Fortpflanzungsfähigkeit **(Z 1)** wäre etwa bei schwerem Stottern, 55 % Ausfall eines Ohres oder Verlust eines Hodens gegeben.[11]

10 Eine erhebliche Verstümmelung oder auffallende Verunstaltung **(Z 2)** liegt bei Verlust an Körpersubstanz bzw bei einer Aufmerksamkeit erregenden nachteiligen Veränderung vor.[12] Darunter fallen etwa starkes Hinken oder Narben im Gesicht, nicht aber an einem Finger.[13] Bei Z 2 ist strittig, ob die Folge sichtbar sein muss (zB Milzverlust).[14]

11 Schweres Leiden, Siechtum **(Z 3)** liegen bei Hirnverletzung mit epileptischen Folgen, Koma oder schwerem Leberschaden, ausgebrochener HIV-Erkrankung oder dauernder Pflegebedürftigkeit vor.[15]

Bei der Berufsunfähigkeit stellen sich dieselben Fragen wie bei § 84, nur muss sie dauerhaft oder doch für lange Zeit sein:[16] Zu denken ist beispielsweise an Narben bei Fotomodellen oder Stimmbandschädigungen bei Sängern.[17]

III. Abgrenzung und Konkurrenzen

12 **1.** Schwere Dauerfolgen sind nur selten eine Qualifikation bei anderen Delikten als bei § 83. Zu nennen ist etwa § 131. Zumeist wird an schwere Körper-

7 *F/R-K* BT I^3 39; *Lewisch* BT I^2 37; *L/St* StGB^3 § 85 Rz 2; *Burgstaller/Fabrizy* in WK^2 § 85 Rz 18.

8 EvBl 1979/147. *Messner* in SbgK § 85 Rz 23 will ab fünf Jahren die Dauer bejahen.

9 *Burgstaller/Fabrizy* in WK^2 § 85 Rz 23; *F/R-K* BT I^3 38 f; *B/S* BT I^{11} § 85 Rz 2; *L/St* StGB^3 § 85 Rz 3 f; *Messner* in SbgK § 85 Rz 41 ff; *K/Schr* StudB BT I^2 § 85 Rz 8. Diese Möglichkeit als unbeachtlich erachtend *Lewisch* BT I^2 37.

10 *L/St* StGB^3 § 85 Rz 8 f; *Messner* in SbgK § 85 Rz 42; *K/Schr* StudB BT I^2 § 85 Rz 8, 11.

11 *F/R-K* BT I^3 38; *Lewisch* BT I^2 37; *Messner* in SbgK § 85 Rz 27 ff; *Burgstaller/Fabrizy* in WK^2 § 85 Rz 6 ff; *K/Schr* StudB BT I^2 § 85 Rz 7. Nicht bei Hoden *B/S* BT I^{11} § 85 Rz 1.

12 *Burgstaller/Fabrizy* in WK^2 § 85 Rz 11 f; *L/St* StGB^3 § 85 Rz 12 f; *Lewisch* BT I^2 38.

13 *F/R-K* BT I^3 39; *B/S* BT I^{11} § 85 Rz 2; *Lewisch* BT I^2 38.

14 § 85 bei Milzverlust bejahend *F/R-K* BT I^3 39; *L/St* StGB^3 § 85 Rz 12; *Fabrizy* StGB^{10} § 85 Rz 2; *Burgstaller/ Fabrizy* in WK^2 § 85 Rz 11; *K/Schr* StudB BT I^2 § 85 Rz 9. Verneinend *B/S* BT I^{11} § 85 Rz 2; *Lewisch* BT I^2 38; *Messner* in SbgK § 85 Rz 32.

15 *Burgstaller/Fabrizy* in WK^2 § 85 Rz 14; *K/Schr* StudB BT I^2 § 85 Rz 12; *F/R-K* BT I^3 39; *B/S* BT I^{11} § 85 Rz 3; *Lewisch* BT I^2 38; *L/St* StGB^3 § 85 Rz 15 f; *Messner* in SbgK § 85 Rz 35 ff.

16 *Lewisch* BT I^2 38.

17 *Messner* in SbgK § 85 Rz 37.

verletzungen angeknüpft – schwere Dauerfolgen erreichen idR[18] diese Qualifikationshöhe, sodass diese Qualifikation (zB § 143) auch bei schweren Dauerfolgen erfüllt ist.

2. Zu § 84 Abs 2 besteht echte Konkurrenz.[19] 13

Zentrale Probleme zur Wiederholung: *Schwere Dauerfolgen; Zurechnung des Erfolges.*

---

18 Dies kann bei Verunstaltungen (§ 85 Z 2) gerade nicht der Fall sein, vgl OGH 14 Os 11/01 = JBl 2001, 601 mit Anm *Burgstaller* = EvBl 2001/179 = SSt 63/136; *K/Schr* StudB BT I[2] § 85 Rz 26.

19 *B/S* BT I[11] § 85 Rz 7; *L/St* StGB[3] § 85 Rz 26; *Messner* in SbgK § 85 Rz 63; *Burgstaller/Fabrizy* in WK[2] § 85 Rz 36; *K/Schr* StudB BT I[2] § 85 Rz 26.

D. Körperverletzung mit tödlichem Ausgang (§ 86)

I. Überblick

1 § 86 StGB ist eine **Erfolgsqualifikation** zu § 83.[1] Die Haftung setzt somit voraus, dass der Täter das Grunddelikt des § 83 erfüllt – wobei es an sich unerheblich ist, ob er nach Abs 1 mit Verletzungsvorsatz oder nach Abs 2 mit Misshandlungsvorsatz handelt.[2] Diese Tat (§ 83) führt fahrlässig zum Tod des Opfers. Hat der Täter Vorsatz auf den Tod, ist Mord (§ 75) zu prüfen; hat er weder mit Verletzungs- noch mit Misshandlungsvorsatz gehandelt, ist fahrlässige Tötung (§ 80) zu prüfen.

Nachweismängel hinsichtlich des Tötungsvorsatzes können zum Ausweichen auf § 86 führen.[3]

2 Entscheidend ist nicht nur der Todeseintritt, sondern die objektive Zurechnung dieses Erfolges. Gerade bei Handeln mit Misshandlungsvorsatz kann im Todeserfolg eine überschwere Folge liegen.

3 **Versuch** des § 86 könnte in zwei Varianten überlegt werden: Der Tod tritt nicht ein, aber der Täter handelt mit darauf gerichtetem Vorsatz. Bei dieser Konstellation ist nicht Versuch des § 86, sondern des § 75 zu prüfen.[4]

Allerdings könnte der Versuch des Grunddelikts (Körperverletzung) zum Tod führen – das Opfer weicht dem Schlag aus, stürzt und stirbt. Die Lösung dieser Konstellation ist strittig. Die Erfolgszurechnung (vor allem Risikozusammenhang) bejahend werden folgende Positionen vertreten: Haftung wegen versuchten Grunddelikts bei vollendeter Qualifikation nach §§ 15, 83 Abs 1, 86[5] oder Haftung wegen vollendeter §§ 83, 86, denn immerhin ist § 83 Abs 1 ein reines Erfolgsverursachungsdelikt.[6] Schließlich wird auch noch eine Haftung wegen §§ 15, 83 und 80 als zutreffend angesehen.[7]

4 Geschützte **Rechtsgüter** sind die **körperliche Integrität** (Grunddelikt) und das **menschliche Leben**.[8]

5 Für die Aburteilung des § 86 sind die Schöffen zuständig (§ 31 Abs 3 Z 1 StPO). Das Delikt kann nicht diversionell erledigt werden (§ 198 Abs 2 Z 1 und Z 3 StPO). Für das **Jahr 2010** wurden zwei Verurteilungen in der gerichtlichen Kriminalstatistik gezählt.

---

1 *L/St* StGB^3 § 86 Rz 1; *K/Schr* StudB BT I^2 § 86 Rz 4.

2 HM, etwa *K/Schr* StudB BT I^2 § 86 Rz 5 mwN; *Messner* in SbgK § 86 Rz 5.

3 *K/Schr* StudB BT I^2 § 86 Rz 3.

4 *F/R-K* BT I^3 40; *L/St* StGB^3 § 86 Rz 9; *Messner* in SbgK § 86 Rz 34; *Burgstaller/Fabrizy* in WK^2 § 86 Rz 12.

5 *K/Schr* StudB BT I^2 § 86 Rz 21; *Messner* in SbgK § 86 Rz 33.

6 *L/St* StGB^3 § 86 Rz 10.

7 *Burgstaller/Fabrizy* in WK^2 § 86 Rz 13.

8 *Messner* in SbgK § 86 Rz 3.

Beispielsfall: Walter schlägt Josef mit der Faust gegen das Gesicht, der dadurch nach hinten taumelt, mit dem Kopf gegen eine Therme schlägt und in weiterer Folge verstirbt (OGH 13 Os 102/06h).

II. Tatbestand des § 86

Körperverletzung mit tödlichem Ausgang begeht, wer

- einen anderen (Menschen)
- vorsätzlich
- am Körper verletzt oder misshandelt
- und dadurch fahrlässig den Tod des anderen herbeiführt.

Opfer kann nur ein lebender Mensch sein. 6

Vorausgesetzt ist die Erfüllung des § 83 Abs 1 oder Abs 2. Als Qualifikation 7 ist sodann § 86 zu prüfen, wofür Fahrlässigkeit gemäß § 7 Abs 2 genügt. In der Erfüllung des Grunddeliktes liegt die objektive Sorgfaltswidrigkeit.[9] Eingehend sind sodann Kausalität und vor allem die objektive Zurechnung zu prüfen.[10] Der Tod könnte als überschwere Folge dem Täter nicht zurechenbar sein. Hierfür gelten die im AT I gemachten Überlegungen, insbesondere zum Risikozusammenhang und hier etwa zum nachträglichen Fehlverhalten eines Dritten oder des Opfers selbst.

III. Abgrenzung und Konkurrenzen

1. Von der Körperverletzung mit Todesfolge (§ 86) unterscheidet sich § 75 8 durch den Vorsatz: Bei Mord ist der Vorsatz auf den Tod gerichtet, bei § 86 hingegen nur auf eine Körperverletzung (§ 83 Abs 1 als Grunddelikt) oder auf eine Misshandlung am Körper (§ 83 Abs 2), im Hinblick auf die Todesfolge handelt der Täter fahrlässig (§ 7 Abs 2). Eine Haftung wegen fahrlässiger Tötung (§ 80) kommt demnach nur in Betracht, wenn der Täter bei der sorgfaltswidrigen Handlung nicht einmal mit Misshandlungsvorsatz (§ 83 Abs 2) handelt.

Handeln zwei Personen als Mittäter, kann ihnen der Erfolg des § 86 zugerechnet werden, auch wenn unklar ist, wessen Schlag letztlich tödlich war. § 91 ist hierzu subsidiär.[11]

Mit § 84 Abs 2 konkurriert § 86 echt.[12]

2. Ist die Todesfolge qualifizierendes Merkmal anderer, nicht auf den Schutz 9 menschlichen Lebens gerichteter Delikte – zB Raub nach § 143 letzter Fall,

---

9 *Lewisch* BT I² 39.
10 Vgl zur Durchbrechung des Risikozusammenhanges EvBl 1987/142.
11 *L/St* StGB³ § 91 Rz 2; *F/R-K* BT I³ 50; *Jerabek* in WK² § 91 Rz 21.
12 *L/St* StGB³ § 86 Rz 15; *K/Schr* StudB BT I² § 86 Rz 23; *Messner* in SbgK § 86 Rz 42; *Burgstaller/Fabrizy* in WK² § 86 Rz 16.

Vergewaltigung nach § 201 Abs 2, Brandstiftung nach § 169 Abs 3 –, verdrängen diese Qualifikationen § 86 kraft Spezialität, sofern sie strenger bestraft sind.[13]

Zentrales Problem zur Wiederholung: *Zurechnung des Erfolges.*

13 13 Os 132/10a, EvBl 2011/77; *L/St* StGB[3] § 86 Rz 16; *Messner* in SbgK § 86 Rz 44; *Burgstaller/Fabrizy* in WK[2] § 86 Rz 17. Ansonsten kommt es auf die jeweilige Konstellation an.

E. Absichtliche schwere Körperverletzung (§ 87)

I. Überblick

Bei § 87 hat der Täter die Absicht auf eine schwere Körperverletzung im Sinn des § 84 Abs 1. Gegenüber § 83 Abs 1 und § 84 Abs 1 genügt für § 87 Abs 1 somit nicht Eventualvorsatz auf eine Verletzung. Vielmehr muss es dem Täter darauf ankommen, das Opfer schwer zu verletzen. § 87 ist somit durch die gesteigerte Vorsatzform der Absicht (§ 5 Abs 2) gekennzeichnet. Die Absicht muss sich auf den schweren Erfolg beziehen, die Absicht auf die Handlung allein genügt nicht.[1] 1

§ 87 Abs 1 ist ein **Grunddelikt**[2] und keine Qualifikation zu § 83 Abs 1. Technisch handelt es sich um eine sogenannte selbständige Abwandlung.[3] 2

In Abs 2 finden sich zwei Erfolgsqualifikationen, die den Erfolgen entsprechen, wie sie in § 85 (Dauerfolgen) und § 86 (Tod) beschrieben sind. Hierfür genügt gemäß § 7 Abs 2 Fahrlässigkeit.

Wie bei § 83 handelt es sich bei § 87 um ein reines **Erfolgsverursachungsdelikt**. Es gibt an sich keine Beschränkung hinsichtlich der Verletzungshandlung:[4] Jede Handlung, die kausal zu der schweren Verletzung führt, kommt als Tathandlung in Betracht; sie muss aber durchaus objektiv sorgfaltswidrig sein, wobei die Sorgfaltswidrigkeit durch das auf die schwere Verletzung abzielende Verhalten indiziert ist. 3

Wie immer bei Erfolgsverursachungsdelikten sind Kausalität und objektive Zurechnung zu prüfen. Hier gelten die allgemeinen Überlegungen aus dem AT. Die Zurechnung wird in der Regel keine Probleme bereiten.

Als Vorsatzdelikt kann § 87 Abs 1 **versucht** werden.[5] Als Erfolgsdelikt kann § 87 in Verbindung mit § 2 auch durch **Unterlassen** begangen werden;[6] dies setzt insbesondere Garantenstellung voraus.

Allfällige Rechtfertigungs- (zB Notwehr) und Entschuldigungsgründe (zB entschuldigender Notstand) sind nach den allgemeinen Regeln zu beurteilen.

Geschütztes **Rechtsgut** ist die **körperliche Integrität**,[7] bei Abs 2 zweiter Fall auch das menschliche Leben. 4

---

1 Vgl etwa *Burgstaller/Fabrizy* in WK² § 87 Rz 6; *Messner* in SbgK § 87 Rz 22.

2 *L/St* StGB³ § 87 Rz 1; *F/R-K* BT I³ 40; *K/Schr* StudB BT I² § 87 Rz 1; *Messner* in SbgK § 87 Rz 6.

3 *B/S* BT I¹¹ § 87 Rz 6; *Burgstaller* Die Scheinkonkurrenz im Strafrecht, JBl 1978, 397.

4 *L/St* StGB³ § 87 Rz 2; *Burgstaller/Fabrizy* in WK² § 87 Rz 5; *Messner* in SbgK § 87 Rz 16.

5 *K/Schr* StudB BT I² § 87 Rz 8; *F/R-K* BT I³ 40; *B/S* BT I¹¹ § 87 Rz 4; *Lewisch* BT I² 44; *L/St* StGB³ § 87 Rz 6; *Messner* in SbgK § 87 Rz 44; *Burgstaller/Fabrizy* in WK² § 87 Rz 13.

6 *Messner* in SbgK § 87 Rz 50.

7 *Messner* in SbgK § 87 Rz 4.

5 Für die Aburteilung des § 87 Abs 1 ist das Landesgericht als Einzelrichter (§ 31 Abs 4 Z 1 StPO) zuständig, für die Qualifikationen hingegen das Schöffengericht (§ 31 Abs 3 Z 1 StPO). Das Grunddelikt (Abs 1) kann zwar an sich diversionell erledigt werden, allerdings wird die Schuld in der Regel schwer sein.[8] Für das **Jahr 2010** wurden 214 Verurteilungen in der gerichtlichen Kriminalstatistik gezählt.

Beispielsfall: Schukri B fügt dem Oliver N durch einen Stich mit einem 22 cm langen Butterfly-Messer in die linke Brustkorbhälfte/Herzbereich eine Stichwunde ebendort zu (OGH 13 Os 142/99).

II. Tatbestand des § 87 Abs 1 (Grunddelikt)

Absichtlich schwere Körperverletzung begeht, wer

- einen anderen (Menschen)
- absichtlich (§ 5 Abs 2)
- schwer im Sinn des § 84 Abs 1
- verletzt.

1. Objektiver Tatbestand

6 Als Verletzungshandlung kommt jedes sorgfaltswidrige Verhalten in Betracht.

7 Der Erfolg liegt in einer schweren Verletzung im Sinn des § 84 Abs 1. Der Verweis in § 87 bezieht sich ausschließlich auf § 84 Abs 1 (in jeder der dort genannten Varianten) und erfasst nicht die in § 84 Abs 2 und 3 genannten qualifizierenden Momente.[9]

2. Subjektive Tatseite

8 Der Täter muss im Handlungszeitpunkt absichtlich im Hinblick auf die schwere Verletzung handeln: Es muss ihm darauf ankommen, das Opfer schwer zu verletzen. Eventualvorsatz genügt nicht. Die Absicht muss sich auf den Erfolg beziehen,[10] Absicht allein hinsichtlich der Handlung genügt nicht! Bei Eventualvorsatz haftet der Täter wegen §§ 83 Abs 1, 84 Abs 1.

Auch der Beteiligte muss Absicht auf die schwere Verletzung haben, damit er als Bestimmungs- oder Beitragstäter nach § 87 haften kann.[11]

---

8 *K/Schr* StudB BT I² § 87 Rz 14; *Burgstaller/Fabrizy* in WK² § 87 Rz 22; *Messner* in SbgK § 87 Rz 61.

9 *F/R-K* BT I³ 40; *Messner* in SbgK § 87 Rz 19.

10 Vgl etwa *Burgstaller/Fabrizy* in WK² § 87 Rz 6; *Messner* in SbgK § 87 Rz 22.

11 *K/Schr* StudB BT I² § 87 Rz 9; *F/R-K* BT I³ 40; *Lewisch* BT I² 45; *L/St* StGB³ § 87 Rz 11; *Messner* in SbgK § 87 Rz 52; *Burgstaller/Fabrizy* in WK² § 87 Rz 12.

3. Qualifikationen

9 § 87 Abs 2 enthält zwei Erfolgsqualifikationen zu § 87 Abs 1. Es genügt iSd § 7 Abs 2 Fahrlässigkeit. In der Erfüllung des Grunddelikts liegt idR die Sorgfaltswidrigkeit für die Qualifikation. Für die Zurechnung des Erfolges gelten die allgemeinen Regeln: Daher kann etwa bei nachträglichem Fehlverhalten des Opfers die Zurechnung beispielsweise des Todeserfolges entfallen.

Zu den Dauerfolgen siehe § 85. Hat der Täter Absicht auf die Dauerfolgen, muss die Absicht auch das Grunddelikt, nämlich eine schwere Körperverletzung, betreffen. Gerade Verunstaltungen müssen nicht unbedingt die Schwere des § 84 Abs 1 erreichen.[12]

III. Abgrenzung und Konkurrenzen

10 **1.** § 87 ist im Verhältnis zu den §§ 83 ff eine selbständige Abwandlung und verdrängt § 83 samt allen Qualifikationen, daher auch § 84 Abs 2,[13] mag es in § 87 auch keine derartigen Qualifikationen geben.

11 **2.** Von der Körperverletzung mit Todesfolge (§ 86) unterscheidet sich § 87 durch den Vorsatz: Der Täter muss bei § 87 Absicht auf die schwere Körperverletzung haben, bei § 86 genügt dolus eventualis hinsichtlich einer einfachen Körperverletzung. Von Mord unterscheidet sich § 87 Abs 2 in der Todesqualifikation wiederum durch den Vorsatz: Bei § 75 ist der Vorsatz auf den Tod gerichtet, bei § 87 Abs 2 ist die Absicht auf die schwere Verletzung gerichtet, wobei die Tat des § 87 Abs 1 fahrlässig den Tod herbeiführt.

12 Tritt der Täter von einem Mordversuch, der zu einer schweren Körperverletzung geführt hat, gemäß § 16 zurück, haftet der Täter wegen § 87, wenn er mit Absicht auf den Tod des Opfers gehandelt hat, bei darauf bezogenem dolus eventualis haftet er hingegen nach §§ 83, 84 Abs 1.[14]

Zentrales Problem zur Wiederholung: *Absicht auf die Verletzung.*

12 *B/S* BT I[11] § 87 Rz 2 (lange Narbe im Gesicht); *K/Schr* StudB BT I[2] § 87 Rz 3; *Messner* in SbgK § 87 Rz 20; *Burgstaller/Fabrizy* in WK[2] § 87 Rz 4. AA *Lewisch* BT I[2] 43.

13 *K/Schr* StudB BT I[2] § 87 Rz 12; *B/S* BT I[11] § 87 Rz 6; *L/St* StGB[3] § 87 Rz 10; *Messner* in SbgK § 87 Rz 57; *Burgstaller/Fabrizy* in WK[2] § 87 Rz 18.

14 *K/Schr* StudB BT I[2] § 87 Rz 11; *L/St* StGB[3] § 87 Rz 8.

F. Fahrlässige Körperverletzung (§ 88)

I. Überblick

1 § 88 ist ein **reines Fahrlässigkeitsdelikt**. In Abgrenzung zu § 83 kommt § 88 nur in Betracht, wenn der Täter weder mit Verletzungsvorsatz noch mit Misshandlungsvorsatz handelt.

In § 88 Abs 1 findet sich das Grunddelikt, in Abs 3 und Abs 4 Qualifikationen, für die ebenfalls Fahrlässigkeit genügt. Abs 2 enthält Straffreistellungsgründe, aber nur für Abs 1. Liegt daher ein qualifizierender Umstand nach Abs 3 oder 4 vor, kann Abs 2 nicht herangezogen werden.

2 § 88 ist ein **Erfolgsverursachungsdelikt**. Es gibt keine Beschränkung hinsichtlich der Verletzungshandlung, sie muss aber – wie immer – objektiv sorgfaltswidrig sein.[1] Diesbezüglich ist Genauigkeit geboten, insbesondere ist die zwingende Ex-ante-Sicht der Betrachtung einzuhalten. Ein weiterer Schwerpunkt der Strafbarkeitsprüfung ist der Risikozusammenhang.

Als Erfolgsdelikt kann § 88 in Verbindung mit § 2 auch durch **Unterlassen** begangen werden; dies setzt insbesondere Garantenstellung voraus.

Allfällige Rechtfertigungs- (zB Notwehr) und Entschuldigungsgründe (zB entschuldigender Notstand) sind nach den allgemeinen Regeln zu beurteilen.

3 Geschütztes **Rechtsgut** ist die **körperliche Integrität** eines anderen.[2]

4 Für die Aburteilung des § 88 ist mit Ausnahme des § 88 Abs 4 2. Fall das Bezirksgericht zuständig, für die genannte Qualifikation hingegen das Landesgericht als Einzelrichter (§ 31 Abs 4 Z 1 StPO). Das Delikt kann diversionell erledigt werden; wegen des geringen Strafrahmens wird die Schuld eher selten als schwer anzusehen sein.[3] Ausgenommen ist der Fall des § 88 Abs 4 2. Fall, da hier als schulderhöhende Faktoren sowohl der Erfolgsunwert (schwere Verletzung) als auch der Handlungsunwert (besonders gefährliche Verhältnisse) gesteigert sind.[4]

Für das **Jahr 2010** wurden 2.340 Verurteilungen wegen § 88 in der gerichtlichen Kriminalstatistik gezählt. Hier ist die Statistik auch sehr differenziert: 960 Verurteilungen fallen auf Abs 1, 643 auf Abs 3 (davon 33 hinsichtlich § 81 Abs 1 Z 1, 452 hinsichtlich dessen Z 2, 16 auf diese beiden Ziffern und schließlich 10 auf § 81 Abs 1 Z 3), 541 auf Abs 4 1. Fall und 196 auf den 2. Fall (davon wiederum 37 hinsichtlich § 81 Abs 1 Z 1, 113 hinsichtlich dessen Z 2, 12 auf diese beiden Ziffern und schließlich fünf auf § 81 Abs 1 Z 3).

---

1 *Burgstaller/Schütz* in WK[2] § 88 Rz 9.
2 *K/Schr* StudB BT I[2] § 88 Rz 4.
3 *Burgstaller/Schütz* in WK[2] § 88 Rz 49 ff, eingeschränkte Eignung bei Abs 3 Rz 60 ff.
4 *Burgstaller/Schütz* in WK[2] § 88 Rz 81: nur in engen Grenzen möglich.

Beispielsfall: A hat in Klagenfurt unterlassen, für die ordnungsgemäße Verwahrung seines Berner Sennenhundes zu sorgen, und dadurch fahrlässig X und Y am Körper verletzt, und zwar X dadurch, dass der Hund ihn in die rechte Hand biss, wodurch X zu Sturz kam und eine Bissverletzung an der rechten Hand sowie Prellungen im Bereich des Rückens, am Gesäß und am rechten Oberschenkel erlitt, sowie Y dadurch, dass der Hund ihn in den linken Oberschenkel biss, wodurch Y eine Bissverletzung am linken Oberschenkel und ein Hämatom erlitt (LG Klagenfurt 7 Bl 10/08a).

II. Tatbestand des § 88 Abs 1

Körperverletzung begeht, wer
- einen anderen (Menschen)
- fahrlässig
- am Körper verletzt oder an der Gesundheit schädigt.

Der Erfolg des Delikts (Körperverletzung, Gesundheitsschädigung) ist wie bei **5**
§ 83 zu verstehen. Zu nennen sind daher Wunden, Schwellungen, Verstauchungen, Verrenkungen, Brüche, sonstige Läsionen, Lockerung der Zähne, Infektionen mit Salmonellen, Hepatitis, Schockzustände, Vergiftungen (siehe § 83 Rz 6 ff).

Bagatellen fallen im selben Umfang wie bei § 83 aus § 88 Abs 1 heraus. **6**

Jede im Hinblick auf die körperliche Integrität objektiv sorgfaltswidrige Hand- **7**
lung ist eine geeignete Tathandlung.[5]

III. Qualifikationen nach § 88 Abs 3 und Abs 4

1. Besonders gefährliche Verhältnisse (Abs 3)

Die Bestimmung verweist auf die Modalitäten (nicht aber auf den Erfolg!) **8**
des § 81 Abs 1. Demnach ist die Qualifikation erfüllt, wenn besonders gefährliche Verhältnisse vorliegen, eine Begehung im Minderrausch oder durch ein gefährliches Tier erfolgt. Diese Modalitäten sind in § 88 genauso auszulegen wie § 81 (siehe dazu § 81 Rz 4 ff).

2. Schwere Körperverletzung (Abs 4 1. Fall)

§ 88 Abs 4 verweist auf die Schwere der Verletzung iSd § 84 Abs 1 in allen **9**
Varianten dieses Absatzes. Die Auslegung erfolgt wie in § 84 Abs 1 (dazu § 84 Rz 7 ff). Die qualifizierenden Merkmale des § 84 Abs 2 sind nicht relevant!

---

5 *Burgstaller/Schütz* in WK^2 § 88 Rz 9.

3. Schwere Körperverletzung unter besonders gefährlichen Umständen (§ 88 Abs 4 2. Fall)

10 § 88 Abs 4 2. Fall kombiniert die beiden vorher genannten Qualifikationen miteinander. Die Verletzung muss daher schwer iSd § 84 Abs 1 sein und unter Umständen des § 81 Abs 1 Z 1 bis 3 entstanden sein.

IV. Straffreistellung nach § 88 Abs 2

11 § 88 Abs 2 gilt nur für Abs 1 und schränkt diesen Tatbestand ein, sofern die Voraussetzungen der Z 1 oder 3 erfüllt sind und dem Täter **kein schweres Verschulden** zur Last fällt. Das Verschulden ist schwer, wenn dem Täter eine ungewöhnliche und auffallende Sorglosigkeit unterlaufen ist und der Erfolg als geradezu wahrscheinlich vorhersehbar ist.[6] Allerdings ist das Verschulden dann als nicht schwer anzusehen, wenn trotz dieser vorher genannten Umstände der Gesinnungsunwert durch Krankheit oder Überlastung herabgesetzt ist.[7]

Strittig ist, ob Abs 2 den Tatbestand einschränkt oder persönlich strafausschließend[8] wirkt. Konsequenzen können sich hier bei § 297 ergeben.[9]

12 Erfasst sind zum einen **Verwandte** (Z 1). Hier ergeben sich abgesehen vom Fehlen eines schweren Verschuldens keine weiteren Einschränkungen. Zum anderen sind noch **Schäden von nicht mehr als vierzehntägiger Dauer** straflos (Z 3), sofern das Verschulden nicht schwer ist.[10]

Hinsichtlich der **Berechnung** ist maßgebend, wann die Krankheitserscheinungen (Funktionsausfälle, Schmerzen, Fieber) im Wesentlichen abgeklungen sind.[11] Der Tag der Verletzung wird nicht mitgezählt.[12]

Zentrale Probleme zur Wiederholung: *Objektive Sorgfaltswidrigkeit; Aufbau des Deliktes; Straffreistellung nach Abs 2.*

Weiterführende Literatur: *Birklbauer*, Ist die Befassung von Strafgerichten mit ärztlichen Behandlungsfehlern noch zeitgemäß? RdM 2009, 251; *Burgstaller*, Die strafrechtliche Seite des Verkehrsunfalls und ihre Erledigung mittels Diversion, ZVR 2009, 467; *Hinterhofer*, Strafbarkeit infolge Nichteinhaltung wohnrechtlicher Verkehrssicherungspflichten? Immolex 2010, 109; *Schwaighofer*, Diversion nach Straßenverkehrsunfällen, ZVR 2008, 276.

---

6 *Burgstaller/Schütz* in WK^2 § 88 Rz 19 ff; *L/St* StGB^3 § 88 Rz 11; *K/Schr* StudB BT I^2 § 88 Rz 35; *F/R-K* BT I^3 23; *B/S* BT I^{11} § 88 Rz 4; *Fabrizy* StGB^{10} § 88 Rz 3; *Lewisch* BT I^2 67.

7 *L/St* StGB^3 § 88 Rz 11.

8 *K/Schr* StudB BT I^2 § 88 Rz 53; *Lewisch* BT I^2 65.

9 *F/R-K* BT I^3 24.

10 Die Z 2 enthielt früher ein Privileg für Angehörige von Gesundheitsberufen bei Schäden von nicht mehr als 14-tägiger Dauer, während Z 3 auf eine dreitägige Dauer begrenzt war.

11 *Burgstaller/Fabrizy* in WK^2 § 84 Rz 7; *K/Schr* StudB BT I^2 § 84 Rz 36; *Lewisch* BT I^2 33. Etwas weitergehend *Messner* in SbgK § 84 Rz 33.

12 *Messner* in SbgK § 84 Rz 31.

III. Sonstige Delikte gegen Leib und Leben

A. Aussetzung (§ 82)

I. Überblick

1 § 82 ist ein Vorsatzdelikt und enthält **zwei Grunddelikte**: Abs 1 ist zweiaktig[1] und setzt voraus, dass der Täter das Opfer zunächst in eine hilflose Lage bringt und dann in dieser Lage im Stich lässt, wodurch das Leben des Opfers gefährdet wird. Abs 2 ist ein Unterlassungsdelikt:[2] Ein Garant lässt das Opfer im Stich und gefährdet dadurch dessen Leben. Beide Tatbestände sind somit **Erfolgsdelikte**,[3] das Leben dessen, der im Stich gelassen wird, muss – als Deliktserfolg – gefährdet werden.

Ansonsten unterscheidet sich Abs 1 von Abs 2 dadurch, dass der Täter das Opfer in die hilflose Lage bringt, während es in Abs 2 bereits in der hilflosen Lage ist.

Die Pflicht, dem Opfer zu helfen, ergibt sich in Abs 1 aus dem Gefahr begründenden Vorverhalten, während Abs 2 generell auf die Garantenstellung abstellt. Jeden Garanten trifft eine Handlungspflicht, um das Opfer aus der hilflosen Lage zu befreien und so den (konkreten) Gefährdungserfolg abzuwenden. Wenn sich die Garantenstellung aus einem Gefahr begründenden Vorverhalten ergibt, liegt der Unterschied der beiden Absätze darin, dass der Täter bei Abs 1 sein Verhalten vorsätzlich im Hinblick auf die Lebensgefährdung setzt.[4] Sind beide Tatbestände formal erfüllt, geht Abs 1 dem Abs 2 vor.[5]

Abs 1 kann von jedermann,[6] Abs 2 nur von Garanten begangen werden. Insofern ist § 82 Abs 2 ein Sonderdelikt.[7]

2 Im Hinblick auf die Erfolgszurechnung sind Kausalität und objektive Zurechnung nach den allgemeinen Regeln zu prüfen. Als Vorsatzdelikt kann § 82 problemlos **versucht** werden.

Allfällige Rechtfertigungs- (zB Notwehr) und Entschuldigungsgründe (zB entschuldigender Notstand) sind nach den allgemeinen Regeln zu beurteilen.

3 Geschütztes **Rechtsgut** ist das **menschliche Leben**.[8]

4 Für die Aburteilung des § 82 Abs 1 und 2 ist das Landesgericht als Einzelrichter (§ 31 Abs 4 Z 1 StPO) zuständig, für die Qualifikation in Abs 3 das Schöffengericht (§ 31 Abs 3 Z 1 StPO). Das Delikt kann – mit Ausnahme der Erfolgsqualifikation in Abs 3 – an sich diversionell erledigt werden;[9] wegen des hohen Strafrahmens wird die Schuld aber eher oft als schwer anzusehen sein.[10] Seit dem **Jahr 2007** (bis 2010) wurde keine Verurteilungen wegen § 82 in der gerichtlichen Kriminalstatistik gezählt, 2006 waren es zwei, 2005 drei Verurteilungen.

---

1 *F/R-K* BT I^3 43; *B/S* BT I^{11} § 82 Rz 2; *Lewisch* BT I^2 71; *K/Schr* Grundriss BT I^5 § 82 Rz 13; *L/St* StGB^3 § 82 Rz 5.

2 *B/S* BT I^{11} § 82 Rz 3.

3 *F/R-K* BT I^3 43; *Hilf* in SbgK § 82 Rz 3.

4 *K/Schr* Grundriss BT I^5 § 82 Rz 19; *Burgstaller/Fabrizy* in WK^2 § 82 Rz 23; *L/St* StGB^3 § 82 Rz 14.

5 *B/S* BT I^{11} § 82 Rz 6; *Hilf* in SbgK § 82 Rz 74; *K/Schr* Grundriss BT I^5 § 82 Rz 19; *Burgstaller/Fabrizy* in WK^2 § 82 Rz 38, *L/St* StGB^3 § 82 Rz 22.

6 *Hilf* in SbgK § 82 Rz 3.

7 *Hilf* in SbgK § 82 Rz 4.

8 *Hilf* in SbgK § 82 Rz 7; *K/Schr* Grundriss BT I^5 § 82 Rz 4.

9 *Burgstaller/Fabrizy* in WK^2 § 82 Rz 41.

10 Eher gegenteiliger Ansicht *Hilf* in SbgK § 82 Rz 82.

Beispielsfall: Stephan trägt gemeinsam mit Horst den von Horst niedergeschlagenen und schwer verletzten Wilhelm aus dem Gasthaus „T“ hinaus und legt ihn in einen unbeleuchteten Gang zwischen zwei Gebäuden. Dann entfernen sich beide. Wilhelm stirbt (EvBl 1979/71).

II. Tatbestand des § 82 Abs 1

Aussetzung begeht, wer

- vorsätzlich
- einen anderen (Menschen) in eine hilflose Lage bringt,
- diesen anderen in dieser hilflosen Lage im Stich lässt
- und dadurch dessen Leben gefährdet.

5 **Hilflosigkeit:** Das Opfer ist hilflos, wenn es sich nicht selbst aus der gefährlichen Lage befreien kann,[11] sondern auf die Hilfe anderer angewiesen ist. Der Täter des Abs 1 muss das Opfer in diese Situation bringen, wofür nach einem Teil der Lehre im Anschluss an die EBRV eine Ortsveränderung nötig ist.[12] Das wäre etwa der Fall, wenn der Täter das verletzte Opfer von einer gut einsichtigen Stelle in eine versteckte Position bringt.[13]

6 **Im Stich lassen:** Als zweiten Akt muss der Täter das Opfer im Stich lassen. Im Stich gelassen wird das Opfer, wenn es in dieser Lage belassen wird, der Täter also das Opfer zurücklässt und erforderliche Rettungsmaßnahmen nicht leistet, obwohl er dazu die Möglichkeit hat.[14] Hierin gleicht § 82 dem § 94.

7 **Lebensgefahr:** Eine Lebensgefahr liegt vor, wenn das Leben gleichsam an einem seidenen Faden[15] hängt („nahe Möglichkeit des Todeseintritts“[16]). Diese Lebensgefährdung muss konkret vorhanden sein (konkretes Gefährdungsdelikt). Ähnlich § 89 ist es letztlich Zufall, dass nichts passiert und das Opfer überlebt.[17] Ist die Hilfe Dritter hingegen naheliegend, besteht die Gefährdung nicht. Das ist etwa der Fall, wenn der Täter das Opfer auf einer frequentierten Straße zurücklässt. Hingegen liegt der Erfolg vor, wenn er es an einem versteckten Ort zurücklässt, und zwar selbst dann, wenn zufällig Hilfe geleistet wird.[18] Es genügt die Vergrößerung der Todesgefahr.[19]

Dieser Erfolg muss dem In-Stich-Lassen zurechenbar sein. Da der zweite Teilakt des Abs 1 letztlich ein Unterlassen ist, gilt es die Quasikausalität zu prüfen. Es ist somit zu fragen, ob die Lebensgefahr (oder deren Vergrößerung) mit an Sicherheit grenzender Wahrscheinlichkeit

---

11 *K/Schr* Grundriss BT I[5] § 82 Rz 9; *F/R-K* BT I[3] 43; *B/S* BT I[11] § 82 Rz 1; *Fabrizy* StGB[10] § 82 Rz 2; *Lewisch* BT I[2] 71; *Hilf* in SbgK § 82 Rz 18; *Burgstaller/Fabrizy* in WK[2] § 82 Rz 4; *L/St* StGB[3] § 82 Rz 7.

12 *L/St* StGB[3] § 82 Rz 7; *F/R-K* BT I[3] 43; *Lewisch* BT I[2] 71; aA *Fabrizy* StGB[10] § 82 Rz 3; *Hilf* in SbgK § 82 Rz 27; *K/Schr* Grundriss BT I[5] § 82 Rz 14; *Burgstaller/Fabrizy* in WK[2] § 82 Rz 7.

13 Vgl OGH 9 Os 209/77 = EvBl 1979/71.

14 *B/S* BT I[11] § 82 Rz 1; *Fabrizy* StGB[10] § 82 Rz 3; *Lewisch* BT I[2] 71; *Hilf* in SbgK § 82 Rz 35; *K/Schr* Grundriss BT I[5] § 82 Rz 18; *Burgstaller/Fabrizy* in WK[2] § 82 Rz 10 f; *L/St* StGB[3] § 82 Rz 9.

15 *K/Schr* Grundriss BT I[5] § 82 Rz 24.

16 HM, etwa *Hilf* in SbgK § 82 Rz 38; *K/Schr* Grundriss BT I[5] § 82 Rz 24; *Burgstaller/Fabrizy* in WK[2] § 82 Rz 13.

17 *Fabrizy* StGB[10] § 82 Rz 4.

18 *Lewisch* BT I[2] 71; *Hilf* in SbgK § 82 Rz 39; *K/Schr* Grundriss BT I[5] § 82 Rz 25.

19 *F/R-K* BT I[3] 43; *Burgstaller/Fabrizy* in WK[2] § 82 Rz 16; *L/St* StGB[3] § 82 Rz 5.

nicht eingetreten wäre, wenn der Täter dem Opfer geholfen hätte, anstatt es in die hilflose Lage zu bringen und dann nicht zu helfen. Die objektive Zurechnung wird dann in der Regel kein Problem bereiten.

Vorsatz: Der Täter muss auf all diese Elemente Eventualvorsatz haben, und zwar im Handlungszeitpunkt. Damit muss er es ernstlich für möglich halten und sich damit abfinden, dass er durch sein Verhalten das Opfer in eine hilflose Lage bringt und es in dieser im Stich lässt, wodurch er eine Lebengefahr kausal herbeiführt.[20] Der Täter muss daher – wie bei jedem Erfolgsdelikt – auch Vorsatz auf den tatbildmäßigen Erfolg haben.[21] 8

Fehlt der Vorsatz auf die Gefährdung, ist eine Strafbarkeit wegen § 94 zu prüfen.[22]

III. Tatbestand des § 82 Abs 2

Aussetzung begeht auch, wer

- vorsätzlich
- einen anderen (Menschen) in dieser hilflosen Lage im Stich lässt
- und dadurch dessen Leben gefährdet,
- wenn er diesem anderen gegenüber eine Obhuts- oder andere Garantenpflicht innehat.

Abs 2 ist ein echtes Unterlassungsdelikt, da es nur durch Unterlassen begangen werden kann. Es ist aber im Gegensatz zu den meisten anderen echten Unterlassungsdelikten (§§ 94, 95 und 286) ein Erfolgsdelikt.[23] Das Unterlassen muss also für eine Vollendungshaftung einen Lebensgefährdungserfolg herbeiführen. 9

Abs 2 kann nur durch einen Garanten begangen werden. § 82 hebt den Obhutsgaranten hervor. Zu denken ist hier etwa an die Eltern gegenüber den Kindern (Säuglingen)[24] oder an Lehrer gegenüber ihren Schulkindern. Darüber hinaus genügt für § 82 Abs 2 jede andere Form der Garantenpflicht iSd § 2.[25] Bringt der Täter das Opfer selbst in eine hilflose Lage, ist bei entsprechendem Vorsatz im Handlungszeitpunkt Abs 1 gegeben. Abs 2 hat diesbezüglich Auffangfunktion, wenn der Täter unvorsätzlich die hilflose Lage herbeigeführt hat (Rz 14). 10

Hinsichtlich des Im-Stich-Lassens und des Lebensgefährdungserfolgs wie auch der Zurechnung gelten die zu Abs 1 getroffenen Ausführungen.

Der Täter muss Eventualvorsatz auf seine Garantenstellung, auf das Im-Stich-Lassen und auf die quasikausale Herbeiführung des Erfolges haben.[26] 11

IV. Erfolgsqualifikation nach § 82 Abs 3

Abs 3 enthält mit dem Tod eine Erfolgsqualifikation, für die gemäß § 7 Abs 2 Fahrlässigkeit genügt. Bei der Erfolgszurechnung ist insbesondere die Quasikausalität (an Sicherheit grenzende Wahrscheinlichkeit) zu prüfen. 12

---

20 *F/R-K* BT I^3 43; *Hilf* in SbgK § 82 Rz 43; *K/Schr* Grundriss BT I^5 § 82 Rz 31; *Burgstaller/Fabrizy* in WK^2 § 82 Rz 19; *L/St* $StGB^3$ § 82 Rz 10.

21 Siehe dazu genauer *Burgstaller/Fabrizy* in WK^2 § 82 Rz 18.

22 *Lewisch* BT I^2 72.

23 Aus diesem Grund wird es auch als unechtes Unterlassungsdelikt bezeichnet, vgl etwa *Hilf* in SbgK § 82 Rz 53, *K/Schr* Grundriss BT I^5 § 82 Rz 20. Siehe zu dieser Begrifflichkeit auch *Fuchs* AT I^7 37/5.

24 SSt 60/71.

25 *Burgstaller/Fabrizy* in WK^2 § 82 Rz 21; *Hilf* in SbgK § 82 Rz 48.

26 *Hilf* in SbgK § 82 Rz 62.

V. Abgrenzung und Konkurrenzen

13 **1.** Handelt der Täter mit Vorsatz auf den Tod des anderen, haftet er wegen Mordversuchs, wenn der Tod nicht eintritt. § 82 tritt hier kraft Subsidiarität zurück.

Bringt der Täter das Opfer durch eine Verletzungshandlung in die hilflose Lage, konkurriert § 82 echt mit dem jeweiligen Verletzungsdelikt.[27] Strittig ist das Verhältnis, wenn der Tod eintritt: Zum einen wird eine Strafbarkeit nach §§ 83, 86 (87 Abs 2) und zusätzlich § 82 vertreten,[28] zum anderen eine Verdrängung des § 82 kraft materieller Subsidiarität, sodass der Täter nur nach §§ 83, 86 (87 Abs 2) strafbar ist.[29]

14 **2.** § 82 Abs 1 verdrängt Abs 2.[30]

Zentrales Problem zur Wiederholung: *Vorsatz auf die Lebensgefährdung.*

27 *B/S* BT I[11] § 82 Rz 7; *K/Schr* Grundriss BT I[5] § 82 Rz 42.

28 So etwa *B/S* BT I[11] § 82 Rz 7; *Hilf* in SbgK § 82 Rz 78; *K/Schr* Grundriss BT I[5] § 82 Rz 43; *Burgstaller/Fabrizy* in WK[2] § 82 Rz 40.

29 So etwa *Fabrizy* StGB[10] § 82 Rz 6; *L/St* StGB[3] § 82 Rz 27.

30 *B/S* BT I[11] § 82 Rz 6; *Hilf* in SbgK § 82 Rz 74; *K/Schr* Grundriss BT I[5] § 82 Rz 19; *Burgstaller/Fabrizy* in WK[2] § 82 Rz 38; *L/St* StGB[3] § 82 Rz 22.

B. Gefährdung der körperlichen Sicherheit (§ 89)

I. Überblick

§ 89 ist schon insofern besonders, als dieses Delikt sowohl vorsätzlich als auch fahrlässig begangen werden kann. In der Regel wird es wohl fahrlässig begangen.[1] Ein typischer Bereich für § 89 ist der Straßenverkehr. 1

§ 89 ist ein **Erfolgsdelikt**:[2] Es genügt nicht, bloß eine objektiv sorgfaltswidrige Handlung zu setzen, vielmehr muss ein Gefährdungserfolg eintreten. Insofern ist § 89 ein **konkretes Gefährdungsdelikt**.[3] Bei der Vorsatzvariante muss der Täter Eventualvorsatz auf den Erfolg haben.

An sich genügt jede objektiv sorgfaltswidrige Handlung für diesen Tatbestand.[4] Dieser Sorgfaltswidrigkeit muss der Gefährdungserfolg objektiv zurechenbar sein. Einen anderen sorgfaltswidrig zu gefährden, genügt aber nicht: Vielmehr muss der Täter **zusätzlich** noch unter besonders gefährlichen Umständen iSd § 81 Abs 1 Z 1 bis 3 handeln.[5]

Geschütztes **Rechtsgut** sind das **Leben** und die **körperliche Integrität**.[6] 2

Für die Aburteilung des § 89 ist das Bezirksgericht zuständig. Das Delikt kann diversionell erledigt werden; angesichts der geringen Strafdrohung wird trotz des hohen Handlungsunwertes die Schuld selten als schwer (§ 198 Abs 2 Z 2 StPO) anzusehen sein.[7] Für das **Jahr 2010** wurden 235 Verurteilungen in der gerichtlichen Kriminalstatistik gezählt. 3

Beispielsfall: A streift beim Überholen das Fahrzeug des entgegenkommenden B (OGH 13 Os 45, 46/84 = SSt 55/30).

II. Tatbestand des § 89

Gefährdung der körperlichen Sicherheit begeht, wer
- vorsätzlich oder fahrlässig
- unter den in § 81 genannten Umständen
- eine Gefahr für das Leben, die Gesundheit oder die körperliche Sicherheit
- eines anderen (Menschen)
- herbeiführt.

1 *Lewisch* BT I² 69; *K/Schr* StudB BT I² § 89 Rz 8.
2 *Lewisch* BT I² 70; *F/R-K* BT I³ 44.
3 *L/St* StGB³ § 89 Rz 1; *K/Schr* StudB BT I² § 89 Rz 7.
4 *Burgstaller/Schütz* in WK² § 89 Rz 8; *F/R-K* BT I³ 45.
5 *L/St* StGB³ § 89 Rz 3; *F/R-K* BT I³ 45.
6 *Burgstaller/Schütz* in WK² § 89 Rz 5; *K/Schr* StudB BT I² § 89 Rz 6.
7 *Burgstaller/Schütz* in WK² § 89 Rz 52; *K/Schr* StudB BT I² § 89 Rz 29.

1. Objektiver Tatbestand

4 Als Gefährdungshandlung kommt jedes sorgfaltswidrige Verhalten in Betracht.[8] Zusätzlich müssen die Umstände, wie sie in § 81 Abs 1 Z 1 bis 3 genannt sind, vorliegen (unten Rz 7).

5 Der **Erfolg** liegt in einer Gefahr für das Leben, die Gesundheit oder die körperliche Sicherheit eines anderen Menschen. Dieser Gefährdungserfolg ist dann zu bejahen, wenn das Opfer in seiner **Daseinsgewissheit erschüttert** ist.[9] Das ist der Fall, wenn es reiner Zufall oder „ein Wunder" war, dass nichts passiert ist,[10] etwa weil es sich haarscharf ohne eine Verletzung oder gar Tötung ausgegangen ist. Das Opfer konnte beispielsweise gerade noch zur Seite springen, oder es blieb unverletzt, während die übrigen Mitfahrer getötet oder schwer verletzt wurden.

Ob eine konkrete Gefährdung vorlag, ist **ex post** aus der **Opferperspektive im Gefährdungszeitpunkt** zu beurteilen.[11]

3. Subjektive Tatseite

6 Der Täter muss im Handlungszeitpunkt Eventualvorsatz auf die Gefährdungshandlung, den Gefährdungserfolg, seine Ursächlichkeit dafür, aber auch auf die Umstände des § 81 haben. Da für die Tat Fahrlässigkeit genügt, wird in der Regel kein Aufwand zur Feststellung des Vorsatzes betrieben.

4. Besonders gefährliche Verhältnisse im Sinn des § 81

7 Zum objektiven Tatbestand gehören auch die Umstände gesteigerter Gefährlichkeit, wie sie in § 81 beschrieben sind. Eine der Alternativen genügt.[12] Die Auslegung dieser Modalitäten erfolgt wie bei § 81.

III. Abgrenzung und Konkurrenzen

8 § 89 wird verdrängt, wenn es zu einer (versuchten) Verletzung derselben Person gekommen ist.[13] Wird mit einer Handlung eine Person verletzt und eine andere gefährdet, besteht echte Konkurrenz.[14]

Zentrale Probleme zur Wiederholung: *Gefährdungserfolg; besonders gefährliche Verhältnisse.*

---

8 *Burgstaller/Schütz* in WK² § 89 Rz 8; *F/R-K* BT I³ 45.
9 *Burgstaller/Schütz* in WK² § 89 Rz 24; *Lewisch* BT I² 69.
10 *L/St* StGB³ § 89 Rz 7; *Fabrizy* StGB¹⁰ § 89 Rz 1a; *B/S* BT I¹¹ § 89 Rz 1; *F/R-K* BT I³ 45; *K/Schr* StudB BT I² § 89 Rz 15.
11 *Burgstaller/Schütz* in WK² § 89 Rz 17 ff.
12 *L/St* StGB³ § 89 Rz 6.
13 *L/St* StGB³ § 89 Rz 16; *Burgstaller/Schütz* in WK² § 89 Rz 45; *F/R-K* BT I³ 45; *B/S* BT I¹¹ § 89 Rz 5; *K/Schr* StudB BT I² § 89 Rz 24.
14 *L/St* StGB³ § 89 Rz 18; *Burgstaller/Schütz* in WK² § 89 Rz 46; *F/R-K* BT I³ 45; *B/S* BT I¹¹ § 89 Rz 5.

C. Raufhandel (§ 91)

I. Überblick

1 § 91 ist ein **Vorsatzdelikt** und von den Tathandlungen betrachtet **kein Erfolgsdelikt**: Es genügt die Teilnahme an der Schlägerei oder an einem Angriff mehrerer.[1] Zwar muss in den Abs 1 und 2 tatsächlich ein Erfolg eintreten, dieser ist aber eine **objektive Bedingung der Strafbarkeit**.[2] Nicht der Täter, vielmehr die Schlägerei bzw der Angriff mehrerer muss für die Verletzungen kausal sein, und der Schlägerei bzw dem Angriff mehrerer, nicht dem Täter, muss der Erfolg zugerechnet werden.[3]

2 Der Vorsatz muss sich – wie üblich – nur auf den objektiven Tatbestand beziehen, und der liegt in der tätlichen Teilnahme an einer Schlägerei (Abs 1) bzw an einem Angriff mehrerer (Abs 2). Das, und nur das, ist Gegenstand des Vorsatzes bei diesen beiden Absätzen.

3 § 91 hat den Zweck, ein **Auffangdelikt** für den Fall von Beweisschwierigkeiten zu sein:[4] Wirtshausrauferei, am Ende liegt ein Schwerverletzter herum; das Einzige, was erhoben werden kann, sind einige Täter, die in eine Schlägerei verwickelt waren. Im Vergleich dazu ist der Angriff mehrerer zumeist ohne Anwendungsbereich, da den Angreifern die Erfolge wechselseitig als Mittäter zugerechnet werden können.[5] Diesfalls ist § 91 subsidiär.[6]

4 § 91 Abs 2a verzichtet auf die Einschränkung einer objektiven Bedingung. Der Raufhandel ist strafbar, wenn er in einem **Sicherheitsbereich** bei einer Sportgroßveranstaltung erfolgt. „Sicherheitsbereich während einer Sportgroßveranstaltung“ ist Teil des objektiven Tatbestandes, daher auch Gegenstand des Vorsatzes.

5 Wer sich gegen andere wehrt, ist durch **Notwehr** auch für § 91 gerechtfertigt. Bei einer Schlägerei ist die Rollenverteilung aber typischerweise derart, dass ein Notwehrübender nicht vorhanden ist.[7]

6 Geschütztes **Rechtsgut** ist die **körperliche Integrität** eines anderen.[8]

7 Für die Aburteilung des § 91 ist nach den allgemeinen Regeln entweder das Bezirksgericht oder das Landesgericht als Einzelrichter (§ 31 Abs 4 Z 1 StPO) zuständig. Das Delikt kann diversionell erledigt werden, es sei denn, die objek-

1 *F/R-K* BT I[3] 46; *B/S* BT I[11] § 91 Rz 2.
2 *F/R-K* BT I[3] 46; *B/S* BT I[11] § 91 Rz 1; *L/St* StGB[3] § 91 Rz 7; *Fabrizy* StGB[10] § 91 Rz 4; *K/Schr* StudB BT I[2] § 91 Rz 5; *Lambauer* in SbgK § 91 Rz 31 ff.
3 *F/R-K* BT I[3] 48; *Lewisch* BT I[2] 77; *Lambauer* in SbgK § 91 Rz 38 f.
4 *F/R-K* BT I[3] 46; *Lambauer* in SbgK § 91 Rz 6.
5 *F/R-K* BT I[3] 46; *B/S* BT I[11] § 91 Rz 7; *L/St* StGB[3] § 91 Rz 18; *Messner*, ÖJZ 2001, 137 f.
6 *L/St* StGB[3] § 91 Rz 2; *F/R-K* BT I[3] 50; *Jerabek* in WK[2] § 91 Rz 21; *Lambauer* in SbgK § 91 Rz 29.
7 *F/R-K* BT I[3] 50; *Jerabek* in WK[2] § 91 Rz 16; *Lambauer* in SbgK § 91 Rz 40.
8 *K/Schr* StudB BT I[2] § 91 Rz 4; *Lambauer* in SbgK § 91 Rz 5.

tive Bedingung liegt im Tod eines Menschen.[9] Für das **Jahr 2010** wurden 346 Verurteilungen wegen § 91 in der gerichtlichen Kriminalstatistik gezählt.

Beispielsfall: Die Polizei wird zu einem Wirtshaus gerufen. Als sie ankommt, findet sie zwei Schwerverletzte. Erhebungen führen zu mehreren Personen, die aufeinander eingeschlagen haben. Ein Opfer war daran beteiligt, das andere war ein Zuschauer, der beim Ausholen zu einem Schlag getroffen wurde. Wer die Verletzungen verursacht hat, kann nicht geklärt werden.

II. Tatbestand des § 91 Abs 1

Raufhandel nach Abs 1 begeht, wer
- vorsätzlich
- an einer Schlägerei teilnimmt,
- sofern diese Schlägerei eine schwere Körperverletzung iSd § 84 Abs 1 oder – diesfalls schwerer bestraft – den Tod eines anderen verursacht.

1. Schlägerei

8 Bei einer Schlägerei werden die Gewalttätigkeiten von mehreren Personen (mindestens drei) ausgeführt, ohne dass eine Rollenverteilung – Angreifer auf der einen, Verteidiger auf der anderen Seite – definierbar ist.[10]

Der Täter muss mit **Eventualvorsatz** in Bezug auf die tätliche Teilnahme an einer Schlägerei handeln.[11]

Anfeuern ist nicht „teilnehmen" iSd § 91, wohl aber Beitragstäterschaft.[12]

2. Objektive Bedingung der Strafbarkeit

9 Die Schlägerei muss eine **schwere Körperverletzung** im Sinn des § 84 Abs 1 oder den **Tod** verursachen. Bei Letzterem ist die Strafdrohung höher, was verfassungsrechtlich bedenklich ist.[13] Denn der Täter wird strenger bestraft, obwohl ihm gerade kein Verschulden am Tod angelastet wird. Die Anwendung einer objektiven Bedingung erscheint als unproblematisch, sofern sie – und das

9 *K/Schr* StudB BT I[2] § 91 Rz 32; aA *Lambauer* in SbgK § 91 Rz 53.

10 *F/R-K* BT I[3] 47; *L/St* StGB[3] § 91 Rz 4; *Fabrizy* StGB[10] § 91 Rz 2; *Jerabek* in WK[2] § 91 Rz 3; *K/Schr* StudB BT I[2] § 91 Rz 6; *Lambauer* in SbgK § 91 Rz 19.

11 *L/St* StGB[3] § 91 Rz 10.

12 *F/R-K* BT I[3] 47; *Lewisch* BT I[2] 77; *L/St* StGB[3] § 91 Rz 6; *Fabrizy* StGB[10] § 91 Rz 3; *Jerabek* in WK[2] § 91 Rz 18; *K/Schr* StudB BT I[2] § 91 Rz 25; *Lambauer* in SbgK § 91 Rz 16. Für Straflosigkeit *B/S* BT I[11] § 91 Rz 2.

13 *Lewisch* BT I[2] 76. *Jerabek* in WK[2] § 91 Rz 2 und der OGH, 13 Os 26/10p (JBl 2011, 266 mit krit Anm *Tipold*) vermeinen diese Bedenken allein dadurch ausräumen zu können, dass es sich bei der höheren Strafdrohung nicht um einen Straf*satz*, sondern um einen Straf*rahmen* handelt. Vgl zur Begriffsjurisprudenz und Kritik daran *Bydlinski* Juristische Methodenlehre und Rechtsbegriff[2] 109 ff; siehe auch *Larenz* Methodenlehre der Rechtswissenschaften[6] 165 ff; *Kramer* Juristische Methodenlehre[3] 155 ff.

tut sie bei § 91 – die Strafbarkeit einschränkt: Die Teilnahme an sich ist verpönt, zur Strafbarkeit soll es aber nur kommen, wenn die Schlägerei eine schwere Körperverletzung verursacht.[14]

Der Verweis auf § 84 Abs 1 ist bewusst. Die Handlungsmodalitäten des § 84 Abs 2 sind für § 91 ohne Bedeutung.

Die Schlägerei muss den Erfolg verursacht haben, dieser muss der Schlägerei objektiv zurechenbar sein.[15] Erfasst sind nicht nur Erfolge, die die Teilnehmer der Schlägerei betreffen, sondern auch Verletzungen von Zuschauern.[16]

Es genügt, wenn der Erfolg der Schlägerei zurechenbar ist. Wann genau der 10
Erfolg eingetreten ist, muss nicht festgestellt werden. Als Teilnehmer haftet man auch, wenn man vor dem Erfolgseintritt die Schlägerei verlassen hat oder erst danach dazugestoßen ist, sofern es sich um dieselbe Schlägerei handelt.[17]

Der Verletzte selbst ist nicht strafbar, wenn er der einzige Verletzte ist.[18] Sind 11
mehrere verletzt, dann sind diese Personen im Verhältnis zueinander „ein anderer“ iS dieser Bestimmung.[19]

III. Tatbestand des § 91 Abs 2

Raufhandel begeht nach Abs 2, wer
- vorsätzlich
- an einem Angriff mehrerer tätlich teilnimmt,
- sofern dieser Angriff eine (leichte) Körperverletzung verursacht. Ist die Körperverletzung schwer iSd § 84 Abs 1 oder wird der Tod eines anderen verursacht, ist die Strafdrohung jeweils höher.

1. Angriff mehrerer

Im Unterschied zum Raufhandel ist die **Angriffsrichtung** beim Angriff meh- 12
rerer **klar**: Zwei Personen gehen auf einen dritten los.[20] Der Angriff mehrerer wird zur Schlägerei, wenn der Dritte mehr macht, als ihm durch Notwehr erlaubt ist (unwahrscheinlich), oder wenn ein vierter sich einmischt, aber nicht Nothilfe übt, sondern in beide Richtungen Schläge austeilt.[21]

---

14 *Lewisch* BT I² 75; *F/R-K* BT I³ 46; *L/St* StGB³ § 91 Rz 1.

15 *F/R-K* BT I³ 48; *Lambauer* in SbgK § 91 Rz 31 ff.

16 *L/St* StGB³ § 91 Rz 7; *Jerabek* in WK² § 91 Rz 9; *Lambauer* in SbgK § 91 Rz 34. Ablehnend *F/R-K* BT I³ 48.

17 *Lewisch* BT I² 76; *L/St* StGB³ § 91 Rz 8; *Jerabek* in WK² § 91 Rz 11; *B/S* BT I¹¹ § 91 Rz 3; *Lambauer* in SbgK § 91 Rz 35 f. Kritisch *F/R-K* BT I³ 49.

18 *F/R-K* BT I³ 48; *L/St* StGB³ § 91 Rz 7; *B/S* BT I¹¹ § 91 Rz 3.

19 *Lewisch* BT I² 78; *Lambauer* in SbgK § 91 Rz 32.

20 *F/R-K* BT I³ 47; *L/St* StGB³ § 91 Rz 4; *Lewisch* BT I² 77; *Fabrizy* StGB¹⁰ § 91 Rz 2; *Jerabek* in WK² § 91 Rz 4; *K/Schr* StudB BT I² § 91 Rz 9; *Lambauer* in SbgK § 91 Rz 22.

21 *Lewisch* BT I² 77; *Jerabek* in WK² § 91 Rz 6; *K/Schr* StudB BT I² § 91 Rz 7. Nach *L/St* StGB³ § 91 Rz 4 ist auch bei Notwehr Schlägerei zu bejahen; diese Meinung dürfte aber

Bei einem Angriff mehrerer liegt in der Regel Mittäterschaft vor, sodass der Erfolg in diesem Rahmen den Angreifern wechselseitig zugerechnet werden kann.[22]

Der **Eventualvorsatz** muss sich hier auf die Teilnahme an einem Angriff mehrerer beziehen.

2. Objektive Bedingung der Strafbarkeit

13 Beim Angriff mehrerer genügt es für die Strafbarkeit, dass es zu einer **leichten Körperverletzung** kommt. Da somit die Strafbarkeit früher beginnt als bei der Schlägerei, ist die Abgrenzung zwischen Angriff mehrerer und der Schlägerei wesentlich und in der Theorie recht einfach, praktisch hingegen sehr schwierig.

Schwere Körperverletzung und Tod wirken jeweils strafrahmenerhöhend. Hier stellen sich wohl dieselben verfassungsrechtlichen Zweifel wie schon bei Abs 1 (Rz 9).

IV. Tatbestand des § 91 Abs 2a

Raufhandel begeht nach Abs 2a, wer

- vorsätzlich
- in einem Sicherheitsbereich bei einer Sportgroßveranstaltung
- an einer Schlägerei oder einem Angriff mehrerer tätlich teilnimmt.

14 Abs 2a verzichtet auf eine objektive Bedingung. Zum Tatbestand gehört die tätliche Teilnahme an einer Schlägerei oder einem Angriff mehrerer. Aber auch „in einem Sicherheitsbereich bei einer Sportgroßveranstaltung" ist Tatbildmerkmal.[23] Folglich muss sich der Vorsatz des Raufenden auf den Sicherheitsbereich beziehen. Bei Sportgroßveranstaltungen ist an die EURO 2008 zu denken, die auch Anlass für diese Bestimmung war,[24] aber auch an Veranstaltungen wie das Wiener Derby Austria Wien gegen Rapid Wien.

Der **Sicherheitsbereich** wird mittels Verordnung festgelegt (§ 49a SPG). Diese Verordnung ist auf eine Weise kundzumachen, die geeignet ist, einen möglichst weiten Kreis potenziell Betroffener zu erreichen. Allerdings wird sich die Aufmerksamkeit von Besuchern von Sportgroßveranstaltungen nicht gerade auf kundgemachte Verordnungen beziehen. Es wird in der Regel schwer widerlegbar sein, wenn ein Beschuldigter behauptet, nichts von dieser Verordnung mitbekommen zu haben und demnach diesbezüglich vorsatzlos gehandelt zu haben.

Ziel dieser Bestimmung ist es, durch Wegfall der objektiven Bedingung der Strafbarkeit, die sich in den Abs 1 und 2 des § 91 finden, „das Einschreiten der Sicherheitsbehörden" zu „erleichtern"[25] bzw den Sicherheitsbehörden ein „effektives Einschreiten" zu ermöglichen.[26] Dieses Ziel verwundert bei der Diskussion um einen neuen Straftatbestand, denn Strafrecht dient eigentlich nicht dem Zweck, die Basis für Eingriffe durch die Sicherheitsbehörden zu sein.

---

seit der Reform des § 91 durch das StRÄG 1996 überholt sein. *Lambauer* in SbgK § 91 Rz 48 will diesfalls echte Konkurrenz annehmen, was wohl verfehlt ist.

22 *F/R-K* BT I[3] 46; *B/S* BT I[11] § 91 Rz 7; *L/St* StGB[3] § 91 Rz 18.

23 *F/R-K* BT I[3] 49; *Lambauer* in SbgK § 91 Rz 25.

24 JAB 106 BlgNR XXIV. GP 33.

25 RV 302 BlgNR XXIII. GP zu Art I Z 7.

26 JAB 106 BlgNR XXIV. GP 33.

V. Abgrenzung und Konkurrenzen

§ 91 hat Auffangfunktion zu den §§ 83 ff. Kann der Erfolg zugerechnet werden, ist § 91 subsidiär.[27] Die Subsidiarität gilt selbst dann, wenn nur eine Versuchsstrafbarkeit in Betracht kommt, sofern dieser strenger bestraft ist als § 91 – andernfalls verdrängt § 91 diesen Versuch. **15**

Zentrale Probleme zur Wiederholung: *Schlägerei, Angriff mehrerer, Notwehr.*

Weiterführende Literatur: *Calineata,* § 91 StGB – „ein Schuss daneben"? (2012); *Messner,* Zur Abgrenzung zwischen Schlägerei und Angriff mehrerer beim Raufhandel, ÖJZ 2001, 134.

27 *L/St* StGB³ § 91 Rz 2; *F/R-K* BT I³ 50; *Jerabek* in WK² § 91 Rz 21; *Lambauer* in SbgK § 91 Rz 47.

D. Quälen oder Vernachlässigen unmündiger, jüngerer oder wehrloser Personen (§ 92)

I. Überblick

1 § 92 enthält **zwei Grunddelikte**.[1] Abs 1 bestraft denjenigen, der einem anderen körperliche oder seelische Qualen zufügt. Die Tathandlung des Abs 2 liegt im gröblichen Vernachlässigen der Verpflichtung zur Fürsorge oder Obhut. Täter kann stets nur sein, wer gegenüber dem Opfer eine Fürsorge- oder Obhutsverpflichtung hat. Beide Tatbestände sind somit **Sonderdelikte**.[2] Opfer kann nur sein, wer das achtzehnte Lebensjahr noch nicht vollendet hat oder wegen Gebrechlichkeit, Krankheit oder einer geistigen Behinderung wehrlos ist. Beide Absätze werden als **Erfolgsdelikte** angesehen, wobei bei Abs 1 der Erfolg in den zugefügten Qualen liegt.[3]

2 Bei Abs 1 muss der Täter auf alle Elemente des Tatbestandes Eventualvorsatz haben. Abs 1 ist somit ein **reines Vorsatzdelikt**, er kann daher auch versucht werden.

Bei Abs 2 muss der Täter auf die Täter- und Opfereigenschaft sowie die Tathandlung Eventualvorsatz haben. Das gröbliche Vernachlässigen des Abs 2 muss als Erfolg zu einer beträchtlichen Schädigung an Gesundheit oder körperlichen oder geistigen Entwicklung des Opfers führen. Für diesen Erfolg genügt Fahrlässigkeit. Insofern ist § 92 Abs 2 wie § 83 Abs 2 eine **eigentliche Vorsatz-/ Fahrlässigkeitskombination**. Im Unterschied zu § 83 Abs 2 (§ 83 Rz 15) ist ein Versuch denkbar, sofern der Täter mit Vorsatz auf den Erfolg handelt, dieser aber nicht eintritt. Der Wortlaut lässt dies problemlos zu, da „wenn auch nur fahrlässig" die Möglichkeit des Vorsatzes offenlässt.

Da es sich beim Vernachlässigen um ein Unterlassen handelt, ist § 92 Abs 2 an sich ein echtes **Unterlassungsdelikt**. Hier ist aber die Begrifflichkeit uneinheitlich, da die Bestimmung auch ein Erfolgsdelikt ist und sie aus diesem Grund überwiegend als unechtes Unterlassungsdelikt bezeichnet wird.[4]

3 § 92 Abs 3 enthält für beide Grundtatbestände zwei **Erfolgsqualifikationen**, für die gemäß § 7 Abs 2 Fahrlässigkeit genügt.

4 Geschütztes **Rechtsgut** ist die **körperliche** und **seelische Integrität** eines anderen.[5]

5 Für die Aburteilung des § 92 ist mit Ausnahme der Todesqualifikation das Landesgericht als Einzelrichter (§ 31 Abs 4 Z 1 StPO) zuständig. Das Delikt kann – Todesqualifikation ausgenommen – diversionell erledigt werden; allerdings ist im Einzelfall zu prüfen, ob das Verschulden nicht schwer ist: Bei Abs 2 ist hierbei die Gröblichkeit von erheblichem Gewicht.[6] Für das **Jahr 2010** wurden 17 Verurteilungen wegen § 92 in der gerichtlichen Kriminalstatistik gezählt.

Beispielsfall: Ein Vater sperrt sein Kind stundenlang in eine Kiste.

1 *Lewisch* BT I² 73.
2 *K/Schr* Grundriss BT I⁵ § 92 Rz 6; *Zagler* in SbgK § 92 Rz 4.
3 *K/Schr* Grundriss BT I⁵ § 92 Rz 17; *Zagler* in SbgK § 92 Rz 10; *Jerabek* in WK² § 92 Rz 13.
4 *Jerabek* in WK² § 92 Rz 2. Siehe zu dieser Begrifflichkeit auch *Fuchs* AT I⁷ 37/5.
5 *Zagler* in SbgK § 92 Rz 3; *K/Schr* Grundriss BT I⁵ § 92 Rz 3.
6 Für Sonderfälle denkbar *K/Schr* Grundriss BT I⁵ § 92 Rz 42.

II. Tatbestand des § 92 Abs 1

§ 92 Abs 1 begeht, wer

- einem anderen (Menschen),
- der seiner Fürsorge oder Obhut untersteht
- und der das achtzehnte Lebensjahr noch nicht vollendet hat oder wegen Gebrechlichkeit, Krankheit oder einer geistigen Behinderung wehrlos ist,
- vorsätzlich
- körperliche oder seelische Qualen zufügt.

Abs 1 ist ein **Sonderdelikt**.[7] Täter kann nur sein, wer gegenüber dem Opfer eine Fürsorge- oder Obhutsverpflichtung hat. Eine solche Verpflichtung ergibt sich zum einen aus dem Familienrecht, zum anderen aber aus freiwilliger Pflichtenübernahme. Zu denken ist an Eltern, Pflegeeltern, Babysitter, Tagesmütter, Kindergärtner, Pfleger in Altersheimen, Sachwalter.[8] 6

Opfer des Abs 1 kann nur sein, wer das achtzehnte Lebensjahr noch nicht vollendet hat oder wegen Gebrechlichkeit, Krankheit oder einer geistigen Behinderung wehrlos ist. Gebrechlichkeit liegt in dauernden körperlichen Behinderungen (Bewegungsfreiheit),[9] Krankheiten begründen eine Schwächung der Abwehrkräfte, geistige Behinderung ist eine angeborene oder früherworbene Intelligenzminderung bzw Intelligenzaufbaustörung.[10] Wehrlosigkeit ist gegeben, wenn aufgrund der Schwächung eine Abwehrhandlung nicht möglich ist. 7

Die Tathandlung besteht im Zufügen von körperlichen oder seelischen Qualen. **Qualen** sind bei über einen längeren Zeitraum andauernden oder wiederholenden Schmerzen, Leiden oder Angstzuständen gegeben.[11] Zu denken ist an nicht ausreichendes Essen und Trinken oder das Fesseln über Nacht an einen Tisch.[12] 8

Die Qualen sind Erfolg der Tathandlung, weshalb ein Begehen durch Unterlassen möglich ist.[13]

Auf all diese Elemente muss der Täter **Eventualvorsatz** haben.[14] Abs 1 ist ein reines Vorsatzdelikt. Versuch ist daher möglich. 9

III. Tatbestand des § 92 Abs 2

§ 92 Abs 2 begeht, wer

- seine Verpflichtung zur Fürsorge oder Obhut
- gegenüber einem anderen (Menschen), der das achtzehnte Lebensjahr noch nicht vollendet hat oder wegen Gebrechlichkeit, Krankheit oder einer geistigen Behinderung wehrlos ist,
- vorsätzlich
- gröblich vernachlässigt
- und dadurch, wenn auch nur fahrlässig, dessen Gesundheit oder dessen körperliche oder geistige Entwicklung beträchtlich schädigt.

---

7 *K/Schr* Grundriss BT I[5] § 92 Rz 6; *Zagler* in SbgK § 92 Rz 4.

8 *B/S* BT I[11] § 92 Rz 1; *F/R-K* BT I[3] 51; *K/Schr* Grundriss BT I[5] § 92 Rz 9 ff; *Zagler* in SbgK § 92 Rz 9; *Fabrizy* StGB[10] § 92 Rz 1a.

9 *Zagler* in SbgK § 92 Rz 7; *Fabrizy* StGB[10] § 92 Rz 2.

10 *T. Payk* Psychiatrie und Psychotherapie, Checkliste[4] 98.

11 *K/Schr* Grundriss BT I[5] § 92 Rz 15; *Jerabek* in WK[2] § 92 Rz 12; *L/St* StGB[3] § 92 Rz 8; *Zagler* in SbgK § 92 Rz 11; *Fabrizy* StGB[10] § 92 Rz 3.

12 *Lewisch* BT I[2] 73.

13 *K/Schr* Grundriss BT I[5] § 92 Rz 17; *Zagler* in SbgK § 92 Rz 10; *Jerabek* in WK[2] § 92 Rz 13.

14 *Zagler* in SbgK § 92 Rz 16.

10 § 92 Abs 2 ist wie Abs 1 ein **Sonderdelikt**:[15] Täter kann nur sein, wer gegenüber dem Opfer eine Fürsorge- oder Obhutsverpflichtung hat. Eine solche Verpflichtung ergibt sich auch hier zum einen aus dem Familienrecht, zum anderen aus freiwilliger Pflichtenübernahme.

Opfer kann nur sein, wer das achtzehnte Lebensjahr noch nicht vollendet hat oder wegen Gebrechlichkeit, Krankheit oder einer geistigen Behinderung wehrlos ist.

11 Die Tathandlung liegt im **gröblichen Vernachlässigen** der Verpflichtung zu Fürsorge oder Obhut. Der Täter vernachlässigt seine Verpflichtung gröblich, wenn ein **erhebliches Missverhältnis** zwischen der Verpflichtung einerseits und dem Erbrachten andererseits gegeben ist.[16]

12 Als Erfolg muss das gröbliche Vernachlässigen zur beträchtlichen Schädigung an der Gesundheit oder körperlichen oder geistigen Entwicklung des Opfers führen. Das ist der Fall, wenn der Schaden von mindestens 14-tägiger Dauer ist.[17]

Da es sich beim Vernachlässigen um ein Unterlassen handelt, ist § 92 Abs 2 wiederum ein **echtes Unterlassungsdelikt**, aber auch ein **Erfolgsdelikt**.[18] Bei der Erfolgszurechnung ist daher mit dem Kriterium der Quasikausalität zu arbeiten.[19]

13 Der Täter muss auf seine Subjektseigenschaft, auf die Opfereigenschaft und auf die Tathandlung des gröblich Vernachlässigens Eventualvorsatz haben.[20]

Für den Erfolg genügt Fahrlässigkeit. § 92 Abs 2 ist wie § 83 Abs 2 eine echte Vorsatz-/Fahrlässigkeitskombination. Im Unterschied zu § 83 Abs 2 ist ein Versuch denkbar, sofern der Täter mit Vorsatz auf den Erfolg handelt, dieser aber nicht eintritt.

IV. Erfolgsqualifikationen nach § 92 Abs 3

14 Abs 3 enthält zwei Erfolgsqualifikationen, nämlich **Körperverletzung mit schweren Dauerfolgen** (§ 85) bzw den **Tod** des Geschädigten. Für beide Qualifikationen genügt gemäß § 7 Abs 2 Fahrlässigkeit.[21] In der Erfüllung des Grunddelikts liegt die objektive Sorgfaltswidrigkeit.

Eine Körperverletzung nach § 84 Abs 1 ist vom Grunddelikt erfasst.

V. Abgrenzung und Konkurrenzen

15 Das Verhältnis der beiden Tatbestände ist strittig, überwiegend wird ein Vorrang des Abs 1 angenommen, wenn die Tatbestände gleichzeitig erfüllt sind.[22]

Zentrale Probleme zur Wiederholung: *Qualen, Wehrlosigkeit; Gröblichkeit, körperliche und geistige Entwicklung.*

15 *K/Schr* Grundriss BT I^5 § 92 Rz 6; *Zagler* in SbgK § 92 Rz 4.
16 *K/Schr* Grundriss BT I^5 § 92 Rz 21; *L/St* StGB^3 § 92 Rz 10; *Jerabek* in WK^2 § 92 Rz 15.
17 *B/S* BT I^{11} § 92 Rz 3; *Lewisch* BT I^2 73; *Zagler* in SbgK § 92 Rz 14. Gegen eine derart schematische Grenze *K/Schr* Grundriss BT I^5 § 92 Rz 23; *Jerabek* in WK^2 § 92 Rz 16.
18 Aus diesem Grund für unechtes Unterlassensdelikt die hA, zB *Jerabek* in WK^2 § 92 Rz 2.
19 *Jerabek* in WK^2 § 92 Rz 18.
20 *B/S* BT I^{11} § 92 Rz 3
21 *K/Schr* Grundriss BT I^5 § 92 Rz 32.
22 *K/Schr* Grundriss BT I^5 § 92 Rz 32.

E. Überanstrengung unmündiger, jüngerer oder schonungsbedürftiger Personen (§ 93)

I. Überblick

§ 93 ist eine **Vorsatz-/Fahrlässigkeitskombination**: Hinsichtlich der Tathandlung Überanstrengen muss der Täter wie auch bezüglich der Objektseigenschaften Vorsatz haben. Für den durch das Überanstrengen eingetretenen Erfolg der Todesgefahr oder einer beträchtlichen Körperverletzung bzw Gesundheitsschädigung genügt Fahrlässigkeit. Bezüglich dieses Erfolges handelt es sich – wie etwa bei § 89 – um ein **konkretes Gefährdungsdelikt**.[1] 1

§ 93 ist insofern ein **Sonderdelikt**,[2] als Täter nur jemand sein kann, von dem das Opfer abhängig ist oder der dem Opfer gegenüber eine Fürsorge- oder Obhutsverpflichtung hat. Opfer kann nur sein, wer das achtzehnte Lebensjahr noch nicht vollendet hat oder wegen seines Gesundheitszustandes offensichtlich schonungsbedürftig ist. 2

Die Tathandlung besteht im Überanstrengen, allerdings muss die Tathandlung aus Bosheit oder Rücksichtslosigkeit erfolgen. Dieses Merkmal prägt als Gesinnungsmerkmal die **Schuld**.[3] Daher ist eine Beteiligung nur dann möglich, wenn auch der Beitragstäter in eigener Person rücksichtslos handelt.[4] 3

Abs 2 enthält eine **Erfolgsqualifikation**, für die gemäß § 7 Abs 2 Fahrlässigkeit genügt.

Geschütztes **Rechtsgut** ist die körperliche Integrität eines anderen. 4

Für die Aburteilung des § 93 ist mit Ausnahme der Todesqualifikation das Landesgericht als Einzelrichter (§ 31 Abs 4 Z 1 StPO) zuständig. Das Delikt kann – wiederum die Todesqualifikation ausgenommen – diversionell erledigt werden; Bosheit und Rücksichtslosigkeit erhöhen allerdings die Schuld beträchtlich. Für das **Jahr 2010** wurde keine Verurteilung wegen § 93 in der gerichtlichen Kriminalstatistik gezählt, was der Einschätzung dieses Delikts in der Literatur[5] als praktisch bedeutungslos entspricht. 5

Beispielsfall: Zugsführer L lässt den nach längerer schwerer Krankheit noch rekonvaleszenten Grundwehrdiener M mit vollem Marschgepäck auf einen Berg zügig hinaufmarschieren. M erleidet einen Schwächeanfall und muss drei Wochen das Bett im Militärspital hüten.

II. Tatbestand des § 93 Abs 1

§ 93 Abs 1 begeht, wer

- einen anderen (Menschen),
- der vom Täter abhängig ist oder der Fürsorge oder Obhut des Täters untersteht
- und der das achtzehnte Lebensjahr noch nicht vollendet hat oder wegen seines Gesundheitszustandes offensichtlich schonungsbedürftig ist,
- vorsätzlich
- aus Bosheit oder Rücksichtslosigkeit
- überanstrengt
- und dadurch, wenn auch nur fahrlässig,
- die Gefahr des Todes oder einer beträchtlichen Körperverletzung oder Gesundheitsschädigung beim Überanstrengten herbeiführt.

---

1 *K/Schr* Grundriss BT I[5] § 93 Rz 1; *Jerabek* in WK[2] § 93 Rz 2.
2 *Jerabek* in WK[2] § 93 Rz 2.
3 *Zagler* in SbgK § 93 Rz 17; *L/St* StGB[3] § 93 Rz 6; *Jerabek* in WK[2] § 93 Rz 12.
4 *Jerabek* in WK[2] § 93 Rz 12.
5 Etwa *Lewisch* BT I[2] 73; *B/S* BT I[11] § 93 Rz 1; *Jerabek* in WK[2] § 93 Rz 1.

6 **Sonderdelikt.** Täter kann nur jemand sein, von dem das Opfer abhängig ist oder unter dessen Fürsorge oder Obhut das Opfer steht. Abhängigkeit kann sich etwa durch wirtschaftliche Mittellosigkeit oder durch ein Untergebensein (Arbeitgeber, Vorgesetzter) ergeben.[6] Bei Fürsorge und Obhut ist va an Eltern oder andere Erziehungsberechtigte (Pflegeeltern) zu denken, aber auch an Babysitter oder Tagesmütter.[7] Zum anderen sind Lehrer, Sporttrainer und Vorgesetzte beim Bundesheer erfasst,[8] aber auch medizinisches Personal, dessen Fürsorgepflicht sich aus dem Behandlungsvertrag ergibt.

7 **Tatobjekt.** Opfer kann nur sein, wer das achtzehnte Lebensjahr noch nicht vollendet hat oder wegen seines Gesundheitszustandes offensichtlich schonungsbedürftig ist. Die Schonungsbedürftigkeit muss an sich für jedermann klar erkennbar sein; verfügt der Täter aber über Sonderwissen hinsichtlich der Schonungsbedürftigkeit, ist die Offensichtlichkeit ebenfalls gegeben. Hauptanwendungsfall ist ein von einer Krankheit Gezeichneter, aber auch eine Schwangere.[9]

8 **Tathandlung.** Das Opfer wird überanstrengt, wenn von ihm weit mehr verlangt wird, als ihm zumutbar ist.[10] Zu denken ist an körperliche Leistungen, die ein junger oder kranker Mensch nicht erbringen kann.

9 Durch die Überanstrengung entsteht als **Erfolg** eine konkrete Lebensgefahr oder die konkrete Gefahr einer beträchtlichen, somit über 14 Tage dauernden Körperverletzung oder Gesundheitsschädigung iSd § 83.[11] Das bedeutet, es hätte der Todes- oder Verletzungserfolg eintreten können, wenn nicht ein Dritter oder der reine Zufall geholfen hätte. Hierin besteht eine Ähnlichkeit zum Gefährdungserfolg des § 89.[12]

10 **Vorsatz.** Der Täter muss im Handlungszeitpunkt auf seine Eigenschaften, auf jene des Opfers sowie auf die Tathandlung **Eventualvorsatz** haben.

Im Hinblick auf den konkreten Gefährdungserfolg genügt Fahrlässigkeit. § 93 ist wie § 83 Abs 2 eine **eigentliche Vorsatz-/Fahrlässigkeitskombination**.[13] Im Unterschied zu § 83 Abs 2 ist ein Versuch denkbar, sofern der Täter mit Vorsatz auf den Erfolg handelt, dieser aber nicht eintritt. Der Wortlaut lässt dies problemlos zu, da „wenn auch nur fahrlässig" die Möglichkeit des Vorsatzes offenlässt.

11 Der Täter handelt aus **Bosheit**, wenn er allein um der Überanstrengung und der damit verbundenen Beeinträchtigung des Wohlbefindens willen handelt.[14] Er handelt aus **Rücksichtslosigkeit**, wenn er – selbstsüchtig oder gleichgültig[15] – seine eigenen Ziele über die körperliche Situation des Opfers stellt.

Auch für eine Strafbarkeit wegen der an sich gemäß § 14 Abs 1 problemlos möglichen Beteiligung ist es nötig, dass der Bestimmungs- oder Beitragstäter in eigener Person rücksichtslos handelt.[16]

---

6 *L/St* StGB[3] § 93 Rz 3; *Fabrizy* StGB[10] § 93 Rz 2; *Jerabek* in WK[2] § 93 Rz 5.
7 *F/R-K* BT I[3] 51; *B/S* BT I[11] § 92 Rz 1; *Zagler* in SbgK § 93 Rz 8.
8 *B/S* BT I[11] § 93 Rz 1.
9 *Zagler* in SbgK § 93 Rz 6; *Fabrizy* StGB[10] § 93 Rz 2; *L/St* StGB[3] § 93 Rz 1; *Jerabek* in WK[2] § 93 Rz 7.
10 *Zagler* in SbgK § 93 Rz 10; *Fabrizy* StGB[10] § 93 Rz 2; *L/St* StGB[3] § 93 Rz 4; *Jerabek* in WK[2] § 93 Rz 8.
11 *Zagler* in SbgK § 93 Rz 13; *Fabrizy* StGB[10] § 93 Rz 3. Auch an sich schwere Verletzungen sind beträchtlich, *Lewisch* BT I[2] 73.
12 *Zagler* in SbgK § 93 Rz 12; *Jerabek* in WK[2] § 93 Rz 9.
13 *L/St* StGB[3] § 93 Rz 8.
14 *Fabrizy* StGB[10] § 93 Rz 2; *L/St* StGB[3] § 93 Rz 7; *Jerabek* in WK[2] § 93 Rz 11.
15 *Fabrizy* StGB[10] § 93 Rz 2; *L/St* StGB[3] § 93 Rz 7; *Jerabek* in WK[2] § 93 Rz 11.
16 *Jerabek* in WK[2] § 93 Rz 12.

III. Erfolgsqualifikationen nach § 93 Abs 2

§ 93 Abs 2 verweist auf die Erfolgsqualifikationen des § 92 Abs 3. Diese sind Körperverletzung mit schweren Dauerfolgen (§ 85) bzw Tod des Geschädigten. Für beide Qualifikationen genügt gemäß § 7 Abs 2 Fahrlässigkeit. In der Erfüllung des Grunddelikts liegt die objektive Sorgfaltswidrigkeit. 12

IV. Abgrenzung und Konkurrenzen

§§ 85 und 86 werden durch § 93 Abs 2 verdrängt, eine Körperverletzung nach § 84 Abs 1 wegen der höheren Strafdrohung und des auf § 83 Abs 1 bezogenen Verletzungsvorsatzes hingegen nach überwiegender Ansicht nicht.[17] Letztlich erscheint dieser „Slalom" als merkwürdig und der Strafrahmen des § 93 im Vergleich zu den Körperverletzungsdelikten als überdenkenswert. 13

Zentrale Probleme zur Wiederholung: *Überanstrengen, Bosheit, Beträchtlichkeit der Körperverletzung.*

17 *Zagler* in SbgK § 93 Rz 18; *Jerabek* in WK² § 93 Rz 14; wohl aA *L/St* StGB³ § 93 Rz 10.

F. Im-Stich-Lassen eines Verletzten (§ 94)

I. Überblick

1 Das Im-Stich-Lassen eines Verletzten ist ein **echtes Unterlassungsdelikt**.[1] § 94 kann demnach nur durch Unterlassen, nie durch ein aktives Tun begangen werden; schon aus diesem Grund ist § 2 auf diesen Tatbestand nicht anzuwenden. Daher ist die Prüfung einer Garantenstellung bei § 94 verfehlt, mag es auch sein, dass der Verursacher iSd § 94 oft auch Garant iSd § 2 ist. Im Grundtatbestand ist § 94 ein **schlichtes Unterlassungsdelikt**, denn für die Vollendung der Tat ist der Eintritt eines Erfolges nicht erforderlich. Auch aus diesem Grund ist § 2 auf § 94 nicht anwendbar.

Erst bei den Erfolgsqualifikationen des Abs 2 spielen Fragen der Erfolgszurechnung eine Rolle. Hierbei ist – wie immer bei Unterlassungsdelikten – insbesondere die Kausalität iS einer Quasikausalität genau zu prüfen, die aber oft nicht nachweisbar ist.

2 Für § 94 Abs 1 ist **Eventualvorsatz** erforderlich: Der Täter hält es im Handlungszeitpunkt zumindest ernstlich für möglich und findet sich damit ab, dass er die Verletzung eines anderen Menschen verursacht hat, dieser Hilfe benötigt und er die Hilfe nicht leistet. Erkennt der Täter nicht, dass er Verursacher der Körperverletzung war, hat er aber Vorsatz, bei einem Unglücksfall die erforderliche Hilfe nicht zu leisten, kann er nach § 95 bestraft werden. Fehlt ihm hingegen der Vorsatz auf die Erforderlichkeit der Hilfeleistung, bleibt er mangels eines § 94 entsprechenden Fahrlässigkeitsdeliktes straflos.

Ist der Täter nicht nur Verursacher iSd § 94 Abs 1, sondern auch Garant iSd § 2 und hat das Unterlassen eine Körperverletzung oder den Tod zur Folge, kommt eine Haftung nach §§ 2, 88 oder §§ 2, 80 sowie bei Vorsatz §§ 2, 75, 83 (bzw jeweils Versuch des Vorsatzdeliktes, wenn der Erfolg nicht eintritt) in Betracht. Die Fahrlässigkeitshaftung wird nur schlagend, wenn dem Täter der Vorsatz auf § 94 fehlt. Umgekehrt verdrängt die Haftung wegen der genannten Vorsatzdelikte die Strafbarkeit nach § 94.

3 Die Qualifikationen des § 94 Abs 2 (schwere Körperverletzung, Tod) sind Erfolgsqualifikationen. Hier genügt gemäß § 7 Abs 2 Fahrlässigkeit. Die Haftung wegen der Qualifikation setzt aber die Erfüllung des Grunddeliktes voraus.

4 Als Vorsatzdelikt könnte § 94 an sich **versucht** werden, doch scheidet die Möglichkeit eines dynamisch betrachteten Versuchs aus, denn im zeitlichen Ablauf des Geschehens fehlt es an einem ausführungsnahen Stadium,[2] und die Ausführung (Ausführungsunterlassen) führt bereits zur Vollendungshaftung. Vor Eintritt der Verletzung besteht keine Hilfeleistungspflicht, nach deren Eintritt hat der Täter sofort zu helfen; tut er dies nicht, ist das Delikt bereits vollendet.

---

1 *Murschetz* in SbgK § 94 Rz 2; *B/S* BT I[11] § 94 Rz 1; *Jerabek* in WK[2] § 94 Rz 2; *L/St* StGB[3] § 94 Rz 1.

2 *F/R-K* BT I[3] 53 (55); *Lewisch* BT I[2] 84; *Murschetz* in SbgK § 94 Rz 55.

Die nach hA eingeräumte Überlegungsfrist (Rz 18) steht der Bejahung des Vorsatzes entgegen.

Sehr wohl möglich ist ein **untauglicher Versuch**:[3] Der Täter hält eine von ihm verursachte Verletzung ernstlich für möglich und findet sich damit ab, hilft aber dennoch nicht. Der Täter erfüllt somit den subjektiven Tatbestand des § 94 Abs 1. In Wirklichkeit ist das vermeintliche Opfer unverletzt oder das Opfer sofort durch den Unfall gestorben. In beiden Fällen ist der objektive Tatbestand nicht erfüllt. Die Tauglichkeitsprüfung richtet sich nach den allgemeinen Regeln, wobei hier eine Abgrenzung zwischen Handlung und Objekt[4] schwerfällt, bei einem unverletzten Opfer ist Subjektsuntauglichkeit anzunehmen.[5]

§ 94 Abs 3 enthält einen Entschuldigungsgrund,[6] Abs 4 eine Subsidiaritätsklausel. 5

Das **deutsche StGB** kennt zum einen in § 323c dStGB eine eher mit § 95 StGB vergleichbare[7] Unterlassung der Hilfeleistung, zum anderen bei den Straftaten gegen die öffentliche Ordnung in § 142 dStGB ein unerlaubtes Entfernen vom Unfallort. Eine derartige Bestimmung gegen Fahrerflucht findet sich als Verwaltungsstraftatbestand im österreichischen § 4 iVm § 99 Abs 2 lit a StVO. 6

Das **schwStGB** kennt mit Art 128 als Unterlassen der Nothilfe einen Tatbestand, der sowohl § 94 als auch § 95 StGB abdeckt.

Geschütztes **Rechtsgut** sind das **menschliche Leben** und die **körperliche Integrität**.[8] Die beiden Rechtsgüter sind durch das Unterlassen gefährdet. 7

Für die Aburteilung des Grunddeliktes ist das Bezirksgericht, ansonsten das Landesgericht als Einzelrichter (§ 31 Abs 4 Z 1 StPO) zuständig. Abgesehen von der Todesfolge kann § 94 diversionell erledigt werden.[9] Für das **Jahr 2010** wurden 67 Verurteilungen in der gerichtlichen Kriminalstatistik gezählt. 8

Beispielsfälle: Franz stößt gegen die Schulter von Horst, wodurch dieser zurücktorkelt, das Gleichgewicht verliert, ein morsches Holzgeländer durchstößt und samt diesem rücklings etwa 2,5 m in die Tiefe auf einen Betonboden stürzt. Horst erleidet dadurch insbesondere einen Schädelbasisbruch und ein epidurales Hämatom. Horst, für Franz erkennbar alkoholisiert und durch den Unfall sichtlich schwer geschockt, lässt sich mit der Hilfe von Franz in seine Dachkammer bringen. Weitere, vor allem ärztliche Hilfe will Horst nicht. Letztlich verstirbt Horst (OGH 12 Os 171/89).

---

3 *F/R-K* BT I³ 53 (55); *Lewisch* BT I² 85; *Murschetz* in SbgK § 94 Rz 57; *Jerabek* in WK² § 94 Rz 46.

4 Für Objektsuntauglichkeit *B/S* BT I¹¹ § 94 Rz 12; *Murschetz* in SbgK § 94 Rz 57; *Jerabek* in WK² § 94 Rz 46.

5 *B/S* BT I¹¹ § 94 Rz 12; *Murschetz* in SbgK § 94 Rz 57; *Jerabek* in WK² § 94 Rz 46; *K/Schr* StudB BT I² § 94 Rz 75.

6 *Lewisch* BT I² 87; *Murschetz* in SbgK § 94 Rz 44; *K/Schr* StudB BT I² § 94 Rz 53 ff.

7 *Murschetz* in SbgK § 94 Rz 4.

8 *K/Schr* StudB BT I² § 94 Rz 2.

9 *K/Schr* StudB BT I² § 94 Rz 87.

Alexander fährt korrekt mit dem Auto, als plötzlich Oliver vor das Auto springt. Trotz sofortiger Reaktion verletzt Alexander Oliver schwer, lässt ihn aber liegen.

II. Tatbestand des § 94 Abs 1 (Grunddelikt)

Im-Stich-Lassen eines Verletzten begeht, wer

- es vorsätzlich unterlässt,
- einem anderen (Menschen) die erforderliche Hilfe zu leisten,
- dessen Verletzung er verursacht hat.

1. Täter und Tatopfer

9 § 94 ist ein **Sonderdelikt.**[10] Unmittelbarer Täter des § 94 kann nur sein, wer einen anderen am Körper verletzt hat. Dieser Umstand betrifft das Unrecht der Tat, daher ist gemäß § 14 Abs 1 eine Beteiligung problemlos möglich.[11]

10 **Verursachen.** Umstritten ist, wie das „Verursachen" in § 94 Abs 1 auszulegen ist.[12] Die Judikatur versteht Verursachen als ein Kausalsein und verlangt zur Einengung dieses weiten Ansatzes eine Nähe zum Verletzungsgeschehen.[13] Die Eltern des Verletzers sind daher allein wegen des Zeugungsaktes zwar kausal, aber dennoch nicht Verursacher der Verletzung iSd § 94. In der Literatur werden normative Ansätze vertreten und objektiv sorgfaltswidriges Herbeiführen der Verletzung verlangt,[14] zum Teil wird auch die Zurechenbarkeit des Verletzungserfolges vorausgesetzt.[15] Zum Teil wird andererseits auf eine Sorgfaltswidrigkeit verzichtet, aber verlangt, dass der Täter die spezifische Gefahr geschaffen hat, die sich in der Verletzung verwirklicht hat.[16] Dieser Bereich ist durch eine Meinungsvielfalt geprägt, wobei entscheidend die Abgrenzung zur Judikaturlinie ist (Normativität hier, eingeschränkte Kausalität dort). Feinheiten bei der Zuordnung zwischen objektiver Sorgfaltswidrigkeit und Risikozusammenhang haben hingegen keine Auswirkung bei den normativen Ansätzen in der Lehre. Dies wäre auch sachlich verfehlt.

---

10 *F/R-K* BT I³ 54; *B/S* BT I¹¹ § 94 Rz 1; *Lewisch* BT I² 89; *Murschetz* in SbgK § 94 Rz 2; *Jerabek* in WK² § 94 Rz 2; *L/St* StGB³ § 94 Rz 1.

11 *Lewisch* BT I² 89; *Murschetz* in SbgK § 94 Rz 58; *Jerabek* in WK² § 94 Rz 44.

12 Vgl *Murschetz* in SbgK § 94 Rz 11 ff mwN.

13 Nachweise bei *Jerabek* in WK² § 94 Rz 11; *Fabrizy* StGB¹⁰ § 94 Rz 2a. Kritisch *Lewisch* BT I² 82.

14 *Lewisch* BT I² 82.

15 *K/Schr* StudB BT I² § 94 Rz 16 ff; *B/S* BT I¹¹ § 94 Rz 2; *Murschetz* in SbgK § 94 Rz 12. Insbesondere gegen die Relevanz der Risikoerhöhung *Lewisch* BT I² 83.

16 *F/R-K* BT I³ 54.

Beispiele: Der korrekt Auto fahrende Verletzer wäre nach der Judikatur Täter des § 94 und hätte wohl auch die spezifische Gefahr geschaffen. Anders die übrige Lehre: Mangels Sorgfaltswidrigkeit liegt kein Verursachen vor. Die Schöne am Straßenrand mit den langen Beinen wäre wohl iSd Judikatur Verursacherin der Verletzung jenes hirnverbrannten Mannes hinterm Steuer, der zwar auf die Beine, nicht aber auf den stehenden Lkw vor ihm schaut, wenn er sich beim darauf folgenden Aufprall verletzt. Schön gebaut am Straßenrand zu stehen oder zu gehen ist nicht objektiv sorgfaltswidrig, und selbst bei einem kurzen Rock wird wohl keine spezifische Gefahr geschaffen, weshalb sie nach jeder Lehrmeinung – zu Recht – nur Täterin des § 95 ist, wenn sie bei derartigen Unglücksfällen nicht die erforderliche Hilfe leistet.

Klar ist, dass es auf die Rechtswidrigkeit der Verursachung nicht ankommt. **11**
Daher ist auch, wer in Notwehr den Angreifer verletzt, Täter des § 94.[17] Hierin liegt – zumindest nach der Literatur, nicht aber nach der Judikatur – ein Unterschied zur Garantenstellung.[18]

Eine Strafbarkeit wegen § 94 ist aber allein deswegen nicht zwingend. Dem durch Notwehr gerechtfertigten Verursacher der Verletzung wird – auf Schuldebene geprüft – nicht jede gebotene Hilfeleistung zumutbar sein (unten Rz 20 f): Beim Angreifer wird er nicht bleiben müssen, wohl aber aus sicherer Distanz die Rettung holen müssen.

Ist das Opfer durch die Tathandlung getötet worden, besteht keine Hilfsbe- **12**
dürftigkeit; für einen Toten gibt es keine erforderliche Hilfeleistung (Rz 13 ff). Vorsatz auf die Verletzung und Hilfsbedürftigkeit vorausgesetzt wäre aber untauglicher Versuch zu prüfen (Rz 4). Ist das Opfer nicht verletzt, sondern schwebt es „bloß" in Gefahr, so ist § 94 nicht anzuwenden.[19] Allerdings könnte ein Unglücksfall iSd § 95 vorliegen.[20]

Bei (wirklichen) Bagatellverletzungen, wie Verstauchungen, leichten Prellungen oder Schrammen, ist eine Hilfe nicht erforderlich.[21]

2. Unterlassen der erforderlichen Hilfeleistung

§ 94 wird durch Unterlassen begangen. Der Täter unterlässt die im konkreten **13**
Einzelfall erforderliche Hilfe: **Erforderlich** ist jede Handlung, die die Lage des verletzten Opfers verbessert und mit der eine Gesundung des Opfers kausal eingeleitet wird: Erste Hilfe, Rettung rufen und dergleichen.[22]

17 *F/R-K* BT I³ 54; *Lewisch* BT I² 81; *Murschetz* in SbgK § 94 Rz 16.
18 Siehe zu diesem Meinungsstreit *Kienapfel/Höpfel* AT¹³ Z 30 Rz 21.
19 *Lewisch* BT I² 81.
20 *Lewisch* BT I² 81.
21 *F/R-K* BT I³ 54; *Lewisch* BT I² 80; *Jerabek* in WK² § 94 Rz 20; noch einschränkender *B/S* BT I¹¹ § 94 Rz 3 und va Rz 5.
22 *Murschetz* in SbgK § 94 Rz 22; *F/R-K* BT I³ 55; *B/S* BT I¹¹ § 94 Rz 6; *Fabrizy* StGB¹⁰ § 94 Rz 3; *Jerabek* in WK² § 94 Rz 26.

Beispiele: Ein Bewusstloser ist in eine stabile Seitenlage zu bringen, daran anschließend ist die Rettung zu verständigen. Ertrinkende sind ans Ufer zu bringen usw.

Die Rechtsprechung verlangt, bei Sterbenden auch psychischen Beistand zu leisten.[23]

14 Ist der Täter tatsächlich nicht in der Lage, die gebotene Hilfe zu erbringen, entfällt bereits der objektive Tatbestand.[24] Allerdings ist zu prüfen, ob nicht eine andere Hilfeleistung möglich ist.

Beispiel: Der Nichtschwimmer braucht nicht nachzuspringen, er könnte aber – soweit greifbar – einen Rettungsring werfen oder per Telefon Hilfe rufen.

15 Die Hilfeleistung ist so lange erforderlich, solange nicht ein anderer besser als der Verletzer (oder gleich gut) helfen kann.[25] Das gilt auch bei mehreren Verletzern.[26] Daher ist die Hoffnung des Täters, dass andere schon helfen werden, für die Strafbarkeit ohne Bedeutung.[27] Im Übrigen zeigen die Erfahrungen, dass dies ohnedies eher selten der Fall ist.

16 **Nachschaupflicht.** Der erste Schritt der erforderlichen Hilfe ist, nachzusehen, was dem Opfer passiert ist.[28] Diese Pflicht besteht aber nur, wenn das Opfer hilfsbedürftig ist und der Täter dies auch in seinen Vorsatz aufnimmt. Eine davon unabhängige Nachschaupflicht besteht nicht.[29]

17 **Verzicht.** Verzichtet das Opfer auf die Hilfe, ist diese nicht mehr erforderlich, sodass bereits der Tatbestand entfällt.[30] Allerdings muss der Verzicht rechtswirksam sein. Gerade bei Unfallopfern oder sonst frisch Verletzten wird das Opfer nicht in der Lage sein, die Tragweite seiner Verletzung einzuschätzen. Es ist daher nicht in der Lage, rechtswirksam auf Hilfe zu verzichten.[31] Kann nicht direkt am Opfer Hilfe geleistet werden, weil es die Hilfe zurückweist, ist zumindest das Rufen der Rettung oder des Notarztes geboten.[32]

---

23 *Fabrizy* StGB[10] § 94 Rz 3; *Murschetz* in SbgK § 94 Rz 23 ff. Kritisch *F/R-K* BT I[3] 55.

24 *B/S* BT I[11] § 94 Rz 4; *Lewisch* BT I[2] 83; *Murschetz* in SbgK § 94 Rz 35; *Fabrizy* StGB[10] § 94 Rz 3; *Jerabek* in WK[2] § 94 Rz 29.

25 *B/S* BT I[11] § 94 Rz 7; *Lewisch* BT I[2] 83; *Murschetz* in SbgK § 94 Rz 26.

26 *B/S* BT I[11] § 94 Rz 8; *F/R-K* BT I[3] 55; *Lewisch* BT I[2] 83.

27 *B/S* BT I[11] § 94 Rz 7.

28 *Murschetz* in SbgK § 94 Rz 32; *F/R-K* BT I[3] 55. Kritisch selbst dazu *B/S* BT I[11] § 94 Rz 11.

29 *Lewisch* BT I[2] 86; *Murschetz* in SbgK § 94 Rz 32; *F/R-K* BT I[3] 55; aA *K/Schr* StudB BT I[2] § 94 Rz 28.

30 *Murschetz* in SbgK § 94 Rz 33; *Lewisch* BT I[2] 84; *L/St* StGB[3] § 94 Rz 13.

31 *F/R-K* BT I[3] 55; *Murschetz* in SbgK § 94 Rz 34; *B/S* BT I[11] § 94 Rz 9; *Jerabek* in WK[2] § 94 Rz 22; *L/St* StGB[3] § 94 Rz 13.

32 *Lewisch* BT I[2] 84; *Jerabek* in WK[2] § 94 Rz 23.

Erkennt der Täter die Hilfsbedürftigkeit, wird er auch oft den Sachverhalt erkennen, aus der sich die Unwirksamkeit des Verzichts ableiten lässt. Daher wird auch trotz des Verzichts Vorsatz auf die Erforderlichkeit der Hilfe gegeben sein. Dies ist etwa beim eingangs erwähnten alkoholisierten Schwerverletzten der Fall.

3. Subjektive Tatseite

Der Täter muss im Unterlassungszeitpunkt es zumindest ernstlich für möglich halten und sich damit abfinden **(Eventualvorsatz)**, dass er die Verletzung eines anderen Menschen verursacht hat, dieser andere Hilfe benötigt und er diese Hilfe nicht leistet. Andernfalls kann er nicht nach § 94 bestraft werden. Daher fehlt der Vorsatz, wenn der Täter das Opfer für tot hält.[33] 18

Dem Täter wird von der hA eine **Überlegungsfrist** zuerkannt.[34] Innerhalb dieser Frist hat der Täter keinen Vorsatz und kann daher nicht bestraft werden, wenn er sich zum Helfen entschließt. Die Frist beträgt ungefähr zwei Minuten[35] bzw im Straßenverkehr die Zeit für die Zurücklegung einer Strecke von 200 Metern.[36]

III. Qualifikationen

Abs 2 kennt zwei Qualifikationen: die **schwere Körperverletzung** iSv § 84 Abs 1 sowie den **Tod**. Schwere Dauerfolgen fallen idR (§ 85 Rz 12) unter die erste Qualifikation des Abs 2, leichte Körperverletzungen sind von Grunddelikt abgedeckt. 19

Für die Qualifikationen genügt gemäß § 7 Abs 2 Fahrlässigkeit,[37] in der Erfüllung des Grunddelikts liegt in der Regel die objektive Sorgfaltswidrigkeit für die Qualifikation. Entscheidend ist, dass das Unterlassen die schwere Verletzung oder den Tod verursacht hat. Verletzungen, die durch das Tun entstanden sind, können schon mangels Kausalität die Qualifikation nicht begründen! Hauptschwerpunkt der Zurechnung des Erfolges liegt in der Quasikausalität, denn nur selten wird bewiesen werden können, dass das gebotene Tun mit an Sicherheit grenzender Wahrscheinlichkeit den Erfolg verhindert hätte.

IV. Zumutbarkeit

§ 94 Abs 3 enthält eine Zumutbarkeitsregelung, die nach hA auf **Schuldebene** zu prüfen ist.[38] Hierfür kommt es auf eine Abwägung im Einzelfall an (Grad 20

33 *Lewisch* BT I^2 86.
34 *B/S* BT I^{11} § 94 Rz 13; *Lewisch* BT I^2 85; *Jerabek* in WK^2 § 94 Rz 45.
35 *Lewisch* BT I^2 85 („1, 2 Minuten"). Für fünf Minuten *B/S* BT I^{11} § 94 Rz 13.
36 Vgl *Jerabek* in WK^2 § 94 Rz 45 mwN.
37 *F/R-K* BT I^3 56; *B/S* BT I^{11} § 94 Rz 18.
38 *Lewisch* BT I^2 87; *Murschetz* in SbgK § 94 Rz 44; *K/Schr* StudB BT I^2 § 94 Rz 53 ff; aA *Fuchs* AT I^7 37/82.

der Verletzung und der drohenden Gefahren für das Opfer einerseits, andere Interessen andererseits).[39]

21 Beispiele für Unzumutbarkeit sind neben der im Gesetz genannten realen Todesgefahr und der Gefahr einer beträchtlichen, somit 14-tägigen[40] Verletzung: dringendere Hilfe für jemand anderen (zB Herzinfakt des Vaters des Täters oder schwere Verletzung des eigenen Kindes).[41] Hier kann allerdings bereits eine Pflichtenkollision vorliegen und der Täter gerechtfertigt sein.[42] Zu denken ist aber auch an den gegenüber einem Angreifer hilfeleistungspflichtigen Notwehrübenden (Rz 11).

Angst vor Strafverfolgung schließt die Zumutbarkeit zumeist nicht aus.[43]

V. Subsidiaritätsklausel – Abs 4

22 Nach § 94 wird der Täter nicht bestraft, wenn er für das Verursachen der Verletzung, die die Hilfeleistungspflicht auslöst, ohnedies schon strenger oder gleich streng bestraft wird. Es handelt sich hier um eine Form der **ausdrücklichen Subsidiarität**. Zu denken ist etwa an eine Strafbarkeit wegen § 83 Abs 1 mit anschließendem Liegenlassen oder an eine Haftung nach §§ 88 Abs 4 2. Strafsatz.[44]

Im Verhältnis zu einer Haftung wegen §§ 2, 75 greift § 94 Abs 4 seinem Wortlaut nach nicht. Allerdings wird § 94 kraft stillschweigender Subsidiarität von §§ 2, 75 (Mord durch Unterlassen) verdrängt.[45]

VI. Abgrenzung und Konkurrenzen

23 **1.** § 94 ist im Verhältnis zu § 95 lex specialis und verdrängt diesen.[46] Das gilt auch bei Beteiligung: Bestimmt jemand, der selbst nach § 95 hilfeleistungspflichtig ist, den Verursacher der Verletzung zum Unterlassen der Hilfeleistung, ist der Bestimmungstäter nach § 12/2, 94 zu bestrafen, nicht aber nach §§ 12/1, 95.

24 **2.** Könnte beispielsweise der Todeserfolg sowohl dem Tun (§§ 75, 80, 86) als auch dem Unterlassen (§ 94 Abs 2 2. Fall) zugerechnet werden, darf er tat-

---

39 *Lewisch* BT I[2] 87.
40 *Murschetz* in SbgK § 94 Rz 48; *B/S* BT I[11] § 94 Rz 15.
41 *B/S* BT I[11] § 94 Rz 15; *Lewisch* BT I[2] 87.
42 Gegen die Annahme einer Pflichtenkollision wegen § 94 Abs 3 *K/Schr* StudB BT I[2] § 94 Rz 45.
43 *Jerabek* in WK[2] § 94 Rz 37; *B/S* BT I[11] § 94 Rz 16; *L/St* StGB[3] § 94 Rz 23; *K/Schr* StudB BT I[2] § 94 Rz 64.
44 *F/R-K* BT I[3] 55.
45 *Lewisch* BT I[2] 80; *Murschetz* in SbgK § 94 Rz 66.
46 Für Exklusivität *K/Schr* StudB BT I[2] § 95 Rz 57; *Murschetz* in SbgK § 95 Rz 35. Allgemein *Fabrizy* StGB[10] § 95 Rz 4; *L/St* StGB[3] § 95 Rz 24.

sächlich nur einmal, und zwar dem höheren Unrecht (Vergleich der Strafdrohungen) zugerechnet werden; eine Doppelzurechnung ein und desselben Erfolges an ein und denselben Täter ist wegen der damit verbundenen nachteiligen Doppelverwertung desselben Umstandes unzulässig.[47]

Zentrale Probleme zur Wiederholung: *Erforderlichkeit der Hilfeleistung, Verursachen der Verletzung, Nachschaupflicht, Überlegungsfrist, Verzicht auf Hilfe; Erfolgsqualifikationen.*

Weiterführende Literatur: *Venier,* Die „erforderliche" Hilfeleistung nach § 94 StGB, ZVR 1991, 129.

47 *L/St* StGB[3] § 94 Rz 35; *B/S* BT I[11] § 94 Rz 20; *Lewisch* BT I[2] 89; *Murschetz* in SbgK § 94 Rz 65. AA *Jerabek* in WK[2] § 94 Rz 50; *K/Schr* StudB BT I[2] § 94 Rz 85.

G. Unterlassen der Hilfeleistung (§ 95)

I. Überblick

1 Das Unterlassen der Hilfeleistung ist wie § 94 ein **echtes Unterlassungsdelikt**.[1] § 95 kann demnach nur durch Unterlassen, nie durch ein aktives Tun begangen werden. Auch § 95 ist im Grundtatbestand ein **schlichtes Unterlassungsdelikt**,[2] denn für die Vollendung der Tat ist der Eintritt eines Erfolges nicht erforderlich. Erst bei der Erfolgsqualifikation (Tod eines Menschen) spielen Fragen der Erfolgszurechnung eine Rolle. Hierbei ist dann – wie immer bei Unterlassungsdelikten – insbesondere die Kausalität iS einer Quasikausalität genau zu prüfen. Gerade bei Vorschäden, die durch den Unglücksfall oder die Gemeingefahr eingetreten sind, ist schwer nachweisbar, ob das Unterlassen kausal für den letztlich eingetretenen Erfolg war oder ob das Opfer nicht trotz Hilfe verstorben wäre.

2 Für § 95 ist im Grunddelikt **Eventualvorsatz** erforderlich:[3] Der Täter hält es im Handlungszeitpunkt zumindest ernstlich für möglich und findet sich damit ab, dass ein Unglücksfall oder eine Gemeingefahr vorliegt, der davon betroffene Mensch Hilfe benötigt und er diese Hilfe nicht leistet. Fehlt ihm der Vorsatz beispielsweise auf die Erforderlichkeit der Hilfeleistung, bleibt er mangels eines § 95 entsprechenden Fahrlässigkeitsdeliktes straflos.

Die Todesqualifikation in § 95 ist eine **Erfolgsqualifikation**. Hier genügt gemäß § 7 Abs 2 Fahrlässigkeit.

3 Als Vorsatzdelikt könnte § 95 an sich **versucht** werden, doch scheidet wie bei § 94 die Möglichkeit eines dynamisch betrachteten Versuchs aus, denn es fehlt an einem ausführungsnahen Stadium, und die Ausführung (Ausführungsunterlassen) führt bereits zur Vollendungshaftung: Vor Eintritt des Unglücksfalls besteht keine Hilfeleistungspflicht, und nach dessen Eintritt hat der Täter sofort zu helfen; tut er dies nicht, ist das Delikt bereits vollendet. Im zeitlichen Ablauf des Geschehens ist somit für ein Versuchsstadium kein Platz.[4] Die nach hA eingeräumte Überlegungsfrist zu § 94 gilt auch für § 95 und steht der Bejahung des Vorsatzes entgegen (Rz 17).

Sehr wohl möglich ist ein **untauglicher Versuch**: Der Täter hält eine Hilfsbedürftigkeit ernstlich für möglich und findet sich damit ab, hilft aber dennoch nicht. Der Täter erfüllt somit den subjektiven Tatbestand des § 95. In Wirklichkeit ist das vermeintliche Opfer unverletzt oder bereits tot. In beiden Fällen ist

---

1 *L/St* StGB³ § 95 Rz 1; *Murschetz* in SbgK § 95 Rz 2; *Jerabek* in WK² § 95 Rz 2; *K/Schr* StudB BT I² § 95 Rz 5.

2 *F/R-K* BT I³ 52; *L/St* StGB³ § 95 Rz 1.

3 *L/St* StGB³ § 95 Rz 15; *Jerabek* in WK² § 95 Rz 23. *B/S* BT I¹¹ § 95 Rz 5 und *Murschetz* in SbgK § 95 Rz 22, 26 verlangen wegen der in § 95 genannten Offensichtlichkeit Wissentlichkeit.

4 *F/R-K* BT I³ 53.

der objektive Tatbestand nicht erfüllt. Die Tauglichkeitsprüfung richtet sich nach den allgemeinen Regeln, wobei hier eine Abgrenzung zwischen Handlung und Objekt schwerfällt.[5]

Wie § 94 Abs 3 enthält auch § 95 Abs 2 einen **Entschuldigungsgrund**,[6] allerdings keinerlei Subsidiaritätsklausel. **4**

Das deutsche StGB kennt in § 323c dStGB eine mit § 95 StGB vergleichbare Unterlassung der Hilfeleistung, das schwStGB mit Art 128 als Unterlassen der Nothilfe einen Tatbestand, der sowohl § 94 als auch § 95 StGB abdeckt. **5**

Geschütztes **Rechtsgut** sind das **menschliche Leben** und die **körperliche Integrität**.[7] Die beiden Rechtsgüter sind durch das Unterlassen gefährdet. **6**

Für die Aburteilung des § 95 ist das Bezirksgericht zuständig. Abgesehen von der Todesfolge kann § 95 diversionell erledigt werden.[8] Für das **Jahr 2010** wurden fünf Verurteilungen in der gerichtlichen Kriminalstatistik gezählt. Die Dunkelziffer dürfte wohl sehr hoch sein. **7**

Beispielsfall: Es ist ein Autounfall passiert: Ein Autofahrer ist von der Straße abgekommen und gegen einen Baum gefahren. Blutend liegt er hinter dem Steuer. Autofahrer fahren vorbei, verlangsamen das Tempo und, nachdem sie ihre Neugier befriedigt haben, geben Gas, ohne zu helfen.

II. Tatbestand des § 95 (Grunddelikt)

Unterlassen der Hilfeleistung begeht, wer

- es vorsätzlich unterlässt,
- bei einem Unglücksfall oder einer Gemeingefahr
- die zur Rettung eines Menschen aus der Gefahr des Todes oder einer beträchtlichen Körperverletzung oder Gesundheitsschädigung
- offensichtlich erforderliche Hilfe zu leisten.

1. Täter und Tatopfer

§ 95 kann – ganz im Unterschied zu § 94 – von jedermann begangen werden.[9] **8**

Opfer des § 95 ist ein lebender Mensch. Ist das Opfer infolge des Unglücksfalls getötet worden, besteht keine Hilfsbedürftigkeit. Vorsatz auf die Hilfsbedürftigkeit vorausgesetzt, wäre aber untauglicher Versuch zu prüfen (Rz 3). **9**

---

5 *F/R-K* BT I³ 53. Für Objekt: *Murschetz* in SbgK § 95 Rz 33. Für Straflosigkeit *L/St* StGB³ § 95 Rz 22.

6 *B/S* BT I¹¹ § 95 Rz 6; *L/St* StGB³ § 95 Rz 16; *Jerabek* in WK² § 95 Rz 26; *K/Schr* StudB BT I² § 95 Rz 44.

7 *Murschetz* in SbgK § 95 Rz 3; *K/Schr* StudB BT I² § 95 Rz 3.

8 *K/Schr* StudB BT I² § 95 Rz 61.

9 *F/R-K* BT I³ 52; *B/S* BT I¹¹ § 95 Rz 1; *L/St* StGB³ § 95 Rz 2; *K/Schr* StudB BT I² § 95 Rz 6.

2. Pflichtbegründende Situation

10 § 95 setzt zum einen einen **Unglücksfall** voraus. Dieser wird – soweit ersichtlich – definiert als ein idR plötzlich auftretendes Ereignis, welches erheblichen Schaden herbeiführt oder konkret befürchten lässt.[10] Das Plötzlichkeitserfordernis soll dabei nicht zu eng ausgelegt werden: Auch kontinuierliche Gefahrenvergrößerung kann die Dimension eines Unglücksfalles erreichen.[11]

Beispiele für Unglücksfälle sind alle Formen von Unfällen und akute, anfallsartige körperliche Störungen, wie etwa Kreislaufkollaps, Herzinfakt, Schlaganfall, epileptischer Anfall, rauschbedingter Zusammenbruch und Bewusstseinsverlust.[12]

11 Allgemeine Krankheits- und Schwächezustände sowie fortschreitendes Siechtum sind per se keine Unglücksfälle – hier wird eher der Behandlungsvertrag zu einer Behandlungspflicht führen. Akute Verschlimmerungen eines allgemeinen Krankheitsfalls werden sehr wohl als Unglücksfall anzusehen sein.

Auch **Selbstmordversuche** sind nach hA ein Unglücksfall.[13] Darüber hinaus fallen auch der akute Schwächezustand infolge eines Hungerstreiks sowie Selbstgefährdungen durch Verschlucken von Gegenständen unter den Begriff des Unglücksfalles.

Die **Geburt** eines Menschen ist kein „Unglücksfall", da damit aber akute Schwächefälle der Mutter verbunden sind, findet auch hier § 95 Anwendung.

12 **Gemeingefahr** ist durch den Verweis auf § 176 im Sinn dieser Bestimmung zu verstehen[14] und gegeben, wenn eine Gefahr für Leib oder Leben einer größeren Zahl von Menschen besteht.[15] Zu denken ist an Lawinen, Erdrutsche, Explosionen, Flugzeugabstürze, ausgedehnte Brände.[16]

3. Unterlassen der erforderlichen Hilfeleistung

13 § 95 wird durch Unterlassen begangen. Der Täter unterlässt die im konkreten Einzelfall erforderliche Hilfe: Erforderlich ist jede Handlung, die die Lage des Opfers verbessert und mit der eine Gesundung des Opfers kausal eingeleitet wird. Allerdings schränkt der Tatbestand die Erforderlichkeit der Hilfe im Gegensatz zu § 94 erheblich ein:

---

10 *L/St* StGB³ § 95 Rz 6; *F/R-K* BT I³ 52; *Lewisch* BT I² 90; *Fabrizy* StGB¹⁰ § 95 Rz 2; *Murschetz* in SbgK § 95 Rz 8, 13; *Jerabek* in WK² § 95 Rz 4; *K/Schr* StudB BT I² § 95 Rz 7.

11 *Murschetz* in SbgK § 95 Rz 8; *Jerabek* in WK² § 95 Rz 4.

12 *L/St* StGB³ § 95 Rz 7; *B/S* BT I¹¹ § 95 Rz 2; *Lewisch* BT I² 90; *Murschetz* in SbgK § 95 Rz 9; *Jerabek* in WK² § 95 Rz 4; *K/Schr* StudB BT I² § 95 Rz 7.

13 *L/St* StGB³ § 95 Rz 7; *Murschetz* in SbgK § 95 Rz 10; *Jerabek* in WK² § 95 Rz 5; *K/Schr* StudB BT I² § 95 Rz 14.

14 *Fabrizy* StGB¹⁰ § 95 Rz 2.

15 *L/St* StGB³ § 95 Rz 8; *Murschetz* in SbgK § 95 Rz 15 ff; *Jerabek* in WK² § 95 Rz 7; *K/Schr* StudB BT I² § 95 Rz 15.

16 *Murschetz* in SbgK § 95 Rz 18.

Zum einen besteht **keine Nachschaupflicht**:[17] Die Hilfsbedürftigkeit muss offensichtlich sein.

Zum anderen muss die Hilfeleitung zur Rettung aus der Gefahr des Todes oder einer beträchtlichen (14-tägigen[18]) Körperverletzung – offensichtlich – erforderlich sein, was bei einer eingetretenen schweren Verletzung idR gegeben ist.[19]

Beispiele: Ein Bewusstloser ist in eine stabile Seitenlage zu bringen, daran anschließend ist die Rettung zu verständigen. Ertrinkende sind ans Ufer zu bringen usw.

Ist der Täter körperlich nicht in der Lage, die gebotene Hilfe zu erbringen, 14
entfällt – wie auch bei § 94 – bereits der objektive Tatbestand.[20] Auch bei § 95 ist in einem solchen Fall zu prüfen, ob nicht eine andere Hilfeleistung offensteht.

Beispiel: Nichtschwimmer braucht nicht nachzuspringen, er könnte aber – soweit greifbar – einen Rettungsring werfen oder per Telefon Hilfe rufen.

Handlungen, bei denen unklar ist, ob sie sich irgendwie auf die Lage des Verletzten auswirken können, scheiden als erforderliche Hilfeleistung aus. Hat sich jemand mit Benzin übergossen und steht er mit einem Feuerzeug in der Hand da, dann ist wohl schwer zu sagen, welche Handlung offensichtlich für eine Hilfe erforderlich ist.

Die Hilfeleistung ist so lange erforderlich, als nicht ein anderer besser als der 15
Täter hilft.[21] Daher ist die Hoffnung des Täters, dass andere schon helfen werden, für die Strafbarkeit ohne Bedeutung.[22]

Verzichtet das Opfer auf Hilfe, ist diese nicht mehr erforderlich, sodass – 16
wie bei § 94 – bereits der Tatbestand entfällt.[23] Allerdings muss der Verzicht rechtswirksam sein. Gerade bei Unfallopfern oder sonst frisch Verletzten wird das Opfer unter Schock stehen und nicht in der Lage sein, die Tragweite seiner Verletzung einzuschätzen. Es ist daher nicht in der Lage, rechtswirksam auf Hilfe zu verzichten.

---

17 *Lewisch* BT I² 91; *Murschetz* in SbgK § 95 Rz 22; *Fabrizy* StGB¹⁰ § 95 Rz 2a; unklar *L/St* StGB³ § 95 Rz 10; *K/Schr* StudB BT I² § 95 Rz 33.

18 *Lewisch* BT I² 91; *Murschetz* in SbgK § 95 Rz 19. Gegen eine Schematisierung zB *Jerabek* in WK² § 95 Rz 12; *K/Schr* StudB BT I² § 95 Rz 20.

19 *L/St* StGB³ § 95 Rz 9; *Murschetz* in SbgK § 95 Rz 19; *Jerabek* in WK² § 95 Rz 13.

20 *F/R-K* BT I³ 53; *B/S* BT I¹¹ § 95 Rz 1; *Fabrizy* StGB¹⁰ § 95 Rz 3; *L/St* StGB³ § 95 Rz 2, 13; *Murschetz* in SbgK § 95 Rz 25; *Jerabek* in WK² § 95 Rz 22; *K/Schr* StudB BT I² § 95 Rz 39.

21 *Lewisch* BT I² 91; *L/St* StGB³ § 95 Rz 12; *F/R-K* BT I³ 53 („adäquat“).

22 *Fabrizy* StGB¹⁰ § 95 Rz 2a.

23 *Murschetz* in SbgK § 95 Rz 23.

Kann nicht direkt am Opfer Hilfe geleistet werden, ist zumindest das Rufen der Rettung oder des Notarztes geboten. Erkennt der Täter die Hilfsbedürftigkeit, dann wird er oft auch den Sachverhalt erkennen, aus der sich die Unwirksamkeit des Verzichts ableiten lässt. Allerdings muss dies wegen des Offensichtlichkeitserfordernisses wirklich eindeutig sein.

4. Subjektive Tatseite

17 Der Täter muss es im Unterlassungszeitpunkt zumindest ernstlich für möglich halten und sich damit abfinden **(Eventualvorsatz)**,[24] dass ein Unglücksfall oder eine Gemeingefahr vorliegt, der davon betroffene Mensch Hilfe benötigt und er diese Hilfe nicht leistet.

Dem Täter wird von der hA auch bei § 95 eine **Überlegungsfrist** zuerkannt.[25] Innerhalb dieser Frist hat der Täter keinen Vorsatz und bleibt wegen § 95 straffrei, wenn er sich zum Helfen entschließt. Die Frist beträgt ungefähr zwei Minuten[26] bzw die für das Zurücklegen einer Wegstrecke von etwa 200 Metern erforderliche Zeit.[27]

III. Qualifikation

18 § 95 Abs 1 kennt in seinem zweiten Strafsatz eine **Todesqualifikation**. Für die Qualifikationen genügt gemäß § 7 Abs 2 Fahrlässigkeit, in der Erfüllung des Grunddelikts liegt in der Regel die objektive Sorgfaltswidrigkeit für die Qualifikation. Entscheidend ist, dass das Unterlassen den Tod verursacht hat. Der Hauptschwerpunkt der Zurechnung des Erfolges liegt in der Quasikausalität, denn nur selten wird bewiesen werden können, dass das gebotene Tun mit an Sicherheit grenzender Wahrscheinlichkeit den Erfolg verhindert hätte.

IV. Zumutbarkeit

19 § 95 Abs 2 enthält eine Zumutbarkeitsregelung, die nach hA auf **Schuldebene** zu prüfen ist.[28] Hier wird eine Relation zwischen den Interessen des Opfers und des Täter gesetzt, sodass die folgenden Beispiele noch in Verhältnis mit den drohenden Gefahren für das Opfer zu setzen sind, ohne dass unbedingt

---

24 *L/St* StGB[3] § 95 Rz 15; *Jerabek* in WK[2] § 95 Rz 23; *B/S* BT I[11] § 95 Rz 5 und *Murschetz* in SbgK § 95 Rz 22, 26 verlangen wegen der in § 95 genannten Offensichtlichkeit Wissentlichkeit.

25 *B/S* BT I[11] § 94 Rz 13; *Lewisch* BT I[2] 85; *Jerabek* in WK[2] § 94 Rz 45.

26 *Lewisch* BT I[2] 85 („1, 2 Minuten"). Für fünf Minuten *B/S* BT I[11] § 94 Rz 13.

27 Vgl *Jerabek* in WK[2] § 94 Rz 45 mwN.

28 *B/S* BT I[11] § 95 Rz 6; *L/St* StGB[3] § 95 Rz 16; *Jerabek* in WK[2] § 95 Rz 26; *K/Schr* StudB BT I[2] § 95 Rz 44; aA *Fuchs* AT I[7] 37/82.

eine Höherwertigkeit erforderlich ist.[29] Zu denken wäre etwa an die Geburt des eigenen Kindes oder eine mögliche Strafverfolgung.

V. Hilfeleistungspflicht bei Selbstmord

Sind nach einem Unfall Verletzungen entstanden, die das Opfer ausnützen 20
will, um zu sterben, kommt an sich eine Strafbarkeit nach § 95 in Betracht. Allerdings kann auf eine Hilfeleistung verzichtet werden. Es liegt hierbei **kein Selbstmordversuch** vor, denn das Herbeiführen des Todes durch Nichtheilung von nicht durch eigene Hand erlittenen Körperschäden wird nicht als Selbstmord im Sinn des StGB angesehen.[30] Beim Selbstmord entstehen die tödlichen Bedingungen durch das Opfer selbst. Will der Betroffene bloß irgendeine Krankheit zum Tod genügen lassen, ist nicht einmal § 95 erfüllt: Fortschreitendes Siechtum begründet keine Hilfssituation.

Liegt ein Selbstmordversuch vor, ist zu unterscheiden, ob der Selbstmörder 21
behandelt werden will oder nicht. Da Selbstmord als Unglücksfall einzustufen ist, ergibt sich eine Behandlungsverpflichtung aus § 95 und daran anschließend aus der Garantenstellung kraft Behandlungsübernahme.[31]

Gleich nach einem unternommenen Selbstmordversuch ist eine Hilfe nach § 95 geboten, ein Verzicht wird oft nicht rechtswirksam sein (zB wegen des Schocks). Daher ist das Opfer vom Strick herunterzuschneiden, und zwar auch dann, wenn ein Zettel mit dem Gegenteil darunterliegt. Der Zettel ist nicht bindend, und für den aktuellen Zeitpunkt gibt es keine rechtswirksame Erklärung. Einer Strafbarkeit nach § 110 steht dessen Abs 2 entgegen. Das gilt auch bei offenen Pulsadern.

Will der Selbstmörder nicht behandelt werden, ist der Verzicht – sofern 22
rechtswirksam – vorrangig, denn § 110 geht vor und begrenzt sowohl Garantenstellung als auch Behandlungspflicht.[32] Wegen der Unsicherheit hinsichtlich der Wirksamkeit des Verzichtes gilt es, sich zwischen den Strafbarkeiten nach § 110, § 95 und § 80 sowie § 78 durchzulavieren (siehe dazu § 78 Rz 10 ff). Zur Hilfeleistung gehören auch schon Gespräche und letztlich auch Aufklärungen. Das sollte man nach Möglichkeit jedenfalls wahrnehmen.

Darüber hinaus wäre eine Unterbringung nach dem UbG (§§ 8 iVm 3 UbG) zu veranlassen, was eine Geisteskrankheit und Gefahr für sich selbst voraussetzt.

---

29 *B/S* BT I^{11} § 95 Rz 7; *Lewisch* BT I^{2} 92; *Fabrizy* StGB^{10} § 95 Rz 3; *Murschetz* in SbgK § 95 Rz 31; *Jerabek* in WK^{2} § 95 Rz 29.

30 *Moos* in WK^{2} § 78 Rz 9.

31 *Murschetz* in SbgK § 95 Rz 10.

32 *Murschetz* in SbgK § 95 Rz 10. AA *Moos* in WK^{2} § 78 Rz 32.

VI. Abgrenzung und Konkurrenzen

23 **1.** § 95 wird von § 94 kraft Spezialität verdrängt.[33]

24 **2.** Haftet der Täter auch wegen der Verletzung, steht das Verletzungsdelikt zu § 95 in echter Konkurrenz. Diese Situation ist nur denkbar, wenn dem Täter der Vorsatz auf das Verursachen der Verletzung fehlt, denn andernfalls greift § 94 mit dessen Subsidiaritätsklausel.

Beispiel: Jemand verursacht einen Unfall mit Personenschaden, bemerkt dies aber nicht. Einige Zeit später kommt der Unfallverursacher am Retourweg wieder am Unfallort vorbei, wo dem Opfer noch immer nicht geholfen wurde. Der Unfallfahrer erkennt zwar die Hilfsbedürftigkeit des Opfers, hilft aber nicht, sondern fährt weiter. Der Unfallverursacher haftet wegen § 88 und § 95 in echter Konkurrenz. Eine Strafbarkeit wegen § 94 scheidet mangels Vorsatzes hinsichtlich des Verursachens der Verletzung aus.

Zentrale Probleme zur Wiederholung: *Unglücksfall; offensichtliche Erforderlichkeit der Hilfeleistung, Überlegungsfrist, Verzicht auf Hilfe.*

33 Für Exklusivität *K/Schr* StudB BT I[2] § 95 Rz 57; *Murschetz* in SbgK § 95 Rz 35. Allgemein *Fabrizy* StGB[10] § 95 Rz 4; *L/St* StGB[3] § 95 Rz 24.

2. Kapitel

SCHWANGERSCHAFTSABBRUCH

A. Schwangerschaftsabbruch (§§ 96–98)

I. Überblick

1 Schwangerschaftsabbruch ist das **vorsätzliche Abtöten** eines werdenden Menschen. Der Täter hält es im Handlungszeitpunkt zumindest ernstlich für möglich und findet sich damit ab (Eventualvorsatz), dass seine Handlung zum Ende einer Schwangerschaft führt. Bei § 98 bezieht sich der Vorsatz auch auf das Fehlen der Einwilligung.

2 Bei den §§ 96 und 98 handelt es sich um **Erfolgsverursachungsdelikte**. Es gibt an sich keine Beschränkung hinsichtlich der Tathandlung: Jede Handlung, die kausal zum Abbruch der Schwangerschaft führt, kommt als Tathandlung in Betracht;[1] sie muss objektiv sorgfaltswidrig sein, wobei die Sorgfaltswidrigkeit durch das vorsätzliche, auf den Abbruch gerichtete Verhalten indiziert ist.

Wie immer bei Erfolgsverursachungsdelikten sind Kausalität und objektive Zurechnung zu prüfen. Hier gelten die allgemeinen Überlegungen aus dem AT. Die Zurechnung wird in der Regel keine Probleme bereiten.

3 Als Vorsatzdelikte können die §§ 96 und 98 problemlos **versucht**[2] und als Erfolgsdelikt in Verbindung mit § 2 auch durch **Unterlassen** begangen werden;[3] dies setzt insbesondere Garantenstellung voraus, welche bei der werdenden Mutter jedenfalls zu bejahen ist (ABGB).

4 § 97 enthält **besondere Strafausschließungsgründe**, die im Wesentlichen abschließend[4] die Zulässigkeit des Abbruchs regeln. Diese Strafausschließungsgründe finden nur auf § 96 Anwendung, nicht aber auf § 98. Allerdings kennt § 98 Abs 2 einen dem Notstand nachgebildeten Rechtfertigungsgrund.

5 § 96 unterscheidet sich von § 98 durch die **Einwilligung**, die für sich gesehen ein Tatbestandselement ist. Da beide Delikte im Grunddelikt reine Vorsatzdelikte sind, muss sich der Vorsatz grundsätzlich auf die Einwilligung bzw deren Fehlen richten. Irgendeine Vorstellung hat wohl jeder.

Die Einwilligung prägt aber nicht das Unrecht des Abbruches an sich. Sie ist hier weder ein Tatbestandausschließungs- noch ein Rechtfertigungsgrund, son-

---

1 *F/R-K* BT I³ 57; *B/S* BT I¹¹ § 96 Rz 4; *Lewisch* BT I² 94; *K/Schr* Grundriss BT I⁵ § 96 Rz 5; *L/St* StGB³ § 96 Rz 6; *Eder-Rieder* in WK² § 96 Rz 7.

2 *Schmoller* in SbgK § 96 Rz 28; *F/R-K* BT I³ 58.

3 *Schmoller* in SbgK § 96 Rz 31.

4 *K/Schr* Grundriss BT I⁵ § 96 Rz 12, § 97 Rz 3; *Schmoller* in SbgK § 96 Rz 25; *Fabrizy* StGB¹⁰ § 97 Rz 6.

dern schlicht ein **Abgrenzungsmerkmal** zwischen diesen beiden Tatbeständen.[5] Das hat folgende Konsequenz: Irrt der Arzt wie im Beispielsfall über die Einwilligung, dann fehlt ihm der Vorsatz für eine Haftung nach § 98. Er haftet – sofern nicht ein Fall des § 97 greift – wegen vollendeten § 96[6] und nicht wegen (untauglichen) versuchten § 96! Im umgekehrten Fall gilt Folgendes: Liegt die Einwilligung vor, von der der Arzt nichts weiß, ist er jedenfalls nach § 96 strafbar, darüber hinaus ist versuchter § 98 zu prüfen.[7] Hierbei stellt sich ein Tauglichkeitsproblem (Tauglichkeit der Handlung), deren Lösung bekanntlich strittig ist (dazu AT I).

6 § 96 Abs 1 enthält ein **Grunddelikt** für den Arzt als unmittelbaren Täter und ist so gesehen ein **Sonderdelikt**. Diese Einschränkung auf Ärzte ergibt sich aus Abs 2.[8] In Abs 1 findet sich noch für den Arzt eine **Qualifikation** der Gewerbsmäßigkeit.

7 § 96 Abs 3 enthält eine **Sonderbestimmung** für die **Schwangere**, die den Abbruch selbst vornimmt oder diesen an sich zulässt, sich somit am Abbruch bei ihr durch einen anderen beteiligt. Die Schwangere kann nur nach dieser Bestimmung bestraft werden.[9]

Überreicht der Arzt eine Abtreibungspille, die die Schwangere einnimmt, ist fraglich, wonach der Arzt strafbar ist. Die Schwangere erfüllt den Tatbestand des § 96 Abs 3; daran könnte sich der Arzt beteiligen, oder aber er erfüllt § 96 Abs 1, wobei er nur mittels Medikament den Abbruch vornimmt, bei deren Einnahme er nicht dabei ist; man könnte sogar eine Haftung nach § 96 Abs 2 vertreten.[10] Letzteres ist wohl wegen der Sachkenntnis des Arztes auszuschließen, die die Gefährdung der Mutter reduziert.[11] Beide Lösungen sind vertretbar (unten Rz 21 f).

8 Wird der Arzt durch einen Dritten zum von der Schwangeren gewünschten Abbruch genötigt, beteiligt sich der Dritte an § 96 Abs 1. Trotz Nötigung bleibt der Sachverstand des Arztes aufrecht.[12]

9 Ist ein **Nichtarzt unmittelbarer Täter**, haftet er nach § 96 Abs 2. Diese Bestimmung enthält zwei **Qualifikationen**: Gewerbsmäßigkeit und Tod der Schwangeren. Letzteres ist eine Erfolgsqualifikation, für die nach § 7 Abs 2 Fahrlässigkeit genügt.[13] Typischerweise realisiert sich hier die Todesgefahr we-

---

5 *Schmoller* in SbgK § 96 Rz 10; *Lewisch* BT I[2] 94; *Eder-Rieder* in WK[2] § 96 Rz 11.

6 *Schmoller* in SbgK § 96 Rz 23; *F/R-K* BT I[3] 62; *Eder-Rieder* in WK[2] § 96 Rz 24.

7 *Schmoller* in SbgK § 96 Rz 23; *Eder-Rieder* in WK[2] § 96 Rz 24.

8 *Fabrizy* StGB[10] § 96 Rz 2.

9 *Schmoller* in SbgK § 96 Rz 20; *F/R-K* BT I[3] 58; *Eder-Rieder* in WK[2] § 96 Rz 28; *Fabrizy* StGB[10] § 96 Rz 2; *L/St* StGB[3] § 96 Rz 3.

10 Dazu *Eder-Rieder* in WK[2] § 96 Rz 35.

11 *Dearing* ÖJZ 1980, 421.

12 AA *Schmoller* in SbgK § 96 Rz 17.

13 *Fabrizy* StGB[10] § 96 Rz 3.

gen der Unkenntnis des abtreibenden Täters. Verletzungen der Schwangeren sind vom Grunddelikt mit abgedeckt.[14]

Schwer zu beurteilen ist der Fall, wenn ein Arzt den unmittelbaren Täter beaufsichtigt. Kann er jederzeit eingreifen, liegt wohl ein Fall des § 96 Abs 1 vor.

§ 98 Abs 1 enthält einen Tatbestand für den Fall, dass **ohne Einwilligung** der Schwangeren abgetrieben wird. Eine nähere Aufgliederung, wer die Abtreibung vornimmt, erfolgt hier nicht. Weiters enthält auch dieser Tatbestand eine **Todesqualifikation**, für die nach § 7 Abs 2 Fahrlässigkeit genügt. In der Erfüllung des Grunddelikts liegt die objektive Sorgfaltswidrigkeit. Beim Risikozusammenhang kommt es aber nicht auf die mangelnde Einwilligung an – diese erhöht nicht die Gefahr für das Leben der Schwangeren. Entscheidend sind die Fehler beim Abbruch. **10**

Geschütztes **Rechtsgut** ist das **werdende menschliche Leben.**[15] **11**

Für die Aburteilung der §§ 96 und 98 ist weitgehend das Landesgericht als Einzelrichter (§ 31 Abs 4 Z 1 StPO) zuständig, bei § 96 Abs 1 1. Fall und bei § 96 Abs 3 ist es das Bezirksgericht. Die Delikte können – abgesehen von der Todesqualifikation – durchaus diversionell erledigt werden; das Hindernis des Todes betrifft nicht das werdende Leben. Für das **Jahr 2010** wurde – wie auch in den Jahren 1998 bis 2004 und 2007 bis 2009 – keine Verurteilung wegen dieser Delikte gezählt, 2006 waren es drei, 2005 vier Verurteilungen. **12**

Beispielsfall: Arzt X nimmt einen Schwangerschaftsabbruch vor. Er glaubt, er handelt mit Einwilligung der Schwangeren. Die Einwilligung liegt in Wirklichkeit nicht vor.

II. Tatbestand des § 96

Schwangerschaftsabbruch begeht, wer

- als Arzt (Abs 1) oder als Nichtarzt (Abs 2)
- mit Einwilligung der Schwangeren
- vorsätzlich
- deren Schwangerschaft abbricht;
- darüber hinaus auch die Schwangere, die vorsätzlich ihre eigene Schwangerschaft abbricht oder dies zulässt (Abs 3).

---

14 *K/Schr* Grundriss BT I^5 § 96 Rz 30.

15 *F/R-K* BT I^3 57; *Fabrizy* StGB^{10} § 96 Rz 1. Hinsichtlich Abs 2 wird auch Gesundheit der Schwangeren als Rechtsgut angesehen: *Schmoller* in SbgK Vorbem zu §§ 96–98 Rz 19; *K/Schr* Grundriss BT I^5 Vorbem §§ 96 ff Rz 15; *Eder-Rieder* in WK^2 Vorbem zu §§ 96–98 Rz 8, 17.

1. Täter

13 **Abs 1** kann nur von einem **Arzt** begangen werden und ist ein **Sonderdelikt**. Allerdings ist nicht erforderlich, dass es sich um einen Spezialisten in Frauenheilkunde und Geburtshilfe handelt.[16]

Abs 2 kann hingegen von **jedermann** begangen werden, der nicht Arzt ist. **Abs 3** ist eine Spezialvorschrift für die **Schwangere**.

2. Abbruch der Schwangerschaft

14 Bis zur Einnistung, dh von Empfängnis bis zur Nidation (idR 13. Tag nach der Befruchtung, praktisch vier Wochen nach der letzten Menstruation) ist das werdende menschliche Leben vom Strafrecht ungeschützt.[17] Daher sind nidationsvermeidende Maßnahmen vom Strafrecht aus betrachtet völlig neutral[18] – es sei denn, sie schädigen die Gesundheit der Frau; dann ist aus diesem Grund eine Körperverletzung an der Frau zu prüfen.

Das gilt im Übrigen auch für die durch In-vitro-Fertilisation befruchteten Eizellen. Für sie besteht bis zur Einnistung kein Schutz durch das StGB.[19] Mit der **Nidation** beginnt der **strafrechtliche Schutz** des **ungeborenen Lebens** durch die §§ 96 und 98.[20] Das menschliche Leben beginnt mit Beginn der Eröffnungswehen bzw mit dem Operationsbeginn (Öffnen der Bauchdecke) beim Kaiserschnitt,[21] sodass hier der Anwendungsbereich der §§ 96 und 98 endet.

15 Jede im Hinblick auf den Abbruch objektiv sorgfaltswidrige Handlung ist eine geeignete Tathandlung, also sowohl mechanische wie auch medikamentöse Eingriffe.[22]

16 Für die **Einwilligung** gelten die allgemeinen Grundsätze: Sie darf nicht durch Täuschung, Drohung und dergleichen verursacht worden sein. Es kommt somit auf die konkrete Einsichts- und Urteilsfähigkeit an.

---

16 *F/R-K* BT I³ 61; *B/S* BT I¹¹ § 96 Rz 6; *Fabrizy* StGB¹⁰ § 97 Rz 3; *L/St* StGB³ § 97 Rz 5; *Schmoller* in SbgK § 96 Rz 13; *Eder-Rieder* in WK² § 97 Rz 11.

17 *Schmoller* in SbgK § 96 Rz 5; *K/Schr* Grundriss BT I⁵ Vorbem §§ 96 ff Rz 4 f; *L/St* StGB³ § 96 Rz 5; *Eder-Rieder* in WK² Vorbem zu §§ 96–98 Rz 13; *F/R-K* BT I³ 57; *B/S* BT I¹¹ § 96 Rz 2.

18 *Schmoller* in SbgK § 96 Rz 5; *K/Schr* Grundriss BT I⁵ Vorbem §§ 96 ff Rz 5; *L/St* StGB³ § 96 Rz 5; *F/R-K* BT I³ 57; *B/S* BT I¹¹ § 96 Rz 2; *Lewisch* BT I² 94; *Eder-Rieder* in WK² § 96 Rz 4.

19 *K/Schr* Grundriss BT I⁵ Vorbem §§ 96 ff Rz 5; *F/R-K* BT I³ 57; *Eder-Rieder* in WK² Vorbem zu §§ 96–98 Rz 18.

20 *Schmoller* in SbgK § 96 Rz 5; *K/Schr* Grundriss BT I⁵ Vorbem §§ 96 ff Rz 4; *L/St* StGB³ § 96 Rz 5; *F/R-K* BT I³ 57; *Fabrizy* StGB¹⁰ § 96 Rz 1.

21 Vgl *B/S* BT I¹¹ § 96 Rz 3; *Moos* in WK² Vorbem zu §§ 75–79 Rz 12; *L/St* StGB³ § 75 Rz 2; *Schmoller* in SbgK § 96 Rz 7. In Deutschland wird beim Kaiserschnitt an die Eröffnung des Uterus angeknüpft, *Schneider* in MK-StGB Vor §§ 211 ff Rz 12.

22 *F/R-K* BT I³ 57; *B/S* BT I¹¹ § 96 Rz 4; *Lewisch* BT I² 94; *K/Schr* Grundriss BT I⁵ § 96 Rz 5; *L/St* StGB³ § 96 Rz 6; *Eder-Rieder* in WK² § 96 Rz 7.

Der Kindesvater hat hier – zu Recht – kein Mitspracherecht und kein Widerspruchsrecht.[23] Das hat aber auch zur Folge, dass er nicht Garant für das werdende Leben ist.[24]

Bloße **mangelhafte Aufklärung** begründet keine Strafbarkeit nach § 98, macht aber § 97 unanwendbar,[25] sodass eine Strafbarkeit nach § 96 und § 110 besteht. 17

Ist die **Einsichtsfähigkeit** nicht gegeben, kann uU der **gesetzliche Vertreter** einwilligen. In diesem Bereich besteht hohe Rechtsunsicherheit: Fehlt die Einsichtsfähigkeit, ist aber eine Äußerung möglich, soll nach hL eine Abtreibung nur mit Einwilligung (neben dem Sachwalter/Vertreter) auch der Einsichtsunfähigen erfolgen.[26] Daher bedarf es hier zweier Zustimmungen. Ist die einsichtsunfähige Schwangere gegen den Abbruch, so soll die Zustimmung des Vertreters ausreichen, wenn eine Indikation nach § 97 Abs 1 Z 2 oder 3 gegeben ist.[27] 18

Problematisch ist auch der Fall einer **Komapatientin**: In einem Fall befand sich die volljährige Schwangere nach einem Verkehrsunfall im Koma und hatte laut Angaben der Mutter und des Lebensgefährten keine positive Einstellung zum Kind, darüber hinaus war der Embryo den Behandlungsmethoden der Ärzte ausgesetzt. Die Patientin wäre in Zukunft als schwer behindert einzustufen. Es erfolgte die Anrufung des Pflegschaftsgerichtes um Bestellung zum Sachwalter und um gerichtliche Genehmigung des Schwangerschaftsabbruchs. Beide Instanzen wiesen das Begehren ab, der OGH gab teilweise Folge:[28] Der Ersatz der Einwilligung durch die zum Sachwalter bestellte Mutter sei zulässig, eine pflegschaftgerichtliche Genehmigung dieser Einwilligung sei zu erteilen, wenn die Voraussetzungen des § 97 Abs 1 Z 2 gegeben seien.[29] 19

Bei einer hirntoten Schwangeren wird vertreten, dass die Straftatbestände nicht greifen, denn, wie § 98 mit der Todesqualifikation zeigt, müsste die Schwangere noch leben.[30]

---

23 *B/S* BT I[11] § 97 Rz 2; *Eder-Rieder* in WK[2] Vorbem zu §§ 96–98 Rz 9, § 96 Rz 12. Kritisch deswegen *Schmoller* in SbgK § 97 Rz 7; *K/Schr* Grundriss BT I[5] Vorbem §§ 96 ff Rz 3.

24 *Schmoller* in SbgK § 96 Rz 31.

25 *K/Schr* Grundriss BT I[5] § 96 Rz 9; *Schmoller* in SbgK § 96 Rz 12; *B/S* BT I[11] § 96 Rz 5; *Eder-Rieder* in WK[2] § 96 Rz 19 § 97 Rz 10.

26 Siehe näher *Schmoller* in SbgK § 96 Rz 11; *Eder-Rieder* in WK[2] § 96 Rz 14 ff.

27 *Eder-Rieder* in WK[2] § 96 Rz 15.

28 JBl 1998, 443. Gegen die Ansicht des OGH *Lewisch* BT I[2] 96, der dann nach § 98 bestrafen würde.

29 Ebenso für den Fall des § 97 Abs 1 Z 1, sofern dies zum Wohl der Schwangeren aus gravierenden sozialen Gründen geboten ist, *Eder-Rieder* in WK[2] § 96 Rz 17.

30 AA *Eder-Rieder* in WK[2] § 96 Rz 18.

3. Subjektive Tatseite

20 Der Täter muss im Handlungszeitpunkt den Abbruch der Schwangerschaft in seinen Vorsatz aufgenommen haben. Es genügt aber **Eventualvorsatz.**[31] Bei zielgerichtetem Abbruch liegt Absicht vor.

Vorsatzmängel können bei vorsätzlichen oder fahrlässigen Körperverletzungen an Schwangeren vorliegen, die zum Abgang des Fötus führen. Eine Strafbarkeit nach § 98 zusätzlich zum Körperverletzungsdelikt an der Schwangeren scheidet dann wegen des mangelnden Vorsatzes aus.

III. Beteiligungsprobleme

21 Der Aufbau des § 96 ist unklar.[32] § 96 Abs 1 könnte den Grundtatbestand enthalten[33] und Abs 2 eine Qualifikation. Man könnte genauso umgekehrt Abs 2 als Grundtatbestand und Abs 1 als Privilegierung ansehen. Auch wird vertreten, § 96 als Einheit und Sonderregelung zu §§ 12, 14 anzusehen und je nach Person des Täters zu differenzieren.[34] Die Konsequenzen sind dabei aber nicht immer klar. Überwiegend wird folgende Lösung – wohl zu Recht – vertreten:

22 Unmittelbarer Täter des Abs 1 kann nur ein **Arzt** sein. Andere können sich dann aber an § 96 Abs 1 beteiligen.[35] Das Unrecht ist wegen der vermuteten mangelnden Gefährdung der Schwangeren hier geringer. Nötigt jemand den Arzt zum Abbruch, soll der Täter nach einer Ansicht in der Literatur nach Abs 2 bestraft werden.[36] Da aber auch hier die Gefährdung der Schwangeren der Situation des Abs 1 entspricht, ist dieser Meinung nicht zu folgen.

Handelt ein **Nichtarzt**, ist dieser nach Abs 2 zu beurteilen. Auch daran können sich andere, die diese (negative) Eigenschaft in ihren Vorsatz aufgenommen haben, beteiligen.[37]

Für die **Schwangere** selbst gilt als Sonderregel Abs 3.[38] Fraglich ist die Situation, wenn die Schwangere den Eingriff selbst vornimmt, der Dritte ihr aber dabei geholfen hat. Hier wird für den Dritten eine Strafbarkeit nach § 96 Abs 2 angenommen.[39] Wenn ein Arzt ihr hilft, so ist nicht Abs 2, sondern mit dem Ge-

---

31 *K/Schr* Grundriss BT I[5] § 96 Rz 14; *L/St* StGB[3] § 96 Rz 11; *Eder-Rieder* in WK[2] § 96 Rz 22.

32 Vgl mwN *Eder-Rieder* in WK[2] § 96 Rz 1.

33 *F/R-K* BT I[3] 57.

34 *K/Schr* Grundriss BT I[5] § 96 Rz 3, 25 ff.

35 *Schmoller* in SbgK § 96 Rz 32; *F/R-K* BT I[3] 57; *B/S* BT I[11] § 96 Rz 6; *L/St* StGB[3] § 96 Rz 21; *Eder-Rieder* in WK[2] § 96 Rz 32.

36 *Schmoller* in SbgK § 96 Rz 17.

37 *Schmoller* in SbgK § 96 Rz 32; *F/R-K* BT I[3] 58; *B/S* BT I[11] § 96 Rz 7; *K/Schr* Grundriss BT I[5] § 96 Rz 26; *L/St* StGB[3] § 96 Rz 22; *Eder-Rieder* in WK[2] § 96 Rz 33.

38 *Schmoller* in SbgK § 96 Rz 33; *F/R-K* BT I[3] 58; *B/S* BT I[11] § 96 Rz 8; *K/Schr* Grundriss BT I[5] § 96 Rz 26; *Eder-Rieder* in WK[2] § 96 Rz 34 f.

39 *B/S* BT I[11] § 96 Rz 8; *Dearing* ÖJZ 1980, 425.

danken der Tatherrschaft eine Strafbarkeit nach § 96 Abs 1 anzunehmen. Das wird auch für die Verschreibung von Abtreibungsmedikamenten – zu Recht – bejaht.[40] Der OGH[41] hat in einem Fall eine Haftung nach §§ 12/3, 96 Abs 3 angenommen.

An § 98 kann sich die Schwangere nicht beteiligen[42] – das geht vom Wortlaut schon nicht, und im Übrigen dient diese Bestimmung auch dem Schutz der Schwangeren.

Die Qualifikation der **Gewerbsmäßigkeit** trifft nur den, der in eigener Person gewerbsmäßig handelt, dh sich selbst die Einnahmen durch die wiederkehrende Begehung von Schwangerschaftsabbrüchen verschaffen will. **23**

IV. Tatbestand des § 98

Schwangerschaftsabbruch nach § 98 begeht, wer

- ohne Einwilligung der Schwangeren
- vorsätzlich
- deren Schwangerschaft abbricht.

§ 98 differenziert nicht zwischen Ärzten und Nichtärzten und ist insofern ein **Allgemeindelikt**.[43] Hinsichtlich der Tathandlung gelten alle Überlegungen wie zu § 96. **24**

Der Täter muss im Handlungszeitpunkt den Abbruch der Schwangerschaft sowie das Fehlen der Einwilligung in seinen Vorsatz aufgenommen haben. Es genügt Eventualvorsatz. **25**

V. Straflosigkeit nach § 97 und § 98 Abs 2

§ 97 gilt nur, wenn der Täter sonst nach § 96 strafbar wäre. Das heißt, dass im Anwendungsbereich des § 98 diese Bestimmung keine Anwendung hat. Der VfGH hatte keine Bedenken hinsichtlich Art 2 MRK (Recht auf Leben) und hinsichtlich des Gleichheitsgrundsatzes.[44] **26**

Die **Z 1** des Abs 1 enthält die sogenannte **Fristenlösung**. Folgende Voraussetzungen sind zu beachten: **27**

1. Einhaltung der Frist: Erste drei Monate nach Beginn der Schwangerschaft ab Nidation.
2. Vornahme durch einen Arzt. Das muss kein Facharzt sein.[45] Die Selbstabtreibung – gemeint ist ohne ärztlichen Beistand – wäre strafbar.[46]

---

40 *B/S* BT I[11] § 96 Rz 6.

41 EvBl 1981/14.

42 *K/Schr* Grundriss BT I[5] § 98 Rz 3.

43 *K/Schr* Grundriss BT I[5] § 98 Rz 3; *L/St* StGB[3] § 98 Rz 1.

44 Vgl JBl 1975, 310.

45 *F/R-K* BT I[3] 61; *B/S* BT I[11] § 96 Rz 6; *Fabrizy* StGB[10] § 97 Rz 3; *L/St* StGB[3] § 97 Rz 5; *Schmoller* in SbgK § 96 Rz 13; *Eder-Rieder* in WK[2] § 97 Rz 11.

46 *Lewisch* BT I[2] 95.

3. Ärztliche Beratung, auf die nicht verzichtet werden darf. Der Inhalt der Aufklärung ist nicht geregelt und letztlich unklar.[47] Sie dient dem Schutz vor Übereilung und soll die medizinischen Aspekte, auch den Embryo betreffend, abdecken: Erklärung der Methoden und ihrer Konsequenzen für den Embryo, seine Schmerzempfindlichkeit.[48]

Die **dogmatische Einordnung** der Fristenlösung ist strittig: Überwiegend wird sie mittlerweile als Einschränkung der Tatbestandsmäßigkeit angesehen.[49] Das hat zur Konsequenz, dass der Abbruch zivilrechtswidrig ist. Nach *Lewisch* handelt es sich um einen Strafausschließungsgrund.[50]

Es stellt sich auch die Frage, ob gegen den Abbruch Notwehr zulässig ist. Dies wird überwiegend verneint.[51] Zum einen wird argumentiert, dass der Nasciturus kein „anderer" ist.[52] Die Gegenposition geht zwar im Hinblick auf das ABGB von der Eigenschaft als „anderer" aus, verneint Notwehr dennoch, weil aufgrund des ABGB kein Anspruch des Nasciturus gegen die Mutter besteht.[53]

Die Fristenlösung war früher heftig umstritten, die Diskussion ist derzeit eher ruhig, gelegentlich gibt es ein kleines Feuerchen einer Diskussion. Letztlich bewahrt die Fristenlösung den Rechtsfrieden, und das ist durchaus auch ein hoher Wert.[54]

28 Die **Z 2** des Abs 1 enthält mehrere Fälle, zum ersten die sogenannte **medizinische Indikation**: Der Abbruch ist zur Abwendung einer ernsten Gefahr für das Leben oder die körperliche bzw seelische Gesundheit der Mutter notwendig. Der Abbruch muss das letzte Mittel sein (Ultima Ratio) und durch einen Arzt vorgenommen werden.

Als Beispiele sind Unterleibskarzinom oder Fortschreiten einer Psychose samt ernster Suizidgefahr zu nennen.[55]

Auch hier ist im Hinblick auf die Einwilligung eine ärztliche Aufklärung an sich nötig, wobei die Konsequenzen unklar sind, wenn diese Aufklärung mangelhaft ist. Die Z 2 in einem solchen Fall entfallen zu lassen, erscheint zweifelhaft, da die Aufklärung nicht in § 97 Abs 1 Z 2 angesprochen ist. Darüber hinaus wäre von einer Höherwertigkeit des Lebens und der körperlichen Integrität der Schwangeren auszugehen.

---

47 *Eder-Rieder* in WK² § 97 Rz 8; *Fabrizy* StGB¹⁰ § 97 Rz 2. Kritisch daher *F/R-K* BT I³ 59.

48 *Schmoller* in SbgK § 97 Rz 15; *Lewisch* BT I² 95.

49 *Schmoller* in SbgK § 97 Rz 18; *B/S* BT I¹¹ § 97 Rz 1; *Eder-Rieder* in WK² § 97 Rz 3. Generell für Rechtfertigung *K/Schr* Grundriss BT I⁵ § 97 Rz 1.

50 *Lewisch* BT I² 94.

51 *Schmoller* in SbgK § 97 Rz 22; *K/Schr* Grundriss BT I⁵ § 97 Rz 3.

52 *Schmoller* in SbgK § 97 Rz 22; *Eder-Rieder* in WK² § 97 Rz 4. AA *Fuchs* Notwehr 107.

53 *Fuchs* Notwehr 109.

54 Siehe dazu auch *F/R-K* BT I³ 60.

55 *Schmoller* in SbgK § 97 Rz 24; *F/R-K* BT I³ 61; *Eder-Rieder* in WK² § 97 Rz 13; *B/S* BT I¹¹ § 97 Rz 3.

Die **dogmatische Einordnung** der Z 2 ist strittig,[56] zum Teil wird sie zur Gänze als Rechtfertigungsgrund angesehen,[57] zum Teil als Tatbestandseinschränkung. Allerdings ist die Z 2 sehr heterogen: Bei der Medizinischen Indikation ist der Gedanke des Notstandes recht naheliegend, auch wenn hier Leben gegen Leben – allerdings werdendes gegenüber gegenwärtigem – abgewogen wird. Hier ist wohl von einem **Rechtfertigungsgrund** auszugehen.[58]

Der **zweite Fall** der **Z 2** beschreibt die **embryopathische bzw genetische, eugenische Indikation**. Der Abbruch ist zulässig, wenn die ernste Gefahr besteht, dass das Kind geistig oder körperlich schwer geschädigt ist. Die Schädigung muss nach der Rspr des OGH dauerhaft sein, was zT aber strittig ist.[59] In diesem Bereich ist man tief in Wertungsfragen verstrickt, über die man mit guten Gründen lange streiten kann. Zu bedenken gilt jedenfalls, dass die Mutter mit ihrem geschädigten Kind sehr oft von allen alleingelassen wird. In Zeiten der Selbstverwirklichung um fast jeden Preis, wie sie heute gegeben sind, erscheint es schwer, dieses Schicksal strafrechtlich abzusichern. Dies wäre nur zulässig, wenn ausreichend Unterstützung gewährt wird, was aber nicht der Fall ist und wegen der damit verbundenen Kosten auch nie der Fall sein wird. 29

Bei der Schädigung ist an die Schwere des § 85 zu denken. Als **Beispiele** werden Down-Syndrom, Missbildungen von Gliedmaßen, Stoffwechselerkrankungen, Taubheit, Blindheit genannt.[60]

Angaben zur ernsten Gefahr sind schwankend: In der Literatur wird eine fünf- bis zehnprozentige Wahrscheinlichkeit als genügend angesehen oder verlangt, dass die Gefahr sehr naheliegend, wenn auch nicht unmittelbar drohend iSd § 10 ist.[61]

Auch hier ist die Vornahme durch einen Arzt nötig.

Dieser Bereich wird kritisiert, weil er bis zur Geburt reicht (was nicht der österreichischen Praxis entsprechen soll). Eine **Frist** bis zur 24. (22.) Schwangerschaftswoche wird **überlegt** (ab hier selbständige Lebensfähigkeit außerhalb des Mutterleibes möglich).[62]

Bei der embryopathischen bzw genetischen, eugenischen Indikation erscheint der Gedanke des Notstandes schon entfernter liegend, denn die Abwägung der psychischen Situation der Schwangeren jetzt und später gegenüber dem werdenden Leben lässt sich schwer mit Notstandsgesichtpunkten vereinbaren. Hier ist wohl eine **Tatbestandseinschränkung** naheliegend.[63]

---

56 *F/R-K* BT I³ 61.

57 *K/Schr* Grundriss BT I⁵ § 97 Rz 9; *L/St* StGB³ § 97 Rz 1; *Eder-Rieder* in WK² § 97 Rz 2.

58 *Schmoller* in SbgK § 97 Rz 27; *F/R-K* BT I³ 61.

59 Vgl *Eder-Rieder* in WK² § 97 Rz 17.

60 *Eder-Rieder* in WK² § 97 Rz 17.

61 MwN *Eder-Rieder* in WK² § 97 Rz 16.

62 *Schmoller* in SbgK § 97 Rz 32.

63 *Schmoller* in SbgK § 97 Rz 31.

30 Zuletzt ist ein Abbruch nach **Z 2** zulässig, wenn die Schwangere zur Zeit der Schwängerung unmündig war, weshalb in einem solchen Fall § 206 Abs 3 erfüllt ist (sog **Kriminologische [ethische] Indikation**). Der Grund für diese Regelung liegt in der sozial sittlichen Uneignung für die Mutterschaft. Der Abbruch wird über die Frist der Z 1 hinaus eröffnet, weil hier die Schwangerschaft oft zu spät erkannt oder aus Scham verschwiegen wird. Auch hier ist die Vornahme durch einen Arzt vorausgesetzt.

Bei der kriminologischen (ethischen) Indikation ist vom Notstandsgedanken letztlich kaum noch etwas ersichtlich, weshalb auch hier eine **Tatbestandseinschränkung** vorliegt.[64] Auch bei der kriminologischen (ethischen) Indikation wird die Fristfreiheit kritisiert.[65]

31 Die **Z 3** des Abs 1 ergänzt den ersten Teil der Z 2 für den Fall, dass für die Schwangere der Abbruch notwendig ist, um sie aus einer Lebensgefahr zu bringen, kein anderer Ausweg (Ultima Ratio) möglich und kein Arzt zugegen ist. Hier ist der **Notstandsgesichtspunkt** offensichtlich. Mit dieser Regelung wird ein Gegenschluss aus der Z 2 verhindert.

32 § 97 Abs 2 ergänzt die Bestimmungen dieses Abschnitts dahingehend, dass kein Arzt zur Abtreibung verpflichtet ist. Ausnahmen können sich im Bereich der Z 2 des § 97 Abs 1 ergeben: Notsituation der Schwangeren einerseits, Verpflichtung nach § 95 oder Garantenstellung andererseits.

Abs 3 sieht vor, dass niemand wegen der Vornahme einer straflosen Abtreibung benachteiligt werden darf. Diese Regelung ist für das Arbeitsrecht von Bedeutung.

33 § 98 Abs 2 enthält eine Regelung ausschließlich für § 98 Abs 1, für den § 97 nicht greift. Die Regelung ähnelt § 110 Abs 2 und beschreibt abschließend einen Fall **mutmaßlicher Einwilligung**. Er gilt nur bei **Lebensgefahr**. In anderen Fällen greift er nicht.

VI. Abgrenzung und Konkurrenzen

34 **1.** Führt der Versuch eines Schwangerschaftsabbruches zu einer vorzeitigen Geburt eines Kindes und wird das Kind erst mit einer zusätzlichen Handlung getötet, kommt zusätzlich zur Strafbarkeit wegen versuchten Abbruchs eine Strafbarkeit nach § 75 (oder § 79) in Betracht.[66] Ist unklar, ob das Kind durch den Schwangerschaftsabbruch gestorben ist oder lebend geboren und daran anschließend getötet wurde, ist es zulässig, den Täter nach § 96 zu verurteilen. Schließlich steht diese Bestimmung in einem Stufenverhältnis zu § 75.[67]

64 *Schmoller* in SbgK § 97 Rz 34.

65 *Schmoller* in SbgK § 97 Rz 35.

66 *Moos* in WK^2 Vorbem zu §§ 75–79 Rz 14 und § 79 Rz 38; *K/Schr* StudB BT I^2 Vorbem §§ 75 ff Rz 10; *F/R-K* BT I^3 6; *Schmoller* in SbgK § 96 Rz 39; *L/St* StGB^3 § 96 Rz 25.

67 *Schmoller* in SbgK § 96 Rz 40.

Stirbt die Schwangere bei einem Abbruch durch einen Arzt, könnte der Arzt nach § 80 haften.[68]

Wird die Schwangere zum Zweck des Schwangerschaftsabbruchs verletzt oder getötet, besteht zwischen den Verletzungs- und Tötungsdelikten einerseits und dem Schwangerschaftsabbruch andererseits echte Konkurrenz. Verletzungen im Rahmen eines zulässigen Schwangerschaftsabbruches sind von der Einwilligung abgedeckt und straflos.

2. Handelt ein Nichtarzt, ist auch eine Strafbarkeit wegen Kurpfuscherei gem **35** § 184 denkbar. Diesfalls liegt echte Konkurrenz vor.

3. Das FMedG verbietet den Einsatz von überzähligen Embryonen für medi- **36** zinische Experimente und das Klonen von Menschen. Es gibt einen Verwaltungsstraftatbestand, aber keine gerichtlichen Straftatbestände. Das FMedG ist in vielfacher Weise umstritten.[69]

Zentrale Probleme zur Wiederholung: *Geschützter Zeitraum, Einwilligung als Abgrenzungsmerkmal, Aufklärung, Schwangerschaft einer Komapatientin; Beteiligung, Fristenlösung sowie die übrigen Straflosigkeitsgründe des § 97.*

Weiterführende Literatur: *Dearing,* Probleme der Beteiligung am Schwangerschaftsabbruch, ÖJZ 1980, 421; *Schmoller*, Schwangerschaftsabbruch im Spätstadium – Die Situation in Österreich, in Tag (Hrsg), Lebensbeginn im Spiegel des Medizinrechts (2010) 187.

68 *B/S* BT I[11] § 96 Rz 10; *Fabrizy* StGB[10] § 96 Rz 3; *Schmoller* in SbgK § 96 Rz 16; *Eder-Rieder* in WK[2] § 96 Rz 40; *K/Schr* Grundriss BT I[5] § 96 Rz 31 mit berechtigter Kritik an den Strafdrohungen (ebenso *Schmoller* in SbgK § 96 Rz 19).

69 Vgl etwa *Eder-Rieder* in WK[2] Vorbem zu §§ 96–98 Rz 19 ff.

3. KAPITEL
FREIHEITSDELIKTE

Vorbemerkungen §§ 99–110

Das **Wesen** der Freiheit liegt in der unbehinderten Möglichkeit der **umfassenden Entfaltung der individuellen Persönlichkeit**.[1] Die Freiheit hat neben der persönlichen Fortbewegungsfreiheit viele Facetten, wie zB die Willensbildungsfreiheit, die Meinungsfreiheit, die Pressefreiheit, die Versammlungsfreiheit, die Religionsfreiheit oder die geschlechtliche Selbstbestimmungsfreiheit. Diese vielen Facetten der Freiheit werden nur zT durch die **strafrechtlichen Bestimmungen** geschützt. Dem Gesetzgeber obliegt es, einen Konsens dahingehend zu finden, wo die Grenzen der noch zu tolerierenden Freiheitsbeeinträchtigungen anderer zu ziehen sind. Der Schutz der Freiheit im Strafrecht ist das Produkt dieser gesellschaftlichen Konsensbildung, die ständig im Fluss ist, was sich gerade durch die Novellierungen der Freiheitsdelikte in den vergangenen Jahren zeigt.[2] 1

Die Freiheitsdelikte des dritten Abschnitts des Besonderen Teils des StGB enthalten zum einen jene Tatbestände, die unmittelbar in den Kernbereich der persönlichen Freiheit eingreifen und entweder **gänzliche Unfreiheit herbeiführen** (vgl die Sklaverei nach § 104) oder **die Fortbewegungsfreiheit beschränken** (Freiheitsentziehung nach § 99). Die Nötigung (§§ 105 f) knüpft an **Beeinträchtigungen der Freiheit der Willensbetätigung** und der Freiheit der **Willensbildung** an. Die freie Entscheidung des Einzelnen beeinträchtigt schließlich auch die Täuschung (§ 108) oder der Hausfriedensbruch (§ 109). Die freie Selbstbestimmung über den eigenen Körper steht hinter dem Verbot der eigenmächtigen Heilbehandlung (§ 110). 2

Als besonderes Merkmal der Freiheitsdelikte verlangt das Gesetz als **Tatmittel** im Regelfall den Einsatz von **Gewalt oder** einer **Drohung**. Nur in wenigen Fällen genügt auch **List** oder **Täuschung** als Tatmittel. Bei der eigenmächtigen Heilbehandlung gibt es überhaupt keine besonderen Tatmittel für die Erfüllung des Tatbestands. Der Abschnitt der Freiheitsdelikte ist zT auch ein Auffangbecken für Tatbestände, für die kein passenderer anderer Abschnitt im StGB gefunden wurde,[3] wie zB die erpresserische Entführung (§ 102) oder auch die fortgesetzte Gewaltausübung (§ 107b). 3

---

1 *Schwaighofer* in WK² Vorbem § 99 Rz 1.

2 Siehe zB die neu eingefügten strafbaren Handlungen der beharrlichen Verfolgung (§ 107a) oder fortgesetzten Gewaltausübung (§ 107b), wobei hinsichtlich § 107b fraglich ist, ob es sich überhaupt um ein Freiheitsdelikt ieS handelt oder die Bestimmung nur deshalb bei den Freiheitsdelikten eingefügt wurde, weil sich kein passenderer Platz im StGB gefunden hat.

3 *Schwaighofer* in WK² Vorbem § 99 Rz 4.

4 Um ein **Zeichen gegen Gewalt an Kindern** zu setzen, wurde mit 1.1.2012 die Bestimmung des **§ 39a** ins Strafgesetzbuch eingefügt.[4] Hat ein volljähriger Täter eine vorsätzliche strafbare Handlung unter Anwendung von **Gewalt oder gefährlicher Drohung gegen eine unmündige** (= unter 14-jährige; vgl § 74 Abs 1 Z 1) **Person** begangen, so sind **Mindeststrafen** zu verhängen, und zwar bei Delikten mit einer Höchststrafe bis zu einem Jahr eine solche von zwei Monaten, bei solchen mit einer Höchstfreiheitsstrafe von mehr als einem Jahr und keiner Mindeststrafe eine solche von drei Monaten. Sieht ein Delikt eine mindestens sechsmonatige Freiheitsstrafe als Untergrenze vor, erhöht sich diese auf ein Jahr, in den anderen Fällen auf zwei Jahre, sofern keine höhere Mindeststrafe angedroht ist. Dass das dahinter stehende Ziel, die Eindämmung von Gewalthandlungen gegen Kinder zu erreichen, durch solche höheren Strafdrohungen erreicht werden kann, ist nicht zu erwarten. Es handelt sich lediglich um eine plakative Maßnahme, die den Eindruck vermitteln soll, dass dem Gesetzgeber das genannte Anliegen ernst ist. Zur Prävention solcher Gewalthandlungen sind allerdings – entsprechend den Erkenntnissen der Kriminologie – andere Maßnahmen erforderlich, wie zB Aufklärungskampagnen oder sonstige Bewusstseinsbildung.

5 Insgesamt ist bei den Freiheitsdelikten zu bedenken, dass die Strafbarkeit von Eingriffen in die persönliche Freiheit sich **nicht ausschließlich in diesem Abschnitt** des StGB findet, sondern die persönliche Freiheit zT auch durch Tatbestände in anderen Abschnitten gleichsam als Reflex geschützt wird. So ist die Beschränkung der persönlichen Freiheit etwa ein Tatbestandselement mancher Vermögensdelikte (zB Raub nach §§ 142 f oder Erpressung nach §§ 144 f). Auch die meisten Sexualdelikte (§§ 201 ff) schützen Aspekte der persönlichen Freiheit, was schon in der Überschrift des zehnten Abschnitts des StGB „strafbare Handlungen gegen die sexuelle Integrität und Selbstbestimmung" zum Ausdruck kommt. Schließlich enthalten auch § 189 (Störung einer Religionsübung) und § 284 (Sprengung einer Versammlung) Freiheitsgesichtspunkte.

6 Im **Jahr 2010** gab es 2.148 Verurteilungen wegen gerichtlich strafbarer Handlungen gegen die Freiheit. Das waren etwas mehr als 5,5 % aller gerichtlichen Verurteilungen. Innerhalb der Freiheitsdelikte entfielen 56 % auf die **gefährliche Drohung** (§ 107) und 30 % auf die **Nötigung** (§§ 105 f). Von den anderen Freiheitsdelikten entfielen auf die **beharrliche Verfolgung** (§ 107a) etwa 6,5 % auf den **Hausfriedensbruch** (§ 109) etwa 3 % und auf die **Freiheitsentziehung** (§ 99) 2,3 %. Die restlichen Freiheitsdelikte haben in der Verurteilungsstatistik praktisch keine Bedeutung.

7 Die folgende Darstellung der Freiheitsdelikte folgt der gesetzlichen Reihenfolge. Sie beginnt mit jenen strafbaren Handlungen, die die Entziehung der **Fortbewegungsfreiheit** (Freiheitsentziehung iwS) zum Gegenstand haben (§§ 99–104a), wobei den Schwerpunkt die Freiheitsentziehung nach § 99 bildet. Daran

4 BGBl I 2011/130.

anschließend folgt die Nötigung (§§ 105 f) als strafbare Handlung, die die **Freiheit der Willensbildung und Willensbetätigung** in eine bestimmte Richtung schützt. Als Nächstes werden jene strafbaren Handlungen geschützt, die im Wesentlichen die **Gestaltungsfreiheit des persönlichen Lebensbereichs** zum Ziel haben, wie die gefährliche Drohung (§ 107), die beharrliche Verfolgung (§ 107a) und die fortgesetzte Gewaltausübung (§ 107b). Unter der Rubrik **„sonstige Freiheitsdelikte“** folgen die Täuschung (§ 108), der Hausfriedensbruch (§ 109) und die eigenmächtige Heilbehandlung (§ 110).

I. Fortbewegungsfreiheit

A. Freiheitsentziehung (§ 99)

I. Überblick

1 An der Spitze der Freiheitsdelikte steht die Freiheitsentziehung als zentrales **Freiheitsschutzdelikt**. Das dahinterstehende **geschützte Rechtsgut** ist die **Fortbewegungsfreiheit** als Freiheit der Ortsveränderung.[1] Das Rechtsgut wird beeinträchtigt, wenn ein anderer daran gehindert wird, seinen Aufenthaltsort zu verlassen, nicht aber, wenn ihm der Zutritt zu einem bestimmten Ort verwehrt wird. § 99 ist ein **Dauerdelikt**.[2] Es ist mit Beginn der Freiheitsentziehung vollendet, jedoch erst mit Rückerlangung der Fortbewegungsfreiheit beendet. Für die Beteiligung (§ 12) hat dies zur Konsequenz, dass eine solche so lange möglich ist, als die Freiheitsentziehung noch andauert.[3]

2 Abs 1 bildet das Grunddelikt. **Abs 2** erfasst verschiedene **Qualifikationen**, die sich zum einen an der Dauer der Freiheitsentziehung orientieren, zum anderen an der Begehungsweise der Freiheitsentziehung und den allenfalls daraus resultierenden Folgen.

3 Die **praktische Bedeutung** der Freiheitsentziehung ist **gering**. Im Jahr 2010 gab es 50 Verurteilungen wegen Freiheitsentziehung (§ 99). Das waren etwa 2,3 % aller gerichtlichen Verurteilungen wegen eines Freiheitsdelikts (§§ 99–110). Dem standen 387 Anzeigen wegen Freiheitsentziehung gegenüber. Die Differenz zwischen diesen Zahlen lässt sich zum Teil auch durch diversionelle Verfahrenserledigung (§§ 198 ff StPO) erklären.

Beispielsfall: Nachdem A seiner Freundin B erklärt hat, die Beziehung beenden zu wollen, greift B in ihre Handtasche, nimmt ihre Handschellen und kettet damit A an der Parkbank fest, damit er „in der freien Natur und in Ruhe darüber nachdenken könne, welch ein moralisches Schwein er sei". B verlässt den Ort des Geschehens. A wird schließlich nach etwa einer halben Stunde von der Polizei aus seiner misslichen Lage befreit.

II. Tatbestand des § 99

Den Tatbestand der Freiheitsentziehung verwirklicht, wer
- einen anderen
- vorsätzlich

1 *Schwaighofer* in WK^2 § 99 Rz 1 f; *K/Schr* StudB BT I^2 § 99 Rz 3; *B/S* BT I^{11} § 99 Rz 1; präzisierend *Schmoller* in SbgK § 99 Rz 11 ff.
2 *Schwaighofer* in WK^2 § 99 Rz 3; *K/Schr* StudB BT I^2 § 99 Rz 4; *L/St* StGB^3 § 99 Rz 10; *Lewisch* BT I^2 97.
3 *K/Schr* StudB BT I^2 § 99 Rz 34; *Schmoller* in SbgK § 99 Rz 70; *Lewisch* BT I^2 98.

- gefangen hält oder
- ihm die persönliche Freiheit auf andere Weise entzieht.

1. Tatobjekt

Hinsichtlich des Tatobjekts ergeben sich aus dem Gesetz keine Einschrän- 4
kungen. An jedem anderen Menschen kann eine Freiheitsentziehung begangen werden. Wenn allerdings die Fortbewegungsfreiheit das geschützte Rechtsgut ist, kann Tatobjekt der Freiheitsentziehung nur ein **Mensch** sein, der **zu einer willkürlichen Ortsveränderung fähig** ist. Personen, denen es an dieser Fähigkeit generell mangelt (Kleinstkinder oder Komapatienten), können nach überwiegender Auffassung keine tauglichen Tatobjekte des § 99 sein.[4] Da es auch Bewusstlosen, Schlafenden oder Volltrunkenen aktuell an der Fortbewegungsfähigkeit mangelt, kommen auch sie nicht als taugliche Tatobjekte für eine Freiheitsentziehung in Betracht.[5] Wird ihnen allerdings nach Beendigung dieses Zustands ihre Freiheitsbeschränkung bewusst, sind sie taugliche Tatobjekte und das Dauerdelikt der Freiheitsentziehung ist damit ab diesem Zeitpunkt verwirklicht. Freilich setzt hier der Täter keine eigene Tathandlung mehr, wodurch § 99 allenfalls durch Unterlassen (§ 2) verwirklicht werden kann. Eine Garantenstellung ergibt sich dabei meist aus Ingerenz (vgl Rz 15). Probleme kann jedoch der Vorsatz bereiten, va wenn der Täter auf sein Opfer vergisst oder in der Zwischenzeit selbst eingeschlafen ist und es somit im Unterlassungszeitpunkt am erforderlichen subjektiven Tatbestand fehlt.

Personen, die bei Bewusstsein sind, sich aber wegen **Bettlägerigkeit oder** 5
Behinderung nicht alleine bzw nicht ohne technische Hilfe fortbewegen können, kommen sehr wohl als taugliche Tatobjekte des § 99 in Betracht.[6] Insofern kann durch das Wegnehmen einer zur Fortbewegung unbedingt erforderlichen Gehhilfe (vgl Rz 9) der Tatbestand des § 99 erfüllt werden.

2. Tathandlung

Als mögliche Tathandlungen nennt § 99 das Gefangenhalten oder den Ent- 6
zug der persönlichen Freiheit auf andere Weise. Dabei handelt es sich um ein **alternatives Mischdelikt**.[7] Das **Gefangenhalten** erfasst jene Verhaltensweisen, mit denen ein anderer gehindert wird, ein **abgegrenztes Raumgebilde** zu ver-

4 *Schwaighofer* in WK² § 99 Rz 6.

5 Strittig. Schlafende und Bewusstlose generell ausschließend *L/St* StGB³ § 99 Rz 10; *Schwaighofer* in WK² § 99 Rz 6; *K/Schr* StudB BT I² § 99 Rz 5; *B/S* BT I¹¹ § 99 Rz 1; OGH 15 Os 59/91 = RIS-Justiz RS0092794 = JBl 1992, 662; dagegen nur dann ausschließend, wenn kein jederzeitiges Erwachen zu befürchten ist *Schmoller* in SbgK § 99 Rz 13; zust *Lewisch* BT I² 98.

6 *Schwaighofer* in WK² § 99 Rz 11.

7 *K/Schr* StudB BT I² § 99 Rz 6.

lassen.[8] Dabei kommt es nicht darauf an, dass die körperliche Bewegungsfreiheit völlig aufgehoben ist, sondern entscheidend ist die Beschränkung der Bewegungsfreiheit auf einen verhältnismäßig kleinen Raum, der nicht verlassen werden kann.[9]

7 Hinter dem **Entzug der persönlichen Freiheit auf andere Weise** als zweite Tatalternative des § 99 Abs 1 verbirgt sich eine Generalklausel für alle Fälle der Freiheitsentziehung, die dem Gefangenhalten in ihrer gesamten Wirkung gleichwertig sind, obwohl sie nicht in einem abgegrenzten Raumgebilde erfolgen. Es geht also um die Behinderung der Fortbewegungsfreiheit unabhängig von einem abgeschlossenen Raum, zB durch Anketten an einer Parkbank oder das Zurücklassen in einem Sessellift bzw einer Seilbahngondel.

8 Die **Mittel**, mithilfe derer die Beschränkung der Fortbewegungsfreiheit in beiden Fällen herbeigeführt werden kann, sind im Gesetz nicht genannt und damit grundsätzlich **unbeschränkt**. Das Abschließen eines Raumes oder das Fesseln an ein Bett ist ebenso davon erfasst wie die **Wegnahme von technischen Hilfsmitteln**, die das Opfer zur Fortbewegung unbedingt benötigt (Krücken, Rollstuhl). Auch das Verabreichen eines **Schlafmittels** ist eine taugliche Tathandlung. Schließlich kann eine Freiheitsentziehung dadurch begangen werden, dass durch die **Androhung eines sofort realisierbaren schwerwiegenden Übels** jemand am Verlassen eines Raumes gehindert wird, weil er sich diesen nicht mehr zu verlassen getraut, zB durch die Aussage, dass ein Scharfschütze postiert sei, der auf jeden, der den Raum verlässt, sofort schießen werde. Der selbstbestimmten Fortbewegung eines anderen muss also irgendein ernstliches und gewichtiges Hindernis entgegengesetzt werden. Die Überwindung dieses Hindernisses muss für das Opfer zwar nicht unmöglich, aber doch wenigstens unzumutbar sein.

3. Taterfolg

9 Taterfolg des § 99 ist der **Freiheitsverlust** eines anderen **von nicht ganz unerheblicher Dauer**.[10] Dieses Zeitmoment lässt sich aus dem verwendeten Wort „gefangen halten" ableiten. Die zeitliche Mindestdauer ist dabei aus den Umständen des Einzelfalles zu ermitteln. Je intensiver die Freiheitsentziehung ist, je weniger Raum dem Opfer also belassen wird und je gravierender die Begleitumstände sind, desto geringer ist auch die erforderliche Mindestdauer. Bei durchschnittlichen Begleitumständen wird davon ausgegangen, dass die Freiheitsentziehung zumindest einige Minuten dauern muss.

---

8 *Schwaighofer* in WK² § 99 Rz 13; *K/Schr* StudB BT I² § 99 Rz 7; *Lewisch* BT I² 98; weiter *Schmoller* in SbgK § 99 Rz 38 ff.

9 Vgl *Schwaighofer* in WK² § 99 Rz 13; *L/St* StGB³ § 99 Rz 5a; *K/Schr* StudB BT I² § 99 Rz 9; *B/S* BT I¹¹ § 99 Rz 2.

10 *L/St* StGB³ § 99 Rz 8; *K/Schr* StudB BT I² § 99 Rz 10; differenzierend *Schmoller* in SbgK § 99 Rz 35. Für eine Mindestdauer von zehn Minuten *Schwaighofer* in WK² § 99 Rz 23; *B/S* BT I¹¹ § 99 Rz 2.

Auf das **Bewusstwerden der Freiheitsbeschränkung** kommt es bei der Beurteilung des Erfolges für § 99 grundsätzlich nicht an.[11] Insofern ist letztlich die **Einschränkung der Fortbewegungsmöglichkeit** entscheidend, unabhängig davon, ob von ihr konkret Gebrauch gemacht wird oder nicht. Ausgeklammert aus dem Schutz des § 99 soll nur sein, wer aufgrund seines Zustands von vornherein nicht in der Lage ist, die Freiheitsentziehung zu erkennen und mangels dieser Erkenntnis von der Fortbewegungsmöglichkeit Gebrauch zu machen. 10

4. Fehlendes Einverständnis

Aufgrund der Einstufung als Freiheitsdelikt ist ungeschriebenes Tatbestandsmerkmal, dass die Freiheitsentziehung **ohne Einverständnis des Opfers** erfolgen muss. Stimmt der Betroffene der Beschränkung seiner Bewegungsfreiheit zu, so ist der Entzug der Bewegungsfreiheit zulässig und der Tatbestand nicht erfüllt. Ist zB eine Person, die dazu neigt, nachts ihr Zimmer zu verlassen und im Haus herumzuschleichen, damit einverstanden, für diese Zeit in ihrem Zimmer eingesperrt zu werden, entfällt schon der Tatbestand des § 99.[12] 11

5. Qualifikationen

§ 99 Abs 2 sieht verschiedene Qualifikationen der Freiheitsentziehung vor, die sich zum einen an der **Dauer** der Freiheitsentziehung orientieren, zum anderen an der **Begehungsweise** der Freiheitsentziehung und den allenfalls daraus resultierenden **Folgen**. Die Tat wird strenger bestraft, wenn die Freiheitsentziehung länger als einen Monat dauert (1. Fall), auf solche Weise erfolgt, dass sie dem Festgehaltenen besondere Qualen bereitet (2. Fall) oder für ihn mit besonders schweren Nachteilen verbunden ist (3. Fall). Bei all diesen Tatbeständen handelt es sich um **Qualifikationen**, die vom **Vorsatz** des Täters erfasst sein müssen (sog Deliktsqualifikationen). Absicht (§ 5 Abs 2) ist zwar nicht erforderlich,[13] Fahrlässigkeit reicht dafür aber nicht aus. 12

Besondere Qualen (2. Fall) liegen vor, wenn der Gefangene Schmerzen oder Angstzustände erleidet, die ihn aufgrund ihrer Intensität oder Dauer besonders stark belasten, wobei auch opferbezogene Gesichtspunkte zu berücksichtigen sind (gefangene Kinder, unter Klaustrophobie leidende Menschen usw). Die Qualifikation liegt zB vor, wenn das Opfer in einer Truhe eingeschlossen wird, wobei Erstickungsgefahr besteht, oder wenn das Opfer zwei Wochen in einem verliesartigen fensterlosen Keller mit feuchtem Boden und feuchten Wänden bei Kälte und ohne Licht eingesperrt wird sowie wenn das Opfer mehrere 13

---

11 *K/Schr* StudB BT I² § 99 Rz 11; *L/St* StGB³ § 99 Rz 1; aA *Schwaighofer* in WK² § 99 Rz 10; *B/S* BT I¹¹ § 99 Rz 1.

12 *Schmoller* in SbgK § 99 Rz 4 f; *Schwaighofer* in WK² § 99 Rz 26; *K/Schr* StudB BT I² § 99 Rz 17; *B/S* BT I¹¹ § 99 Rz 8.

13 OGH 12 Os 97/10x.

Stunden hindurch geknebelt und schmerzhaft gefesselt gefangen gehalten wird.[14]

14 **Besonders schwere Nachteile** (3. Fall) können nicht nur schwere Körperverletzungen des Opfers sein, sondern auch existenzielle wirtschaftliche Nachteile. So kann zB das Einsperren in einem Zimmer, damit jemand die letzte Prüfung seines Studiums nicht ablegen kann und dadurch eine Verzögerung des Studienabschlusses von beispielsweise drei Monaten erleidet, weil es vorher keine neuerliche Antrittsmöglichkeit gibt, unter diesen Deliktsfall subsumiert werden, auch wenn das Einsperren nur wenige Stunden gedauert hat. Voraussetzung ist freilich, dass in einem solchen Fall bereits ein konkretes Jobangebot besteht, dessen Annahme ausschließlich vom positiven Studienabschluss abhängt.

6. Subjektiver Tatbestand

15 § 99 ist ein Vorsatzdelikt. Den Tatbestand kann also nur verwirklichen, wer es ernstlich für möglich hält und sich damit abfindet, einem anderen die Fortbewegungsfreiheit zu entziehen. Wer gar nicht bemerkt, dass sich eine Person noch im Raum befindet, den er abschließt, verwirklicht den subjektiven Tatbestand nicht. Entdeckt er allerdings, dass er versehentlich eine Person eingeschlossen hat, erfüllt er den objektiven und subjektiven Tatbestand des § 99 ab diesem Zeitpunkt durch Unterlassen (§ 2), wenn er nichts zur sofortigen Beendigung dieses Zustandes unternimmt. Die erforderliche Garantenstellung ergibt sich im Regelfall aus gefahrbegründendem Vorverhalten (Ingerenz).

III. Rechtswidrigkeit

16 Der Entzug der persönlichen Freiheit ist typischerweise rechtswidrig. Die ausdrückliche Erwähnung der Widerrechtlichkeit im Gesetz ist nur als Hinweis des Gesetzgebers zu verstehen, dass Rechtfertigungsgründe bei diesem Delikt besonders häufig in Betracht kommen.[15] Als solche sind beispielsweise **staatliche Eingriffsbefugnisse** im Rahmen der U-Haft nach den Bestimmungen der StPO, der Strafhaft nach den Bestimmungen des StVG sowie der Unterbringung psychisch Kranker nach dem Unterbringungsgesetz (UbG) bedeutsam. Auch das **Anhalterecht Privater** (§ 80 Abs 2 StPO) kann ein Rechtfertigungsgrund für eine Entziehung der Bewegungsfreiheit sein. Innerhalb enger Grenzen kann schließlich das **elterliche Erziehungsrecht** als Rechtfertigungsgrund in Betracht kommen.[16] Beschränkungen der Fortbewegungsfreiheit bei pflegebedürf-

---

14 Siehe zu diesem Bsp (OGH 14 Os 20/89) *F/R-K* BT I^3 66; weiters OGH 10 Os 139/77 = RIS-Justiz RS0092914; 15 Os 90/10i.

15 EBRV 30 BlgNR XIII. GP 230; *K/Schr* StudB BT I^2 § 99 Rz 22; *Schmoller* in SbgK § 99 Rz 49.

16 *L/St* StGB^3 § 99 Rz 13; *Schmoller* in SbgK § 99 Rz 58; *Schwaighofer* in WK^2 § 99 Rz 35.

tigen Menschen können nach den Bestimmungen des Heimaufenthaltsgesetzes[17] gerechtfertigt sein.

IV. Abgrenzung und Konkurrenzen

§ 99 kann mit den **Körperverletzungsdelikten** (§§ 83 ff, 88) nur insofern echt konkurrieren, als die eingetretene Verletzung keine typische Begleittat der Freiheitsentziehung ist. **Leichte Verletzungen** als Folge der angelegten Fesseln oder verwendeten Handschellen sind im Regelfall konsumiert.[18] Wenn zB die Fesseln im Laufe der Freiheitsentziehung besonders fest angezogen werden, um dem Opfer seine ausweglose Lage vor Augen zu führen, und dadurch (zusätzliche) Verletzungen entstehen, ist jedoch an echte Konkurrenz zu denken. Bei einer eingetretenen **schweren Körperverletzung** (§§ 84 Abs 1, 88 Abs 4) wird echte Konkurrenz nur angenommen, wenn das Grunddelikt des § 99 Abs 1 verwirklicht ist. Bei den Qualifikationen des § 99 Abs 2 wird im Regelfall von Konsumtion der Körperverletzungsdelikte ausgegangen.[19] 17

Dient die Freiheitsentziehung der Durchsetzung einer **Nötigung** (§ 105), weil zB jemand drei Tage in seinem Zimmer eingesperrt wird, damit er die Beziehung zu seiner Freundin, die wegen eines Suchtmitteldelikts vorbestraft ist, beende, so stehen nach hM § 99 und § 105 zueinander in echter Konkurrenz (vgl §§ 105 f Rz 33).[20] Wird die Freiheitsentziehung als Tatmittel für ein **Sexualdelikt** (§§ 201 ff) bzw für einen **Widerstand gegen die Staatsgewalt** (§ 269) angewendet, so ist das Grunddelikt des § 99 Abs 1 von diesen Bestimmungen konsumiert. Gleiches gilt, wenn es zu einer gewaltsamen Freiheitsentziehung im Zusammenhang mit einem **Raub** (§§ 142 f) oder einer **Erpressung** (§§ 144 f) kommt, weil zB der Täter das Opfer in ein Zimmer drängt und es dort einschließt, damit er in aller Ruhe die Wohnung nach Wertgegenständen durchsuchen und diese mitnehmen kann. 18

Wird eine Freiheitsentziehung von einem **Beamten** vorsätzlich und unter Ausnützung seiner Amtsstellung begangen, ist § 99 iVm § 313 einschlägig. Erfolgt die Freiheitsentziehung dagegen fahrlässig, weil zB ein Polizist das Vorliegen der Festnahmevoraussetzungen (vgl §§ 170 ff StPO) nicht näher überprüft, kommt § 303 zur Anwendung. In der Praxis ist diese Bestimmung allerdings weitgehend totes Recht.[21] 19

17 Vgl § 1 Abs 2 HeimAufG (BGBl I 2004/11); *Zierl,* ÖJZ 2000, 753; *Barth/Engel,* ÖJZ 2005, 401; siehe auch *Schwaighofer* in WK² § 99 Rz 36 mit der Annahme von mutmaßlicher Einwilligung.

18 Vgl *Schwaighofer* in WK² § 99 Rz 48.

19 *Schwaighofer* in WK² § 99 Rz 49; differenziert *Schmoller* in SbgK § 99 Rz 76.

20 *Schwaighofer* in WK² § 99 Rz 48; *L/St* StGB³ § 99 Rz 28; *Lewisch* BT I² 100; *B/S* BT I¹¹ § 99 Rz 8; *K/Schr* StudB BT I² § 99 Rz 10.

21 Dazu näher *Premissl,* JSt 2005, 190 f.

V. Prozessuales

20 **§ 99 Abs 1** fällt aufgrund des Strafsatzes und des Fehlens einer gesetzlichen Sonderzuständigkeit in den Kompetenzbereich des **Einzelrichters am LG** (vgl §§ 30, 31 StPO). Diese strafbare Handlung ist damit uneingeschränkt einer **diversionellen Verfahrenserledigung** (§§ 198 ff StPO) zugänglich. **§ 99 Abs 2** fällt dagegen in den Zuständigkeitsbereich des **Schöffengerichts** (§ 31 Abs 3 Z 1 StPO), wodurch Diversion ausscheidet.

Ad Beispielsfall: Das geschilderte Verhalten von B erfüllt den Tatbestand der Freiheitsentziehung nach § 99 Abs 1 zweiter Fall (Entzug der persönlichen Freiheit auf andere Weise), weil sie durch das Anketten mittels Handschellen die Fortbewegungsfreiheit des A entgegen seinem Willen für eine halbe Stunde beschränkt. Dieser Erfolg ist das unmittelbare Ziel ihres Verhaltens, sodass sie sogar absichtlich (§ 5 Abs 2) den objektiven Tatbestand verwirklicht.

Zentrale Probleme zur Wiederholung: *Tatobjekt; erforderliche Mindestdauer; Rechtfertigung; Konkurrenzen.*

Weiterführende Literatur: *Barth/Engel,* Das Heimaufenthaltsgesetz – Die neuen gesetzlichen Regeln über freiheitsbeschränkende Maßnahmen in Heimen und ähnlichen Einrichtungen, ÖJZ 2005, 401; *Premissl,* § 303 StGB – Ein Schattendasein im System des österreichischen Grundrechtsschutzes, JSt 2005, 181; *Sautner,* Straflose „Kindesentführung"? ÖJZ 2001, 175; *Zierl,* Zum Freiheitsentzug in Altenheimen. Anmerkungen und Anregungen aus Sicht der Praxis, ÖJZ 2000, 753.

B. Entführung schutzbedürftiger Personen (§§ 100, 101)

I. Überblick

§ 100 pönalisiert die Entführung einer **geisteskranken oder wehrlosen** Person, **§ 101** die einer **unmündigen**, also unter 14-jährigen (vgl § 74 Abs 1 Z 1) Person. In beiden Fällen ist für die Deliktsverwirklichung – in Abgrenzung zur erpresserischen Entführung (§ 102) – eine **sexuell geprägte Absicht** erforderlich. **Geschütztes Rechtsgut** ist dabei letztlich die **Fortbewegungsfreiheit** der schutzbedürftigen Person, die diesbezüglich in der Lage sein muss, sich fortzubewegen (siehe näher zum Tatobjekt bei § 99 Rz 4 ff).[1] §§ 100 f greifen im Vorfeld von Sexualdelikten. Die sexuelle Integrität und Selbstbestimmung ist dennoch nicht Teil des geschützten Rechtsguts, weil §§ 100 f für den Fall, dass sexuelle Handlungen gesetzt werden, hinter die einschlägigen Sexualdelikte aufgrund von Spezialität zurücktreten (siehe bei Rz 8).[2] 1

Da es sich wie bei der Freiheitsentziehung nach § 99 um ein **Dauerdelikt** handelt, ist es bei einer zB durch Bewusstlosigkeit fehlenden Fortbewegungsmöglichkeit zum Zeitpunkt des Ortwechsels für die Erfüllung des Tatbestands ausreichend, wenn die Fortbewegungsmöglichkeit zu einem späteren Zeitpunkt, zu dem die Entführung noch andauert, nicht unumschränkt wahrgenommen werden kann. §§ 100 f verwirklicht somit auch, wer eine bewusstlose Person zu sich nach Hause bringt und sie bei ihrem Erwachen entgegen ihren Wünschen nicht weggehen lässt, sondern weiter bei sich einsperrt in der Absicht, das Opfer in den nächsten Stunden sexuell zu missbrauchen. 2

Die **praktische Bedeutung** der Entführung schutzbedürftiger Personen ist **gleich null**. So gab es im Jahr 2010 zwar zehn Anzeigen wegen §§ 100 f, aber keine gerichtliche Verurteilung. 3

II. Tatbestand

Tatobjekt des **§ 100** ist eine geisteskranke oder wehrlose Person. Wer **geisteskrank** ist (vgl § 11), muss nicht unbedingt wehrlos sein. **Wehrlos** ist ein Mensch, bei dem eine Abwehrmaßnahme aus körperlichen oder geistigen Gründen unmöglich, aussichtslos oder unzumutbar ist, weil er zB bewusstlos, hypnotisiert oder alkohol- bzw drogenbeeinträchtigt ist.[3] Der Zustand kann auch vom Täter herbeigeführt worden sein.[4] Auf die **„Einwilligung" des Opfers** in die Entführung kommt es regelmäßig nicht an, weil es aufgrund des Opferzustands an der Einwilligungsfähigkeit fehlt und die Tragweite der Einwilligungshandlung nicht voll abgeschätzt werden kann. Freilich schließt eine auf körperlichen Ursachen beruhende Wehrlosigkeit die Einwilligungsfähigkeit nicht von vornherein aus, sodass ausnahmsweise eine Einwilligung des Opfers den Tatbestand der Entführung entfallen lassen kann, wenn zB das Opfer mit der Entführung aus der „Macht des Pflegeheims" einverstanden ist. 4

Tatobjekt des **§ 101** ist eine **unmündige Person**. Dabei handelt es sich nach der Legaldefinition des § 74 Abs 1 Z 1 um eine Person, die das vierzehnte Lebensjahr noch nicht vollendet hat. 5

---

1 Tendenziell auch *Schwaighofer* in WK[2] § 100 Rz 1; *B/S* BT I[11] § 100 Rz 1.

2 Anders *Schmoller* in SbgK § 100 Rz 9; *K/Schr* StudB BT I[2] § 100.

3 *Schwaighofer* in WK[2] § 100 Rz 5; *L/St* StGB[3] § 100 Rz 3; *Schmoller* in SbgK § 100 Rz 17.

4 *Schwaighofer* in WK[2] § 100 Rz 6; *L/St* StGB[3] § 100 Rz 4; *Schmoller* in SbgK § 100 Rz 21.

6 Die Tathandlung besteht im **„Entführen"**, wobei dafür eine **Ortsveränderung** (Taterfolg) vorausgesetzt wird. Das Opfer muss also an einen anderen Ort gebracht worden sein, an dem es einem starken Einfluss des Täters oder eines Dritten ausgeliefert ist.[5] Die dabei zurückgelegte Strecke ist nicht entscheidend, womit schon das Verbringen in die Nachbarwohnung ausreicht. Auch ist es nicht erforderlich, dass der Entführer ständig anwesend ist. Der beherrschende Einfluss kann auch dadurch ausgeübt werden, dass es sich um ein entlegenes Versteck handelt (zB Kellerloch oder Hütte im Wald) und der Entführer den Schlüssel dazu hat.

7 Beim **subjektiven Tatbestand** ist zusätzlich zum Tatvorsatz, der sich bei § 101 auch auf die Unmündigkeit des Opfers beziehen muss, die **Absicht** (§ 5 Abs 2) erforderlich, dass die entführte Person vom Entführer oder einer dritten Person **sexuell missbraucht** werde. Dabei bezieht sich der sexuelle Missbrauch grundsätzlich auf Handlungen iS von § 205,[6] wobei unter einer „geschlechtlichen Handlung" iS der Sexualdelikte eine auf die primären oder sekundären Geschlechtsmerkmale gerichtete Handlung zu verstehen ist. Darüber hinaus ist die beabsichtigte Herstellung pornografischer Darstellungen Minderjähriger (§ 207a Abs 1 Z 1) im Fall des § 101 ausreichend.[7]

III. Abgrenzung und Konkurrenz

8 Gegenüber der **Freiheitsentziehung** (§ 99) sind die Entführungsdelikte (§§ 100 f) leges speciales. Kommt es tatsächlich zu den beabsichtigten **sexuellen Handlungen**, tritt § 100 gegenüber § 205 und § 101 gegenüber §§ 206, 207 und 207a Abs 1 Z 1 zurück, jedoch nur insoweit, als die geschlechtliche Handlung unmittelbar an die Ortsveränderung anschließt.[8] Finden die sexuellen Handlungen erst zu einem späteren Zeitpunkt im Laufe der Entführung statt, besteht echte Konkurrenz, zumal unterschiedliche Rechtsgüter von den genannten Bestimmungen betroffen und §§ 100 f Dauerdelikte sind.[9]

IV. Prozessuales

9 § 100 und § 101 fallen aufgrund des Strafsatzes und des Fehlens einer gesetzlichen Sonderzuständigkeit in den Kompetenzbereich des **Einzelrichters am LG** (vgl §§ 30, 31 StPO). Sie sind damit – zumindest theoretisch – uneingeschränkt einer **diversionellen Verfahrenserledigung** (§§ 198 ff StPO) zugänglich. Diversion wird aber im Regelfall am Erfordernis des nicht schweren Verschuldens scheitern.

Zentrale Probleme zur Wiederholung: *erforderliche Ortsveränderung; erweiterter Vorsatz auf sexuellen Missbrauch; Verhältnis zu § 99.*

5 *Schwaighofer* in WK[2] § 100 Rz 9; *Schmoller* in SbgK § 100 Rz 23; weiter *B/S* BT I[11] § 100 Rz 2; *Lewisch* BT I[2] 102.

6 Siehe EBRV 294 BlgNR XXII. GP 11.

7 AA *Schwaighofer* in WK[2] § 101 Rz 6; vgl auch EBRV 294 BlgNR XXII. GP 11.

8 OGH 13 Os 191/95 = RIS-Justiz RS0092862; *Schwaighofer* in WK[2] § 100 Rz 19; *L/St* StGB[3] § 100 Rz 14; aM *Schmoller* in SbgK § 100 Rz 52.

9 *Schwaighofer* in WK[2] § 100 Rz 19; *L/St* StGB[3] § 100 Rz 14; *B/S* BT I[11] § 100 Rz 1.

C. Erpresserische Entführung (§ 102)

I. Überblick

§ 102 normiert **drei Deliktsfälle**. **Abs 1 und Abs 2 Z 1** pönalisieren die Entführung einer anderen Person, um einen Dritten zu einer Handlung, Duldung oder Unterlassung zu bewegen, also diesen zu nötigen. Entführungsopfer und Nötigungsopfer fallen somit auseinander.[1] Die Abgrenzung zwischen Abs 1 und Abs 2 Z 1 liegt im Tatobjekt: Während Abs 2 Z 1 ähnliche Tatobjekte wie §§ 100 f umfasst (unmündige, geisteskranke oder wegen ihres Zustands zum Widerstand unfähige Personen), ist Tatobjekt des Abs 1 jede andere Person, die gegen ihren wahren Willen entführt wird. Bei den Tatobjekten nach Abs 2 Z 1 kommt es dagegen auf ihren Willen gar nicht an; sie sind gegenüber anderen Personen noch stärker geschützt. In Abgrenzung zu §§ 100 f geht es bei § 102 nicht um beabsichtigte geschlechtliche Handlungen an den Entführungsopfern, sondern um Handlungen, Duldungen oder Unterlassungen einer anderen Person. 1

Abs 2 Z 2 erfasst eine Art „Anschluss-Nötigung", bei der die Nötigungsabsicht noch nicht im Entführungszeitpunkt (vgl Rz 5), sondern erst zu einem späteren Zeitpunkt gefasst wird. 2

Geschütztes **Rechtsgut** ist letztlich auch bei § 102 die **Fortbewegungsfreiheit**. Darüber hinaus ist durch die Kombination mit der Nötigung auch die **Willensbildungs- und Willensbetätigungsfreiheit des Genötigten** geschützt.[2] Wie bei der Freiheitsentziehung nach § 99 handelt es sich auch bei § 102 um ein **Dauerdelikt** (siehe dazu näher bei § 99 Rz 1).

Die **praktische Bedeutung** der erpresserischen Entführung ist **sehr gering**. So gab es im Jahr 2010 lediglich neun Anzeigen wegen § 102. Gerichtliche Verurteilungen gab es drei. 3

II. Tatbestand

Die Tathandlung des **„Entführens"** nach Abs 1 und Abs 2 Z 1 setzt wie bei §§ 100 f eine **Ortsveränderung** (Taterfolg) voraus, dass also das Opfer aus seinem bisherigen Lebenskreis gebracht wird und zur Gänze in den Machtbereich und in die Gewalt des Täters gelangt. Mit der Ortsveränderung ist die erste Alternative des § 102 Abs 1 bzw Abs 2 Z 1 vollendet. **„Sich sonst bemächtigen"** erfasst jene Fälle, in denen sich der Täter **ohne Ortsveränderung** die physische Gewalt über das Opfer verschafft und diesen Zustand – ähnlich wie bei der Freiheitsentziehung (§ 99) – mehrere Minuten aufrechterhält, etwa indem er einen zufällig anwesenden Bankkunden längere Zeit mit der Pistole in Schach hält, um das Bereitstellen eines Fluchtautos zu erzwingen.[3] In beiden Fällen muss das Verhalten des Täters objektiv geeignet sein, Dritten echte Sorge um das Leben oder die Gesundheit des Entführungsopfers einzuflößen.[4] 4

Als **Tatmittel** für eine Entführung nach **Abs 1** nennt das Gesetz die Anwendung von **Gewalt** oder dem gleichgesetzt die **gefährliche Drohung** (vgl § 74 Abs 1 Z 5) oder die **List**. Zu den Begriffen Gewalt und gefährliche Drohung siehe bei §§ 105 f Rz 4. Unter List ist ein geschicktes Verbergen der wahren Absichten oder Umstände zu verstehen.[5] 5

---

1 Da die abgenötigte Handlung nicht unbedingt eine Vermögenskomponente beinhalten muss, würde die Einstufung als „Erpressungsopfer" zu kurz greifen; vgl *Schwaighofer* in WK^2 § 102 Rz 3.

2 *Schmoller* in SbgK § 102 Rz 7; *Lewisch* BT I^2 101.

3 *Schmoller* in SbgK § 102 Rz 21; *B/S* BT I^{11} § 100 Rz 2; OGH 15 Os 70/97 = EvBl 1997/204.

4 *Schwaighofer* in WK^2 § 102 Rz 7; *B/S* BT I^{11} § 100 Rz 2. Nicht auf dieses Erfordernis abstellend allerdings *Schmoller* in SbgK § 102 Rz 23; *K/Schr* StudB BT I^2 § 102 Rz 9.

5 *L/St* StGB^3 § 102 Rz 9; *Schwaighofer* in WK^2 § 102 Rz 15; *K/Schr* StudB BT I^2 § 102 Rz 11.

6 Gegenüber den **besonderen Entführungsopfern** nach **Abs 2 Z 1** sind diese **Tatmittel** nach dem Wortlaut des Gesetzes **nicht erforderlich**. Aufgrund der reduzierten Einsichts- und Handlungsfähigkeit ist die Schwelle für eine „Entführung mit Einwilligung" der jeweils geschützten Personen von vornherein niedriger anzusetzen als bei (anderen) erwachsenen Personen. Werden die genannten Tatmittel des Abs 1 gegen Entführungsopfer nach Abs 2 Z 1 eingesetzt, ist nur der Tatbestand des § 102 Abs 2 Z 1 erfüllt.[6]

7 **Abs 2 Z 2** verwirklicht, wer eine ohne Nötigungsabsicht vorgenommene Entführung oder sonstige Bemächtigung ausnützt, um einen Dritten zu einem bestimmten Verhalten zu bewegen **(„Anschluss-Nötigung")**. Den Tatbestand erfüllt zB ein entflohener Häftling, der ein betagtes Ehepaar zunächst zwingt, ihn zu bewirten, beim Auftauchen der Polizei jedoch mit deren Tötung droht für den Fall, dass ihm kein Fluchtfahrzeug bereitgestellt werde.

8 Sämtliche objektiven Tatbestandsmerkmale müssen vom Vorsatz des Täters erfasst sein **(subjektiver Tatbestand)**, wobei **Eventualvorsatz** ausreicht. Darüber hinaus ist die **Absicht** (§ 5 Abs 2) des Täters erforderlich, dass ein Dritter ein bestimmtes Verhalten setzt **(erweiterter Vorsatz)**. Dieses gesetzte Verhalten ist kein Teil des Taterfolgs des § 102; entscheidend ist nur, dass ein entsprechender Vorsatz vorliegt. Das angestrebte Verhalten muss keine bestimmte rechtliche Qualität aufweisen und sich auch auf kein bestimmtes Rechtsgut beziehen. Die Bezahlung von Lösegeld ist ebenso ausreichend wie die Freilassung von Gesinnungsgenossen, die Verbesserung von Haftbedingungen oder die Verlesung eines politischen Manifestes im Fernsehen.

9 **§ 102 Abs 3** normiert als **Erfolgsqualifikation** den Tod der entführten Person. Dafür ist es iS von § 7 Abs 2 ausreichend, dass diese Folge fahrlässig herbeigeführt wurde.

10 **§ 102 Abs 4** sieht als **Privilegierung** jenen Fall vor, in dem der Täter freiwillig und unter Verzicht auf die begehrte Leistung das Entführungsopfer in seinen Lebenskreis zurückgelangen lässt, wobei es keinen ernstlichen Schaden erlitten haben darf. Psychische Angstzustände mit einer Gesundheitsbeeinträchtigung iS einer sog posttraumatischen Belastungsstörung sind jedenfalls als ernstlicher Schaden anzusehen, der die Privilegierung durch diese Bestimmung ausschließt.[7] Da wohl mit den meisten Entführungen eine solche Belastungsstörung einhergeht, ist der Anwendungsbereich für die Privilegierungsvorschrift äußerst gering.

III. Abgrenzung und Konkurrenzen

11 Charakteristisch für § 102 ist, dass einem anderen als dem Entführten ein bestimmtes Verhalten als Gegenleistung abgenötigt werden soll **(Drei-Personen-Verhältnis)**. Hat der Täter den Vorsatz, die angestrebte Gegenleistung dem Entführten selbst abzunötigen, scheidet § 102 aufgrund des Gesetzeswortlauts aus und es kommen **Freiheitsentziehung** (§ 99) bzw **Nötigung** (§ 105) in Betracht, bei einer Vermögenskomponente des abgenötigten Verhaltens uU auch **Erpressung** (§§ 144 f). Ein sog „Trittbrettfahrer", der bloß sein Wissen über eine Entführung ausnützt, um an ein „Lösegeld" zu kommen, verwirklicht uU **Betrug** (§§ 146 ff).[8] Dies freilich nur dann, wenn er nicht selbst eine gefährliche Drohung setzt oder Gewalt anwendet. In diesem Fall würde Erpressung (§§ 144 f) vorgehen.

12 Wird eine Geisel im Zuge der Entführung verletzt, besteht **echte Konkurrenz** zu den **Körperverletzungsdelikten** (§§ 83 ff), wobei eine leichte Verletzung (§ 83) als konsumiert ange-

6 OGH 14 Os 37/04 = RIS-Justiz RS0119072; 13 Os 93/06k. Allerdings wertet der OGH die unrechtskonstituierenden Tatmodalitäten des § 102 Abs 1 bei der Schuldgewichtung nach § 32 als erschwerend.

7 Für einen Ausschluss ab dem Grad einer schweren Körperverletzung *Schmoller* in SbgK § 102 Rz 83; *Schwaighofer* in WK² § 102 Rz 37; *B/S* BT I¹¹ § 102 Rz 11.

8 *L/St* StGB³ § 102 Rz 41; *K/Schr* StudB BT I² § 102 Rz 27.

sehen wird.[9] Bei **fahrlässiger Todesfolge** ist § 102 Abs 3 die gegenüber §§ 80 f speziellere Norm. Bei **vorsätzlicher Tötung** ist echte Konkurrenz mit **Mord** (§ 75) anzunehmen.[10]

Erfolgt die **Geiselnahme** in einem Flugzeug, ist auch **echte Konkurrenz** mit **Luftpiraterie** (§ 185) möglich.[11] 13

IV. Prozessuales

§ 102 Abs 1 bis 3 fallen aufgrund des Strafsatzes in die Zuständigkeit des **Geschworenengerichts** (vgl § 31 Abs 2 Z 1 StPO), die Privilegierung des **§ 102 Abs 4** fällt dagegen in die Zuständigkeit des **Einzelrichters am LG** (vgl § 31 Abs 4 Z 1 StPO). Die Privilegierung ist damit – im Unterschied zu den anderen Fällen des § 102 – auch einer **diversionellen Verfahrenserledigung** nach §§ 198 ff StPO (zumindest theoretisch) zugänglich. 14

Zentrale Probleme zur Wiederholung: *erweiterter Vorsatz; Konkurrenzen.*

9 *Schwaighofer* in WK² § 102 Rz 40.
10 *Schwaighofer* in WK² § 102 Rz 32; *B/S* BT I¹¹ § 102 Rz 10; *Fabrizy* StGB¹⁰ § 102 Rz 6.
11 *Schmoller* in SbgK § 102 Rz 102; *K/Schr* StudB BT I² § 102 Rz 28.

D. Überlieferung an eine ausländische Macht (§ 103)

I. Überblick und Tatbestand

1 Die Überlieferung an eine ausländische Macht nach § 103 ist im Hinblick auf **Tatobjekt** und eingesetzte **Tatmittel** ident mit der erpresserischen Entführung nach § 102. Geschütztes **Rechtsgut** ist zum einen die **Fortbewegungsfreiheit**.[1] Zum andern fallen auch die **Schutzgarantien**, die das Opfer durch seine österreichische **Staatsangehörigkeit** oder wenigstens seinen Aufenthalt in Österreich umgeben, in den Schutzbereich.[2]

2 Der **Taterfolg** besteht in der Übergabe in den Einflussbereich einer ausländischen Macht, wobei unter „Macht" nur eine politische und keine (rein) wirtschaftliche zu verstehen ist. Die **politische Macht** muss in einer Behörde, politischen Partei oder ähnlichen Organisation (zB militärischer Geheimdienst usw) verkörpert sein.[3] **Nicht erforderlich** ist es aber, dass die ausländische Macht für den Überlieferten **gefährlich** ist. Es muss also nur anzunehmen sein, dass die „Macht" ihre Gewalt in einem für das Opfer nachteiligen Sinn ausübt. Auch bei einer Überlieferung an einen anderen Rechtsstaat wird somit der Tatbestand erfüllt. Wird jedoch das Opfer durch die Tat keiner erheblichen Gefahr ausgesetzt, ist die Tat **privilegiert** (§ 103 Abs 2), wobei unklar ist, wann von keiner „erheblichen Gefahr" auszugehen ist. Allgemein wird jede drohende Freiheitsbeschränkung, die länger als ein paar Tage dauert, als erhebliche Gefahr angesehen, wobei selbst ein rechtsstaatlich durchgeführtes Strafverfahren, bei dem eine Freiheitsstrafe droht, ausreicht.[4]

3 Wird an ein **ausländisches privates Industrieunternehmen** ausgeliefert, scheidet § 103 mangels „staatlicher Macht" von vornherein aus. Allenfalls kommen Freiheitsentziehung (§ 99) oder Nötigung (§§ 106 f) in Betracht, bei einer Auslieferung an einen ausländischen „Mädchenhändlerring" grenzüberschreitender Prostitutionshandel (§ 217).

4 **Objektive Bedingung der Strafbarkeit** ist bei § 103, dass der Täter oder der Überlieferte **österreichischer Staatsbürger** ist oder sich der Überlieferte zur Tatzeit im **Inland** aufgehalten hat. Dieses Erfordernis braucht nicht von Vorsatz oder Fahrlässigkeit des Täters erfasst zu sein, sondern deren objektives Vorliegen reicht aus. Die Ahndung von Verstößen gegen § 103 ist vom österreichischen Staatsgebiet unabhängig.[5] Konsequenterweise erwähnt § 64 Abs 1 Z 4a, dass Verstöße gegen diese Strafbestimmung ohne Rücksicht auf die Gesetze des Tatorts von den österreichischen Strafverfolgungsbehörden geahndet werden können.

5 Die Strafbestimmung ist lediglich von symbolischer, nicht jedoch von **praktischer Bedeutung**. So gab es im Jahr 2010 weder eine Anzeige noch eine Verurteilung wegen § 103.

II. Prozessuales

6 Als gleichsam politisches Delikt fällt § 103 in allen Fällen in die Zuständigkeit des **Geschworenengerichts** (§ 31 Abs 2 Z 2 StPO). Eine diversionelle Verfahrenserledigung ist daher stets ausgeschlossen (vgl § 198 Abs 2 Z 1 StPO).

Zentrale Probleme zur Wiederholung: *Begriff der „ausländischen Macht"; objektive Bedingung der Strafbarkeit.*

1 *Schmoller* in SbgK § 103 Rz 2.
2 *Schwaighofer* in WK² § 103 Rz 1.
3 *Schwaighofer* in WK² § 103 Rz 1.
4 Dazu mN *Schwaighofer* in WK² § 103 Rz 6.
5 Siehe *dazu* näher in den Lehrbüchern zum Allgemeinen Teil, zB *Fuchs* AT⁷ Kap 27 Rz 5 ff.

E. Sklaverei (§ 104)

I. Überblick und Tatbestand

1 Mit der Strafbestimmung über Sklaverei nach § 104 erfüllt Österreich völkerrechtliche Verpflichtungen, insbesondere das Genfer Übereinkommen betreffend die Sklaverei aus dem Jahre 1926 (BGBl 1928/17) sowie dessen Abänderung und Zusatzübereinkommen. **Abs 1** pönalisiert das Treiben von Sklavenhandel sowie seit einer Novellierung im Jahre 2009 (BGBl I 2009/40) auch die sonstige Entziehung der persönlichen Freiheit durch Sklaverei oder eine sklavereiähnliche Lage.[1] **Abs 2** stellt das Bewirken der Versklavung bzw das Bringen in eine sklavereiähnliche Lage unter Strafe und ist insofern eine sehr weite Beteiligungsnorm.[2] **Geschütztes Rechtsgut** ist die **Fortbewegungsfreiheit** sowie aufgrund der Herrschaft, die über das Opfer ausgeübt wird, auch dessen **Willensbildungs- und Willensbetätigungsfreiheit**.[3]

2 **Sklaverei** bedeutet nach Art 1 Abs 1 des genannten Genfer Sklavereiübereinkommens die Behandlung eines **Menschen wie eine** im Eigentum befindliche **Sache**, über die man nach Belieben und Willkür verfügen kann. Eine **sklavereiähnliche Lage** ist eine Situation, die unter dem Blickwinkel der Abhängigkeit an die Sklaverei heranreicht, wie zB die vor wenigen Jahrhunderten bei uns noch akzeptierte und praktizierte Leibeigenschaft. Wird diese Grenze (noch) nicht erreicht, kommt allenfalls Menschenhandel nach § 104a Abs 1 dritter Fall in Betracht.

3 Der Begriff **„Sklavenhandel"** ist in Art 1 Abs 1 des Genfer Sklavereiübereinkommens beschrieben als

- jeder Akt der Festnahme, des Erwerbs und der Abtretung einer Person in der Absicht, sie in den Zustand der Sklaverei zu versetzen,
- jede Handlung zum Erwerb eines Sklaven in der Absicht, ihn zu verkaufen oder zu vertauschen,
- jede Handlung zur Abtretung eines zum Verkauf oder Vertausch erworbenen Sklaven durch Verkauf oder Tausch und
- jedes Handeln mit Sklaven oder Befördern von Sklaven.

4 Die Strafbestimmung ist lediglich von symbolischer, nicht jedoch von **praktischer Bedeutung**. So gab es im Jahr 2010 zwar eine Anzeigen, aber keine Verurteilung wegen § 104.

II. Prozessuales

5 Aufgrund der angedrohten Freiheitsstrafe fällt § 104 in allen Fällen in die Zuständigkeit des **Geschworenengerichts** (§ 31 Abs 2 Z 1 StPO). Eine diversionelle Verfahrenserledigung ist daher stets ausgeschlossen (vgl § 198 Abs 2 Z 1 StPO).

Zentrales Problem zur Wiederholung: *Weiter Anwendungsbereich des Abs 2.*

1 Kritisch zur praktischen Handhabung der Bestimmung vor Inkrafttreten der Novelle *B/S* BT I[11] § 104 Rz 1; *Schwaighofer*, Lebenslang für Josef F.: Ein – fast zu – klarer Fall, Die Presse, Rechtspanorama 23.3.2009, 9.

2 Mit einschränkenden Ambitionen zur letzten Tatbestandsvariante *Schmoller* in SbgK § 104 Rz 11; zust *Schwaighofer* in WK[2] § 104 Rz 3.

3 *Schmoller* in SbgK § 104 Rz 5.

F. Menschenhandel (§ 104a)

I. Überblick

1 Beim Menschenhandel nach § 104a geht es um den **Schutz von Menschen vor Ausbeutung**.[1] Dabei ist die Grenze der Strafbarkeit weit in das Vorfeld der Ausbeutung vorverlagert, weil zum Teil relativ unbedenkliche Handlungsweisen erfasst werden, die erst durch den in der Zukunft liegenden Zweck strafwürdig sind. Der **Vorsatz künftiger Ausbeutung** ist damit wesentliche Strafbarkeitsvoraussetzung. Geschütztes **Rechtsgut** ist die **Fortbewegungsfreiheit** sowie aufgrund der beabsichtigten Einschränkung des Opfers auch **dessen Willensbildungs- und Willensbetätigungsfreiheit**.[2]

2 **Ausbeutung** ist mehr als bloßes Ausnutzen. Nach den Materialien verlangt „Ausbeutung" eine **weitgehende und nachhaltige Unterdrückung vitaler Lebensinteressen**;[3] es muss also um ein grobes Missverhältnis zwischen der „Leistung" des Opfers und der „Gegenleistung" des Täters gehen.[4] Bei Minderjährigen ist aufgrund deren erhöhter Schutzbedürftigkeit diese Grenze früher zu ziehen.

3 Die Strafbestimmung ist lediglich von geringer **praktischer Bedeutung**. So gab es im Jahr 2010 18 Anzeigen und zwei Verurteilungen wegen § 104a.

II. Tatbestand

4 **Tatobjekt** des § 104a kann jeder sein. Im Hinblick auf die Erfordernisse an die **Tathandlung** differenziert das Gesetz zwischen minderjährigen (Abs 1 Z 1) und anderen Personen (Abs 1 Z 2), wobei für alle Tathandlungen gilt, dass das Ausbeuten selbst nicht unter § 104a fällt. Insofern ist diese Strafbestimmung eigentlich eine Beteiligungsnorm an der späteren Ausbeutung.

5 Für die **Tathandlung an minderjährigen Personen** bis zum vollendeten 18. Lebensjahr (§ 74 Abs 1 Z 3) normiert das Gesetz keine besonderen Anforderungen. Es kommen in Betracht (abschließende Aufzählung) das

- **Anwerben** (jemanden verpflichten, sich in einer der genannten Formen ausbeuten zu lassen[5]),
- **Beherbergen** (Gewähren von Unterkunft) oder sonstige Aufnehmen (am Zielort oder bei einer Zwischenstation in Empfang nehmen[6]),
- **Befördern** (Verbringen von einem Ort zum anderen, wobei die Organisation des Transports oder der Fahrkarte für eine unmittelbare Täterschaft ausreicht, wenn damit ein gewisser Aufwand verbunden ist[7]),

---

1 *Schwaighofer* in WK[2] § 104a Rz 3; *B/S* BT I[11] § 104a Rz 2; *Lewisch* BT I[2] 103; vermehrt auf den Schutz von Freiheitsrechten abstellend dagegen *Nimmervoll* in SbgK § 104a Rz 8.

2 *Nimmervoll* in SbgK § 104a Rz 8.

3 Vgl EBRV StRÄG 2004, 294 BlgNR XXII. GP 12.

4 Siehe zur sog ausbeuterischen Zuhälterei (§ 216 Abs 2 erster Fall) *Hinterhofer/Rosbaud* BT II[5] § 216 Rz 7.

5 Siehe bereits EBRV StRÄG 2004, 294 BlgNR XXII. GP 13; OGH 11 Os 109/96 = EvBl 1998/44 = JBl 1998, 328 mit Anm *Presslauer*; 12 Os 165/91; *Schwaighofer* in WK[2] § 104a Rz 5 mwN; *Nimmervoll* in SbgK § 104a Rz 24.

6 EBRV StRÄG 2004, 13; *Schwaighofer* in WK[2] § 104a Rz 5, der jedoch dieser Variante wenig Gewicht einräumt im Unterschied zu *Nimmervoll* in SbgK § 104a Rz 30.

7 EBRV StRÄG 2004, 13; *Nimmervoll* in SbgK § 104a Rz 32; zweifelnd *Schwaighofer* in WK[2] § 104a Rz 5.

- einem **anderen Anbieten** (Erklärung der Überlassung einer Person mit der Anmerkung, dass die überlassene Person zu einem der in Rede stehenden Ausbeutungszwecke bereit ist; auch das Schalten von Inseraten oder die Mitteilung auf Internetseiten erfüllt den Tatbestand; auf die Annahme des Angebots kommt es nicht an[8]) oder
- **Weitergeben** (jede Art der Übergabe oder Übertragung der Herrschaft über eine Person, zB durch „Kauf", „Tausch" usw[9]).

Bei **Erwachsenen** ist im Unterschied dazu für die Tathandlung der **„Einsatz unlauterer Mittel"** erforderlich, der in Abs 2 näher umschrieben wird. Er liegt vor bei (abschließende Aufzählung): 6

- **Täuschung** über Tatsachen (siehe dazu näher bei § 108 und § 146),
- Ausnützung einer **Autoritätsstellung** (wobei – ähnlich wie bei § 212 – die Autorität als Druckmittel eingesetzt wird, also der Wille des Opfers derart beeinflusst wird, dass dieses die entsprechende Handlung setzt oder an sich geschehen lässt[10]),
- Ausnützung einer **Zwangslage** (nicht nur einer wirtschaftlichen, sondern zB auch einer Drogenabhängigkeit, eines illegalen Aufenthaltsstatus, einer Obdachlosigkeit oder einer Notsituation entwichener Jugendlicher[11]),
- Ausnützung einer **Geisteskrankheit** oder eines Zustands, der die Person **wehrlos** macht (siehe dazu bei §§ 100 f),
- **Einschüchterung** (das ist ein Verhalten im Vorfeld einer gefährlichen Drohung nach § 74 Abs 1 Z 5; das Opfer muss in einen solchen Angstzustand versetzt worden sein, dass es nicht mehr frei entscheiden kann[12]) und
- **Gewährung oder Annahme eines Vorteils** für die Übergabe der Herrschaft über die Person (zB eines „Kaufpreises" für die Person[13]).

Der **subjektive Tatbestand** verlangt zum einen den Vorsatz hinsichtlich sämtlicher objektiver Tatbestandsmerkmale. Darüber hinaus ist für § 104a der **erweiterte Vorsatz** erforderlich, dass das Tatobjekt **ausgebeutet**[14] werde, und zwar entweder sexuell, durch Organentnahme oder durch das Zur-Verfügung-Stellen ihrer Arbeitskraft. Eine bestimmte Vorsatzform ist dafür nicht erforderlich, vielmehr reicht **Eventualvorsatz** (§ 5 Abs 1 2. Halbsatz) aus. 7

Sexuelle Ausbeutung liegt angesichts der strafbaren Handlung der ausbeuterischen Zuhälterei (§ 216 Abs 2 erster Fall) etwa vor, wenn einer Prostituierten der überwiegende Anteil der Gegenleistung ihrer Freier vorenthalten wird oder wenn sie zur Ausübung der Prostitution unter lebensgefährlichen Bedingungen (zB lebens- oder stark gesundheitsgefährdenden Sado-Maso-Praktiken) gezwungen wird.[15] 8

8 *Schwaighofer* in WK² § 104a Rz 5; *Nimmervoll* in SbgK § 104a Rz 34.

9 EBRV StRÄG 2004, 13; *Nimmervoll* in SbgK § 104a Rz 36.

10 EBRV StRÄG 2004, 13; *Nimmervoll* in SbgK § 104a Rz 43, *Schwaighofer* in WK² § 104a Rz 6.

11 EBRV StRÄG 2004, 13; *Nimmervoll* in SbgK § 104a Rz 46; *Schwaighofer* in WK² § 104a Rz 6.

12 *Schwaighofer* in WK² § 104a Rz 6; *Nimmervoll* in SbgK § 104a Rz 53. Dass es sich dabei um keine gefährliche Drohung iSv § 74 Abs 1 Z 5 handeln muss, ergibt sich daraus, dass ansonsten die Qualifikation des § 104a Abs 3 in der Variante der gefährlichen Drohung überflüssig wäre.

13 EBRV StRÄG 2004, 14; *Nimmervoll* in SbgK § 104a Rz 55.

14 Zum Begriff der Ausbeutung übergreifend *K/Schr* StudB BT I² § 104a.

15 *Schwaighofer* in WK² § 104a Rz 9; weiter *Nimmervoll* in SbgK § 104a Rz 63 f; *B/S* BT I¹¹ § 104a Rz 5.

9 Eine **Ausbeutung durch Organentnahme** setzt voraus, dass eine fremdnützige Organentnahme entweder **ohne Einwilligung** des Opfers iS von § 90 erfolgt oder es an einer für eine rechtswirksame Einwilligung hinreichenden Aufklärung fehlt. Schließlich ist in diesem Zusammenhang auch das Sittenwidrigkeitskorrektiv zu beachten. Eine gleichsam nur symbolische finanzielle Entschädigung macht angesichts der Tragweite des medizinischen Eingriffs und der damit verbundenen Risiken eine Einwilligung in eine Organentnahme im Regelfall rechtsunwirksam und ist ausbeuterisch.[16]

10 Eine **Ausbeutung der Arbeitskraft** umfasst Praktiken, die zwar noch nicht als Sklaverei oder sklavereiähnliche Lage angesehen werden können und insofern unter § 104 zu subsumieren wären, aber doch ein **rücksichtsloses Ausnützen des Opfers** in dem Sinne sind, dass gegen dessen vitale Interessen verstoßen wird, etwa indem fast kein Lohn bezahlt, die gesetzlich zulässige Arbeitszeit exzessiv überschritten wird oder absolut unzumutbare Arbeitsbedingungen herrschen, die sich negativ und intensiv auf die Gesundheit auswirken.[17]

11 Die Abs 3 und 4 sehen **Qualifikationen** vor, wenn die Tat

- unter Einsatz von **Gewalt** oder **gefährlicher Drohung** iS von § 74 Abs 1 Z 5 (Abs 3) oder
- gegen eine **unmündige**, also unter 14-jährige Person (§ 74 Abs 1 Z 1) oder im Rahmen einer **kriminellen Vereinigung** (vgl § 278 Abs 2) begangen wurde (Abs 4 erster und zweiter Fall).
- Die anderen Qualifikationen sind **schwere Gewalt** (Abs 4 dritter Fall; darunter fallen brutale/rücksichtslose Aggressionshandlungen, gegen die eine erfolgreiche Abwehr aus physischen oder psychischen Gründen erfahrungsgemäß unmöglich ist[18]),
- vorsätzliche bzw grob fahrlässige **Lebensgefährdung** (Abs 4 vierter Fall) oder
- ein besonders **schwerer Nachteil als Folge der Tat** (Abs 4 fünfter Fall), wie zB eine Verletzungsfolge, die berufsunfähig macht und damit existenzgefährdend ist.[19]

12 Von den Abgrenzungen ist vor allem im Hinblick auf die sexuelle Ausbeutung jene zur **Zuhälterei** (§ 216) bedeutsam. Nach hM wird, wenn es in weiterer Folge zur Ausbeutung im Rahmen von Zuhälterei kommt, § 216 von § 104a konsumiert.[20] Kommt es dagegen zu einer ausbeuterischen Organentnahme, die im Regelfall eine **Körperverletzung mit schweren Dauerfolgen** (§ 85) ist, tritt § 104a aufgrund der geringeren Strafdrohung hinter § 85 zurück.

III. Prozessuales

13 Aufgrund der angedrohten Freiheitsstrafe fallen **§ 104a Abs 1 und 3** in die sachliche Zuständigkeit des **Einzelrichters am LG** (§ 31 Abs 4 Z 1 StPO) und sind damit einer diversionellen Verfahrenserledigung (§§ 198 ff StPO) an sich zugänglich. **§ 104a Abs 4** fällt dagegen aufgrund des höheren Strafsatzes in den Kompetenzbereich des **Schöffengerichts** (§ 31 Abs 3 Z 1 StPO).

Zentrale Probleme zur Wiederholung: *Vielzahl möglicher Tathandlungen; erweiterter Vorsatz auf Ausbeutung.*

---

16 Ausführlich *Schwaighofer* in WK^2 § 104a Rz 11 f; *Nimmervoll* in SbgK § 104a Rz 68 ff.

17 EBRV StRÄG 2004, 13; *Nimmervoll* in SbgK § 104a Rz 73; *Schwaighofer* in WK^2 § 104a Rz 13; *B/S* BT I^{11} § 104a Rz 5.

18 Dazu mN *Nimmervoll* in SbgK § 104a Rz 83 f.

19 MN *Nimmervoll* in SbgK § 104a Rz 82 f.

20 MN *Nimmervoll* in SbgK § 104a Rz 109; *Schwaighofer* in WK^2 § 104a Rz 17.

II. Freiheit der Willensbildung und Willensbetätigung

A. (Schwere) Nötigung (§§ 105, 106)

I. Überblick

Geschütztes Rechtsgut des **§ 105** ist die Willensfreiheit iS der **Freiheit der Willensbildung** in eine bestimmte Richtung, der Freiheit der **Willensbetätigung** und der **Fähigkeit zur Willensbildung**,[1] wobei strittig ist, inwieweit auch die Fälle von willensausschließender Gewalt (vis absoluta) unter den Schutzzweck der Norm fallen (siehe dazu Rz 8). 1

Die **schwere Nötigung** in § 106 erfasst verschiedene **Qualifikationen** zu § 105, die entweder an die Tathandlung (Abs 1 Z 1), deren Folgen (Abs 1 Z 2 und Abs 2), an das abgenötigte Verhalten (Abs 1 Z 3) oder an die Gefährdung der genötigten Person (Abs 3) anknüpfen und dafür einen höheren Strafsatz vorsehen. Im Falle einer Nötigung von Unmündigen (vgl § 74 Abs 1 Z 1) gelten auch für §§ 105 f Mindeststrafsätze (vgl § 39a; siehe dazu Vorbem §§ 99–110 Rz 4). 2

Die Nötigung ist innerhalb der Freiheitsdelikte von **bedeutender praktischer Relevanz**. So entfielen im Jahre 2010 etwa 30 % aller gerichtlichen Verurteilungen wegen eines Freiheitsdelikts auf eine Nötigung (§§ 105 f). Von den 656 Nötigungen waren etwa 34 % (220) qualifiziert nach § 106. 3

Beispielsfall: Weil A wiederholt den Parkplatz seines Nachbarn B benützt, um dort für wenige Stunden seinen Autoanhänger abzustellen, wird es B zu bunt: Er nimmt sich einen Schraubenzieher und geht zu A. Mit den Worten „Bring sofort deinen Anhänger weg oder sonst passiert dir was!" setzt er dem A den Schraubenzieher an den Hals. A beugt sich dem Druck und schiebt den Anhänger, weil sein eigener Parkplatz gerade von einem Möbellieferwagen blockiert wird, auf den freien Parkplatz des C.

II. Tatbestand

Den Tatbestand der Nötigung erfüllt, wer

- einen anderen
- vorsätzlich
- mit Gewalt oder gefährlicher Drohung
- zu einer Handlung, Duldung oder Unterlassung nötigt.

---

1 *R.Seiler* in SbgK § 105 Rz 6; *Schwaighofer* in WK[2] § 105 Rz 8; *K/Schr* StudB BT I[2] § 105 Rz 3; *L/St* StGB[3] § 105 Rz 1.

1. Tatobjekt

4 Tatobjekt der Nötigung ist jeder **zu einem willkürlichen Verhalten fähige Mensch**. An Betäubten, Bewusstlosen und auch an Säuglingen kann somit keine Nötigung begangen werden, weil sie ein willkürliches Verhalten nicht mehr bzw noch nicht setzen können. Diese Einschränkung gilt auch für juristische Personen.

2. Tathandlung

Die Tathandlung umfasst den Einsatz von Gewalt oder gefährlicher Drohung.

a) Gewalt

5 Gewalt ist durch das StGB im Unterschied zur gefährlichen Drohung nicht näher definiert, auch wenn der im Jahre 2009 eingefügte § 107b Abs 2[2] in gewisser Weise versucht, den Begriff der Gewalt zu umschreiben. Die Materialien betonen jedoch, dass durch diese neue Norm nicht der Gewaltbegriff des StGB verändert werden soll.[3] Es sollte also bloß ein eigener Gewaltbegriff für § 107b geschaffen werden. Im Sinne der **Körperlichkeitstheorie** bedeutet Gewalt den Einsatz **nicht unerheblicher physischer Kraft** zur Überwindung eines tatsächlichen oder erwarteten Widerstands.[4] Durch die Betonung des Einsatzes von physischer Kraft gibt es in Österreich keinen sog „vergeistigten Gewaltbegriff".[5] „Psychoterror" reicht nicht aus, um Gewalt zu begründen.[6] Zur Relevanz hinsichtlich einzelner Bsp siehe Rz 7.

6 Die **Intensität der eingesetzten Kraft** hängt vielfach vom erwarteten Widerstand ab. Eine unerhebliche Kraftanstrengung reicht jedenfalls für die Erfüllung des Tatbestands nicht aus. Wird zB jemandem mit den Finger kurz von hinten auf die Schulter getippt, um eine bestimmte Reaktion zu erreichen (zB dass jemand sich umdreht), begründet dies keine Gewalt, auch wenn dafür derselbe Kraftaufwand verbunden ist wie beim Betätigen eines Pistolenabzugs, letzteres jedoch durch den ausgelösten Schuss im Ergebnis zu einer viel stärkeren Einwirkung auf den Körper führt als das bloße Antippen mit dem Finger. Insofern ist es sachgerecht, den Gewaltbegriff dadurch zu reduzieren, dass es nicht nur auf die Unerheblichkeit der eingesetzten Kraft ankommt, um den tatsächlichen oder erwarteten Widerstand zu überwinden, sondern die **Krafteinwirkung auf den Körper** das entscheidende Kriterium bildet.[7] Ist die Krafteinwirkung auf

2 BGBl I 2009/40.

3 JAB 106 BlgNR XXIV. GP 23; 193/ME XXIII. GP 21.

4 Statt vieler *Schwaighofer* in WK^2 § 105 Rz 17 mwN.

5 *R.Seiler* in SbgK § 105 Rz 23; *Schwaighofer* in WK^2 § 105 Rz 21 ff; *L/St* StGB^3 § 105 Rz 6; *K/Schr* StudB BT I^2 § 105 Rz 12 f.

6 *K/Schr* StudB BT I^2 § 107 Rz 18; *L/St* StGB^3 § 107 Rz 9.

7 *B/S* BT I^{11} § 105 Rz 2; *Schwaighofer* in WK^2 § 105 Rz 20 mwN; *Sautner*, Gewalt 136, 163; *dies*, JBl 2001, 375.

den Körper nicht unerheblich, handelt es sich folglich um Gewalt iS der Körperlichkeitstheorie. Wird jemandem zB ein in den Kaffee gemischtes Betäubungsmittel verabreicht, ist die für das Mischen erforderliche physische Kraft relativ gering. Stellt man jedoch auf die Wirkung ab, die das Betäubungsmittel auf den Körper entfalte, ist diese erheblich, sodass die Erfüllung des Gewaltbegriffs naheliegt. Insofern versteht auch die Rspr eine (listige) Betäubung als Gewalt.[8]

Durch die **Ablehnung des sog „vergeistigten Gewaltbegriffs"** in Österreich erfüllt eine (friedliche) Sitzblockade, um zB den Abtransport von Festgenommenen zu verhindern, nicht den Gewaltbegriff. Sie kann allenfalls unter der Tatalternative „gefährliche Drohung" den Tatbestand der Nötigung erfüllen, wenn zugleich Drohungen ausgestoßen werden, um andere Menschen einzuschüchtern. Das gilt ebenso für die (friedliche) Besetzung eines Hörsaals an der Universität, um auf bestimmte Anliegen aufmerksam zu machen. Auch das bloße Lärmen, um den Vortragenden an der Abhaltung seiner Lehrveranstaltung zu hindern, fällt nicht unter den Gewaltbegriff und ist somit keine (strafbare) Nötigung. Für die Tatalternative der gefährlichen Drohung ist stets der Inhalt der geäußerten Botschaft bzw die Drohungswirkung einer Handlung entscheidend (vgl Rz 17). 7

Unterschiedliche Ansichten bestehen darüber, ob auch Fälle unwiderstehlicher Gewalt **(vis absoluta)** den Nötigungstatbestand erfüllen können. Bei vis absoluta wirkt der Täter in einer solchen Weise physisch (aktiv) auf den Körper seines Opfers ein, dass dieses keine Handlungsfreiheit mehr hat, vielmehr sich gar nicht anders verhalten kann, als vom Täter gewollt. Das Opfer wird gleichsam in eine passive Rolle gedrängt (absoluter Zwang). Der Nötigungserfolg besteht hier typischerweise in einer Duldung.[9] Die Rspr neigt in manchen Entscheidungen dazu, vis absoluta nicht als Tatmittel der Nötigung in Betracht zu ziehen.[10] Auf der anderen Seite stuft der OGH Betäubung immer wieder als Gewalt ein,[11] wodurch er im Ergebnis die ablehnende Position zur vis absoluta als Tatmittel für § 105 nicht durchhält. Demgegenüber wird in der Lehre überwiegend vertreten, dass vis absoluta als massive Beeinträchtigung der Willensfreiheit ein Tatmittel der Nötigung sein kann.[12] Durch Ausklammerung der vis absoluta würde ansonsten das Spezialitätsverhältnis der Nötigung zu einigen anderen Deliktstypen, deren Aspekt auch der Schutz der Freiheit der Willensbetätigung ist (zB §§ 201 f oder § 269), empfindlich gestört.[13] Das Festhalten eines Beamten, um diesen an einer Amtshandlung zu hindern, jedoch oh- 8

8 OGH 13 Os 51/76 = ÖJZ-LSK 1976/284 = RIS-Justiz RS0093295; ebenso 13 Os 102/05g; 15 Os 6/11p; 15 Os 98/11t.

9 *Schwaighofer* in WK² § 105 Rz 27.

10 ZB OGH 15 Os 69/89 = ÖJZ (EvBl) 1991/8; 14 Os 71, 78/96 = RZ 1997/50.

11 Siehe dazu FN 8, zuletzt OGH 13 Os 102/05g.

12 Siehe etwa *K/Schr* StudB BT I² § 105 Rz 14; *Schwaighofer* in WK² § 105 Rz 27 f; *B/S* BT I¹¹ § 105 Rz 4.

13 *Schwaighofer* in WK² § 105 Rz 28.

ne zu erkennen, dass es sich um einen Beamten handelt, könnte bei anderer Ansicht wegen fehlenden Vorsatzes hinsichtlich der Beamteneigenschaft weder unter § 269 subsumiert werden noch unter § 105, was angesichts der wesentlichen Beeinflussung der Freiheit der Willensbetätigung unbillig erscheint.[14]

9 Die **Ausübung von Sachgewalt** ohne körperliche Einwirkung auf das Opfer (zB die Zerstörung einer wertvollen Vase oder das Zerstechen einer Puppe) gehört in Österreich nicht zur für die Nötigung maßgeblichen Gewalt. Zwar erfordert der Wortlaut des § 105 nicht – wie etwa der Raub nach § 142 – Gewalt gegen eine Person als ausdrückliches Tatbestandsmerkmal, dennoch reicht nach hM Gewalt gegen Sachen nicht aus, wenn es zumindest an der **körperlichen Einwirkung auf das Opfer** fehlt.[15] Eine solche Einwirkung und damit Gewalt würde aber zB sehr wohl vorliegen, wenn der Täter auf das Pferd des Reiters schießt und ihn dadurch aufhält oder wenn er das Auto touchiert und es dadurch von der Fahrbahn drängt.[16] Nicht um Gewalt handelt es sich dagegen, wenn der Täter das Pferd des Opfers verletzt, ohne durch die Verletzung unmittelbar auf das Opfer einzuwirken. Wenn allerdings in dieser Verletzung des Pferdes die Androhung einer weiteren Verletzung (= Sachbeschädigung nach § 125) intendiert ist, könnte die angedrohte Sachbeschädigung eine gefährliche Drohung iS von § 74 Abs 1 Z 5 und damit ein taugliches Tatmittel für die Nötigung sein.

10 Das Gesetz sagt nichts darüber, ob auch **Gewalt gegen Sympathiepersonen** als Nötigungsmittel ausreicht. Die in § 74 Abs 1 Z 5 legal definierte gefährliche Drohung lässt es dagegen genügen, wenn sie sich gegen Sympathiepersonen richtet. Im Sinne eines Größenschlusses liegt es jedoch nahe, diesen Gedanken auch auf das ungleich verpöntere Nötigungsmittel der Gewalt zu übertragen. Wenn es für eine gefährliche Drohung als Tatmittel der Nötigung ausreicht, eine Sympathieperson zu bedrohen, muss erst recht Gewalt gegen eine Sympathieperson hinreichendes Mittel für eine Nötigung sein. Fraglich ist freilich, ob es unbedingt eine „Sympathieperson" sein muss, die bedroht wird, oder ob **generell Gewalt gegen andere Personen** ausreicht. Zwar kann es nicht darauf ankommen, wie empathisch jemand gegenüber anderen (fremden) Personen empfindet, sodass bei solchen Menschen Gewalt gegen jede andere Person als Tatmittel ausreichen würde. Es erscheint aber sachgerecht, das Maß einer **„allgemeinen Schutzbedürftigkeit"** von schwächeren Menschen als objektivierbares Kriterium zu berücksichtigen, selbst wenn die Zivilcourage heute mehr denn je an Bedeutung verliert. Der Einsatz von Gewalt gegen (fremde) Kinder oder (fremde) behinderte Personen ist daher sehr wohl ausreichend, um den Tatbestand der Nötigung in Form der Gewalt gegenüber einer dritten Person zu erfüllen.

---

14 Siehe zu diesem Bsp *Schwaighofer* in WK[2] § 105 Rz 28.

15 *K/Schr* StudB BT I[2] § 105 Rz 24 ff; *B/S* BT I[11] § 105 Rz 6.

16 Siehe zu diesen Bsp *Schwaighofer* in WK[2] § 105 Rz 31.

b) Gefährliche Drohung

Die gefährliche Drohung ist in § 74 Abs 1 Z 5 legal definiert als eine Drohung mit einer Verletzung an Körper, Freiheit, Ehre oder Vermögen, die geeignet ist, dem Bedrohten mit Rücksicht auf die Verhältnisse und seine persönliche Beschaffenheit oder die Wichtigkeit des angedrohten Übels begründete Besorgnis einzuflößen, ohne Unterschied, ob das angedrohte Übel gegen den Bedrohten selbst, gegen dessen Angehörige oder gegen andere unter seinen Schutz gestellte oder ihm persönlich nahestehende Personen gerichtet ist. **Nötigungserhebliche Rechtsgüter** sind somit nur **Körper, Freiheit, Ehre und Vermögen**. Die **Androhung einer Ohrfeige** als „Misshandlung" ist – bei entsprechender Mindestpublizität (vgl § 115 Abs 2) – eine Drohung mit einer Ehrverletzung, unter dem Gesichtspunkt der Verletzung von Leib und Leben als „folgenlose Misshandlung", die zu keiner Verletzung führt, jedoch straflos (vgl § 83 Abs 2). Freilich kann in der Androhung einer Ohrfeige nicht nur die Drohung mit einer Misshandlung gesehen werden, sondern ein „Eskalationsszenario" in dem Sinne, dass es nicht bei einer Ohrfeige bleiben soll, sondern dass mehrere Schläge und damit verbunden eine (zumindest leichte) Körperverletzung angedroht werden. Dadurch ist mit einer angedrohten Misshandlung eine Drohung mit einer Körperverletzung ausgesprochen, wodurch auch die Drohung mit einer Misshandlung im Regelfall – unabhängig von einer Mindestpublizität – als gefährliche Drohung eingestuft werden kann.[17] 11

Das zweite Kriterium ist die Eignung, dem Bedrohten mit Rücksicht auf die Verhältnisse oder seine persönliche Beschaffenheit oder die Wichtigkeit des angedrohten Übels begründete Besorgnis einzuflößen (**Besorgniseignung**). Es muss sich also aus der **Gesamtsituation** heraus ergeben, dass sich der Bedrohte **fürchten kann**. Dabei ist nicht entscheidend, ob er sich tatsächlich gefürchtet hat oder nicht. Die **Besorgniseignung** ist **objektiv-abstrakt** zu beurteilen. Eine übermäßige Ängstlichkeit oder ein überdurchschnittlicher Mut wirken sich daher nicht zugunsten bzw zulasten des Drohenden aus.[18] Zudem sind die Umstände, unter denen eine Drohung erfolgt, zu berücksichtigen (sog „milieubedingte Unmutsäußerung").[19] 12

Weiters ist entscheidend, dass der andere vorgibt, etwas beeinflussen zu können, um dadurch eine Besorgnis bei einem anderen zu erreichen. Nicht unbedingt erforderlich ist, dass er dies auch tatsächlich kann. Es reicht also, dass die **Drohung ernst gemeint erscheint** und die Drohung (objektiv) glaubwürdig ist. 13

---

17 *K/Schr* StudB BT I^2 § 105 Rz 40; OGH 13 Os 95/82 = SSt 53/44; in diese Richtung auch *R.Seiler* in SbgK § 105 Rz 44; aA *Schwaighofer* in WK^2 § 105 Rz 56 f.

18 OGH 11 Os 188/76 = ÖJZ-LSK 1977/124; 12 Os 63/78 = SSt 49/35; 13 Os 197/78 = EvBl 1979/180; *R.Seiler* in SbgK § 105 Rz 56; *K/Schr* StudB BT I^2 § 105 Rz 44 f; *F/R-K* BT I^3 70.

19 OGH 11 Os 45/67; 15 Os 45/11y = RIS-Justiz RS0093096; *Schwaighofer* in WK^2 § 105 Rz 64; *R.Seiler* in SbgK § 105 Rz 58; *K/Schr* StudB BT I^2 § 105 Rz 35;

14 Das angedrohte Übel kann sich gegen den Bedrohten selbst, gegen dessen Angehörige (vgl § 72) oder gegen andere unter seinen Schutz gestellte oder ihm nahestehende Personen richten **(Sympathiepersonen)**. **Unter den Schutz** eines Pfadfinderführers **gestellt** sind zB die Schützlinge seiner Gruppe, mit denen er abends unterwegs ist und einen Fackelzug unternimmt. Bedroht jemand den Pfadfinderführer indirekt, indem er sich ein Pfadfinderkind herausnimmt und diesem Gewalt androht, würde dies den Tatbestand der Nötigung in der Variante der gefährlichen Drohung verwirklichen. Wie bereits im Rahmen der Gewalt gegen Sympathiepersonen angeführt, kann unter die Gruppe der **„persönlich nahestehenden Personen"** gleichsam als Generalklausel jede Person gezählt werden, der gegenüber jemand eine gewisse Sympathie empfindet und die objektiv schutzbedürftig erscheint (vgl Rz 10). Eine engere Sichtweise würde dem Schutzzweck der Norm zuwiderlaufen und empathisch empfindende Mitmenschen letztlich aus dem Schutzbereich der Nötigung herausnehmen.

15 Die für eine gefährliche Drohung geeigneten Rechtsgüter meinen nach der allgemeinen Konzeption des StGB stets die **Rechtsgüter eines anderen** als des Drohenden. Insofern fällt die **Drohung mit Selbstmord** nicht unter § 74 Abs 1 Z 5. Daran ändert sich auch nichts, wenn der mit Selbstmord Drohende eine **Sympathieperson** des Bedrohten ist, also zB der Partner mit Selbstmord droht, wenn ihn der andere verlässt.[20] Letztlich verpflichtet zu dieser einschränkenden teleologischen Auslegung auch das in § 1 normierte Analogieverbot.

c) Abgrenzung von Gewalt und gefährlicher Drohung

16 Die Abgrenzung von Gewalt und gefährlicher Drohung ist nicht immer einfach vorzunehmen. Man kann diesbezüglich den pragmatischen Ansatz vertreten, dass es aufgrund der Ausgestaltung des § 105 als **alternatives Mischdelikt** ohnehin nicht darauf ankommt, ob als Tatmittel Gewalt oder gefährliche Drohung eingesetzt wird. Doch exakte Begriffe verlangen eine genaue Subsumtion, weil ansonsten der Gesetzgeber auf die Abgrenzung überhaupt hätte verzichten können.

17 Die Schwierigkeit der Abgrenzung ist in jenen Fällen offenbar, in denen die **Gewalthandlung das Opfer nicht erreicht**, wenn also zB der A auf den B schießt, diesen aber nicht trifft. Angesichts der Körperlichkeitstheorie liegt auf den ersten Blick Gewalt nahe. Das fehlende Treffen führt aber dazu, dass auf das Opfer nicht körperlich eingewirkt wurde. Der Schuss könnte dann als versuchte Gewalt eingestuft werden. Wenn der Schütze aber angibt, dass er gar nicht treffen, sondern den Schuss knapp vorbeisetzen und den B dadurch einschüchtern wollte, läge eine gefährliche Drohung vor. Daraus ist zu folgern, dass es für die Abgrenzung stets auf den Einzelfall ankommt und eine abstrakte Trennlinie nicht gezogen werden kann.[21]

---

20 *Schwaighofer* in WK^2 § 105 Rz 53; *R.Seiler* in SbgK § 105 Rz 55; *K/Schr* StudB BT I^2 § 105 Rz 51.

21 *Sautner*, Gewalt 150 f; *dies*, JBl 2001, 374; *K/Schr* StudB BT I^2 § 105 Rz 52.

3. Taterfolg

§ 105 ist ein Erfolgsdelikt. Der Taterfolg ist das **abgenötigte Verhalten**, das hier umschrieben ist mit Handlung, Duldung oder Unterlassung. Eine bestimmte Qualität des abgenötigten Verhaltens ist vom Gesetz nicht gefordert. Aufgrund des allgemein dem Strafrecht zugrunde liegenden Ultima-Ratio-Grundsatzes sind **Bagatellhandlungen** vom Anwendungsbereich dieser Norm generell auszuscheiden.[22] Bei einer angedrohten Ohrfeige, um zu bewirken, dass der Bedrohte dem Drohenden in die Augen schaut, erreicht etwa das angestrebte abgenötigte Verhalten nicht die erforderliche Erheblichkeitsschwelle (vgl Rz 11). 18

4. Subjektiver Tatbestand

§ 105 ist ein **Vorsatzdelikt**. Zum Teil wird vertreten, dass Absicht (§ 5 Abs 2) zwischen Nötigungsmittel und Nötigungserfolg erforderlich ist. Dies wird aus § 105 Abs 2 geschlossen, wonach die Anwendung der Gewalt oder Drohung als „Mittel zum angestrebten Zweck nicht den guten Sitten widerstreitet".[23] Aus dem Wortlaut des § 105 Abs 1 lässt sich aber kein Hinweis für die Notwendigkeit eines gesteigerten Vorsatzerfordernisses finden, wodurch der allgemeine Grundsatz des § 7 Abs 1 zum Tragen kommt und das Vorsatzerfordernis des § 5 Abs 1 2. Halbsatz **(Eventualvorsatz)** ausreicht. 19

5. Qualifikationen (§ 106)

§ 106 regelt verschiedene Qualifikationen. Dabei normiert zunächst **Abs 1** verschiedene **Handlungsqualifikationen**, die zu ihrer Verwirklichung vom **Vorsatz** des Täters erfasst sein müssen. 20

Z 1 knüpft an die Drohung mit dem **Tod**, einer erheblichen **Verstümmelung** oder einer auffallenden **Verunstaltung**, einer **Entführung**, einer **Brandstiftung**, einer Gefährdung durch **Kernenergie**, ionisierenden **Strahlen**, **Sprengmittel** oder mit der **Vernichtung der wirtschaftlichen Existenz oder gesellschaftlichen Stellung** eine erhöhte Strafdrohung. Zu den Begriffen „Verstümmelung" und „Verunstaltung" siehe bei § 85 Rz 10, zur Entführung § 100 Rz 6. Bei all diesen Qualifikationen ist der Konnex der ausgesprochenen Drohung mit dem Umfeld zu beachten, sodass mitunter nicht jede Todesdrohung auch als ernst gemeinte Todesdrohung aufzufassen ist (vgl Rz 12 f). Zur Drohung mit der **Vernichtung der wirtschaftlichen Existenz** gehört zB die Drohung mit dem Verlust des Arbeitsplatzes, wobei der Umstand zu berücksichtigen ist, wie schwer in diesem Bereich ein neuer Job zu finden ist. In einer Branche mit Ar- 21

---

22 *L/St* StGB³ § 105 Rz 17; *R.Seiler* in SbgK § 105 Rz 59; *Schwaighofer* in WK² § 105 Rz 68 ff; *K/Schr* StudB BT I² § 105 Rz 57 f.

23 ZB *K/Schr* StudB BT I² § 105 Rz 75.

beitskräftemangel ist die Drohung mit einer Entlassung keine geeignete qualifizierte gefährliche Drohung iS der Z 1.[24]

22 Die Drohung mit der **Vernichtung der gesellschaftlichen Stellung** geht relativ weit. Sie erfasst das Ansehen und die Reputation innerhalb der Gesellschaft. Insofern fällt zB die Aufdeckung „krimineller Machenschaften" unter diese Qualifikation, selbst wenn diese den Tatsachen entsprechen. Dies gilt auch für Tatsachen des Privat- und Familienlebens, die geeignet sind, das Ansehen einer Person in deren Umfeld wesentlich herabzusetzen, wie zB die Tatsache eines Seitensprungs bei einem religiös engagierten Menschen, in dessen Umfeld die Treue zum Partner als besonders wichtig gilt.

23 **Z 2** erfasst jene Fälle, in denen die genötigte oder eine andere Person, gegen die sich die Gewalt oder gefährliche Drohung richtet, durch diese Mittel **längere Zeit hindurch in einen qualvollen Zustand** versetzt wird. Dabei geht es nicht um die Folgen der (schweren) Nötigung, wie zB bei sog posttraumatischen Belastungsstörungen iS von immer wieder nach Beendigung der Tat auftretenden Angstzuständen, Depressionen oÄ. In solchen Fällen konkurrieren die §§ 105 f ohnehin mit den Körperverletzungsdelikten (§§ 83 ff) und decken so das gesamte Unrecht ab. Unter § 106 Abs 1 Z 2 fallen jene Fälle, in denen **durch** den Einsatz von **Gewalt oder gefährlicher Drohung unmittelbar** eine Person längere Zeit hindurch in einen qualvollen Zustand versetzt worden ist, also ein qualifizierter Nötigungserfolg (Duldung) eintritt. Dies ist zB der Fall, wenn jemand mit dem Auto angefahren wird (Gewalt), auf der Motorhaube landet und dann die Fahrt ungefähr zwei Minuten mit beträchtlicher Geschwindigkeit fortgesetzt wird, wobei dem Opfer nur die Möglichkeit verbleibt, sich bei den Scheibenwischern festhalten, um nicht hinunterzufallen und sich zu verletzen.[25]

24 **Z 3** qualifiziert die Fälle, in denen die genötigte Person zur **Eheschließung** oder Begründung einer **eingetragenen Partnerschaft**, zur **Prostitution** oder zur Mitwirkung an einer **pornografischen Darbietung** oder sonst zu einer Handlung, Duldung oder Unterlassung veranlasst werden soll, die **besonders wichtige Interessen** der genötigten oder einer dritten Person verletzt. Darunter fallen insbesondere familiäre, berufliche, gesellschaftliche oder finanzielle Interessen, wie zB bei der Nötigung, eine Liebesbeziehung mit einer bestimmten Person zu beenden, zum Schwangerschaftsabbruch, zur Aufgabe des Arbeitsplatzes, zur Begehung einer strafbaren Handlung oder zu ekelerregenden Handlungen, wie zB dem Essen von Kot.[26]

25 Wird die Nötigung zur Prostitution oder zur Mitwirkung an einer pornografischen Darbietung gegen eine unmündige Person (unter 14 Jahren; vgl § 74 Abs 1 Z 1) im Rahmen einer **kriminellen Vereinigung** (vgl § 278 Abs 2), unter Anwendung **schwerer Gewalt** oder so begangen, dass durch die Tat das Leben der Person **vorsätzlich oder grob fahrlässig gefährdet** wird oder die Tat einen **be-**

24 Vgl *Schwaighofer* in WK² § 106 Rz 7; *R.Seiler* in SbgK § 106 Rz 18; *B/S* BT[11] § 106 Rz 2.
25 OGH 10 Os 150/83 = ÖJZ (EvBl) 1984/127.
26 Siehe zu diesem Bsp *Schwaighofer* in WK² § 106 Rz 16 f.

sonders schweren Nachteil für diese Person zur Folge hat, ist daran ein noch höherer Strafsatz geknüpft **(Abs 3)**. Diese Qualifikation ist hinsichtlich Unmündiger spezieller als die Förderung der Prostitution und pornografischer Darbietungen Minderjähriger (§ 215a) und geht daher der zuletzt genannten Strafnorm als lex specialis vor.[27] Besonders schwere Nachteile können massive gesundheitliche oder auch gravierende finanzielle Beeinträchtigungen sein, wenn zB das Opfer der Nötigung eine besonders günstige, nicht wiederkehrende Gelegenheit für sein berufliches Fortkommen versäumt.[28] Durch den **„besonders schweren Nachteil"** als Folge, für die aufgrund der allgemeinen Voraussetzungen des § 7 Abs 2 (leichte) Fahrlässigkeit ausreicht, besteht eine Art Generalklausel, die nicht leicht zu fassen ist.

Abs 2 stellt den Eintritt bestimmter **Erfolge**, nämlich den Selbstmord oder Selbstmordversuch der genötigten oder einer anderen Person, gegen die sich die Gewalt oder gefährliche Drohung richtet, qualifizierend unter Strafe. Dabei handelt es sich um **Erfolgsqualifikationen** iS von § 7 Abs 2, die nicht vom Vorsatz des Täters erfasst sein müssen, sondern es reicht, wenn sie fahrlässig herbeigeführt werden. **26**

III. Sittenwidrigkeitskorrektiv (§ 105 Abs 2)

§ 105 Abs 2 erklärt eine Tat für „**nicht rechtswidrig**", wenn die Anwendung der Gewalt oder Drohung als Mittel zum angestrebten Zweck nicht den guten Sitten widerstreitet. Es soll nach der Intention des Gesetzes in bestimmten Fällen somit das Unrecht der Tat entfallen. Während der überwiegende Teil der Lehre § 105 Abs 2 als Rechtfertigungsgrund betrachtet,[29] wofür auch die gebrauchte Wendung „nicht rechtswidrig" spricht, legt es das letztendlich zu fällende Werturteil nahe, den hinter dem Sittenwidrigkeitskorrektiv stehenden **Gedanken der Sozialadäquanz** im Rahmen der objektiven Zurechnung der Handlung zu betrachten.[30] Beurteilungsmaßstab und Konsequenzen sind bei beiden Betrachtungsweisen die gleichen: Ein bestimmtes Verhalten wird von der Gesellschaft toleriert und somit letztendlich nicht als Unrecht angesehen. Bei der objektiven Handlungszurechnung fehlt es allerdings bereits an der Unrechtsbegründung durch Nichterfüllen des Tatbestands, während bei der Rechtfertigungslösung das Unrecht eines tatbestandsmäßigen Verhaltens entfällt. **27**

Der Einsatz von **Gewalt** im Rahmen der Nötigungshandlung kann nur in einem ganz **engen Bereich sozialadäquat** sein, zumal der Gedanke der Sozialadäquanz mit der (abstrakten) Gefährlichkeit eines Verhaltens in Zusammenhang steht und ein gefährliches Verhalten rasch unverhältnismäßig und damit sozialinadäquat ist. Bei der **gefährlichen Drohung** ist der Anwendungsbereich **28**

---

27 Siehe dazu etwa *Schwaighofer* in WK^2 § 106 Rz 32.
28 Dazu mN *Schwaighofer* in WK^2 § 106 Rz 26 iVm § 99 Rz 41 f.
29 Siehe etwa *R.Seiler* in SbgK § 105 Rz 62 ff; *L/St* StGB^3 § 105 Rz 22 ff.
30 *Schwaighofer* in WK^2 § 105 Rz 82 f; *Wegscheider* BT I^3 137.

des § 105 Abs 2 größer. Sie ist normalerweise jedenfalls dann sozialinadäquat, wenn auf die Verwirklichung des angedrohten Übels kein Recht besteht. Wird jemandem gedroht, ihm sein Strafrechtslehrbuch wegzunehmen, weil er dem Drohenden 30 Euro schuldet, ist an einen Entfall der Sittenwidrigkeit zu denken, weil ein Gegenleistungsanspruch besteht. Angemessener Druck, um seine Ansprüche durchsetzen zu können, wird von der Gesellschaft toleriert, worauf schon das in §§ 19, 344 ABGB verankerte allgemeine Selbsthilferecht zur Durchsetzung zivilrechtlicher Ansprüche deutet.

29 Sozialadäquat muss aber nicht nur das eingesetzte Tatmittel sein, sondern auch die **Verknüpfung von Nötigungszweck und Nötigungsmittel** darf sich nicht als sittenwidrig darstellen. Eine angemessene gefährliche Drohung macht die Nötigung sittenwidrig, wenn ein großes Missverhältnis zum angestrebten Zweck besteht. Wenn zB ein völlig verzweifelter Vater seinem 12-jährigen Kind, das keine Lust hat, die Hausübung zu machen, mit Einsperren in das Zimmer für das gesamte Wochenende droht, wenn während der Woche nicht sämtliche Hausaufgaben gemacht würden, fehlt es an der sozialadäquaten Verknüpfung des angedrohten Übels (Freiheitsentziehung übers Wochenende) und dem angestrebten Erfolg, weil Freiheitsentziehungen in einem solchen Ausmaß kein von der Gesellschaft akzeptiertes Erziehungsmittel sind, um schulische Leistungen zu erreichen (vgl § 146a ABGB: Die Eltern haben bei ihren Anordnungen und deren Durchsetzung auf Alter, Entwicklung und Persönlichkeit des Kindes Bedacht zu nehmen; die Anwendung von Gewalt und die Zufügung körperlichen oder seelischen Leides sind unzulässig). Der Vater handelt somit unrecht. Eine Strafbarkeit könnte allenfalls an der Vorwerfbarkeit (Schuld) scheitern, weil der Vater ohne Unrechtsbewusstsein (§ 9) gehandelt hat, oder wenn ihm in seiner Verzweiflung kein anderes Verhalten zumutbar war (vgl § 10).

IV. Abgrenzung und Konkurrenzen

30 Besteht das angestrebte **abgenötigte Verhalten** im **Begehen einer strafbaren Handlung**, ist echte Konkurrenz mit dieser Straftat im Rahmen der Beteiligung (§ 12) möglich. Nötigt zB der 16-jährige Schüler A seinen gleichaltrigen Kollegen B dazu, für ihn aus dem Supermarkt Alkohol zu stehlen, besteht eine Strafbarkeit wegen § 105 und §§ 12 2. Fall, 127.

31 Hat das abgenötigte Verhalten eine **Vermögenskomponente**, sind im Regelfall **Erpressung** (§§ 144 f) bzw bei Gewalt gegen die Person oder Drohung mit gegenwärtiger Gefahr für Leib oder Leben sogar **Raub** (§§ 142 f) als speziellere strafbare Handlungen einschlägig (vgl §§ 144 f Rz 12). Wird jemand, dem eine Sache anvertraut ist, dazu genötigt, die Sache dem Nötigenden zu übertragen, könnte der Nötigende eine Bestimmung zur Veruntreuung (§§ 12 2. Fall, 133) in echter Konkurrenz mit Nötigung (§§ 105 f) begehen. Da es für die Erpressung (§§ 144 f) jedoch ausreicht, dass ein anderer als der Genötigte einen Vermögensschaden erleidet, ist es sachgerecht, auch solche Fälle unter den Tat-

bestand der Erpressung zu subsumieren, wodurch Vermögens- und Freiheitskomponente hinreichend vom Unrechtsgehalt der Norm erfasst werden (§ 133 Rz 21 und §§ 144 f Rz 13).

Hat das abgenötigte Verhalten einen **sexuellen Bezug**, sind die Sexualdelikte (§§ 201 ff) die spezielleren Strafbestimmungen. Wird eine Behörde oder ein Beamter durch Gewalt oder gefährliche Drohung an einer Amtshandlung gehindert oder zu einer Amtshandlung genötigt, ist **Widerstand gegen die Staatsgewalt** (§ 269) die speziellere Norm. Bei **Gewalt oder gefährlicher Drohung gegen den Bundespräsidenten**, einen verfassungsmäßigen Vertretungskörper usw sind die §§ 249–251 als Spezialstraftatbestände einschlägig. 32

Wird zB jemand entführt und durch Androhung von Ungemach dazu gezwungen, die **Freiheitsentziehung** zu dulden, geht grundsätzlich § 99 der Nötigung vor. Die **Nötigung** tritt unter Wertungsgesichtspunkten als **subsidiär** hinter die Freiheitsentziehung zurück. Lediglich wenn die Freiheitsentziehung der Durchsetzung einer Nötigung (§ 105) dient, die mit der Freiheitsentziehung an sich nichts zu tun hat, weil ein damit nicht direkt in Zusammenhang stehendes Verhalten erzwungen werden soll, stehen § 99 und § 105 zueinander in echter Konkurrenz (vgl § 99 Rz 18). 33

Die gefährliche Drohung nach § 74 Abs 1 Z 5 ist zum einen ein taugliches Mittel für die Nötigung, zum anderen pönalisiert § 107 die **gefährliche Drohung** als **eigenständige strafbare Handlung**. In Abgrenzung zu § 105 kommt es dabei auf das Ziel der Tathandlung an. Soll durch die gefährliche Drohung ein bestimmtes Verhalten (Handlung, Duldung oder Unterlassung) bewirkt werden, ist § 105 als speziellere Norm einschlägig. Ist es dagegen nur Ziel der Drohung, dass sich der Bedrohte fürchtet („Psychoterror"), besteht eine Strafbarkeit nach § 107. Beide Normen schließen einander daher auf Tatbestandsebene aus (Exklusivität). 34

V. Prozessuales

Trotz der für das **Grunddelikt** relativ geringen Strafsätze von bis zu einem Jahr Freiheitsstrafe besteht auch für leichte Fälle der Nötigung eine **Zuständigkeit des Einzelrichters am LG** (vgl § 30 Abs 1 Z 1 StPO). Dies lässt sich historisch dadurch erklären, dass bis zum Inkrafttreten der neuen StPO im Jahr 2008 im bezirksgerichtlichen Verfahren keine Festnahme wegen Tatbegehungsgefahr zulässig war, obwohl gerade bei Nötigungen mittels gefährlicher Drohung ein unmittelbares Einschreiten der Strafverfolgungsbehörden zur Abwendung der Gefährdung für das Opfer erforderlich sein kann. Durch die generelle Zuständigkeit beim LG war auch bei § 105 eine Festnahme wegen Tatbegehungsgefahr zulässig. Mittlerweile hängt die Zulässigkeit einer Festnahme ohnehin nur mehr von der Höhe der angedrohten Freiheitsstrafe (mehr als sechs Monate) ab (vgl § 170 Abs 1 Z 4 StPO), sodass unter Schutzgesichtspunkten mit einer Zuständigkeit der Fälle des § 105 im Bereich der Bezirksgerichte das Auslangen gefunden werden könnte. 35

36 Kommt es als Folge der Nötigung zum Selbstmord oder zu einem Selbstmordversuch der bedrohten Person (**§ 106 Abs 2**) oder wird jemand zur Prostitution oder ähnlichem Verhalten genötigt **(§ 106 Abs 3),** fällt die Aburteilung in den Kompetenzbereich des **Schöffengerichts**. Eine diversionelle Erledigung (§§ 198 ff StPO) scheitert in solchen Fällen von vornherein an der sachlichen Zuständigkeit.

Ad Beispielsfall: Das geschilderte Verhalten erfüllt den Tatbestand der Nötigung nach § 105 Abs 1 2. Fall durch gefährliche Drohung. Eine Qualifikation nach § 106 Abs 1 Z 1 ist nicht anzunehmen, weil B aufgrund der Gesamtumstände dem A weder mit dem Tod noch mit einer erheblichen Verstümmelung oder auffallenden Verunstaltung gedroht hat. Da A das abgenötigte Verhalten gesetzt hat, ist das Delikt vollendet. Da es dem B darauf ankam, dass A dieses Verhalten setzt, hat er mit Absicht (§ 5 Abs 2) gehandelt. Trotz des zivilrechtlichen Anspruchs auf den ihm zugeordneten Parkplatz widerstreitet der Einsatz des Drohmittels zur Zweckerreichung den guten Sitten (§ 105 Abs 2).

Zentrale Probleme zur Wiederholung: *Auslegung der Tatbestandsmerkmale „Gewalt“ und „gefährliche Drohung“; Sittenwidrigkeitskorrektiv gem Abs 2.*

Weiterführende Literatur: *Auer*, Nötigung durch Zufahren auf Fußgänger, die eine „Parklücke“ freihalten? JBl 1997, 357; *ders*, Streik und Strafrecht (1999); *Birklbauer*, Die Strafbarkeit von arbeitsrechtlichen Konflikten, RdA 2000, 228; *Hochmayr/Schmoller*, Die Definition der Gewalt im Strafrecht, ÖJZ 2003, 628; *Riccabona-Zecha*, Drängeln auf Autobahnen. Nötigung durch dichtes Auffahren und Lichthupen? ZVR 2004, 31; *Sautner*, Die Gewalt bei der Nötigung (§ 105 StGB), JBl 2001, 361; *dies*, Die Gewalt bei der Nötigung (2002); *Schick*, Die strafrechtliche Beurteilung von Demonstrationsschäden, in *Schick/Funk/Posch*, Demonstrationsschäden – Abwehr und Ausgleich aus rechtlicher Sicht (1989) 1; *Schwaighofer*, Plötzliches Losreißen – Gewalt im Sinn des § 269 StGB? ÖJZ 1981, 120; *ders*, Gefährliche Drohung oder Warnung? – Zur Strafbarkeit des Vortäuschens einer Gefahr, JSt 2005, 86; *Seiler R.*, Die Gewalt als Mittel zur Nötigung, Pallin-FS (1989) 381.

III. Gestaltungsfreiheit des persönlichen Lebensbereichs

A. Gefährliche Drohung (§ 107)

I. Überblick

§ 107 erfasst Fälle von **Psychoterror**. Den Tatbestand verwirklicht, wer einen anderen durch eine Drohung (bloß) in Furcht und Unruhe versetzen will. Im Unterschied zur Nötigung (§ 105) geht es also nicht darum, einen anderen durch die Drohung zu einem bestimmten Verhalten zu bewegen. Das hinter dieser Strafbestimmung stehende geschützte **Rechtsgut** ist folglich die **Freiheit vor Furcht und Unruhe** als Aspekt der Gestaltungsfreiheit des persönlichen Lebensbereichs.[1] Wird ein solches Verhalten gegen ein unter 14-jähriges Tatopfer (vgl § 74 Abs 1 Z 1) gesetzt, sind die in **§ 39a** normierten Mindeststrafsätze anzuwenden (vgl Vorbem §§ 99 ff Rz 4). 1

§ 107 Abs 2 und 3 beinhalten Fälle **qualifizierter Drohung**. Die Qualifikation knüpft zum einen an die Art der Drohung an (Drohung mit dem Tod usw; Abs 2). Abs 3 beinhaltet jene Fälle, in denen der Bedrohte derart in Furcht und Unruhe versetzt ist, dass er letztlich Selbstmord oder zumindest einen Selbstmordversuch verübt. 2

Die gefährliche Drohung hat mit einem Anteil von **56 %** an allen gerichtlich verurteilten Freiheitsdelikten die **größte praktische Bedeutung**. Den 1.202 Verurteilungen im Jahr 2010 stehen mehr als 12.000 Anzeigen gegenüber, was die hohe praktische Bedeutung noch unterstreicht. Die Differenz zwischen Anzeige- und Verurteilungsstatistik hat unterschiedliche Ursachen. Sie reichen von Fehlern bei der Datenerhebung über mutwillige Anzeigen bis zur überdurchschnittlich hohen diversionellen Verfahrenserledigung (§§ 198 ff StPO). Eine nähere Differenzierung kann hier leider nicht erfolgen.[2] 3

Beispielsfall: Nach jahrelangem Streit mit der örtlichen Baubehörde schickt A dem Bürgermeister einen Brief. Darin heißt es ua: „Bleibt denn nichts anderes mehr übrig, als zu Buttersäure, Giftpralinen oder gar zur Pistole zu greifen?". A äußert sich bei seiner Einvernahme dahingehend, dass sein Brief „als Hilferuf eines am Rechtsstaat verzweifelnden Bürgers" zu verstehen gewesen sei.[3]

1 *R.Seiler* in SbgK § 107 Rz 7; *K/Schr* StudB BT I^2 § 107 Rz 3; OGH 15 Os 25/95.

2 Zu Erklärungsversuchen siehe zB *Beclin*, Was leistet die Polizeiliche Kriminalstatistik? SIAK-Journal 2005, 20; *Schwarzer*, Polizeiliche Kriminalstatistik – Im Spannungsfeld von Verwaltungshandeln und evidenzbasierter Politikgestaltung, SIAK-Journal 2010, 4.

3 Zahnarzt drohte in Brief an Behörde mit „Buttersäure und Giftpralinen", 29.06.2010 <http://www.nachrichten.at/oberoesterreich/muehlviertel/art69,420841>.

II. Tatbestand

Den Tatbestand der gefährlichen Drohung (§ 107) begeht, wer
- einen anderen
- vorsätzlich
- gefährlich bedroht
- in der Absicht (§ 5 Abs 2), ihn in Furcht und Unruhe zu versetzen.

1. Tatobjekt

4 Zwar nennt § 107 keine Einschränkungen beim Tatobjekt, angesichts des geschützten Rechtsguts kann aber Tatobjekt – ähnlich wie bei § 105 – nur ein **zur Empfindung von Furcht und Unruhe fähiger Mensch** sein. Schlafende, Bewusstlose und schwer Betrunkene scheiden somit als Tatobjekt einer gefährlichen Drohung ebenso aus wie juristische Personen. Kleinstkindern kann dagegen sehr wohl Furcht und Unruhe eingeflößt werden, auch wenn sie noch kein willensgesteuertes Verhalten setzen können. Insofern ist der Anwendungsbereich der gefährlichen Drohung weiter als jener der Nötigung (§ 105).

2. Tathandlung

5 Die Tathandlung umfasst den Einsatz einer **gefährlichen Drohung** iS von § 74 Abs 1 Z 5 (siehe zu diesem Tatmittel näher bei §§ 105 f Rz 11 ff). Die Art und Weise der Drohung kann vielfältig sein, von der klassischen Äußerung gegenüber dem Bedrohten bis zum Verschicken eines Briefes oder der Drohung mittels moderner Kommunikationsformen (E-Mail, SMS usw). Auch der Einsatz eines Dritten, der als Bote und damit gleichsam als Werkzeug für die Drohung verwendet wird, kommt in Betracht.[4] **Gewalt** kann nur dann eine gefährliche Drohung sein, wenn darin die Ankündigung eines weiteren Übels für die Zukunft liegt.

3. Taterfolg

6 Ob § 107 überhaupt einen Erfolg iS einer von der Tathandlung unabhängigen Außenwirkung kennt oder es sich bloß um ein schlichtes Tätigkeitsdelikt handelt, ist auf den ersten Blick nicht gleich ersichtlich.[5] Da kein bestimmtes Verhalten die Folge der Drohung zu sein braucht und es auch nicht erforderlich ist, dass der Bedrohte tatsächlich in Furcht und Unruhe versetzt wird, ist es naheliegend, **§ 107** als **schlichtes Tätigkeitsdelikt** aufzufassen. Dass es für die Vollendung des Delikts erforderlich ist, dass der Bedrohte die – in welcher Weise auch immer – geäußerte Drohung **sinnlich wahrnimmt**, macht § 107 noch zu **keinem Erfolgsdelikt** iS eines Ursache-Wirkungs-Zusammenhanges. Erfolgt

4 OGH 14 Os 113/10i.

5 Im Ergebnis *R.Seiler* in SbgK § 107 Rz 5 f.

die Drohung auf dem Postweg und liegt dadurch zwischen dem Absenden und dem Empfangen der Drohung eine gewisse Zeitspanne, ist innerhalb dieser auch bei der Ausgestaltung als schlichtes Tätigkeitsdelikt ein Versuch denkbar.[6] Dies ergibt sich daraus, dass ein Versuch nicht nur bei fehlendem Erfolgseintritt in Betracht kommt, sondern bei Nichterfüllung irgendeines objektiven Tatbestandsmerkmals und entsprechendem darüber hinausgehenden Vorsatz.

4. Subjektiver Tatbestand

Der **Vorsatz** muss sich zunächst auf die **Drohung** beziehen. Dazu reicht es 7
aus, dass der Drohende in seiner laienhaften Einschätzung davon ausgeht, dass seiner Äußerung eine begründete Besorgniseignung innewohnt. Darüber hinaus ist bei § 107 als **erweiterter Vorsatz** erforderlich, dass der Drohende mit der **Absicht** (§ 5 Abs 2) handelt, den Bedrohten **in Furcht und Unruhe zu versetzen**. Dass dafür Eventualvorsatz nicht ausreicht, ergibt sich aus der Wendung „um … zu", die die erforderliche Zweckgerichtetheit der Drohung untermauert. Unter Furcht und Unruhe ist dabei ein nachhaltiger, das ganze Gemüt ergreifender **peinvoller Seelenzustand** iS einer qualifizierten Erwartungsangst zu verstehen.[7]

5. Qualifikationen

Die Qualifikationen bei § 107 sind an jene bei § 105 angelehnt. So knüpft 8
§ 107 Abs 2 an den Inhalt der geäußerten Drohung an und normiert für die **Drohung mit dem Tod**, einer Verstümmelung usw einen höheren Strafsatz (zu Einzelheiten siehe bei §§ 105 f Rz 21 f). Gleiches gilt, wenn der Bedrohte durch die Drohung längere Zeit hindurch **in einen qualvollen Zustand** versetzt worden ist (siehe bei §§ 105 f Rz 23). Die Strafsätze für diese genannten Qualifikationen sind jedoch niedriger als bei der entsprechenden schweren Nötigung nach § 106 Abs 1. Dies rechtfertigt sich daraus, dass § 107 nur Psychoterror erfasst und insofern das Verhalten weniger verpönt ist als bei einer schweren Nötigung, die zusätzlich als Folge der qualifizierten Drohung ein bestimmtes Verhalten des Bedrohten voraussetzt.

§ 107 Abs 3 verweist direkt auf § 106 Abs 2 und stellt damit qualifizierend 9
unter Strafe, wenn die gefährliche Drohung den **Selbstmord oder** einen **Selbstmordversuch** der bedrohten Person zur Folge hat. Dabei handelt es sich um ein erfolgsqualifiziertes Delikt, bei dem sich der Vorsatz des Täters nicht auf diese qualifizierte Folge beziehen muss. Der Strafrahmen ist bei § 107 Abs 3 gleich hoch wie bei der schweren Nötigung nach § 106 Abs 2.

---

6 *R.Seiler* in SbgK § 107 Rz 19; *Schwaighofer* in WK² § 107 Rz 9; *L/St* StGB³ § 107 Rz 8; *Fabrizy* StGB¹⁰ § 107 Rz 5.

7 *K/Schr* StudB BT I² § 107 Rz 9; *R.Seiler* in SbgK § 107 Rz 17; *Schwaighofer* in WK² § 107 Rz 11; *L/St* StGB³ § 107 Rz 6.

III. Abgrenzung und Konkurrenzen

10 Wird im Zuge der gefährlichen Drohung Gewalt eingesetzt, die auch zur Verletzung der bedrohten Person führt, konkurrieren die **Körperverletzungsdelikte** (§§ 83 ff) echt mit § 107, weil verschiedene Rechtsgüter betroffen sind und es sich bei der Körperverletzung nicht um eine typische Begleiterscheinung der gefährlichen Drohung nach § 107 handelt. Eine Verletzung ist ausnahmsweise nur dann eine konsumierte Begleiterscheinung, wenn durch eine zugefügte Verletzung Furcht und Unruhe für die Zukunft erzeugt werden sollen.[8] Bei **Gewalt oder gefährlicher Drohung gegen den Bundespräsidenten**, einen verfassungsmäßigen Vertretungskörper usw sind die §§ 249–251 als Spezialstraftatbestände einschlägig.

11 **Nötigung** (§ 105) **und gefährliche Drohung** (§ 107) schließen einander auf Tatbestandsebene aus. Abgrenzungskriterium ist dabei das mit der Drohung verfolgte Ziel. Geht es nur darum, den Bedrohten in Furcht und Unruhe zu versetzen, ist § 107 einschlägig. Soll dagegen der Bedrohte aufgrund seiner Furcht ein bestimmtes Verhalten setzen, kommt § 105 in Betracht.

IV. Prozessuales

12 Trotz des für das Grunddelikt (§ 107 Abs 1) relativ geringen Strafsatzes von bis zu einem Jahr Freiheitsstrafe besteht auch für leichte Fälle der gefährlichen Drohung ebenso wie für die Qualifikationen des § 107 Abs 2 eine **Zuständigkeit des Einzelrichters am LG** (vgl § 30 Abs 1 Z 2 StPO). Zu den historischen Gründen für diese Sonderzuständigkeit siehe bei §§ 105 f Rz 35. Kommt es als Folge der gefährlichen Drohung zum Selbstmord oder zu einem Selbstmordversuch der bedrohten Person (**§ 107 Abs 3**), fällt die Aburteilung in den Kompetenzbereich des **Schöffengerichts**. Die gefährliche Drohung ist somit nur in den Fällen des Abs 1 und 2 einer diversionellen Erledigung (§§ 198 ff StPO) zugänglich.

Ad Beispielsfall: Objektiv ist die von A getätigte Äußerung jedenfalls geeignet, dem Bedrohten begründete Besorgnis einzuflößen (vgl § 74 Abs 1 Z 5), wenngleich aus dem Gesamtzusammenhang nicht von einer ernst zu nehmenden Todesdrohung (§ 107 Abs 2) auszugehen ist. Seine Äußerung, dass sein Brief „als Hilferuf eines am Rechtsstaat verzweifelnden Bürgers" zu verstehen gewesen sei, lässt darüber hinaus Bedenken hinsichtlich der Absicht aufkommen, den bedrohten Bürgermeister in Furcht und Unruhe zu versetzen. Ob die Strafverfolgungsbehörden den entsprechenden subjektiven Tatbestand nachweisen können, wird wesentlich vom Eindruck abhängen, den sie vom Verdächtigen im Rahmen des Strafverfahrens gewinnen.

---

8 *R.Seiler* in SbgK § 107 Rz 42; *Schwaighofer* in WK[2] § 107 Rz 18; *L/St* StGB[3] § 107 Rz 12.

Zentrale Probleme zur Wiederholung: *Auslegung des Tatbestandsmerkmals „gefährliche Drohung"; erweiterter Vorsatz.*

Weiterführende Literatur: *Schwaighofer,* Gefährliche Drohung oder Warnung? Zur Strafbarkeit des Vortäuschens einer Gefahr, JSt 2005, 86; *Stuefer,* Mehr ist weniger, juridikum 2006, 111; *Velten,* Stalking, JSt 2003, 159 und 185; *Venier,* Wenn Angehörige gefährlich drohen, Die Presse 2005/28/1.

B. Beharrliche Verfolgung (§ 107a)

I. Überblick

1 Das Delikt der beharrlichen Verfolgung, auch „Stalking" genannt, wurde im Jahre 2006 ins StGB eingefügt.[1] Es soll jene Fälle erfassen, in denen Personen aufgrund der Verfolgung durch den Täter ihre Lebensführung komplett umstellen müssen, wobei die Verfolgungshandlungen nicht die Qualität einer Nötigung (§ 105) oder gefährlichen Drohung (§ 107) erreichen. **Geschütztes Rechtsgut** ist letztlich die **Freiheit der Lebensführung** im jeweiligen Umfeld.[2]

2 § 107a ist ein **schlichtes Tätigkeits- und potenzielles Gefährdungsdelikt**. Es kennt also keinen Erfolg und ist durch das bloße Tun vollendet. Durch das Zeitmoment ist § 107a ein **Dauerdelikt**, wodurch eine Deliktsvollendung erst dann gegeben ist, wenn die für die beharrliche Verfolgung erforderliche längere Zeit abgelaufen ist. Solange dies nicht der Fall ist, kommt grundsätzlich Versuch in Betracht, sobald der Verfolger eine Verfolgungshandlung[3] gesetzt hat und insgesamt eine beharrliche Verfolgung von seinem Vorsatz umfasst war, was sich freilich in der Praxis nicht leicht nachweisen lässt.[4]

3 In das **Dauerdelikt** kann nach allgemeinen Grundsätzen ein anderer jederzeit als Beteiligter (§ 12) einsteigen, indem er den unmittelbaren Täter bei seinen Tathandlungen unterstützt. Die Ausgestaltung als Dauerdelikt hat weiters zur Konsequenz, dass die strafbare Handlung durch eine **Mehrzahl von Stalking-Handlungen** in einem bestimmten Zeitraum **nur einmal verwirklicht** werden kann. Schickt also jemand dem Opfer gegen dessen ausdrücklich erklärten Willen 100 Mal Blumen, begeht er nur einmal § 107a. Die Einzelakte (Taten) im angeklagten Zeitraum dürfen strafprozessual zusammengefasst werden zu einer strafbaren Handlung der beharrlichen Verfolgung.

4 Im **Jahr 2010** gab es 142 Verurteilungen wegen beharrlicher Verfolgung. Das waren etwa 6,6 % aller gerichtlichen Verurteilungen wegen eines Freiheitsdelikts. § 107a ist somit von **erheblicher praktischer Bedeutung.** Die Zahl der

---

1 BGBl I 2006/56.

2 Die konkrete Ausgestaltung des Rechtsguts ist in der Literatur umstritten. Vgl etwa die Ausführungen bei *Schwaighofer* in WK² § 107a Rz 3; *Wach* in SbgK § 107a Rz 5; *Starzer*, Jäger 55 ff.

3 Die hM geht in Übereinstimmung mit den EBRV 1316 XXII. GP 7 von einem Eintritt ins Versuchsstadium mit nur einer Handlung iSd Abs 2 Z 1–4 leg cit aus. Vgl etwa *Schwaighofer* in WK² § 107a Rz 35; *Venier*, Die Presse 2005/46/03; *Mitgutsch*, RZ 2006, 188; zweifelnd *Sadoghi*, AnwBl 2007, 344 ff. *Starzer*, Jäger 198 f, reduziert den Versuchsbeginn auf die letzte Handlung vor Erfüllung der Zeit- und Intensitätskomponente.

4 *Schwaighofer* in WK² § 107a Rz 35 folgert daraus, dass Stalking-Opfer, die eine Verurteilung erreichen wollen, nicht zu früh Anzeige erstatten sollten. Auf der anderen Seite ist aber bei einer frühen Anzeige, die zur Folge hat, dass der Stalker durch die polizeilichen Ermittlungen von weiteren Stalking-Aktivitäten ablässt, der Zweck ohnehin erfüllt und eine strafrechtliche Verurteilung spezialpräventiv nicht mehr nötig, wodurch sich kriminalpolitisch kein Änderungsbedarf bei dieser Vorschrift ergibt.

Anzeigen wegen Verstößen gegen diese Norm lag im selben Jahr sogar bei mehr als 2.500.

Beispielsfall: Der Student A will bei Prof. B eine Dissertation schreiben. Prof. B sieht sich aber nicht imstande, die Dissertation zum gewünschten Thema zu betreuen. A fordert ständig einen Besprechungstermin ein, der ihm nach der Betreuungsabsage durch Prof. B nicht mehr gewährt wird. A kommt daher über mehrere Monate regelmäßig ins Institut und wartet auf Prof. B. Erteiltes „Hausverbot" und sogar ein Wegtragen durch den Sicherheitsdienst ändern nichts an seiner Penetranz. Schließlich wird eine Glastüre eingebaut, um A am Zutritt zum Institut zu hindern. Doch auch das hat nicht die gewünschte Wirkung auf A.[5]

II. Tatbestand

Den Tatbestand der beharrlichen Verfolgung verwirklicht, wer

- einen anderen
- vorsätzlich
- widerrechtlich beharrlich verfolgt.

1. Tatobjekt

Tatobjekt für § 107a ist ein **anderer Mensch** mit einem Mindestmaß an Lebensgestaltungsfreiheit. Ein Naheverhältnis zum Opfer ist nicht erforderlich. 5

2. Tathandlung

a) Beharrliches Verfolgen (Abs 2)

Die Tathandlung besteht im **beharrlichen Verfolgen**. Nach der **Legaldefinition** in § 107a Abs 2 verfolgt beharrlich eine Person, wer in einer Weise, die geeignet ist, die Person in ihrer Lebensführung unzumutbar zu beeinträchtigen, längere Zeit hindurch eine oder mehrere verschiedene der in Z 1 bis 4 abschließend beschriebenen Verhaltensweisen setzt. § 107a ist ein alternatives Mischdelikt. „**Beharrlich**" verlangt dabei ein **wiederholtes Verhalten**, was durch die Wendung „längere Zeit hindurch" noch unterstrichen wird. Eine einmalige Kontaktaufnahme, eine einmalige Bestellung in fremdem Namen oder das einmalige Schalten einer Kontaktanzeige reicht dafür grundsätzlich nicht aus, auch wenn diese eine Handlung mitunter zu mehreren Kontaktaufnahmen durch andere führt.[6] 6

---

5 Student „belagert" an Uni Wien Professor, 04.06.2007 <http://www.krone.at/Nachrichten/Student_belagert_an_Uni_Wien_Professor-Kein_Doktorvater-Story-70525>.

6 Siehe dazu etwa *Schwaighofer* in WK² § 107a Rz 9 f. Zur gegenteiligen Ansicht siehe unten bei Rz 12.

7 Zusätzlich zu diesem Zeitfaktor ist auch eine bestimmte **Intensität der Verfolgung** erforderlich, die durch das Erfordernis der **„Eignung, unzumutbar zu beeinträchtigen“**, ausgedrückt wird. Diese Beeinträchtigungseignung ist nicht als konkretes Erfolgserfordernis zu verstehen, sondern als **potenzielle Gefährdung**, die durch die Tathandlung zum Ausdruck kommen muss. Sie impliziert eine besondere Hartnäckigkeit und eine gesteigerte Gleichgültigkeit des Täters gegenüber der Selbstbestimmungsfreiheit des Opfers, die zugleich die Gefahr weiterer, mitunter auch in krimineller Energie gesteigerter Begehung indiziert.[7] Mangels Ausgestaltung als Erfolgsdelikt kommt es somit nicht darauf an, dass sich jemand durch die Tathandlungen beeinträchtigt fühlt, sondern die **Beeinträchtigungseignung** wird – ähnlich wie bei einer gefährlichen Drohung iS von § 74 Abs 1 Z 5 (siehe dazu bei §§ 105 f Rz 12) – **objektiv beurteilt**. Entscheidend ist also, ob bei einer Beurteilung ex ante das Verhalten des Täters die Gefahr in sich trägt, dass das Opfer aufgrund der beharrlichen Verfolgung in wesentlichen Belangen nicht mehr so leben kann wie zuvor, weil zB die unbefangene Benützung von Kommunikationsmitteln (zB das Entgegennehmen von Anrufen) nicht mehr möglich erscheint oder es sich zum Wohnsitz- bzw Arbeitsplatzwechsel gezwungen sieht.

8 Die Beeinträchtigungseignung ermöglicht letztlich einen (aus verfassungsrechtlichen Determinierungsanforderungen[8] zu) **breiten Ermessensspielraum** für diese Vorschrift. Dessen Erforderlichkeit im Hinblick auf den Ultima-Ratio-Grundsatz, der dem Strafrecht zugrunde liegt, erscheint über weite Bereiche fraglich. Selbst wenn man in diesem Zusammenhang bedenkt, dass der Hauptgrund für die Einführung dieser Strafbestimmung weniger die Bestrafung des Täters als vielmehr die Ermöglichung polizeilichen präventiven Eingreifens nach sicherheitspolizeilichen Vorschriften war, zumal das SPG strafrechtsakzessorisch ist und für die polizeiliche Gefahrenabwehr voraussetzt, dass eine Gefahr durch eine strafbare Handlung droht (vgl § 21 Abs 2 iVm § 16 Abs 2 SPG),[9] bleibt die vorhandene gesetzliche Regelung letztlich ein Missbrauch des Strafrechts, der dringend durch eine Einengung des Ermessensspielraums korrigiert werden sollte.

b) Die einzelnen Begehungsweisen

9 Die möglichen Begehungsweisen sind in **§ 107a Abs 2 abschließend** aufgezählt. Als erste nennt § 107a Abs 2 Z 1 das **Aufsuchen der räumlichen Nähe** einer anderen Person. Dies ist zB gegeben, wenn jemand ständig vor der Wohnung des Opfers oder an dessen Arbeitsplatz auftaucht bzw von dort nicht mehr weggeht und dadurch den unmittelbaren Kontakt sucht. Dabei muss die Kon-

7 EBRV 1316 XXII. GP, 6

8 Vgl dazu etwa *Venier,* Die Presse 2005/46/03: „§ 107a ist ein Abschied vom strafrechtlichen Bestimmtheitsgebot“ und *Starzer,* Jäger 93 ff (105 f).

9 Vgl *F/R-K* BT I[3] 74.

taktaufnahme absichtlich erfolgen. Zufällige physische Annäherungen, wie zB ein regelmäßiges Treffen beim Einkaufen oder beim Abholen der Kinder vom Kindergarten, fallen nicht darunter. Die unmittelbare Kontaktaufnahme muss weiters **wahrgenommen** werden können. Das unbemerkte Beobachten mittels Fernglas oder Kamera scheidet ebenso als Tathandlung aus wie das Montieren eines Peilsenders, um feststellen zu können, wo sich der Pkw einer bestimmten Person gerade befindet.[10]

§ 107a Abs 2 Z 2 nennt als zweite Begehungsweise die **Kontaktaufnahme über Telekommunikation oder ein sonstiges Kommunikationsmittel**. Unter die Telekommunikation fallen Anrufe, SMS, E-Mails, Walkie-Talkies usw. Sonstige Kommunikationsmittel sind Briefe, Paketsendungen, Zettel hinter der Windschutzscheibe oder auch direkt auf das Auto geschriebene Botschaften. Ob auch stumm übergebene Blumen oder Geschenke (zur Bestellung solcher Waren siehe bei Rz 11) die Kommunikationsfunktion erfüllen, ist strittig.[11] Demgegenüber zählt die Kontaktherstellung über Dritte dazu, wenn sich jemand zB nicht traut, das Opfer direkt anzusprechen. Unklar ist allerdings, ob der Dritte jede fremde Person[12] sein kann oder ob zwischen Opfer und Drittem eine Nahebeziehung[13] bestehen muss. 10

§ 107a Abs 2 Z 3 erfasst als Tathandlung die **Bestellung** von Waren oder Dienstleistungen **unter Verwendung von personenbezogenen Daten des Opfers**. Dies ist für das Opfer oft unangenehm, weil die Darlegung, dass die Waren nicht bestellt wurden, bzw die Rücksendung der Waren mit beträchtlichem Aufwand verbunden ist.[14] Zudem kann die Art der gelieferten Ware für das Opfer peinlich sein, wie zB bei Sex-Spielzeug, Reizwäsche oÄ. Die Art der Bestellung ist für die Erfüllung dieser Tathandlung unbegrenzt. 11

§ 107a Abs 2 Z 4 führt als letzte Tathandlung schließlich die **Veranlassung** von Dritten, **mit dem Opfer Kontakt aufzunehmen**, an. Der klassische Fall ist das Schalten einer Kontaktanzeige in einer Zeitung, einer Partnerbörse im Internet usw unter Verwendung personenbezogener Daten, worunter auch Bildmaterial,[15] auf dem das Opfer zu erkennen ist, subsumiert werden kann. Auch hier ist nach den Gesetzesmaterialien davon auszugehen, dass das Schalten eines einzigen Inserats wohl nicht als Tathandlung ausreicht, selbst wenn daraus 12

10 Da mit dem Peilsender keine Kommunikation zu einer Person hergestellt wird, fällt dessen Verwendung auch nicht unter § 107a Abs 2 Z 2, obwohl die Datenübertragung meist im Wege der Telekommunikation erfolgen wird.

11 Ablehnend bzw einschränkend *Schwaighofer* in WK^2 § 107a Rz 21; *B/S* BT I^{11} § 107a Rz 3; befürwortend *Wach* in SbgK § 107a Rz 34; *Starzer*, Jäger Fn 467.

12 So *Schwaighofer* in WK^2 § 107a Rz 22; *Starzer*, Jäger 125 f.

13 Vgl dazu EBRV 1316 XXII. GP 5; *Heissenberger* AnwBl 2006, 641; *Seling* § 107a StGB 61 f.

14 Vgl *F/R-K* BT I^3 75.

15 Siehe *Wach* in SbgK § 107a Rz 48 mwN; *Starzer*, Jäger 138. AA mangels „personenbezogener Daten", die ein Bild enthalten, *Schwaighofer* in WK^2 § 107a Rz 26.

mehrere Kontaktaufnahmen über einen längeren Zeitraum hindurch die Folgen sind.[16] Dies erscheint unbillig, weil häufig das Schalten eines einzigen Inserats unter Angabe der Telefonnummer ausreicht, um eine intensive Beeinträchtigung der selbstbestimmten Privatsphäre über einen längeren Zeitraum zu erreichen, der wirksam nur durch eine Änderung der Telefonnummer begegnet werden kann.[17] Der Wortlaut, der lediglich darauf abstellt, dass „eine längere Zeit hindurch fortgesetzt ... Dritte veranlasst (werden), ... Kontakt aufzunehmen" ließe auch eine andere Interpretation zu, weil es wesentlich auf die Kontaktfolgen ankommt. Wenn die längere Zeit dauernde Beeinträchtigung der Freiheit der Lebensführung bereits durch eine Handlung erreicht wird, ist es durchaus sachgerecht, solche Fälle unter § 107a Abs 1 und 2 Z 4 zu subsumieren.[18]

3. Subjektiver Tatbestand

13 Der **Vorsatz** muss sich auf Tatobjekt und Tathandlung beziehen. Auch die Eignung, die Lebensführung unzumutbar zu beeinträchtigen, muss vom Vorsatz erfasst sein, zumal der Täter auch die Wiederholung von Stalking-Handlungen in seinen Vorsatz aufnehmen muss.[19] Bei der hier skizzierten abweichenden Lösung zu § 107a Abs 2 Z 4 müsste sich der Vorsatz darauf beziehen, dass es aufgrund der Kontaktanzeige zu wiederholten Kontaktaufnahmen kommen wird.

III. Rechtswidrigkeit

14 Eine Eingrenzung bei § 107a besteht dahingehend, dass die Verfolgung **widerrechtlich** sein muss. Die ausdrückliche Erwähnung der Widerrechtlichkeit im Gesetz ist dabei – ähnlich wie bei der Freiheitsentziehung (§ 99) – nur als Hinweis des Gesetzgebers zu verstehen, dass Rechtfertigungsgründe bei diesem Delikt in Betracht kommen können. Es handelt sich um kein eigenständiges Tatbestandsmerkmal. Als allfällige Rechtfertigungsgründe sind **staatliche Ein-**

---

16 Den EBRV 1316 XXII. GP 5 zufolge ist danach zu differenzieren, ob das Ende der Kontaktaufnahmen durch Dritte absehbar ist.

17 Zur Möglichkeit, eine Entfernung eines solchen Inserats durchzusetzen, siehe § 33 MedienG. Im Unterschied zur Einziehung nach § 26 StGB zielt § 33 MedienG nicht nur auf zukünftige Straftaten ab, sondern will auch die Fortwirkung der bereits gesetzten Straftat verhindern (vgl OGH 12 Os 96, 97/89 = MR 1990, 92: „Rechtsinstitut eigener Art"), damit der Inhalt nicht sukzessive einem immer weiteren Leserkreis zugänglich wird. Mit § 107a StGB wurde auch § 382g EO eingefügt, der einstweilige Verfügungen im Fall von Stalking regelt.

18 Anders als das Unterscheidungskriterium in den EBRV stellt *Beclin* in *BMJ* (2006) 120 auf das Publikationsmedium ab (Print- oder Onlineausgabe). Andere verweisen hingegen pauschal darauf, dass bloß eine Tathandlung vorliegt und damit der Gesamttatbestand nicht erfüllt ist (siehe etwa *Seling* § 107a StGB 67; *Heissenberger* AnwBl 2006, 642). *Wach* in SbgK § 107a Rz 44, 49, geht von einer Verwirklichung durch Unterlassen aus, was für Printausgaben nicht gelten kann.

19 Für einen zukunftsorientierten Eignungsvorsatz *Starzer*, Jäger 169 ff.

griffsbefugnisse bedeutsam, weil zB der Gerichtsvollzieher einen Exekutionstitel oder ein Polizist eine Vorführungsanordnung vollstrecken und insofern beharrlich eine Kontaktaufnahme versuchen muss. Auch das **elterliche Erziehungsrecht** kann als Rechtfertigungsgrund in Betracht kommen, wenn Eltern zB wissen wollen, wo ihre minderjährigen Kinder sich „herumtreiben“. In der Literatur umfassend problematisiert wurden der Einsatz von Detektiven und investigative Journalisten, wobei von keiner widerrechtlichen Verfolgung ausgegangen wird, wenn die entsprechenden berufstypischen Regeln eingehalten werden.[20]

IV. Abgrenzung und Konkurrenzen

Ist die Kontaktaufnahme mit einer Drohung verbunden, hat die **gefährliche Drohung** (§ 107) als Spezialvorschrift grundsätzlich Vorrang gegenüber der beharrlichen Verfolgung nach § 107a. Echte Konkurrenz ist dann möglich, wenn es um einen umfassenden Komplex von Stalking-Handlungen geht und die gefährlichen Drohungen nicht den gesamten Bereich des Geschehens abdecken können.[21] 15

Führen die Tathandlungen auch zu einer psychischen Beeinträchtigung des Opfers, die Krankheitswert im medizinischen Sinn besitzt, ist echte Konkurrenz mit den **Körperverletzungsdelikten** (§§ 83 ff) gegeben,[22] wobei freilich der Kausalitätsnachweis zwischen den Stalking-Handlungen und der körperlichen Beeinträchtigung meist nicht leicht zu erbringen sein wird. 16

Werden im Zuge der Kontaktaufnahme Botschaften auf Sachen des Opfers geschrieben (zB mit Lack auf das Auto gesprüht), besteht echte Konkurrenz mit der **Sachbeschädigung** (§§ 125 f). Gleiches gilt, wenn jemand im Zuge der Verfolgungshandlungen das Haustier des Opfers verletzt. In diesem Fall kommt allenfalls auch **Tierquälerei** (§ 222) in Betracht. 17

Werden im Zuge der Kontaktaufnahme geschlechtliche (= auf die primären und sekundären Geschlechtsmerkmale gerichtete) Handlungen gesetzt, kann auch echte Konkurrenz mit den **Sexualdelikten** (§§ 201 ff) bestehen. Eine Strafbarkeit wegen sexueller Belästigung (§ 218) tritt aber wegen der in dieser Bestimmung vorhandenen ausdrücklichen Subsidiaritätsklausel als weniger strafwürdig hinter § 107a zurück. 18

V. Prozessuales

Trotz des relativ geringen Strafsatzes von bis zu einem Jahr Freiheitsstrafe fällt auch diese Norm in die **Zuständigkeit des Einzelrichters am LG** (vgl § 30 19

---

20 Vgl den Problemaufriss (allerdings als Tatbestandsausschluss konzipiert) bei *Starzer*, Jäger 176 ff; *Schwaighofer* in WK^2 § 107a Rz 27 f und 36; *Wach* in SbgK § 107a Rz 74.

21 Siehe zB mN *Schwaighofer* in WK^2 § 107a Rz 37; *Wach* in SbgK § 107a Rz 85.

22 Siehe zB mN *Schwaighofer* in WK^2 § 107a Rz 37; *Wach* in SbgK § 107a Rz 85.

Abs 1 Z 3 StPO) und nicht in jene des Bezirksgerichts. Sämtliche Fälle von „Stalking“ sind grundsätzlich einer **diversionellen Erledigung** (§§ 198 ff StPO) zugänglich. § 107a ist ein **reines Offizialdelikt** und von einer Mitwirkung des Opfers unabhängig.

Ad Beispielsfall: A sucht durch sein Verhalten fortgesetzt und eine längere Zeit hindurch die räumliche Nähe von Prof. B auf. Er setzt damit eine beharrliche Verfolgungshandlung nach § 107a Abs 1 und 2 Z 1, weil sein Verhalten objektiv dazu geeignet ist, Prof. B in dessen Lebensführung unzumutbar zu beeinträchtigen. Ein Indiz dafür sind die getroffenen Schutzmaßnahmen durch Prof. B (zB das Hausverbot). Dieses Aufsuchen der räumlichen Nähe erfolgt auch widerrechtlich, weil A keinen Anspruch auf einen Besprechungstermin mit Prof. B hat, nachdem dieser ihm mitgeteilt hat, dass er sich eine Betreuung der Dissertation nicht vorstellen kann, und keine gegenteilige, in den universitären Vorschriften vorgesehene Betreuungsverpflichtung angeordnet wurde (vgl § 82 UG).

Zentrales Problem zur Wiederholung: *Auslegung des Tatbestandsmerkmals „beharrlich“.*

Weiterführende Literatur: *Beclin,* § 107a StGB – Bekämpfung von „Stalking“ auf Kosten der Rechtssicherheit?, in *Bundesministerium für Justiz* (Hg) 34. Ottensteiner Fortbildungsseminar aus Strafrecht und Kriminologie (2006) 103; *Heissenberger,* Straf- und zivilrechtliche Aspekte der „Beharrlichen Verfolgung“ gem § 107a StGB, AnwBl 2006, 634; *Jurtela,* Häusliche Gewalt und Stalking (2007); *Mitgutsch,* Die geplante „Stalking“-Bestimmung des § 107a StGB, JSt 2006, 11; *dies,* Strafrechtliche Aspekte des „Anti-Stalking-Pakets“ 2006, RZ 2006, 186; *dies,* Ausgewählte Probleme der Freiheitsdelikte – Beharrliche Verfolgung und fortgesetzte Gewaltausübung, in *Mitgutsch/Wessely* (Hg), Jahrbuch Strafrecht Besonderer Teil 10 (2010) 21; *Sadoghi,* Stalking – eine differenzierte Betrachtung dogmatischer Probleme, AnwBl 2007, 340; *Seling,* § 107a StGB – Eine Strafvorschrift gegen Stalking (2006); *Starzer,* Vom Jäger zum Gejagten – Thesen zur Interpretation und Reformierung des § 107a StGB unter Berücksichtigung dogmatischer und empirischer Erkenntnisse (2011); *Velten,* Stalking, JSt 2003, 159 und 185; *Venier,* Anti-Stalking-Gesetz: Gefährlicher Schutz gegen Belästigung, Die Presse – Rechtspanorama 14.11.2005.

C. Fortgesetzte Gewaltausübung (§ 107b)

I. Überblick

1 Das Delikt der fortgesetzten Gewaltausübung wurde im Jahre 2009 ins StGB eingefügt[1] und versucht, der **Gewalt im sozialen Nahbereich** entgegenzuwirken. **Geschütztes Rechtsgut** ist letztlich – ähnlich wie bei § 107a – die **Freiheit der selbstbestimmten Lebensführung**,[2] wobei ergänzend auch der **Schutzzweck der einzelnen strafbaren Handlungen**, durch die § 107b begangen werden kann, zu beachten ist.[3]

2 § 107b ist ebenso wie § 107a auf den ersten Blick ein **schlichtes Tätigkeitsdelikt**. Es kennt keinen eigenständigen Erfolg und ist durch die fortgesetzte Gewaltausübung vollendet, ohne dass es zusätzlich zu Verletzungsfolgen kommen muss. Doch diese Einordnung greift zu kurz, weil die **strafbaren Handlungen**, die letztlich **unter § 107b zusammengefasst** werden (zB §§ 83 ff oder §§ 105 f), weitgehend **Erfolgsdelikte** sind.[4]

3 Durch das Zeitmoment, das in der Formulierung „längere Zeit hindurch fortgesetzt" zum Ausdruck kommt, ist § 107b ein **Dauerdelikt.**[5] Die Ausgestaltung als Dauerdelikt hat zur Konsequenz, dass § 107b durch eine Mehrzahl von Gewalthandlungen in einem bestimmten Zeitraum nur einmal verwirklicht werden kann, was durch die vielfach eigenständige Möglichkeit der Bestrafung als Körperverletzung (§§ 83 ff) oder als (sonstiges) Freiheitsdelikt (§§ 99 ff) zu praktischen Problemen führen kann, weil die Einzelakte im angeklagten Zeitraum strafprozessual nur einmal verfolgt werden dürfen und insofern abgeurteilte Tathandlungen nicht (mehr) in die Beurteilung nach § 107b einbezogen werden dürfen. Werden die Tathandlungen des § 107b mit Gewalt oder gefährlicher Drohung gesetzt, gelten die in **§ 39a** normierten Mindeststrafgrenzen auch für das gegenständliche Delikt (vgl Vorbem §§ 99 ff Rz 4).

4 Die **praktische Bedeutung** dieses Delikts ist **gering**. Im Jahre 2010 gab es 24 Verurteilungen, denen 307 Anzeigen gegenüberstanden. Das sind knapp über 1 % aller Verurteilungen wegen eines Freiheitsdelikts (§§ 99–110).

Beispielsfall: A kommt mit seinem pubertierenden 13-jährigen Sohn B nicht mehr zurande. Um ihm sein dauerndes Rebellieren gegen die Eltern abzugewöhnen, setzt es regelmäßig kräftige Ohrfeigen. Da all diese in den vergangenen Monaten gesetzten Sanktionen nicht zur gewünschten Verhaltensänderung bei B führen, probiert es A mit „Hausarrest übers Wochenende" als neue Strafe.

II. Tatbestand

Den Tatbestand der fortgesetzten Gewaltausübung verwirklicht, wer
- gegen eine andere Person
- eine längere Zeit hindurch fortgesetzt
- vorsätzlich
- Gewalt ausübt.

1 BGBl I 2009/40.
2 Vgl etwa *Starzer* in *Mitgutsch/Wessely* (2009) 99; *Tipold,* JBl 2009, 679.
3 Siehe etwa *Winkler* in SbgK § 107b Rz 7.
4 *Winkler* in SbgK § 107b Rz 11; *Mitgutsch* in *Mitgutsch/Wessely* (2010) 44; *Schwaighofer* in WK[2] § 107b Rz 8.
5 EBRV 678 BlgNR XXII. GP 25; *Schwaighofer* in WK[2] § 107b Rz 8; aA *Winkler* in SbgK § 107b Rz 13, der § 107b als „pauschalierende Handlungsbeschreibung" sieht, die alle zusammengehörenden Teilakte materiellrechtlich als eine Tatbestandsverwirklichung zusammenfasst.

1. Tatobjekt

5 Tatobjekt für § 107b ist ein **anderer Mensch**. Ein Nahe- oder Abhängigkeitsverhältnis zum Täter ist zwar nach dem Gesetzeswortlaut nicht erforderlich. Da es aber um eine „fortgesetzte Gewaltausübung" geht, muss eine gewisse **Nahebeziehung zum Täter** bestehen, weil das Zeitmoment eine Mehrzahl von Angriffen voraussetzt und die Gelegenheiten dazu einen sozialen Nahebereich erfordern. Neben Angehörigen aus dem Familienkreis sind zB auch Nachbarn oder Personen aus Obhuts- und Pflegeverhältnissen, wie zB in Alten-/Pflegeheimen, Schulen oder Internaten, taugliche Tatobjekte.[6]

2. Tathandlung

6 Die Tathandlung besteht im **fortgesetzten Ausüben von Gewalt** über einen **längeren Zeitraum**. Dabei lässt sich der erforderliche Zeitraum für die Tathandlung nicht exakt bestimmen, ein **Zeitraum von mehreren Wochen** ist aber jedenfalls Voraussetzung, wobei sinnvollerweise die Intensität der Gewaltausübung in Relation zu setzen ist.[7] Aus dem Wort „fortgesetzt" folgt, dass eine **Mehrzahl einzelner natürlicher Tathandlungen** erfolgen muss.

7 Abs 2 nennt abschließend die **möglichen Gewalthandlungen**, durch die § 107b verwirklicht werden kann (alternatives Mischdelikt): Gewalt iS des Abs 1 übt aus, wer eine andere Person

- am Körper **misshandelt**,
- **vorsätzliche** mit Strafe bedrohte Handlungen gegen **Leib oder Leben** oder
- **vorsätzliche** mit Strafe bedrohte Handlungen gegen die **Freiheit**, mit Ausnahme der strafbaren Handlungen nach § 107a (beharrliche Verfolgung), § 108 (Täuschung) und § 110 (eigenmächtige Heilbehandlung), begeht.[8]

8 Die **Gewaltdefinition** geht zum einen **sehr weit**: Durch die Einbeziehung der gefährlichen Drohung (§ 107) in die Gewaltdefinition des Abs 2 verabschiedet sich das StGB in gewisser Weise vom physischen Gewaltbegriff, basierend auf der sog Körperlichkeitstheorie (vgl §§ 105 f Rz 5 ff), auch wenn die Materialien betonen, dass durch § 107b Abs 2 am bestehenden Gewaltbegriff des StGB nichts verändert werden soll.[9] Auf der anderen Seite kann durch permanente **Sexualdelikte keine Gewalt iS von § 107b Abs 2** geübt werden, was den Begriff einengt. Freilich ist gerade bei den Sexualdelikten die persönliche Freiheit ein mitgeschütztes Rechtsgut, sodass man diese Delikte auch als von der Legaldefinition erfasst ansehen kann. Das Ausnehmen der §§ 107a, 108 und 110 aus dem Gewaltbegriff deutet aber darauf hin, dass der Gesetzgeber nur Freiheitsdelikte iS von §§ 99 ff als vom Gewaltbegriff des § 107b erfasst ansehen wollte und nicht auch strafbare Handlungen gegen die sexuelle Selbstbestimmungsfreiheit.[10]

---

6 Dazu ausführlich *Mitgutsch* in *Mitgutsch/Wessely* (2010) 34 f; *Starzer* in *Mitgutsch/Wessely* (2009) 90, 100.

7 Vgl in diese Richtung *F/R-K* BT I^3 75; *Starzer* in *Mitgutsch/Wessely* (2009) 100; *Mitgutsch* in *Mitgutsch/Wessely* (2010) 35 f; *Tipold,* JBl 2009, 679 f; OGH 13 Os 143/11w = RIS-Justiz RS0127377. *B/S* BT I^{11} § 107b Rz 3, sprechen von mehreren Wochen; ahnlich *Schwaighofer* in WK^2 § 107b Rz 26. Eingehend zu diesem quantitativ-qualitativen Erfordernis *Winkler* in SbgK § 107b Rz 21 f und 102 ff.

8 *Tipold,* JBl 2009, 678, bezweifelt, dass die Ausnahmen ausreichend sind; krit auch *Winkler* in SbgK § 107b Rz 101; vgl hierzu auch *Schwaighofer* in WK^2 § 107b Rz 22.

9 EBRV 678 BlgNR XXII. GP 25.

10 *Tipold,* JBl 2009, 679; *Winkler* in SbgK § 107b Rz 31; *F/R-K* BT I^3 75; *Schwaighofer* in WK^2 § 107b Rz 12.

3. Qualifikationen

Abs 3 und 4 normieren **Qualifikationen** gleichsam in einem Kaskadensystem.[11] Den ersten **Anknüpfungspunkt** bildet die **Tathandlung**. Ein höherer Strafsatz kommt zur Anwendung, wenn die fortgesetzte Gewaltausübung gegen eine **schutzbedürftige Person** (Unmündige oder wegen Gebrechlichkeit, Krankheit oder einer geistigen Behinderung Wehrlose) begangen wird (Abs 3 Z 1) oder wenn durch die Tat eine **umfassende Kontrolle des Verhaltens** oder eine **erhebliche Einschränkung der autonomen Lebensführung** der verletzten Person bewirkt wird (Abs 3 Z 2), wobei diese Begriffe in bedenklicher Weise unbestimmt sind.[12] 9

Werden diese qualifizierten Tathandlungen **auf qualvolle Weise** begangen (wenn die Gewaltausübung mit Schmerzen, Leiden, Angstzuständen oder Depressionen von besonderer Intensität einhergeht[13]) oder werden dadurch wiederholt **Straftaten gegen die sexuelle Selbstbestimmung und Integrität** gesetzt, ist der Strafsatz nochmals erhöht (Abs 4 erster Satz). Zwar können Sexualdelikte keine erhebliche Gewalt iSd Abs 2 sein und den Tatbestand des § 107b begründen (vgl Rz 7). Wenn es aber im Rahmen fortgesetzter Gewaltausübung auch zu wiederholten Sexualdelikten gegen das Tatobjekt kommt, ist die Tat qualifiziert, was in gewisser Weise inkonsistent ist.[14] 10

Eine weitere Strafsatzerhöhung bildet das Zeitmoment, wenn die fortgesetzte Gewalt nach Abs 3 **länger als ein Jahr** ausgeübt wird (Abs 4 zweiter Satz 2. Fall)[15]. Die Begehung des Grunddelikts des Abs 1 über diesen Zeitraum reicht also für diese Qualifikation nicht aus. 11

Den zweiten **Anknüpfungspunkt** für Qualifikationen bilden die **eingetretenen Tatfolgen**. Haben qualifizierte Tathandlungen nach Abs 3 eine **Körperverletzung** mit schweren Dauerfolgen (§ 85) oder den **Tod** zur Folge, ist der Strafsatz wiederum erhöht (Abs 4 zweiter Satz 1. und 3. Fall). Führt dagegen eine Tathandlung des Abs 1 zu diesen Erfolgen, kommen die höheren Strafsätze – wenig einsichtig – nicht zur Anwendung.[16] 12

4. Subjektiver Tatbestand

Der **Vorsatz** muss sich auf **Tatobjekt und Tathandlung** beziehen und insofern auch das qualitativ-quantitative Element der fortgesetzten Gewaltausübung eine längere Zeit hindurch (vgl Rz 6) beinhalten.[17] Auch die **Handlungsqualifikationen** des Abs 3 (Rz 9) und Abs 4 zweiter Satz 2. Fall (Rz 11) müssen vom Vorsatz des Täters erfasst sein. Lediglich für die Erfolgsqualifikationen des § 107b Abs 4 zweiter Satz 1. und 3. Fall (Rz 12) reicht unter Heranziehung des § 7 Abs 2 Fahrlässigkeit aus. 13

III. Abgrenzung und Konkurrenzen

Werden durch die Gewaltausübung die einzelnen strafbaren Handlungen, die letztlich § 107b begründen, verwirklicht, besteht an sich echte Konkurrenz mit den Körperverlet- 14

---

11 Krit dazu *Mitgutsch* in *Mitgutsch/Wessely* (2010) 41 f; *Starzer* in *Mitgutsch/Wessely* (2009) 91, 101; *Tipold,* JBl 2009, 680 f; *Winkler* in SbgK § 107b Rz 116.

12 *Starzer* in *Mitgutsch/Wessely* (2009) 100 ff; *Tipold,* JBl 2009, 680; *Winkler* in SbgK § 107b Rz 126 ff; *Schwaighofer* in WK^2 § 107b Rz 36.

13 *Winkler* in SbgK § 107b Rz 132; *Schwaighofer* in WK^2 § 107b Rz 44 f.

14 *Winkler* in SbgK § 107b Rz 134; *Schwaighofer* in WK^2 § 107b Rz 46 ff.

15 Siehe dazu auch OGH 13 Os 143/11w = RIS-Justiz RS0127378.

16 Dazu krit *F/R-K* BT I^3 76; aA *Winkler* in SbgK § 107b Rz 139 und 114, der bei den Erfolgsqualifikationen auf die „Tat" abstellt und insofern auch § 107b Abs 1 als Grunddelikt für diese Folge ausreichen lässt.

17 *Mitgutsch* in *Mitgutsch/Wessely* (2010) 40; *B/S* BT I^{11} § 107b Rz 4; *Starzer* in *Mitgutsch/Wessely* (2009) 91; *Winkler* in SbgK § 107b Rz 112; *Schwaighofer* in WK^2 § 107b Rz 27.

zungsdelikten (§§ 83 ff), Freiheitsdelikten (§§ 99 ff) oder Sexualdelikten (§§ 201 ff). Da dies allerdings zu „unbilliger Doppelverwertung" führen würde, wird von **Scheinkonkurrenz durch stillschweigende Subsidiarität** ausgegangen.[18]

15 Zur weiteren Strafbarkeitsbegrenzung normiert **Abs 5** eine **ausdrückliche Subsidiaritätsklausel**: Demnach ist der Täter nicht nach § 107b zu bestrafen, wenn die Tat nach einer anderen Bestimmung mit strengerer Strafe bedroht ist. Dies gilt, zumal diese Klausel am Ende der Norm steht, nicht nur für das Grunddelikt, sondern auch für alle Qualifikationen dieser Norm. Sind **Einzeltaten**, die unter § 107b zusammengefasst werden, **nicht mit strengerer Strafe bedroht**, bleibt ihre Strafbarkeit bestehen und es kommt zu **echter Konkurrenz**. Die Annahme ihrer Subsidiarität würde zu Wertungswidersprüchen führen, weil derjenige, der derart häufig delinquiert, dass er die Voraussetzungen des § 107b erfüllt und dadurch dessen Abs 5 anwendbar macht, gegenüber dem, der zwar wiederholt, nicht aber in der von § 107b geforderten Häufigkeit Gewalt übt, bevorzugt wäre.[19]

IV. Prozessuales

16 § 107b Abs 1 und 3 fallen in die sachliche Zuständigkeit des **Einzelrichters am LG** (§ 31 Abs 4 Z 1 StPO) und sind daher prinzipiell einer **diversionellen Verfahrenserledigung** (§§ 198 ff StPO) zugänglich. Die **Qualifikationen** des Abs 4 fallen mit Ausnahme der Todesfolge in den Kompetenzbereich des **Schöffengerichts** (§ 31 Abs 3 Z 1 StPO). Die **Todesfolge** kommt dem **Geschworenengericht** zur Aburteilung zu (§ 31 Abs 2 Z 1 StPO).

Ad Beispielsfall: A verwirklicht durch die Misshandlungen Gewalt iS von § 107b Abs 2. Da er in den vergangenen Monaten mehrmals eine solche Gewalt angewendet hat, verwirklicht er den objektiven Tatbestand der fortgesetzten Gewaltausübung nach § 107b Abs 1. Da B noch nicht das 14. Lebensjahr vollendet hat, kommt die Qualifikation des § 107b Abs 3 Z 1 zur Anwendung. Aufgrund von § 39a Abs 1 Z 3 ist daher auf eine mindestens einjährige Freiheitsstrafe zu erkennen. Für Qualifikationen nach § 107b Abs 4 bietet der Sachverhalt jedoch keine Anhaltspunkte. Eine Rechtfertigung für das Verhalten von A lässt sich aus der Rechtsordnung nicht ableiten.

Zentrale Probleme zur Wiederholung: *Feststellung des Tatzeitraumes; Gewaltbegriff; Abgrenzungen.*

Weiterführende Literatur: *Maleczky,* Zweites Gewaltschutzgesetz (2. GeSchG), JAP 2009/10, 5; *Mitgutsch,* Ausgewählte Probleme der Freiheitsdelikte – Beharrliche Verfolgung und fortgesetzte Gewaltausübung, in *Mitgutsch/Wessely* (Hg), Jahrbuch Strafrecht Besonderer Teil 10 (2010) 21; *Jurtela,* Häusliche Gewalt und Stalking (2007); *Starzer,* Zur Genese des § 107b StGB idF der RV bzw des IA, in *Mitgutsch/Wessely* (Hg), Jahrbuch Strafrecht Besonderer Teil 09 (2009) 79; *Tipold,* Zur Auslegung des § 107b StGB (Fortgesetzte Gewaltausübung), JBl 2009, 677.

18 *Mitgutsch* in *Mitgutsch/Wessely* (2010) 42 f unter Bezugnahme auf *B/S* BT I[11] § 107b Rz 9; *Winkler* in SbgK § 107b Rz 167. *Tipold*, JBl 2009, 681 geht in Übereinstimmung mit den Materialien von Konsumtion aus.

19 *Tipold*, JBl 2009, 682 f; zust *Winkler* in SbgK § 107b Rz 169.

IV. Sonstige Freiheitsdelikte

A. Täuschung (§ 108)

I. Überblick

1 Das Delikt der Täuschung (§ 108) ist ein **subsidiäres Auffangdelikt** mit großer Reichweite, zumal alle privaten (subjektiven) Rechte von dieser Norm erfasst werden. Dadurch soll die **Willensfreiheit in einem allgemeinen Sinn** geschützt werden.[1] Aufgrund des Schadenserfordernisses ist § 108 ein **Erfolgsdelikt**. In Abgrenzung zum Betrug (§ 146) sind Schädigungen des Vermögens nicht von § 108 erfasst, sondern exklusiv von §§ 146 ff.[2]

2 Die **praktische Bedeutung** dieser Norm ist **äußerst gering**. So gab es im Jahr 2010 lediglich eine Verurteilung wegen § 108, der immerhin 82 Anzeigen gegenüberstanden. Die geringe praktische Bedeutung rührt zum Teil wohl auch von der Ausgestaltung als Ermächtigungsdelikt (Rz 15) her.

Beispielsfall: A gibt vor, bei einer Fotoagentur zu arbeiten, und verspricht der attraktiven B einen Vertrag als Modell, wenn sie zu Sexualkontakten mit ihm bereit sei. B lässt sich aus diesem Grund auf einen Geschlechtsverkehr mit A ein. Wenige Tage später entdeckt sie jedoch, dass A seine Kontakte zur Modellbranche nur vorgespielt hatte und sie einem „Betrüger" auf den Leim gegangen war.

II. Tatbestand

Den Tatbestand der Täuschung begeht, wer

- einen anderen
- vorsätzlich
- durch Täuschung über Tatsachen
- zu einer Handlung, Duldung oder Unterlassung verleitet
- und ihn oder einen Dritten absichtlich (§ 5 Abs 2) in seinen Rechten schädigt.

3 Abgesehen vom Vermögensschaden und damit korrespondierend dem Bereicherungsvorsatz kennt § 108 dieselben Tatbestandsmerkmale wie der Betrug (§ 146), wenngleich der Gesetzeswortlaut zum Teil andere Formulierungen hat. Der Aufbau des § 108 wurde aber dennoch an jenen des § 146 angelehnt.

1 Vgl EBRV 30 BlgNR XIII. GP 239.

2 *Bertel* in WK[2] § 108 Rz 4 f; *B/S* BT I[11] § 108 Rz 3; *Schmoller* in SbgK § 108 Rz 20 ff mit ausführlicher Darstellung des Meinungsstandes; aA OGH 12 Os 96/75 = JBl 1976, 601; *L/St* StGB[3] § 108 Rz 9; *Fabrizy* StGB[10] § 108 Rz 1.

1. Tatobjekt

4 Tatobjekt von § 108 ist ein **anderer Mensch**, weil jeder Mensch rechtsfähig ist und Träger von Rechten sein kann. Für die Erfüllung des § 108 ist es jedoch erforderlich, dass der Schaden an den Rechten durch eine Verfügung herbeigeführt wird. Insofern muss zur Rechtsfähigkeit des Tatobjekts die **Fähigkeit** hinzutreten, **schädigende Rechtshandlungen setzen zu können**. Folglich kann Tatobjekt nur ein Mensch sein, der eine bestimmte rechtliche Handlungsfähigkeit besitzt. Da es jedoch nicht auf die Gültigkeit einer Rechtshandlung ankommt, ist die zivilrechtliche Geschäftsfähigkeit beim Tatobjekt keine Voraussetzung, sondern lediglich eine allgemeine Fähigkeit, über Rechte faktisch disponieren zu können.

2. Tathandlung

5 Ähnlich wie beim Betrug (§ 146) besteht die Tathandlung bei § 108 in einer **Täuschung über Tatsachen**. Es müssen also der Wirklichkeit widersprechende Fakten vorgegeben werden. Täuschungsfähige Tatsachen können sowohl objektiv in der Außenwelt vorhandene Tatsachen sein (zB ein bestimmtes Dienstverhältnis) als auch subjektive, in der Psyche des Täuschenden liegende Tatsachen (zB die Annahme der Erforderlichkeit einer bestimmten medizinischen Behandlung). Insofern bestehen keine Abweichungen zum Betrug (siehe näher bei § 146 Rz 6 ff). Diese Täuschung muss zu einem **themengleichen Irrtum** führen.

3. Taterfolg

6 Der Taterfolg bei der Täuschung ist mehraktig. Zunächst muss gleichsam als **Zwischenerfolg** eintreten, dass der Getäuschte aufgrund eines vorhandenen Irrtums ein **entsprechendes Verhalten** (Handlung, Duldung oder Unterlassung) setzt. Als **Enderfolg** muss für die Vollendung des Delikts überdies ein **„Schaden an den Rechten"** vorhanden sein.

7 Das Enderfolgserfordernis „Schaden an den Rechten" ist äußerst weit und unbestimmt. Es lässt sich zunächst dadurch eingrenzen, dass jedenfalls **Vermögensrechte** ausscheiden, weil es dafür den Spezialtatbestand des Betrugs (§ 146) mit denselben Tathandlungserfordernissen gibt (siehe Rz 1). Die bisweilen vertretene Ansicht, dass bei fehlender Betrugsstrafbarkeit mangels Bereicherungsvorsatzes subsidiär eine Bestrafung wegen § 108 in Betracht kommt,[3] ist abzulehnen, weil Tathandlungen mit einer objektiven Vermögensschädigungstendenz exklusiv von den strafbaren Handlungen gegen fremdes Vermögen erfasst werden und insofern bei solchen Verhalten keine alternative Strafbarkeit wegen des Täuschungsaspekts in Betracht kommt.[4]

---

3 *L/St* StGB³ § 108 Rz 9; *Fabrizy* StGB¹⁰ § 108 Rz 1, 4; OGH 12 Os 96/75 = JBl 1976, 601; 13 Os 149/90; 12 Os 71/92 = EvBl 1993/39.

4 EBRV 30 BlgNR XIII. GP 238; *K/Schr* Grundriss BT I⁵ § 108 Rz 24 f; *B/S* BT I¹¹ § 108 Rz 3; *Bertel* in WK² § 108 Rz 4; im Ergebnis ebenso *F/R-K* BT I³ 77.

Weiters fallen nach einer Novellierung im Jahre 1987,[5] die in gewissen Bereichen eine Entkriminalisierung zum Ziel hatte, **Hoheitsrechte** nicht mehr unter den Tatbestand der Täuschung (vgl § 108 Abs 2). Der klassische „Behördenbetrug" ist seither nur mehr insofern strafrechtlich relevant, als damit ein Vermögensschaden verbunden ist (§§ 146 ff). Eine Behördentäuschung nach Maßgabe eines für die Behörde durchsetzbaren Anspruchs, dass Angaben ihr gegenüber korrekt gemacht werden, ist nicht mehr strafwürdig, sofern nicht durch die Täuschung ein Beweismittel gefälscht wird (vgl § 293). 8

Als mögliches Beispiel für ein schädigungsfähiges subjektives Recht kann das **Recht auf den eigenen Körper** genannt werden. Wenn zB ein Arzt unter Vorspiegelung falscher Tatsachen einen anderen dazu veranlasst, eine Besichtigung seines nackten Körpers zu erdulden, erfüllt dies den Tatbestand der Täuschung.[6] Wird der andere jedoch über die Notwendigkeit einer medizinischen Behandlung getäuscht, ist die eigenmächtige Heilbehandlung (§ 110) die speziellere Norm.[7] Beinhaltet die Verletzung der Privatsphäre eine **Sexualkomponente**, könnte § 108 als subsidiärer Auffangtatbestand zur Anwendung gelangen, wenn die für die Sexualdelikte (§§ 201 ff) erforderliche Schwelle beim Tatmittel (keine Gewalt oder Drohung) bzw beim bewirkten Verhalten des Opfers (keine geschlechtliche Handlung im eigentlichen Sinn) nicht überschritten wird. Im Unterschied zu den Vermögensdelikten ist hier von keiner tatbestandlichen Exklusivität auszugehen, weil es sowohl bei § 108 als auch bei §§ 201 ff um – wenngleich verschiedene – Aspekte der Freiheit geht und insofern die §§ 201 ff spezielle Ausgestaltungsdelikte der Freiheit sind. 9

Als weiteres Beispiel kann das **Hausrecht** angeführt werden. Täuscht etwa ein Polizist vor, dass die Voraussetzungen für eine Hausdurchsuchung vorliegen, und bewirkt er dadurch, dass der Hausrechtsberechtigte eine Hausdurchsuchung „im Rahmen der freiwilligen Nachschau" duldet, könnte dadurch der Tatbestand der Täuschung erfüllt werden. § 108 greift freilich nur, wenn das Verhalten nicht unter die Amtsdelikte (§§ 302 ff) zu subsumieren ist. Missbraucht der Polizist wissentlich seine Befugnis, um eine Hausdurchsuchung vornehmen zu können, kann er wegen Amtsmissbrauchs (§ 302) zur Verantwortung gezogen werden. Wird eine formelle Hausdurchsuchung entgegen den Bestimmungen der StPO vorgenommen, so könnte bei fahrlässiger Verkennung der Hausdurchsuchungsvoraussetzungen § 303 (Fahrlässige Verletzung der Freiheit der Person oder des Hausrechts) in Betracht kommen. Im Hinblick auf das Hausrecht kann der Tatbestand der Täuschung auch erfüllt sein, wenn zB ein Gaskontrolleur vorspiegelt, die Wohnung zur Kontrolle des Zählerstands betreten zu müssen, aber im Wesentlichen nur erkunden will, wie eine bestimmte Person wohnt. 10

5 BGBl 1987/605.

6 EBRV 30 BlgNR XIII. GP 239; vgl *Fabrizy* StGB[10] § 108 Rz 5; aA *B/S* BT I[11] § 108 Rz 3; *Bertel* in WK[2] § 108 Rz 11; *K/Schr* Grundriss BT I[5] § 108 Rz 12, 31.

7 Im Ergebnis ebenso *F/R-K* BT I[3] 77.

11 Die Unbestimmtheit des für § 108 erforderlichen Erfolgs hat zur **Forderung** geführt, diese **Norm zu streichen**.[8] Dem ist unter dem Gedanken des Ultima-Ratio-Prinzips beizupflichten. Die eben genannten Bsp suggerieren zwar einen Anwendungsbedarf für diese Norm, gerade die Abgrenzung zu anderen Deliktsgruppen zeigt aber, dass § 108 allenfalls Bagatellfälle erfasst, wodurch diese Norm entbehrlich ist. Die Ausgestaltung als Ermächtigungsdelikt (vgl § 108 Abs 3; dazu näher unter Rz 16), die es dem Geschädigten ermöglicht, bestimmte Verletzungen seiner subjektiven Rechte nicht zum Gegenstand eines Strafverfahrens zu machen, trägt diesem Gedanken zu wenig Rechnung.

4. Subjektiver Tatbestand

12 Sämtliche **objektiven Tatbestandsmerkmale** des § 108 müssen vom **Vorsatz** des Täters erfasst sein. Für das Erfordernis **„Schaden an den Rechten"** ist sogar **Absicht** (§ 5 Abs 2) erforderlich. Es ist jedoch in diesem Zusammenhang nicht nötig, dass sich der Schädiger Gedanken darüber macht, welches konkrete subjektive Recht eines anderen er verletzt. Es reicht das allgemeine Ziel seines Verhaltens, einen anderen in irgendeinem konkreten subjektiven Privatrecht zu schädigen. Das Motiv für diese Tat (Boshaftigkeit, Rache oder Neugier) ist irrelevant.[9]

III. Abgrenzung und Konkurrenzen

13 Aufgrund der breiten Palette von Rechten, die durch § 108 verletzt werden können, stellt sich die Frage nach allfälliger Konkurrenz mit zahlreichen anderen Tatbeständen. Hat der zugefügte Schaden eine **Vermögenskomponente**, geht Betrug (§ 146) der Täuschung (§ 108) generell als exklusiv vor (vgl Rz 1 und 7).

14 Besteht der Schaden in der **Verletzung der sexuellen Selbstbestimmungsfreiheit**, sind die jeweiligen Sexualdelikte (§§ 201 ff) die spezielleren Normen. Wird allerdings die für die Sexualdelikte erforderliche Schwelle beim Tatmittel (keine Gewalt oder Drohung) bzw beim bewirkten Verhalten des Opfers (keine geschlechtliche Handlung im eigentlichen Sinn) nicht überschritten, kann § 108 zur Anwendung kommen (vgl Rz 9).[10]

15 Gegenüber den **Urkundendelikten** (§§ 223 ff) und den **Beweismitteldelikten** (§§ 293 ff) besteht Subsidiarität, wenn durch die Täuschung Falsifikate geschaffen bzw wenn Falsifikate zur Täuschung verwendet werden.

---

8 *Bertel* in WK² § 108 Rz 14; *Schmoller* in SbgK § 108 Rz 41.

9 Insofern missverständlich *F/R-K* BT I³ 77, die die Absicht verneinen, wenn es dem Täter auf etwas anderes (zB Rache oder Ärger des Opfers) ankommt. Ein solches Motiv kann jedoch geradezu ein Indiz für Schädigungsabsicht sein.

10 Vgl EBRV 30 BlgNR XIII. GP 239; *Fabrizy* StGB¹⁰ § 108 Rz 5; aA *Bertel* in WK² § 108 Rz 11; *Schmoller* in SbgK § 108 Rz 25 f; *K/Schr* Grundriss BT I⁵ § 108 Rz 12, 31; *B/S* BT I¹¹ § 108 Rz 3.

IV. Prozessuales

16 § 108 ist ein **Ermächtigungsdelikt** (§ 108 Abs 3). Dabei erfolgt – im Unterschied zu den Privatanklageverfahren (vgl § 71 StPO; siehe auch bei § 110 Rz 21 f) – auch das strafprozessuale Ermittlungsverfahren allein durch die **staatlichen Strafverfolgungsbehörden.** Eine Strafverfolgung ist entsprechend § 92 StPO aber nur zulässig, wenn der Berechtigte dazu seine **Ermächtigung erteilt**. Kriminalpolizei oder Staatsanwaltschaft haben daher unverzüglich anzufragen, ob die Ermächtigung erteilt werde. Wird sie nicht binnen 14 Tagen erteilt oder sogar ausdrücklich verweigert, ist jede weitere Ermittlung unzulässig und das Verfahren einzustellen. Ein später geltend gemachter Widerruf der verweigerten Ermächtigung bleibt ohne Auswirkungen. Hingegen kann eine bereits erteilte Ermächtigung bis zum Schluss des Verfahrens zurückgenommen werden, was wiederum – je nach Verfahrensstadium – zu einer Verfahrenseinstellung oder bei bereits begonnener Hauptverhandlung zu einem Freispruch (§ 259 Z 3 StPO) führt.

Ad Beispielsfall: A täuscht über die (äußere) Tatsache eines Dienstverhältnisses bei einer Fotoagentur und gibt entsprechenden Einfluss vor. Die B befindet sich in einem themengleichen Irrtum und erklärt sich infolgedessen mit sexuellen Handlungen einverstanden. Da keine Gewalt oder Drohung im Spiel ist, scheiden die Sexualdelikte (§§ 201 ff) aus. Durch Täuschung bewirkte sexuelle Handlungen verletzen aber das subjektive Recht auf Freiheit der sexuellen Selbstbestimmung unter Kenntnis der wahren Tatsachen. Insofern erleidet B einen Schaden an ihren Rechten, auf den es A geradezu ankam (Absicht iS von § 5 Abs 2). A hat daher die strafbare Handlung der Täuschung (§ 108) verwirklicht. Ob entsprechend dem Ultima-Ratio-Grundsatz ein kriminalpolitisches Bedürfnis zur Ahndung solcher Verhaltensweisen besteht, ist infrage zu stellen. Die Unbestimmtheit der Norm, die letztlich deren weiten Anwendungsbereich ermöglicht, ist bedenklich.

Zentrale Probleme zur Wiederholung: *Auslegung des Tatbestandsmerkmals „Schaden an Rechten"; Abgrenzung zu § 146.*

Weiterführende Literatur: *Baritsch/Helmreich,* Der fingierte Krankenstand – zur Strafbarkeit von Gefälligkeitsattesten, ZAS 2003, 171; *Bergauer,* Phishing im Internet – eine kernstrafrechtliche Betrachtung, RZ 2006, 82; *Bergauer,* Viren, Würmer, Trojanische Pferde – Computerstrafrecht auf dem Prüfstand, in *BMJ* (Hg), Ottensteiner Fortbildungsseminar 2007, 27; *Löschnigg,* Anstellungsbetrug – Anstellungstäuschung – Amtserschleichung, JSt 2009, 73.

B. Hausfriedensbruch (§ 109)

I. Überblick

1 Geschütztes **Rechtsgut** des § 109 ist ein **Ausschnitt des Hausrechts**, nämlich lediglich die freie **Entscheidung über** den **Zutritt** zu bestimmten umfriedeten Räumlichkeiten und Grundstücken.[1] Grundsätzlich wird das Hausrecht mit den Mitteln des Zivilrechts (Besitzstörung, Unterlassungsklage) geschützt, gegenüber dem Staat mit dem BVG über den Schutz des Hausrechts[2] bzw Art 8 EMRK. Aufgrund des für das Strafrecht geltenden Ultima-Ratio-Grundsatzes greift der strafrechtliche Schutzbereich des § 109 erst, wenn als **Tatmittel** zum Betreten der geschützten Räume und Grundstücke **Gewalt eingesetzt** oder **mit Gewalt gedroht** wird (zur Möglichkeit, Verletzungen des Hausrechts über die Täuschung zu erfassen, siehe bei § 108 Rz 10). Die Verletzung des Hausrechts durch Einschleichen oder unbefugtes Betreten fällt ebenso wenig in den Schutzbereich der Norm wie die Weigerung, einen gewaltfrei betretenen Raum wieder zu verlassen. Nicht zuletzt aufgrund dieser Lücke und der Bedeutung des Hausrechts für die Privatsphäre wird eine Neukonzeption des strafrechtlichen Hausrechtsschutzes gefordert.[3]

2 § 109 ist ein **Erfolgsdelikt**. Es ist mit dem Eintreten bzw dem Eindringen in die Wohnung vollendet. Bis dahin ist Versuch möglich. Im Hinblick auf die Wohnstätte ist **Abs 3** eine Qualifikation des Abs 1. Bezüglich der anderen Tatobjekte des Abs 3 handelt es sich um eigenständige strafbare Handlungen.

3 **Schutzobjekt** der Norm ist **jeder durch das Hausrecht Berechtigte**. Dies beurteilt sich grundsätzlich nach dem bürgerlichen Recht. Entscheidend ist, wer das bessere Recht an der Liegenschaft hat. Insofern hat der Mieter als Rechtsbesitzer Vorrang vor dem Eigentümer, und der Eigentümer kann Hausfriedensbruch gegenüber dem Mieter begehen. Auch wer ein Wohnobjekt faktisch benützt, genießt Schutz gegenüber einem noch schlechter Legitimierten. Insofern kann § 109 gegenüber einem Obdachlosen, der sich einen Dachbodenraum als Behausung eingerichtet hat, begangen werden.[4] Schließlich können an Räumen oder Grundstücken mehrere Personen ein Nutzungsrecht haben, wie zB in Familien oder Lebensgemeinschaften, wodurch innerhalb dieser Berechtigten § 109 von vornherein nicht zur Anwendung gelangen kann, außer es besteht (aus Gründen der Sicherheit) ein Betretungsverbot nach polizeilichen Vorschriften (vgl § 38a SPG).

---

1 Vgl *K/Schr* StudB BT I² § 109 Rz 3; *L/St* StGB³ § 109 Rz 3; *Schmoller* in SbgK § 109 Rz 6 ff.

2 RGBl 1862/88.

3 ZB *F/R-K* BT I³ 78 f; *Schmoller* in SbgK § 109 Rz 23.

4 OGH 10 Os 10/85 = SSt 56/26. Der Hauseigentümer kann freilich diesbezüglich keinen Hausfriedensbruch begehen, weil er hinsichtlich des Dachbodens eine bessere Rechtsposition hat als der Obdachlose.

Der Hausfriedensbruch ist von **sehr geringer praktischer Bedeutung**. So wurden im Jahr 2010 lediglich 68 Personen wegen § 109 gerichtlich verurteilt. Das sind etwa 3 % aller Verurteilungen wegen eines Freiheitsdelikts. Die Zahl der Anzeigen belief sich auf 301. 4

Beispielsfall: A, B und C sind mit der Situation an den österreichischen Universitäten unzufrieden. Deshalb beschließen sie, „bewaffnet" mit Megafon und Transparent einen Hörsaal zu stürmen, um die dort anwesenden Studierenden für eine Hörsaalbesetzung zu gewinnen. Da das Rektorat solche Aktionen schon zu Beginn des Semesters befürchtet hatte, wurde vorsorglich an jedem Eingang eine Sicherheitsperson postiert, die das unberechtigte Eindringen in den Hörsaal verhindern sollte. Der Sicherheitsmann D, der die „offensichtlichen Störer" am Betreten des Hörsaals hindern will, wird zur Seite gedrängt. A, B und C gehen in den Hörsaal und beginnen mit ihrer geplanten Aktion.

II. Tatbestand

Den Tatbestand des Hausfriedensbruchs nach **Abs 1** erfüllt, wer 5

- mit Gewalt oder durch Drohung mit Gewalt
- den Eintritt in die Wohnstätte eines anderen
- vorsätzlich erzwingt.

Den Tatbestand des Hausfriedensbruchs nach **Abs 3** erfüllt, wer

- mit Gewalt oder durch Drohung mit Gewalt
- in ein Haus, eine Wohnstätte, einen „Berufsraum" oder einen zu einem Haus gehörenden Raum
- vorsätzlich eindringt entweder
  - mit der Absicht, Gewalt gegen eine anwesende Person zu üben,
  - mit der Absicht, eine wissentlich mitgeführte Waffe einzusetzen, oder
  - unter Erzwingung des Eindringens mehrerer Personen.

1. Tatobjekt

Das Tatobjekt für § 109 ist differenziert. **Abs 1** kann nur an der **Wohnstätte eines anderen** begangen werden, also einem Gebäude oder Raumgebilde, das **zu Wohnzwecken** und somit bestimmungsgemäß mindestens einer Person als Zuhause dient. Ein Wohnwagen, Hausboot oder ein Campingzelt kann ebenso eine Wohnstätte sein wie ein Zimmer in einer Wohngemeinschaft oder in einem Hotel.[5] Auf eine dauernde Nutzung zu Wohnzwecken kommt es nicht an, wo- 6

5 *Bertel* in WK[2] § 109 Rz 15; *L/St* StGB[3] § 109 Rz 3 f; *K/Schr* StudB BT I[2] § 109 Rz 6; *B/S* BT I[11] § 109 Rz 2.

durch auch ein gelegentlich genütztes Ferien- oder Wochenendhaus taugliches Tatobjekt sein kann.[6]

7 Bei einer Wohnung oder einem Haus bezieht sich der Begriff „Wohnstätte" auf alle **Räumlichkeiten im Wohnbereich**, auch auf solche, in denen man sich nur gelegentlich aufhält, wie zB einem Abstellraum oder einer Toilette.[7] Nicht unter den Begriff Wohnstätte fallen Stiegenhäuser, Garagen oder Keller(abteile), die von der eigentlichen Wohnstätte getrennt sind.[8] Auch Betriebs- und Geschäftsräumlichkeiten oder in Bau befindliche Wohnstätten zählen nicht dazu, weil sie (noch) keinen Wohnzwecken dienen. Schließlich ist der Pkw normalerweise keine Wohnstätte.[9]

8 **Abs 3** hat demgegenüber einen **weiteren Tatobjektsbegriff**, indem zusätzlich zur Wohnstätte auch ein **Haus** (in seiner Gesamtheit, also einschließlich Keller, Dachboden usw), ein zum öffentlichen Dienst oder zur Ausübung eines Berufes oder Gewerbes dienender **abgeschlossener Raum** (zB Hörsäle und Seminarräume an der Universität, Arztordinationen, Rechtsanwaltskanzleien usw) sowie ein unmittelbar zu einem Haus gehörender **umfriedeter Raum** (zB eine angrenzende Garage oder auch ein eingezäunter Garten) Tatobjekte sein können.[10] **Abgeschlossen** bedeutet in diesem Zusammenhang, dass ein Raum durch bauliche oder natürliche Hindernisse gegen ein beliebiges Betreten geschützt ist.[11] Verbotstafeln als „psychische Barrieren" reichen dafür nicht aus. Sofern sich Räume in Häusern befinden, kommt grundsätzlich der erste Fall des Abs 3 zur Anwendung. Der zweite Fall des Abs 3 setzt voraus, dass innerhalb eines Hauses bestimmte Personen einen eigenständigen Rechtsanspruch zur Nutzung eines Raumes haben. Das Büro eines Mitarbeiters fällt daher unter den zweiten Fall des Abs 3. Sofern freilich daran kein ausschließliches Nutzungsrecht besteht, verwirklicht der Mitberechtigte von vornherein nicht § 109. Der **abgeschlossene Raum** kann schließlich auch **beweglich** sein, wie zB der Gepäckwagen oder das Dienstabteil eines Zuges oder ein Bauwagen.

2. Tathandlung

9 Für alle Fälle des Hausfriedensbruchs ist der **Einsatz von Gewalt** oder eine **Drohung mit Gewalt** Teil der Tathandlung. Gewalt nach der Körperlichkeits-

6 *Bertel* in WK² § 109 Rz 15; *L/St* StGB³ § 109 Rz 3 f; *K/Schr* StudB BT I² § 109 Rz 8; *Schmoller* in SbgK § 109 Rz 38.

7 OGH 15 Os 22/95 = RIS-Justiz RS0093005; *L/St* StGB³ § 109 Rz 4; *K/Schr* StudB BT I² § 109 Rz 8.

8 *Schmoller* in SbgK § 109 Rz 40; *L/St* StGB³ § 109 Rz 4; *K/Schr* StudB BT I² § 109 Rz 9; *Lewisch* BT I² 113.

9 *Schmoller* in SbgK § 109 Rz 40 ff; *L/St* StGB³ § 109 Rz 4; *K/Schr* StudB BT I² § 109 Rz 9.

10 *Schmoller* in SbgK § 109 Rz 42 f; *Bertel* in WK² § 109 Rz 20; *L/St* StGB³ § 109 Rz 18 ff; *Lewisch* BT I² 114.

11 *L/St* StGB³ § 109 Rz 23.

theorie verlangt den Einsatz nicht unerheblicher physischer Kraft zur Überwindung eines Widerstands. Wird zB ein Dietrich zur Öffnung eines Schlosses verwendet oder das Schloss fachmännisch mit einem Nachschlüssel oder einem anderen Werkzeug geöffnet, liegt aufgrund des geringen Krafteinsatzes und der geringen Krafteinwirkung trotz der beträchtlichen Folgen für das Hausrecht keine Gewalt vor (s zur Gewalt bei §§ 105, 106 Rz 5 ff). Auch wer friedlich in eine Wohnstätte hineingeht und diese – aus welchem Grund auch immer – nicht wieder verlässt, kann keinen Hausfriedensbruch verwirklichen, weil es am gewaltsamen Betreten fehlt. Aus demselben Grund ist auch die bloße Missachtung eines erteilten Hausverbots oder das Einschleichen keine ausreichende Tathandlung, obwohl dadurch sehr wohl das Hausrecht verletzt wird.

Sachgewalt begründet nur dann eine ausreichende Tathandlung, wenn sie direkt auf das Erzwingen des Eintritts gerichtet ist (zB das Eintreten der Tür oder das Aufbohren eines Schlosses). Eine Sachgewalt, die lediglich den Berechtigten zum Aufsperren bewegen will (zB das Zerkratzen des Lacks am vor dem Haus abgestellten Pkw, um den Zutritt zum Haus zu erreichen), fällt nicht darunter.[12] 10

Im Unterschied zu anderen Freiheitsdelikten (zB § 105) reicht eine **gefährliche Drohung** iS von § 74 Abs 1 Z 5 nicht generell als Tathandlung für einen Hausfriedensbruch aus. Für § 109 ist eine **Drohung mit Gewalt** erforderlich, wobei sich die angedrohte Gewalt nicht auf einen Menschen beziehen muss, sondern auch angedrohte Sachgewalt ausreicht, sofern sie direkt auf die Verletzung des Hausrechts gerichtet ist (zB das angedrohte Einschlagen der Wohnungstür). Das angedrohte Töten oder Quälen eines Haustieres reicht folglich nicht, da mit dieser Handlung der Eintritt in eine Wohnung nur indirekt erzwungen werden kann. Einer Drohung mit einer Ehrverletzung oder auch mit anderen Beeinträchtigungen der Freiheit oder des Vermögens fehlt das angedrohte Gewaltelement, um ein geeignetes Tatmittel für § 109 zu sein. 11

3. Taterfolg

Taterfolg des **Abs 1** ist der **Eintritt**, also das **Betreten der Wohnstätte**. Aus dem Begriff „Eintritt“ wird geschlossen, dass das Betreten **mit dem ganzen** Körper erzwungen werden muss.[13] Der berühmte „Fuß in der Tür“, damit die Tür nicht mehr geschlossen werden kann, ist zu wenig. Ein versuchter Hausfriedensbruch würde vorliegen, wenn der Täter mit dem ganzen Körper eindringen wollte, es ihm aber nur gelungen ist, den Fuß in die Tür zu stellen. Das Aufzwängen einer Türe, um sich einen Gegenstand aus der Wohnung zu angeln, vermag dagegen keinen Hausfriedensbruch nach Abs 1 zu begründen, weil es in solchen Fällen auch am Betreten fehlt. 12

---

12 Solche Tathandlungen können allerdings den Tatbestand der Nötigung (§ 105) mittels gefährlicher Drohung gegen das Vermögen erfüllen.

13 *Bertel* in WK² § 109 Rz 13; *Schmoller* in SbgK § 109 Rz 56.

13 Anderes gilt für **Abs 3**. Dort ist kein „Eintritt" erforderlich, sondern nur ein **„Eindringen"**. Daher ist der Erfolg bereits gegeben, wenn jemand nur mit einem Körperteil in einen Raum gelangt, also zB mit der Faust hineinschlägt oder ähnliche Gewalthandlungen setzt. Ob diese Differenzierung bei den Taterfolgen des Abs 1 und 3 sachgerecht ist, erscheint zweifelhaft.

14 Da es bei § 109 stets um die Überwindung von Widerstand und damit um ein Betreten gegen den Willen des Hausrechtsberechtigten geht, wird für alle Alternativen geschlossen, dass für die Erfüllung des Tatbestands zumindest **ein Berechtigter** in der Wohnstätte oder den anderen geschützten Räumlichkeiten **anwesend** sein muss. Das Eintreten oder Eindringen in eine leere Wohnung liegt außerhalb des Bereichs der Strafbarkeit.[14] Dadurch soll der Anwendungsbereich der Norm entsprechend dem Ultima-Ratio-Grundsatz nicht zu groß sein.

4. Subjektiver Tatbestand

15 Für die objektiven Tatbestandsmerkmale des § 109 Abs 1 und 3 gelten die **allgemeinen Vorsatzerfordernisse**. Darüber hinaus gelten für **Abs 3 Z 1 und 2 spezielle Vorsatzerfordernisse**, letztlich aufgrund der daraus resultierenden höheren Gefährlichkeit der Tathandlung. Für **Z 1** muss das Eindringen in der Absicht (§ 5 Abs 2) erfolgen, gegen eine dort befindliche Person Gewalt zu üben, wodurch Gewalt beim Eindringen allein nicht ausreicht. **Z 2** erfordert beim Mitführen einer Waffe die Absicht, damit den Widerstand einer Person (beim Eindringen) zu überwinden oder zu verhindern, wobei bei dieser Alternative im Falle der Tatbestandsverwirklichung durch die Beteiligung einer anderen Person überdies der Täter im Zeitpunkt des Eindringens wissen muss (vgl § 5 Abs 3), dass ein Beteiligter eine Waffe bei sich trägt. In all diesen Fällen handelt es sich um **erweiterten Vorsatz**, wodurch es nicht erforderlich ist, dass gegen die Person im Anschluss an das Eindringen Gewalt geübt oder die Waffe zur Ermöglichung des Eindringens eingesetzt wird. Es muss lediglich im Plan des Täters gelegen haben, auf diese Weise vorzugehen.

III. Rechtfertigung

16 § 109 kennt keine speziellen Rechtfertigungsgründe, sondern es gelten die allgemeinen. Als mögliche Rechtfertigungsgründe kommen **behördliche Befugnisse** in Betracht. Jede Hausdurchsuchung, die mit Gewalt erzwungen wird und nicht freiwillig erfolgt, erfüllt den Tatbestand des Hausfriedensbruchs nach § 109. Werden die Bestimmungen der StPO eingehalten, entfällt jedoch das Unrecht wegen Rechtfertigung.

---

14 *Bertel* in WK[2] § 109 Rz 10; *L/St* StGB[3] § 109 Rz 13; aM *Schmoller* in SbgK § 109 Rz 61 ff.

IV. Abgrenzung und Konkurrenzen

Abs 3 konsumiert als schwereres Delikt den **Abs 1**. Dringt der Täter mit Gewalt gegen die Person oder mit Drohung mit Gewalt in den geschützten Raum ein, um dort einen **Raub** (§ 142) zu begehen, kommt nach üM ausschließlich § 142 zur Anwendung. Der Hausfriedensbruch wird aufgrund des in beiden Normen vorhandenen Tatbestandsmerkmals der Gewalt vom schweren Delikt konsumiert.[15] Dagegen wird zu Recht eingewendet, dass dies eigentlich Ausdruck einer Geringschätzung des eigenständigen Rechtsguts hinter § 109 ist.[16] Einigkeit besteht dahingehend, dass in Fällen, in denen Gewalt über das zur Verübung des Raubes erforderliche Maß hinausgeht und in einer mit der Sachbemächtigung nicht unmittelbar zusammenhängenden Weise gegen Personen oder Sachen angewendet wird, echte Konkurrenz zwischen § 109 und § 142 besteht. Wer eine bestimmte Person in deren Haus erspäht und daraufhin eine Scheibe einschlägt und sein Opfer ausraubt, begeht realkonkurrierend §§ 109 und 142.[17] 17

Echte Konkurrenz liegt weiters vor, wenn der Täter neben dem Hausfriedensbruch noch andere strafbare Handlungen – sei es im Zuge der Gewaltanwendung oder danach an den im geschützten Raum befindlichen Personen oder Sachen – begeht. Insofern kann § 109 mit **Körperverletzung** (§§ 83 ff) oder **Sachbeschädigung** (§§ 125 f) ebenso konkurrieren wie mit einer **gefährlichen Drohung** (§ 107). Gegenüber der **Nötigung** (§ 105) ist Hausfriedensbruch lex specialis, sofern das abgenötigte Verhalten das Eindringen in die Wohnung ist, weil in solchen Fällen der speziellere Zweck des abgenötigten Verhaltens vorgeht.[18] Werden dann in der Wohnung Nötigungshandlungen gesetzt, die nicht typisch für einen Hausfriedensbruch (§ 109) sind, ist echte Realkonkurrenz mit Nötigung (§ 105) möglich. 18

Auch der **Diebstahl durch Einbruch oder mit Waffen** (§ 129) kennt verschiedene Varianten, in denen (Sach-)Gewalt angewendet wird, wodurch sich Berührungspunkte mit dem Hausfriedensbruch (§ 109) ergeben. Im Falle des Einbruchs in ein Gebäude oder eine Wohnstätte eines anderen, der dort anwesend ist, konkurrieren aufgrund der unterschiedlichen Rechtsgüter § 109 und §§ 127, 129 Z 1 echt miteinander.[19] 19

Wird von einem **Beamten** (§ 74 Abs 1 Z 4) vorsätzlich ein Hausfriedensbruch unter Ausnutzung der ihm durch seine Amtstätigkeit gebotenen Gelegenheit begangen, kommt § 109 iVm **§ 313** zur Anwendung, was bewirkt, dass sich 20

---

15 *L/St* StGB³ § 109 Rz 37; *Bertel* in WK² § 109 Rz 41; *B/S* BT I¹¹ § 109 Rz 24; OGH 11 Os 51/82 = JBl 1982, 550.

16 *K/Schr* StudB BT I² § 109 Rz 56.

17 *Schmoller* in SbgK § 109 Rz 100; *L/St* StGB³ § 109 Rz 36 f; *K/Schr* StudB BT I² § 109 Rz 56; aA *B/S* BT I¹¹ § 109 Rz 24; differenzierend OGH 11 Os 51/82 = RIS-Justiz RS0090904 = JBl 1982, 550; 10 Os 97/76 = SSt 47/53; *Bertel* in WK² § 109 Rz 41.

18 Siehe zB *B/S* BT I¹¹ § 109 Rz 21.

19 Dazu mwN *K/Schr* StudB BT I² § 109 Rz 55.

die zulässige Strafrahmenobergrenze um die Hälfte erhöht, also bei § 109 Abs 1 eine Freiheitsstrafe bis zu 18 Monaten zulässig wäre. Überschreitet der Beamte wissentlich (§ 5 Abs 3) die Grenzen seiner Befugnisse mit dem Vorsatz, dadurch einen anderen in seinen Rechten zu schädigen, verwirklicht er **Amtsmissbrauch** (§ 302). Wird ein anderer durch eine gesetzwidrige Hausdurchsuchung seitens eines Beamten in seinen Rechten geschädigt, kommt **§ 303** zur Anwendung, der bereits bei Fährlässigkeit greift.[20]

V. Prozessuale Besonderheiten

21 Der Hausfriedensbruch nach **§ 109 Abs 1** ist ein **Ermächtigungsdelikt** (§ 109 Abs 2; Einzelheiten zum Ermächtigungsdelikt siehe bei § 108 Rz 15). Sachlich zuständig zur Aburteilung ist das **Bezirksgericht**. Eine **diversionelle Verfahrenserledigung** (§§ 198 ff StPO) ist unter den allgemeinen Voraussetzungen zulässig.

22 **§ 109 Abs 3** ist ein **allgemeines Offizialdelikt**. Dessen Aburteilung fällt in die sachliche Zuständigkeit des **Einzelrichters am LG** (§ 31 Abs 4 Z 1 StPO). Da die angedrohte Freiheitsstrafe drei Jahre beträgt, ist eine **diversionelle Verfahrenserledigung** (§§ 198 ff StPO) uneingeschränkt zulässig.

Ad Beispielsfall: A, B und C üben Gewalt gegen D iS der Körperlichkeitstheorie, weil sie den Sicherheitsmann zur Seite drängen. Sie erzwingen dadurch den Eintritt in einen abgeschlossenen Raum, der dem öffentlichen Dienst (der Ausbildung der Studierenden) dient. Da sie den Eintritt mehrerer Personen erzwingen, erfüllen sie den objektiven und subjektiven Tatbestand des Hausfriedensbruchs nach § 109 Abs 1 und 3 Z 3. Eine strafrechtliche Rechtfertigung oder Entschuldigung für ihr Verhalten („Bildungsnotstand") lässt sich nicht begründen.

Zentrale Probleme zur Wiederholung: *Auslegung des Tatbildmerkmales „Wohnstätte"; Vollendungszeitpunkt; Konkurrenzen.*

Weiterführende Literatur: *Hochmayr/Schmoller,* Die Definition der Gewalt im Strafrecht, ÖJZ 2003, 628; *Premissl,* § 303 StGB – Ein Schattendasein im System des österreichischen Grundrechtsschutzes, JSt 2005, 181; *Schmoller,* Sind auch vorsätzliche Verhaltensweisen dem § 303 zu unterstellen? Zum Verhältnis von Vorsatz und Fahrlässigkeit, ÖJZ 1983, 655; *ders,* Unzureichender Schutz des Hausrechts in Österreich, in *Moos ua,* Festschrift für Udo Jesionek zum 65. Geburtstag (2006) 483

20 Zur geringen praktischen Bedeutung dieser Norm siehe *Premissl* JSt 2005, 190.

C. Eigenmächtige Heilbehandlung (§ 110)

I. Überblick

Geschütztes Rechtsgut des § 110 ist die **freie Zustimmung zur medizinischen Behandlung** als Aspekt der Selbstbestimmungsfreiheit des Menschen.[1] Dahinter steht das elementare Recht jedes Menschen, über seinen Körper selbst zu bestimmen und nach eigener Entscheidung Eingriffe am Körper zuzulassen oder abzulehnen, auch wenn dies aus medizinischer Sicht noch so unvernünftig ist.[2] Um diese Entscheidung treffen zu können, hat der Patient das Recht, über eine geplante medizinische Behandlung informiert zu werden und sich dieser nach eigenem Ermessen zu unterziehen. § 110 erfasst auch eine **sachgerechte Behandlung**, die ohne Zustimmung durchgeführt wurde („wenn auch nach den Regeln der medizinischen Wissenschaft"). 1

Das Verbot eigenmächtiger Heilbehandlung begrenzt die generelle Behandlungspflicht von Medizinern, die sich aus anderen Rechtsnormen ergibt (sog **„Garantenpflichtsperre"**[3]). So endet zB die in § 49 ÄrzteG normierte Garantenstellung des Arztes gegenüber seinem Patienten, dessen Behandlung er übernommen hat, wenn ihm der einwilligungsfähige Patient die Fortsetzung der Behandlung untersagt. Eine Strafbarkeit nach den Tötungs- bzw Verletzungsdelikten (§§ 2, 75 ff bzw 83 ff) scheidet in solchen Fällen aus. 2

Auch wenn § 110 mit „eigenmächtiger Heilbehandlung" übertitelt ist, geht es um jede eigenmächtige medizinische Behandlung und nicht nur um eine solche, die auf Heilung gerichtet ist (dazu näher bei Rz 8). Insofern betrifft diese Bestimmung nicht nur die Tätigkeit der Ärzte, sondern auch die von Heilpraktikern, Homöopathen oder sog „Geisterheilern". Letztlich kann auch jeder Laie eine medizinische Behandlung vornehmen (vgl Rz 6). 3

Die **praktische Bedeutung** des § 110 ist aufgrund der Ausgestaltung als Privatanklagedelikt (§ 110 Abs 3; vgl Rz 22) sehr gering. So gab es im Jahr 2010 keine einzige Verurteilung wegen eigenmächtiger Heilbehandlung. 4

Beispielsfall: A ist nach dem Tod ihrer Mutter vor wenigen Wochen „schwermütig und depressiv". Ihr Mann B findet es an der Zeit, dass sie ihre „frühere Fröhlichkeit" wiederfindet und nicht durch ihren Schwermut die Beziehung gefährdet. Deshalb mischt er ihr jeden Morgen „Stimmungsaufheller" ins Frühstück, die ihre Wirkung nicht verfehlen. A ist wieder von Elan getrieben und findet das Leben wunderbar.

II. Tatbestand

Den Tatbestand der eigenmächtigen Heilbehandlung nach **Abs 1** erfüllt, wer 5

- einen anderen
- ohne dessen Einwilligung
- vorsätzlich
- medizinisch behandelt.

Den Tatbestand der eigenmächtigen Heilbehandlung nach **Abs 2** erfüllt, wer

- einen anderen
- in einer vermeintlich lebens- oder ernsthaft gesundheitsgefährlichen Situation
- ohne dessen Einwilligung

---

1 *Schmoller* in SbgK § 110 Rz 12; *L/St* StGB[3] § 110 Rz 1; *B/S* BT I[11] § 110 Rz 1.
2 ZB *F/R-K* BT I[3] 81.
3 Vgl *Bernat* JBl 2009, 130; *Moos* in WK[2] § 77 Rz 11.

- vorsätzlich
- medizinisch behandelt
- unter fahrlässiger Annahme der vermeintlichen Lebens-/Gesundheitsgefahr.

1. Tatsubjekt

6 §110 stellt **keine besonderen Anforderungen** an das Tatsubjekt. Die Strafbestimmung ist keineswegs auf Ärzte oder medizinisches Fachpersonal begrenzt. Anknüpfungspunkt ist die medizinische Behandlung. Insofern können auch medizinische Laien den Tatbestand erfüllen, zB wenn sie Erste Hilfe leisten.

2. Tatobjekt

7 Das Tatobjekt für § 110 ist **jeder andere (einwilligungsfähige) Mensch**, wobei bei einem einwilligungsunfähigen Menschen nicht von vornherein auf das Element der Einwilligung verzichtet werden darf. Es ist zu prüfen, ob es vielleicht eine Patientenverfügung aus der Zeit vorhandener Einwilligungsfähigkeit gibt, ob ein Sachwalter bestellt worden ist, der die Einwilligung erteilen kann, ob das Pflegschaftsgericht zuständig ist, die Einwilligung zu erteilen, oder ob es sich um ein minderjähriges Kind handelt, bei dem die Eltern die Einwilligung erteilen können (dazu näher bei Rz 15).

3. Tathandlung

a) Medizinische Behandlung

8 Die Tathandlung besteht in der medizinischen Behandlung ohne Einwilligung. Dabei werden unter **„behandeln"** nicht nur jene Tätigkeiten verstanden, die der **Heilung** von Krankheiten dienen (zB Operationen oder Therapien), sondern auch jene, die die **Feststellung** (zB Blutabnahme und -analyse) oder **Verhütung** von Krankheiten (zB Impfungen) oder die **Schmerzlinderung** zum Ziel haben.[4] Erfasst sind also sämtliche Verhaltensweisen zu diagnostischen, therapeutischen, prophylaktischen oder schmerzlindernden Zwecken. Darüber hinaus sind auch Behandlungen, die nichts mit „Krankheiten" im eigentlichen Sinn zu tun haben, wie zB (nicht medizinisch indizierte) **kosmetische Operationen** oder generell das Verabreichen von **Medikamenten zu anderen Zwecken** (zB zur Empfängnisverhütung), ausreichende Tathandlungen.[5] Ob solche Behandlungen den Regeln der sog Schulmedizin folgen oder einem „Naturheilverfahren", ist ohne Bedeutung. Auch wissenschaftliche oder experimentelle Versuche an Menschen ohne deren Einwilligung können darunterfallen, weil damit regelmäßig die Freiheit, über ihren Körper iS einer leiblich-seelischen Gesamtheit zu verfügen, beeinträchtigt wird.[6]

b) Ohne Einwilligung

9 Liegt eine **Einwilligung** vor, entfällt der Tatbestand des § 110. Entsprechend den allgemeinen Grundsätzen muss die Einwilligung – nach entsprechender Aufklärung – **vor der Behandlung** erteilt werden. Sie kann **ausdrücklich oder schlüssig** erfolgen. Wird eine erteilte

---

4 *Schmoller* in SbgK § 110 Rz 23; *Fabrizy* StGB^{10} § 110 Rz 1; *L/St* StGB^{3} § 110 Rz 4; *F/R-K* BT I^{3} 82.

5 Vgl *Bertel* in WK^{2} § 110 Rz 2 und 4.

6 *Bertel* in WK^{2} § 110 Rz 3; *F/R-K* BT I^{3} 82; in diese Richtung auch *B/S* BT I^{11} § 110 Rz 3; grundsätzlich gegen die Miteinbeziehung wissenschaftlicher und experimenteller Versuche OGH 9 Os 121/84 = RIS-Justiz RS0093203; 9 Os 121/84 = SSt 55/59; zust zu dieser Einschränkung *Schmoller* in SbgK § 110 Rz 28; *L/St* StGB^{3} § 110 Rz 5.

Einwilligung während der Behandlung widerrufen, hat die weitere Behandlung zu unterbleiben, wobei freilich begonnene Operationen sehr wohl beendet werden dürfen.

Voraussetzung für eine Einwilligung ist eine **vorausgehende Aufklärung** über Art und Tragweite der Behandlung, ihre typischen Gefahren, Folgen und Nebenwirkungen sowie mögliche Behandlungsalternativen. Dabei muss die Aufklärung in einer Art und Weise (Sprache, Verständnishorizont usw) erfolgen, die der Patient auch versteht. Die Anforderungen an die Aufklärung dürfen freilich nicht überspannt werden. Vor allem kann auf die Aufklärung seitens des Patienten auch verzichtet werden. Dieser Verzicht muss jedoch ausdrücklich erfolgen. Bloßes Schweigen oder das unterlassene Einfordern von Information über die medizinische Behandlung kann jedenfalls nicht als Verzicht auf die Aufklärung gewertet werden.[7] 10

Die **Einwilligungsfähigkeit** iS einer natürlichen Einsichts- und Urteilsfähigkeit des Einwilligenden ist Voraussetzung für jede Einwilligung. Bei **Erwachsenen** ist grundsätzlich von einer vorhandenen Einwilligungsfähigkeit auszugehen. Fehlt es an der Einwilligungsfähigkeit, ist die Zustimmung des **gesetzlichen Vertreters** erforderlich. Dieser kann ein vom Gericht für diese Angelegenheiten bestellter **Sachwalter** sein, der jedoch bei schweren Eingriffen nur dann zustimmen darf, wenn ein unabhängiger Arzt bestätigt, dass der Patient nicht selbst einsichts- und urteilsfähig ist und dass die Behandlung notwendig ist. Bei fehlender ärztlicher Bestätigung ist eine vorausgehende Genehmigung des Gerichts erforderlich (vgl § 283 ABGB). 11

Nach § 284b Abs 3 ABGB sind für volljährige Personen, die aufgrund einer psychischen Krankheit oder geistigen Behinderung Rechtsgeschäfte des täglichen Lebens nicht selbst besorgen können und für die kein Sachwalter bestellt ist, **nächste Angehörige vertretungsbefugt**. Diese Befugnis umfasst auch die Zustimmung zu einer medizinischen Behandlung, sofern diese nicht gewöhnlich mit einer schweren oder nachhaltigen Beeinträchtigung der körperlichen Unversehrtheit oder der Persönlichkeit verbunden ist und der vertretenen Person die erforderliche Einsichts- und Urteilsfähigkeit fehlt. Nächste Angehörige sind nach § 284c ABGB zB die Eltern, volljährige Kinder oder der im gemeinsamen Haushalt mit der vertretenen Person lebende Ehegatte/eingetragene Partner und der Lebensgefährte, wenn dieser mit der vertretenen Person seit mindestens drei Jahren im gemeinsamen Haushalt lebt. Sind mehrere Angehörige vertretungsbefugt, so genügt die Erklärung einer Person. Liegen dem Erklärungsempfänger widerstreitende Erklärungen vor, so ist keine wirksam (§ 284c Abs 2 ABGB). 12

Ist **(noch) kein Sachwalter** bestellt, weil die fehlende Einsichts- und Urteilsfähigkeit auf einer Akutsituation beruht, darf aufgrund von § 110 Abs 2 **zunächst behandelt** werden (siehe dazu bei Rz 18 f). Bei der Annahme, dass dieser Zustand länger andauern wird, ist aber eine Sachwalterbestellung – mitunter auch durch den behandelnden Mediziner – anzuregen. Das Pflegschaftsgericht hat dann über die Bestellung zu entscheiden. Bei einer **verbindlichen Patientenverfügung** nach § 4 PatVG, in der eine bestimmte Behandlung für den Fall fehlender Einsichts- und Urteilsfähigkeit konkret abgelehnt wird, hat diese Behandlung aber jedenfalls zu unterbleiben. Eine Sachwalterbestellung ist in solchen Fällen nicht erforderlich. 13

Unterschiedlich sind die Ansichten über das Einwilligungserfordernis in eine **medizinische Behandlung nach einem Selbstmordversuch**. Auch hier kommt es auf die vorhandene Einsichts- und Urteilsfähigkeit im Einzelfall an. Das Recht auf Selbstbestimmung im Hinblick auf eine medizinische Behandlung kann einem Selbstmörder nicht generell und von vornherein abgesprochen werden.[8] Ist er einwilligungsfähig, ist eine **verweigerte Einwilligung grundsätzlich beachtlich**. Manche nehmen eine Differenzierung dahingehend vor, ob es sich um die Behandlung der im Zuge des Selbstmordversuchs zugefügten Verletzung handelt oder um die einer anderen Krankheit. Hinsichtlich jener medizinischen Eingriffe, die durch den Selbstmordversuch unmittelbar erforderlich geworden sind, sei nicht auf die Erteilung einer 14

7 Dazu näher *F/R-K* BT I^3 86.
8 *F/R-K* BT I^3 81.

Einwilligung abzustellen, weil der Selbstmord nach wie vor als sittlich verwerflich gelte. Somit komme es im Hinblick auf die Behandlung von Selbstmordverletzungen gar nicht auf die Einwilligungsfähigkeit an.[9] Doch auch diese Autoren fordern keineswegs, dass ein Selbstmordversuch ein Freibrief für jede Art medizinisch indizierter Behandlung sein kann.[10] Bei Vorliegen der Einwilligungsfähigkeit ist nach einer Akutsituation die Einwilligung in eine medizinische Behandlung zu suchen.

15 Die Erfordernisse für die **Einwilligung in die medizinische Behandlung von Kindern** normiert § 146c ABGB. Bei über 14-jährigen Kindern (sog mündigen Minderjährigen) wird die erforderliche Einsichts- und Urteilsfähigkeit im Zweifel vermutet. Sie können daher die Einwilligung in eine medizinische Behandlung nur selbst erteilen (Abs 1). Bei jüngeren Kindern bzw bei über 14-Jährigen, denen die erforderliche Einsichts- und Urteilsfähigkeit fehlt, oder in Fällen gravierender medizinischer Behandlungen, die gewöhnlich mit einer schweren oder nachhaltigen Beeinträchtigung der körperlichen Unversehrtheit oder der Persönlichkeit verbunden sind (zB einer Organspende), ist die Zustimmung des Obsorgeberechtigten maßgeblich (Abs 2). Verweigert dieser die Zustimmung zur medizinischen Behandlung, muss der Arzt die Zustimmung des Pflegschaftsgerichts einholen (vgl § 176 Abs 1 ABGB). Für Akutsituationen ermächtigt § 146c Abs 3 ABGB ähnlich wie § 110 Abs 2 StGB zur medizinischen Behandlung.

4. Subjektiver Tatbestand

16 Für die objektiven Tatbestandsmerkmale des § 110 gelten die **allgemeinen Vorsatzerfordernisse**. Es muss zumindest Eventualvorsatz iS von § 5 Abs 1 zweiter Halbsatz dahingehend vorliegen, dass es sich um eine medizinische Behandlung handelt und die Einwilligung fehlt.

17 Für die eigenmächtige Heilbehandlung in Akutsituationen normiert § 110 Abs 2 letztlich eine Fahrlässigkeitsstrafbarkeit. Bei objektiv sorgfaltswidrig angenommener Lebens- bzw ernster Gesundheitsgefahr (§ 110 Abs 2) ist daher überdies Voraussetzung, dass der Täter auch **subjektiv sorgfaltswidrig** gehandelt hat. Er muss unter Berücksichtigung seiner Fähigkeiten und Kenntnisse in der Lage gewesen sein, die angenommene Gefahr sachgerecht zu beurteilen. Fehlte es ihm daran zB wegen Übermüdung oder schlechter Ausbildung, ist allenfalls auf den Gedanken der Übernahmefahrlässigkeit abzustellen.

III. Rechtfertigung

18 Aus **§ 110 Abs 2** lässt sich ein **spezieller Rechtfertigungsgrund** ableiten, der letztlich den Willen des Patienten, behandelt zu werden, vermutet. Der Arzt ist in solchen Fällen nicht verpflichtet, den Patientenwillen zu erforschen, sondern er darf gleich behandeln. Hat der Täter die Einwilligung des Behandelten in der Annahme nicht eingeholt, dass durch den Aufschub der Behandlung das Leben oder die Gesundheit des Behandelten ernstlich gefährdet wäre, so ist er nach Abs 1 nur zu bestrafen, wenn die vermeintliche Gefahr nicht bestanden hat und er sich dessen bei Aufwendung der nötigen Sorgfalt hätte bewusst sein können. Hat eine **ernste Gefahr** für Leben oder Gesundheit **bestanden**, gibt es **keine Strafbarkeit**, auch wenn die Einwilligung nicht eingeholt wurde.

19 § 110 Abs 2 kann auch eine sog **„erweiterte Operation"** rechtfertigen, wenn sich also im Zuge einer Operation, in die eingewilligt wurde, die Notwendigkeit ergibt, noch eine andere Behandlung durchzuführen, die vor der Operation nicht absehbar war (zB noch ein weiteres Organ zu entfernen). In solchen Fällen ist die Operation nicht abzubrechen, um nach der Einwilligung zu fragen und im Falle deren Erteilung eine weitere Operation durchzuführen. Eine

9 *Moos* in WK² § 77 Rz 11.

10 Siehe zum Ganzen auch oben bei § 78 Rz 11 f.

Strafbarkeit nach § 110 könnte sich jedoch dann ergeben, wenn das Risiko einer solchen erweiterten Operation von vornherein absehbar war und eine entsprechende Aufklärung und Einwilligung dazu im Vorfeld nicht gesucht wurde[11] oder wenn die erweiterte Operation tatsächlich unnötig war und der behandelnde Arzt diesen Umstand fahrlässig nicht erkannte.

Vergleichbare Rechtfertigungserfordernisse normieren im Ergebnis für Patienten in Krankenanstalten § 8 Abs 3 KAKuG, für besachwaltete Personen § 283 Abs 3 ABGB und für minderjährige Kinder § 146c Abs 3 ABGB. Das grundsätzlich erforderliche Einholen einer gerichtlichen Zustimmung für schwere medizinische Eingriffe ist in Akutsituationen nicht erforderlich. Verweigern zB die Eltern die Zustimmung zu einer Bluttransfusion für ihr 12-jähriges Kind, das gerade Opfer eines Verkehrsunfalls geworden ist, darf eine solche nach § 146c Abs 3 ABGB auch ohne Zustimmung des Gerichts verabreicht werden.[12] 20

IV. Abgrenzung und Konkurrenzen

§ 110 ist davon unabhängig, ob die medizinische Behandlung sachgemäß oder sorgfaltswidrig erfolgt. Kommt es im Rahmen einer medizinischen Behandlung auch zu einer **sorgfaltswidrigen Körperverletzung oder Tötung**, sind zusätzlich die Körperverletzungs- (§ 88) bzw Tötungsdelikte (§§ 80 f) heranzuziehen. Ist eine medizinische Behandlung nicht indiziert, ist eine Strafbarkeit wegen vorsätzlicher Körperverletzung (§§ 83 ff) möglich. In solchen Fällen tritt nach Ansicht einiger Autoren § 110 als subsidiär zurück.[13] Andere nehmen zu Recht aufgrund der unterschiedlichen verletzten Rechtsgüter echte Konkurrenz an.[14] 21

V. Prozessuale Besonderheiten

Die eigenmächtige Heilbehandlung nach **§ 110** ist ein **Privatanklagedelikt** (§ 110 Abs 3). Bei Privatanklagedelikten (vgl § 71 StPO) hält sich der Staat gleichsam aus dem Ermittlungsverfahren heraus, indem der Geschädigte keine Unterstützung der Strafverfolgungsbehörden (Kriminalpolizei, Staatsanwaltschaft oder Gericht) zur Vorbereitung seiner Anklage erhält. Es liegt somit ausschließlich in der Sphäre des geschädigten Patienten, den Sachverhalt so weit zu klären, dass das Gericht im Hauptverfahren über die erhobene Privatanklage entscheiden kann. Der Lösung von Fällen eigenmächtiger Heilbehandlung durch medizinische Schlichtungsstellen ist somit breiter Raum eingeräumt. Der Patient hat durch die „Drohung mit einer Anklage" ein starkes Mittel, zu Schadenersatz zu kommen. Auf der anderen Seite besteht für den Patienten auch ein hinreichender Anreiz, eine außergerichtliche Lösung anzunehmen. Würde nämlich das Strafverfahren zu keinem Schuldspruch führen, wäre er als Privatankläger zum Ersatz der Prozesskosten verpflichtet (vgl § 390 Abs 1 StPO). Dieses Prozesskostenrisiko führt dazu, dass von den Schlichtungsmöglichkeiten im medizinischen Bereich umfassend und von Privatanklagen generell nur sehr zurückhaltend Gebrauch gemacht wird, was im Ergebnis sachgerecht ist.[15] 22

Dieses **Privatanklagerecht** ist **nicht vererbbar**. Ist der Patient gestorben, kann der Arzt von vornherein nicht wegen eigenmächtiger Heilbehandlung verfolgt werden, weil das Verfolgungsrecht nur dem Betroffenen zusteht und nicht dessen Angehörigen. Wird eine eigenmächtige Heilbehandlung an einer **unmündigen oder besachwalteten Person** vorgenommen, obliegt die Ausübung des Privatanklagerechts dem **gesetzlichen Vertreter** und einer gerichtli- 23

11 *F/R-K* BT I[3] 88; *Bertel* in WK[2] § 110 Rz 36.
12 *F/R-K* BT I[3] 88.
13 ZB *Bertel* in WK[2] § 110 Rz 38; *Schmoller* in SbgK § 110 Rz 29, der allerdings aufgrund eines anderen Heilbehandlungsbegriffs ein anderes Konzept verfolgt.
14 ZB *K/Schr* Grundriss BT I[5] § 110 Rz 41; *L/St* StGB[3] § 110 Rz 22.
15 Siehe dazu *Birklbauer* RdM 2009, 251 ff.

chen Genehmigung. Darüber hinaus erlischt das Privatanklagerecht durch **Verzeihung** (vgl § 71 Abs 2 StPO).

24 Aufgrund der geringen Strafdrohung fällt § 110 in die sachliche Zuständigkeit des **Bezirksgerichts**. Ein **diversionelles Vorgehen** ist aufgrund der Ausgestaltung als Privatanklagedelikt **nicht möglich**, weil zum einen § 198 StPO diese Möglichkeit der Staatsanwaltschaft einräumt und für Privatanklagedelikte die Staatsanwaltschaft generell nicht zuständig ist. Zum anderen ermöglicht es zwar § 199 StPO dem Gericht, nach Einbringen der Anklage die diversionellen Bestimmungen anzuwenden, allerdings nur für „von Amts wegen" zu verfolgende strafbare Handlungen (= Offizialdelikte). Für Privatanklagedelikte gibt es keine entsprechende Ermächtigungsnorm.

Ad Beispielsfall: Das Einmischen der „Stimmungsaufheller" ins Frühstück durch B, damit A diese nichtsahnend zu sich nimmt, ist eine medizinische Behandlung. Da A von alldem nichts weiß, erfolgt die Behandlung ohne ihre Einwilligung. B führt absichtlich (§ 5 Abs 2) diese Behandlung durch. Ein Rechtfertigungsgrund dafür ist nicht ersichtlich. B verwirklicht somit § 110. Für eine Strafverfolgung müsste A die Privatanklage gegen B – mit eigenen Kostenrisiko – beim zuständigen Bezirksgericht erheben.

Zentrale Probleme zur Wiederholung: *Anforderungen an Einwilligung; Rechtfertigung nach Abs 2.*

Weiterführende Literatur: *Barth*, Ärztliche Behandlungsentscheidung und Recht, in *Körtner/Kopetzki/Kletečka-Pulker*, Das österreichische Patientenverfügungsgesetz (2007) 108; *Bernat*, Grenzen der ärztlichen Behandlungspflicht bei einwilligungsunfähigen Patienten, JBl 2009, 129; *Birklbauer*, Ist die Befassung von Strafgerichten mit ärztlichen Behandlungsfehlern noch zeitgemäß? Rechtspolitische Betrachtungen, RdM 2009, 251; *Hinterhofer*, Substitutionsbehandlung und Strafrecht, RdM 2010/122; *Hirsch*, Zur Frage eines Straftatbestands der eigenmächtigen Heilbehandlung, Zipf-GS (1999) 353; *Kern*, Limitierte Einwilligung (1999); *Kopetzki*, Zum Begriff der („besonderen") Heilbehandlung aus juristischer Sicht, RdM 1997, 6; *Sautner*, Die religiös motivierte Verweigerung der ärztlichen Heilbehandlung bei Minderjährigen, JAP 1999/2000, 14; *Schick*, Die Einwilligungsfähigkeit aus strafrechtlicher Sicht, in *Kopetzki* (Hg), Einwilligungsfähigkeit und Heilbehandlung (1999) 26; *Schmoller*, Lebensschutz bis zum Lebensende? ÖJZ 2000, 361; *Schütz*, Abbruch der künstlichen Ernährung bei einer einwilligungsunfähigen Patientin – vorsätzliche Tötung durch Unterlassen? iFamZ 2009, 32.

4. Kapitel

EHRDELIKTE

Der 4. Abschnitt des StGB beinhaltet die Ehrdelikte. Die zentralen Bestimmungen dieses Abschnittes sind die **Üble Nachrede** (§ 111) und die **Beleidigung** (§ 115), sowie der **Vorwurf einer schon abgetanen gerichtlich strafbaren Handlung** (§ 113). § 117 regelt die Berechtigung zur Anklage.

Beispielsfall: A ist als betroffener Anrainer vehement gegen den Bau des Linzer Westringes. Anlässlich eines Zeitungsinterviews des oö Landeshauptmannes gerät er derart in Rage, dass er sich dazu entschließt, dem seiner Meinung nach untragbaren Verhalten der Politiker nicht länger tatenlos zuzusehen. Kurzerhand macht er sich daran, Flugblätter mit dem (deutlich erkennbaren) Konterfei dreier Landespolitiker zu bedrucken. Unter die Gesichter setzt er den Schriftzug „Wir sind Verbrecher“. A ist stolz auf sein Werk und versendet es an mehrere Mitglieder des Linzer Gemeinderates sowie an mehrere Mitglieder des Aufsichtsrates einer namhaften Baufirma.[1]

Vorbemerkungen §§ 111–117

I. Rechtsgut und Schutzbereich der Norm

1 Die §§ 111–117 dienen dem **Schutz der Ehre** einer Einzelperson als höchstpersönlichem Rechtsgut, mithin dem Anspruch und dem Recht eines jeden Menschen auf **achtungsvolle Behandlung und Begegnung**.[2] Träger des Rechtsgutes kann nur eine natürliche Person sein, juristische Personen und Personenmehrheiten (Kollektive) sind überwiegend nicht geschützt (siehe aber § 116 für bestimmte staatliche Einrichtungen).

2 Die Ehre wird nicht nur durch strafrechtliche Bestimmungen geschützt, auch durch das **Mediengesetz** (MedienG), einzelne **zivilrechtliche Normen** (insbesondere § 1330 ABGB) und verwaltungsrechtliche Bestimmungen der Bundesländer wird der Ehrenschutz sichergestellt. Den darin geregelten Entschädigungszahlungen wohnt idR ein größerer punitiver Charakter inne als den Strafdrohungen des StGB.[3]

3 Die Normierung des Ehrenschutzes sowohl im strafrechtlichen als auch im außerstrafrechtlichen Bereich muss allzeit vor dem Hintergrund ihrer **verfassungsrechtlichen Vorgaben** gesehen werden: Einschränkungen des Ehrenschutzes stützen sich va auf Art 13 StGG und Art 10 Abs 1 EMRK, die beide das

---

1 Angelehnt an OLG Linz 8 Bs 93/08w = MR 2008, 342.

2 *Lambauer* in SbgK Vor §§ 111–117 Rz 1 ff; *Rami* in WK[2] Vor §§ 111–117 Rz 6.

3 Vgl *Lambauer* in SbgK Vor §§ 111–117 Rz 9; *K/Schr* Grundriss BT I[5] Vor §§ 111 ff Rz 70.

Grundrecht auf **freie Meinungsäußerung** garantieren,[4] welchem in diesem Zusammenhang die Wirkung einer ehrschutzminimierenden Tatbestandsreduktion zukommt.[5] Zu berücksichtigen sind überdies die **Freiheit der Kunst** (Art 17a StGG) und die **Freiheit der Wissenschaft** (Art 17 StGG). Schwierigkeiten bereitet die Abgrenzung zwischen Kritik, die sich noch im Rahmen der Meinungsfreiheit bewegt und Verletzungen der Ehre. Da das Grundrecht auf Meinungsfreiheit als wichtige Stütze einer demokratischen Gesellschaft angesehen wird, sind Beschränkungen – insbesondere durch das Strafrecht – nur als letztes Mittel zulässig. Grundsätzen wie **Ultima Ratio** und **Verhältnismäßigkeit** kommt in diesem sensiblen Bereich besondere Bedeutung zu.[6]

4 Eine wichtige Orientierungshilfe bei der Anwendung der Ehrdelikte bildet die Rechtsprechung des **Europäischen Gerichtshofs für Menschenrechte (EGMR)** in Straßburg. Der EGMR sieht die Funktion der Presse in einer demokratischen Gesellschaft ua darin, politische Vorgänge kritisch zu beleuchten und verschiedene Positionen zu wesentlichen Vorgängen wiederzugeben, und gesteht ihr somit die vitale Rolle eines „public watchdog" zu.[7] Die in dieser Hinsicht liberale Auffassung schlägt auch auf die Rspr der österr Strafgerichte durch.[8]

5 Im **Jahr 2010** gab es 60 Verurteilungen wegen strafbarer Handlungen gegen die Ehre. Davon fielen 27 Verurteilungen auf den praktisch bedeutendsten Tatbestand unter den Ehrdelikten, nämlich die üble Nachrede (§ 111).

II. Tatsubjekt

6 Die Delikte gegen die Ehre können von **jedermann** begangen werden, hinsichtlich **jugendlicher Täter** sieht das Gesetz jedoch prozessuale Einschränkungen vor: Gem § 44 Abs 1 JGG sind Privatanklagen unzulässig (siehe Rz 16).

7 Die Plenarsäle allgemeiner Vertretungskörper sind nicht selten Schauplatz wortgewaltiger Auseinandersetzungen, in deren Verlauf das eine oder andere unschöne Wort fällt. Beleidigungen, die ein Abgeordneter in Ausübung seines Mandats tätigt, sind von der **beruflichen Immunität** (Art 57 B-VG) erfasst, die einen persönlichen Strafausschließungsgrund darstellt.[9]

---

4 Vgl *Lambauer* in SbgK Vor §§ 111–117 Rz 46; *Lewisch* BT I^2 119 f.

5 OLG Linz 8 Bs 56/08d = MR 2008, 342 (344).

6 Vgl *Lambauer* in SbgK Vor §§ 111–117 Rz 46 ff.

7 Vgl ua EGMR 2.11.2006 *Kobenter und Standard Verlags GmbH* gegen Österreich, Nr 60899/00, Z 29; darauf Bezug nehmend OGH 15 Os 6/08h (15 Os 7/08f) = RIS-Justiz RS0123667; 15 Os 6/08h = MR 2008, 180; 15 Os 7/08f.

8 *Lambauer* in SbgK Vor §§ 111–117 Rz 47.

9 *Foregger* in WK^2 (1. Lieferung 1999) § 114 Rz 7.

III. Tatobjekt

Jedem Menschen kommt ein Recht auf Ehre zu, grundsätzlich auch **Kindern** oder **Geisteskranken.** Inwiefern diese aber im Einzelfall tatsächlich beleidigungsfähig sind, ist anhand ihres Alters (bei Kindern) bzw ihrer Fähigkeit, den beleidigenden Charakter einer Tathandlung zu erkennen, festzustellen.[10] So ist bspw an eine Strafbarkeit des Lehrers zu denken, der einen Volksschüler als „strohdummen Taugenichts, der es niemals zu etwas bringen wird", bezeichnet. 8

Politiker müssen sich als **public figures** mehr gefallen lassen als Privatpersonen. Aussagen über Politiker unterliegen der strengen Prüfung einer Interessensabwägung zwischen der Ehre des Politikers auf der einen und der Meinungs- und Informationsfreiheit auf der anderen Seite.[11] Für zulässige politische Kritik reicht ein „dünnes Tatsachensubstrat" aus.[12] 9

Im Zuge des KorrStrÄG 2009[13] wurde ohne nähere Begründung § 117 Abs 5 ersatzlos gestrichen: Darin war auch den Angehörigen von **Verstorbenen** und **Verschollenen** das Privatanklagerecht zugesichert. Verstorbene waren aufgrund fehlender Rechtsfähigkeit zuvor schon nicht Träger des Rechtsgutes Ehre, § 117 Abs 5 schützte sie aber ausdrücklich. Seit 1.1.2010 können jedoch Angehörige die gegen ihre verstorbenen Verwandten erhobenen Beleidigungen nicht mehr mit Privatanklage verfolgen. Somit ist der strafrechtliche Ehrschutz Verstorbener völlig beseitigt. 10

Geschützt sind grundsätzlich nur physische Einzelpersonen, nicht Personenmehrheiten (Kollektive) oder **juristische Personen:** Vereine, politische Parteien und Gewerkschaften[14] kommen nicht als taugliche Tatobjekte in Betracht. Wird ein Kollektiv beleidigt, kann dies auf die ihm angehörenden Einzelpersonen durchschlagen, jedoch nur bei **kleinen Kollektiven**.[15] Hält zB jemand dem Aufsichtsratskollektiv einer AG vor, „korrupt und moralisch total verkommen" zu sein, kann dies aufgrund der überschaubaren Größe des Kollegialorganes als Beleidigung der dahinterstehenden Einzelpersonen aufgefasst werden. Stellt hingegen ein enttäuschter Bauwerber pauschal den Vorwurf in den Raum, alle Beamten seien „faule Nichtsnutze, die nur auf den eigenen Vorteil bedacht wä- 11

---

10 *Lambauer* in SbgK Vor §§ 111–117 Rz 18; *L/St* StGB[3] Vor §§ 111–117 Rz 4; aA *Rami* in WK[2] Vor §§ 111–117 Rz 8.

11 *Lambauer* in SbgK Vor §§ 111–117 Rz 74; *Foregger* in WK[2] (1. Lieferung 1999) § 111 Rz 20; vgl auch EGMR 14.12.2006 *Verlagsgruppe News GmbH* gegen Österreich, Nr 76918/01, NL 2006, 311; EGMR 22.10.2007 *Lindon, Otchakovsky-Laurens und July* gegen Frankreich, Nr 21279/02 u 36448/02, NL 2007, 261.

12 *Berka* in *Berka/Höhne/Noll/Polley*, Mediengesetz. Praxiskommentar[2] (2005), Vor §§ 28 bis 42 Rz 22. So auch OGH 15 Os 106/10t = MR 2011, 251 = JusGuide 2011/43/9322.

13 BGBl I 2009/98.

14 OGH 5 Os 855, 856, 857/32 = SSt 12/75.

15 *B/S* BT I[11] § 111 Rz 1 gehen von 20 Personen aus, OGH 10 Os 196, 19/77 = SSt 49/2 spricht von 70 Personen; vgl auch *Rami* in WK[2] Vor §§ 111–117 Rz 9 ff.

ren und dem Steuerzahler auf der Tasche lägen", fehlt es im Regelfall an der hinreichenden Konkretisierung der Beleidigung.[16]

12 Der Grundsatz, dass nur natürliche Personen Objekt der Beleidigung oder der üblen Nachrede sein können, findet in **§ 116** (Öffentliche Beleidigung eines verfassungsmäßigen Vertretungskörpers) seine Ausnahme. Demnach sind Handlungen nach § 111 oder § 115 auch strafbar, wenn sie **öffentlich** gegen eines der folgenden Kollektive gerichtet wurden:

- Nationalrat, Bundesrat, Bundesversammlung oder Landtag (verfassungsmäßige Vertretungskörper),
- Bundesheer oder selbständige Abteilung des Bundesheeres oder
- Behörden.

13 Unter **Behörden** sind alle **mit Hoheitsgewalt ausgestatteten Organe einer Gebietskörperschaft** (Bund, Land, Gemeinde) zu verstehen, die **dauernd organisiert** sind, um innerhalb eines **sachlich und örtlich festgesetzten Wirkungskreises** die **staatlichen Aufgaben der Hoheitsverwaltung oder Gerichtsbarkeit** zu erfüllen.[17] Behörden sind zB Bundesregierung, Landesregierung, Bezirkshauptmannschaften, auch Gerichte und Staatsanwaltschaften, nicht aber Schulen, die ÖBB oder der ORF.[18] Die Behauptung, das Bundesasylamt wickle seine Verfahren hinterhältig und menschenverachtend ab, ist folglich tatbildlich iSd § 111 Abs 1 und 2 sowie § 116.[19]

14 **Selbstständige Abteilungen des Bundesheeres** sind zB Brigaden, Bataillone und Kompanien, nicht jedoch das Offizierskorps, das an sich nur den Berufsstand bezeichnet.[20] Wer behauptet, in der 4. Panzergrenadierbrigade würden nur „Suffköpfe" ihren Dienst verrichten, beleidigt eine selbstständige Abteilung des Bundesheeres.

IV. Prozessuales

1. Privatanklagedelikte

15 Die im 4. Abschnitt genannten Delikte sind grundsätzlich **Privatanklagedelikte** (§ 117 Abs 1). Kriminalpolizei und Staatsanwaltschaft werden hier nicht im Rahmen eines **Ermittlungsverfahren** tätig (§ 2 Abs 1, § 71 Abs 1 StPO). Neben dem Ermittlungsaufwand, den der Privatankläger daher selbst anstrengen muss, trifft ihn auch noch das **Kostenrisiko:** Bei einem Freispruch des Be-

---

16 Vgl OGH 10 Os 196, 197/77 = SSt 49/2.

17 OGH 5 Os 221/28 = SSt 8/105; 5 Os 22, 23/37 = SSt 17/12; vgl auch *Raschauer,* Allgemeines Verwaltungsrecht[3] Rz 138; *Walter/Mayer,* Grundriss des österreichischen Bundesverfassungsrechts[10] Rz 549.

18 *Lambauer* in SbgK § 116 Rz 9; *L/St* StGB[3] § 116 Rz 5 f; *Rami* in WK[2] Vor §116 Rz 7 f.

19 OGH 12 Os 148/94 = RZ 1996/16.

20 OGH 12 Os 17/77 = SSt 48/13.

schuldigten – und sei es erst in zweiter Instanz – hat er sämtliche Kosten zu tragen (§§ 390 Abs 1, 393 Abs 4 StPO zum Privatanklagedelikt siehe auch bei § 110 Rz 22).

2. Ermächtigungsdelikte

16 Eine Einschränkung legt § 44 Abs 1 JGG für **jugendliche Täter** fest: Die Privatanklage ist in Jugendstrafsachen grundsätzlich unzulässig. Ausnahmsweise können Privatanklagedelikte aber zu Ermächtigungsdelikten (vgl § 92 StPO) werden, die dann mit Ermächtigung des Opfers vom Staatsanwalt verfolgt werden, wenn dies aus **pädagogischen Gründen** oder um berechtigter, über das Vergeltungsbedürfnis hinausgehender **Interessen des Opfers** willen geboten ist. Ein Kostenrisiko für das Opfer entsteht durch die Erteilung der Ermächtigung nicht.

17 Darüber hinaus fasst der Gesetzgeber in **§ 117** verschiedene **Fallgruppen** von Ehrdelikten zusammen, die **von vornherein Ermächtigungsdelikte** und folglich **von Amts wegen** zu verfolgen sind.

a) Fallgruppe 1: Staatsorgane (§ 117 Abs 1 zweiter Satz)

18 Für die Verfolgung strafbarer Handlungen gegen den Bundespräsidenten, den Nationalrat, den Bundesrat, die Bundesversammlung, den Landtag, das Bundesheer, eine selbständige Abteilung des Bundesheeres oder eine Behörde (vgl § 116) bedarf es entweder einer **Ermächtigung des Verletzten** selbst oder der **Institution,** der er angehört.

b) Fallgruppe 2: Beamte und Seelsorger im Dienst (§ 117 Abs 2)

19 Wird eine strafbare Handlung gegen die Ehre von **Beamten** oder **Seelsorgern** während der **Ausübung ihres Amtes oder Dienstes** begangen, so bedarf es einer **doppelten Ermächtigung**, nämlich sowohl der des **Verletzten** als auch der seiner **vorgesetzten Stelle**.

20 Selbiges gilt, wenn sich eine strafbare Handlung auf eine **Berufshandlung** eines Beamten oder Seelsorgers bezieht **und** in einem **Druckwerk**, im **Rundfunk** oder **sonst auf eine Weise** begangen wird, dass sie einer **breiten Öffentlichkeit** (vgl dazu § 111 Rz 14) zugänglich wird.

c) Fallgruppe 3: Angriffe gegen Angehörige religiöser oder ethnischer Gruppen (§ 117 Abs 3)

21 Mit Ermächtigung des **Verletzten** ist derjenige zu verfolgen, der jemanden wegen seiner Zugehörigkeit zu einer der im § 283 Abs 1 genannten Gruppen beleidigt (§ 115). § 283 Abs 1 (Verhetzung) schützt **Kirchen** oder **Religionsgesellschaften** sowie Gruppen, die durch ihre Zugehörigkeit zu einer solchen Kirche oder Religionsgesellschaft, zu einer **Rasse** oder zu einem **Volk, Volksstamm** oder einem **Staat** bestimmt sind.

22 Als zusätzliche Voraussetzung für den Eintritt der prozessualen Folge des § 117 nennt der Gesetzgeber für die Begehung der Tatvarianten der Beschimpfung und Verspottung, dass diese auf eine die **Menschenwürde verletzende Weise** begangen werden.

3. Zuständigkeit und Diversion

23 Die Ehrdelikte fallen aufgrund ihrer geringen Strafdrohungen in die sachliche Zuständigkeit des **Bezirksgerichtes** (§ 30 Abs 1 StPO). Soweit die Ehrdelikte als **Privatanklagedelikte** ausgestaltet sind, ist eine **diversionelle Vorgehensweise** (§§ 198 ff StPO) unzulässig (vgl dazu § 110 Rz 24). Soweit es sich um **Ermächtigungsdelikte** handelt, sind diese jedoch einer diversionellen Verfahrenserledigung zugänglich. Dies führt insofern zu zufriedenstellenden Ergebnissen, als in Jugendstrafsachen ausschließlich aufgrund einer Ermächtigung verfolgt werden darf (siehe oben Rz 19) und daher in diesem Bereich die Möglichkeit der Diversion besteht.

Weiterführende Literatur: *Berka,* Aktuelle Probleme des Persönlichkeitsschutzes im Medienrecht, JRP 1996, 232; *Hollaender,* Der Wahrheitsbeweis und seine Grenzen, MR 2006, 243; *Mahler,* Ist der Schutz der Ehre in Österreich für alle gleich? juridikum 2002, 70; *Matscher,* Medienfreiheit- und Persönlichkeitsschutz iSd EMRK, RZ 2001, 238; *Ozlberger,* Ehrenschutz und Medienstrafrecht[2] (1998); *Ratz,* Schutz der freien Meinungsäußerung und Schutz vor ihr im Straf- und Medienrecht durch den OGH, ÖJZ 2007/81; *Schmid,* Ehrenbeleidigung: „Rechtfertigungslösung“ contra „Tatbestandslösung“, MR 1990, 10; *Schwaighofer,* Zum Ausschluss des Wahrheitsbeweises bei Privatanklagedelikten nach § 112 zweiter Satz StGB – Zugleich Anmerkung zur Entscheidung des OGH 15 Os 44/01, MR 2001, 219; *Zanger,* Karikatur, Satire, Kabarett und Kunstfreiheit, ÖBl 1990, 193; *Zöchbauer,* Grundfragen des Medienstrafrechts (1992).

A. Üble Nachrede (§ 111)

I. Überblick

§ 111 dient dem Schutz des guten Rufes[1] und soll den Träger des Schutzgutes davor bewahren, dass über ihn Behauptungen mit **diffamierendem Charakter** verbreitet werden.[2] Nach hM ist die üble Nachrede als **abstraktes Gefährdungsdelikt** ausgestaltet: Nicht auf den Eintritt eines Erfolges kommt es an, sondern auf die **objektive Eignung** eines Vorwurfs, eines anderen Ehre zu verletzen (vgl auch Rz 10 ff zur Wahrnehmbarkeit).[3] Die **jüngste Rspr** sieht jedoch in der Möglichkeit der Wahrnehmung der üblen Nachrede durch einen Dritten einen Erfolg und begreift § 111 somit als **Erfolgsdelikt**.[4] 1

Die üble Nachrede iSd § 111 kann auf zweierlei Weise begangen werden, nämlich durch 2

- Zeihen einer verächtlichen Eigenschaft oder Gesinnung oder
- Beschuldigen eines unehrenhaften oder gegen die guten Sitten verstoßenden Verhaltens.

II. Tatbestand

1. Tathandlungen

a) Zeihen einer verächtlichen Eigenschaft oder Gesinnung

§ 111 Abs 1 **erster Fall** regelt die sog **Schmähung.** Bezieht sich eine solche auf eine Eigenschaft, so sind damit **Charaktermerkmale** gemeint, die Gesinnung hingegen beschreibt die **innere Einstellung** eines Menschen,[5] wobei hier eine sachliche Grenzziehung bisweilen schwierig ist. Steht hinter dem Vorwurf ein konkretes Verhalten, ist die Tatvariante des § 111 Abs 1 zweiter Fall (Beschuldigen eines unehrenhaften oder gegen die guten Sitten verstoßenden Verhaltens) im Regelfall einschlägig (siehe dazu bei Rz 5). 3

Beispiele für eine **Schmähung** sind der Vorwurf, ein Beamter sei korrupt, jemand betreibe Lügenpropaganda,[6] sei ein infamer Wucherer und Betrüger, moralisch untragbar,[7] verkommen oder ein widerliches, hinterlistiges Früchtchen.[8] Die Äußerung, jemand sei ein Rechtsextremist, Faschist oder Nazi, ist eine Schmähung, sofern darin ein Gesinnungsvorwurf enthalten ist.[9] 4

---

1 *Lambauer* in SbgK Vor §§ 111–117 Rz 5.
2 *K/Schr* Grundriss BT I[5] § 111 Rz 3, 6.
3 ZB *Lambauer* in SbgK § 111 Rz 7.
4 OGH 13 Ns 75/11z = RIS-Justiz RS0127316.
5 *L/St* StGB[3] § 111 Rz 4; *Foregger* in WK[2] (1. Lieferung 1999) § 111 Rz 5.
6 OGH 9 Os 109, 110/68 = EvBl 1969/246.
7 OGH 12 Os 108/64 = EvBl 1965/38.
8 OGH 13 Os 75, 76/78 (verst Senat) = SSt 50/9.
9 Vgl OGH 9 Os 50/80; 9 Os 49/80; 6 Ob 32/95 = RIS-Justiz RS0093158 = MR 1996, 28; *Lewisch* BT I[2] 123.

Zur diesbezüglichen Abgrenzung zwischen § 111 und § 115 siehe bei Rz 9. Die Behauptung, jemand sei unpünktlich, unzuverlässig, kontaktarm oder lästig, ist aufgrund der fehlenden diffamierenden Wirkung keine Schmähung.[10]

b) Beschuldigen eines unehrenhaften oder gegen die guten Sitten verstoßenden Verhaltens

5 § 111 Abs 1 **zweiter Fall** nimmt – anders als Abs 1 erster Fall (vgl Rz 3) – auf ein **konkretes Verhalten** Bezug, und nicht nur auf einen **allgemeinen Charaktermangel**.[11] Die Abgrenzung kann zwar mitunter Probleme bereiten, da aber § 111 als alternatives Mischdelikt formuliert ist, hat eine falsche Subsumtion keine (prozessrechtlichen) Konsequenzen.[12]

6 **Unehrenhaft** ist ein Verhalten, das der herrschenden Vorstellung vom moralisch richtigen Verhalten in einem solchen Maße zuwider ist, dass die **soziale Wertschätzung** darunter leidet.[13] Ein Verhalten, das gegen die **guten Sitten** verstößt, ist meist im Zusammenhang mit dem Geschlechtsleben eines Menschen zu sehen. Als unsittliches Verhalten iSd § 111 gilt aber nur jenes, das geeignet ist, den Betroffenen in der **öffentlichen Meinung verächtlich zu machen oder herabzusetzen**.[14] Maßfigur soll in beiden Fällen der sozial integrierte wertbewusste Mensch sein.[15]

7 Als unehrenhaftes Verhalten gilt auf jeden Fall die **Begehung einer mit gerichtlicher Strafe bedrohten Vorsatztat**. Fahrlässigkeitsdelikte und Verwaltungsübertretungen kommen auch infrage, wenn die Begleitumstände (zB Alkoholisierung) geeignet sind, das Verhalten als unehrenhaft zu qualifizieren.[16] Ausreichend ist schon die Äußerung, die Tatbegehung sei dem anderen bloß zuzutrauen.[17]

8 Dagegen ist der bloße **Umstand, einer (Straf-)Tat verdächtig** zu sein, für sich alleine weder eine verächtliche Eigenschaft oder Gesinnung noch ein unehrenhaftes oder gegen die guten Sitten verstoßendes Verhalten und daher keine üble Nachrede iSd § 111 Abs 1.[18] Freilich muss in diesem Zusammenhang stets betont werden, dass es sich bloß um einen Verdacht handelt, der von den zuständigen Stellen geprüft wird. Sofern die Darstellung in die Richtung geht, eine solche Tat sei ihm zuzutrauen, ist der Tatbestand der üblen Nachrede verwirklicht.[19]

---

10 *L/St* StGB[3] § 111 Rz 4.
11 Vgl *Lambauer* in SbgK § 111 Rz 26.
12 Vgl *Rami* in WK[2] § 111 Rz 3 mwN.
13 *Rami* in WK[2] § 111 Rz 11 mwN zur Rspr.
14 *Foregger* in WK[2] (1. Lieferung 1999) § 111 Rz 18.
15 *K/Schr* Grundriss BT I[5] § 111 Rz 20, 22.
16 Vgl *Lambauer* in SbgK § 111 Rz 34.
17 OGH 15 Os 106/10t = RIS-Justiz RS0127026.
18 OGH 14 Os 61/97 = SSt 62/135.
19 Siehe in diese Richtung mN *Rami* in WK[2] § 111 Rz 12.

c) Abgrenzung zwischen übler Nachrede (§ 111) und Beleidigung (§ 115)

Die Abgrenzung zwischen übler Nachrede (§ 111) und Beleidigung (§ 115) gestaltet sich mitunter schwierig. Die üble Nachrede nimmt immer auf eine **Tatsache** Bezug, die grundsätzlich einem Wahrheitsbeweis zugänglich ist. Demgegenüber enthält die Beleidigung stets die subjektive Meinung des Täters und kann daher als **reines Werturteil** weder wahr noch falsch sein. So ist zB die substanzlose Bezeichnung eines anderen als Jungnazi eine Beleidigung iSd § 115,[20] während die auf Tatsachen basierende Äußerung, jemand sei auf Grund seiner Einstellung ein Rechtsextremist, als eine Schmähung nach § 111 Abs 1 erster Fall zu werten ist, wenn darin ein Gesinnungsvorwurf enthalten ist (vgl dazu bei Rz 4).[21] Ebenso kann die Ehefrau, die eine Nebenbuhlerin als „Hure" tituliert, nach § 115 strafbar sein, wenn damit nur eine abwertende Haltung zum Ausdruck gebracht werden soll, während in der Behauptung, eine Frau sei eine Hure, weil sie im „horizontalen Gewerbe" tätig sei, an eine Strafbarkeit nach § 111 zu denken ist. In beiden Fällen sind die konkreten Umstände ausschlaggebend dafür, welche Strafbestimmung zur Anwendung kommt. 9

2. Publizitätserfordernis

Gem dem Wortlaut des § 111 müssen die Tathandlungen **in einer für einen Dritten wahrnehmbaren Weise** gesetzt werden. Die Anwesenheit eines Dritten ist dabei aber nicht erforderlich, sondern es reicht das Vorhandensein einer Telefon- oder Funkverbindung aus. Ausschlaggebend ist stets die **Wahrnehmbarkeit,** nicht die tatsächliche Wahrnehmung.[22] Den Tatbestand der üblen Nachrede erfüllt daher auch ein Brief, insofern dem Täter bekannt ist, dass jemand anderer als die betroffene Person vom Inhalt Kenntnis nehmen wird. Dies trifft zB auf die Sekretärin zu, die regelmäßig die Post für ihren Vorgesetzten öffnet.[23] 10

Die Wahrnehmbarkeit durch einen Dritten ist nur gegeben, wenn dieser auch den **beleidigenden Sinngehalt** des Vorwurfs erfassen kann. Eine Person, die eine andere Sprache spricht oder den Sinn der Aussage aufgrund ihrer Herkunft aus einem anderen Kulturkreis nicht versteht, ist daher kein Dritter iSd § 111.[24] 11

Mitbeleidigte sind nicht als Dritte zu betrachten.[25] Nicht gänzlich unumstritten ist die Frage, ob **nächste Angehörige** als Dritte gelten: Der einschränkenden Ansicht,[26] dass die nächsten Angehörigen des Betroffenen **keine Dritten** sind, ist unter wertenden Gesichtspunkten grundsätzlich zuzustimmen. Für ver- 12

---

20 OLG Wien 27 Bs 285/89 = MR 1989, 163; vgl auch *Rami* in WK^2 § 111 Rz 5 mwN.

21 Vgl OGH 9 Os 50/80; 9 Os 49/80; 6 Ob 32/95 = RIS-Justiz RS0093158 = MR 1996, 28.

22 *Lambauer* in SbgK Vor §§ 111–117 Rz 32.

23 Vgl *L/St* StGB^3 § 111 Rz 16; *Lewisch* BT I^2 122.

24 *L/St* StGB^3 § 111 Rz 20; vgl auch *Lambauer* in SbgK Vor §§ 111–117 Rz 39.

25 OGH 10 Os 121, 122/77; 13 Os 75, 76/78 (verst Senat) SSt 50/9; 13 Os 63/05x (13 Os 64/05v) = RIS-Justiz RS0093188 = EvBl 2005/198.

26 OGH 13 Os 75, 76/78 (verst Senat) = SSt 50/9.

feindete Angehörige ist dies jedoch anders zu beurteilen, weil gegenüber diesen sehr wohl die abstrakte Gefahr des § 111, nämlich die Weiterverbreitung von ehrenrührigen Aussagen und somit die Minderung des Ansehens des Betroffenen, verwirklicht werden kann.[27] Soweit es dem Beleidiger nahestehende Personen betrifft, wird überwiegend die Ansicht vertreten, dass ehrenrührige Aussagen in einer **„beleidigungsfreien Intim- oder Privatsphäre"** – damit ist ein enger Familien- oder Freundeskreis gemeint – nicht die erforderliche Publizität erreichen.[28]

13 Gespräche unter Ehegatten, beim familiären Beisammensein oder beim Glas Wein mit Freunden fallen in diese von der Strafbarkeit ausgenommene Sphäre. Nicht in die beleidigungsfreie Privatsphäre fallen nicht-öffentliche Sitzungen eines Vereinsvorstandes oder anderer Gremien, selbst wenn diese als vertraulich gelten.[29]

3. Qualifikation

14 Macht der Täter die üble Nachrede einer **breiten Öffentlichkeit** zugänglich, indem er sie in einem Druckwerk, im Rundfunk oder auf eine sonstige Weise verbreitet, ist die Tat einerseits gem § 111 Abs 2 mit einer höheren Strafe bedroht, und andererseits ist der **Beweis des guten Glaubens ausgeschlossen** (§ 111 Abs 3 zweiter Satz). Unter **Druckwerk** werden Zeitungen, Bücher oder auch Rundschreiben verstanden. **Rundfunk** sind Fernsehen und Hörfunk.[30] Die Auffangklausel **„sonst auf eine Weise"** erfasst va den immer bedeutender werdenden Bereich des Internets.

15 Für den Beispielsfall stellt sich die Frage, ob die Flugblätter Druckwerke iSd § 1 Abs 1 Z 3 und 4 MedienG sind: Grundsätzlich wird den Flugblättern – solange es sich nicht um einzelne handelt – die Druckwerkseigenschaft nicht abzusprechen sein, der Adressatenkreis einer breiten Öffentlichkeit (größerer Personenkreis ab ca 150 Menschen[31]) wird in diesem Fall aber nicht erreicht.[32]

4. Subjektiver Tatbestand

16 Der Vorsatz des Täters muss zumindest im Stärkegrad des bedingten Vorsatzes (§ 5 Abs 1 zweiter Halbsatz) in Bezug auf alle objektiven Tatbestandsmerkmale vorliegen, insbesondere muss er die Publizität der ehrenrührigen Äußerung erfassen, in der Qualifikation des Abs 2 auch die breite Öffentlichkeit.

17 Der Publizitätsvorsatz ist zB nicht gegeben, wenn der Täter davon ausgeht, dass der von ihm verschickte Brief nur vom Adressaten der üblen Nachrede ge-

27 In diesem Sinne *Foregger* in WK^2 (1. Lieferung 1999) § 111 Rz 26.
28 *Lambauer* in SbgK Vor §§ 111–117 Rz 33.
29 *Lambauer* in SbgK Vor §§ 111–117 Rz 33; *K/Schr* Grundriss BT I^5 Vor §§ 111 ff Rz 46.
30 *Lambauer* in SbgK § 111 Rz 47; *Lewisch* BT I^2 125; *Rami* in WK^2 § 111 Rz 19.
31 *Lambauer* in SbgK § 111 Rz 48.
32 Vgl auch *Rami* in WK^2 § 111 Rz 18 mwN zu Lehre und Rspr.

lesen wird, dieser ihn jedoch wider Erwarten einem anderen zeigt. Ebenso wenig liegt der Vorsatz vor, wenn der Täter in der vermeintlichen Abgeschiedenheit einer Berghütte den an der Türe lauschenden Dritten nicht wahrnimmt.

III. Wahrheitsbeweis und Beweis des guten Glaubens

In **§ 112** ist eine Beweisregel normiert, die es demjenigen, der sich auf die **Richtigkeit seiner Behauptung** oder auf seinen **guten Glauben** beruft, ermöglicht, einen **Entlastungsbeweis** zu führen. **18**

1. Wahrheitsbeweis

Bei der üblen Nachrede (§ 111) kommt dem Täter das Privileg des Entlastungsbeweises zu: Weist er nach, dass der von ihm behauptete Charaktermangel oder das vorgeworfene Verhalten der Wahrheit entspricht, ist er gem § 111 Abs 3 nicht zu bestrafen. Hinsichtlich der Beleidigung (§ 115) besteht diese Möglichkeit nicht, da es sich um reine Werturteile handelt und diese ihrer Natur nach einem Wahrheitsbeweis nicht zugänglich sind.[33] **19**

Der Wahrheitsbeweis muss sich auf **Tatsachen** beziehen. Dies ist einerseits das vorgeworfene Verhalten (§ 111 Abs 1 zweiter Fall), es fallen aber auch Handlungen, auf die sich die Annahme eines verächtlichen Charakters (§ 111 Abs 1 erster Fall) stützen kann, darunter.[34] Irrelevant ist, ob der Täter die Wahrheit im **Zeitpunkt der Tat** kannte.[35] Bei einer **Äußerung**, jemand habe eine **Straftat begangen**, ist es für den Wahrheitsbeweis erforderlich, dass die Tatbegehung als solche unter Beweis gestellt wurde. Bei einem bloß geäußerten Verdacht sind dagegen nur Umstände nachzuweisen, die eine derartige Schlussfolgerung zulassen.[36] **20**

Vom Wahrheitsbeweis ausgeschlossen sind **Tatsachen des Privat- und Familienlebens.** Diffamierende Aussagen über diesen Bereich sollen – selbst wenn sie der Wahrheit entsprechen – nicht nach außen gelangen. Dies steht im Einklang mit prozessualen Bestimmungen, denen zufolge Umstände aus bestimmten Lebensbereichen nicht Gegenstand der Beweisführung werden sollen (**Beweisthemenverbot,** vgl § 161 Abs 3 letzter Satz StPO). Derartige dem **höchstpersönlichen Lebensbereich** entspringende Umstände können ua die Familie, die Gesundheitssphäre und das Sexualleben betreffen.[37] So darf zB über die Behauptung, jemand sei homosexuell,[38] ebenso wenig der Wahrheitsbeweis geführt werden wie über den Umstand, dass jemand früher als Prostituierte gearbeitet und sich dabei mit HIV infiziert habe. Lediglich bei **Offizialde-** **21**

33 *Lambauer* in SbgK § 112 Rz 2 f.
34 *Lambauer* in SbgK § 112 Rz 8 ff.
35 *Lambauer* in SbgK § 112 Rz 14 mwN; *K/Schr* Grundriss BT I^5 § 112 Rz 11.
36 OGH 15 Os 106/10t = RIS-Justiz RS0127028.
37 *Lambauer* in SbgK § 112 Rz 15 ff mwN.
38 Vgl dazu aber auch *Rami* in WK^2 Vor §§ 111–117 Rz 7.

likten, die im Bereich des Privat- und Familienlebens begangen werden, besteht eine Ausnahme. Das Interesse des Staates an der Strafverfolgung überwiegt hier, sodass es zulässig ist, diese Delikte in einem Strafverfahren zu erörtern und zur Entkräftung der Unschuldsvermutung (Art 6 Abs 2 EMRK) die Straftat dem Beschuldigten nachzuweisen.

22 Gem § 112 zweiter Satz können überdies **strafbare Handlungen, die nur auf Verlangen eines Dritten verfolgt werden** (Privatanklagedelikte), nicht Gegenstand des Wahrheitsbeweises sein.

2. Beweis des guten Glaubens

23 Der Täter kann den Beweis des guten Glaubens antreten, indem er nachweist, dass sich für ihn aufgrund bestimmter Umstände **hinreichende Gründe** ergaben, die Behauptung **für wahr zu halten** (§ 111 Abs 3 zweiter Satz). Die Gutgläubigkeit muss im Zeitpunkt der Tat vorgelegen sein.[39] Hinsichtlich Tatsachen des **Privat- und Familienlebens,** bei **qualifiziert öffentlicher Begehung** (§ 111 Abs 2) sowie hinsichtlich **Privatanklagedelikten** ist der Gutglaubensbeweis **nicht zulässig.**

24 Der Täter muss nicht unbedingt die Wahrheit seiner Behauptung beweisen. Es reicht, wenn er die Umstände glaubhaft darlegt, die ihn zu der Annahme verleitet haben, seine Behauptung sei wahr. Auszugehen ist dabei von einem mit den **rechtlich geschützten Werten verbundenen Dritten,** welcher unter Zugrundelegung der objektiven Sachlage auch zu dieser Überzeugung kommen musste.[40] Wenn jemand weiß, dass es der andere mit der Wahrheit „nicht so genau nimmt“, kann er sich bei einem Gerücht, dass er von dieser Person erfahren hat und nun weiter erzählt, nicht auf den guten Glauben berufen.

3. Straffreiheit für Journalisten

25 Eine Sonderregelung für **Medieninhaber** und **Medienmitarbeiter** ist in **§ 29 MedienG** zu finden: Wird in einem Medium (§ 1 Abs 1 MedienG) eine üble Nachrede verwirklicht, ist der Täter nicht nur straffrei, wenn er den Wahrheitsbeweis erbringt, sondern auch dann, wenn trotz nicht gelungenem Wahrheitsbeweis ein **überwiegendes Interesse der Öffentlichkeit** an der Veröffentlichung bestanden hat und bei Anwendung der **gebotenen journalistischen Sorgfalt** für den Täter hinreichende Gründe vorgelegen sind, die Behauptung für wahr zu halten.[41]

---

39 *Lambauer* in SbgK § 112 Rz 27; *Rami* in WK^2 § 111 Rz 32.

40 OGH 10 Os 23, 24/80 = EvBl 1980/196; *Lambauer* in SbgK § 112 Rz 27; *B/S* BT I^{11} § 112 Rz 2.

41 *K/Schr* Grundriss BT I^5 § 112 Rz 27; *F/R-K* BT I^3 90; ausführlich *Lambauer* in SbgK § 112 Rz 29 ff mwN; *Rami* in WK^2 § 112 Rz 11.

IV. Die Rechtfertigungsgründe des § 114 Abs 1

Für Behauptungen iSd §§ 111 und 113 hat der Gesetzgeber in § 114 Abs 1 Rechtfertigungsgründe genannt. Damit wird nur in Gesetzesform gegossen, was nach allgemeinen Grundsätzen der Rechtfertigung ohnehin gilt: Die Tat ist gerechtfertigt, wenn dadurch **eine Rechtspflicht erfüllt** oder **ein Recht ausgeübt** wird. 26

Eine **Rechtspflicht** erfüllt etwa, wer als **Zeuge** oder **Prozesspartei** vor einem Gericht, einer Verwaltungsbehörde oder vor Untersuchungsausschüssen wahrheitsgemäß aussagt und somit seiner gesetzlichen Verpflichtung zur Wahrheitsfindung nachkommt. Ein **Recht** hingegen übt zB aus, wer als **Rechtsanwalt, Strafverteidiger, Richter** oder **Staatsanwalt** Ehrenrühriges in Ausübung des Berufes vorbringt,[42] und so zB einen Sachverständigen, dessen Vertrauenswürdigkeit und Objektivität auf Grund eines Gutachtens in Frage steht, als „egozentrisch und rechthaberisch" bezeichnet.[43] Ferner fallen unter diese Alternative jene Personen, die ihr **Anzeigerecht** gem § 80 Abs 1 StPO bzw § 13 Abs 1 AVG nützen.[44] All diese Äußerungen dürfen nicht wider besseres Wissen erfolgen. 27

V. Der Entschuldigungsgrund des § 114 Abs 2

Nach hA[45] beschreibt § 114 Abs 2 einen Entschuldigungsgrund: Wer **durch besondere Umstände genötigt** ist, eine Behauptung iSd §§ 111 oder 113 vorzubringen, ist nicht zu bestrafen. Nötigung durch besondere Umstände iSd § 114 Abs 2 ist nicht als unwiderstehlicher Zwang zu verstehen, sondern vielmehr als **besonders starkes Tatmotiv**.[46] Die Motivation muss dabei so stark sein, dass sich auch ein mit den rechtlich geschützten Werten verbundener Mensch in dieser Zwangslage so verhalten hätte. § 114 stellt aber auch klar („auf die Weise vorzubringen, wie es geschieht"), dass Form und Begehungsweise des ehrenrührigen Angriffs **anlass- und ausführungsadäquat**[47] sein müssen, maW muss der Täter so schonend wie möglich vorgehen. So reagiert zB die verschmähte und mit dem gemeinsamen Kind in Arbeitslosigkeit sitzengelassene Frau nicht angemessen, wenn sie ihren Ex-Partner in einem sozialen Netzwerk als Pädophilen denunziert. 28

---

42 OGH 15 Os 89, 90/89 = SSt 60/47; 15 Os 85/07z = SSt 2007/67 = RIS-Justiz RS0093373; *L/St* StGB³ § 114 Rz 3; *Lambauer* in SbgK § 114 Rz 4 ff.

43 Vgl OGH 9 Os 69/80.

44 OGH 15 Os 167/00 = RIS-Justiz RS0114491; *L/St* StGB³ § 114 Rz 4; *Lambauer* in SbgK § 114 Rz 12. Die Rspr (OGH 15 Os 89, 90/89 = RIS-Justiz RS0093373) sieht zwar die Befugnisse von Richtern, Staatsanwälten und Parteienvertretern unter Variante 1 angesiedelt, diese Kategorisierung ist aber nicht weiter von Bedeutung.

45 *Lambauer* in SbgK § 114 Rz 1; *Rami* in WK² § 114 Rz 5; *L/St* StGB³ § 114 Rz 1; *K/Schr* Grundriss BT I⁵ § 114 Rz 34 f; *B/S* BT I¹¹ § 114 Rz 10; OGH 6 Ob 2393/96x = MR 1997, 83 = ecolex 1997, 493 = JUS Z/2377.

46 *Lambauer* in SbgK § 114 Rz 22; *L/St* StGB³ § 114 Rz 8; *Rami* in WK² § 114 Rz 8.

47 OGH 9 Os 77/78 = RIS-Justiz RS0093397= SSt 49/61; *L/St* StGB³ § 114 Rz 9.

Ad Beispielsfall: A bezichtigt die passiv beleidigungsfähigen Einzelpersonen eines unehrenhaften Verhaltens, nämlich der Begehung von nicht näher definierten strafbaren Handlungen. Die Wahrnehmbarkeit ist durch die tatsächliche Wahrnehmung der Empfänger der Flugblätter gegeben. Die Qualifikation des § 111 Abs 2 liegt nicht vor, da die Flugblätter nicht einer breiten Öffentlichkeit zur Kenntnis gelangen. Kritisch zu hinterfragen ist, ob hier nicht zulässige politische Kritik vorliegen kann. Dabei ist den konkreten Umständen Rechnung zu tragen: Stellt A ohne jegliche Anhaltspunkte seine Behauptungen auf, liegt ein Wertungsexzess aufgrund fehlenden Tatsachensubstrats vor. Hat er tatsächlich Kenntnis von Unregelmäßigkeiten, die im Zuge des Bauvorhabens auftraten, kann sein Flugblatt Ausdruck politischer Kritik sein. Von Politikern als „public figures" ist hier eine erhöhte Toleranz einzufordern.

Zentrale Probleme zur Wiederholung: *Publizitätserfordernis; Wahrheitsbeweis und Beweis des guten Glaubens; Journalistenprivileg; Rechtfertigung und Entschuldigung nach § 114; Abgrenzung zu § 115.*

B. Vorwurf einer schon abgetanen gerichtlich strafbaren Handlung (§ 113)

§ 113 dient der **Resozialisierung** und dem **Schutz der Ehre** von Verurteilten.[1] Der Vorwurf muss eine gerichtlich strafbare Handlung zum Inhalt haben: Es muss ein rechtskräftiger Schuldspruch vorliegen und 1

- die Strafe vollzogen oder
- bedingt nachgesehen oder nachgelassen (Probezeit, Begnadigung) oder
- vorläufig aufgeschoben worden (§ 13 JGG) sein.[2]

Eine Benachteiligung erfährt in diesem Zusammenhang derjenige, dessen Strafsache diversionell erledigt worden ist. Das Fehlen eines Urteilsspruchs setzt den Betroffenen der Gefahr des Wahrheitsbeweises oder des Beweises des guten Glaubens aus, den der Täter in einem Verfahren wegen übler Nachrede nach § 111 führen kann.[3] 2

Wenn **Richter** oder **Staatsanwälte** dem Beschuldigten im Strafverfahren seine **Vorstrafen** vorhalten, sind sie idR durch § 114 Abs 1 gerechtfertigt.[4] Schwierigkeiten ergeben sich dort, wo **Medien** in der Ausübung ihrer **Informations-, Meinungs- und Kritikfreiheit**[5] in Konflikt mit § 113 gelangen. Für gewöhnlich werden die genannten verfassungsrechtlich garantierten Freiheiten schwerer wiegen.[6] Dies hat zur Konsequenz, dass bei verfassungskonformer Auslegung kein tatbestandsbegründendes Verhalten durch Vorhalten von Vorstrafen seitens der Medien vorliegt. 3

Aus dem Wortlaut des § 113 geht hervor, dass der **Wahrheitsbeweis** oder der Beweis des guten Glaubens hier **nicht angetreten** werden kann: Diese Bestimmung nimmt gerade auf die Richtigkeit der Strafverbüßung eines anderen Bezug.[7] Handelt es sich um einen **falschen Vorwurf,** kommt § 111 zum Tragen. 4

Zur **Wahrnehmbarkeit für Dritte** sei auf die Ausführungen unter § 111 Rz 10 verwiesen. 5

Zentrale Probleme zur Wiederholung: *Abgrenzung zu § 111; kein Wahrheitsbeweis*

1 *Lambauer* in SbgK Vor §§ 111–117 Rz 5, § 113 Rz 1; *B/S* BT I[11] § 113 Rz 1; *Rami* in WK[2] § 113 Rz 4.
2 *L/St* StGB[3] § 113 Rz 2; *Lambauer* in SbgK § 113 Rz 5; *Lewisch* BT I[2] 128; *Rami* in WK[2] § 113 Rz 7.
3 *Lambauer* in SbgK § 113 Rz 6; *B/S* BT I[11] § 113 Rz 1.
4 Vgl *Lambauer* in SbgK § 113 Rz 13 *Rami* in WK[2] § 114 Rz 1 ff.
5 *Lambauer* in SbgK § 113 Rz 10.
6 So zB in OLG Wien 18 Bs 284/03 = MR 2003, 295.
7 *L/St* StGB[3] § 113 Rz 9; *B/S* BT I[11] § 113 Rz 5.

C. Beleidigung (§ 115)

I. Überblick

1 § 115 soll die **öffentliche Gefühlskränkung** verhindern.[1] Der Täter kann im Gegensatz zur üblen Nachrede hier keinen Wahrheitsbeweis oder Beweis des guten Glaubens antreten, da es sich um **reine Werturteile** handelt.[2]

2 Der für die §§ 111 und 113 zugeschnittene **Rechtfertigungsgrund** des § 114 Abs 1 soll nach einigen Lehrmeinungen auch analog Anwendung auf die Beleidigung finden.[3] Die Rspr ist hingegen der Ansicht, dass Schimpfworte und Schmähungen weder aus dem Recht auf Freiheit der Wissenschaft noch aus jenem auf freie Meinungsäußerung gerechtfertigt sein können.[4]

II. Tatbestand

1. Tathandlungen

3 § 115 beschreibt vier beleidigende Tathandlungen, die einander **alternativ** gegenüberstehen. Die Abgrenzung zwischen der Beschimpfung und der Verspottung mag mitunter Schwierigkeiten bereiten.

a) Beschimpfen

4 Mit einer Beschimpfung bringt der Täter seine **Missachtung des Opfers** zum Ausdruck: Dies kann in Form von **Worten, Bildern** und auch **Gebärden** geschehen.[5] Hinsichtlich der wörtlichen Beschimpfung muss der **Art und Weise,** wie diese geäußert wird, und den vorliegenden **Umständen** besondere Beachtung geschenkt werden. Das gesprochene Schimpfwort wird erst strafrechtlich relevant, wenn es beleidigend verwendet wird.[6]

5 Als **Beschimpfungen durch Worte** kommen ua in Frage: „Arschloch", „Arsch", „dreckige Schlampe",[7] „Drecksau",[8] „Nazi",[9] „Scheiß-Neger",[10] auch die Betitelung mit Tiernamen wie „Esel", „Schwein" oder „Sau".[11]

---

1 *Lambauer* in SbgK Vor §§ 111–117 Rz 5.
2 *Lambauer* in SbgK § 115 Rz 5; *K/Schr* Grundriss BT I[5] § 115 Rz 1; *B/S* BT I[11] § 115 Rz 1.
3 *K/Schr* Grundriss BT I[5] § 115 Rz 20; zustimmend *Lambauer* in SbgK § 114 Rz 27, § 115 Rz 6.
4 OGH 9 Os 50/80; 9 Os 49/80 = RIS-Justiz RS0072987.
5 *Lambauer* in SbgK § 115 Rz 11; *L/St* StGB[3] § 115 Rz 3; *Rami* in WK[2] § 115 Rz 8; *K/Schr* Grundriss BT I[5] § 115 Rz 5.
6 *Lambauer* in SbgK § 115 Rz 16 f; *L/St* StGB[3] § 115 Rz 3.
7 OLG Wien 9 Ra 104/09v = ARD 6032/7/2010.
8 OGH 15 Os 3/92 = EvBl 1992/197.
9 Siehe dazu bei § 111 Rz 4 und 9.
10 OGH 13 Os 154/03 = EvBl 2004/105.
11 Siehe auch *Lewisch* BT I[2] 127.

6 **Gebärden**, wie das Zeigen des Vogels oder des Mittelfingers, können grundsätzlich Beschimpfungen sein.[12] Bedacht zu nehmen ist dabei auf das tatsächliche Vorliegen einer diffamierenden Intention, an der es in einer lockeren Atmosphäre oftmals fehlen wird.

7 Die Bezeichnung eines **Politikers** als „Trottel" kann uU verhältnismäßige politische Kritik sein.[13] Dies ist auch der Fall bei der Bezeichnung des Verhaltens eines Politikers mit dem eines „wildgewordenen Bluthunds".[14] Die Bezeichnung des Bundespräsidenten als „Lump" wurde dagegen als eine Beleidigung iSd § 115 qualifiziert.[15]

8 Keine Beschimpfung ist in bloßen **Unhöflichkeiten, Zurechtweisungen** und **Grobheiten** zu sehen.[16] Dies ist zB der Fall, wenn belästigende Zudringlichkeiten mit den Worten „Schleich di, Depperta!" quittiert werden.

b) Verspotten

9 Tatbildlich handelt, wer einen anderen **lächerlich macht,** ihn **verhöhnt** oder **herabwürdigt.** Wie beim Beschimpfen kann die Tathandlung nicht nur durch Worte erfolgen. Als typisches Beispiel gilt auch die **Nachahmung** von Gebrechen oder Unzulänglichkeiten.[17] Dies ist zB der Fall, wenn jemand öffentlich die Körperhaltung und die ungelenken, zitternden Bewegungen eines an Morbus Parkinson leidenden Menschen nachäfft. Auch mit einer in lächerlich machender Art vorgebrachten Behauptung geistiger Gebrechen (nämlich Briefe nicht verstehen zu können) wird ein anderer im Sinn des § 115 Abs 1 verspottet.[18]

10 Künstlerische Darstellungen wie **Satiren, Parodien, Kabarett** oder **Karikaturen** leben geradezu vom Spott. Hier ist im Einzelfall (großzügig) zu prüfen, ob der Künstler durch die verfassungsrechtlich garantierte Freiheit der Kunst oder die freie Meinungsäußerung geschützt ist und insofern der Tatbestand der Beleidigung nicht greift.[19] So kann etwa eine Karikatur, die den Spitzenfunktionär einer politischen Partei als „Arsch mit Ohren" darstellt, als politische Kritik im Rahmen des Art 10 EMRK zulässig sein.[20] Die Darstellung eines Offi-

---

12 *Rami* in WK[2] § 115 Rz 8; für die Klassifizierung als derbe Grobheit *L/St* StGB[3] § 115 Rz 3; als Unhöflichkeit: *B/S* BT I[11] § 115 Rz 3; für ähnliche Fälle relativierend *K/Schr* Grundriss BT I[5] § 115 Rz 9.

13 EGMR 1.7.1997 *Oberschlick* gg Österreich (II), Nr 47/1996/666/852 = ÖJZ-MRK 1997/29 = MR 1997, 196 = NL 1997, 213.

14 OLG Wien 18 Bs 305/08x = MR 2008, 287.

15 OLG Wien 18 Bs 276/01 = MR 2002, 16.

16 *Lambauer* in SbgK § 115 Rz 13; *L/St* StGB[3] § 115 Rz 3.

17 *Lambauer* in SbgK § 115 Rz 24 f; *L/St* StGB[3] § 115 Rz 4; *Rami* in WK[2] § 115 Rz 9; *K/Schr* Grundriss BT I[5] § 115 Rz 8.

18 2 Bkd 6/96 = RIS-Justiz RS0106666 = AnwBl 1997, 346; 10 Bkd 2/04 = AnwBl 2006, 221; 16 Bkd 5/06.

19 *Foregger* in WK[2] (1. Lieferung 1999) § 115 Rz 11; *Lambauer* in SbgK § 115 Rz 27.

20 OGH 15 Os 10/08x = MR 2008, 239; 15 Os 23/08h; 15 Os 24/08f.

ziers als uniformiertes Schwein oder uniformierter Esel überschreitet jedoch die Grenze zwischen mildem Spott und Gehässigkeit und ist daher tatbildlich.[21]

11 Die **Grenze** zwischen Beschimpfung und Verspottung ist **nicht immer leicht zu ziehen**. So kam der OGH in einer E zwar zu der Ansicht, dass der Vorwurf einer beruflichen (fachlichen) Unfähigkeit tatbildlich für § 115 ist, klärte aber nicht, ob es sich dabei um eine Beschimpfung oder Verspottung handelt.[22] Durch die Ausgestaltung des § 115 als alternatives Mischdelikt[23] halten sich die diesbezüglichen Probleme aber in Grenzen.

c) Körperliche Misshandlung

12 Körperliche Misshandlung ist jedes **Einwirken auf den Körper eines anderen, das dessen Wohlbefinden nicht unerheblich beeinträchtigt.**[24] Als körperliche Misshandlung kommen infrage:[25] Schläge mit der Hand, Fußtritte, Bespucken, Bewerfen mit Tomaten, Reißen an den Haaren, Abschneiden der Haare oder des Bartes.[26] Eine Körperverletzung iS von § 83 Abs 2 ist nur verwirklicht, wenn die vorsätzliche Misshandlung fahrlässig eine Körperverletzung oder Gesundheitsschädigung verursacht hat. Ohne den Eintritt dieser Folge liegt allenfalls § 115 Abs 1 vor (sog „folgenlose Misshandlung").[27] Zur Erfüllung des Tatbestands von § 115 muss der Misshandlung auf jeden Fall **entehrender, beleidigender Charakter** zukommen.[28]

d) Bedrohung mit einer körperlichen Misshandlung

13 In dieser Tatvariante droht der Täter die oben angeführte körperliche Misshandlung an. Wird tatsächlich mit einer Körperverletzung gedroht, liegt eine **gefährliche Drohung** iSd § 74 Abs 1 Z 5 vor und es können die einschlägigen Freiheitsdelikte (§§ 105 f, 107) verwirklicht sein.[29] Bei vielen Androhungen, die auf den ersten Blick eine Misshandlung oder gar Körperverletzung in Aussicht stellen, wird es sich um nicht ernst zu nehmende **Übertreibungen** oder **milieubedingte Unmutsäußerungen** handeln,[30] wodurch weder eine gefährliche Drohung noch eine Subsumtion unter § 115 in Betracht kommt. Wird dem Schiedsrichter oder einem Spieler bei einem Fußballspiel aus den Publikumsrängen eine besondere Behandlung in der „dritten Halbzeit" angekündigt, ist

21 OGH 12 Os 17/77 = SSt 48/13.
22 OGH 14 Os 95, 96/87 = RIS-Justiz RS0093398 = SSt 58/88.
23 *L/St* StGB[3] § 115 Rz 1; *Lambauer* in SbgK § 115 Rz 1; zweifelnd *K/Schr* Grundriss BT I[5] § 115 Rz 5.
24 *Lambauer* in SbgK § 115 Rz 28; *L/St* StGB[3] § 115 Rz 5; *Rami* in WK[2] § 115 Rz 10; *K/Schr* Grundriss BT I[5] § 115 Rz 12; *B/S* BT I[11] § 115 Rz 6.
25 Beispielhaft aufgezählt in OGH 12 Os 312/62 = SSt 33/54.
26 OGH 5 Os 844/51 = RIS-Justiz RS0092707.
27 OGH 14 Os 50/96 = RIS-Justiz RS0099238 = SSt 62/96; *L/St* StGB[3] § 83 Rz 15.
28 *Lambauer* in SbgK § 115 Rz 29; *K/Schr* Grundriss BT I[5] § 115 Rz 12.
29 *Rami* in WK[2] § 115 Rz 11.
30 *Lambauer* in SbgK § 115 Rz 32.

hier von Unmutsäußerungen auszugehen, die dem Milieu immanent sind. Die Androhung von Ohrfeigen oder mit bloßer Hand geführten Schlägen erfüllt jedenfalls nicht die Voraussetzungen einer gefährlichen Drohung.[31] Die Einstufung einer Äußerung noch als Ankündigung einer Misshandlung (§ 115 Abs 1) oder (bereits) als Drohung mit einer Körperverletzung (§ 74 Abs 1 Z 5) hängt jedenfalls maßgeblich von den Umständen des Einzelfalls ab.[32]

2. Mindestpublizität

Nach § 115 ist nur strafbar, wer die Beleidigung **öffentlich** oder **vor mehreren Leuten** begeht. Die Öffentlichkeit ist nach § 69 zu beurteilen: Ein größerer Personenkreis wird ab ca **zehn Personen** angenommen.[33] Vor mehreren Leuten wird die Beleidigung verwirklicht, wenn außer dem Beleidiger und dem Beleidigten **mindestens drei weitere Personen** anwesend sind (§ 115 Abs 2). Wie bei der üblen Nachrede kommt es auf die **Wahrnehmbarkeit,** nicht die tatsächliche Wahrnehmung an.[34] **Mitbeleidigte** zählen zwar nicht zu den „mehreren Leuten“, sind jedoch als Teil der Öffentlichkeit anzusehen.[35] Die Sachlichkeit dieser Differenzierung ist fragwürdig. Die drei nicht betroffenen Personen können auch dem Angegriffenen nahestehende Personen sein.[36] 14

3. Subjektiver Tatbestand

Die Beleidigung ist ein **Vorsatzdelikt**, der Täter muss zumindest mit bedingtem Vorsatz handeln. Ihm muss dabei laienmäßig klar sein, dass sein Verhalten den Betroffenen beleidigt. Weiters müssen insbesondere die Tatbildmerkmale „öffentlich“ bzw „vor mehreren Leuten“ vom Täter in seinen Vorsatz aufgenommen werden.[37] 15

III. Entrüstungsbeleidigung – Abs 3

§ 115 Abs 3 normiert einen **Entschuldigungsgrund,** der den Täter, wenn er einen anderen nur aus **Entrüstung** über dessen Verhalten beleidigt, straffrei stellt. Damit der Täter die Entrüstungsbeleidigung für sich geltend machen kann, müssen folgende **Voraussetzungen** vorliegen: 16

---

31 OGH 10 Os 222/62 = RIS-Justiz RS0092373; zuletzt OGH 13 Os 14/11z.

32 Vgl OGH 13 Os 12/09b.

33 *Lambauer* in SbgK § 115 Rz 8; *K/Schr* Grundriss BT I[5] § 115 Rz 13.

34 *Lambauer* in SbgK § 115 Rz 8 ff; *L/St* StGB[3] § 115 Rz 9; *Rami* in WK[2] § 115 Rz 5 f mwN; *B/S* BT I[11] § 115 Rz 10.

35 *L/St* StGB[3] § 115 Rz 10; *K/Schr* Grundriss BT I[5] § 115 Rz 16; *Lewisch* BT I[2] 126.

36 *Lambauer* in SbgK § 115 Rz 9.

37 *Lambauer* in SbgK § 115 Rz 35 f; *L/St* StGB[3] § 115 Rz 11.

1. Sachlicher Zusammenhang

17 Auslöser für die Entrüstung muss das **Verhalten eines anderen** sein. Zu beachten ist, dass sich die Entrüstungsbeleidigung nur gegen den richten darf, der das auslösende Verhalten gesetzt hat.[38] Wer seinen Frust über die Schimpftirade eines anderen, die dieser gegen ihn losgelassen hat, auf einen zufällig vorbeigehenden Passanten ablädt, ist von vornherein nicht nach § 115 Abs 3 entschuldigt.

2. Allgemeine Begreiflichkeit

18 Die Entrüstung ist aus einem objektiven Standpunkt betrachtet dann allgemein begreiflich, wenn sie für einen **Durchschnittsmenschen** in dem Sinne verständlich ist, dass auch er sich vorstellen kann, unter den gegebenen besonderen Umständen in eine solche Gemütsverfassung zu geraten.[39] Ein Gastwirt, der dem Gast, der sich über zu hohe Getränkepreise beschwerte, die Speisekarte gegen den Kopf schlägt, handelt nicht in einer allgemein begreiflichen Gemütsverfassung.[40]

19 Bei der allgemeinen Begreiflichkeit kommt es jedenfalls **nicht** auf ein **vorhandenes Rechtsbewusstsein** an, sondern lediglich auf die **Verständlichkeit** der **emotionalen Reaktion**. Daher kann selbst ein Jurist, dem grundsätzlich die Grenze zwischen Kritik und Beleidigung bekannt sein sollte und der sich aufgrund der Entrüstung über das Verhalten eines anderen zu einer Beleidigung/Beschimpfung hinreißen lässt, unter besonderen Umständen entschuldbar gehandelt haben.[41]

3. Zeitlicher Zusammenhang

20 Der Täter muss sich zur Entrüstungsbeleidigung **hinreißen** lassen. Daraus lässt sich die Notwendigkeit eines **unmittelbaren zeitlichen Zusammenhangs** schließen, durch den die auslösende Situation und die Entrüstung verknüpft sein müssen. Nur wer spontan reagiert, ist entschuldigt – nicht aber, wer aufgrund langer Überlegung handelt.[42]

4. Angemessenheit

21 Den Entschuldigungsgrund des Abs 3 kann für sich nur geltend machen, wer **„in einer den Umständen nach entschuldbaren Weise"** die beleidigende Handlung setzt. MaW muss die Ausführung im Verhältnis zum Anlass angemessen sein – es darf keine Überreaktion vorliegen.[43]

---

38 *L/St* StGB[3] § 115 Rz 17.

39 Bkd 71/80 = RIS-Justiz RS0093430.

40 OGH 13 Os 37/74 = EvBl 1974/229.

41 1 Bkd 11/99; 7 Bkd 3/01 = RIS-Justiz RS0113268 = AnwBl 2001, 484.

42 *Lambauer* in SbgK § 115 Rz 42; *L/St* StGB[3] § 115 Rz 21; *Rami* in WK[2] § 115 Rz 16.

43 *K/Schr* Grundriss BT I[5] § 115 Rz 33; *Lambauer* in SbgK § 115 Rz 44; *L/St* StGB[3] § 115 Rz 22; *Rami* in WK[2] § 115 Rz 16.

22 Abs 3 nennt für den Entschuldigungsgrund nur die Varianten der Beschimpfung, körperlichen Misshandlung und Drohung mit einer solchen, **nicht aber die Verspottung.** Ein Teil der Lehre spricht sich aber für eine **analoge Anwendung** aus.[44] Dem kann entgegengehalten werden, dass die Verspottung idR einen ruhig kalkulierenden Verstand voraussetzt, der die Schwächen des Gegenübers erkennt und mit gezielten Attacken dieselben ausnützt. Insofern wird es selten sein, dass sich jemand in einer Affektsituation befindet und aus Entrüstung verspottet. Freilich kann es mitunter vorkommen, dass sich Entrüstung und Verspottung ausnahmsweise nicht ausschließen und in solchen Ausnahmefällen die analoge Anwendung des § 115 Abs 3 zugunsten des Täters sachgerecht ist, vor allem angesichts der erwähnten (vgl Rz 4) schwierigen Abgrenzung zwischen den einzelnen Tatalternativen.

Zentrale Probleme zur Wiederholung: *Auslegung der Tathandlungen; Mindestpublizität; Entschuldigung nach Abs 3; Abgrenzung zu § 111.*

44 *K/Schr* Grundriss BT I[5] § 115 Rz 28; so auch *B/S* BT I[11] § 115 Rz 12; *Lambauer* in SbgK § 115 Rz 39; aA *L/St* StGB[3] § 115 Rz 23; *Rami* in WK[2] § 115 Rz 15; OLG Innsbruck 3 Bs 296/76 = ÖJZ-LSK 1977/57; Bkd 71/80 = RIS-Justiz RS0093429.

5. Kapitel

VERLETZUNGEN DER PRIVATSPHÄRE UND BESTIMMTER BERUFSGEHEIMNISSE

Vorbemerkungen §§ 118–124

Der 5. Abschnitt des StGB regelt im Anschluss an die Ehrdelikte (§§ 111–117) die strafbaren Handlungen zum Schutz der Privatsphäre und bestimmter Berufsgeheimnisse (§§ 118–124). Die zentralen Bestimmungen zum Schutz der **Privatsphäre** sind die Verletzung des **Briefgeheimnisses** (§ 118) und des **Telekommunikationsgeheimnisses** (§ 119) sowie der Missbrauch von **Tonaufnahme- oder Abhörgeräten** (§ 120). Dem **Datenschutz** ist durch die Strafbestimmungen über **widerrechtlichen Zugriff auf ein Computersystem** (§ 118a) und **missbräuchliches Abfangen von Daten** (§ 119a) Rechnung getragen. Der Schutz der **Berufsgeheimnisse** umfasst zum einen den Gesundheitszustand einer Person und „Sachverständigengeheimnisse" (Verletzung von Berufsgeheimnissen; § 121). Zum andern sind bestimmte **Geschäfts- und Betriebsgeheimnisse** vor Verletzung geschützt (§ 122), wobei die Strafbarkeit bereits auf das Auskundschaften (§§ 123–124) vorverlagert ist. 1

Hinter den Strafnormen des StGB in diesem Abschnitt stehen zT auch **verfassungsgesetzlich gewährleistete Grundrechte**, wie das **Briefgeheimnis** (Art 10 StGG und Art 8 EMRK), das **Fernmeldegeheimnis** (Art 10a StGG und Art 8 EMRK) sowie generell das in Art 8 EMRK garantierte **Recht auf Achtung des Privat- und Familienlebens**. Soweit in diese Grundrechte durch staatliche Behörden eingegriffen wird, bedarf es einer ausdrücklichen gesetzlichen Legitimation. Eine solche findet sich zB in den Regelungen der StPO. Bei deren Einhaltung entfällt aufgrund von Rechtfertigung das Unrecht, das durch die Erfüllung eines strafrechtlichen Tatbestands indiziert ist. 2

Die **praktische Bedeutung** der Delikte gegen die Privatsphäre (§§ 118–124) ist gering. Die gerichtliche **Kriminalstatistik** für das **Jahr 2010** weist zwei Verurteilungen wegen strafbarer Handlungen dieser Deliktsgruppe aus, wobei jeweils eine den Missbrauch von Tonaufnahme- oder Abhörgeräten (§ 120) sowie die Verletzung und Auskundschaftung eines Geschäfts- oder Betriebsgeheimnisses (§ 122–124) betrifft. Die geringe praktische Bedeutung resultiert auch daraus, dass es sich zT bei den strafbaren Handlungen dieses Abschnitts um Privatanklagedelikte handelt. 3

Weiterführende Literatur: *Aichhorn,* Das Problem ärztlicher Schweigepflicht bei AIDS, RZ 1992, 200; *Aichinger,* Freispruch für schnüffelnde Chefs, Die Presse – Rechtspanorama 02.11.2009; *Plöckinger,* Internet und materielles Strafrecht, in *Plöckinger/Duursma/Helm* (Hg), Aktuelle Entwicklungen im Internet-Recht (2002); *Reindl,* E-Commerce und Strafrecht (2003); *Wagner,* Unbefugter Zugriff auf e-Mail, ecolex 2000, 273.

A. Verletzung des Briefgeheimnisses und Unterdrückung von Briefen (§ 118)

I. Überblick

1 § 118 schützt das – heute leicht antiquiert wirkende – **Briefgeheimnis** als Ausschnitt der Privatsphäre. Der Schutz ist jedoch insofern beschränkt, als nur **verschlossene** (Abs 1) oder **in einem verschlossenen Behältnis verwahrte** (Abs 2) **Briefe** bzw andere solche Schriftstücke von dieser Bestimmung erfasst sind.[1] Der Sinn eines Briefes besteht darin, einen **gedanklichen Inhalt** auf Papier festzuhalten, in ein verschlossenes Kuvert zu stecken und ihn einer anderen Person zuzuspielen, damit diese den Inhalt lesen und ausschließlich selbst weiter entscheiden kann, was mit dem Brief passiert.

2 Die Verletzung des Briefgeheimnisses und die Unterdrückung von Briefen (§ 118) umfasst **vier Tatvarianten**: das Öffnen eines Briefes (Abs 1), das Öffnen eines verschlossenen Behältnisses, in dem sich ein bereits geöffneter Brief befindet (Abs 2 Z 1), die Anwendung eines technischen Mittels zur Kenntnisnahme des Briefinhalts ohne Öffnen (Abs 2 Z 2) und die Unterdrückung eines Briefes (Abs 3). Die Tatvarianten des § 118 sind **schlichte Tätigkeitsdelikte**, weil sie über die Tathandlung hinaus keine davon abtrennbare Wirkung in der Außenwelt voraussetzen.[2] Insbesondere ist das unbefugte Lesen des Briefinhalts nicht erforderlich.[3]

3 Die **praktische Bedeutung** der Verletzung des Briefgeheimnisses und der Unterdrückung von Briefen (§ 118) ist verschwindend gering. Die gerichtliche Kriminalstatistik für das Jahr 2010 weist keine Verurteilung wegen dieser strafbaren Handlungen aus. Das kann auch daran liegen, dass § 118, sofern er nicht von einem Beamten in Ausübung seines Amtes oder unter Ausnützung der ihm durch seine Amtstätigkeit gebotenen Gelegenheit begangen wird (§ 118 Abs 4 zweiter Satz), ein Privatanklagedelikt (siehe dazu näher bei § 110 Rz 22 f) ist.

II. Tatbestand

Den Tatbestand des **§ 118 Abs 1** verwirklicht, wer
- einen nicht zu seiner Kenntnis bestimmten verschlossenen Brief oder
- ein anderes solches Schriftstück
- vorsätzlich
- öffnet.

Den Tatbestand des **§ 118 Abs 2** verwirklicht, wer
- in der Absicht (§ 5 Abs 2), sich oder einem anderen Unbefugten Kenntnis vom Inhalt eines nicht zu seiner Kenntnis bestimmten Schriftstückes zu verschaffen,
- ein verschlossenes Behältnis, in dem sich ein Schriftstück iSd Abs 1 befindet, öffnet oder
- ein technisches Mittel anwendet, um seinen Zweck ohne Öffnung des Verschlusses des Schriftstücks oder des Behältnisses zu erreichen.

Den Tatbestand des **§ 118 Abs 3** verwirklicht, wer
- einen Brief oder ein anderes Schriftstück
- vor Kenntnisnahme durch den Empfänger
- vorsätzlich
- unterschlägt oder sonst unterdrückt.

---

1 *Lewisch* in WK[2] § 118 Rz 1, 9; *Thiele* in SbgK § 118 Rz 10, 45; *B/S* BT I[11] § 118 Rz 2 f.
2 *Thiele* in SbgK § 118 Rz 22 ff; *Lewisch* in WK[2] § 118 Rz 16.
3 *Lewisch* in WK[2] § 118 Rz 2.

1. Tatobjekt

Tatobjekt der Verletzung des Briefgeheimnisses und der Unterdrückung von Briefen nach **§ 118 Abs 1** ist ein **verschlossener Brief** oder ein **anderes solches Schriftstück**, dessen Inhalt nicht zur Kenntnisnahme durch den Öffnenden bestimmt ist, zB ein adressierter Brief an die Lebensgefährtin mit dem Absender einer „Partnerbörse". Geschützt sind nur (körperliche) Schriftstücke mit einem individuellen Inhalt und keine allgemein zugänglichen Publikationen.[4] Auch persönlich adressierte Massenwerbesendungen sind keine tauglichen Tatobjekte, weil sie bei wertender Betrachtung nicht unter das Briefgeheimnis fallen.[5] 4

Das **Verschließen** muss auf eine Weise erfolgen, dass der **geschriebene Inhalt nicht einsehbar** ist. Insofern ist es im Einzelfall fraglich, ob das Verschließen eines zusammengefalteten Briefes mittels Heftklammern ausreicht.[6] Das Verschließen müsste mit so vielen Heftklammern erfolgen, dass ein Einsehen des Inhalts ohne Beseitigung einzelner Klammern nicht möglich ist. 5

Unerheblich ist, ob der Brief bei der Post aufgegeben oder von der Post befördert wird. Geschützt ist beispielsweise auch ein verschlossener Brief, der an der Windschutzscheibe eines Autos hinterlassen wird. Ein bereits **geöffneter Brief** ist jedoch **kein taugliches Tatobjekt des § 118 Abs 1**, wodurch auch das Lesen seines Inhalts nicht strafbar ist. Das ändert sich freilich, wenn ein **geöffneter Brief in einem verschlossenen Behältnis** (zB einer versperrten Schreibtischlade) aufbewahrt wird. Dann ist er Tatobjekt des **§ 118 Abs 2 Z 1**. 6

Tatobjekt der **Briefunterdrückung** (**§ 118 Abs 3**) sind sowohl **verschlossene als auch geöffnete Briefe**.[7] Entscheidend ist jedoch, dass der Berechtigte den Briefinhalt noch nicht zur Kenntnis genommen hat. Dies könnte zB der Fall sein, wenn die Sekretärin den Brief – entsprechend ihren Aufgaben – geöffnet und dem Chef auf den Schreibtisch gelegt hat. 7

2. Tathandlung

Die Tathandlung des **§ 118 Abs 1** besteht im **Öffnen** eines verschlossenen **Briefes** oder eines anderen solchen Schriftstücks, jene des **§ 118 Abs 2 Z 1** im Öffnen eines **verschlossenen Behältnisses**, in dem sich ein solches Schriftstück befindet. Entscheidend ist, dass der Verschluss so weit geöffnet wird, dass eine Kenntnisnahme des Briefinhalts möglich ist.[8] Eine Beseitigung oder Beschädigung des Verschlusses ist nicht erforderlich. 8

§ 118 Abs 2 Z 2 nennt als Tathandlung die **Anwendung eines technischen Mittels**, um vom Inhalt ohne Öffnen des Briefes oder des Behältnisses Kenntnis zu erlangen. Ein taugliches technisches Mittel kann zB eine Durchleuchtungsvorrichtung oder ein anderes moderneres „Spionage-Hilfsmittel" sein. Das Halten gegen das Licht, um sich Kenntnis vom Briefinhalt zu verschaffen, reicht jedoch nicht aus. 9

Die Tathandlung des **§ 118 Abs 3** besteht im **Unterschlagen** oder sonstigen **Unterdrücken** eines Briefes. Das Nichtabgeben eines gefundenen Briefes fällt ebenso darunter wie das Vernichten eines bereits zugestellten, aber noch nicht gelesenen Briefes.[9] In den Varianten des Abs 3 geht es darum, dass die Kenntnisnahme des Inhalts durch den Berechtigten verhindert wird. 10

4 Vgl *F/R-K* BT I[3] 95; *Lewisch* BT I[2] 135.

5 *Lewisch* in WK[2] § 118 Rz 7 mwN.

6 *F/R-K* BT I[3] 95 halten das Verschnüren mit Bändern für nicht ausreichend.

7 *F/R-K* BT I[3] 96 weisen zu Recht darauf hin, dass es um die Kenntnisnahme des Briefinhalts durch den Berechtigten geht und insofern aus dem Verweis in § 118 Abs 3 auf Abs 1 nicht geschlossen werden kann, dass nur verschlossene Briefe von § 118 Abs 3 erfasst sind. Zum Meinungsstand siehe auch *Rebisant*, Rz 209 ff.

8 *Lewisch* in WK[2] § 118 Rz 14 ff; *Thiele* in SbgK § 118 Rz 52 ff.

9 *Thiele* in SbgK § 118 Rz 62 ff.

3. Subjektiver Tatbestand

11 Sämtliche Varianten des § 118 sind **Vorsatzdelikte**. Der Tatvorsatz muss im Zeitpunkt des Öffnens vorliegen und sich zumindest im Stärkegrad des dolus eventualis (§ 5 Abs 1 zweiter Halbsatz) auf sämtliche objektiven Tatbestandsmerkmale beziehen, bei § 118 Abs 3 auch darauf, dass der Briefinhalt vom Berechtigten noch nicht zur Kenntnis genommen wurde. Darüber hinaus ist für die Tathandlungen des § 118 Abs 2 die Absicht (§ 5 Abs 2) erforderlich, sich oder einem anderen Unbefugten Kenntnis vom Inhalt des Briefes bzw Schriftstücks zu verschaffen (erweiterter Vorsatz).

III. Rechtfertigung

12 § 118 normiert keine besonderen Rechtfertigungsgründe, es kann im Einzelfall allerdings eine **Rechtfertigung durch privatrechtliche oder hoheitliche Befugnisse** in Betracht kommen. So rechtfertigt zB die Einhaltung der Bestimmungen über die Beschlagnahme von Briefen (§§ 135 Abs 1, 137 ff StPO) die Verletzung des Briefgeheimnisses durch die Kriminalpolizei im Rahmen eines Strafverfahrens. § 90 StVG rechtfertigt die Überwachung des Briefverkehrs von Strafgefangenen, § 188 Abs 2 StPO von Untersuchungshäftlingen. Mitunter kann auch das **elterliche Erziehungsrecht** Verletzungen des Briefgeheimnisses rechtfertigen, zB wenn ein an den 13-jährigen Sohn gerichtetes Schreiben der Polizei vom Vater geöffnet wird. Der Eingriff in das Geheimnis offensichtlicher Liebesbriefe oder anderer privater Briefe ist aber im Regelfall nicht gerechtfertigt.

IV. Abgrenzungen und Konkurrenzen

13 § 118 Abs 1 und Abs 3 können echt konkurrieren, zB wenn jemand unberechtigterweise einen Brief öffnet und ihn anschließend auch noch unterdrückt. Handelt es sich bei einem Brief um eine Urkunde oder ein Beweismittel, kann die Unterdrückung mit § 229 bzw § 295 echt konkurrieren.

V. Prozessuales

14 Sämtliche Varianten des § 118 fallen in die sachliche **Zuständigkeit des Bezirksgerichts** (§ 30 Abs 1 StPO). Nach § 118 Abs 4 sind sie **Privatanklagedelikte** (§ 71 StPO), wodurch keine diversionelle Verfahrenserledigung (§§ 198 ff StPO) in Betracht kommt (vgl § 199 StPO). Wird die Tat jedoch von einem **Beamten in Ausübung seines Amtes** oder unter Ausnützung der ihm durch seine Amtstätigkeit gebotenen Gelegenheit begangen, so hat die Staatsanwaltschaft den Täter mit **Ermächtigung** des Verletzten zu verfolgen (vgl Abs 4; § 92 StPO). In diesen Fällen wäre eine diversionelle Verfahrenserledigung (§§ 198 ff StPO) zulässig.

Zentrales Problem zur Wiederholung: *Rechtfertigung durch privatrechtliche oder hoheitliche Befugnisse.*

B. Widerrechtlicher Zugriff auf ein Computersystem (§ 118a)

I. Überblick

§ 118a schützt als **Ausschnitt der Privatsphäre** jenen Bereich, der durch gespeicherte Daten Einblick in die geschützte Lebenssphäre bieten würde. Das Delikt wurde im Jahre 2003 ins StGB als Umsetzung der Cyber-Crime-Konvention des Europarats eingefügt.[1] Es will die typischen Fälle von **unbefugtem Eindringen in einen Computer** („Hacking") erfassen. 1

Praktisch ist der widerrechtliche Zugriff auf ein Computersystem insofern bedeutungslos, als in der gerichtlichen **Kriminalstatistik** für das **Jahr 2010** keine einzige Verurteilung wegen dieser strafbaren Handlung aufscheint. 2

II. Tatbestand

Der Tatbestand des widerrechtlichen Zugriffs auf ein Computersystem (§ 118a) ist sehr kompliziert formuliert. Ihn verwirklicht, wer

- sich zu einem **Computersystem** (vgl § 74 Abs 1 Z 8), über das er nicht oder nicht allein verfügen darf, oder zu einem Teil eines solchen
- vorsätzlich
- **Zugang verschafft**, indem er spezifische Sicherheitsvorkehrungen im Computersystem überwindet, und
- in der **Absicht** (§ 5 Abs 2) handelt,
  - sich von gespeicherten und nicht für ihn bestimmten Daten Kenntnis zu verschaffen,
  - die Daten selbst zu benützen, einem anderen, für den sie nicht bestimmt sind, zugänglich zu machen oder sie zu veröffentlichen und
  - dadurch sich oder einem anderen einen Vermögensvorteil zuzuwenden oder einem anderen einen Nachteil zuzufügen.

1. Tatobjekt

Tatobjekt des § 118a ist ein Computersystem oder Teile davon. **§ 74 Abs 1 Z 8** definiert den Begriff „**Computersystem**". Darunter fallen sowohl einzelne als auch verbundene **Vorrichtungen**, die der **automationsunterstützten Datenverarbeitung** dienen, also Netzwerkgeräte, Standcomputer, Laptops oder auch Handys, weil all diese Geräte Informationen (zB Nachrichten) speichern und damit Daten verarbeiten.[2] Die Möglichkeit zur automationsunterstützten Da- 3

1 BGBl I 2002/134. Zu den Entstehungshintergründen siehe *Reindl-Krauskopf* in WK[2] § 118 Rz 1 ff; *F/R-K* BT I[3] 96.

2 *Reindl-Krauskopf* in WK[2] § 118a Rz 6 ff; *Thiele* in SbgK § 118a Rz 27 ff.

tenverarbeitung ist somit das entscheidende Kriterium, um ein elektronisches Gerät als Tatobjekt für § 118a in Betracht zu ziehen. Zu den **Teilen eines Computersystems**, in die eingedrungen werden kann, gehört zB der Prozessor oder ein Netzwerkdrucker mit Speicherplatz.[3] Bei gemeinsam genutzten Computern sind auch passwortgeschützte Dateilaufwerke oder Daten Teile eines Computersystems.[4]

4 Das zweite Kriterium für das Tatobjekt besteht darin, dass es an der **(alleinigen) Verfügungsberechtigung** über das Computersystem **fehlen** muss. Die Verfügungsberechtigung ist nicht deckungsgleich mit dem Eigentum. Kaufen zB die Eltern einen PC, damit ihn der Sohn für sein Studium nutzen kann, erwirbt der Sohn zwar kein Eigentum am Computer, aber sehr wohl eine Verfügungsberechtigung über die darauf gespeicherten Daten, weil er sie verändern darf und darüber entscheiden kann, was auf „seinem" Computer gespeichert ist. Wenn nun der Vater den PC „knackt", um nachzusehen, welche Dokumente der Sohn gespeichert hat, kann er trotz seines Eigentums § 118a verwirklichen.[5]

2. Tathandlung

5 Die Tathandlung besteht im **Sich-Zugang-Verschaffen zu einem Computersystem** unter **Überwindung einer spezifischen Sicherheitsvorkehrung**. Eine spezifische Sicherheitsvorkehrung ist zB ein Daumen- oder Fingerabdruck, der zum Start eines Computers erforderlich ist, oder ein Passwort.[6] Selbst das für viele Geräte vom Hersteller vergebene Standardpasswort „0000" ist ein ausreichender Schutz, um die Anwendung des § 118a zu ermöglichen.[7] Die klassische Tastensperre ohne individuell eingegebenes neues Passwort reicht dafür nicht aus.

6 Wird jemandem das verwendete **Passwort mitgeteilt**, scheidet § 118a mangels geeigneter Tathandlung ebenso aus wie bei **fehlender Verwendung einer Sicherheitsvorkehrung**, die überwunden werden muss. Auch das Aufbrechen eines Raumes, in dem sich ein Computer ohne spezifische Sicherheitsvorkehrung befindet, fällt nicht unter den Tatbestand, weil die Sicherheitsvorkehrung direkt am Computer oder im System angebracht sein muss.

3. Qualifikation

7 Die Tat ist qualifiziert, wenn sie von einem Mitglied einer kriminellen Vereinigung (vgl § 278 Abs 2) begangen wird.

---

3 *Reindl-Krauskopf* in WK[2] § 118a Rz 6.
4 Vgl *F/R-K* BT I[3] 96; *Reindl-Krauskopf* in WK[2] § 118a Rz 8, 17.
5 *Reindl-Krauskopf* in WK[2] § 118a Rz 10, 15.
6 *Thiele* in SbgK § 118a Rz 39; *Reindl-Krauskopf* in WK[2] § 118a Rz 23.
7 AA *Reindl-Krauskopf* in WK[2] § 118a Rz 25.

4. Subjektiver Tatbestand

§ 118a ist ein Vorsatzdelikt, das zunächst für **alle objektiven Tatbestandsmerkmale Vorsatz** im Stärkegrad des dolus eventualis (§ 5 Abs 1 zweiter Halbsatz) erfordert. Darüber hinaus ist als **erweiterter Vorsatz** die **Absicht** (§ 5 Abs 2) erforderlich, sich über die Daten unbefugt Kenntnis zu verschaffen. Schließlich muss noch der Vorsatz im Stärkegrad der Absicht vorliegen, aus dieser Datenkenntnis und einer allenfalls damit einhergehenden Datenverwendung sich oder einem Dritten einen **Vermögensvorteil zuzuwenden** oder einem anderen einen **Nachteil**, der kein Vermögensnachteil sein muss, **zuzufügen**. Wer nur aus Neugier und Interesse an einer Person ohne Schädigungsabsicht in ein Computersystem einbricht, verwirklicht nicht den erforderlichen subjektiven Tatbestand. Auch die Absicht (§ 5 Abs 2), durch die Daten das Datenschutzinteresse des Berechtigten zu verletzen, was regelmäßig der Fall sein wird, bildet kein ausreichendes Vorsatzerfordernis,[8] weil ansonsten die einschränkende Funktion dieses subjektiven Tatbestandselements faktisch verloren gehen würde. 8

III. Rechtfertigung

Wie Eingriffe in das Briefgeheimnis können auch Eingriffe in das Computersystem durch behördliche oder privatrechtliche Befugnisse gerechtfertigt sein, wie zB im Falle einer Auswertung der Daten auf einem sichergestellten/beschlagnahmten PC durch Kriminalpolizei, Staatsanwaltschaft bzw Gericht (§§ 110 ff StPO) oder ausnahmsweise auch im Rahmen des elterlichen Erziehungsrechts (siehe dazu § 118 Rz 12). 9

IV. Abgrenzung und Konkurrenzen

§ 118a umfasst Verletzungen der Privatsphäre in Zusammenhang mit dem unberechtigten Eindringen in ein Computersystem. Werden im Anschluss an das Eindringen Daten beschädigt, besteht aufgrund der unterschiedlichen geschützten Rechtsgüter echte Konkurrenz mit § 126a.[9] 10

Wird bei Computerprogrammen der Kopierschutz geknackt (sog „Cracking"), kann dies eine strafbare Urheberrechtsverletzung (§ 91 UrhG) sein. Werden in gewerbsmäßiger Absicht Sicherungen bei zugangskontrollierten Diensten (zB Pay-TV oder passwortgeschützte Online-Dienste) umgangen, greift die Sonderbestimmung des § 10 ZugangskontrollG[10] (siehe dazu näher bei § 126c Rz 10 f). 11

---

8 *Reindl-Krauskopf* in WK^2 § 118a Rz 37; *Thiele* in SbgK § 118a Rz 68.

9 Vgl *Reindl-Krauskopf* in WK^2 § 118a Rz 41; *Thiele* in SbgK § 118a Rz 89.

10 *F/R-K* BT I^3 96.

V. Prozessuales

12 Das **Grunddelikt** des § 118a Abs 1 fällt in die sachliche **Zuständigkeit des Bezirksgerichts** (§ 30 Abs 1 StPO), die **Qualifikation** des Abs 3 in den Kompetenzbereich des **Einzelrichters am Landesgericht** (§ 31 Abs 4 Z 1 StPO). Sämtliche Varianten des § 118a sind **Ermächtigungsdelikte** iS von § 92 StPO (§ 118a Abs 2) und damit im Ergebnis auch einer diversionellen Erledigung (§§ 198 ff StPO) uneingeschränkt zugänglich.

Zentrale Probleme zur Wiederholung: *Auslegung des Tatbestandsmerkmals „Überwindung spezifischer Sicherheitsvorkehrungen im Computersystem"; erweiterter Vorsatz; Rechtfertigung.*

C. Schutz des Telekommunkations- und Übertragungsgeheimnisses (§§ 119, 119a, 120 Abs 2a)[1]

I. Überblick

Das **Telekommunikationsgeheimnis** ist zum einen durch **§ 119** (Verletzung des Telekommunikationsgeheimnisses) geschützt, zum anderen durch **§ 120 Abs 2a**, der im Rahmen des Missbrauchs von Tonaufnahme- und Abhörgeräten die Aufzeichnung, das Zugänglichmachen und die Veröffentlichung von im Wege einer Telekommunikation übermittelten und nicht für ihn bestimmten Nachrichten erfasst. Der Schutzbereich des **§ 119a** (missbräuchliches Abfangen von Daten) reicht weiter, weil er generell Übermittlungen von Daten erfasst und nicht nur Nachrichten. Das missbräuchliche Abfangen von Daten (§ 119a) ist aufgrund ausdrücklicher gesetzlicher Anordnung gegenüber der Verletzung des Telekommunikationsgeheimnisses (§ 119) subsidiär. 1

Telekommunikation ist jeder technische Vorgang des Aussendens, Übermittelns und Empfangens von Nachrichten jeglicher Art in der Form von Zeichen, Sprache, Bildern oder Tönen.[2] **Geschützt** werden soll – entsprechend der Bestimmung des § 118 für das Briefgeheimnis – im Wesentlichen der **Weg der Übertragung** und nicht das anschließende Speichern der Nachricht oder das Lesen bereits übertragener und geöffneter SMS usw.[3] Dieser Aspekt ist allenfalls durch § 118a geschützt, wenn das Knacken einer spezifischen Sicherheitsvorrichtung erforderlich ist, um den Inhalt einer gelesenen Nachricht einzusehen. 2

Zeitlich finden Tathandlungen des **§ 120 Abs 2a zum Teil später** statt als jene von §§ 119 und 119a: Während es bei §§ 119, 119a um die Kenntnisnahme der Daten durch Abfangen geht, erfasst § 120 Abs 2a nicht nur das unberechtigte Aufzeichnen von Nachrichten, sondern auch deren spätere Weitergabe, zB durch Abspielen gegenüber einem Dritten. 3

Die **praktische Bedeutung** der §§ 119, 119a und 120 ist **gering**. Die gerichtliche Kriminalstatistik für das Jahr 2010 weist keine Verurteilungen wegen § 119 oder § 119a auf und lediglich eine Verurteilung wegen § 120, wobei aus der Statistik nicht ersichtlich ist, ob es sich dabei um Fälle des Abs 1, 2 oder 2a handelt. 4

II. Tatbestand

Den Tatbestand der **Verletzung des Telekommunikationsgeheimnisses** (**§ 119 Abs 1**) verwirklicht, wer 5

1 Siehe zur Zusammenfassung dieser strafbaren Handlungen unter diese Überschrift *F/R-K* BT I[3] 98.

2 *Thiele* in SbgK § 119 Rz 39; *Fabrizy* StGB[10] § 119 Rz 2.

3 Vgl *Lewisch* in WK[2] § 119 Rz 1; *Thiele* in SbgK § 119 Rz 15 f.

- eine Vorrichtung, die an einer Telekommunikationsanlage oder an einem Computersystem angebracht oder sonst empfangsbereit gemacht wurde,
- vorsätzlich
- benützt
- in der zusätzlichen Absicht (§ 5 Abs 2), sich oder einem anderen Unbefugten vom Inhalt einer im Wege einer Telekommunikation oder eines Computersystems übermittelten und nicht für ihn bestimmten Nachricht Kenntnis zu verschaffen.

6 Den Tatbestand des **missbräuchlichen Abfangens von Daten (§ 119a Abs 1)** verwirklicht, wer

- eine Vorrichtung, die an einer Telekommunikationsanlage oder an einem Computersystem angebracht oder sonst empfangsbereit gemacht wurde,
- vorsätzlich
- benützt oder
- die elektromagnetische Abstrahlung eines Computersystems auffängt
- in der zusätzlichen Absicht (§ 5 Abs 2),
  - sich oder einem anderen Unbefugten von im Wege eines Computersystems übermittelten und nicht für ihn bestimmten Daten Kenntnis zu verschaffen,
  - die Daten selbst zu benützen, einem anderen, für den sie nicht bestimmt sind, zugänglich zu machen oder sie zu veröffentlichen und
  - dadurch sich oder einem anderen einen Vermögensvorteil zuzuwenden oder einem anderen einen Nachteil zuzufügen.

7 Den Tatbestand des **Missbrauchs von Tonaufnahme- oder Abhörgeräten in Bezug auf das Telekommunikationsgeheimnis (§ 120 Abs 2a**) verwirklicht, wer

- eine im Wege einer Telekommunikation übermittelte und nicht für ihn bestimmte Nachricht
- vorsätzlich
- aufzeichnet, einem anderen Unbefugten zugänglich macht oder veröffentlicht
- in der zusätzlichen Absicht (§ 5 Abs 2), sich oder einem anderen Unbefugten vom Inhalt dieser Nachricht Kenntnis zu verschaffen.

1. Tatobjekt

8 Tatobjekte der **Verletzung des Telekommunikationsgeheimnisses (§ 119)** sowie des **Missbrauchs von Tonaufnahme- oder Abhörgeräten** in Bezug auf das Telekommunikationsgeheimnis (**§ 120 Abs 2a**) sind **Nachrichten**, die im Wege der Telekommunikation oder über ein Computersystem verschickt werden. Zum Wesen von Nachrichten gehört es, dass sie an eine bestimmte Person oder einen bestimmbaren Personenkreis adressiert sind.

Tatobjekt des **missbräuchlichen Abfangens von Daten (§ 119a)** sind „**Daten**" iS des § 74 Abs 2, also sowohl personenbezogene als auch nicht personenbezogene Daten sowie Programme. Nach dieser Legaldefinition ist es nicht erforderlich, dass die Daten elektronisch verarbeitet sind. In den Anwendungsbereich der §§ 119, 119a fallen jedoch aufgrund der Bezogenheit zu Computersystemen nur elektronisch verarbeitete Daten. Der Begriff der „Daten" ist weiter als jener der „Nachrichten". Daten sind nicht unbedingt an einen zumindest bestimmbaren Personenkreis gerichtet. 9

2. Tathandlung

Die Tathandlung der **Verletzung des Telekommunikationsgeheimnisses** (§ 119) besteht im Benützen einer Vorrichtung, die an einer Telekommunikationsanlage oder an einem Computersystem angebracht oder sonst empfangsbereit gemacht wurde. Eine solche Vorrichtung kann zB ein Programm sein, das eine Kopie von ausgehenden E-Mails an einen anderen Nutzer sendet.[4] 10

Für das **missbräuchliche Abfangen von Daten** (§ 119a) ist es **überdies** eine ausreichende Tathandlung, wenn die **elektromagnetische Abstrahlung** eines Computersystems **aufgefangen** wird, also zB die Abstrahlung des Bildschirms oder die Signale einer Funktastatur genutzt werden, um an den Dateninhalt zu gelangen.[5] 11

Die Tathandlung des **Missbrauchs von Tonaufnahme- oder Abhörgeräten** in Bezug auf das Telekommunikationsgeheimnis (**§ 120 Abs 2a**) umfasst zum einen die **Aufzeichnung** der im Wege einer Telekommunikation übermittelten Nachricht, etwa indem ein Aufnahmegerät dazwischengeschaltet ist, um den Gesprächsinhalt aufzuzeichnen. Zum andern ist eine ausreichende Tathandlung aber auch das **Zugänglichmachen** oder sonstige Veröffentlichen der aufgezeichneten Telekommunikationsnachricht zu einem späteren Zeitpunkt. 12

3. Subjektiver Tatbestand

Der subjektive Tatbestand erfordert zunächst **Vorsatz** im Stärkegrad des dolus eventualis (§ 5 Abs 1 zweiter Halbsatz) hinsichtlich **sämtlicher objektiver Tatbestandsmerkmale** der genannten strafbaren Handlungen. Darüber hinaus ist als **erweiterter Vorsatz** die **Absicht** (§ 5 Abs 2) erforderlich, sich oder einem anderen Unbefugten Kenntnis von im Wege eines Computersystems übermittelten und nicht für ihn bestimmten Daten zu verschaffen (§§ 119, 119a), die Daten selbst zu benützen, einem anderen, für den sie nicht bestimmt sind, zugänglich zu machen oder sie zu veröffentlichen und dadurch sich oder einem anderen einen Vermögensvorteil zuzuwenden oder einem anderen einen Nachteil zuzufügen (§ 119a). 13

---

4 Vgl etwa *Lewisch* in WK^2 § 119 Rz 4 ff; *Thiele* in SbgK § 119 Rz 44.

5 Siehe dazu näher *Thiele* in SbgK § 119a Rz 25; *Reindl-Krauskopf* in WK^2 § 119a Rz 10; *F/R-K* BT I^3 98.

III. Rechtfertigung

14 Wie Eingriffe in das Briefgeheimnis (§ 118) können auch Eingriffe in das Telekommunikationsgeheimnis (§ 119) durch **behördliche oder privatrechtliche Befugnisse** gerechtfertigt sein, wie zB im Falle einer Überwachung von Nachrichten durch die Kriminalpolizei (§§ 135, 137 ff StPO).

15 Installiert der **Arbeitgeber** ein Programm, das alle ausgehenden E-Mails seiner Mitarbeiter in Kopie abspeichert, könnte dieser Eingriff in das Telekommunikationsgeheimnis unter dem Gesichtspunkt **dienstlicher Notwendigkeit** gerechtfertigt sein, damit für den Fall, dass der Dienstnehmer am Dienst gehindert wird, die Befugnisse seines Kompetenzbereichs weiter ausgeübt werden können. Gibt es allerdings eine Vereinbarung oder zumindest ein ausdrückliches Dulden, aufgrund dessen Mitarbeiter ihre E-Mail-Accounts auch zu privaten Zwecken nützen dürfen, wäre eine derartige „Sicherheitskopie" zumindest dann unzulässig, wenn sie geheim erfolgt. Ansonsten wäre an Rechtfertigung für den Dienstgeber zu denken.[6]

16 Ähnliche Rechtfertigungsüberlegungen gelten auch für die **Aufzeichnung von privaten Telefongesprächen** (§ 120 Abs 2a), wobei sich freilich hier schwerer eine sachliche Rechtfertigung für den Dienstgeber finden lässt. Sobald jedenfalls der private Charakter eines Telefonats ersichtlich ist, muss die Aufzeichnung beendet werden.

IV. Abgrenzung und Konkurrenzen

17 Nachrichten sind zwar auch Daten, aber ganz spezifische, weil sie auf Kommunikation hin ausgerichtet sind. Das Tatobjekt von § 119 und § 120 Abs 2a ist somit enger als jenes von § 119a. Insofern ist **§ 119a** ein **subsidiärer Auffangtatbestand** zu § 119, was im Gesetz auch ausdrücklich erwähnt wird.

18 Hinsichtlich des Missbrauchs von Tonaufnahme- und Abhörgeräten (§ 120) normiert das Gesetz eine Subsidiarität dahingehend, dass keine Strafbarkeit wegen § 120 Abs 2a besteht, wenn die Tat nach einer anderen Bestimmung mit strengerer Strafe bedroht ist, was zB bei einer Verletzung des Telekommunikationsgeheimnisses (§ 119) der Fall ist. Das Abfangen von Telekommunikationsdaten hat somit Vorrang vor dem Aufzeichnen solcher Nachrichten.

V. Prozessuales

19 Die Verletzung des Telekommunikationsgeheimnisses (§ 119), das missbräuchliche Abfangen von Daten (§ 119a) sowie der Missbrauch von Tonaufnahme- oder Abhörgeräten (§ 120) fallen aufgrund des Strafsatzes in die sachliche **Zuständigkeit des Bezirksgerichts** (§ 30 Abs 1 StPO). Sämtliche der genannten

---

6 Vgl *Thiele* in SbgK § 119 Rz 60, der diesen Aspekt allerdings als Tatbestandsausschluss betrachtet; ebenso *Lewisch* in WK[2] § 119 Rz 10.

strafbaren Handlungen sind **Ermächtigungsdelikte** iS von § 92 StPO (§§ 119 Abs 2, 119a Abs 2, 120 Abs 3) und damit im Ergebnis auch einer **diversionellen Erledigung** (§§ 198 ff StPO) uneingeschränkt zugänglich. Die sachliche Rechtfertigung für die Ausgestaltung als Ermächtigungsdelikte liegt darin, dass durch die genannten strafbaren Handlungen die Privatsphäre geschützt wird und es somit der Berechtigte letztlich in der Hand haben soll, durch eine Verweigerung der Ermächtigung die Strafverfolgungsbehörden von einer (weiteren) Ermittlung in seiner Privatsphäre auszuschließen.

Zentrales Problem zur Wiederholung: *Implikation technischer Spezifika in Tatbestand.*

D. Missbrauch von Tonaufnahme- oder Abhörgeräten (§ 120)

I. Überblick

1 § 120 will generell dem Missbrauch von Tonaufnahme- oder Abhörgeräten entgegenwirken, und zwar nicht nur im Rahmen des Telekommunikationsgeheimnisses. Erfasst vom Schutzbereich sind nur **nicht öffentliche Äußerungen**. Es geht also um den **Schutz des gesprochenen Worts** im (mehr oder minder) privaten Bereich.

2 Die **praktische Bedeutung** dieser Strafbestimmung ist **gering**. So weist die gerichtliche Kriminalstatistik für das Jahr 2010 lediglich eine Verurteilung wegen dieser strafbaren Handlung aus.

II. Tatbestand

3 Den Tatbestand des Missbrauchs von Tonaufnahme- oder Abhörgeräten (**§ 120 Abs 1**) verwirklicht, wer

- ein Tonaufnahmegerät oder ein Abhörgerät
- vorsätzlich
- benutzt,
- um sich oder einem anderen Unbefugten (§ 5 Abs 2) von einer nicht öffentlichen oder nicht zu seiner Kenntnisnahme bestimmten Äußerung eines anderen Kenntnis zu verschaffen.

4 Den Tatbestand des **§ 120 Abs 2** verwirklicht, wer

- ohne Einverständnis des Sprechenden
- die Tonaufnahme einer nicht öffentlichen Äußerung eines anderen
- vorsätzlich
- einem Dritten, für den sie nicht bestimmt ist, zugänglich macht oder eine solche Aufnahme veröffentlicht.

1. Tatobjekt

5 Tatobjekte des § 120 Abs 1 und 2 sind **nicht öffentliche Äußerungen**. Die Aufzeichnung öffentlicher Äußerungen kann keine Strafbarkeit nach § 120 begründen, auch wenn sie heimlich erfolgt oder weitergegeben wird. Allenfalls kommt eine Strafbarkeit nach den Bestimmungen des UrhG in Betracht.

6 Zur Frage, ob eine Äußerung **öffentlich** war, ist nicht die **Legaldefinition des § 69** heranzuziehen, weil sich diese nur auf die Tatbegehung in der Öffentlichkeit bezieht und es sich bei § 120 um die Öffentlichkeit des Tatobjekts handelt. Öffentlichkeit bedeutet somit nicht nur, dass die Äußerung unmittelbar von einem größeren Personenkreis (ab ca zehn Personen) wahrgenommen werden kann, sondern entscheidend ist, dass die Veranstaltung einen „vertraulichen Cha-

rakter" aufweist.[1] Insofern kann zB die Sitzung eines Gremiums einer politischen Partei, an der 40 Personen teilnehmen, dieses Öffentlichkeitskriterium nicht erfüllen.[2] Die Vorlesung an der Universität erfüllt dagegen dieses Tatbestandsmerkmal, selbst wenn unter Gesichtspunkten des Hausrechts der Personenkreis insofern beschränkbar ist, als aus bestimmten, in der Hausordnung der Universität genannten Gründen Personen die Teilnahme daran untersagt werden kann.

Bei § 120 Abs 1 darf die nicht öffentliche Äußerung zusätzlich nicht zur Kennt- 7
nisnahme des Aufnehmenden bzw Abhörenden bestimmt sein („Spionage"), bei Abs 2 nicht zur Kenntnisnahme eines Außenstehenden, dem die Aufnahme weitergegeben wird.

2. Tathandlung

Die Tathandlung nach **Abs 1** besteht im **Benützen eines Tonaufnahme- 8
oder Abhörgeräts**, also im Aufnehmen einer nicht öffentlichen Äußerung oder im Abhören. Eine bloße Bildaufzeichnung ohne Ton fällt nicht darunter. Entscheidend ist weiters, dass die Äußerung **nicht an den Gesprächspartner gerichtet** ist. Das heimliche Aufzeichnen einer an sich selbst gerichteten Äußerung seines Gesprächspartners erfüllt nicht den Tatbestand.[3]

Tathandlung nach **Abs 2** ist das **unbefugte Zugänglichmachen** gegenüber 9
einem Dritten, für den die Äußerung nicht bestimmt ist, oder das **Veröffentlichen** einer Tonaufnahme. Somit erfüllt sowohl die Wiedergabe als auch die Weitergabe den Tatbestand. Allerdings muss es sich um die Weitergabe der Aufzeichnung selbst handeln. Die Weitergabe eines Transkripts der Aufzeichnung ist keine ausreichende Tathandlung.[4]

3. Taterfolg

Das Benützen eines Tonaufnahme- oder Abhörgeräts nach **§ 120 Abs 1** kennt 10
keinen gesonderten Erfolg und ist damit ein **schlichtes Tätigkeitsdelikt**.[5] Die Wieder- und Weitergabe einer Aufzeichnung nach **§ 120 Abs 2** ist dagegen als **Erfolg** zu sehen, der für eine Deliktsvollendung vorliegen muss.[6]

4. Subjektiver Tatbestand

§ 120 Abs 1 und 2 verlangt für die objektiven Tatbestandsmerkmale **Vorsatz** 11
im Stärkegrad des dolus eventualis (§ 5 Abs 1 zweiter Halbsatz). Darüber hin-

1 Vgl *Lewisch/Reindl-Krauskopf* in WK^2 § 120 Rz 3.
2 *Lewisch/Reindl-Krauskopf* in WK^2 § 120 Rz 3.
3 *F/R-K* BT I^3 99.
4 *F/R-K* BT I^3 99; *Lewisch/Reindl-Krauskopf* in WK^2 § 120 Rz 9; *L/St* StGB^3 § 120 Rz 10; OLG Wien 25 Bs 207/90 = EvBl 1991/42.
5 *Thiele* in SbgK § 120 Rz 17; *Lewisch/Reindl-Krauskopf* in WK^2 § 120 Rz 17.
6 *Thiele* in SbgK § 120 Rz 18; aM *Lewisch/Reindl-Krauskopf* in WK^2 § 120 Rz 17.

aus ist für das Benützen eines Tonaufnahme- oder Abhörgeräts iS von **Abs 1** der **erweiterte Vorsatz** im Stärkegrad der **Absicht** (§ 5 Abs 2) erforderlich, sich oder einen anderen Unbefugten von einer nicht öffentlichen oder nicht zu seiner Kenntnisnahme bestimmten Äußerung eines anderen Kenntnis zu verschaffen. Abs 2 verlangt dies nicht.

III. Rechtfertigung

12 Spezifische Rechtfertigungsgründe sind für den Missbrauch von Tonaufnahme- oder Abhörgeräten nicht vorgesehen. Bisweilen erfolgen Aufnahmen, um sie **vor Gericht als Beweismittel** verwenden zu können. Kann zB der Beschuldigte im Strafverfahren den erhobenen Anklagevorwurf nur durch Vorlage einer heimlichen Tonaufzeichnung (§ 120 Abs 2) entkräften, ist eine Rechtfertigung aufgrund des in der Verfassung verankerten Grundsatzes der Ermöglichung wirksamer Verteidigung (vgl Art 90 Abs 2 B-VG; Art 6 EMRK) zu bejahen.[7]

IV. Prozessuales

13 Der Missbrauch von Tonaufnahme- oder Abhörgeräten (§ 120) fällt aufgrund des Strafsatzes in die sachliche **Zuständigkeit des Bezirksgerichts** (§ 30 Abs 1 StPO). Er ist ein **Ermächtigungsdelikt** iS von § 92 StPO (§ 120 Abs 3) und damit im Ergebnis auch einer **diversionellen Erledigung** (§§ 198 ff StPO) uneingeschränkt zugänglich.

Zentrales Problem zur Wiederholung: *Auslegung des Tatbildmerkmales „nicht öffentlich".*

7 In diesem Sinne *F/R-K* BT I[3] 99; *Lewisch/Reindl-Krauskopf* in WK[2] § 120 Rz 30; OGH 15 Os 143/05a = EvBl 2006/78.

E. Verletzung von Berufsgeheimnissen (§ 121)

I. Überblick

§ 121 ist mit „Verletzung von Berufsgeheimnissen" übertitelt, obwohl es zum einen nur **Geheimnisse** schützt, die den **Gesundheitszustand** einer Person betreffen (Abs 1 und 2), zum anderen solche Geheimnisse, die einem bestellten Sachverständigen kraft seiner Tätigkeit anvertraut oder zugänglich geworden sind (**„Sachverständigengeheimnisse"**; Abs 3). 1

In der **Praxis** hat § 121 so gut wie **keine Bedeutung**. So scheint in der gerichtlichen Kriminalstatistik für das Jahr 2010 keine einzige Verurteilung auf, was freilich auch damit zu tun hat, dass es sich in sämtlichen Fällen um ein Privatanklagedelikt iS von § 71 StPO handelt (§ 121 Abs 6). 2

II. Tatbestand

Den Tatbestand der Verletzung von Berufsgeheimnissen nach **§ 121 Abs 1** verwirklicht, wer 3

- ein berufsmäßig bekannt gewordenes Geheimnis über den Gesundheitszustand einer Person
- vorsätzlich
- offenbart oder verwertet
- und dessen Offenbarung oder Verwertung geeignet ist, ein berechtigtes Interesse der Person zu verletzen, die die Tätigkeit in Anspruch genommen hat.

Den Tatbestand der Verletzung von Berufsgeheimnissen nach **§ 121 Abs 3** verwirklicht, wer 4

- ein berufsmäßig bekannt gewordenes Sachverständigengeheimnis
- vorsätzlich
- offenbart oder verwertet
- und dessen Offenbarung oder Verwertung geeignet ist, ein berechtigtes Interesse der Person zu verletzen, die die Tätigkeit in Anspruch genommen hat.

1. Tatsubjekt

Tatsubjekt des **§ 121 Abs 1 und 2** ist eine Person, die in einem **gesetzlich geregelten Gesundheitsberuf** tätig ist, mit Aufgaben der **Verwaltung** einer Krankenanstalt oder mit Aufgaben der Kranken-, Unfall-, Lebens- oder **Sozialversicherung** betraut ist (unrechtsgeprägtes Sonderdelikt).[1] Als solche muss das Tatsubjekt Zugang zu geheimen personenbezogenen Daten haben, die den Gesundheitszustand einer Person betreffen, damit das Geheimnis im Rahmen der Ausübung bekannt werden kann. Dritte Personen, die Gesundheitsgeheimnisse im Rahmen eines „Dorftratsches" erfahren haben und diese nun weitererzählen, sind keine geeigneten Tatsubjekte für die gegenständliche Norm. 5

Tatsubjekt des **§ 121 Abs 3** ist ein von einem Gericht oder einer anderen Behörde für ein bestimmtes Verfahren bestellter **Sachverständiger**, der im Zuge seiner Tätigkeit von bestimmten personenbezogenen Geheimnissen erfährt.[2] Ein Privatsachverständiger fällt nicht darunter.[3] 6

---

1 *Thiele* in SbgK § 121 Rz 32 ff; *Fabrizy* StGB[10] § 121 Rz 2; *Lewisch* in WK[2] § 121 Rz 3.
2 *Fabrizy* StGB[10] § 121 Rz 3; *Lewisch* in WK[2] § 121 Rz 18 f; *Thiele* in SbgK § 121 Rz 38.
3 Vgl *Thiele* in SbgK § 121 Rz 38; ebenso *L/St* StGB[3] § 121 Rz 9.

7 Allen Tatsubjekten des § 121 Abs 1 bis 3 stehen ihre **Hilfskräfte** gleich sowie jene Personen, die an der Tätigkeit zu **Ausbildungszwecken** teilnehmen (Abs 4). Keine Hilfskräfte für Abs 1 sind zB der Chauffeur des Arztes, der Hauselektriker oder das Küchenpersonal des Krankenhauses, weil sie nicht unmittelbar gesundheitsbezogen tätig werden.

2. Tatobjekt

8 Tatobjekt des **§ 121 Abs 1** ist ein **Geheimnis**, das den **Gesundheitszustand einer Person** betrifft. Da der Gesundheitsbereich ein sehr sensibler Bereich ist, fallen die meisten medizinischen Daten in den Bereich des Tatobjekts. Eingrenzend muss das Gesundheitsgeheimnis **im Rahmen der Berufsausübung** bekannt geworden sein.

9 Tatobjekt des **§ 121 Abs 3** ist ein **Geheimnis**, das dem Sachverständigen ausschließlich kraft seiner **Sachverständigentätigkeit** anvertraut oder zugänglich geworden ist. Diese Geheimnisse müssen keineswegs den Gesundheitszustand einer Person betreffen, sondern umfassen den gesamten schutzwürdigen privaten Bereich.

10 Was unter einem **„Geheimnis"** zu verstehen ist, definiert das Gesetz nicht näher. Unter allgemeinen Gesichtspunkten können nur Tatsachen davon erfasst sein, die entweder einer Person oder einem sehr **begrenzten Kreis von Personen bekannt** und anderen Personen nicht oder nur schwer zugänglich sind und an denen der Betroffene ein berechtigtes Geheimhaltungsinteresse hat.[4] Was ohnehin „die Spatzen von den Dächern pfeifen", ist ebenso kein Geheimnis wie Tatsachen, die sich frei im Internet recherchieren lassen.

3. Tathandlung

11 Die Tathandlung besteht im **Offenbaren oder Verwerten** des geschützten Geheimnisses. Unter „Offenbarung" ist jede Mitteilung des Geheimnisses zu verstehen,[5] „Verwertung" bedeutet ein Ausnützen der gewonnenen Information,[6] etwa indem daraus wirtschaftliche Vorteile gezogen werden.

12 Offenbarung oder Verwertung müssen darüber hinaus stets **geeignet** sein, ein **berechtigtes Interesse** der Person **zu verletzen**, die die jeweilige Tätigkeit in Anspruch genommen hat oder für die sie in Anspruch genommen worden ist. Insofern handelt es sich bei § 121 um ein **abstraktes Gefährdungsdelikt**.[7] Als Beispiel für diese Eignung, ein berechtigtes Interesse des Betroffenen zu verletzen, kann der Gesundheitszustand von Sportlern oder Politikern genannt werden, soweit er mit ihrer Tätigkeit in Zusammenhang steht.[8]

4. Qualifikation

13 **§ 121 Abs 2** normiert eine **Qualifikation des § 121 Abs 1**. Mit höherer Strafe ist bedroht, wer die Tat begeht, um sich oder einem anderen einen **Vermögensvorteil zuzuwenden** oder einem anderen einen **Nachteil zuzufügen**. Der Nachteil muss nicht unbedingt in einem Vermögensnachteil bestehen. Auch eine Verletzung der Privatsphäre im sensiblen medizinischen Bereich ist ein ausreichender Nachteil. Der Nachteil muss, weil es sich um eine Qualifikation handelt, jedenfalls über die Preisgabe des Geheimnisses hinausgehen, zB durch Gefährdung des Arbeitsplatzes.[9]

---

4 *Lewisch* in WK[2] § 121 Rz 6; siehe auch EBRV 1971, 260.

5 *Lewisch* in WK[2] § 121 Rz 7; *Thiele* in SbgK § 121 Rz 59 f; *Fabrizy* StGB[10] § 121 Rz 1; *L/St* StGB[3] § 121 Rz 24.

6 *Lewisch* in WK[2] § 121 Rz 7; *Thiele* in SbgK § 121 Rz 64 ff; *Fabrizy* StGB[10] § 121 Rz 1; *L/St* StGB[3] § 121 Rz 25.

7 *Thiele* in SbgK § 121 Rz 17.

8 *Lewisch* in WK[2] § 121 Rz 8.

9 *Lewisch* in WK[2] § 121 Rz 16.

5. Subjektiver Tatbestand

Die Verletzung von Berufsgeheimnissen ist in allen Varianten ein Vorsatzdelikt. Sämtliche **objektiven Tatbestandsmerkmale** müssen vom **Vorsatz** im Stärkegrad des dolus eventualis (§ 5 Abs 1 zweiter Halbsatz) umfasst sein. Für die Qualifikation des **§ 121 Abs 2** ist **überdies die Absicht** (§ 5 Abs 2) erforderlich, sich oder einem Dritten einen Vermögensvorteil zuzuwenden oder einem anderen einen Nachteil zuzufügen (erweiterter Vorsatz). 14

III. Rechtfertigung

§ 121 Abs 5 normiert einen **besonderen Rechtfertigungsgrund**. Der Täter ist nicht zu bestrafen, wenn die Offenbarung oder Verwertung des Geheimnisses nach Inhalt und Form durch ein **öffentliches oder ein berechtigtes privates Interesse** gerechtfertigt ist. Im Gesundheitsbereich lassen sich kaum Gründe finden, wodurch dieser besondere Rechtfertigungsgrund zur Anwendung kommt. Als gerechtfertigt kann zB die Mitteilung des Gesundheitszustands, der eine Verkehrsuntauglichkeit zur Folge hat, an die Führerscheinbehörde angesehen werden, um riskante Autofahrten des Kranken zu unterbinden. 15

Darüber hinaus finden sich in verschiedenen Gesetzen Verpflichtungen, bestimmte gefährliche oder ansteckende Krankheiten zu melden (zB AidsG, TuberkuloseG, EpidemieG). Für den Gesundheitszustand von Strafgefangenen ist § 72 StVG einschlägig. Weiters wird eine Pflicht angenommen, die Tatsache einer HIV-Infektion dem Lebenspartner mitzuteilen, damit dieser seine eigene Gefährdung sachgerecht einschätzen kann,[10] wobei hier Zurückhaltung und Sensibilität angebracht sind, um den Kranken nicht zu stigmatisieren. Auch ist es zulässig, ein Operationsprotokoll in einem Prozess über ein Arzthonorar zu verwenden,[11] wobei sich freilich die Verwendung auf das unbedingt Notwendige zur Feststellung des Honoraranspruchs beschränken muss. 16

IV. Abgrenzung und Konkurrenzen

§ 121 erfasst nur die Verletzung von Privatgeheimnissen. Die Verletzung des Amtsgeheimnisses ist allenfalls unter § 310 zu subsumieren. 17

V. Prozessuales

Die Verletzung von Berufsgeheimnissen (§ 121) fällt in all ihren Varianten aufgrund des Strafsatzes in die sachliche **Zuständigkeit des Bezirksgerichts** (§ 30 Abs 1 StPO). Es handelt sich um ein **Privatanklagedelikt** iS von § 71 StPO (§ 121 Abs 6), womit eine **diversionelle Erledigung** des Verfahrens (§§ 198 ff StPO) **ausscheidet** (vgl § 199 StPO; siehe dazu bei § 110 Rz 22 f). 18

Zentrale Probleme zur Wiederholung: *Eignung zur Verletzung eines berechtigten Interesses einer Person; Rechtfertigung.*

10 ZB *Aichhorn,* RZ 1992, 202 ff.
11 *Lewisch* BT I^2 139; *B/S* BT I^{11} Rz 7.

F. Delikte zum Schutz von Geschäfts- und Betriebsgeheimnissen (§§ 122–124)

I. Überblick und Tatbestand

1 Die Bestimmungen über die Verletzung bzw Auskundschaftung von Geschäfts- und Betriebsgeheimnissen (§§ 122–124) **umfassen** zwar den Bereich der sog „Betriebsspionage", aber **nur einen Teil der Geschäfts- und Betriebsgeheimnisse**. **Geschützt** von diesen Bestimmungen ist das Unternehmen und daher in zahlreichen Fällen keine natürliche, sondern eine **juristische Person**.

1. Verletzung eines Geschäfts- oder Betriebsgeheimnisses (§ 122)

2 § 122 pönalisiert die Verletzung eines Geschäfts- oder Betriebsgeheimnisses. **Tatsubjekt** können dabei nur Personen sein, denen das **Geheimnis** bei ihrer Tätigkeit in Durchführung einer durch Gesetz oder behördlichen Auftrag vorgeschriebenen Tätigkeit (Aufsicht, Überprüfung oder Erhebung) **anvertraut** oder zugänglich geworden ist (unrechtsgeprägtes Sonderdelikt). Darunter fallen zB Abschlussprüfer einer Aktiengesellschaft oder Angehörige der Versicherungs- oder Bankenaufsicht.[1]

3 **Tatobjekte** sind **Geschäfts- oder Betriebsgeheimnisse**, also Tatsachen und Erkenntnisse kommerzieller und technischer Art, die bloß einem begrenzten Personenkreis bekannt und anderen nicht oder nur schwer zugänglich sind, wie zB Angaben zum Produktionsverlauf (Betriebsgeheimnis) oder eine Preiskalkulation (Geschäftsgeheimnis).[2] § 122 Abs 3 begrenzt das Tatobjekt auf jene Fälle, in denen der Täter das Geheimnis kraft Gesetzes zu wahren verpflichtet ist **(Verschwiegenheitspflicht)**. Weiters muss die Offenbarung oder Verwertung **geeignet** sein, ein **berechtigtes Interesse** des von der Aufsicht, Überprüfung oder Erhebung Betroffenen **zu verletzen**, wodurch es sich um ein **abstraktes Gefährdungsdelikt** handelt.

4 Die **Tathandlung** besteht im **Offenbaren oder Verwerten** eines solchen Geheimnisses. Zu diesen Tathandlungen siehe bei § 121 Rz 11 f. Unter die Tatbestandsvariante des Offenbarens fallen zB die Herausgabe schriftlicher Unterlagen oder eine bloße Einsichtsgewährung in diese.[3]

5 § 122 ist ein **Vorsatzdelikt**. Der Vorsatz muss sich zumindest im Stärkegrad des dolus eventualis auf sämtliche objektiven Tatbestandsmerkmale beziehen. Im Falle der **Qualifikation des § 122 Abs 2** muss der Täter überdies mit der Absicht (§ 5 Abs 2) handeln, sich oder einem anderen einen Vermögensvorteil zuzuwenden oder einem anderen einen Nachteil zuzufügen.

6 **§ 122 Abs 4** normiert einen **besonderen Rechtfertigungsgrund**. Es entfällt das Unrecht der Tat, wenn die Offenbarung oder Verwertung nach Inhalt und Form durch ein öffentliches oder berechtigtes privates Interesse gerechtfertigt ist. Ein öffentliches Interesse liegt beispielsweise dann vor, wenn es um die Sicherheit des Straßenverkehrs oder die Erhaltung eines intakten Ortsbildes geht.[4]

2. Auskundschaftung eines Geschäfts- oder Betriebsgeheimnisses (§ 123)

7 Die Auskundschaftung eines Geschäfts- oder Betriebsgeheimnisses (§ 123) ist gleichsam ein **Vorbereitungsdelikt**. Es handelt sich um ein **Allgemeindelikt** mit demselben Tatobjekt

1 Siehe zu diesen Bsp *F/R-K* BT I³ 101.

2 Vgl *Thiele* in SbgK § 122 Rz 40 ff.

3 Zu diesen Bsp siehe *Thiele* in SbgK § 122 Rz 40 ff.

4 Vgl hierzu *Thiele* in SbgK § 122 Rz 60.

wie bei § 122. Die **Tathandlung** besteht im Auskundschaften eines Geschäfts- oder Betriebsgeheimnisses (vgl § 121). Darunter ist jede konkret zielbewusste, auf das Verschaffen eines Geschäfts- und Betriebsgeheimnisses hin ausgerichtete Tätigkeit zu verstehen, wie zB das Sammeln von Unterlagen oder auch die Aufforderung an andere, bestimmtes geheimes Material zu beschaffen.[5]

§ 123 ist ein **Vorsatzdelikt**. Der Vorsatz muss sich auf alle objektiven Tatbestandsmerkmale beziehen. Darüber hinaus ist der **erweiterte Vorsatz** – zumindest im Stärkegrad des dolus eventualis (§ 5 Abs 1 zweiter Halbsatz) – erforderlich, das ausgekundschaftete Geheimnis zu verwerten, einem anderen zur Verwertung zu überlassen oder der Öffentlichkeit preiszugeben **(Verwertungsvorsatz)**. 8

3. Auskundschaftung eines Geschäfts- oder Betriebsgeheimnisses zugunsten des Auslandes (§ 124)

Die Auskundschaftung eines Geschäfts- oder Betriebsgeheimnisses zugunsten des Auslandes (§ 124) erfasst zunächst in **Abs 1** das **eigentliche Auskundschaften**. Darüber hinaus erfüllt den Tatbestand des **Abs 2,** wer ein Geschäfts- oder Betriebsgeheimnis, zu dessen Wahrung er verpflichtet ist, der Verwertung, Verwendung oder sonstigen Auswertung im Ausland **preisgibt**. Die Norm erfasst somit auch jene Personen, die zwar nicht aktiv „spionieren", aber sich durch das Überlassen von Geheimnissen an der Spionage beteiligen. Bei der Tathandlung nach Abs 2 handelt es sich trotz der „Beteiligung an der Spionage" um eine unmittelbare Täterschaft und somit eine Sondernorm gegenüber § 12. 9

Bei Abs 1 ist zusätzlich zum Tatvorsatz ein **Verwertungsvorsatz** erforderlich. Insofern ist auch bei § 124 die Strafbarkeit in das Vorbereitungsstadium der Betriebsspionage vorverlagert. Es wird zunächst ausgekundschaftet, und erst später soll die Verwertung an das Ausland erfolgen. 10

II. Prozessuales

Die Verletzung eines Betriebsgeheimnisses (**§ 122**) fällt aufgrund der Strafdrohung in die sachliche **Zuständigkeit des Bezirksgerichts** (§ 30 Abs 1 StPO). Die Auskundschaftung eines Geschäfts- oder Betriebsgeheimnisses (**§ 123**) sowie eine solche zugunsten des Auslands (**§ 124**) fallen in die Zuständigkeit des **Einzelrichters am LG**. Bei § 122 und § 123 handelt es sich um **Privatanklagedelikte** iS von § 71 StPO (§§ 122 Abs 5; 123 Abs 2), womit eine **diversionelle Erledigung** des Verfahrens (§§ 198 ff StPO) **ausscheidet** (vgl § 199 StPO). Die Auskundschaftung eines Geschäfts- oder Betriebsgeheimnisses zugunsten des Auslands **(§ 124)** ist dagegen ein **Offizialdelikt**, wodurch eine diversionelle Verfahrenserledigung (§§ 198 ff StPO) zumindest theoretisch in Betracht kommt. Der Grund für die Ausgestaltung als Offizialdelikt liegt offensichtlich darin, dass in solchen Fällen die nationalen Interessen als derart stark beeinträchtigt angesehen werden, dass die Strafverfolgung nicht von einer Initiative oder Ermächtigung des in seiner Betriebs- und Geschäftssphäre Verletzten abhängen soll.[6] 11

Als Besonderheit im Sanktionenrecht sehen §§ 122–124 die Möglichkeit vor, **Geld- und Freiheitsstrafe** als kumulative Primärsanktionen **nebeneinander** zu verhängen. 12

III. Praxis

In der Praxis spielen die §§ 122–124 **keine bedeutende Rolle**. So scheint in der gerichtlichen Kriminalstatistik für das Jahr 2010 **nur eine Verurteilung** wegen dieser strafbaren 13

---

5 Vgl *Lewisch* in WK[2] § 123 Rz 4; OGH 9 Os 7/70 = EvBl 1971/101 = JBl 1970, 205 = RZ 1970, 185; 12 Os 104/64 = EvBl 1965/14.

6 Vgl *Fabrizy* StGB[10] § 124 Rz 3; *Thiele* in SbgK § 124 Rz 54.

Handlungen auf, was freilich auch damit zu tun haben kann, dass es sich überwiegend um Privatanklagedelikte iS von § 71 StPO handelt (§§ 122 Abs 5; 123 Abs 2).

14 Dass es wenig Strafverfahren wegen Verstößen gegen §§ 122–124 gibt, kann auch damit erklärt werden, dass Praktiker das Strafrecht als völlig ungeeignet ansehen, die Betriebsspionage zu bekämpfen. Bei ihnen steht die **Prävention** im **Mittelpunkt**. Würde in einem Strafverfahren öffentlich gemacht, dass es Betriebsspionage gab, würde der Ruf des Unternehmens leiden, weil dadurch indirekt zugestanden würde, dass das interne Sicherheitssystem nicht funktioniert hat.

Zentrale Probleme zur Wiederholung: *Begriff des „Geheimnisses"; Verwertungsvorsatz.*

6. Kapitel

STRAFBARE HANDLUNGEN GEGEN FREMDES VERMÖGEN (§§ 125–168b)

Vorbemerkungen §§ 125–168b

I. Zweck des Vermögensstrafrechts

1 Ein Blick auf die verschiedenen Überschriften der §§ 125 bis 168b zeigt, dass sehr viele strafbare Handlungen unter der Gruppe „Vermögensdelikte" (strafbare Handlungen gegen fremdes Vermögen) zusammengefasst sind. Zum **geschützten Rechtsgut** bei den Vermögensdelikten ist zu bedenken, dass das **Vermögen** im Unterschied zu Leib und Leben, zT auch im Unterschied zur Freiheit, nicht in der Natur vorgefunden wird, sondern **erst durch die Rechtsordnung**, insb durch das Zivilrecht, **geschaffen** wird. Daraus resultierend gibt es zwar eine starke **Verknüpfung** zwischen dem **Vermögensstrafrecht** und dem **Zivilrecht**, im Hinblick auf diese Verknüpfung ist aber zu bedenken, dass das **Vermögensstrafrecht** nur einen **fragmentarischen Charakter** in dem Sinne haben kann, dass nicht alle Verletzungen der zivilrechtlichen Vermögensordnung unter Strafnormen subsumierbar sein müssen. Der fragmentarische Charakter des Vermögensstrafrechts zeigt sich auch darin, dass es viele unterschiedliche Paragraphen bei den Vermögensdelikten gibt, die letztlich „Einzelfälle" krimineller Schadenshandlungen erfassen wollen.

2 Für das Strafrecht ist das sog **Ultima-Ratio-Prinzip**[1] zu bedenken, nach dem das Strafrecht nur das letzte Mittel sein darf, die hinter dem Zivilrecht stehenden Werte zu schützen. Es soll also insb erst dort eingreifen, wo **mit dem zivilen Schadenersatzrecht nicht das Auslangen** gefunden werden kann. Nicht jede zivilrechtlich verpönte Verhaltensweise kann folglich unter einen strafrechtlichen Tatbestand subsumiert werden. Andernfalls wäre das Schadenersatzrecht überflüssig, da auch innerhalb des Strafverfahrens eine Rückführung der Bereicherung an das Opfer erfolgen kann (Privatbeteiligtenzuspruch).

3 Aufgrund des doch engen Verhältnisses zwischen Vermögensstrafrecht und zivilem Schadenersatzrecht ist zu bedenken, dass die **praktische Bedeutung** des Vermögensstrafrechts vielfach in der **Vorbereitung eines Zivilprozesses** bestehen kann. Insofern ist jeder Anwalt gut beraten, zunächst mittels einer Strafanzeige zu versuchen, sich für den Zivilprozess eine gute Ausgangsposition zu verschaffen, zumal der Staat bei einem Offizialdelikt verpflichtet ist, auf eigene Kosten den strafrechtlich relevanten Sachverhalt aufzuklären. Dieses Ergebnis

---

1 *E. Steininger* in SbgK § 1 Rz 143; *Fuchs* AT[7] Kap 1 Rz 3 f; *Triffterer* AT[2] Kap 1 Rz 7.

kann – gleich wie es aussieht – auch in einem eventuellen Zivilprozess verwertet werden. Dies gilt im Prinzip auch für das Opfer eines Vermögensdelikts. Da es die Möglichkeit gibt, durch **Privatbeteiligung am Strafverfahren** einen vermögensrechtlichen Ersatz des zugefügten Schadens zu erhalten (vgl §§ 65 Z 2, 67 ff StPO), ist zunächst dieser Weg zu versuchen, weil im Unterschied zum zivilrechtlichen Schadenersatzrecht hier kein Kostenrisiko für das Opfer besteht und somit das Opfer im Ergebnis zumindest dadurch gewinnen kann, dass aus dieser Beteiligung keine Kosten erwachsen. Weiters bleiben die darüber hinausgehenden Möglichkeiten, bei fehlendem oder zu gering zugesprochenem Schadenersatz den Zivilrechtsweg zu beschreiten, von einer Privatbeteiligung im Strafverfahren unberührt.

4 Nicht zuletzt auch vor diesem Hintergrund ist es verständlich, dass in neuerer Zeit die Forderung nach **stärkerer Kriminalisierung schädigender wirtschaftlicher Verhaltensweisen** erhoben wird. Dabei darf aber nicht übersehen werden, dass das Strafrecht die Mehrzahl solcher vermögensrechtlicher Konflikte gar nicht lösen will und kann. Das bereits erwähnte Ultima-Ratio-Prinzip verpflichtet dazu, nur bestimmte, sehr verpönte Verhaltensweisen vom Kriminalstrafrecht zu erfassen. Freilich soll damit nicht gesagt werden, dass das Strafrecht in vielen Punkten nicht reformbedürftig sei, weil es mitunter tatsächlich der wirtschaftlichen und gesellschaftlichen Entwicklung hinterherhinkt. Auch soll der Eindruck vermieden werden, dass sich das Strafrechtssystem gleichsam nur um die „kleinen Fische“ kümmert und die „großen Fische“ gar nicht einfangen will. Aber daraus generell zu fordern, alles schadenersatzrechtlich Relevante mit dem Strafrecht zu erfassen, wäre überzogen.

II. Systematik des Vermögensstrafrechts

1. Vermögen als Ganzes und spezialisierte Vermögenswerte

5 Will man die Vermögensdelikte des StGB systematisieren,[2] so ist eine erste Einteilung möglich in strafbare Handlungen gegen das **Vermögen als Ganzes** und solche gegen **spezialisierte Vermögenswerte**, die also nur einen bestimmten Ausschnitt des Vermögens erfassen. Delikte gegen das Vermögen als Ganzes sind zB Erpressung (§ 144), Betrug (§ 146) oder Untreue (§ 153), bei denen es nicht um einen sektoralen Schutz einzelner, spezialisierter Vermögenswerte geht, sondern um den Schutz eines jeden zum Vermögen zählenden Wertes. Insofern wird der Erfolg bei diesen strafbaren Handlungen meist als Schaden am Vermögen beschrieben.

6 Delikte gegen **spezialisierte Vermögenswerte** kann man noch näher **unterteilen** in **strafbare Handlungen gegen Sachwerte**, also gegen den Wert eines körperlichen Gegenstands, und solche gegen **sonstige spezialisierte Vermögens-**

2 Dazu eingehend *K/Schm* BT II Allgem Vorbem §§ 125 ff Rz 13 ff.

werte. Als Beispiel für eine strafbare Handlung gegen Sachwerte kann die Sachbeschädigung (§ 125) angeführt werden, weil nur eine Sache als körperlicher Gegenstand beschädigt werden kann und nicht auch eine Forderung. Dasselbe gilt für den Diebstahl (§ 127). Delikte gegen sonstige spezialisierte Vermögenswerte sind zB die Datenbeschädigung (§ 126a), weil in den Daten ein spezifischer Vermögenswert verkörpert ist, oder auch die Entziehung von Energie (§ 132).

2. Vermögensschädigungs- und Vermögensverschiebungsdelikte

Eine weitere Unterteilung kann man nach der **Art der Einwirkung auf das Vermögen** treffen. Hier kann differenziert werden zwischen Vermögensschädigungs- und Vermögensverschiebungsdelikten. **Vermögensschädigungsdelikte** sind solche, bei denen das fremde Vermögen lediglich geschädigt wird, es jedoch nicht zwingend auch zu einer Vermögensverschiebung kommt. Als Beispiel wäre wiederum die Sachbeschädigung (§ 125) zu nennen. Der Diebstahl (§ 127) im Unterschied dazu ist ein **Vermögensverschiebungsdelikt**, weil der Vermögensschaden erst dadurch eintritt, dass das Vermögen in den Gewahrsam eines anderen verschoben wird. Bei der Untreue (§ 153) als Vermögensschädigungsdelikt reicht es im Regelfall aus, dass eine bloße Vermögensschädigung ohne Bereicherung stattgefunden hat. Es ist jedoch im Prinzip nicht ausgeschlossen, dass im Einzelfall auch eine Vermögensverschiebung in Form einer Bereicherung eingetreten ist, wenn der Machthaber den Machtgeber dadurch schädigt, dass er sich einen Vermögenswert selbst zueignet. Da eine solche Vermögensverschiebung aber kein Tatbestandsmerkmal der Untreue ist, wird § 153 als typisches Vermögensschädigungsdelikt verstanden. 7

3. Vermögensentziehungs- und Perpetuierungsdelikte

Als weitere Differenzierung kommt eine Unterteilung zwischen Vermögensentziehungs- und Perpetuierungsdelikten in Betracht. Bei einem **Vermögensentziehungsdelikt** gehört die Entziehung eines Vermögensbestandteils zum Tatbestand. Bei einem **Perpetuierungsdelikt** geht es dagegen um die Aufrechterhaltung des durch die Vermögensverschiebung bewirkten Zustands und nicht um den Schutz vor (unberechtigter) Vermögensentziehung. Eine rechtswidrig geschaffene Vermögenslage soll aufrechterhalten werden. Als klassisches Beispiel eines sog Perpetuierungsdelikts kann die Hehlerei (§ 164) genannt werden. Die Vermögensverschiebung hat dabei schon durch eine Vortat stattgefunden, zB durch einen Diebstahl. Die Hehlerei will nun Verhaltensweisen erfassen, aufgrund derer die Sache nicht oder nur schwer an den ursprünglich darüber Verfügungsberechtigten zurückkommen soll. Der an der Vermögensentziehung Beteiligte kann in solchen Fällen jedoch nicht noch zusätzlich wegen der Aufrechterhaltung der Vermögensverschiebung bestraft werden. Für ihn handelt es sich um eine straflose Nachtat. Dieses Prinzip wurde bei der Neufassung der Geld- 8 wäscherei (§ 165) durchbrochen, weil nunmehr auch die sog „Eigengeldwäscherei" in den Anwendungsbereich der genannten Norm fällt.

4. Selbstschädigungs- und Fremdschädigungsdelikte

9 Als weitere Differenzierung bei den Vermögensdelikten findet sich zT die Unterscheidung in **Selbstschädigungs- und Fremdschädigungsdelikte**. Dabei wird der Betrug (§ 146) als ein klassisches Selbstschädigungsdelikt betrachtet, weil der Getäuschte sich als Folge der Täuschung selbst schädigt, indem er eine entsprechende Verfügung (zB eine Weggabe) setzt. Ein Fremdschädigungsdelikt wäre dagegen ein solches, bei dem der Täter durch seine Handlung unmittelbar die Schädigung eines anderen herbeiführt, zB weil er ihm eine Sache wegnimmt (§ 127). Die Zuordnung des Betrugs (§ 146) zu den Selbstschädigungsdelikten ist beim Dreiecksbetrug nicht mehr eindeutig vorzunehmen. In solchen Fällen liegt der Schaden nicht beim Verfügenden, sondern bei einem Dritten, dessen Lager der Verfügende zugerechnet wird (sog Lagertheorie). Insofern schädigt sich der Getäuschte und Verfügende nicht selbst, sondern letztlich einen anderen. Auch beim Raub (§ 142) ist diese Differenzierung unscharf. Wenn jemand einem anderen eine Pistole ansetzt, damit dieser seine Brieftasche herausgibt, handelt es sich trotz der „Weggabe" um ein Fremd- und kein Selbstschädigungsdelikt, weil die Handlung unfreiwillig gesetzt wurde und „Selbstschädigung" voraussetzt, dass die Schädigungshandlung ohne Gewalt oder gefährliche Drohung gesetzt wird.

5. Darstellung der Vermögensdelikte im vorliegenden Buch

10 Ausgehend von den beschriebenen verschiedenen Aspekten der Vermögensdelikte bietet sich folgende Gliederung an:[3]

I. Delikte gegen besondere (spezialisierte) Vermögenswerte

I.I Delikte gegen fremdes Eigentum

Beschädigungsdelikte

Sachbeschädigung (§§ 125, 126)
Beschädigung von Computersystemen (§§ 126a–c)

Enteignungsdelikte

mit Zueignung und Gewahrsamsbruch
- Diebstahl (§§ 127–131)
- Raub (§§ 142, 143)

mit Zueignung ohne Gewahrsamsbruch
- Veruntreuung (§ 133)
- Unterschlagung (§ 134)

3 Siehe zu dieser Gliederung *F/R-K* BT I[3] 105.

ohne Zueignung
– Dauernde Sachentziehung (§ 135)
Unbefugter Gebrauch
Unbefugter Gebrauch von Fahrzeugen (§ 136)

I.II Delikte gegen andere besondere Vermögensgüter
Entziehung von Energie (§ 132)
Eingriff in ein fremdes Jagd- oder Fischereirecht (§§ 137–140)

II. Delikte gegen das Vermögen als Ganzes
Erpressung (§§ 144 f)
Betrug iwS (§§ 146–151)[4]
Untreue, Geschenkannahme durch Machthaber usw (§§ 153–153e)

III. Schutz der Gläubigerinteressen (§§ 156–163)

IV. Strafbare Nachtaten (Perpetuierungsdelikte)
Hehlerei (§ 164)
Geldwäscherei (§ 165)

V. Sonstige Vermögensdelikte
Kreditschädigung (§ 152)
Wucher (§§ 154 f)
Glücksspiel (§§ 168, 168a)

III. Strafbarkeitseinschränkende Funktion des Bereicherungsvorsatzes

Eine wesentliche Filterfunktion bei sehr vielen Vermögensdelikten hat der 11 sog **Bereicherungsvorsatz**. Der Täter muss sowohl die Bereicherung im Sinne einer **Vermögensverschiebung** ernstlich für möglich gehalten und sich damit abgefunden haben (§ 5 Abs 1 2. Halbsatz) als auch zusätzlich von einer **Unrechtmäßigkeit der Bereicherung** ausgegangen sein. Glaubt der Täter, dass ihm der Wert der Vermögensverschiebung, die durch die strafbare Handlung erreicht werden soll, ohnehin zusteht (zB durch eine offene und fällige Gegenforderung), geht er von keiner unrechtmäßigen Bereicherung aus und es fehlt ihm insofern am erforderlichen Bereichungsvorsatz.

Bei manchen Vermögensdelikten kommt es nicht nur auf den Umstand der un- 12 rechtmäßigen Bereicherung an, sondern diese muss überdies **durch Zueignung** erreicht werden, also durch das Überführen eines Gegenstandes in das Eigentum eines anderen. Dabei ist die Zueignung zum Teil ein objektives Tatbestandsmerkmal, das ohnehin vom Tatvorsatz erfasst sein muss (zB bei § 133 oder § 134), zum Teil muss nur der Vorsatz darauf gerichtet sein, sich durch Zueignung zu

4 § 168b wird in diesem Buch im Rahmen des Betrugs (§§ 146 ff Rz 113 ff) behandelt.

bereichern (zB bei § 127 oder bei § 142). In den zuletzt genannten Fällen muss es für die Deliktsvollendung zu keiner tatsächlichen Bereicherung durch Zueignung gekommen sein, weil es sich um einen sog erweiterten Vorsatz handelt.

IV. Strafrechtlicher Vermögensbegriff

13 Der **Vermögensbegriff** des österreichischen StGB hat eine **grundsätzlich ökonomische Ausrichtung.**[5] Im Sinne einer wirtschaftlichen Betrachtungsweise sind objektive, am wirtschaftlichen Leben orientierte Kriterien maßgeblich, um den Vermögensbegriff, der hinter der jeweiligen strafbaren Handlung steht, zu erfassen, wobei der Wortlaut des Gesetzes immer die entscheidende Grenze bildet. Wenn zB trotz wirtschaftlicher Betrachtungsweise das Gesetz in § 133 oder § 134 von einem „Gut" spricht, das veruntreut oder unterschlagen wird, sind vom Wortlaut der Bestimmung her Forderungen als Tatobjekte ausgeschlossen, auch wenn es mitunter durch die „Veruntreuung" einer Forderung zu einem Vermögensschaden kommt. Die gegenteilige Praxis ist unter dem Gesichtspunkt des in § 1 normierten Analogieverbots bedenklich.[6] Sollen solche Verhaltensweisen kriminalisiert werden, ist der Gesetzgeber aufgerufen, eine entsprechende Gesetzesnovellierung vorzunehmen.

14 In diesem Zusammenhang stellt sich die Frage, inwieweit im Rahmen dieses wirtschaftlichen Vermögensgesichtspunkts auch **opferbezogene Schadens- und Wirtschaftsfaktoren** berücksichtigt werden dürfen, ob es also zB für die Schadensberechnung auf den Verkaufspreis im Laden ankommt (entgangener Gewinn als Aspekt der Opferperspektive) oder nur der Einkaufspreis heranzuziehen ist (objektiver Schaden). Der klassische, am Wirtschaftsleben orientierte Vermögensbegriff spricht für eine grundsätzliche Maßgeblichkeit des **Einkaufspreises** (Großhandelspreis) und nicht des Verkaufspreises (Ladenpreis). Insofern fließt der **entgangene Gewinn nicht** in den strafrechtlichen Vermögensbegriff ein und unterscheidet sich das Strafrecht wesentlich vom zivilrechtlichen Schadenersatzrecht. Anders kann es sich freilich verhalten, wenn bei einem Tatbestand nicht das Vermögen insgesamt, sondern nur ein Ausschnitt daraus geschützt, wie zB beim Diebstahl der Wert der weggenommenen Sache, den sich der Täter zueignen will. Hier kommt es bei der Wertberechnung auf die Täterperspektive an (vgl §§ 127, 128 Rz 7). Dadurch unterscheidet sich das geltende StGB wesentlich von der alten Rechtslage (vgl § 173 StG), nach der der Schaden nicht nach dem Vorteil des Diebes, sondern nach dem Schaden des Bestohlenen zu berechnen war.

---

5 Vgl zur hA: *Kirchbacher* in WK[2] § 146 Rz 61 ff; *Fabrizy* StGB[10] § 146 Rz 8b; *L/St* StGB[3] § 146 Rz 39; *B/S* BT I[11] § 146 Rz 19; *K/Schm* BT II § 146 Rz 126; *Lewisch* BT I[2] 231 ff; OGH 13 Os 77/90; 12 Os 11/05t; 15 Os 195/96 = RIS-Justiz RS0094171; 15 Os 85/02 = RIS-Justiz RS0116843.

6 Vgl *Lewisch* Casebook Strafrecht[7] 7 f.

V. Schadens- und Wertqualifikation

Das österreichische Vermögensstrafrecht zeichnet sich dadurch aus, dass der anzuwendende Strafrahmen in gewisser Weise vom zugefügten Schaden abhängt, indem das **Überschreiten bestimmter Schadens- und Wertgrenzen** das Ausmaß der möglichen Strafe mitprägt. Wenn zB beim Diebstahl (§ 127) die Schadenshöhe 3.000 Euro übersteigt, erhöht sich der Strafrahmen auf das Sechsfache der Grundstrafdrohung (vgl § 128 Abs 1 Z 4), geht er über 50.000 Euro hinaus, auf das 20-fache (§ 128 Abs 2). 15

Da es sich bei den Schadens-/Wertgrenzen um echte Qualifikationen handelt, müssen sie vom **Vorsatz des Täters** erfasst sein. Er muss es also zumindest ernstlich für möglich halten und sich damit abfinden, dass der Wert der Beute 3.000 Euro als kleine Wertgrenze bzw 50.000 Euro als große Wertgrenze übersteigt. Einem Täter von vornherein zu unterstellen, dass er immer ein Maximum an Beute stehlen will, und unter diesem Gesichtspunkt den Bereicherungsvorsatz widerleglich anzunehmen,[7] wird diesem Umstand nicht gerecht. Beim Diebstahl einer Geldbörse aus der Jackentasche, in der sich 5.000 Euro befinden, ist es – sofern nicht besondere Umstände vorliegen – nicht gerade lebensnah, anzunehmen, dass der Täter ernsthaft damit rechnete, eine so große Beute zu machen. 16

Bei Vorliegen mehrerer Taten ist hinsichtlich der **Schadensberechnung § 29** zu beachten. Nach dieser Bestimmung sind bei in (echter) Realkonkurrenz verwirklichten strafbaren Handlungen, bei denen die Höhe der Strafdrohung vom ziffernmäßig bestimmten Wert einer Sache oder der ziffernmäßig bestimmten Höhe des Schadens abhängt, die einzelnen Werte zusammenzurechnen und für die Anwendbarkeit von Qualifikationsnormen ist die Summe der Werte oder Schadensbeträge maßgeblich. Ein spezieller „Zusammenrechnungsvorsatz" ist dabei nicht erforderlich. Begeht zB ein Taschendieb in einem bestimmten Zeitraum mehrere Diebstähle, bei denen er insgesamt etwa 3.500 Euro Bargeld erbeutet, greift für diese an sich einfachen Diebstähle (§ 127) die Qualifikationsnorm des § 128 Abs 1 Z 4, was einen höheren Strafrahmen zur Folge hat. Ein Schuldspruch, der in einem gemeinsamen Verfahren einen einfachen Diebstahl (§ 127) und einen schweren Diebstahl (§ 128 Abs 1 Z 4 oder Abs 2) als straferschwerend nebeneinander bejaht, ist verfehlt.[8] Sind manche strafbaren Handlungen als Diebstahl (§ 127), manche hingegen als Veruntreuung (§ 133) oder Betrug (§ 146) zu ahnden, so erfolgt keine Zusammenrechnung der Schadensbeträge, weil sich § 29 nur auf Fälle von gleichartiger Realkonkurrenz bezieht, zumal das Gesetz von „mehreren Taten derselben Art" spricht.[9] 17

7 OGH 14 Os 163/92; 11 Os 142/94; 12 Os 16/95.

8 ZB OGH 15 Os 57/11p.

9 *Ratz* in WK[2] § 29 Rz 4; *L/St* StGB[3] § 29 Rz 8; *Fabrizy* StGB[10] § 29 Rz 1; *Hochmayr* in SbgK § 29 Rz 31; OGH 15 Os 145/04; 15 Os 11/97 = JBl 1998/396.

VI. Gewerbsmäßige Begehung

18 Verschiedene Vermögensdelikte kennen als eigenständige **Qualifikation** die gewerbsmäßige Begehung (siehe etwa für den Diebstahl § 130 oder den Betrug § 148). Gewerbsmäßigkeit liegt nach der Legaldefinition des § 70 vor, wenn das Handeln in der **Absicht** (§ 5 Abs 2) vorgenommen wird, sich durch die **wiederkehrende Begehung** eine **fortlaufende Einnahme** zu verschaffen. Dabei reicht es nach der Rspr aus, dass geringfügige Nebeneinkünfte für einen längeren Zeitraum regelmäßig erzielt werden sollen, wobei es nach dem Gesetzeswortlaut nicht erforderlich ist, dass es zur tatsächlichen und öfteren Tatwiederholung kommt. Es genügt **bereits eine Tat**, wenn daraus die entsprechende Absicht gewerbsmäßiger Begehung erschlossen werden kann.[10] Gegen diese extensive Interpretation des Gewerbsmäßigkeitserfordernisses regt sich schon seit längerem Kritik.[11] Vorschläge, die Gewerbsmäßigkeit an objektive Kriterien zu binden und zB darauf zu beschränken, dass zumindest mehrere strafbare Handlungen gesetzt worden sein müssen,[12] wurden bislang jedoch nicht umgesetzt. Aufgrund der mit der Subsumtion unter die Gewerbsmäßigkeit verbundenen starken Erhöhung des Strafsatzes ist unter Sachlichkeitsgesichtspunkten jedenfalls Zurückhaltung bei der Annahme dieses Tatbestandsmerkmals angebracht.

VII. Strafaufhebung durch „tätige Reue"

19 Für sehr viele Vermögensdelikte besteht die Möglichkeit, durch „tätige Reue" Straffreiheit zu erlangen (vgl § 167[13]). In § 167 Abs 1 sind zunächst die einzelnen **strafbaren Handlungen** genannt, die der tätigen Reue zugänglich sind, und das sind fast alle Vermögensdelikte, bei denen keine Gewalt oder gefährliche Drohung als Tatmittel eingesetzt wurde. Dem Täter kommt tätige Reue zustatten, wenn er **rechtzeitig** (bevor die Strafverfolgungsbehörde von seinem Verschulden erfahren hat) und **freiwillig** (wenngleich auf Andringen des Verletzten, so doch ohne hiezu gezwungen zu sein; zB der Geschäftsführer eines Kaufhauses sagt zum Ladendieb, dass es – um weitere Schwierigkeiten zu vermeiden - besser wäre, die Ware zu bezahlen und die erforderliche Bearbeitungsprämie zu leisten) entweder den ganzen aus seiner Tat entstandenen **Schaden gutmacht** oder sich zumindest **vertraglich verpflichtet**, dem Verletzten

---

10 Zur Rspr siehe zB OGH 13 Os 49/89 = JBl 1989, 732.

11 Siehe etwa *Bertel,* Die Gewerbsmäßigkeit. Eine kriminalpolitische Betrachtung, JRP 1998, 265.

12 Siehe etwa *Grafl ua,* Kriminalpolitische Initiative: Mehr Sicherheit durch weniger Haft, JRP 2004, 61.

13 § 167 normiert nur die Möglichkeit von tätiger Reue bei Vermögensdelikten. Vergleichbare Regelungen gibt es auch für andere Deliktsgruppen, zB § 226 für verschiedene Urkundendelikte, § 241g für bestimmte strafbare Handlungen gegen unbare Zahlungsmittel oder § 294 im Hinblick auf die Fälschung eines Beweismittels.

binnen einer bestimmten Zeit solche Schadensgutmachung zu leisten. Im letzten Fall lebt die Strafbarkeit wieder auf, wenn der Täter seine Verpflichtung nicht einhält.

Durch das großzügige Rechtzeitigkeits- und Freiwilligkeitserfordernis geht die tätige Reue als Strafausschließungsgrund viel **weiter als der strafbefreiende Rücktritt** vom Versuch (§ 16). Im Ergebnis ist der Täter also günstiger gestellt, wenn er die Tat vollendet hat und tätige Reue übt, als wenn er vom Versuch zurücktritt. Hinter dieser Überlegung steht der Gedanke des Vorrangs von Opferinteressen vor der Strafverfolgung. Wenn das Opfer befriedigt ist, indem der Schaden gutgemacht ist, verzichtet der Staat auf sein Recht zur Strafverfolgung. 20

VIII. Begehung im Familienkreis

Der überwiegende Teil der Vermögensdelikte ist nach § 166 privilegiert, wenn die strafbare Handlung „im Familienkreis" begangen wird. Zum **Familienkreis** gehören Ehegatten und eingetragene Partner sowie – unabhängig von einer bestehenden Hausgemeinschaft – Verwandte in gerader Linie und Geschwister des Täters. Straftaten gegenüber anderen Angehörigen (vgl § 72 Abs 1) sind nur privilegiert, wenn diese Personen in Hausgemeinschaft mit dem Täter leben. 21

Die **privilegierten strafbaren Handlungen** zählt § 166 Abs 1 auf. Zu ihnen gehören sämtliche Vermögensdelikte inklusive ihrer Qualifikationen, sofern mit ihnen keine Gewalt oder gefährliche Drohung einherging. Raub (§§ 142 f) und Erpressung (§§ 144 f) sind damit ebenso von der Privilegierung ausgeschlossen wie Diebstahl mit Waffen (§ 129 Z 4), räuberischer Diebstahl (§ 131) oder vergleichbare Eingriffe in ein fremdes Jagd- oder Fischereirecht (§§ 138 Z 2 und 3, 140). 22

Die **Privilegierung** betrifft zunächst die **angedrohten Strafen**. Diese werden deutlich herabgesetzt, entweder auf Freiheitsstrafe bis zu drei Monaten bzw Geldstrafe bis zu 180 Tagessätzen oder, wenn sonst eine Freiheitsstrafe von mehr als drei Jahren angedroht wäre, auf Freiheitsstrafe bis zu sechs Monaten bzw Geldstrafe bis zu 360 Tagessätzen. Stiehlt zB der Sohn dem Vater die Münzsammlung im Wert von ca 70.000 Euro (§§ 127, 128 Abs 2), so ist diese Tat nicht wie beim Diebstahl gegenüber einer fremden Person mit Freiheitsstrafe von einem bis zu zehn Jahren bedroht, sondern bloß mit Freiheitsstrafe bis zu sechs Monaten bzw Geldstrafe bis zu 360 Tagessätzen. Der moralisch verwerfliche Diebstahl unter nahen Angehörigen wirkt also nicht straferschwerend, sondern strafmildernd vor dem Hintergrund, dass sich der moderne Staat bei Konflikten innerhalb der Familie möglichst zurückziehen will. Die Privilegierung des Angehörigen erstreckt sich im Übrigen auch auf jene fremden Personen, die sich an der Tat ausschließlich zum Vorteil eines privilegierten Angehörigen iS von § 12 **beteiligen** (§ 166 Abs 2). Erlangt jemand aus der Tat jedoch auch einen vermögensrechtlichen Vorteil, erstreckt sich die Privilegierung nicht auf ihn. 23

24 Der Gedanke, dass sich der Staat aus Familienkonflikten möglichst heraushalten will, findet auch in der **prozessualen Privilegierung** der Begehung von Vermögensstraftaten im Familienkreis seine Berücksichtigung. Nach § 166 Abs 3 ist nämlich der Täter in all diesen Fällen nur auf Verlangen des Verletzten zu verfolgen. Die Fälle des § 166 sind somit **Privatanklagedelikte** (vgl § 71 StPO), bei denen sich der Staat aus dem Ermittlungsverfahren zurückzieht. Der Geschädigte erhält keine Unterstützung durch die Strafverfolgungsbehörden (Kriminalpolizei, Staatsanwaltschaft oder Gericht) zur Vorbereitung seiner Anklage. Es liegt somit ausschließlich in der Sphäre des geschädigten Familienangehörigen, den Sachverhalt so weit zu klären, dass das Gericht im Hauptverfahren über die erhobene Privatanklage entscheiden kann. Führt das Strafverfahren – aus welchen Gründen auch immer – zu keinem Schuldspruch, ist der Privatankläger zum Ersatz der Prozesskosten verpflichtet (vgl § 390 Abs 1 StPO). Auch dieses Prozesskostenrisiko führt dazu, dass von Privatanklagen generell nur sehr zurückhaltend Gebrauch gemacht wird. Gegen **Jugendliche** ist im Übrigen eine Privatanklage unzulässig. **Privatanklagedelikte** werden **zu Ermächtigungsdelikten**, wobei eine Strafverfolgung auch im Falle einer erteilten Ermächtigung davon abhängt, dass dies aus **pädagogischen Gründen** oder um berechtigter, über das Vergeltungsbedürfnis hinausgehender **Interessen des Opfers** willen geboten ist (vgl § 44 Abs 1 JGG; siehe dazu auch bei §§ 111 ff Rz 19).

IX. Praktische Bedeutung

25 Im **Jahr 2010** gab es 15.151 Verurteilungen wegen eines Vermögensdelikts (§§ 125–168e aF). Das waren etwa 39 % aller gerichtlichen Verurteilungen. Innerhalb der Vermögensdelikte entfielen knapp mehr als die Hälfte (52 %) aller Verurteilungen auf Diebstahl (§§ 127–131). 18 % erfolgten wegen Betrugs (§§ 146–148), 9 % wegen Sachbeschädigung (§§ 125 f), 5,5 % wegen Raubes (§§ 142 f), 3 % wegen Veruntreuung (§ 133), 2,5 % wegen Vorenthaltens von Dienstnehmerbeiträgen zur Sozialversicherung (§ 153c), 2 % wegen Hehlerei (§ 164) und 1,5 % wegen unbefugten Fahrzeuggebrauchs (§ 136). Die Anteile der restlichen strafbaren Handlungen gegen fremdes Vermögen belaufen sich jeweils auf Werte unter 1 %.

I. Delikte gegen besondere (spezialisierte) Vermögenswerte

I.I. Delikte gegen fremdes Eigentum

A. (Schwere) Sachbeschädigung (§§ 125, 126)

I. Überblick

1 **Rechtsgut** des **§ 125** ist nach hA[1] der Schutz **fremden Vermögens**, wobei nicht das Vermögen als Ganzes, sondern nur ein Ausschnitt daraus, nämlich der in einer Sache substantiierte Vermögenswert geschützt ist. Von der Konstruktion her handelt es sich um ein **alternatives Mischdelikt**.[2] Aus der rechtlichen Gleichwertigkeit ergibt sich, dass eine Subsumtion unter die falsche Alternative nicht schadet.[3] Bei genauerer Betrachtung beschreiben sämtliche Varianten spezifische Erfolge, wodurch sich die Sachbeschädigung als reines Verursachungsdelikt darstellt. Im Mittelpunkt steht eine **vermögensschädigende Substanzeinwirkung** durch den Täter (Vermögensschädigungsdelikt).

2 Der Tatbestand der **schweren Sachbeschädigung** in § 126 bildet eine Qualifikation zu § 125 und setzt sowohl an der Schadenshöhe als auch an mehreren, als gemeinschädlich betrachteten Tatmodalitäten an.

3 Die **praktische Bedeutung** der Sachbeschädigung ist groß. Im Jahr 2010 gab es 1.434 gerichtliche Verurteilungen wegen Sachbeschädigung (§§ 125 f). Dies entsprach einem Anteil von etwa 10 % an allen gerichtlichen Verurteilungen wegen eines Vermögensdelikts (§§ 125–168e aF). Innerhalb der Sachbeschädigung waren etwa 17 % aller Verurteilungen solche wegen schwerer Sachbeschädigung (§ 126).

Beispielsfall: Eine Dissertantin reißt etliche Originalaufsätze und Beiträge aus wissenschaftlichen Zeitschriftenheften des Bestandes der Universitätsbibliothek und nimmt sie mit nach Hause, da sie sich die Kopierkosten ersparen will (vgl 12 OGH Os 82/05h = JBl 2006, 805).

II. Tatbestand

Eine Sachbeschädigung nach § 125 begeht, wer
- eine fremde Sache
- vorsätzlich
- beschädigt,

---

1 *K/Schm* BT II § 125 Rz 3; *Bertel* in WK[2] § 125 Rz 8; abweichend *R.Seiler* in SbgK § 125 Rz 1, der den Schutzzweck in der Abwendung von Angriffen gegen Eigentum im juristischen Sinn sieht.

2 *R.Seiler* in SbgK § 125 Rz 17; *L/St* StGB[3] § 125 Rz 10; *Lewisch* BT I[2] 194.

3 OGH 11 Os 133/93.

– zerstört,
– verunstaltet oder
– unbrauchbar macht.

1. Tatobjekt

4 Tatobjekte sind **fremde Sachen**, und zwar sowohl **bewegliche** als auch **unbewegliche Sachen**. Anders als das Zivilrecht orientiert sich das Strafrecht hierbei an einem körperlichen Sachbegriff, weshalb Forderungen nicht Tatobjekt des § 125 sein können. Dem Charakter der Sachbeschädigung als Vermögensdelikt entsprechend muss die Sache jedoch einen **wirtschaftlichen (Tausch- oder Gebrauchs-)Wert** haben.[4]

5 Generell geht es beim Gebrauchswert nicht um den wirtschaftlichen Wert einer Sache, sondern um den Nutzen deren Verwendung für den Besitzer. Insofern kann man auch dem **Affektionsinteresse**, also der subjektiven emotionalen Beziehung des Besitzers zur Sache, Bedeutung zusprechen (**emotionaler Gebrauchswert**). Aufgrund der Konzeption der Sachbeschädigung als Vermögensschädigungsdelikt ist es jedoch entscheidend, dass das Opfer durch die Beeinträchtigung der Sache einen Vermögensschaden erleidet. Folglich ist es konsequent, für die Sachbeschädigung den bloßen emotionalen Gebrauchswert einer Sache nicht ausreichen zu lassen, sondern einen wirtschaftlichen Gebrauchswert einzufordern.[5] Sachen ohne wirtschaftlichen Gebrauchswert, zu denen also bloß eine gefühlsmäßige Beziehung besteht, wie zB eine alte Zeichnung aus Kindertagen oder ein ausgeschnittener alter Zeitungsbericht, können daher nicht Gegenstand der Sachbeschädigung sein.[6] Dies gilt auch für Gegenstände mit einem **rein kriminellen Gebrauchswert**, wie etwa Falschgeld, auch wenn es dafür einen Schwarzmarktpreis gibt. Sachen, die jedoch legal oder kriminell verwertet werden können, wie zB Suchtmittel, die unter legitimierten Unternehmen gehandelt werden können, haben dagegen einen wirtschaftlichen Wert in Höhe dieser legalen Verwendungsmöglichkeiten und kommen daher als Tatobjekt der Sachbeschädigung in Betracht.[7]

6 **Fremd** ist eine Sache dann, wenn sie **nicht im Alleineigentum** des Täters, also zumindest im Miteigentum eines anderen steht. Maßgebend ist der **zivilrechtliche Eigentumsbegriff**.

---

4 Eingehend *K/Schm* BT II § 125 Rz 22 ff; den wirtschaftlichen Wert außer Acht lassend und auf den bloßen Gebrauchswert abstellend *R.Seiler* in SbgK § 125 Rz 10; *L/St* StGB^3 § 125 Rz 3; *F/R-K* BT I^3 106; *Lewisch* BT I^2 194.

5 Vgl dazu *Rebisant* Rz 212 ff.

6 *K/Schm* BT II § 125 Rz 27; aA *R.Seiler* in SbgK § 125 Rz 10; *L/St* StGB^3 § 125 Rz 3; *F/R-K* BT I^3 106; OGH 15 Os 88/89.

7 *K/Schm* BT II § 125 Rz 28.

2. Tathandlung

7 **Die Tathandlung** besteht **in jedem Fall in einer** Einwirkung auf die Sachsubstanz. **Sie kann auf verschiedene Weise erfolgen.**

a) Beschädigen

8 Eine Beschädigung liegt dann vor, wenn der Täter die **stoffliche Unversehrtheit einer Sache beeinträchtigt**, und dadurch ihre Gebrauchsfähigkeit zu einem bestimmten Zweck herabsetzt, zB indem er eine Tür zerkratzt,[8] einen Autoreifen zersticht,[9] einen Mercedesstern abbricht[10] oder Buchseiten herausreißt.[11] Entscheidend ist, dass eine wesentliche Minderung des Werts oder der Brauchbarkeit der Sache eintritt oder ihre äußere Erscheinung erheblich verändert wird. Der Besitzer der Sache muss dadurch einen Schaden erleiden.[12]

b) Zerstören

9 Wirkt der Täter dermaßen auf die Sachsubstanz ein, dass diese nicht nur beschädigt, sondern ihre **bestimmungsgemäße Brauchbarkeit vollkommen beseitigt** wird, liegt der intensivste Grad an Einwirkung, nämlich die Zerstörung, vor.[13] Darunter fällt das Zertrümmern einer Vase, das Umschneiden eines Baumes,[14] das Töten von Tieren oder klassischerweise das Zerschlagen von Fensterscheiben.[15]

c) Verunstalten

10 Der Tatbestand des Verunstaltens erfasst alle **nicht unerheblichen Veränderungen des äußeren Erscheinungsbildes** einer Sache entgegen dem Willen des Berechtigten. Der Täter wirkt auf die Sachsubstanz ein, ohne diese jedoch unmittelbar zu verletzen.[16] Er besprayt zB Wände oder Glasscheiben an Bushaltestellen, bringt parteipolitische Parolen auf Mauern an,[17] beschmutzt aufgehängte Wäsche oder bewirft eine Person mit Tomaten und verunreinigt dadurch ihre Kleidung.

---

8 OGH 11 Os 28/82 = EvBl 1982/173.

9 OGH 13 Os 189/82 = EvBl 1983/167.

10 OGH 11 Os 35/86.

11 OGH 12 Os 82/05h = JBl 2006, 805.

12 *Bertel* in WK § 125 Rz 3, 8; ebenso *K/Schm* BT II § 125 Rz 3, 35.

13 OGH 10 Os 61/84 = EvBl 1985/62; ebenso *K/Schm* BT II § 125 Rz 42.

14 OGH 15 Os 88/89 = EvBl 1990/67; das bloße Abschneiden von Zweigen ist dagegen idR bloße Beschädigung.

15 OGH 13 Os 23/78 = EvBl 1978/207.

16 *Bertel* in WK^2 § 125 Rz 7; *R.Seiler* in SbgK § 125 Rz 38; enger *K/Schm* BT II § 125 Rz 47 f, die nicht jede vom Eigentümer ungewollte Zustandsveränderung als erfasst ansehen. Diese müsse nämlich überdies objektiv nachteilig sein.

17 OGH 9 Os 109/75 = JBl 1977, 213.

d) Unbrauchbarmachen

11 Dieser generalklauselartige Tatbestandsteil umfasst alle sonstigen Fälle, in denen zwar auf die **Sachsubstanz eingewirkt**, diese aber nicht verletzt und dennoch die **bestimmungsgemäße Brauchbarkeit der Sache (wenn auch nur teilweise) beseitigt** wird. Darunter fällt das Auftauen von tiefgefrorenen Lebensmitteln,[18] die Entleerung eines Feuerlöschers,[19] das Herausreißen von Schneestangen[20] oder wenn zusammengesetzte Sachen (Uhr, Motorrad) durch Zerlegen in Einzelteile ihrer Funktionstüchtigkeit für eine nicht unerhebliche Dauer beraubt werden.[21]

e) Gemeinsame Erfordernisse

12 Allen Varianten gemeinsam ist das notwendige Überschreiten einer gewissen **Erheblichkeitsgrenze** der vermögensschädigenden Beeinträchtigung. Völlig unbedeutende oder minimale Beschädigungen (jemand trampelt über ein fremdes Blumenbeet und zerdrückt dadurch einige Pflanzen, tätigt vereinzelte Bleistiftunterstreichungen in einem fremden Buch oder beschmutzt eine Fensterscheibe[22]) werden durch diese Bagatellschwelle von der gerichtlichen Strafbarkeit ausgenommen. Sie wird auch dann nicht erreicht, wenn der Schaden **ohne nennenswerten Aufwand rückgängig** gemacht werden kann.[23] Wer aus einem parkenden Auto die Luft aus den Reifen auslässt, begeht Sachbeschädigung, sofern es nicht gerade neben einer Tankstelle steht. Zeit und Mühe, die der Berechtigte aufwenden muss, um das Rad zu wechseln, sind spürbar.[24]

f) Fehlende Einwilligung

13 Ungeschriebenes Tatbestandsmerkmal des § 125 ist, dass der Täter ohne Einwilligung des Eigentümers der Sache handelt. Liegt eine Einwilligung vor, wenn zB der Wirt bei einem Fest damit einverstanden ist, dass seine Gäste die Wodkagläser nach Genuss des Getränks an die Wand werfen, so entfällt bereits die Erfüllung des objektiven Tatbestands (sog tatbestandsausschließendes Einverständnis) und nicht erst die Rechtswidrigkeit der Tat.[25]

---

18 OGH 12 Os 42/85 = EvBl 1986/50.

19 OGH 11 Os 164/80 = ÖJZ-LSK 1981/54.

20 OGH 9 Os 165/76 = ZVR 1977/272; 13 Os 1/05d.

21 Bereits eine vorübergehende, nicht ganz unwesentliche Minderung genügt, vgl *R.Seiler* in SbgK § 125 Rz 44.

22 OGH 11 Os 28/82.

23 *Bertel* in WK^2 § 125 Rz 11.

24 OGH 12 Os 94/78 = RZ 1978, 224.

25 *K/Schm* BT II § 125 Rz 57; *L/St* StGB^3 § 125 Rz 11; aA *Fuchs* AT I^7 Kap 16 Rz 5.

3. Qualifikationen

§ 126 normiert unter der Überschrift „schwere Sachbeschädigung" verschiedene Qualifikationen. Mit einem strengeren Strafsatz bedroht sind Sachbeschädigungen an den in § 126 Abs 1 Z 1–6 genannten, **besonders schutzbedürftigen Objekten**, beziehungsweise wenn die **Schadenshöhe an sich** den Betrag von 3.000 Euro (Abs 1 Z 7) bzw 50.000 Euro (Abs 2) übersteigt. 14

1. Dem **Gottesdienst oder der Verehrung gewidmete Sachen** sind dann qualifiziert geschützt, wenn diese Widmung unmittelbar und durch eine inländische (nicht notwendigerweise gesetzlich anerkannte) Kirche oder Religionsgemeinschaft erfolgt ist. Eine rituelle Unentbehrlichkeit ist dagegen nicht erforderlich.[26] Auch in einer privaten Wohnung aufgestellte Gegenstände erfüllen die Voraussetzungen.[27] Unter Z 1 fallen etwa Altäre, Schreine, Monstranzen und Messbücher, aber auch das Gebäude an sich.[28] 15
2. **Gräber und Beisetzungsstätten** umfassen Urnen, Grabsteine und Totengedenkstätten (Letztere aber nur, wenn sie sich auf einem Friedhof oder in einem der Religionsübung dienenden Raum befinden). Auch mit dem Grabmal dauernd verbundene Gegenstände sind besonders geschützt. Grabkränze sind dagegen kein taugliches Tatobjekt des § 126 Abs 1 Z 2; Handlungen an ihnen können aber von § 190 Abs 2 (Störung der Totenruhe) erfasst sein.[29] 16
3. **Öffentliche Denkmäler** sind Erinnerungszeichen an bestimmte Personen oder Begebenheiten. Sie fallen unter Z 3, wenn sie allgemein zugänglich sind.[30] **Gegenstände unter Denkmalschutz** werden dagegen durch Bescheid in den besonderen Schutzkreis erhoben. Ihre Beschädigung ist nur hinsichtlich der Teile unter Z 3 einschlägig, derentwegen der Denkmalschutz erlassen wurde. Es muss sich um fremde Gegenstände handeln. Die Beschädigung eigener denkmalgeschützter Gegenstände wird durch § 37 Abs 1 Denkmalschutzgesetz geahndet. 17
4. Auch eine Sachbeschädigung an Gegenständen von kulturellem (im Einzelnen von **allgemein anerkanntem wissenschaftlichen, volkskundlichen, künstlerischen oder geschichtlichen) Wert** ist qualifiziert, wenn sich die Sache in einer allgemein zugänglichen Sammlung, an einem allgemein zugänglichen Ort oder in einem öffentlichen Gebäude befindet. Z 4 wird jedoch teleologisch reduziert auf unersetzbare Sachen, was nach jüngerer Lehre[31] und Rspr[32] bei herausgerissenen, aber ohne Weiteres wiederbeschaffba- 18

---

26 OGH 13 Os 189/82 = EvBl 1983/167.

27 *R.Seiler* in SbgK § 126 Rz 5.

28 Strittig bezüglich einer Kirchenmauer: für die Erfüllung der Qualifikation *K/Schm* BT II § 126 Rz 6; *R.Seiler* in SbgK § 126 Rz 5; dagegen *B/S* BT I[11] § 126 Rz 1.

29 *B/S* BT I[11] § 126 Rz 2.

30 *K/Schm* BT II § 126 Rz 9.

31 *B/S* BT I[11] § 126 Rz 4.

32 OGH 12 Os 82/05h = JBl 2006, 805.

ren Seiten eines wissenschaftlichen Zeitschriftenbandes einer Bibliothek nicht der Fall sein soll.

19 5. Sachen, die der **öffentlichen Sicherheit, Versorgung und Landesverteidigung** dienen, stehen unter dem besonderen Schutz der Z 5.

a. Der öffentlichen Sicherheit dienen alle im sicherheitspolizeilichen Einsatz stehenden Mittel, aber auch solche der Zoll- und Justizwache. Weiters werden Gegenstände wie Gitterfenster von Strafanstalten[33] oder ein beim Ausbruch aus einer Justizanstalt in den Außenzaun geschnittenes Loch[34] darunter subsumiert.

b. Sachen zur Katastrophenverhütung und -bekämpfung stellen etwa Betriebsmittel der Feuerwehr, Sirenen und Hochwasserdämme, aber auch private Feuerlöscher dar.

c. Dem öffentlichen Gesundheitsdienst dienen Krankenhäuser, Rettungswagen oder Rettungshubschrauber. Privaten Verbandskästen fehlt es hingegen am erforderlichen Allgemeinbezug. Apotheken und private Arztpraxen fallen nur dann unter den Anwendungsberich der Z 5, wenn die Bevölkerung nach Zeit und Ort auf sie angewiesen ist, wie zB bei einer übers Wochenende geöffneten Notapotheke oder Notarztpraxis oder bei der einzigen Apotheke oder Arztpraxis in einem abgelegenen Gebirgstal.[35]

d. Eine Gefährdung der öffentlichen Versorgung mit Wasser, Licht, Wärme oder Kraft ist dann zu befürchten, wenn der Täter die Funktionstüchtigkeit eines Wasser-, Fernheiz- oder Kraftwerks beeinträchtigt, nicht aber bei Sachbeschädigungen an privaten Netzanschlüssen.

e. Für den öffentlichen Verkehr bedeutsam sind alle allgemein zugänglichen Verkehrsmittel (auch wenn der Betreiber eine Privatperson ist) und öffentlichen Verkehrswege samt der für ihren Betrieb notwendigen beweglichen oder unbeweglichen Einrichtungen. Neben Linienbussen und Eisenbahnwaggons[36] sind etwa auch Verkehrsschilder[37] und Ampeln[38] einschlägig.

f. Auch bei Fernmeldeanlagen steht der Aspekt der allgemeinen öffentlichen Widmung und Benutzbarkeit im Vordergrund. Daher sind zwar Beschädigungen an öffentlichen Telefonzellen (welche die Betriebsfähigkeit der Anlage herabsetzen), nicht aber private Haustelefone von Z 5 erfasst.

g. Schließlich sind Wehrmittel oder Einrichtungen und Anlagen, die der Landesverteidigung oder dem Zivilschutz dienen, Gegenstände schwerer Sachbeschädigung, wenn der Täter dadurch eine der in Z 6 genannten konkre-

---

33 OGH 11 Os 33/90; 12 Os 114/04 = EvBl 1990/149.

34 OGH 12 Os 114/04 = RIS-Justiz RS0119487 = ÖJZ-LSK 2005/59.

35 Eingehend *K/Schm* BT II § 126 Rz 16; aA *Bertel* in WK[2] § 126 Rz 13; *B/S* BT I[11] § 126 Rz 6; kritisch *R.Seiler* in SbgK § 126 Rz 38 ff.

36 OGH 12 Os 139/68 = SSt 32/39. Freilich muss dadurch die Verkehrssicherheit beeinträchtigt werden. Das Besprayen eines Eisenbahnwaggons erfüllt daher diese Qualifikation nicht.

37 OGH 13 Os 189/82 = EvBl 1983/167.

38 OGH 12 Os 143/76.

ten Gefährdungen hervorruft. Die Beschädigung von Luftschutzräumen, die einer großen Zahl von Personen als Zuflucht dienen könnte, muss also dazu geführt haben, dass der Schutz einer großen Zahl von Zivilpersonen, wenn der Kriegsfall eintreten würde, spürbar schlechter wäre; dass zur Zeit der Tat ein Kriegsfall wirklich zu befürchten war, ist nicht notwendig.[39]

Alle genannten Güter werden aber nach teleologischer Reduktion nur dann nach Z 5 geschützt, wenn die Sachbeschädigung an ihnen abstrakt geeignet ist, die **spezifische Schutz- oder Versorgungsaufgabe zu gefährden**.[40] Die Qualifikation wird daher **nicht** ausgelöst durch Beschädigungen an (einzelnen) Straßenlaternen,[41] eines Eisenbahnabteils,[42] durch Abreißen zweier Straßenleitpflöcke,[43] das Verursachen einer faustgroßen Delle im Einsatzwagen der Polizei[44] oder das Zerschlagen eines Fensters im Wartehäuschen der Straßenbahn. **20**

6. Eine **schadensqualifizierte Sachbeschädigung** wird dann begründet, wenn der verursachte Schaden den Betrag von 3.000 Euro (Abs 1 Z 7) bzw 50.000 Euro (Abs 2) übersteigt. Die **Schadensberechnung** orientiert sich an den erforderlichen Reparaturkosten (sofern der Schaden reparabel ist und dies noch wirtschaftlich vertretbar erscheint) zuzüglich einer eventuell verbleibenden Wertminderung. Bei irreparablen Schäden muss auf die Minderung des wirtschaftlichen Gebrauchswerts abgestellt werden. Diese wird durch einen Vergleich zwischen dem Zeitwert (Anschaffungspreis abzüglich der gebrauchsbedingten Wertminderung) der Sache vor und nach der Beschädigung errechnet. Der Wert der besonderen Vorliebe (Affektionsinteresse) fließt dagegen nach hA nicht in die Schadensberechung ein.[45] Bei mehreren Tathandlungen sind die jeweiligen Schadensbeträge entsprechend den Grundsätzen des § 29 zusammenzurechnen (vgl Vorbem §§ 125–168b Rz 17). **21**

4. Privilegierung und tätige Reue

Die Sachbeschädigung (§§ 125 f) ist – unabhängig von der Höhe des Schadens – privilegiert, wenn sie gegenüber bestimmten nahen Angehörigen begangen wird (**Begehung im Familienkreis**; § 166; dazu näher Vorbem §§ 125–168b Rz 21 ff). **22**

Inwieweit bei Sachbeschädigung an Sachen geringen Wertes die Privilegierung der **Entwendung (§ 141) analog** angewendet werden kann, ist **umstritten** **23**

---

39 *Bertel* in WK^2 § 126 Rz 16 f.

40 *K/Schm* BT II § 126 Rz 20; *R.Seiler* in SbgK § 126 Rz 31; OGH 15 Os 11/96 = RIS-Justiz RS0093491.

41 OGH 12 Os 143/76 = JBl 1977, 214; 12 Os 114/04.

42 OGH 2 Ob 950/54 = EvBl 1955/254.

43 OGH 15 Os 11/96 = Jus-Extra 1996/2026.

44 OGH 12 Os 121/78 = ÖJZ-LSK 1978/364.

45 *K/Schm* BT II § 126 Rz 27; *R.Seiler* in SbgK § 126 Rz 54. Zum Schadensbegriff beim Betrug siehe §§ 146 ff Rz 22 ff.

(zur Entwendung allgemein siehe bei §§ 127, 128 Rz 61 ff).[46] In Betracht käme sie, da es zu keiner Vermögensverschiebung kommt, allenfalls für eine Sachbeschädigung aus Unbesonnenheit oder zur Befriedigung eines Gelüstes. Als Argument für die Analogie kann angeführt werden, dass zB die dauernde Sachentziehung (§ 135) von § 141 erfasst ist und somit diese Privilegierung nicht nur bei Vermögensverschiebungsdelikten in Betracht kommt.

24 Wie die meisten Vermögensdelikte ohne Gewaltanwendung kommt auch für die Sachbeschädigung (§§ 125 f) eine **Strafaufhebung wegen tätiger Reue** (§ 167) in Betracht. Demnach wird straffrei, wer rechtzeitig und freiwillig den zugefügten Schaden gutmacht oder sich doch zumindest vertraglich zur Schadensgutmachung verpflichtet (siehe dazu Vorbem §§ 125–168b Rz 19 f).

5. Subjektiver Tatbestand

25 Der Täter muss hinsichtlich aller Tatbestandsmerkmale **zumindest mit bedingtem** (§ 5 Abs 1 zweiter Halbsatz) **Vorsatz** handeln. Er muss es daher, jedenfalls in Form einer Parallelwertung in der Laiensphäre, zumindest ernstlich für möglich halten und sich damit abfinden, durch seine Handlung die Tatbestandsmerkmale des Grunddelikts sowie bei § 126 die **qualifizierenden Voraussetzungen** zu erfüllen. Hinsichtlich der wertqualifizierenden Schadenshöhe muss er den höheren Schaden in seinen Vorsatz mitaufgenommen haben, wobei keine exakte Einschätzung der tatsächlichen Schadenshöhe gefordert ist. Bloßes Mitbewusstsein reicht aus.[47] Die Privilegierungen der §§ 166 f sind dagegen vom Vorsatz unabhängig.

III. Rechtfertigung

26 Oftmals sind Sachbeschädigungen gerechtfertigt durch Notstand (Sachen bilden im Verhältnis zu Leib und Leben das von der Rechtsordnung geringer gewichtete Rechtsgut) oder als dessen Unterfall Sachwehr (der angreifende Hund wird durch die Abwehrmaßnahmen getötet), das allgemeine Selbsthilferecht gem §§ 19, 344 ABGB (der zuvor bestohlene Täter drängt das Kfz des Diebes gegen eine Leitplanke, um es zum Stillstand zu bringen) und schließlich sondergesetzliche Dienst- und Amtspflichten.

27 Einen Sonderfall bildet die Durchsetzung **nachbarschaftsrechtlicher Ansprüche**. § 422 ABGB stellt mit seinem Überhangsrecht einen Fall gesetzlich

---

46 Dazu mN *Tipold* in SbgK § 141 Rz 11; *Rebisant* Rz 265 ff. Zur gegenteiligen Rspr, die generell von einer taxativen Aufzählung der in § 141 genannten Delikte ohne Möglichkeit einer Analogie ausgeht, siehe etwa OGH 9 Os 18/83.

47 Vgl dazu *Fuchs* AT I[7] Kap 14 Rz 29; *Kienapfel/Höpfel* AT[13] Z 15 Rz 6; *Platzgummer,* Die Bewusstseinsform des Vorsatzes (1964) 87 f. Mitbewusst ist dem Täter das Ausmaß des Schadens, wenn er, hätte man ihn zur Tatzeit gefragt, ob der Schaden mehr als 3.000 Euro bzw 50.000 Euro ausmachen werde, die Frage auf Anhieb hätte beantworten können.

erlaubter Selbsthilfe dar.[48] Der gestörte Eigentümer wird durch die Norm im dort vorgesehenen Umfang zu einem Entfernen in seinen Grund eindringender Wurzeln eines fremden Baums oder zu einem Abschneiden oder Benützen über seinem Luftraum hängender Äste berechtigt. In diesem Umfang ist auch eine **Sachbeschädigung gerechtfertigt**. Bei übrigen, indirekten Immissionen (etwa Entzug von Licht durch am Nachbargrund wachsende Bäume, vgl § 364 Abs 3 ABGB) scheitert die Rechtfertigung einer Abhilfehandlung an der Entscheidung des Gesetzgebers, für diese Form von Nachbarschaftsstreitigkeiten zwingend ein Schlichtungsverfahren[49] vorzuschalten. Ein Selbsthilferecht besteht insofern nach gesetzgeberischer Intention gerade nicht.

IV. Abgrenzung und Konkurrenzen

1. Zündet der Täter vorsätzlich Sachen an, so begeht er dadurch regelmäßig das Delikt der Sachbeschädigung (§ 125). Nur wenn das Feuer das qualifizierte Ausmaß einer Feuersbrunst iSd § 169 erreicht[50] und der Täter diesen Umstand in seinen Vorsatz aufnimmt,[51] verdrängt das Delikt der **Brandstiftung** (§ 169 Abs 1) die (schwere) Sachbeschädigung im Wege der Scheinkonkurrenz (Spezialität). **28**
2. Bei Absichtsurkunden verdrängt das exklusive Delikt der **Urkundenunterdrückung** (§ 229) jenes der Sachbeschädigung (Zerreißen eines fremden Passes).[52] Daran ändert sich auch nichts, wenn die Urkunde zugleich ein Wertträger (dazu näher bei §§ 127, 128 Rz 10 ff) ist.[53] Wird durch die Beschädigung der Absichtsurkunde die Beweisfunktion derselben nicht beeinträchtigt, so liegt bloße Sachbeschädigung vor.[54] **29**
3. Durch das Delikt der **dauernden Sachentziehung** (§ 135) ist auch die Beschädigung und Zerstörung der Sache mit abgegolten.[55] Wird dagegen die Sache in einer für Sachbeschädigung spezifischen Weise beeinträchtigt, mithin nicht in unversehrtem Zustand dauernd entzogen, weil zB mit dem Pkw zunächst vorsätzlich ein Crash verursacht wird und das Fahrzeug erst dann **30**

48 OGH 4 Ob 196/07p = RdU 2008/69, 103.

49 Art III ZivRÄG 2004, BGBl I 2003/91.

50 Siehe zur Definition *Mayrhofer* in WK² § 169 Rz 3.

51 Freilich begründet bereits das Anzünden einer Sache mit dem Vorsatz der Verursachung einer Feuersbrunst den Versuch der Brandstiftung, und das versuchte spezielle Delikt verdrängt auch das (wenn auch vollendete) generelle der Sachbeschädigung, vgl *K/Schm* BT II § 125 Rz 78; *B/S* BT I¹¹ § 125 Rz 10.

52 *Bertel* in WK² § 125 Rz 19.

53 AA *Kienapfel/Schroll* in WK² § 229 Rz 49, die aufgrund der Unterschiedlichkeit der Rechtsgüter von echter Konkurrenz ausgehen; *R. Seiler* in SbgK § 125 Rz 69 nimmt echte Konkurrenz in den Fällen der Wertqualifikation des § 126 Abs 1 Z 7 und Abs 2 an; so auch *K/Schm* BT II § 125 Rz 79 und § 126 Rz 28.

54 *Kienapfel/Schroll* in WK² § 229 Rz 17.

55 *Bertel* in WK² § 125 Rz 15; *B/S* BT I¹¹ § 125 Rz 11.

im See versenkt wird, so geht § 125 vor.[56] Maßgeblich ist generell die unterschiedliche subjektive Tatseite. Will der Täter die Sache primär entziehen (obwohl ihm klar ist, dass sie im Versteck verrotten wird), so liegt Sachentziehung vor; will er sie aber primär beschädigen oder vernichten, handelt es sich um § 125. In den zuletzt genannten Fällen ist die dauernde Sachentziehung (§ 135) eine straflose Nachtat.

31 4. Im Gegensatz zur Sachbeschädigung muss das Tatobjekt beim **Diebstahl** (§§ 127 ff) immer einen nicht unerheblichen Tauschwert aufweisen. Ein allfälliger Gebrauchswert genügt zur Qualifikation als Tatobjekt nicht. Insofern decken sich die Anwendungsbereiche beider Delikte nicht. Gemeinsam ist beiden aber die Vermögenskomponente. Wenn der Dieb die Sache nach vollendeter Tat gemäß §§ 127 ff zerstört, beschädigt, verunstaltet oder unbrauchbar macht, ist er daher nicht zusätzlich nach §§ 125 f strafbar, weil der Vermögensverlust bereits mit der Wegnahme der Sache vollständig eingetreten ist.[57] Die Sachbeschädigung wird daher vom Diebstahl konsumiert und ist nur straflose Nachtat.

32 5. In vielen Fällen ist das Delikt der Sachbeschädigung **typische Begleittat** zu anderen Vermögens- oder Körperverletzungsdelikten. Wird ein **Einbruchsdiebstahl**[58] oder der **unbefugte Gebrauch eines Fahrzeuges** daher durch Ein- oder Aufbrechen durchgeführt bzw ermöglicht, so tritt das Delikt der Sachbeschädigung (hinsichtlich der Fenster, Türen, Schlösser etc) gegenüber § 129 Z 1–3 bzw § 136 Abs 2 und 3 qua Konsumtion zurück. Anderes gilt, wenn der Täter anlässlich des Einbruchs, aber bloß aus Frust Gegenstände beschädigt oder zerstört. Der Einbrecher bleibt wegen Zertrümmerung eines Spiegels in der Wohnung des Opfers gesondert nach § 125 strafbar. Gleiches gilt, wenn er im Zuge seiner Einbruchshandlung die Qualifikationen des § 126 Abs 1 Z 1–6 verwirklicht.[59] Bei **Mord** oder **Körperverletzung** wird die regelmäßig damit einhergehende Beschädigung von Sachen, meist der Kleidung des Opfers (durch Einschuss oder Messerstich), als typische Begleittat konsumiert. Anderes gilt nur bei besonders wertvollen Gegenständen (Schmuck) sowie für nachträgliche Handlungen an den Sachen zwecks Spurenbeseitigung.[60]

V. Prozessuales

33 **§ 125** fällt aufgrund des Strafsatzes in die sachliche Zuständigkeit des **Bezirksgerichts** (§ 30 Abs 1 StPO). Die Qualifikationen des **§ 126** begründen in

56 *K/Schm* BT II § 135 Rz 59.

57 OGH 12 Os 156/10y.

58 OGH 11 Os 176/75 = EvBl 1976/249.

59 *K/Schm* BT II § 125 Rz 80.

60 *Moos* in WK^2 § 75 Rz 43; *Burgstaller*, Die Scheinkonkurrenz im Strafrecht, JBl 1978, 459.

sämtlichen Fällen eine Kompetenz des **Einzelrichters am LG** (§ 31 Abs 4 Z 1 StPO). Eine diversionelle Verfahrenserledigung (§§ 198 ff StPO) ist somit grundsätzlich in allen Fällen von Sachbeschädigung zulässig.

Im Falle der Begehung der Sachbeschädigung **im Familienkreis** (§ 166) 34
werden die §§ 125, 126 zum **Privatanklagedelikt** iS von § 71 StPO (vgl § 166 Abs 3).

Ad Beispielsfall: Das im Beispielsfall geschilderte Verhalten begründet das Delikt des § 125, da eine **fremde Sache** (Buch im Eigentum der Bibliothek) durch das Herausreißen von einzelnen Seiten in ihrer Funktionstüchtigkeit herabgesetzt, mithin **beschädigt** wird. Die Schadenshöhe ergibt sich aus der Minderung des wirtschaftlichen Gebrauchswerts und erreicht – mangels anderer Angaben – noch nicht den Schwellenwert der Deliktsqualifikation (§ 126 Abs 1 Z 7). Auch die Qualifikation des § 126 Abs 1 Z 4 liegt nicht vor, da der Begriff der Gegenstände von kulturellem Wert teleologisch reduziert wird und leicht ersetzbare Schriften nicht den erhöhten Rechtsgutschutz verdienen.

Zentrale Probleme zur Wiederholung: *Tatobjekt Sache; Qualifikationen des § 126; Abgrenzungsfragen.*

Weiterführende Literatur: *Graczol,* Sachbeschädigung durch Unbrauchbarmachen, JBl 1982, 292; *Löschnig-Gspandl,* Sachbeschädigung durch „Unbrauchbarmachen" (§ 125 StGB), JAP 1992/93, 12; *Moos,* Die Strafbarkeit von Graffiti-Sprayern in Österreich und der Schweiz, JR 2001, 93; *Triffterer/Schmoller,* Die Freiheit der Kunst und die Grenzen des Strafrechts, ÖJZ 1993, 547.

B. Datenbeschädigung (§ 126a)

I. Überblick

1 Zahlreiche Daten verkörpern einen Wert, fallen bei einer vorsätzlichen Beschädigung jedoch mangels Körperlichkeit nicht in den Schutzbereich der Sachbeschädigung (§ 125). Insofern wurde 1987[1] der Tatbestand der Datenbeschädigung (§ 126a) geschaffen, um den **eigenständigen Vermögenswert von Daten und Software zu unterstreichen** (Ausschnitt des Vermögens). Geschützt sind also die Daten selbst und nicht das Medium, das zur Datenspeicherung verwendet wird. Dessen Substanzbeeinträchtigung fällt unter § 125. Da § 126a Teil der strafbaren Handlungen gegen fremdes Vermögen ist, sind jedenfalls solche Daten geschützt, die einen bestimmten Vermögenswert sowie – entsprechend der Sachbeschädigung (§ 125) – einen wirtschaftlichen Gebrauchswert (vgl §§ 125, 126 Rz 4) verkörpern (Vermögensschädigungsdelikt). Da neben dem Vermögen auch das Interesse **an der Verfügbarkeit und am Fortbestand der Daten** geschützt ist,[2] sind im Unterschied zu den §§ 125 f auch Daten mit bloßem Affektionsinteresse (zB gespeicherte Urlaubsfotos) unter den Schutzbereich dieser Norm zu subsumieren, die bei der Ausgestaltung als reines Vermögensdelikt nicht von dieser Strafbestimmung erfasst wären.

2 **§ 126a Abs 2** knüpft an bestimmte **Qualifikationsfälle** einen höheren Strafsatz, nämlich an die Überschreitung der im Vermögensstrafrecht üblichen Schadensgrenzen von 3.000 bzw 50.000 Euro sowie an die Tatbegehung im Rahmen einer kriminellen Vereinigung.

3 Die **praktische Bedeutung** des § 126a ist auf den ersten Blick **gering**, weil in der gerichtlichen Kriminalstatistik für das Jahr 2010 keine einzige Verurteilung wegen eines Verstoßes gegen diese Norm aufscheint und die Zahl der Verurteilungen in Jahren davor auch nie über fünf hinausging. Allerdings wird bei dieser Norm von einer ungewöhnlich hohen Dunkelziffer ausgegangen.[3]

Beispielsfall: A ist sauer auf ihren Arbeitgeber, der sie gerade entlassen hat. Aus Frust löscht sie einen Teil der Kundendatei. Die Wiederherstellung des Datensatzes verursacht einen Arbeitsaufwand von etwa 5.000 Euro. Nun rächt sich auch die Sparsamkeit des Chefs, der sich aus Kostengründen bislang geweigert hat, einen Back-up-Server zu kaufen, auf den regelmäßig Sicherungskopien der Daten angelegt werden.

---

1 BGBl 1987/605.
2 Vgl *Triffterer* in SbgK § 126a Rz 21.
3 *Triffterer* in SbgK § 126a Rz 48 geht von 85–99 % aus.

II. Tatbestand

Den Tatbestand der Datenbeschädigung (§ 126a) verwirklicht, wer

- automationsunterstützt verarbeitete, übermittelte oder überlassene Daten, über die er nicht oder nicht allein verfügen darf,
- vorsätzlich
- verändert, löscht, sonst unbrauchbar macht oder unterdrückt
- und dadurch einen anderen schädigt.

1. Tatobjekt

Tatobjekt des § 126a sind **automationsunterstützt** verarbeitete, übermittelte oder überlassene **Daten (= Informationen)**, über die der Täter nicht oder **nicht allein verfügen** darf. Nach der Legaldefinition des **§ 74 Abs 2** sind Daten sowohl personenbezogene und nicht personenbezogene Informationen als auch Programme. Das sind Daten iwS, welche die Ausführung einer Funktion durch einen Computer auslösen, wie zB System- und Textverarbeitungsprogramme.[3] All diese Daten müssen – wie die vergleichbaren Tatobjekte der Sachbeschädigung (§ 125) – **keinen Tauschwert** haben, sondern es reicht ein **Gebrauchswert** für den Verfügungsberechtigten oder zumindest ein **Affektionswert** (zB bei gespeicherten Urlaubsfotos). 4

Beim Tatobjekt kommt es nicht auf das zivilrechtliche Eigentum bzw die Fremdheit der Daten an, sondern entscheidend ist das **Alleinverfügungsrecht** über die Daten. Diese Verfügungsbefugnis muss nicht mit dem Eigentum am Datenträger zusammenfallen.[4] Daher kann auch der Eigentümer der Hardware (zB der Arbeitgeber) strafbar wegen einer Beschädigung von auf seiner Hardware gespeicherten Daten sein.[5] Den Tatbestand kann auch erfüllen, wer zum Anhören überlassene Musikdateien beschädigt. 5

2. Tathandlung

Die Tathandlung besteht darin, dass Daten verändert, gelöscht, sonst unbrauchbar gemacht oder unterdrückt werden. **Verändern** bedeutet die **Herstellung eines neuen Dateninhalts**, sei es durch inhaltliche Umgestaltung, durch teilweise Löschung oder durch veränderte Verknüpfung mit anderen Daten.[6] Letzteres ist zB der Fall, wenn ein Datensatz derart umgestaltet wird, dass bestimmte, darin gespeicherte Merkmale nicht mehr jener Person zugeordnet werden können, für die sie eingegeben wurden (zB die Adresse). 6

Löschen entspricht dem „Zerstören“ und erfordert das **Unkenntlichmachen** der erfassten oder gespeicherten Daten (**physisches Löschen**) oder die Verhin- 7

3 *Jerabek/Reindl-Krauskopf/Schroll* in WK^2 § 74 Rz 67.
4 *Triffterer* in SbgK § 126a Rz 74; *L/St* StGB^3 § 126a Rz 5 f; *F/R-K* BT I^3 109.
5 *F/R-K* BT I^3 109.
6 *Triffterer* in SbgK § 126a Rz 66; *L/St* StGB^3 § 126a Rz 8.

derung des Zugriffs auf Daten durch programmtechnische Maßnahmen (**logisches Löschen**).[7] Das Löschen kann manuell durch Dateneingabe erfolgen, aber auch durch das Einspeisen von Viren, die zur Folge haben, dass sich der Datenbestand teilweise oder zur Gänze selbst zerstört (siehe zu dieser Tathandlung auch bei § 126b Rz 5).

8 **Sonstiges Unbrauchbarmachen** bedeutet, dass die Daten in ihrer Gebrauchsfähigkeit so weit beeinträchtigt werden, dass sie ihren **Zweck nicht mehr erfüllen** können,[8] etwa wenn Daten in ihrer Reihenfolge bzw Zuordnung durcheinandergebracht werden, wobei die Grenze zur Tathandlung des Veränderns nicht immer leicht zu ziehen ist. Da es sich bei den einzelnen Tathandlungen des § 126a aber um gleichwertige Alternativen handelt (alternatives Mischdelikt), ist eine falsche Subsumtion strafprozessual unerheblich, weil dadurch keine Beschwer begründet wird.

9 **Unterdrücken** bedeutet, die Daten dauernd oder auch nur vorübergehend dem **Zugriff des Berechtigten zu entziehen**, um dadurch ihre Verwendbarkeit auszuschließen, etwa indem der Täter das Programm durch einen Code oder ein neues Passwort sperrt. Darüber hinaus liegt Unterdrücken aber auch vor, wenn der Täter dem Berechtigten den körperlichen Datenträger entzieht, auf dem die Daten gespeichert sind. Hier kann es auch, bei entsprechendem Zueignungs- und Bereicherungsvorsatz, zu einer echten Konkurrenz mit Diebstahl (§ 127) kommen.

3. Taterfolg

10 Sämtliche Tathandlungen müssen dazu führen, dass der durch Zugriffsmöglichkeit auf die Daten **vorhandene Vermögenswert nachhaltig verändert** wird. Darin liegt auch der **Vermögensschaden**. Waren die Daten von vornherein wertlos, weil sie veraltet waren und der Berechtigte sie ohnehin löschen wollte, oder können sie sofort ohne größeren Aufwand von einer Sicherungskopie rekonstruiert werden **(Rekonstruktionsmöglichkeit)**, fehlt es am entsprechenden Schaden.[9]

11 Der Schaden bestimmt sich im Allgemeinen nach der Höhe des **Aufwandes**, der **zur Wiederherstellung des Datenbestandes** im unbeschädigten Zustand erforderlich ist.[10] Allfällige mittelbare Schäden, wie zB der Einbau zusätzlicher Sicherheitssoftware oder die durch die manipulierte Personaldatei verursachte Verzögerung der Gehaltsabrechungen, bleiben dabei außer Betracht. Die Art der Schadensberechnung folgt bei § 126a individuell konkreten Mustern: Abgestellt wird auf den spezifischen Wert im Vermögen des Berechtigten und auf die notwendigen Aufwendungen der Wiederbeschaffung/Wiederherstellung. Der Wert

7 *Triffterer* in SbgK § 126a Rz 67 f; *L/St* StGB[3] § 126a Rz 9.
8 *Triffterer* in SbgK § 126a Rz 70; *L/St* StGB[3] § 126a Rz 11.
9 *F/R-K* BT I[3] 110; *Bertel* in WK[2] § 126a Rz 6; *Triffterer* in SbgK § 126a Rz 69
10 *Triffterer* in SbgK § 126a Rz 82 ff (85); *L/St* StGB[3] § 126a Rz 14; *Fabrizy* StGB[10] § 126a Rz 3; *Bertel* in WK[2] § 126a Rz 5; *B/S,* BT I[11] § 126a Rz 2.

der Daten kann sich somit auch im bloßen Affektionsinteresse erschöpfen, was gegen die Einordnung als reines Vermögensdelikt spricht. Geschützt ist vielmehr (auch) die Verfügungsmöglichkeit über Daten (siehe dazu oben bei Rz 4).

4. Subjektiver Tatbestand

§ 126a ist ein **Vorsatzdelikt**. Der Vorsatz muss sich auf sämtliche objektiven Tatbestandsmerkmale erstrecken. Er muss somit auch die Minderung der bestimmungsgemäßen Verwendbarkeit der Daten umfassen. Geht der Täter davon aus, dass der Datensatz ohnehin als Sicherungskopie noch vorhanden ist, fehlt es ihm am entsprechenden Schädigungsvorsatz. Da § 126a nur die Schädigung eines anderen zum Ziel hat, erfordert dieses Delikt keinen Bereicherungsvorsatz. 12

5. Qualifikation, Privilegierung und tätige Reue

§ 126a Abs 2 normiert zum einen **Wertqualifikationen**, die vom Übersteigen der Schadenshöhe von 3.000 bzw 50.000 Euro abhängen. Darüber hinaus sind Taten qualifiziert, die im Rahmen der Mitgliedschaft zu einer **kriminellen Vereinigung** (vgl § 278 Abs 2) begangen werden. Diese Qualifikationsmerkmale müssen auch vom Vorsatz des Täters umfasst sein. 13

Privilegiert ist die Tat, wenn sie **im Familienkreis** begangen wird (§ 166). Zur allenfalls zulässigen analogen Anwendung der Privilegierung der **Entwendung** (§ 141) siehe bei §§ 125 f Rz 23. 14

Weiters ist § 126a einer Strafaufhebung durch **tätige Reue** (§ 167) zugänglich, wobei sich in vielen Fällen eine Wiederherstellung des Datensatzes nicht mehr bewerkstelligen lassen wird und letztlich nur die finanzielle Möglichkeit der Schadensgutmachung bleibt. 15

III. Abgrenzung und Konkurrenzen

Datenbeschädigung (§ 126a) kommt nur in Betracht, wenn durch die Tat Daten beschädigt werden. Wird zusätzlich die Hardware beschädigt, ist echte Konkurrenz mit **Sachbeschädigung** (§ 125) möglich. 16

Die widerrechtliche Datenverwendung in Gewinn- oder Schädigungsabsicht ist in **§ 51 DSG 2000** kriminalisiert. Auch hier ist echte Konkurrenz mit § 126a möglich, wenn Daten unterdrückt und zusätzlich entsprechend verwendet werden. Zu beachten ist jedoch, dass § 51 DSG nur personenbezogene Daten schützt, während § 126a auf Grund der Legaldefinition in § 74 Abs 2 auch nicht personenbezogene Daten und Programme umfasst. Mit der DSG-Novelle 2010[11] wurde der davor als Ermächtigungsdelikt konzipierte § 51 DSG zu einem Offizialdelikt, wodurch keine unterschiedliche prozessuale Behandlung von Verstößen gegen die genannten Normen mehr bestehen. 17

11 BGBl I 2009/133.

18 Der **widerrechtliche Zugriff auf ein Computersystem** (§ 118a) schützt die Privatsphäre und insofern ein anderes Rechtsgut als die Datenbeschädigung (§ 126a). Folglich ist auch zwischen diesen strafbaren Handlungen echte Konkurrenz möglich.

IV. Prozessuales

19 Das Grunddelikt des **§ 126a Abs 1** fällt aufgrund des Strafsatzes in den sachlichen Zuständigkeitsbereich des **Bezirksgerichts** (§ 30 Abs 1 StPO). Sämtliche Qualifikationen des **§ 126a Abs 2** fallen in den Kompetenzbereich des **Einzelrichters am LG** (§ 31 Abs 4 Z 1 StPO). Somit sind alle Fälle des § 126a grundsätzlich einer diversionellen Verfahrenserledigung (§§ 198 ff StPO) zugänglich.

Ad Beispielsfall: A ist über die Daten der Firma nicht allein verfügungsberechtigt. Das Löschen eines Teils der Kundendatei erfüllt daher den objektiven Tatbestand des § 126a Abs 1 in der Tatvariante des Löschens. Der Taterfolg (Schaden) ist durch den Wiederherstellungsaufwand von 5.000 Euro eingetreten, womit auch die Qualifikation des § 126a Abs 2 erster Fall vorliegt. Der Vorsatz hinsichtlich des Löschens ist unproblematisch. Wenn A jedoch davon ausging, dass eine aktuelle Sicherheitskopie vorhanden ist, würde der Schädigungsvorsatz entfallen.

Zentrale Probleme zur Wiederholung: *Auslegung des Tatbestandsmerkmals „Daten"; Abgrenzung zu § 125.*

Weiterführende Literatur (§§ 126a–c): *Bergauer,* Viren, Würmer, Trojanische Pferde – Computerstrafrecht auf dem Prüfstand, in BMJ (Hg), Ottensteiner Fortbildungsseminar 2007, 27; *ders*, Kritische Anmerkungen zu § 126c StGB, ÖJZ 2007, 532; *ders,* Phishing im Internet – eine kernstrafrechtliche Betrachtung, RZ 2006, 82; *Fuchs,* Neue Formen rechtswidriger Vermögensschädigung, StPdG 12 (1984) 63; *ders,* Zum Entwurf von Strafbestimmungen gegen die Computerkriminalität, RdW 1985, 11; *Gantner,* Computerviren: Technik und Recht (1995); *Gercke,* Der Rahmenbeschluss über Angriffe auf Informationssysteme, CR 2005, 468; *Jaeschke,* Frühstück ohne SPAM: Fortschritte im Kampf gegen unerwünschte E-Mail-Werbung, ÖJZ 2005, 441; *Lichtenstrasser/Mosing/Otto,* Wireless LAN – drahtlose Schnittstelle für Datenmissbrauch? ÖJZ 2003, 253; *Jaburek/Schmölzer,* Computer-Kriminalität (1985); *Öhlböck/Esztegar*, Rechtliche Qualifikation von Denial of Service Attacken, JSt 2011, 126; *Otto/Parschalk,* Spam- und Virenfilter – eine Notwendigkeit im Graubereich des Rechts, wbl 2005, 10; *Plöckinger,* Internet und materielles Strafrecht – Die Convention on Cyber-Crime, in *Plöckinger/Duursma/ Helm* (Hg), Aktuelle Entwicklungen im Internet-Recht (2002) 113; *Popp*, Computerstrafrecht in Europa – Zur Umsetzung der „Convention on Cybercrime in Deutschland und Österreich, MR-Int 2007, 84; *Reindl-Krauskopf,* E-Commerce und Strafrecht (2003); *dies,* Computerstrafrecht im Überblick[2] (2009); *Schick/Schmölzer,* Das österreichische Computerstrafrecht – eine Bestandsaufnahme, EDVuR 1992, 107; *Schmölzer,* Entwicklung und Tendenzen in Computer-Strafsachen, StPdG 16 (1988) 195; *Wegscheider,* Computerstrafrecht, StPdG 17 (1989) 127.

C. Störung der Funktionsfähigkeit eines Computersystems (§ 126b)

I. Überblick

1 § 126b wurde im Jahr 2002[1] ins StGB eingeführt.[2] Er soll **Fälle schwerer Computersabotage** erfassen, allerdings nur, **sofern** diese **nicht ohnehin den Tatbestand der Datenbeschädigung** (§ 126a) erfüllen. Dies ergibt sich aus der in § 126b normierten Subsidiaritätsklausel. **Geschütztes Rechtsgut** ist wiederum ein Ausschnitt des Vermögens, nämlich der in einem Computersystem verkörperte Wert sowie die Verfügbarkeit über die Daten. Dieser Schutz ist jedoch nicht absolut garantiert, da § 126b nur eine **schwere** Störung der Funktionsfähigkeit eines Computersystems unter Strafe stellt.[3]

2 § 126b Abs 2 normiert als Qualifikation die längere Zeit andauernde Störung der Funktionsfähigkeit des Computersystems sowie die Tatbegehung als Mitglied einer kriminellen Vereinigung.

3 Die **praktische Bedeutung** des § 126b ist **gleich null**. So weist die gerichtliche Kriminalstatistik für das Jahr 2010 keine einzige Verurteilung wegen dieser strafbaren Handlung aus.[4] Dies könnte aber auch daran liegen, dass bspw bei sog „Hacking" oder Versenden von Viren die Urheber nur schwer auszumachen sind.

II. Tatbestand

Den Tatbestand der Störung der Funktionsfähigkeit eines Computersystems (§ 126b StGB) verwirklicht, wer

- die Funktionsfähigkeit eines Computersystems (vgl § 74 Abs 1 Z 8), über das er nicht allein verfügungsberechtigt ist,
- vorsätzlich
- durch Dateneingabe oder Datenübermittlung
- schwer stört.

1. Tatobjekt

4 Tatobjekt ist ein Computersystem iS von § 74 Abs 1 Z 8. Über dieses darf der Täter nicht allein verfügungsberechtigt sein. Unter **Computersystem** versteht das Gesetz sowohl einzelne als auch verbundene Vorrichtungen, die der automationsunterstützten Datenverarbeitung dienen. Somit fallen nicht nur das Internet oder Computernetzwerke (Informationssysteme) unter diesen Begriff, sondern auch einzelne EDV-Geräte, Handys oder sog Smartcards. Neben den körperlichen Bestandteilen ist auch betriebsnotwendige Software (zB Systemdateien) geschützt.[5]

2. Tathandlung

5 Die Tathandlung besteht in der **Eingabe oder Übermittlung von Daten**. Es muss also zu einer Handlung kommen, die Auswirkungen auf das Computersystem entfaltet. Zu den Daten

1 BGBl I 2002/134.
2 Näheres dazu siehe *Daxecker* in SbgK § 126b Rz 1 ff.
3 *Daxecker* in SbgK § 126b Rz 12.
4 Seit Einführung des § 126b gab es noch keine einzige Verurteilung; siehe dazu *Daxecker* in SbgK § 126b Rz 18.
5 Weiter *Reindl-Krauskopf* in WK² § 118a Rz 8.

iS von § 74 Abs 2 zählen sowohl personenbezogene und nicht personenbezogene Daten als auch Programme. Insofern sind Eingabe oder Übermittlung von Computerviren oder das Einspeisen von „Trojanern" tatbildlich. Für die Tathandlung kommt es nicht darauf an, ob diese Daten direkt eingegeben oder zB via E-Mail übertragen werden.

6 Auch ein sog **Denial of Service (DoS) Angriff** kann eine taugliche Tathandlung für § 126b sein. Dabei wird ein Server, ein Rechner oder ein Netzwerk gezielt mit einer derartigen Menge von Anfragen überhäuft, dass infolge der Überlastung der Dienst verweigert wird und das Computersystem nicht mehr erreichbar ist.[6]

3. Taterfolg

7 Der Taterfolg besteht letztlich in der **schweren Störung des Computersystems** durch die Tathandlung. Schwer störend ist ein Angriff insb dann, wenn ein **Computersystem** völlig **lahmgelegt** oder so dermaßen **verlangsamt** wird, dass der verbleibende Gebrauchswert für den Betroffenen nicht wesentlich höher liegt als bei einem Stillstand. Neben der Schwere ist auch die Dauer der Störung in die Beurteilung des Taterfolgs einzubeziehen.[7] Das störende Zusenden von sog Spam-Mails wird regelmäßig dieses Niveau nicht erreichen (diesbezüglich besteht allerdings eine verwaltungsbehördliche Strafbarkeit nach § 109 Abs 3 Z 20 TKG[8]).

4. Subjektiver Tatbestand

8 § 126b ist ein **Vorsatzdelikt**. Der Vorsatz im Stärkegrad von zumindest dolus eventualis (§ 5 Abs 1 zweiter Halbsatz) muss sich auf sämtliche objektiven Tatbestandsmerkmale beziehen. Insofern muss auch vom Vorsatz des Täters erfasst sein, dass durch die Attacke auf das Computersystem dieses schwer gestört wird.

5. Qualifikation, Privilegierung und tätige Reue

9 Durch **§ 126b Abs 2** ist die Tat qualifizierend unter Strafe gestellt, wenn sie eine **längere Zeit andauernde Störung der Funktionsfähigkeit des Computersystems** herbeiführt. Zusätzlich zur schweren Störung muss also das **Zeitmoment** als weiteres Kriterium erfüllt sein. Hier ist davon auszugehen, dass eine schwere Störung von mehreren Stunden nicht für dieses Qualifikationserfordernis ausreicht, sondern zumindest eine Zeitspanne von mehreren Tagen notwendig ist.[9] Die erforderliche Zeitdauer ist schließlich auch daran zu messen, wie intensiv das Computersystem vom Berechtigten normalerweise genutzt wird. Es macht einen Unterschied, ob das Firmennetzwerk eines kleinen Unternehmens für einen Tag außer Gefecht gesetzt ist oder die Rechner einer Großbank einen Tag lang nicht funktionieren.

10 Eine Qualifikation nach § 126b Abs 2 liegt schließlich auch vor, wenn die Tat im Rahmen der Mitgliedschaft einer **kriminellen Vereinigung** begangen wird. Zum Begriff der kriminellen Vereinigung siehe § 278 Abs 2. Sämtliche Qualifikationen müssen vom Vorsatz des Täters erfasst sein.

11 Wird § 126b **im Familienkreis** begangen, ist die Tat nach § 166 **privilegiert**. Zur Möglichkeit einer Privilegierung durch einen analoge Anwendung der Entwendung (§ 141) siehe oben bei §§ 125 f Rz 23.

12 § 126b ist zudem ein Delikt, das der Strafaufhebung durch **tätige Reue** (§ 167) zugänglich ist, wobei sich auch hier verschiedene Schäden nur durch eine finanzielle Entschädigung wieder gutmachen lassen.

---

6 Vgl *Öhlböck/Esztegar*, JSt 2011, 126.
7 EBRV 1166 BlgNR XXI. GP 29; *Reindl-Krauskopf* in WK^2 § 126b Rz 9.
8 *F/R-K* BT I^3 111.
9 *F/R-K* BT I^3 111.

III. Prozessuales

Das Grunddelikt des **§ 126b Abs 1** fällt aufgrund des relativ geringen Strafsatzes in die sachliche Zuständigkeit des **Bezirksgerichts** (§ 30 Abs 1 StPO). Die Qualifikationstatbestände des § 126b Abs 2 fallen dagegen in den sachlichen Kompetenzbereich des **Einzelrichters am LG**. Somit sind sämtliche Fälle des § 126b einer **diversionellen Verfahrenserledigung** (§§ 198 ff StPO) zugänglich. **13**

Zentrale Probleme zur Wiederholung: *Auslegung des Tatbestandsmerkmals „Computersystem"; Taterfolg.*

D. Missbrauch von Computerprogrammen oder Zugangsdaten (§ 126c)

I. Überblick

1 Die Strafbestimmung über den Missbrauch von Computerprogrammen oder Zugangsdaten (§ 126c), die wie § 126a durch das StRÄG 2002[1] in das StGB aufgenommen wurde[2], verkörpert ein **Vorbereitungsdelikt** für die taxativ aufgezählten Computerstraftaten (§§ 118a, 119, 119a, 126a, 126b und 148a). Es geht um die Herstellung von Computerprogrammen, um sich unrechtmäßigen Zugang zu Daten zu verschaffen. Durch die zeitlich weit vorverlagerte Strafbarkeit soll bereits im Vorfeld der Gefahr durch Computerkriminalität wirksam entgegengesteuert werden.

2 **Geschütztes Rechtsgut** des § 126c ist **primär** das **Vermögen**. Dies ergibt sich bereits aus der Einordnung des Tatbestands in den Sechsten Abschnitt des StGB („Strafbare Handlungen gegen fremdes Vermögen"). Daneben wird auch das Rechtsgut der in Abs 1 Z 1 aufgezählten Delikte, deren Vorbereitung § 126c pönalisiert, geschützt.[3]

3 Die **praktische Bedeutung** des § 126c ist **gleich null**. So weist die gerichtliche Kriminalstatistik für das Jahr 2010 keine einzige Verurteilung wegen dieser strafbaren Handlung aus. Auch in den Jahren davor gab es keine Verurteilung wegen Verstößen gegen diese Norm.

II. Tatbestand

Den Tatbestand des Missbrauchs von Computerprogrammen oder Zugangsdaten (§ 126c) verwirklicht, wer

- ein geeignetes Computerprogramm (Z 1) oder
- einen geeigneten Zugangscode (Z 2)
- herstellt, einführt, vertreibt, veräußert, sonst zugänglich macht, sich verschafft oder besitzt
- mit dem erweiterten Vorsatz, dass die Tatobjekte zu bestimmten Computerstraftaten verwendet werden.

1. Tatmittel

4 Tatmittel, mit denen die Tat begangen wird, sind zum einen **Computerprogramme**, die nach ihrer besonderen Beschaffenheit zur Begehung bestimmter Computerstraftaten (§§ 118a, 119, 119a, 126a, 126b und 148a) geschaffen oder adaptiert worden sind. Darüber hinaus ist Tatobjekt eine vergleichbare Vorrichtung (Z 1), also jenes Mittel, das nach seiner besonderen Beschaffenheit ersichtlich zur Begehung der genannten strafbaren Handlungen geschaffen oder adaptiert wurde und kein Computerprogramm ist, zB auch eine Vorrichtung, um Telefonate abzuhören.[4] Dabei spielt es keine Rolle, ob der Täter die von ihm hergestellte Vorrichtung selbst benützen will, um die genannten Straftaten zu begehen, oder ob er davon ausgeht, dass ein anderer die produzierten Hilfsmittel verwenden wird. Entscheidend ist die **abstrakte Eignung** zur Begehung solcher Straftaten. Insofern ist § 126c ein **abstraktes Gefährdungsdelikt**.[5]

---

1 BGBl I 2002/134.

2 Zur Entstehungsgeschichte siehe *Daxecker* in SbgK § 126c Rz 1 ff.

3 *Daxecker* in SbgK § 126c Rz 9.

4 *Reindl-Krauskopf* in WK[2] § 126c Rz 9.

5 *Bergauer*, ÖJZ 2007, 535.

Tatmittel ist darüber hinaus ein **Computerpasswort**, ein Zugangscode oder vergleichbare Daten, die den Zugriff auf ein Computersystem oder einen Teil davon ermöglichen (Z 2). 5

2. Tathandlung

Die Tathandlung des § 126c besteht in der **Herstellung, Einfuhr** (in das Staatsgebiet), dem **Vertrieb**, der **Veräußerung**, dem **sonstigen Zugänglichmachen**, dem **Verschaffen** oder dem **Besitz** des Tatobjekts. § 126c ist ein **schlichtes Tätigkeitsdelikt**, ein Erfolg ist daher zur Verwirklichung des Tatbestands nicht nötig.[6] Zur Tathandlung („sich verschaffen") gehört zB auch das sog „Phishing", das darauf abzielt, dem Berechtigten das Passwort zu entlocken, um es vereinbarungswidrig zu verwenden) oder die Bereitstellung eines Computerprogramms zur Durchführung einer DoS-Attacke im Internet oder per E-Mail. 6

3. Subjektiver Tatbestand

§ 126c verlangt zum einen **Tatvorsatz** zumindest im Stärkegrad des dolus eventualis (§ 5 Abs 1 zweiter Halbsatz) hinsichtlich sämtlicher objektiver Tatbestandsmerkmale. Darüber hinaus ist zusätzlich der **erweiterte Vorsatz** erforderlich, dass die genannten Tatmittel zur Begehung eines der aufgezählten Computerstrafdelikte gebraucht werden, sei es auch durch denjenigen, an den sie weitergegeben werden. Eine spezifische Vorsatzform ist für diesen erweiterten Vorsatz zwar nicht erforderlich, wodurch auch dafür ein Stärkegrad von dolus eventualis (§ 5 Abs 1 zweiter Halbsatz) ausreicht. Das Erfordernis, dass sich der Vorsatz auch darauf beziehen muss, dass derjenige, an den das Tatmittel weitergegeben wurde, damit eine der in § 126c aufgezählten strafbaren Handlungen verwirklicht, führt aber aufgrund der mitunter schwierigen Nachweisbarkeit dieses Tatbestandselements zu einer Strafbarkeitseinschränkung. 7

Der erweiterte Gebrauchsvorsatz, der sich auf bestimmte strafbare Handlungen beziehen muss, ist insofern bedeutsam, als die **Deliktsauswahl** mitunter **zu wenig sachgerechten Ergebnissen** führt. So fällt zB das Anbringen einer Vorrichtung, die den Code einer Bankomatkarte ausspioniert, nur dann unter § 126c, wenn dies eine Vorbereitungshandlung für das Aufladen der elektronischen Geldbörse (Quick-Chip) ist, weil die Rspr dieses unter § 148a subsumiert, während die Bargeldbehebung als Diebstahl (§ 127) bzw die Bezahlung als Betrug (§ 146) gewertet wird[7] (zur Strafbarkeit unberechtigter Bankomatkartenbehebungen siehe §§ 127, 128 Rz 36 und § 148a Rz 9). Das Anbringen mit dem Vorsatz, den Code für eine Bankomatbehebung oder -bezahlung zu verwenden, lässt sich somit – bei Beibehaltung dieser Rspr – nicht unter § 126c subsumieren, sondern wäre eine straflose Vorbereitungshandlung. 8

III. Besonderer Strafaufhebungsgrund

§ 126c Abs 2 normiert eine eigene Bestimmung für **tätige Reue**. Demnach ist nicht zu bestrafen, wer **freiwillig verhindert**, dass das genannte Tatobjekt für die aufgezählten Computerstraftaten **gebraucht** werde. Besteht die Gefahr eines solchen Gebrauchs nicht oder ist sie ohne Zutun des Täters beseitigt worden, so ist auch nicht zu bestrafen, wer sich in Unkenntnis dessen freiwillig und ernstlich bemüht, die genannte Gefahr zu beseitigen. In dieser Variante ist die tätige Reue dem sog Putativrücktritt beim Versuch (§ 16 Abs 2) nachgebildet. Die Notwendigkeit des weiten Strafaufhebungsgrundes des § 126c Abs 2 korrespondiert mit der weiten Vorverlagerung der Strafbarkeit in das Vorbereitungsstadium, die mit § 126c generell einhergeht.[8] 9

---

6 EBRV 1166 BlgNR XXI. GP 29.
7 *Reindl-Krauskopf* in WK² § 126c Rz 7.
8 EBRV 1166 BlgNR XXI. GP 29 f.

IV. Abgrenzung

10 Ein ähnliches Vorbereitungsdelikt wie in § 126c findet sich auch in **§ 10 ZugangskontrollG.**[9] Diese Strafbestimmung schützt **zugangskontrollgeschützte Dienste**, wie zB durch Codierung geschützte Pay-TV-Dienste oder passwortgeschützte Online-Dienste, vor unbefugtem Gratiszugriff. So ist es bei Strafe verboten, Vorrichtungen herzustellen, zu vertreiben, einzuführen, zu verwenden usw, mit denen die Schutzmechanismen umgangen werden können. Folglich macht sich strafbar, wer eine Smartcard für zahlungspflichtige TV-Dienste fälscht, weil damit eine Vorrichtung hergestellt wird, mit der ein Schutzmechanismus umgangen werden kann.[10]

11 Allerdings setzt eine Strafsanktion nach § 10 ZugangskontrollG voraus, dass der Täter **gewerbsmäßig** handelt. Wer bloß zu privaten Zwecken eine Smartcard fälscht und verwendet, erfüllt den Tatbestand des § 10 Zugangskontrollgesetz nicht. Er bleibt aber wegen des abschließenden Regelungscharakters des ZugangskontrollG für diese Art von Eingriffen auch sonst straflos.[11] Sehr wohl ist aber ein Unternehmer strafbar, der zur Förderung seines Absatzes von Fernsehgeräten und Receivern als Beigabe den Gratiszugang zu Pay-TV-Diensten für ein Jahr anbietet.

V. Prozessuales

12 Aufgrund des geringen Strafsatzes ist § 126c in all seinen Varianten im sachlichen Zuständigkeitsbereich des **Bezirksgerichts** angesiedelt (§ 30 Abs 1 StPO). Das Delikt ist damit uneingeschränkt einer **diversionellen Erledigung** (§§ 198 ff StPO) zugänglich.

Zentrale Probleme zur Wiederholung: *Vorbereitungsdelikt; erweiterter Vorsatz; Verhältnis zu § 10 ZugangskontrollG; tätige Reue nach Abs 2.*

9 BGBl I 2000/60.
10 *Reindl-Krauskopf* Computerstrafrecht[2] 35 ff.
11 *F/R-K* BT I[3] 111 f.

E. (Schwerer) Diebstahl (§§ 127, 128)

I. Überblick

1 Das Delikt des Diebstahls (§§ 127–131) führt die Kriminalitätsstatistik des Jahres 2010 mit 7.952 Verurteilungen deutlich an. **Jedes zweite** zu einer Verurteilung führende **Vermögensdelikt** (52 %) ist den §§ 127 ff zuzuordnen. Knapp ein Fünftel der Diebstähle (19 %) erfolgt wegen der Unterkategorie Einbruchsdiebstahl (§ 129). Während sich Einbruchsdiebstähle auf relativ konstantem Niveau halten, haben sich die Verurteilungen aufgrund der übrigen Diebstahlsformen binnen zehn Jahren praktisch halbiert, was zu einem Teil auch an der Akzeptanz diversioneller Verfahrenserledigung (§§ 198 ff StPO) liegt.

2 Zur praktischen Bedeutung der anderen Diebstahlsdelikte lässt sich festhalten, dass etwa 2,5 % aller Diebstahlsverurteilungen wegen schweren Diebstahls nach § 128 Abs 1 erfolgten. Verurteilungen wegen schweren Diebstahls an Gegenständen im Wert von mehr als 50.000 Euro (§ 128 Abs 2) betrafen lediglich 25 Fälle. Auf gewerbsmäßigen Diebstahl (§ 130) lauteten 32 % aller Verurteilungen wegen eines Diebstahlsdelikts. Der räuberische Diebstahl (§ 131) spielt mit 71 Verurteilungen eine untergeordnete Rolle.

3 Geschützt werden soll, wie auch bei der Sachbeschädigung (§ 125), **fremdes Vermögen in Form von Sachwerten** als Ausschnitt des Vermögens. Hinzu tritt der Schutz der **unmittelbaren Verfügungsgewalt** über eine Sache.[1] Die beiden Schutzzwecke schlagen sich auch in den Hauptproblemen des Tatbestandes nieder. Gestohlen werden können nur diebstahlstaugliche Sachen. Hinzutreten muss eine Form von Gewahrsambruch, ohne den das Delikt nicht verwirklicht werden kann. Der subjektive Tatbestand wird durch einen erweiterten Vorsatz (Bereicherung) geprägt. Insofern handelt es sich beim Diebstahl um ein **Vermögensverschiebungsdelikt**.

Beispielsfall: A, der sich notorisch in Geldnot befindet, entdeckt auf einer Party den aufgrund übermäßigen Alkoholkonsums regungslos daliegenden B. Weil dessen Geldbörse sichtlich ein Stück aus der Hosentasche gerutscht ist und sich auch sonst niemand im Raum befindet, nutzt A die Gelegenheit und schnappt sich die Geldbörse, um sich eine sorglose und heitere Partynacht zu verschaffen. Er entnimmt neben den darin befindlichen 30 Euro auch eine Bankomatkarte mit Quick-Chip-Funktion, wobei er sich ein auf diesem aufgeladenes Guthaben erhofft. Tatsächlich ist der Quick-Chip ohne positiven Guthabensstand. Die Geldbörse wollte sich A nie behalten. Deshalb wirft er sie kurze Zeit später weg.

1 *K/Schm* BT II § 127 Rz 4.

II. Tatbestand

Diebstahl gem § 127 begeht, wer
- eine fremde bewegliche Sache
- vorsätzlich
- einem anderen wegnimmt
- mit dem zusätzlichen Vorsatz, sich oder einen Dritten durch deren Zueignung unrechtmäßig zu bereichern.

1. Tatobjekt

a) Fremde bewegliche Sache

4 Tatobjekt des Diebstahls ist eine fremde bewegliche Sache. Das Erfordernis der **Fremdheit** der Sache unterscheidet sich nicht von jenem bei § 125. Demnach ist eine Sache bereits dann fremd, wenn sie **nicht im Alleineigentum** des Täters, also zumindest im Miteigentum eines anderen steht.

5 Besondere Erwähnung verdienen diesbezüglich herrenlose, im Besonderen **derelinquierte Sachen**. Dereliktion bedeutet die freiwillige Aufgabe des Besitzes einer Sache mit dem Willen, das Eigentum daran aufzugeben (jemand stellt seine zu entsorgenden Möbel als Sperrmüll an den Straßenrand zur freien Entnahme). Da diese Sachen in niemandes Eigentum stehen, scheiden sie mangels Fremdheit als taugliche Objekte des Diebstahls aus. Der Inhalt einer privaten Mülltonne oder der eines Altpapier/-glascontainers kann dagegen unter dem Gesichtspunkt gestohlen werden, dass dieser mit dem Einwurf im Eigentum (und im Gewahrsam) des Containerbetreibers/Müllabfuhrunternehmens steht.[2]

6 Es muss sich weiters um eine **bewegliche Sache** handeln. Alle körperlichen Gegenstände, die fortgeschafft werden können, fallen darunter. Der strafrechtliche Begriff der Beweglichkeit orientiert sich allein nach tatsächlichen Gegebenheiten, nicht (zivil-)rechtlichen Beurteilungen. Es genügt, dass die Sache durch die Tat zur beweglichen wird[3] (ein Christbaum aus einem „Christbaumwald" wird abgeschnitten und fortgeschafft). Auf den Aggregatzustand der Sache kommt es nicht an. Gestohlen werden kann auch Benzin oder der bloße Inhalt einer Propangasflasche.[4]

---

2 Nach *K/Schm* BT II § 127 Rz 54 begründet erst die Wegnahme einer größeren Menge Diebstahl, da zuvor kein relevanter Vermögenswert anzunehmen ist; nach einem anderen Teil der Lehre soll eine Strafbarkeit an der mutmaßlichen Einwilligung des Verfügungsberechtigten scheitern (*B/S* BT I[11] § 127 Rz 2; *Bertel* in WK[2] § 127 Rz 4). Siehe dazu auch unten bei § 134 Rz 8.

3 *L/St* StGB[3] § 127 Rz 5; *Bertel* in WK[2] § 127 Rz 1; *K/Schm* BT II § 127 Rz 46; *Lewisch* BT I[2] 159.

4 *K/Schm* BT II § 127 Rz 15; *Lewisch* BT I[2] 159.

b) (nicht unerheblicher) Tauschwert

Die Typizität des Diebstahls als Vermögensdelikt erfordert, dass das Objekt einen gewissen Vermögenswert aufweist. Anders als bei der Sachbeschädigung (§ 125) erschöpft sich der Unwert des Diebstahls nicht in der Vermögensminderung des Opfers, sondern mündet überdies in einer **vermögensmäßigen Bereicherung** des Täters. Dementsprechend wird § 127 auch ein Vermögensbegriff zugrunde gelegt, der auf den wirtschaftlichen Wert im Vermögen des Täters abstellt (zum strafrechtlichen Vermögensbegriff siehe auch Vorbem zu §§ 125–168b Rz 13 f sowie unten bei Rz 48 ff). Eine diebstahlsfähige Sache muss daher jedenfalls **Tauschwert** besitzen, mithin verkauft werden können.[5] Bloßer Gebrauchswert der Sache ist daher – anders als bei Sachbeschädigung (§ 125) – nicht ausreichend. Auch wenn der Verkauf der Sache nur auf illegale Weise erfolgen kann, begründet dies nach der Rspr Verkaufswert (zB Rauschgift[6]). Diese Position ist insoweit einzuschränken, als zumindest ein teilweise legaler Markt vorhanden sein muss, um einen tatbestandsmäßigen Tauschwert anzunehmen, was bei Suchtmittelsubstanzen insgesamt gegeben ist.[7] Dass es für manche Suchtmittel keinen legalen Markt gibt, ist nicht entscheidend. 7

Nur ganz selten wird einem Gegenstand kein Tauschwert zukommen. **Wertlos** und damit nicht diebstahlstauglich sind Sachen, für die ein wirtschaftlich denkender Mensch kein Geld ausgeben würde.[8] Zu denken ist hier etwa an (notizartig) beschriebenes Papier oder die Tageszeitung vergangener Woche. Der Verzehr übrig gebliebener Essensportionen ist nicht wegen des geringen Wertes straffrei, sondern allein deswegen, weil diese aufgrund ihres Abfallcharakters überhaupt keinen wirtschaftlichen Tauschwert mehr verkörpern.[9] Im Übrigen kennt das Delikt **keine Bagatellschwelle**. Dies ergibt sich bereits aus § 141 (Entwendung).[10] 8

c) Urkunden

Urkunden sind nach der Legaldefinition des **§ 74 Abs 1 Z 7** Schriftstücke, die zum Beweis eines Rechtes, Rechtsverhältnisses oder einer rechtserheblichen Tatsache errichtet worden sind. Die damit einhergehende Beweisfunktion ist im Wesentlichen durch die §§ 223–231 geschützt. Soweit mit diesen Schriftstücken (Sachen) ein wirtschaftlicher Wert verbunden ist, können sie grundsätz- 9

5 Dies trifft auch auf Münzattrappen zu (OGH 12 Os 143/95), da sie – obwohl nicht aus Edelmetall – doch einen nicht unerheblichen Herstellungswert und Tauschwert haben. Ausführlich zum Tauschwert *K/Schm* BT II § 127 Rz 20 ff.

6 OGH 13 Os 181/80.

7 *K/Schm* BT II § 127 Rz 25; aM *Lewisch* BT I^2 159.

8 *B/S* BT I^{11} § 127 Rz 3.

9 Anders wohl OGH 14 Os 106/99 zu Backwaren, die als Retourware verrechnet werden: Dass zumindest ein Teil der Backwaren nicht mehr für den menschlichen Genuss geeignet gewesen sein mag, steht ihrem generellen wirtschaftlichen Wert als Retourware nicht entgegen.

10 OGH 13 Os 147/90.

lich auch als **Tatobjekte des Diebstahls** in Betracht kommen. Dazu müssen sie jedoch eine **Wertträgereigenschaft** besitzen. Darunter fallen jene Urkunden (Wertpapiere), deren verbriefter Wert nicht (wie bei Orderpapieren[11]) an eine gewisse Person gebunden ist, sondern deren bloße **Innehabung** dem Besitzer das **Recht auf eine vermögenswerte Leistung** einräumt und die folglich jeder Inhaber, ohne sich für den Berechtigten auszugeben, ein Losungswort oder einen Code verwenden zu müssen, verwerten kann (**Inhaberpapiere**).[12]

10 Die meisten Urkunden haben keine Wertträgereigenschaft und scheiden daher a priori als Tatobjekte für den Diebstahl aus, weil sie ihrem Inhalt nach auf eine einzige Person zugeschnitten sind, diese ausweisen oder wie auch immer zu etwas berechtigen. Bloße Legitimationspapiere wie Führerschein,[13] Reisepass[14] oder Personalausweis[15] können daher nicht gestohlen werden, sondern bilden Objekte der Urkundenunterdrückung (§ 229). Dem Papier, auf dem die genannten Ausweisdaten gedruckt sind, kommt als Substanz kein Tauschwert zu.

11 **Manche Urkunden** haben dagegen sehr wohl die **Qualität eines Wertträgers**. Darunter fallen (verschlossene) Brieflose,[16] Lottoquittungen (trotz Auszahlungssperre[17]), Pfandscheine des Dorotheums (nur ungesperrt[18]), von einem Flaschenrückgabeautomaten ausgedruckte Leergutbons, wenn sie sich zur jederzeitigen Realisierung eignen,[19] oder frei übertragbare Fahr- und Netzkarten.

12 Die Problematik der Zuordnung von frei behebbaren **Inhabersparbüchern** (sog „anonymes Sparbuch") wurde durch die BWG-Novelle 2000[20] entschärft. Deren Neuausgabe ist seitdem untersagt; der Zugriff auf bestehende anonyme Sparbücher muss seit 30.6.2002 mit einer Identitätsfeststellung des Inhabers und mit der Umwandlung in ein Losungswort- oder Namenssparbuch einhergehen (§ 40 Abs 7 BWG[21]). Alle neuen Sparbücher, die auf den **Namen** des Sparbuchberechtigten lauten oder einen **Einlagenstand über 15.000 Euro** aufweisen, dürfen nur mehr an den Sparbuchberechtigten ausbezahlt werden (§ 32 Abs 4 BWG). In diesen Fällen ist der Zugriff auf das Guthaben an eine bestimmte Person gebunden. Daher **scheidet Wertträgerschaft** der Urkunde **aus**.[22]

13 Bei den übrigen, **nicht namensgebundenen Sparurkunden** mit einem Einlagenbestand von unter 15.000 Euro muss zwingend eine Vinkulierung mittels Losungswortes vereinbart werden. Im Gegensatz zur Rechtslage vor der BWG-Novelle 2000 muss überdies jedenfalls die Sparurkunde auf eine gewisse Bezeichnung lauten. Allein für den Zugriff auf diese sieht das Gesetz von der Identifikation des Sparers (sowie des Empfängers) ab.[23] Da aber auch der

11 Orderpapiere können nur durch Indossament, also schriftlichen Übertragungsvermerk am Papier selbst, übertragen werden. Nur durch eine lückenlose Kette von Indossamenten, die auf den Aussteller der Urkunde zurückzuführen sein muss, ist der Indossant als berechtigter Inhaber des Orderpapiers legitimiert, vom Aussteller oder Schuldner des Orderpapiers Leistung zu verlangen. Beispiel für Orderpapiere sind etwa Wechsel (Art 11 Abs 1 WechselG) und Namensaktien (§ 62 AktG).

12 *Bertel* in WK[2] § 127 Rz 7.

13 OGH 10 Os 41/85.

14 OGH 13 Os 152/79.

15 OGH 10 Os 41/85.

16 OGH 13 Os 54/87.

17 OGH 11 Os 152/01.

18 OGH 14 Os 23/98.

19 OGH 15 Os 139/02.

20 BGBl I 2000/33.

21 BGBl 1993/532 idF BGBl I 2009/66.

22 *K/Schm* BT II § 127 Rz 38.

23 *Laurer* BWG[3] §§ 31, 32 Rz 8.

nicht identifizierte Sparbuchinhaber bei Abhebung das Losungswort bekanntgeben muss und die Sparurkunde auf eine bestimmte Bezeichnung zu lauten hat, ist auch diesen sog „leichten" Sparbücher jede **Wertträgerschaft abzusprechen**.[24] Somit sind Namens- wie Losungswortsparbücher generell nicht mehr diebstahlstauglich. Strafbarkeitslücken entstehen dadurch nicht. Wer ein Sparbuch (gleich welcher Gattung) entwendet, begeht das Delikt der Urkundenunterdrückung (§ 229). Hebt er im Anschluss unter Vorlage des Sparbuchs auch Geld ab, liegt Betrug (§ 146) als Folge der Täuschung über seine Legitimation vor.[25]

Kfz-Kennzeichentafeln sind nicht diebstahlstauglich, da sie lediglich Ge- 14
brauchswert für den Zulassungsbesitzer haben. Dass sie auch illegal durch andere Personen verwendet werden können, steht dem nicht entgegen. Ihr Substanzwert (Altblech) macht nicht ihren normativen Gehalt aus. Auf diese seit längerer Zeit in der Lehre vertretene Position[26] ist neuerdings auch der OGH eingeschwenkt.[27] Lediglich im Einzelfall kann einem Kennzeichen ein über den bloßen Blechwert von Standardkennzeichen hinausgehender Tauschwert zukommen, weil es sich etwa um ein Prominentenkennzeichen mit einem gewissen Sammlerwert handelt. Dies gilt auch für begehrte (nicht etwa ausrangierte) Ortstafeln, die zwar keinen legalen Tauschwert besitzen (schließlich ist ihre private Inbesitznahme stets strafgesetzwidrig nach § 126 Abs 1 Z 5), denen aber eine praktisch-wirtschaftliche Verkehrsfähigkeit (zB als Sammlerstück) zuzusprechen ist.

d) Unbare Zahlungsmittel

Unbare Zahlungsmittel werden in § 74 Abs 1 Z 10 legal definiert. Es sind 15
dies personengebundene oder übertragbare körperliche Zahlungsmittel, die den Aussteller erkennen lassen, durch Codierung, Ausgestaltung oder Unterschrift gegen Fälschung oder missbräuchliche Verwendung geschützt sind und im Rechtsverkehr bargeldvertretende Funktion haben oder der Ausstellung von Bargeld dienen. Darunter fallen somit Wechsel, Schecks, Bankomat- und Kreditkarten und nach hM auch elektronische Geldbörsen, als **Wertkarten mit Zahlungsfunktion**, die im allgemeinen Zahlungsverkehr und nicht nur bestimmten Firmen gegenüber verwendbar sind.[28] Diese Positionen verkennen, dass für eine Bezahlung mittels elektronischer Geldbörse gerade keine Legitimation durch Eingabe eines Codes oder Leistung einer Unterschrift erforderlich ist. Insofern ist die elektronische Geldbörse (Quick-Chip-Funktion) auf Grund des Fehlens der in der Legaldefinition angeführten Erfordernisse kein unbares Zahlungsmittel.

---

24 *K/Schm* BT II § 127 Rz 40; im Ergebnis auch *B/S* BT I[11] § 127 Rz 7; *Bertel* in WK[2] § 127 Rz 8.

25 *Bertel* in WK[2] § 127 Rz 8.

26 ZB *K/Schm* BT II § 127 Rz 44 f.

27 OGH 13 Os 52/10m; in diese Richtung siehe bereits OLG Innsbruck 6 Bs 240/05b. Zur älteren Rspr siehe etwa OGH 10 Os 110/75; 13 Os 67/05k.

28 Siehe dazu zB *Jerabek/Reindl-Krauskopf/Schroll* in WK[2] § 74 Rz 60h; *Nittel* in SbgK § 74 Rz 169; OGH 12 Os 88/07v.

16 Die Strafbarkeit der Wegnahme unbarer Zahlungsmittel als Diebstahl richtet sich – ähnlich wie bei Urkunden (vgl Rz 9 ff) – nach ihrer konkreten **Wertträgereigenschaft**. Bei sog Prepaid Cards wie Telefon- oder Mensawertkarten und vor allem aufgeladenen Zahlungskarten mit Quick-Chip-Funktion (elektronische Geldbörsen[29]) ist der Zugriff auf deren Wert nicht an einen bestimmten Inhaber gebunden. Vielmehr besteht in ihrer Anwendung de facto kein Unterschied zur Zahlung mit Bargeld. Geht der Täter von einem aufgeladenen Guthaben aus, so liegt bei einem in Wahrheit „leeren" unbaren Zahlungsmittel Diebstahlsversuch vor.[30]

17 Schecks, Kredit- oder **Bankomatkarten ohne Möglichkeit einer elektronischen Geldbörsenfunktion** sind mangels Wertträgereigenschaft hingegen keine tauglichen Diebstahlsobjekte.[31] Dies auch dann, wenn dem Täter der Bankomatkartencode bekannt ist und er dadurch eine Geldbehebung durchführen kann.[32] Die Entwendung solcher unbarer Zahlungsmittel fällt exklusiv unter das Delitk der Entfremdung unbarer Zahlungsmittel (§ 241e). Der nachfolgende Gebrauch des unbaren Zahlungsmittels, indem zB Geld vom Bankomaten behoben wird, kann ein weiteres Vermögensdelikt begründen (vgl bei Rz 37).[33]

2. Tathandlung

18 Wesentliches Element des Diebstahls ist als Tathandlung des Wegnehmens der **Bruch fremden Gewahrsams**.[34] Dieses Kriterium bildet zugleich die Abgrenzung zu anderen Vermögensdelikten des StGB. Wer eine Sache an sich bringt, die bereits in seinem eigenen Gewahrsam steht (dem Täter wird etwa eine wertvolle Uhrensammlung zur vorübergehenden Verwahrung anvertraut), begeht nicht Diebstahl, sondern Veruntreuung (§ 133). Wenn der Gegenstand auf andere Weise in den Gewahrsam des Täters gekommen ist, steht bei einer Zueignung das Delikt der Unterschlagung (§ 134) im Raum.

a) Gewahrsamsbegriff

19 Der Begriff des Gewahrsams unterliegt auch hier einer spezifisch strafrechtlichen Auslegung, die von der zivilrechtlichen Kategorie des Besitzes zu trennen ist.[35] Gewahrsam wird definiert als die **vom natürlichen Herrschafts-**

---

29 OGH 14 Os 180/08i.

30 Zum Meinungsstand im Hinblick auf eine (echte) Konkurrenz zwischen der Entfremdung unbarer Zahlungsmittel (§ 241e) und Diebstahl (§ 127) siehe etwa *Schroll* in WK^2 § 241e Rz 23 f; *K/Schm* BT III^2 § 241e Rz 39 f. Aufgrund der hier vertretenen Position (Rz 15), die in Wertträgern mangels Schutzes durch Codierung keine unbaren Zahlungsmittel sieht, scheidet echte Konkurrenz in Abweichung zur hM regelmäßig aus.

31 *K/Schm* BT II § 127 Rz 42; *B/S* BT I^{11} § 127 Rz 6; OGH 11 Os 95/88; 15 Os 114/04.

32 OGH 14 Os 180/08i.

33 *Bertel* in WK^2 § 127 Rz 9b.

34 *L/St* StGB^3 § 127 Rz 20; *K/Schm* BT II § 127 Rz 61; *B/S* BT I^{11} § 127 Rz 7.

35 Für Identität mit dem zivilrechtlichen Begriff der Innehabung plädiert *Bertel* in WK^2 § 127 Rz 10.

willen getragene tatsächliche Sachherrschaft.[36] Sie setzt sich somit aus einem objektiven Element (Sachherrschaft) und einem subjektiven (natürlicher Herrschaftswillen) zusammen.[37]

Das **faktische Herrschaftsverhältnis** zur Sache als objektive Komponente des Gewahrsamsbegriffs ist **einzelfallspezifisch** nach der verständigen Verkehrsauffassung zu prüfen.[38] Dabei kommt nicht nur der **unmittelbaren Sachherrschaft** (zB an den Sachen, die sich im Nahbereich eines Menschen befinden) die maßgebliche Bedeutung zu, sondern Gewahrsam besteht auch an Gegenständen, hinsichtlich derer die **Rechts- und Sozialgemeinschaft** trotz fehlender unmittelbarer faktischer Beherrschbarkeit eine herrschaftsmäßige Zu-Zuordnung anerkennt. Es kommt sohin auf die **Verkehrsauffassung** und damit ein **normatives Kriterium** an, ob sich ein Gegenstand nach „gesundem Menschenverstand"[39] noch im anerkannten Herrschaftsbereich einer Person befindet. Man spricht in diesem Zusammenhang auf Grund der fehlenden unmittelbaren Beherrschbarkeit auch von **gelockertem Gewahrsam.**[40] 20

Vor diesem Hintergrund hat bspw der Halter an seinem abgestellten Pkw samt dessen Inhalt Gewahrsam, selbst wenn er den Parkplatz (für längere Zeit, zB für eine Reise) verlässt und die Schlüssel stecken lässt. Ebenso hat der Bauer Gewahrsam an seinen zur Abholung vor den Hof abgestellten Milchkannen oder den Bäumen im „Christbaumwald"[41]. Auch Gegenstände, die jemand in seinem eigenen Büro oder seiner eigenen Wohnung belässt, stehen in dessen Gewahrsam, selbst wenn er dort gerade nicht anwesend ist. Weiters hat der Aufsteller an den Sonntagszeitungen im Zeitungsständer[42] und an den Münzen im Einwurfbehältnis wie in einer öffentlichen Telefonzelle[43] sowie die automatenaufstellende Bank am Geldinhalt ihres Bankomaten[44] Gewahrsam. 21

Die normative Komponente des Gewahrsamsbegriffs birgt die **Gefahr** in sich, den primär am faktischen Herrschaftsverhältnis orientierten **Gewahrsamsbegriff zu stark zu vergeistigen.**[45] So hat unlängst der OGH bei einem anvertrauten Behältnis, in dem sich Bargeld befand, dahingehend entschieden, dass nur das Behältnis anvertraut ist, nicht aber der Inhalt. Eignet sich der Gewahrsamsinhaber in weiterer Folge Geld aus dem Behältnis zu, bricht er den Gewahrsam des Anvertrauenden und verwirklicht daher Diebstahl und nicht Veruntreuung (§ 133).[46] Diese Auslegung des Gewahrsamsbegriffs vermengt 22

36 *K/Schm* BT II § 127 Rz 63; OGH 13 Os 17/96.

37 Rein auf einen objektiven Gewahrsamsbegriff stellt dagegen *Bertel* in WK^2 § 127 Rz 10 ab.

38 *K/Schm* BT II § 127 Rz 67; *L/St* StGB^3 § 127 Rz 21; *Bertel* in WK^2 § 127 Rz 10 ff.

39 *Lewisch* BT I^2 148.

40 *K/Schm* BT II § 127 Rz 71; *L/St* StGB^3 § 127 Rz 22; *Bertel* in WK^2 § 127 Rz 15; OGH 12 Os 21/81.

41 Vgl *Lewisch* BT I^2 148.

42 OGH 14 Os 109/89.

43 OGH 13 Os 31/84.

44 OGH 14 Os 71/96.

45 In diese Richtung auch *Wegscheider/Sautner*, RZ 2001, 11.

46 OGH 13 Os 69/11p.

Eigentum und Gewahrsam und lässt kaum mehr einen Spielraum für eine Veruntreuung übrig.[47]

23 Der **natürliche Herrschaftswille** als **subjektive Komponente** des Gewahrsamsbegriffs bedingt, dass nur **natürliche Personen** zur Ausübung von Gewahrsam imstande sind.[48] Da eine juristische **Person** durch natürliche Organwalter repräsentiert wird bzw über eigene Angestellte verfügt, obliegt jenen die tatsächliche, vom Herrschaftswillen getragene Sachherrschaft. Insgesamt ist stets nur **latenter Herrschaftswille** erforderlich. Der Besitzer muss nicht aktuell an die Sachherrschaft denken.[49] Im Übrigen wird dem Herrschaftswillen regelmäßig nur in Grenzfällen eine ergänzende Bedeutung beigemessen, etwa wenn ein explizit entgegenstehender Wille des (objektiven) Gewahrsamsinhabers vorhanden ist (zB wenn ein Dieb Diebsgut gegen den ausdrücklichen Willen des Hausbesitzers in dessen Garten versteckt).[50]

b) Sonderfälle von Gewahrsam

24 Es gibt Konstellationen, in denen **mehrere Personen** im Nahebereich einer Sache als Gewahrsamsinhaber infrage kommen. In diesen Fällen ist – aufgrund des Erfordernisses faktischer Beherrschbarkeit – jede Person Gewahrsamsinhaber, die – ohne auf den guten Willen eines anderen angewiesen zu sein – auf die Sache zugreifen kann. Wenn dies mehreren Personen möglich ist, liegt ein Fall von **Mitgewahrsam** vor. Je nach dem Innenverhältnis kann weiters zwischen **gleichrangigem** (Ehegatten bezüglich des Wohnungsinventars) oder **abgestuftem**, also über- oder untergeordnetem (bei Dienstverhältnissen und Weisungshierarchien) Gewahrsam unterschieden werden.

25 **Verlorene oder vergessene Sachen** sind prinzipiell gewahrsamslos. Da sie jedoch oftmals in einem fremden Herrschaftsbereich verloren oder vergessen werden, erlangt nach der Verkehrsauffassung der Inhaber der Räumlichkeiten – mit Rücksicht auf dessen generellen Herrschaftswillen – sog **subsidiären Gewahrsam**.[51] Zweifelhaft kann die Sachgerechtigkeit der Konstruktion dann sein, wenn etwa eine in der Schalterhalle eines Bahnhofes vergessene Geldbörse dem subsidiären Gewahrsam der Bahnhofsverwaltung zugeordnet wird.[52] In diesen Fällen wird die normative Komponente des Gewahrsamsbegriffs überdehnt (vgl dazu oben bei Rz 22).

26 Wer einen Mantel entwendet, den jemand in einer Gaststätte vergessen hat, begeht Diebstahl, weil der Wirt (subsidiären) Gewahrsam an den in seinem Lokal vergessenen oder verlorenen Gegenständen hat.[53] Anderes gilt, wenn jemand seinen (auch mit Adresse beschrifteten) Koffer in einer öffentlichen Telefonzelle stehen lässt. Obwohl die Sache diesfalls rechtlich

47 Kritisch gegen diese Entscheidung *Schwaighofer*, JSt 2012, 66.
48 *K/Schm* BT II § 127 Rz 70.
49 *K/Schm* BT II § 127 Rz 76.
50 *K/Schm* BT II § 127 Rz 75.
51 *K/Schm* BT II § 127 Rz 78; differenzierend *Bertel* in WK^2 § 127 Rz 16 f.
52 So *K/Schm* BT II § 127 Rz 79; aA *B/S* BT I^{11} § 127 Rz 11; *Bertel* in WK^2 § 127 Rz 17.
53 *Bertel* in WK^2 § 127 Rz 12.

zuordenbar wäre, ist das Herrschaftsverhältnis und damit der Gewahrsam beseitigt. Wer jemandem ein Handy leiht, damit dieser in seiner Nähe ein Telefongespräch führen kann, behält Mitgewahrsam. Das „Flüchten" mit dem geborgten Handy ist daher Diebstahl.[54] Anderes gilt, wenn der Freier der Prostituierten eine 100-Euro-Banknote zum Wechseln in die Hand gibt, und sie den Raum verlässt. Hier hat die Prostituierte Alleingewahrsam. Macht sie sich abredewidrig mit dem Geld davon, liegt folglich Veruntreuung (§ 133) vor bzw Betrug (§ 146), wenn sie von vornherein vorhatte, sich mit dem Geld davonzumachen. In ähnlicher Weise verliert ein Theatergast, der der Garderobendame seinen Mantel überlässt, Gewahrsam an seinem Kleidungsstück. Täuscht der Täter die Garderobendame darüber, dass ihm der Mantel gehöre, woraufhin sie ihm diesen übergibt, so liegt einverständlicher Gewahrsamswechsel und damit allenfalls Betrug (§ 146) vor.[55].

Im Verhältnis zum (Aufsicht haltenden[56]) Geschäftsinhaber besitzt der Angestellte untergeordneten Gewahrsam. Die Mitnahme von Gegenständen aus dem Geschäft begründet daher Diebstahl. Hat dagegen ein Arbeitnehmer Werkzeug, Materialien oder Geld des Arbeitgebers in seinem Alleingewahrsam, so kann er diese Gegenstände mangels Gewahrsamsbruchs nicht stehlen, sondern nur veruntreuen (§ 133).[57] 27

Entwendet ein Grundwehrdiener seinem Kameraden Ausrüstungsgegenstände, um sie während seines Präsenzdienstes selbst zu nutzen (etwa weil er das ihm anvertraute Inventar verloren hat), liegt noch kein Gewahrsamsbruch vor, denn der (schon vorher vorhandene) Mitgewahrsam des Bundesheeres an diesen Ausrüstungsgegenständen bleibt aufrecht. Sobald der Rekrut diese Ausrüstung aber im Zuge der Abrüstung als die seinigen abgibt, kommt Betrug (§ 146) in Betracht,[58] weil er vortäuscht, dass die Gegenstände ihm übertragen wurden, und derjenige, dem sie tatsächlich übertragen wurden, nun finanziellen Ersatz leisten muss und insofern geschädigt ist. 28

Verstorbene können keinen Gewahrsam ausüben. Entgegen der ständigen Judikatur[59] ist aber auch der **ruhende Nachlass** als juristische Person nicht zur Gewahrsamsausübung imstande. Vielmehr richtet sich die Beurteilung nach allgemeinen Kriterien, insbesondere kommt subsidiärer Gewahrsam (Gegenstände verbleiben in der Wohnung des überlebenden Ehepartners) in Betracht.[60] 29

b) Gewahrsamsbruch

Die Wegnahme der Sache ist erst dann vollzogen, wenn der Täter die **tatsächliche Zuordnung der Sache durchbricht**.[61] Dies gilt auch für den, der eine Sache, an der er untergeordneten oder gleichrangigen Mitgewahrsam hat, in seinen Alleingewahrsam überführt. Solange noch ein Mitgewahrsam an der Sache besteht, liegt allenfalls Diebstahlsversuch vor. Wer übergeordneten Mitgewahrsam besitzt, kann durch die Zueignung jedoch keinen Diebstahl, 30

54 OGH 14 Os 51/03.
55 OGH 13 Os 134/74. Zur Gewahrsamsübertragung als Abgrenzungskriterium zwischen Betrug (§ 146) und Diebstahl (§ 127), der einen Gewahrsamsbruch voraussetzt, siehe zB OGH 14 Os 126/10a
56 *B/S* BT I[11] § 127 Rz 15.
57 *B/S* BT I[11] § 127 Rz 15; vgl auch *Lewisch* BT I[2] 178.
58 OGH 11 Os 90/87.
59 OGH 11 Os 173/82.
60 *K/Schm* BT II § 127 Rz 82 f; zum Meinungsstand siehe auch *Rebisant* Rz 217 ff.
61 *Lewisch* BT I[2] 150.

sondern allenfalls den Tatbestand der Veruntreuung oder Unterschlagung (§§ 133, 134) verwirklichen.

31 Zu welchem genauen Zeitpunkt der Gewahrsam gebrochen wird, hängt vielfach von den Umständen des Einzelfalls ab, an denen sich die Verkehrsanschauung orientiert. Bei **kleineren Sachen** wird der Gewahrsamswechsel schon dann als vollzogen angesehen, wenn der Gegenstand körperlich an sich gebracht, also eingesteckt und in bzw unter der Kleidung verborgen wird.[62] Klassisch ist etwa das Einstecken einer Packung Rasierklingen im Supermarkt oder das Anziehen von Wäschestücken unter der eigenen Kleidung in einem Modegeschäft. Nach der Rspr liegt auch dann vollendeter Diebstahl vor, wenn der Täter eine dem Wohnungsinhaber entwendete Banknote in dessen eigener Wohnung an einem diesem unbekannten Ort[63] oder Lebensmittel des Verfügungsberechtigten in dessen Lagerraum besonders versteckt, sodass durch sein Wissen nur mehr der Versteckende faktischen Zugriff hat.[64] Dagegen würde zumindest ein Teil der Lehre in diesen letztgenannten Fällen bloße Gewahrsamslockerung, allenfalls versuchten Diebstahl annehmen, gerade auch im Hinblick auf die Ansichten zum subsidiären Gewahrsam (vgl Rz 25).[65]

32 Nach der **Rspr** soll anderes gelten, wenn der **Ladendieb** entweder beim Diebstahl durch den Bestohlenen oder dessen Angestellte (Verkäufer, Privatdetektive) **beobachtet** wird oder erst die Schranke einer elektronischen Diebstahlsicherung zu überwinden hat.[66] Durch die Beobachtung oder Sicherung wird die Ware als dem Gewahrsam des Ladeninhabers noch nicht entzogen angesehen, weil er eine Verbringung durch den Unbefugten aus seinem Herrschaftsbereich realistischer Weise verhindern könne. Dagegen ist einzuwenden, dass bei einer solchen Argumentationsweise die Beherrschbarkeit einer Sache mit der Möglichkeit ihrer Wiedererlangung im Falle einer Herrschaftsbeeinträchtigung verknüpft wird. Bei einer solchen Verknüpfung ist es freilich naheliegend, dass selbst dann noch Versuch angenommen wird, wenn der Täter mit der Beute auf die Straße läuft und erst dort von einem Angestellten zur Rede gestellt wird.[67]

33 Ein Teil der **Lehre** geht jedoch auch in Fällen beobachteten Diebstahls von einem **Gewahrsamswechsel** aus.[68] Dem ist insoweit zuzustimmen, als jedenfalls die **Privatsphäre des Diebes** in die Beurteilung der Gewahrsamslage einzubeziehen ist. Verbirgt jemand eine Sache am Körper, sodass eine Durchsuchung ein wesentlicher Eingriff in seine Privatsphäre wäre (zB eine Ladendie-

---

62 *K/Schm* BT II § 127 Rz 114; *B/S* BT I[11] § 127 Rz 17.

63 OGH 12 Os 104/91.

64 OGH 11 Os 194/81.

65 *K/Schm* BT II § 127 Rz 126; *B/S* BT I[11] § 127 Rz 18.

66 OGH 9 Os 104/85; zuletzt 14 Os 145/01. Eine Beobachtung durch einen unbeteiligten Dritten (Kunden/Polizisten) ändert freilich nichts an der Gewahrsamsverschiebung, weil ein solcher Dritter nicht dem Lager des Gewahrsamsträgers zuzurechnen ist; vgl OGH 14 Os 130/95 = EvBl 1996/53.

67 OGH 11 Os 145/07v.

68 *K/Schm* BT II § 127 Rz 119; *B/S* BT I[11] § 127 Rz 17; *Bertel* in WK[2] § 127 Rz 46.

bin verbirgt gestohlenen Schmuck in ihrem Büstenhalter), dann wird man – selbst bei vorhandener elektronischer Sicherung – realistischer Weise nicht mehr von einem Mitgewahrsam des Modegeschäfts ausgehen können, selbst wenn dieser Gewahrsamswechsel beobachtet wurde. Die auch von der Rechtsordnung akzeptierte Schranke der Privatsphäre lässt die Zuerkennung von Gewahrsam unter normativen Gesichtspunkten unangebracht erscheinen.[69]

Je nach Lösungsansatz resultieren unterschiedliche Ergebnisse auf Ebene der **Strafaufhebungsgründe**: Während bei Annahme vollendeten Delikts **tätige Reue** gem § 167 infrage kommt (vgl Vorbem §§ 125–168b Rz 19 f), scheidet strafbefreiender **Rücktritt vom Versuch** gem § 16 mangels Freiwilligkeit regelmäßig aus.[70] Auch für die Abgrenzung von Raub (§ 142) und räuberischem Diebstahl (§ 131) kann der Gewahrsamswechsel als entscheidend angesehen werden (siehe dazu § 131 Rz 4 ff und § 142 Rz 25). **34**

Größere Gegenstände gelten dagegen nicht schon mit dem Ergreifen durch den Dieb als gestohlen. Vielmehr ist dafür ihre **Verbringung aus dem Macht- und Kontrollbereich**, also vielfach den Räumen des bisherigen Gewahrsamsinhabers, erforderlich.[71] Ob der Täter aus der gestohlenen Sache auch einen Nutzen ziehen, beispielsweise den entwendeten Tresor aufschweißen kann, ist unerheblich. Gleiches gilt für – selbst hohe – Chancen des bisherigen Gewahrsamsinhabers auf Rückerlangung der Sache (etwa weil das Kennzeichen des Diebsfahrzeugs notiert wurde). **35**

c) Einverständnis des Gewahrsamsinhabers

Der **Gewahrsamsbruch** muss **unfreiwillig**, also bei fehlendem (keineswegs nur bei ausdrücklich entgegenstehendem[72]) Sachübertragungswillen erfolgen. Willigt der Berechtigte jedoch in die Übertragung des Gewahrsams ein, so liegt eine **konsensuale Gewahrsamsaufgabe** und somit gerade **kein Gewahrsamsbruch** vor. Das Einverständnis des Gewahrsamsinhabers schließt den objektiven Tatbestand aus; es kann auch konkludent erfolgen. In Fällen von abgestuftem Gewahrsam hat nur das Einverständnis des Inhabers des übergeordneten Gewahrsams tatbestandsausschließende Wirkung. Die Entnahme von eigens dazu aufbereiteten Kostproben eines Lebensmittelstandes begründet somit aufgrund des konkludenten Einverständnisses – unabhängig von einem zumeist fehlenden Tauschwert – keinen Diebstahl. Gleiches gilt für Probepackungen aus einer Parfumerie. **36**

Einen Sonderfall bildet der **Bankomatkartenmissbrauch**, wenn also der Täter eine echte, jedoch nicht ihm gehörende Bankomatkarte verwendet. Die **37**

69 Vgl *Burgstaller* Ladendiebstahl 27.
70 *K/Schm* BT II § 127 Rz 120; *L/St* StGB[3] § 127 Rz 61; *Burgstaller* Ladendiebstahl 40 ff.
71 *K/Schm* BT II § 127 Rz 121; *B/S* BT I[11] § 127 Rz 18.
72 *K/Schm* BT II § 127 Rz 99. Die Waren des Verkäufers, die dieser – wenn auch unbeobachtet – zur besseren Anpreisung auf die Straße stellt, können daher ohne Weiteres gestohlen werden, auch wenn sich der Geschäftsinhaber nicht ausdrücklich gegen eine Wegnahme ausspricht oder ein entsprechendes Zeichen setzt.

Rspr[73] und ein Teil der Lehre[74] gehen davon aus, dass das Einverständnis der Bank nur gegen den Berechtigten oder eine von ihm beauftragte Person gilt. Wer deshalb unbefugt mittels Bankomatkarte von einem fremden Bankomaten Geld abhebt, breche den Gewahrsam der Bank und begehe Diebstahl. § 148a trete als subsidiärer Auffangtatbestand gegenüber § 127 zurück.[75] Der überwiegende Teil der Lehre geht dagegen überzeugend von betrügerischem Datenverarbeitungsmissbrauch (§ 148a) aus (siehe dazu § 148a Rz 7 ff).[76] Diese Position fügt sich auch in die kritisch zu beurteilende immer stärkere „Vergeistigung" des Gewahrsamsbegriffs (vgl bei Rz 22 und 25).

3. Taterfolg

38 Mit dem Gewahrsamsbruch geht regelmäßig die **Begründung neuen Gewahrsams** als entsprechender Taterfolg des Diebstahls einher. Erst mit der Begründung neuen Alleingewahrsams durch den Täter wird der Diebstahl als rechtlich vollendet angesehen.[77] Tathandlung und Erfolg können in Ausnahmefällen jedoch zeitlich auseinanderfallen, zB wenn der Täter – etwa in Folge der Rückkehr des Wohnungseigentümers – das Diebesgut aus dem Fenster auf eine öffentliche Straße wirft, um es sich zu einem späteren Zeitpunkt zuzueignen. Selbst wenn der Gewahrsamsbegründung als Taterfolg regelmäßig keine eigenständige Bedeutung als Tatbestandsmerkmal zukommt, ändert dies nichts an der Ausgestaltung des Diebstahls als Erfolgsdelikt.[78]

4. Qualifikationen des § 128

39 Die Deliktsqualifikation des **schweren Diebstahls** begeht, wer die in § 128 angeführten Tatmodalitäten verwirklicht oder aber eine Sache von höherem Wert stiehlt. In allen Fällen muss sich der Vorsatz auf die qualifizierenden Umstände erstrecken.

40 **§ 128 Abs 1 Z 1** pönalisiert einen Diebstahl (§ 127), der anlässlich einer **Bedrängnis** oder **Hilflosigkeit** des Bestohlenen geschieht (sog **Bedrängnisdiebstahl**). Stets geht es dabei um Konstellationen, in denen eine besondere Schutzbedürftigkeit des Opfers (damit ist derjenige gemeint, dessen Gewahrsam gebrochen wird) gegeben ist.[79] Daran ändert auch die Tatsache nichts, dass das Opfer womöglich selbst die bedrängende oder Hilflosigkeit begründende Situation herbeigeführt hat.[80]

---

73 OGH 12 Os 113/91.

74 *K/Schm* BT II § 127 Rz 103; *Kirchbacher/Presslauer* in WK^2 § 148a Rz 28. AA, nämlich für betrügerischen Datenverarbeitungsmissbrauch nach § 148a, *B/S* BT I^{11} § 127 Rz 7.

75 *Kirchbacher/Presslauer* in WK^2 § 148a Rz 28.

76 Zum Meinungsstand siehe auch *Rebisant* Rz 227 ff.

77 *B/S* BT I^{11} § 127 Rz 16; *K/Schm* BT II § 127 Rz 107.

78 Vgl *K/Schm* BT II § 127 Rz 107 ff.

79 *K/Schm* BT II § 128 Rz 4 f; *L/St* StGB^3 § 128 Rz 8.

80 *K/Schm* BT II § 128 Rz 6.

Die Schutzbedürftigkeit des Opfers kann sich sowohl aus einer allgemeinen als auch einer nur das Opfer betreffenden **Bedrängnis** ergeben. Das Gesetz führt explizit als Beispiele eine Feuersbrunst oder Überschwemmung an. In abstrakter Hinsicht liegt bei einer Bedrängnis ein Zustand vor, auf den sich der Inhaber der gestohlenen Sache nicht vorbereiten konnte (plötzlicher Eintritt) und der es ihm wesentlich erschwert, sich zu schützen.[81] Ausreichend ist bereits die **allgemeine Bedrängnis**; bei deren Vorliegen muss eine individuelle Bedrängnis des Opfers nicht mehr nachgewiesen werden.[82] Eine individuelle wird dann zur allgemeinen Bedrängnis, wenn eine größere Zahl von Personen bedroht ist und erfahrungsgemäß die Obhut über die Habe erschwert wird. Allgemeine Bedrängnis liegt etwa in allen denkbaren Katastrophenfällen wie Erdrutschen, Überflutungen, Lawinenabgängen oder Kriegswirren vor.[83] Eine **persönliche Bedrängnis** ergibt sich regelmäßig durch die Verwicklung in einen schweren Verkehrsunfall, bei epileptischen oder asthmatischen Anfällen oder dadurch, dass die bestohlene Frau zuvor zum Beischlaf genötigt wurde.[84] 41

Eine **Hilflosigkeit** des Opfers ist durch einen Umstand gegeben, der das Opfer wehrlos macht, ohne dass eine konkrete Bedrängnis vorliegt. Der Unterschied zur individuellen Bedrängnis liegt in der **längeren Dauer der Beeinträchtigung**. Das ist der Fall bei hochgradiger Sehbehinderung oder bei altersbedingter Behinderung (Invalidität), schwerer Berauschung oder Drogeneinfluss, Hypnose usw.[85] Dagegen bewirkt einfacher Schlaf, der nicht durch eine krankhafte Störung des Opfers begründet ist, keine Hilflosigkeit des Opfers.[86] 42

Der Täter muss die besondere Hilflosigkeit durch seine Tathandlung **ausnutzen**, was die **Anwesenheit des Bestohlenen** am Tatort erfordert.[87] 43

§ 128 Abs 1 Z 2 stellt den sog **Kirchendiebstahl** unter besondere Strafe. Der Täter muss dabei entweder in einem der Religionsübung dienenden Raum[88] einen Wertgegenstand beliebiger Natur stehlen oder aber eine Sache entwenden, die, unabhängig von ihrem Standort, dem Gottesdienst oder der Verehrung durch eine im Inland bestehende Kirche oder Religionsgesellschaft gewidmet ist. Beide Begehungsformen sind rechtlich gleichwertig. Es handelt sich um einen alternativen Mischtatbestand. 44

Unter die zweite Alt der Z 2 fallen daher Bildstöcke und Ikonen unabhängig von ihrem materiellen Wert ebenso wie Marterl und Messkelche. Sie dienen unabhängig von ihrem Standort der Religionsausübung (Verehrung) und sind damit qualifiziert geschützt.[89] Der Diebstahl schlichter Kerzen dagegen begründet nur dann qualifizierten Diebstahl, wenn er sich in einem der Religionsausübung dienenden Raum ereignet. 45

---

81 *Bertel* in WK² § 128 Rz 1.
82 *K/Schm* BT II § 128 Rz 7.
83 *K/Schm* BT II § 128 Rz 7; *L/St* StGB³ § 128 Rz 11; *Bertel* in WK² § 127 Rz 1.
84 *K/Schm* BT II § 128 Rz 8; *Lewisch* BT I² 163; OGH 11 Os 5/88.
85 *K/Schm* BT II § 128 Rz 11; *L/St* StGB³ § 128 Rz 13a; *B/S* BT I¹¹ § 127 Rz 1.
86 OGH 9 Os 146/79. Dagegen Hilflosigkeit bei 15 Os 102/93.
87 *K/Schm* BT II § 128 Rz 12.
88 Zu den erfassten Räumlichkeiten näher *K/Schm* BT II § 128 Rz 18; *Lewisch* BT I² 163.

46 **§ 128 Abs 1 Z 3** schützt Gegenstände von außerordentlichem **kulturellen Wert** und deckt sich wörtlich mit § 126 Abs 1 Z 4. Auf die diesbezüglichen Ausführungen sei daher verwiesen (§§ 125, 126 Rz 18).

47 Schließlich enthalten **§ 128 Abs 1 Z 4 und Abs 2** zwei **Wertqualifikationen**. Stiehlt der Täter eine Sache, deren Wert 3.000 Euro übersteigt, begeht er schweren Diebstahl. Bei einem Wert jenseits von 50.000 Euro erhöht sich die Strafdrohung auf eine Freiheitsstrafe von einem bis zu zehn Jahren. Der Wert der Sache muss vom Vorsatz des Täters erfasst sein (siehe dazu auch unter Vorbem §§ 125–168b Rz 15 ff). Die Möglichkeit der Überschreitung der Wertqualifikationsgrenzen durch eine Zusammenrechnung bei mehreren Diebstählen normiert § 29. Der Zusammenrechnung unterliegen nur Werte desselben Deliktstyps (dazu näher unter Vorbem §§ 125–168b Rz 17).

48 Da die Wegnahme aus Sicht des Berechtigten einem Sachuntergang gleichkommt, ist stets der **gesamte wirtschaftliche Wert im Tatzeitpunkt** zu berücksichtigen. Der Wert der gestohlenen Sache hängt von deren Funktion im Vermögen des Bestohlenen ab.[90] Ob der Schaden durch eine Versicherung gedeckt ist, ist indes ohne Bedeutung.[91]

49 Für **Handelswaren** wird der Wert auf der entsprechenden Handelsstufe herangezogen, also jeweils zum **Verkaufspreis an den nachgeordneten Abnehmer**. Dieser setzt sich zusammen aus den Anschaffungskosten des Händlers zuzüglich eines Regieanteils und einer Gewinnspanne.[92] Auch die Umsatzsteuer ist dem Verkaufspreis hinzuzurechnen. Bei der Wertberechnung muss auch die objektive Marktsituation insofern berücksichtigt werden, als letztlich der vergleichbare Marktwert heranzuziehen ist und ein im jeweiligen Geschäft überteuerter Verkaufspreis nicht zum Nachteil des Diebes durchschlägt.[93] **Gebrauchsgüter** werden mit ihrem **Zeitwert**, also dem Wiederbeschaffungswert für das Opfer unter Berücksichtigung der abnutzungsbedingten Wertminderung, angesetzt.[94]

50 Diese letztlich am „Endverbraucher“ orientierte Berechnung des Wertes der gestohlenen Sache scheint auf dem ersten Blick im Widerspruch zu stehen zu den Erörterungen zum strafrechtlichen Vermögensbegriff, dem eine wirtschaftliche Betrachtungsweise zu Grunde liegt und der insofern Gewinnerwartungen unberücksichtigt lässt, sofern sie nicht einen konkreten wirtschaftlichen Wert besitzen (vgl Vorbem §§ 125–168b Rz 14). Dieser Widerspruch ist aber nur scheinbar, kommt es doch beim Diebstahl nicht auf den Schutz des Vermögens allgemein an, sondern nur auf den **Wert einer konkreten Sache**. Insofern er-

89 *K/Schm* BT II § 128 Rz 19; *Lewisch* BT I^2 163; siehe auch bereits §§ 125, 126 Rz 15 f.
90 *B/S* BT I^{11} § 128 Rz 26.
91 *K/Schm* BT II § 128 Rz 26.
92 HA, zB OGH 5 Os 506/52; 11 Os 23/82; *K/Schm* BT II § 128 Rz 33; *Bertel* in WK^2 § 128 Rz 8; *L/St* $StGB^3$ § 128 Rz 21.
93 *L/St* $StGB^3$ § 128 Rz 22; OGH 9 Os 20/80; 11 Os 23/82 = RIS-Justiz RS0093936.
94 *B/S* BT I^{11} § 128 Rz 7; *Bertel* in WK^2 § 128 Rz 10.

scheint es auch sachgerecht, diesen Wert durch einen Marktvergleich zu objektivieren.[95]

4. Subjektiver Tatbestand

51 Beim Diebstahl ist als Delikt mit überschießender Innentendenz zwischen dem Tatvorsatz (allgemeinem Vorsatz) und dem erweiterten Vorsatz (Zueignungs- und Bereicherungsvorsatz) zu differenzieren. Beide müssen strikt im Zeitpunkt der Tathandlung vorliegen.[96] Ein nachträgliches Hinzutreten begründet keinen Diebstahl mehr.

a) Allgemeiner Vorsatz

52 Der allgemeine Vorsatz des Täters muss sich auf **sämtliche objektive Tatbestandsmerkmale** erstrecken, wobei bedingter Vorsatz ausreicht. Erkennt der Täter nicht, dass er etwa eine Sache von wirtschaftlichem Wert stiehlt oder diese in fremdem Eigentum ist (der Täter hält die gestohlene Sache für die eigene;[97] insbesondere wenn jemand in Annahme des Ablebens des Erblassers sich bereits für den Erben hält) bzw im Gewahrsam eines anderen, unterliegt er einem vorsatzausschließenden Tatbestandsirrtum.

53 Der nötige Vorsatz des Diebes liegt bereits dann ausreichend konkretisiert vor, wenn er mit **globalem Diebstahlsvorsatz** handelt, also „irgendetwas Brauchbares" zu stehlen beabsichtigt. Eine exakte Vorstellung von den Gegenständen des Diebstahls und deren Wert ist nicht notwendig. Der Inhalt einer gestohlenen Brieftasche ist daher regelmäßig vom Vorsatz des Täters umfasst.

54 Die **Höhe der angestrebten Bereicherung** muss insofern vom Vorsatz des Täters erfasst sein, als sie für die **Qualifikationen des § 128 Abs 1 Z 4 bzw Abs 2** relevant ist. Findet der Täter in einem schlichten Rucksack wider Erwarten statt einem Laptop oder MP3-Player einen Gegenstand von immensem Wert, mit dem er – glaubwürdig nachvollziehbar – nicht gerechnet hat, fehlt es am Vorsatz für die entsprechende Qualifikation und es besteht nur eine Strafbarkeit für das Grunddelikt. Will sich der Dieb nur einen wertmäßigen Teil der Beute vermögensmäßig zueignen, so darf auch nur dieser in die Wertberechnung einfließen.[98]

b) Zueignungsvorsatz

55 Der Täter handelt mit Zueignungsvorsatz, wenn er die zu stehlende Sache **gleich dem Eigentümer nutzen**, also **verkaufen, verpfänden, eintauschen, oder verbrauchen, für immer behalten oder anderen für immer überlassen** will.[99] Maßgeblich ist daher keine Zueignung im Sinne von Eigentumsverschaf-

95 Vgl *K/Schm* BT II AllgVorbem Rz 107 ff; OGH 11 Os 23/82.

96 *B/S* BT I[11] § 127 Rz 28.

97 OGH 13 Os 75/79.

98 *K/Schm* BT II § 128 Rz 52.

99 *K/Schm* BT II § 127 Rz 143; B/S BT I11 § 125 Rz 21; *Bertel* in WK2 § 127 Rz 32.

fung im zivilrechtlichen Sinn, sondern eine Anmaßung, mit der Sache zu verfahren, wie es nur dem Eigentümer zusteht.

56 Wer eine Sache nicht in sein Vermögen überführen, sondern **ausschließlich gebrauchen** will (furtum usus), handelt nicht mit Diebstahlsvorsatz. Entwendet der Täter daher ein Kfz in der Absicht, eine Spritztour damit zu machen, so handelt er hinsichtlich des Pkw wie auch des Inhalts ohne Zueignungsvorsatz. Allenfalls begeht er das Delikt des unbefugten Gebrauchs eines Fahrzeugs (§ 136) bzw eine dauernde Sachentziehung (§ 135), wenn er das Fahrzeug nach dem Gebrauch seinem Schicksal überlassen will.[100] Überlegt er es sich später doch anders und will er das Auto nun behalten, liegt eine Anschlussunterschlagung nach § 134 Abs 2 vor.

57 Wenn der **Zueignungsvorsatz** gegenständlich **geteilt** ist, muss differenziert werden: Will jemand nur den Inhalt einer Handtasche stehlen, wobei er auch diese selbst an sich nimmt, begeht er Diebstahl an deren Inhalt (§ 127), an ihr selbst jedoch nur dauernde Sachentziehung (§ 135).[101]

c) Bereicherungsvorsatz

58 Für das Erfordernis des Bereicherungsvorsatzes muss der Dieb auch bestrebt sein, durch die Zueignung **sein Vermögen unberechtigt zu vermehren**. Absicht (§ 5 Abs 2) ist dabei nicht gefordert; es reicht schon eine „gewinnsüchtige Tendenz", die dolus eventualis (§ 5 Abs 1 zweiter Halbsatz) nahe legt. Dass der Täter andere Ziele (etwa immaterielle Vorteile) erreichen will, genügt nicht. Der Jugendliche, der einen Mercedesstern von einer Motorhaube stiehlt, ist sich zumindest laienhaft bewusst, sein Vermögen dadurch unrechtmäßig zu vermehren, indem er sich Aufwendungen für einen Kauf (Flohmarkt, Schrotthändler etc) erspart.

59 Wenn jemand einen **Rechtsanspruch auf Übereignung einer Sache** hat, handelt es sich bei ihr zwar immer noch um eine „fremde Sache" iSd objektiven Tatbestands; doch will sich der Täter durch ihre Wegnahme nicht unrechtmäßig bereichern.[102] Da die Unrechtmäßigkeit der Bereicherung Teil des subjektiven Tatbestands ist, gilt das Gleiche auch dann, wenn der Täter **zu Unrecht glaubt**, ihm stehe ein entsprechender Anspruch zu.[103] Lediglich wenn der Wert der entwendeten Sache auch nach der Vorstellung des Täters den Wert der Gegenforderung übersteigt, liegt für den überschießenden Betrag Diebstahl vor. Der Täter muss also zumindest ernstlich damit gerechnet haben, dass die wegge-

---

100 *K/Schm* BT II § 127 Rz 156.

101 Zum Bereicherungsvorsatz als Abgrenzungskriterium zwischen Diebstahl (§ 127) und dauernder Sachentziehung (§ 135) siehe etwa OGH 12 Os 162/10f.

102 *Bertel* in WK^2 § 127 Rz 38; *K/Schm* BT II § 127 Rz 175.

103 *B/S* BT I^{11} § 127 Rz 26. Zur strafbarkeitseinschränkenden Funktion des Bereicherungsvorsatzes siehe auch Vorbem §§ 125–168b Rz 11 f.

nommene Sache mehr wert sein könnte, als die dem Täter eigene Forderung ausmacht.[104]

Der Bereicherungsvorsatz entfällt weiters dann, wenn der Täter eine der weggenommenen **gleichwertige Sache zurücklässt**.[105] Wenn die Sache irrtümlicherweise kein wertmäßiges Äquivalent bildet, ist ebenso der erweiterte Vorsatz ausgeschlossen.[106] Handelt der Täter jedoch nur mit dem Vorsatz, sein Opfer später zu entschädigen, bleibt der Vorsatz auf (einstweilige) Bereicherung und damit die Strafbarkeit nach Diebstahl aufrecht.[107] **60**

Der Täter kann mit der Bereicherung sowohl **Vermehrung seines eigenen als auch** des **Vermögens eines Dritten** anstreben. Dies normiert § 127 ausdrücklich. Die Wegnahme eines Schmuckstücks, um es der Freundin zum Geburtstag zu schenken und ihr Vermögen dadurch zu vermehren, erfüllt den Tatbestand des Diebstahls. **61**

III. Privilegierung und tätige Reue

a) Entwendung (§ 141)

Der Diebstahl (§ 127) wird zur privilegierten **Entwendung** (§ 141), wenn (kumulativ) eine Sache geringen Wertes aus Not, Unbesonnenheit oder zur Befriedigung eines Gelüsts gestohlen wird. Es handelt sich bei § 141 um keinen eigenen Deliktstypus, sondern der Diebstahl wird bei Erfüllung der genannten Privilegierungsvoraussetzungen als Entwendung **bezeichnet.[108] Der „geringe Wert“ der Sache wird von der hM mit bis zu etwa 100 Euro angesetzt.[109] Bisweilen wird bis zu 300 Euro als einem Zehntel der „kleinen** Wertgrenze“ (vgl § 128 Abs 1 Z 4) vertreten.[110] Da der geringe Wert nicht ziffernmäßig im Gesetz bestimmt ist, kommt die in § 29 normierte Zusammenrechnung nicht zur Anwendung. Mehrere kleinere Diebstähle, die in Summe den Betrag von 100 Euro übersteigen, schließen die Anwendung des § 141 damit keineswegs aus.[111] **62**

Bei den Elementen **Not, Unbesonnenheit oder Befriedigung eines Gelüstes** handelt es sich um keine (ausschließlichen) Tatbestandsmerkmale, sondern **63**

104 AM OGH 12 Os 21/83: Ist sich der Täter der Geringerwertigkeit seiner Gegenleistung bewusst, so ist ihm der volle Wert der entzogenen Sache anzulasten (kein „Differenzschaden“ wie beim Betrug); vgl auch *Lewisch* BT I^2 160.

105 *Bertel* in WK^2 § 127 Rz 39; *K/Schm* BT II § 127 Rz 162; OGH 12 Os 21/83.

106 *K/Schm* BT II § 127 Rz 162.

107 *K/Schm* BT II § 127 Rz 164; aM *B/S* BT I^{11} § 127 Rz 27.

108 *Bertel* in WK^2 § 141 Rz 2a; *K/Schm* BT II § 141 Rz 7; AA *Rittler* BT II 184.

109 So zB OGH 11 Os 57/09f; *K/Schm* BT II § 141 Rz 18; *Tipold* in SbgK § 141 Rz 15 ff.

110 *Bertel* in WK^2 § 141 Rz 3.

111 *Tipold* in SbgK § 141 Rz 22; *B/S* BT I^{11} § 141 Rz 5; *K/Schm* BT II § 141 Rz 20; *L/St* $StGB^3$ § 141 Rz 9; *Fabrizy* $StGB^{10}$ § 141 Rz 1a, 5.

(auch) um **besondere Schuldmerkmale**.[112] Damit wird nicht nur das Unrecht der Tat, sondern auch der erhobene Schuldvorwurf gemindert. Trotz dieser besonderen Anforderungen an Unrecht und Schuld ist § 141 nicht als Sonderdelikt iSv § 14 zu verstehen. Ein Tatbeteiligter, der die Privilegierungsmerkmale nicht erfüllt, hat folglich das Grunddelikt des Diebstahls (§ 127) zu verantworten.[113]

64 **Not** ist jedenfalls bei einem bestehenden **Mangel am notwendigen Lebensunterhalt** zur Tatzeit anzunehmen, wenn also der Täter nicht in der Lage ist, sich das Lebensnotwendige legal aus seinem Einkommen, seinem Vermögen oder auch aus seinem Umfeld (Verwandte, Freunde) zu beschaffen.[114] Inwieweit Gründe wie „Arbeitsscheu" (so zB beim Strafmilderungsgrund des § 34 Abs 1 Z 10) oder Alkoholismus als Ursache für die Not diese Privilegierung ausschließen können, ist umstritten. Während die Rspr zu einer Verneinung des § 141 in solchen Fällen tendiert,[115] wird dies in der Literatur mangels entsprechender gesetzlicher Grundlage zu Recht abgelehnt.[116]

65 **Unbesonnenheit** liegt vor, wenn jemand einem **momentanen Willensimpuls spontan**, ohne lang zu überlegen **nachgibt** und infolgedessen eine Tat begeht.[117] Insofern schließen eine vorgefasste oder wohl überlegte Tatplanung und im Regelfall auch eine Tatwiederholung die Unbesonnenheit aus.[118] Auch Handlungen, die auf einer Charakterschwäche (Hang zur Tatbegehung) beruhen, werden von der hM nicht unter § 141 subsumiert.[119]

66 Die Tat wird zur **Befriedigung eines Gelüstes** begangen, wenn der Täter ein **eigenes gegenwärtiges Bedürfnis in unmittelbarem zeitlichem Zusammenhang mit der Tathandlung** stillen möchte.[120] Die Befriedigung des Gelüstes eines anderen ist nicht privilegiert.[121] Das Anlegen eines Vorrats spricht gegen die Befriedigung eines Gelüstes, weil es in solchen Fällen an der Gegenwärtigkeit des Bedürfnisses mangelt. Dass mit dem Diebstahl der **kleinsten greifbaren Einheit** (zB einer Packung Zigaretten) nicht nur ein gegenwärtiges Bedürf-

---

112 Vgl *K/Schm* BT II § 141 Rz 26; *Tipold* in SbgK § 141 Rz 2, 33 ff.

113 *Tipold* in SbgK § 141 Rz 63; K/Schm BT II § 141 Rz 39f; *Fabrizy* StGB[10] § 141 Rz 1a.

114 *Tipold* in SbgK § 141 Rz 37; *Bertel* in WK[2] § 141 Rz 6 mwN; OGH 15 Os 178/97.

115 *L/St* StGB[3] § 141 Rz 12; *K/Schm* BT II § 141 Rz 31; *Fabrizy* StGB[10] § 141 Rz 2; OGH 13 Os 106/88; 10 Os 128/79 = EvBl 1980/105; 11 Os 49/81; differenzierend *Bertel* in WK[2] § 141 Rz 10.

116 *Tipold* in SbgK § 141 Rz 38 ff.

117 *Tipold* in SbgK § 141 Rz 44; *K/Schm* BT II § 141 Rz 32 mwN.

118 *Tipold* in SbgK § 141 Rz 46 mwN; *K/Schm* BT II § 141 Rz 33; OGH 10 Os 15/80 = EvBl 1981/57.

119 *Tipold* in SbgK § 141 Rz 45; *L/St* StGB[3] § 141 Rz 13; OGH 12 Os 61/88.

120 *Tipold* in SbgK § 141 Rz 47; *Bertel* in WK[2] § 141 Rz 13; *K/Schm* BT II § 141 Rz 34; OGH 10 Os 82/79.

121 *Tipold* in SbgK § 141 Rz 48; *L/St* StGB[3] § 141 Rz 15; *Fabrizy* StGB[10] § 141 Rz 4; OGH 12 Os 24/87.

nis befriedigt, sondern auch ein gewisser Vorrat angelegt wird, schadet freilich diesem Privilegierungsmerkmal nicht.[122]

Die Entwendung ist in den Varianten des § 141 Abs 1 ein **Ermächtigungsdelikt** (vgl § 92 StPO). Ein Strafverfahren darf nur (weiter)geführt werden, wenn der in seinen Rechten Verletzte dazu die Ermächtigung erteilt (siehe dazu bei § 108 Rz 16). 67

Gänzlich von der gerichtlichen Strafbarkeit ausgenommen ist die (diebstahlsmäßige) **Aneignung von Bodenerzeugnissen oder Bodenbestandteilen** geringen Wertes (§ 141 Abs 4).[123] Das Gesetz führt als Bsp Baumfrüchte, Waldprodukte und Klaubholz an. Auch wenn das Gesetz keine Zuordnung zu den Bodenerzeugnissen oder Bodenbestandteilen vornimmt, handelt es sich bei den Bsp um Bodenerzeugnisse. Bodenbestandteile sind etwa Erde, Schotter oder Steine. Als weitere Bodenerzeugnisse können Gemüse, Blumen, Kräuter, Pilze, Getreide, Heu oder Reisig genannt werden.[124] Unter „**Boden**" sind in diesem Zusammenhang Wälder, Felder, Äcker, Wiesen und Weiden zu verstehen. Gärten fallen nicht darunter. Diebstähle aus Gärten sind somit nicht durch § 141 Abs 4 privilegiert.[125] Bei Vorliegen der allgemeinen Voraussetzungen kommt freilich eine Privilegierung nach Abs 1 in Betracht. Hinsichtlich des **geringen Wertes** als Erfordernis für Abs 4 kann auf die allgemeinen Überlegungen (vgl Rz 61) verwiesen werden. Als maßgeblich ist hier der Erzeugerpreis anzusehen.[126] 68

b) Begehung im Familienkreis (§ 166)

Wird ein Diebstahl (§§ 127 f) – unabhängig vom Wert der gestohlenen Sache – **im Familienkreis** begangen, so kommt die Privilegierung des § 166 zum Zug (dazu näher Vorbem §§ 125–168b Rz 21 ff). Eine Entwendung im Familienkreis ist auf Grund der ausdrucklichen Regelung in § 141 Abs 3 stets straflos. 69

c) Tätige Reue (§ 167)

Wie die meisten Vermögensdelikte ohne Gewaltanwendung kommt auch für den Diebstahl (§§ 127 f) eine **Strafaufhebung wegen tätiger Reue** (§ 167) in Betracht. Demnach wird straffrei, wer rechtzeitig und freiwillig den zugefügten Schaden gutmacht oder sich doch zumindest vertraglich zur Schadensgutmachung verpflichtet (siehe dazu Vorbem §§ 125–168b Rz 19 f). 70

---

122 *Tipold* in SbgK § 141 Rz 49; *Bertel* in WK² § 141 Rz 13; *K/Schm* BT II § 141 Rz 34; OGH 9 Os 193/77 = EvBl 1978/169.

123 Zum Teil gibt es für bestimmte Bodenerzeugnisse verwaltungsstrafrechtliche Verbote (für Pilze siehe zB § 174 Abs 3 lit b Z 2 und lit d ForstG 1975).

124 *Tipold* in SbgK § 141 Rz 57; *K/Schm* BT II § 141 Rz 45; *L/St* StGB³ § 141 Rz 25; *Fabrizy* StGB¹⁰ § 141 Rz 7; *B/S* BT I¹¹ § 141 Rz 15; OGH 10 Os 13/82; 13 Os 153/77.

125 *Tipold* in SbgK § 141 Rz 58; *Bertel* in WK² § 141 Rz 21; *K/Schm* BT II § 141 Rz 48; OGH 10 Os 13/82; 11 Os 69/79.

126 *Tipold* in SbgK § 141 Rz 59; *Bertel* in WK² § 141 Rz 22.

IV. Abgrenzung und Konkurrenzen

71 Die Abgrenzung zu und Konkurrenzen mit anderen Delikten wurde bereits in Zusammenhang mit Tathandlung und Vorsatz erläutert (Rz 9 ff, 18, 24 ff, 33, 37, 55). Daneben sind vor allem folgende Fälle von Bedeutung:

72 Das Delikt des Diebstahls (§ 127) ergänzt der Tatbestand der **Hehlerei** (§ 164). Er prolongiert zeitlich die Strafbarkeit und pönalisiert das Nutzen ziehende oder unterstützende Verhalten nicht unmittelbar am Diebstahl beteiligter Personen. Wer einem Dieb etwa, ohne zuvor in den Tatplan eingeweiht zu sein, dabei hilft, die Beute abzutransportieren, zu verstecken oder den gestohlenen und verbrachten Tresor zu öffnen etc, leistet keinen Beitrag zum Diebstahl (§ 127), sondern macht sich wegen Hehlerei (§ 164) strafbar. Hat der Helfer jedoch seine Mithilfe beim Abtransport zugesagt, liegt Beitrag zu §§ 127 ff vor, wenn diese Zusage den Diebstahl gefördert hat.

73 Der **Diebstahl von Grabschmuck** und dgl erfüllt bei vorhandenem Bereicherungsvorsatz (der Dieb will den Kranz verkaufen oder selbst verwenden und sich damit die Anschaffungskosten ersparen) Diebstahl (§ 127) und dazu idealkonkurrierend den Tatbestand der **Störung der Totenruhe** (§ 190 Abs 2).[127]

IV. Prozessuales

74 In die Zuständigkeit des **Bezirksgerichts** (§ 30 Abs 1 StPO) fallen einfacher Diebstahl (§127) sowie dessen Privilegierung als Entwendung (§ 141). Vor dem **Einzelrichter des LG** werden Verfahren wegen schweren Diebstahls nach § 128 Abs 1 abgehandelt (§ 31 Abs 4 Z 1 StPO). Sie sind damit einer diversionellen Verfahrenserledigung (§§ 198 ff StPO) zugänglich. Bei Überschreiten der großen (50.000 Euro) Wertqualifikation des § 128 Abs 2 besteht Zuständigkeit des **Schöffengerichts** (§ 31 Abs 3 Z 1), wodurch der Weg zu einer diversionellen Verfahrenserledigung versperrt ist.

Ad Beispielsfall: A bricht den Gewahrsam des B an einer beweglichen Sache mit Tauschwert, indem er ihm den Inhalt seiner Geldtasche wegnimmt. Er tut dies vorsätzlich und handelt in der Absicht (§ 5 Abs 2), sich durch die Zueignung des fremden Geldes unrechtmäßig zu bereichern. Da er obendrein die hilflose Lage des B (jede Handlungsfähigkeit ausschließender Rauschzustand) vorsätzlich ausnutzt, begeht er qualifizierten (schweren) Diebstahl nach § 128 Abs 1 Z 1.

Neben dem Bargeld ist dem A auch hinsichtlich der mit Quick-Chip versehenen Bankomatkarte versuchter Diebstahl (§§ 15, 127) anzulasten, da dieser insofern bargeldvertretende Funktion (= elektronische Geldbörse) hat und ihm damit selbstständige Wertträgerschaft zukommt. Da mit einer „leeren“

127 Dies ist durchaus umstritten; siehe dazu mN *Hinterhofer/Rosbaud* BT II^5 § 190 Rz 13.

elektronischen Geldbörse nie eine Bereicherung eintreten kann, ist der Versuch untauglich. Die Beantwortung der Frage nach absoluter oder relativer Untauglichkeit hängt von den dazu vertretenen unterschiedlichen Positionen ab.[128]

Das Wegwerfen der Geldbörse begründet – abhängig vom Ort des Wegwerfens und der damit verbundenen Rückerlangungsmöglichkeit für das Opfer – dauernde Sachentziehung (§ 135).

Zentrale Probleme zur Wiederholung: *Tatobjekt fremde bewegliche Sache; Vollendung; erweiterter Vorsatz; Qualifikationen; Abgrenzungsfragen.*

Weiterführende Literatur: *Bertel,* Die freiwillige Herausgabe der Beute, AnwBl 1979, 383; *ders,* Einbruchsdiebstahl und bewaffneter Raub, StPdG 7 (1979) 37; *Burgstaller,* Diebstahl, Veruntreuung und Unterschlagung, ÖJZ 1974, 540 = ZnStR II, 7; *ders,* Die Scheinkonkurrenz im Strafrecht, JBl 1978, 393; *ders,* Der Ladendiebstahl und seine private Bekämpfung im österreichischen Strafrecht (1981); *Fuchs,* Diebstahl und Dauernde Sachentziehung eines Fahrzeuges im Anschluß an einen unbefugten Gebrauch? RZ 1980, 5; *Geyer,* Gewerbsmäßig ungerecht, RZ 2006, 37; *Höpfel,* Die „Bankomat"-Karte: Wertträger? Schlüssel? Urkunde? ÖJZ 1983, 234; *Kienapfel,* Zur Abgrenzung von Betrug und Diebstahl, ÖJZ 1975, 654; *Kurschel,* „Verdoppelte" und verlorene Bankomatkarten, ecolex 1990, 79; *Maleczky,* Mißbrauch von Selbstbedienungseinrichtungen in strafrechtlicher Sicht, JBl 1994, 416; *Plöckinger,* Die neuen Tatbestände zum Schutz unbarer Zahlungsmittel und deren Verhältnis zu den Urkunden- und Vermögensdelikten, ÖJZ 2005, 256; *Reindl,* E-Commerce und Strafrecht (2003); *Sautner,* Neue Straftatbestände zum Schutz unbarer Zahlungsmittel, RZ 2004, 26; *Schwaighofer,* Zur Qualifikation des unbefugten Fahrzeuggebrauchs nach § 136 Abs 2 StGB, ZVR 2000, 187; *ders,* Neue Ansichten des OGH zum Gewahrsamsbegriff – Bemerkungen zu 13 Os 69/11p, JSt 2012, 66; *Segelhuber,* Zur Gewahrsamsproblematik bei Nachlassgegenständen, ÖJZ 1994, 480; *E. Steininger,* Strafrechtliche Probleme des Selbstbedienungstankens, RZ 1988, 233; *Tipold,* Notwendige Verteidigung und Verfahrenshilfe im Lichte des Strafprozeßänderungsgesetzes 1993, ÖJZ 1994, 1; *Wegscheider/Sautner,* Diebstahl und Veruntreuung zwischen Mitgewahrsam und Vertrauensverhältnis, RZ 2001, 11.

128 Siehe dazu näher in den Lehrbüchern zum Allgemeinen Teil, zB *Fuchs* AT[7] 257-265; *Kienapfel/Höpfel* AT[13] Z 24 Rz 10 ff; OGH 10 Os 177/84 = RIS-Justiz RS0090080; OGH 11 Os 4/76 = RIS-Justiz RS0091245.

F. Diebstahl durch Einbruch oder mit Waffen (§ 129)

I. Überblick

1 § 129 enthält mehrere Qualifikationen des Diebstahls (§ 127), die der Gesetzgeber aufgrund des höheren Unwerts, der in der Überwindung eines Hindernisses oder Widerstands liegt, besonders pönalisieren wollte.[1] Sie sind im Verhältnis zueinander **selbstständig** und können daher vom Täter in echter Konkurrenz verwirklicht werden.[2] Typologisch gliedert sich § 129 in die Tatbestände des „Einbruchsdiebstahls" (Z 1–3) und des Diebstahls unter Verwendung einer Waffe (Z 4).

2 Beim **Einbruchsdiebstahl** (Z 1–3) handelt es sich um ein **mehraktiges Delikt**, das sich durch drei besondere Merkmale auszeichnet: Die Beute befindet sich in einem besonders geschützten Raum oder Behältnis, in die der Täter durch Überwindung eines Widerstands eindringt und aus denen er schließlich die Beute wegnimmt.[3] Ein strafbarer Versuch liegt bereits vor, wenn der erste Akt gesetzt ist (vgl Rz 36).

3 Die **gerichtliche Kriminalstatistik** für das Jahr 2010 weist 1.487 Verurteilung wegen § 129 auf. Das waren etwa 10 % aller Verurteilungen wegen einer strafbaren Handlung gegen fremdes Vermögen (§§ 125–168e aF). Innerhalb des § 129 entfielen zwei Verurteilungen auf § 129 Z 4, der Rest auf § 129 Z 1–3.

Beispielsfall: A bemerkt bei einem abendlichen Spaziergang eine Villa in abgeschiedener Lage, deren Bewohner offenbar unterwegs sind. Er verschafft sich Zugang, indem er mühelos über ein gekipptes, beinahe ebenerdiges Fenster einsteigt, ohne dafür ein Werkzeug benützen zu müssen. Nachdem er in einem Wohnraum Bargeld in Höhe von 300 Euro an sich genommen hat, betritt er ein extra versperrtes Zimmer, dessen Schlüssel er unter der Fußmatte findet. Darin angekommen, nimmt er noch Schmuck im Wert von 2.000 Euro sowie wertvolle Münzen aus dem Safe, der sich nach ein paar Stemmversuchen mit dem Schraubenzieher öffnen lässt.

II. Tatbestand

1. Einbruchsdiebstahl (Z 1–3)

Diebstahl durch Einbruch (§ 129 Z 1–3) verwirklicht, wer

– in ein **Gebäude**, in ein **Transportmittel**, in eine **Wohnstätte** oder sonst einen abgeschlossenen Raum, der sich in einem Gebäude oder Trans-

---

1 *K/Schm* BT II § 129 Rz 1.

2 *Lewisch* BT I^2 163.

3 *B/S* BT I^{11} § 129 Rz 1.

portmittel befindet, oder in einen **Lagerplatz einbricht, einsteigt** oder mit einem nachgemachten oder widerrechtlich erlangten **Schlüssel** oder einem anderen nicht zur ordnungsgemäßen Öffnung bestimmten **Werkzeug** eindringt (Z 1),

- ein **Behältnis aufbricht** oder mit einem der in Z 1 **genannten Mittel öffnet** (Z 2),
- sonst eine **Sperrvorrichtung aufbricht** oder mit einem der in Z 1 **genannten Mittel öffnet** (Z 3)

a) Eindringen in eine geschützte Räumlichkeit (Z 1)

Einbruchsdiebstahl im engeren Sinn setzt das Eindringen in einen **besonders** 4 **schutzwürdigen Raum** voraus. Unter **Gebäude** ist ein mit einer Liegenschaft verbundenes, idR durch Dach und Wände begrenztes Bauwerk zu verstehen, das den Zutritt von Menschen ermöglicht.[4] Eine Dauerhaftigkeit des Bestehens muss nicht vorliegen, sodass auch ein Zirkuszelt[5] oder ein Schießstand[6] tatbestandsmäßig sind. Das Gebäude muss nicht zur Gänze durch Mauern oder Fenster begrenzt sein.[7] Es reicht jedoch nicht aus, wenn der Täter eine Umfassungsmauer oder eine Umzäunung, die nicht das Gebäude begrenzt, übersteigt, in das Gebäude an sich aber etwa durch eine offene Tür gelangt.[8]

Ein **Transportmittel** ist ein Raumgebilde, das zur **Beförderung** von Men- 5 schen oder Sachen dient, wie dies etwa bei Pkw, Bus, Eisenbahn oder Flugzeug der Fall ist. Der Tatbestand ist nicht nur bei Entfernung eines Gegenstandes aus dem Transportmittel, sondern auch bei Diebstahl des Transportmittels selbst erfüllt, sofern die Herrschaft über das Transportmittel durch eine der in Z 1 genannten Tathandlungen herbeigeführt wurde.[9] Wird zB das Auto durch einen Abschleppwagen abtransportiert, ohne dass sich jemand auf eine der in Z 1 genannte Art Zugang verschafft hat, ist nur das Grunddelikt des § 127 erfüllt, weil der exklusive Gewahrsam am Transportmittel ohne Tathandlung iS von § 129 erlangt wurde.

Der Begriff der **Wohnstätte** orientiert sich an seiner Nennung in § 109. Für 6 die Beurteilung als Wohnstätte maßgeblich ist die bestimmungsgemäße Funktion, der – allenfalls auch nur vorübergehenden – Befriedigung des **Wohn-**

---

4 *K/Schm* BT II § 129 Rz 21; *L/St* StGB[3] § 129 Rz 4; ähnlich *Bertel* in WK[2] § 129 Rz 1; *B/S* BT I[11] § 129 Rz 2; *Lewisch* BT I[2] 165.

5 *Lewisch* BT I[2] 165.

6 OGH 13 Os 148/80.

7 Vgl etwa OGH 13 Os 84/97: Das Eindringen in ein Gebäude ist auch dann gegeben, wenn die Eingangstür des Gebäudes gegenüber der Straßenfront zurückversetzt und die dadurch geschaffene Nische durch eine nicht bis zur Decke reichende Gittertür versperrt ist, sodass der diese Tür Überkletternde in die Nische gelangen kann.

8 OGH 15 Os 155/87.

9 *B/S* BT I[11] § 129 Rz 2; *Lewisch* BT I[2] 165.

bedürfnisses zumindest einer Person zu dienen.[10] Tatsächlich bewohnt muss dieser Ort allerdings nicht sein (siehe dazu oben bei § 109 Rz 6 ff).

7 Unter **Lagerplatz** sind umzäunte Orte zu verstehen, an denen erkennbar und längerfristig **Güter aufbewahrt** werden.[11] Dabei muss es sich nicht unbedingt um Waren handeln, sondern es kommen auch alle möglichen Betriebsmittel wie Baugeräte in Betracht.[12]

8 Ein **sonst abgeschlossener Raum, der sich in einem Gebäude oder Transportmittel befindet**, beschreibt einen räumlich umschlossenen, nicht unbedingt verschlossenen Raum wie etwa ein Kellerabteil, Schaufenster oder Zimmer.[13] Ein bloß umzäunter Garten oder von Mauern umgebener Friedhof fällt von vornherein nicht unter dieses Tatbestandsmerkmal.[14] Weiters muss in jedem Fall dem Zutritt durch Menschen ein gewisser Widerstand entgegengesetzt sein, widrigenfalls die Qualifikation nicht erfüllt ist.[15]

9 Im Zentrum der möglichen Tathandlungen steht das **Einbrechen.** Dazu muss der Täter nicht unerhebliche **Kraft einsetzen**, um dadurch den Widerstand einer Umschließung zu überwinden.[16] Nach hM ist eine Beschädigung von Sachsubstanz zwar nicht erforderlich, sie wird regelmäßig aber vorliegen.

10 So erfüllt etwa das Ausheben oder Aufzwängen des Fensters eines versperrt abgestellten Fahrzeuges, um in dessen Inneres zu gelangen, nach Judikatur und hL die Tathandlung des Einbrechens.[17] Auch das Aufdrücken einer Auslagenscheibe[18] begründet eine Einbruchshandlung iSd § 129 Z 1. Dagegen reicht es nicht aus, wenn ein nur angelehntes Fenster aufgedrückt oder eine Glasschiebetüre mit bloßen Händen auseinandergedrückt wird.[19]

11 Für die Tathandlung des Einbrechens ist es **nicht notwendig**, dass der Täter in den eingebrochenen **Raum selbst gelangt**. Auch wenn er seine Beute aus diesem herausangelt, ist diese Tatalternative erfüllt.[20]

12 Von einem **Einsteigen** spricht man, wenn der Dieb eine **nicht zum Betreten des Raumes bestimmte Raumöffnung benutzt** oder allenfalls eine Absper-

---

10 OGH 14 Os 85/95; *K/Schm* BT II § 129 Rz 23.

11 *K/Schm* BT II § 129 Rz 24; *Fabrizy* StGB[10] § 129 Rz 3; *L/St* StGB[3] § 129 Rz 9; *B/S* BT I[11] § 129 Rz 3.

12 OGH 11 Os 25/98. Anders noch die ältere Rspr (zB OGH 12 Os 41/83), die die Einstufung als Lagerplatz von der Einlagerung von Waren abhängig machte. Kein Lagerplatz ist bspw ein umzäuntes Wildgehege, weil dort keine Güter aufbewahrt werden (OGH 15 Os 116/10p).

13 *L/St* StGB[3] § 129 Rz 7; *Bertel* in WK[2] § 129 Rz 1; *Lewisch* BT I[2] 165.

14 *L/St* StGB[3] § 129 Rz 8; *K/Schm* BT II § 129 Rz 27; OGH 11 Os 181/78 = RIS-Justiz RS0093882.

15 *K/Schm* BT II § 129 Rz 26.

16 *K/Schm* BT II § 129 Rz 29.

17 Vgl etwa OGH 12 Os 144/76. Auch das Aufdrücken eines Autofensters mit nicht ganz unerheblicher Gewalt wird von 9 Os 150/78 als Einbruchshandlung gesehen.

18 OGH 13 Os 132/90.

19 *K/Schm* BT II § 129 Rz 29.

20 *Lewisch* BT I[2] 166.

rung überklettert.[21] Für gewöhnlich geht dieser Vorgang mit einer besonderen körperlichen Kraftanstrengung oder Veränderung der Körperhaltung einher.[22] Meist klettert der Täter hoch oder zwängt sich durch Schächte, Nischen etc. Auch das Einsteigen über die unversperrte Heckklappe eines Kombi-Fahrzeuges ist eine taugliche Tathandlung.[23]

Kein Einsteigen liegt vor, wenn der Dieb über die einen Spalt breit offene Verandatür in die Wohnung gelangt. Betritt er dagegen den Raum durch eine unregelmäßige, durch spitze Glasreste verengte, ca einen Meter große Öffnung in der Glasscheibe, liegt die Tatalternative des Einsteigens vor.[24] Ein Einbrechen würde dagegen vorliegen, wenn er die Glasscheibe einschlägt, um dadurch in das Haus zu gelangen. 13

Anders als beim Einbrechen muss der Täter mit seinem **gesamten Körper in den geschützten Raum** gelangen. Das bloße Hineingreifen verwirklicht die Qualifikation nicht. 14

Das **sonstige Eindringen** ist nur dann qualifikationsbegründend, wenn im Gesetz explizit genannte **Tatwerkzeuge** verwendet werden. Ein **nachgemachter Schlüssel** ist ein ohne Wissen und Willen des Berechtigten angefertigter Schlüssel. Nicht erforderlich ist, dass er bereits in Diebstahlsabsicht dupliziert wurde. Ein bloß zufällig passender Schlüssel ist kein widerrechtlich erlangter, selbst wenn er aus einer im Vorhinein angefertigten Schlüsselsammlung des Diebes stammt und dieser so lange probiert, bis er einen passenden findet.[25] Weiters erfüllt ein vom Berechtigten nachträglich genehmigtes Schlüsselduplikat die Voraussetzungen für diese Tatalternative nicht. 15

Widerrechtlich erlangt ist ein **Schlüssel**, der dem Gewahrsamsinhaber abgenommen, abgenötigt oder herausgelockt wurde. Entscheidend ist die widerrechtliche Erlangung, **nicht** aber ein **widerrechtlicher Gebrauch**.[26] Wer also einen ihm anvertrauten Schlüssel abredewidrig benützt, erlangt ihn nicht widerrechtlich und begeht keinen nach § 129 qualifizierten Diebstahl, wenn er unter dessen Verwendung in eine Wohnung eindringt und aus dieser Gegenstände stiehlt. 16

Die Widerrechtlichkeit der Erlangung richtet sich nach hM nicht nach der Qualität des Verstecks. Dennoch werden jene Fälle nicht als von dieser Qualifikation erfasst angesehen, in denen das **Zuordnungverhältnis zwischen Schlüssel und Schloss** ohne Weiteres **erkennbar** ist, wie zB bei einem Schlüs- 17

21 *K/Schm* BT II § 129 Rz 31; *L/St* StGB[3] § 129 Rz 12; *Bertel* in WK[2] § 129 Rz 5; *Lewisch* BT I[2] 166.

22 *L/St* StGB[3] § 129 Rz 12; *Fabrizy* StGB[10] § 129 Rz 4.

23 Vgl OGH 12 Os 79/90; *Lewisch* BT I[2] 166.

24 Vgl dazu OGH 10 Os 68/80.

25 *L/St* StGB[3] § 129 Rz 18a; *K/Schm* BT II § 129 Rz 43; *Bertel* in WK[2] § 129 Rz 8; OGH 14 Os 156/92.

26 OGH 14 Os 156/92; 11 Os 44/83: Übergabe eines Schlüsselbundes zum Gebrauch anderer als der vom Täter dann verwendeten Fahrzeugschlüssel.

sel, der im Schloss steckt oder sich in unmittelbarer Nähe befindet.[27] Es fehlt an der entsprechenden normativen Komponente des Tatbestands, weil der Schlüssel schließlich im Machtbereich des Opfers bleibt und nicht widerrechtlich erlangt, sondern nur unbefugt gebraucht wird.[28]

18 Eine **Bankomatkarte** ist ein **Schlüssel**. Wer daher mit einer gestohlenen Bankomatkarte sich außerhalb der Geschäftszeiten Zugang zum innerhalb der Filiale gelegenen Bankomatbereich verschafft und daraus Gegenstände stiehlt, verwirklicht diese Qualifikation. Verschafft sich der Täter jedoch unmittelbar durch die Bankomatkarte Geld aus dem Bankomaten, so liegt nach der Rspr kein Einbruchsdiebstahl iSv § 129 Z 1 bzw 2, sondern nur einfacher Diebstahl nach § 127 vor.[29]

19 Das **Eindringen mit einem nicht zur ordnungsgemäßen Öffnung bestimmten Werkzeug** stellt eine Generalklausel dar. Laut der RV fallen darunter Sperrwerkzeuge, die einen Sperrmechanismus betätigen und ihn ordnungswidrig in Bewegung setzen (Sperrhaken oder Dietriche[30]). Eine Brechstange dagegen zerstört den Sperrmechanismus, ihre Verwendung begründet regelmäßig eine Einbruchshandlung iSd Z 1.

b) Qualifiziertes Öffnen eines Behältnisses (Z 2)

20 Mit **Behältnis** meint das Gesetz jedes zur Aufnahme von Sachen dienende und sie umschließende Raumgebilde.[31] Im Unterschied zu Räumen sind diese **nicht begehbar**. Ob das Behältnis beweglich oder unbeweglich ist, spielt keine Rolle. Allerdings muss es zur Tatzeit versperrt sein. Der Sperrmechanismus muss dazu bestimmt und geeignet sein, den Zugriff auf die Sache wesentlich zu erschweren.[32]

21 Unter Z 2 fallen etwa Schränke, Koffer, Kisten, Aktentaschen, Badekästchen,[33] Spinde,[34] Kofferraum und Handschuhfach eines Kfz, Spiel- und Warenautomaten, Tresore, Wandsafes und Bankomaten. (Verschnürte) Pakete, Briefe oder eine mit Brettern verschalte Kabeltrommel[35] werden dagegen nicht erfasst.[36]

---

27 *Lewisch* BT I^2 166; *L/St* StGB^3 § 129 Rz 19; *K/Schm* BT II § 129 Rz 42; OGH 11 Os 145/79 (neben das Schloss gelegter Schlüssel); dagegen nimmt der OGH in 13 Os 157/01 eine widerrechtliche Erlangung (trotz) allgemein bekannter Aufbewahrung des Schlüssels in einer Schreibtischlade im Büro des Vorgesetzten an.

28 Vgl *K/Schm* BT II § 129 Rz 42; OGH 11 Os 145/79.

29 OGH 11 Os 114/85; 15 Os 127/89; 12 Os 113/91; 15 Os 35/06w. Zur umstrittenen Frage, ob die Bargeldbehebung mit einer entfremdeten Bankomatkarte überhaupt Diebstahl (§ 127) oder nicht betrügerischen Datenverarbeitungsmissbrauch (§ 148a) darstellt, siehe bei §§ 127, 128 Rz 36 sowie § 148a Rz 7.

30 *Bertel* in WK^2 § 129 Rz 10; OGH 10 Os 79/75.

31 *K/Schm* BT II § 129 Rz 61.

32 *Bertel* in WK^2 § 129 Rz 14.

33 OGH 9 Os 198/83.

34 OGH 15 Os 78/01.

35 OGH 12 Os 84/77.

36 *K/Schm* BT II § 129 Rz 61.

Der Täter verwirklicht Z 2, wenn er ein Behältnis **aufbricht**. Aufbrechen in diesem Sinn entspricht der Tathandlung des Einbrechens in einen Raum der Z 1 (Rz 10). 22

Dem gleichwertig ist ein **Öffnen** als zwar **gewaltloses Einwirken** auf den Verschlussmechanismus, aber unter **Verwendung eines der in Z 1 genannten Mittel**, wodurch sich der Täter **Zugriff auf den gesamten Behältnisinhalt** verschafft. Das bloße Herausangeln der Beute aus einem Behältnis[37] fällt daher ebenso wenig unter Z 2 wie das Öffnen eines Zahlenschlosses durch eine Nummernkombination. 23

Wer einen Automaten durch Einwurf wertloser Metallstücke oder durch Einführen eines Drahtes in den Münzeinwurfschlitz[38] dazu bringt, eine Zigarettenpackung freizugeben, oder wer durch Tricks mit der bloßen Hand,[39] mit einem Kamm, Nagel oder Zündholz bewirkt, dass der Automat mehrere Packungen freigibt, begeht nur einen einfachen Diebstahl.[40] 24

Der Täter muss das **Behältnis noch am Tatort** aufbrechen bzw öffnen. Es reicht nicht aus, wenn er das gesamte Behältnis an einen sicheren Ort verbringt und sich dort erst an dessen Inhalt heranmacht.[41] Reißt der Täter also einen Safe aus der Verankerung, nimmt ihn mit in den Wald und öffnet ihn dort, so begeht er Diebstahl nach §§ 127, 128 (Inhalt), Sachbeschädigung nach § 125 (Verputz) sowie dauernde Sachentziehung gem § 135 (Safe). 25

c) Überwindung einer Sperrvorrichtung (Z 3)

Der Diebstahl durch **Überwindung einer Sperrvorrichtung** ergänzt Z 1 und 2, indem er die Manipulation eines **Mechanismus** sanktioniert, der ein **Verschließen und Wiederöffnen** ermöglicht und eine **hinreichende Sicherungsfunktion** vor fremdem Zugriff erfüllt.[42] Eine solche „sonstige" Sperrvorrichtung iSd Z 3 kann nur eine sein, die nicht zugleich einen besonders geschützten Raum (Z 1) oder ein Behältnis (Z 2) schützt.[43] Beispielhaft sind Lenkrad- oder Zündschlosssperren, Vorhängeschlosser, Kettenschlösser, Fahrradspeichenschlösser,[44] Nummernschlösser etc; nicht aber Schraubverschlüsse oder bloße Schnapp-„schlösser" oder ein mittels Reißverschluss gesicherter Rucksack. Wie bei Z 2 muss die Sperrvorrichtung **aufgebrochen** oder durch ein in Z 1 genanntes **Werkzeug** geöffnet werden. 26

d) Subjektiver Tatbestand

Der Täter muss, um das Delikt des Einbruchsdiebstahls zu verwirklichen, bereits **im Zeitpunkt des Eindringens** in den besonders geschützten Raum oder 27

37 OGH 13 Os 69/11p.
38 OGH 15 Os 154/93 = EvBl 1994/132.
39 OGH 11 Os 126/78 = RZ 1978/134.
40 *Bertel* in WK² § 129 Rz 17; OGH 13 Os 80/86 = RIS-Justiz RS0088977.
41 *Lewisch* BT I² 163 f; OGH 14 Os 160/95.
42 *K/Schm* BT II § 129 Rz 77; OGH 14 Os 160/95.
43 *Lewisch* BT I² 164.
44 OGH 9 Os 186/83.

den Öffnens des Behältnisses den Vorsatz haben, in Folge aus diesen Sachen zu stehlen.[45] Bricht er etwa nur ein Schloss auf in der Absicht, sich in der Wohnung umzusehen und seine Neugier zu befriedigen, stiehlt dann aber doch eine ihm besonders zusagende Uhr, so begeht er realkonkurrierend § 125 (Aufbruch des Schlosses) und § 127 (allenfalls § 128 bei besonderem Wert der Uhr), jedoch nicht § 129. Dagegen ist § 129 verwirklicht, wenn der Täter eine andere Sache als die geplante aus dem geschützten Raum stiehlt, weil ein globaler Diebstahlsvorsatz (der Täter sagt sich: „Ich will irgendetwas stehlen") für den subjektiven Tatbestand bei § 129 genügt.

2. Diebstahl unter Verwendung einer Waffe (Z 4)

Diebstahl unter Verwendung einer Waffe (§ 129 Z 4) verwirklicht, wer
- einen Diebstahl (§ 127) begeht,
- bei dem er oder mit seinem Wissen (§ 5 Abs 3) ein anderer Beteiligter (§ 12) eine Waffe oder ein anderes Mittel bei sich führt, um den Widerstand einer Person zu überwinden oder zu verhindern.

a) Objektiver Tatbestand

28 Von den Formen des Einbruchsdiebstahls grenzt sich der Diebstahl unter Verwendung einer Waffe wesensmäßig ab. Er begegnet der **Gefahr**, dass es **während der Einbruchshandlung zu einer Konfrontation** mit dem Opfer oder einem Dritten kommt und der Dieb zur Überwindung dieses eventuellen Widerstands eine Waffe einsetzt. Wird die Waffe zur Sachwegnahme tatsächlich eingesetzt, liegt Raub (§ 142) vor (siehe zur Abgrenzung bei Rz 43), wird sie zur Aufrechterhaltung der Beute bei einer Betretung auf frischer Tat verwendet, ist räuberischer Diebstahl (§ 131) einschlägig.

29 Der Begriff der **Waffe** wird von der hL wie bei § 109 Abs 3 Z 2 verstanden. Alle Waffen iSd § 1 WaffG, egal ob verboten oder nicht, fallen damit unter § 129 Z 4. Erfasst sind bspw neben Schusswaffen auch Gaspistolen, Schlagringe, Springmesser und Stahlruten. Die Rspr[46] geht davon aus, dass selbst **ungeladene und funktionsunfähige Waffen** unter § 129 Z 4 zu subsumieren sind. Nach hL ist jedoch der Waffenbegriff teleologisch auf jene Fälle zu reduzieren, in denen eine waffenspezifische Gefährlichkeit vorliegt.[47]

30 Nach dem Wortlaut des § 129 Z 4 sind **andere Mittel**, die wie eine Waffe die Wirksamkeit eines Angriffs oder einer Abwehrhandlung steigern, den Waffen **gleichgestellt**. Somit fallen etwa Injektionsnadeln,[48] Brecheisen,[49] Stemmeisen,

45 *Lewisch* BT I^2 164; *K/Schm* BT II § 129 Rz 10.

46 ZB OGH 12 Os 33/09h (ungeladene Gaspistole als Waffe beim Raub); 14 Os 17/04 (Eignung einer defekten Waffe zur Überwindung oder Verhinderung eines Widerstandes).

47 *K/Schm* BT II § 129 Rz 87.

48 OGH 15 Os 23/01; 14 Os 129/01.

49 *Lewisch* BT I^2 168.

Küchenmesser und Baseballschläger[50] unter diese Qualifikation. Obwohl § 143 diese Erweiterung nicht vorsieht, subsumiert die Rspr diese verwendeten Tatmittel auch bei einem Raub unter die Waffenqualifikation (siehe zum Ganzen auch §§ 142, 143 Rz 21 ff).

Bei-sich-Führen der Waffe stellt darauf ab, dass sie der Dieb während der Tatausführung bei sich trägt. Dabei ist es ausreichend, wenn der Täter die Waffe erst während der diebischen Handlung an sich nimmt.[51] Insofern kann diese Qualifikation auch dadurch erfüllt werden, dass der Dieb zuerst eine Waffe stiehlt und seinen Diebstahl bewaffnet fortsetzt mit der Absicht, die Waffe gegebenenfalls einzusetzen, um den Widerstand einer Person zu überwinden oder zu verhindern. 31

Für die Qualifikation des § 129 Z 4 ist es nicht erforderlich, dass das **Mitführen einer Waffe** durch den unmittelbaren Täter (§ 12 1. Fall) erfolgt. Sofern **einer der an der Tat Beteiligten** (§ 12 2. u 3. Fall) eine Waffe bei sich führt, ist der objektive Tatbestand dieser Qualifikation auch für die anderen Tatbeteiligten erfüllt. Insofern ist der Tatbestand dieser Qualifikation verwirklicht, wenn der Beitragstäter eine Waffe bei sich trägt, um sie allenfalls zur Ermöglichung der Flucht zu verwenden. 32

b) Subjektiver Tatbestand

Der Vorsatz des Täters muss sich zunächst auf den Umstand des Mitführens einer Waffe beziehen. Dass er die exakte normative Bedeutung des **Waffenbegriffes** kennt, ist nicht gefordert. Dafür genügt eine **Parallelwertung in der Laiensphäre**. 33

Darüber hinaus muss der **unmittelbare Täter** die **Absicht** (§ 5 Abs 2) haben, die **Waffe** oder das andere gleichwertige Mittel allenfalls **einzusetzen**, um den Diebstahl auszuführen oder zu fliehen.[52] Zum „Waffeneinsatz" gehört in diesem Zusammenhang auch die Drohung mit der Waffe.[53] 34

Den **unbewaffneten Beteiligten** trifft die Qualifikation des bewaffneten Diebstahls nach § 129 Z 4 nur dann, wenn er im Vertrauen auf die Bewaffnung des Komplizen stiehlt und diese Bewaffnung des Beteiligten und deren Zweck für gewiss (Wissentlichkeit iSv § 5 Abs 3) hält.[54] 35

III. Versuch und Beteiligung

Einbruchsdiebstahl (Z 1–3) ist bereits dann **versucht**, wenn der Täter das Eindringen in den besonders geschützten Raum als ersten Akt oder eine dieser 36

50 *Bertel* in WK² § 129 Rz 20.
51 OGH 11 Os 136/75.
52 *Bertel* in WK² § 129 Rz 20.
53 *K/Schm* BT II § 129 Rz 96.
54 OGH 11 Os 37/88; *Bertel* in WK² § 129 Rz 23.

Tathandlung unmittelbar vorangehende ausführungsnahe Handlung setzt, indem er zB einen „Dietrich" am Schloss ansetzt.[55]

37 Für den Bereich der **Beteiligung** ist zu beachten, dass jeder, der auch nur einen Teil der mehraktigen Ausführungshandlung eigenhändig setzt, unmittelbarer Mittäter des qualifizierten Delikts ist. Es genügt also, wenn ein Täter nur die Haustür aufbricht und die Wegnahme der Sache seinem Komplizen überlässt.[56]

IV. Privilegierung und tätige Reue

38 Die Privilegierung der **Entwendung** (§ 141) ist auf Grund des Gesetzeswortlauts auf den nach § 129 qualifizierten Diebstahl **nicht anzuwenden**. Die Privilegierung der **Begehung im Familienkreis** (§ 166) ist nur für § 129 Z 4 ausgeschlossen. Strafaufhebung durch **tätige Reue** (§ 167) kommt hingegen auch bei allen qualifizierten Fällen des Diebstahls in Betracht.

V. Konkurrenzen und Abgrenzung

39 **Beschädigungen** an Schlössern, Türen etc, die durch die Einbruchshandlung entstehen, werden durch § 129 Z 1 konsumiert.[57] Um keine typische Begleittat handelt es sich, wenn der Dieb in der Wohnung des Opfers Gegenstände aus Zerstörungswut beschädigt. In solchen Fällen konkurriert Diebstahl mit (schwerer) Sachbeschädigung (§§ 125 f).

40 Die **anderen Diebstahlsqualifikationen** (§§ 128, 130, 131) können mit § 129 echt konkurrieren. Dies gilt auch für § 129 Z 4 gegenüber Z 1–3, wenn also zB der Täter beim Einbruchsdiebstahl (§ 129 Z 1–3) auch eine Waffe mit sich führt. Dagegen sind **Z 1–3 untereinander gleichwertig** (alternatives Mischdelikt).[58]

41 Bricht der Täter das **Schloss eines Kfz** auf und fährt damit im Anschluss davon, begeht er Einbruchsdiebstahl nach **§ 129 Z 1** am Fahrzeug, wenn er den Pkw nicht nur vorübergehend gebrauchen (vgl § 136), sondern sich zueignen will. Bricht er das Fahrzeug auf und dringt er anschließend vom Fahrgastraum weiter in den Kofferraum vor und entwendet er von dort Gegenstände, verwirklicht er ebenfalls § 129 Z 1. Bricht er dagegen den **verschlossenen Kofferraum** oder Benzintank auf und nimmt er daraus einen Gegenstand, so verwirklicht er angesichts der Behältniseigenschaft der Tatobjekte **§ 129 Z 2**.

42 Beim **Diebstahl mit Waffen** (§ 129 Z 4) kommt vor allem die Abgrenzung zu § 131 und §§ 142 f zum Tragen. **§ 129 Z 4** liegt vor, wenn der Dieb oder ein

55 *K/Schm* BT II § 129 Rz 47. Zum Versuch beim mehraktigen Delikt vgl *Fuchs* AT[7] Kap 29 Rz 24; *Hager/Massauer* in WK[2] §§ 15, 16 Rz 37.
56 *K/Schm* BT II § 129 Rz 49.
57 *Bertel* in WK[2] § 129 Rz 13.
58 *K/Schm* BT II § 129 Rz 53.

anderer Beteiligter die Waffe mit sich führt, um sie gegebenenfalls einzusetzen, es aber **zu keinem tatsächlichen Waffeneinsatz** kommt. Setzt dagegen der Dieb die Waffe beim **Betreten auf frischer Tat** gegen einen Dritten ein, um sich die weggenommene Sache zu erhalten, liegt allenfalls räuberischer Diebstahl nach **§ 131** vor. § 129 Z 4 wird in solchen Fällen von § 131 verdrängt.[59]

Vom **Raub** (§ 142) hebt sich der räuberische Diebstahl (§ 131) wiederum dadurch ab, dass bei **§ 142** der tatsächliche Waffengebrauch – und sei es auch nur zu Drohungszwecken – im Zusammenhang mit der Sachwegnahme oder Sachübertragung (iS eines Gewahrsamsbruchs) steht. Zum Diebstahl mit Waffen (§ 129 Z 4) bildet wiederum der tatsächliche Waffeneinsatz das Abgrenzungskriterium. **43**

Wer in eine Wohnung einbricht, dort aber schließlich das Delikt des Raubes begeht, weil er zB beim Einbruchsversuch erwischt wird, macht sich allein nach den §§ 142 f strafbar. Daran ändert sich auch nichts, wenn Einbruchsdiebstahl und Raub im Versuchsstadium stecken bleiben. **44**

VI. Prozessuales

Alle Varianten des § 129 fallen aufgrund ihrer Strafdrohung in den Kompetenzbereich des **Einzelrichters am LG** (§ 31 Abs 4 Z 1 StPO) und können daher grundsätzlich einer diversionellen Erledigung (§§ 198 ff StPO) zugeführt werden. Obwohl auf Grund der Strafdrohung von mehr als drei Jahren Freiheitsstrafe nach allgemeinen Grundsätzen an sich ein Fall von notwendiger Verteidigung in der Hauptverhandlung vorliegen würde, macht das Gesetz für § 129 Z 1–3 eine Ausnahme (vgl § 61 Abs 1 Z 5 StPO). Dies vor allem deswegen, weil zum Teil relativ leichte Fälle unter § 129 fallen (zB die aufgebrochene Kassa eines Zeitungsständers) und der Beschuldigte nicht durch Verteidigerkosten über Gebühr belastet sein soll.[60] **45**

Ad Beispielsfall: Um die Strafbarkeit beurteilen zu können, muss nach Tatobjekten differenziert werden: Hinsichtlich des Bargeldes kann dem A schon deswegen kein Einbruchsdiebstahl (§ 129 Z 1) angelastet werden, weil er mangels außergewöhnlicher Veränderung seiner Körperhaltung nicht in ein Gebäude „einsteigt“. An den Schmuck gelangt A auch nicht durch einen widerrechtlich erlangten Schlüssel, da einem unmittelbar unter die Türmatte gelegten und aufgefundenen Schlüssel die normativ geforderte Komponente der widerrechtlichen Erlangung fehlt: Der Schlüssel bleibt schließlich im Machtbereich des Opfers; er wird nur unbefugt gebraucht. Allein hinsichtlich der wertvollen Münzen verwirklicht A Einbruchsdiebstahl gem § 129 Z 2, indem er ein Behältnis (Safe) mit einem nicht zur ordnungsgemäßen Öffnung

59 Vgl *Bertel* in WK² § 129 Rz 21.

60 JAB 1257 BlgNR 13. GP, 2; *Tipold*, ÖJZ 1994, 1 sieht in den beiden Ausnahmen (§§ 129 Z 1 bis 3 und 164 Abs 4) eine Gleichheitswidrigkeit.

bestimmten Werkzeug (Schraubenzieher) öffnet und sich den Inhalt aneignet. Hinsichtlich des Bargeldes und des Schmucks bleibt es somit bei der Strafbarkeit nach § 127, die mit § 129 Z 2 hinsichtlich der Münzen real konkurriert.

Zentrale Probleme zur Wiederholung: *Auslegung der einzelnen Tathandlungen; Waffenbegriff; Abgrenzungsfragen.*

G. Gewerbsmäßiger Diebstahl, Diebstahl im Rahmen einer kriminellen Vereinigung (§ 130)

I. Überblick

§ 130 enthält zwei als besonders strafwürdig eingeordnete Fälle, in denen der gegenständliche Diebstahl nur ein Glied in der Kette weiterer Diebstähle ist. Es handelt sich dabei zum einen um den Umstand, dass der Täter den Diebstahl in der Absicht (§ 5 Abs 2) begeht, noch weitere Diebstähle folgen zu lassen **(gewerbsmäßiger Diebstahl)**. Zweitens wird die Tatbegehung im Rahmen einer **kriminellen Vereinigung** besonders pönalisiert, da diese Art von Zusammenschluss als qualifiziert gemeinschädlich angesehen werden kann.[1] 1

Eine erneut höhere Strafdrohung findet sich in Satz 2, die an eine gewerbsmäßige Begehung schwerer Diebstähle (§ 128) oder Diebstähle durch Einbruch oder mit Waffen (§ 129) anknüpft. 2

Die **praktische Bedeutung** des § 130 ist **hoch**. Nach der gerichtlichen Kriminalstatistik wurden im Jahr 2010 exakt 3.186 Personen wegen Diebstahls nach § 130 verurteilt. Das waren etwa 40 % aller Verurteilungen wegen Diebstahls (§§ 127–131). 3

Beispielsfall: A, B und C schließen sich zusammen, um ihren Lebensunterhalt durch den Diebstahl und Verkauf von wertvollen Smartphones zu finanzieren. Bei ihren Beutezügen schrecken sie mitunter auch vor Gewaltanwendung nicht zurück. In einem gut frequentierten Geschäft rempelt B die unaufmerksame Kundin K an, damit A unbemerkt nach ihrem in der Handtasche befindlichen Smartphone greifen kann. Das Vorhaben gelingt, wie schon etliche Male zuvor.

II. Tatbestand

1. Gewerbsmäßigkeit

Das Kriterium der Gewerbsmäßigkeit wird in § 70 beschrieben: Gewerbsmäßig begeht eine strafbare Handlung, wer sie in der **Absicht** vornimmt, **sich durch ihre wiederkehrende Begehung eine fortlaufende Einnahme zu verschaffen**. Diese Formulierung legt die dogmatische Einordnung der Gewerbsmäßigkeit als erweiterten Vorsatz nahe. Überwiegend wird sie jedoch wegen der rechtsgutsfeindlichen Gesinnung, die sich hinter einer solchen Absicht verbirgt, als besonderes Schuldmerkmal angesehen.[2] Die Gewerbsmäßigkeit ist je- 4

---

1 Vgl *K/Schm* BT II § 130 Rz 33.

2 *K/Schm* BT II § 130 Rz 5; *L/St* StGB[3] § 130 Rz 5; *Rainer* in SbgK § 70 Rz 3; OGH 11 Os 92/78; 12 Os 13/76.

denfalls **rein subjektiv** formuliert. Der Täter muss also bloß beabsichtigen, sich durch weitere Diebstähle über eine längere Zeit hinweg eine Einkommensquelle zu eröffnen. Auf eine objektive Verwirklichung dieses Bestrebens kommt es nicht an.

5 **Wiederkehrende Begehung** heißt **nicht unbegrenzte Fortsetzung**.[3] Sie liegt auch dann vor, wenn sich zwischen den geplanten Taten erhebliche Zeitabstände finden.[4] Bei entsprechender Absicht (§ 5 Abs 2) ist bereits der erste (wenn auch bloß versuchte[5]) Diebstahl nach § 130 qualifiziert. Hingegen ist der erste Diebstahl nicht als gewerbsmäßig strafbar, wenn der Täter erst nach gelungener Tatausführung eine Wiederholung beabsichtigt.[6] Insgesamt ist die Gewerbsmäßigkeit nicht so eng zu verstehen, dass der Täter den Diebstahl zu seiner Profession und ausschließlichen Erwerbsquelle iS einer berufsmäßigen Begehung macht.[7]

6 Umstritten ist, wann von einer **Einnahme** gesprochen werden kann. Während die Praxis die Gewerbsmäßigkeit eher weit versteht und dazu tendiert, jede Bereicherung als Einnahme anzusehen, gibt es in Literatur Ansätze eines restriktiven Verständnisses. Insofern wird von einer Einnahme nur dann ausgegangen, wenn es dem Dieb auf einen **in Geld messbaren Gewinn** ankommt. Es genügt demnach nicht, wenn der Täter Sachen zum eigenen Ge- oder Verbrauch (Nahrungsmittel) stehlen will.[8] Auch die Begehung zu einem bestimmten Anlass (um sich Weihnachtsgeschenke zu beschaffen[9]) zielt nicht darauf ab, sich eine Einnahme zu verschaffen, denn Einnahme ist nicht gleichzusetzen mit Bereicherung.[10]

7 Von der beabsichtigten wiederkehrenden Tatbegehung ist die **fortlaufende Einnahme** als angestrebter Erfolg zu unterscheiden. Es ist demnach auch erforderlich, dass es zu einer wiederkehrenden Einnahme kommt. Die Rspr lässt dafür bereits eine Dauer von mehreren Wochen ausreichen.[11] In der Literatur wird als Ansatz für eine restriktive Interpretation der Gewerbsmäßigkeit ein

3 ZB OGH 13 Os 49/89; 16 Os 44/90; 11 Os 14/97; *Rainer* in SbgK § 70 Rz 15.

4 *Lewisch* BT I[2] 169; OGH 11 Os 48/78 = EvBl 1978/199. Drei Angriffe innerhalb von drei Jahren wurden jedoch als nicht ausreichend angesehen (zB OGH 13 Os 60/91).

5 OGH 15 Os 100/97.

6 *Lewisch* BT I[2] 169.

7 OGH 9 Os 40/81; *Bertel* in WK[2] § 130 Rz 1; *Lewisch* BT I[2] 169. AA *K/Schm* BT II § 130 Rz 12, die den Tatbestand restriktiv interpretieren wollen (berufsmäßige Begehung).

8 So *Bertel* in WK[2] § 130 Rz 1; *B/S* BT I[11] § 130 Rz 4. Anders die hM: *Jerabek* in WK[2] § 70 Rz 10; *L/St* StGB[3] § 70 Rz 5 und § 130 Rz 3; *K/Schm* BT II § 130 Rz 16; OGH 15 Os 172/99.

9 OGH 11 Os 48/92.

10 *Bertel* in WK[2] § 130 Rz 1 mwN.

11 OGH 11 Os 14/97; 13 Os 162/80 (zahlreiche, sich über einen Zeitraum von mehr als einem Monat erstreckende Taten). Einen Monat hält auch *Rainer* in SbgK § 70 Rz 19 für ausreichend.

längerer Einnahmezeitraum für erforderlich gehalten, zB ein solcher von drei Monaten[12] bzw einem Monat.[13]

Der Qualifikation der Gewerbsmäßigkeit unterliegen nur jene Beteiligten, die **in eigennütziger Absicht** handeln. Die Absicht, einem anderen eine fortlaufende Einnahme zu verschaffen, reicht auf Grund des Gesetzeswortlauts nicht für die Erfüllung dieser Qualifikation aus.[14] **8**

2. Gewerbsmäßiger schwerer Diebstahl

Wenn der Täter einen **schweren Diebstahl** (§ 128) oder einen **Diebstahl durch Einbruch oder mit Waffen** (§ 129) gewerbsmäßig begeht, verdoppelt sich nach § 130 Satz 2 der Strafsatz auf zehn Jahre. Dabei muss nicht jede einzelne geplante Wiederholungstat nach § 128 oder § 129 qualifiziert sein, sondern diese Qualifikation ist bereits erfüllt, wenn sich die Absicht des Täters im Wesentlichen **auch** auf die Begehung von Delikten nach §§ 128 f richtet.[15] **9**

3. Diebstahl in krimineller Vereinigung

Aufgrund der besonderen Gefährlichkeit organisierter Strukturen, die sich auf die Begehung bestimmter Delikte spezialisiert haben, regelt § 130 Satz 1 zweiter Fall die Strafbarkeit eines Diebes, der Mitglied einer kriminellen Vereinigung ist und die Tat unter Mitwirkung (§ 12) eines anderen Mitglieds dieser Vereinigung begeht. Der Begriff der kriminellen Vereinigung geht auf das StRÄG 2002 zurück, mit dem der Begriff der „Bande" ersetzt wurde. Die zur Vorgängerbestimmung ergangene Rspr wird aber weiterhin als maßgeblich angesehen.[16] **10**

Der Begriff der **kriminellen Vereinigung** ist in **§ 278 Abs 2** definiert. Er liegt in Zusammenhang mit §§ 127 ff vor, wenn sich **wenigstens drei Personen** auf längere Zeit zur Begehung von **einem oder mehreren, nicht bloß geringfügigen Diebstählen** zusammenschließen.[17] Dabei muss jeder einzelne Diebstahl für sich allein genommen den Wert des § 141 deutlich übersteigen.[18] Auch ein einziger geplanter Diebstahl wird als ausreichend angesehen, wenn die Vorbereitung längere Zeit in Anspruch nimmt.[19] **11**

---

12 *Geyer,* Gewerbsmäßig ungerecht, RZ 2006, 37 (38); *Bertel* in WK² § 130 Rz 2.
13 *Rainer* in SbgK § 70 Rz 19.
14 *K/Schm* BT II § 130 Rz 20; *Lewisch* BT I² 169; *B/S* BT I¹¹ § 130 Rz 9; OGH 14 Os 22/95 mwN.
15 *Lewisch* BT I² 170; *K/Schm* BT II § 130 Rz 27. Enger *Bertel* in WK² § 130 Rz 7, der nur jene Täter von dieser Qualifikation erfasst wissen will, die sich auf nach § 128 oder § 129 qualifizierte Diebstähle spezialisiert haben,.
16 *K/Schm* BT II § 130 Rz 31; *Plöchl* in WK² § 278 Rz 3.
17 Siehe dazu auch *Hinterhofer/Rosbaud* BT II⁵ § 278 Rz 1 ff.
18 *K/Schm* BT II § 130 Rz 38; *Bertel* in WK² § 130 Rz 9.
19 *K/Schm* BT II § 130 Rz 9.

12 Zusätzlich zur Begehung als Mitglied der kriminellen Vereinigung muss die Tat unter **Mitwirkung eines weiteren Mitglieds** iSe einvernehmlichen Zusammenwirkens ausgeführt werden. Eine Mitwirkung am Tatort ist dabei nicht erforderlich. Das weitere Mitglied kann durch jede Form der Beteiligung (§ 12) teilnehmen.[20] So muss auch der Beitragstäter (§ 12 3. Fall) mit dem Willen handeln, als Mitglied einer kriminellen Vereinigung und nicht auf eigene Faust zu handeln.[21]

13 Nimmt ein **Nichtmitglied** der kriminellen Vereinigung am Diebstahl teil, so ist es allein nach §§ 127–129 strafbar, selbst wenn es im Bewusstsein handelt, dass die anderen Beteiligten im Rahmen einer kriminellen Vereinigung agieren. Dies ergibt sich daraus, dass der Zusammenschluss zu einer kriminellen Vereinigung als zusätzliches (idR vorangehendes) Verhalten unrechtserhöhend wirkt und ein Nichtmitglied dieses Verhalten weder selbst gesetzt noch daran mitgewirkt hat. Insofern wäre es auch nicht sachgerecht, die unrechtserhöhende Qualifikation dem Nichtmitglied anzulasten.[22]

III. Abgrenzung und Konkurrenzen

14 Gewerbsmäßiger Diebstahl nach **§ 130 Satz 1** kann mit den **§§ 128, 129 oder 131 echt konkurrieren**, wenn der Täter über die verwirklichten oder versuchten Fälle der §§ 128, 129 oder 131 hinaus die Begehung weiterer, aber bloß einfacher Diebstähle beabsichtigt. Echte Konkurrenz besteht auch zwischen den beiden Alternativen des § 130 Satz 1, wenn ein Diebstahl in krimineller Vereinigung gewerbsmäßig begangen wird.[23] Weiters kann § 130 Satz 1 zweiter Fall mit § 130 Satz 2 echt konkurrieren.[24]

15 Nach herrschender Ansicht ist der Täter, wenn er den Diebstahl als Mitglied einer kriminellen Vereinigung (§ 130 Satz 1 zweiter Fall) begeht, zusätzlich wegen **Bildung einer kriminellen Vereinigung** (§ 278) zu bestrafen.[25]

IV. Privilegierung und tätige Reue

16 Die Privilegierung der **Entwendung** (§ 141) ist auf Grund des Gesetzeswortlauts bei nach § 130 qualifiziertem Diebstahl zwar nicht von vornherein ausgeschlossen, praktisch aber kaum vorstellbar. Da eine kriminelle Vereinigung auf nicht bloß geringfügige Diebstähle ausgerichtet sein muss, scheidet § 141 für

---

20 *K/Schm* BT II § 130 Rz 45.
21 *Bertel* in WK[2] § 130 Rz 8b.
22 *K/Schm* BT II § 130 Rz 48 f.
23 *Lewisch* BT I[2] 170; *K/Schm* BT II § 130 Rz 50.
24 AA *L/St* StGB[3] § 130 Rz 14; *B/S* BT I[11] § 130 Rz 10.
25 *K/Schm* BT II § 130 Rz 52; *Lewisch* BT I[2] 170; *Hinterhofer/Rosbaud* BT II[5] § 278 Rz 14; aA *Bertel* in WK[2] § 130 Rz 10, der dies aufgrund des Doppelverwertungsverbotes ablehnt.

die Qualifikation des § 130 Satz 1 zweiter Fall aus.[26] Gleiches gilt für gewerbsmäßige Diebstähle nach § 129.[27] Die Privilegierung der **Begehung im Familienkreis** (§ 166) ist dagegen bei Gewerbsmäßigkeit eher denkbar. Strafaufhebung durch **tätige Reue** (§ 167) kommt bei allen qualifizierten Fällen des § 130 in Betracht.

V. Prozessuales

Der Einzelrichter ist für Verfahren wegen § 130 erster Satz, der Schöffensenat wegen solcher nach dem zweiten Satz zuständig (§ 31 Abs 3 Z 1 bzw Abs 4 Z 1 StPO). Dementsprechend scheidet bei gewerbsmäßigem schweren oder gewerbsmäßigem Einbruchsdiebstahl (§ 130 zweiter Satz) jede Diversionsmöglichkeit (§§ 198 ff StPO) kategorisch aus. **17**

Ad Beispielsfall: A, B und C bilden durch ihr auf Begehung von nicht geringfügigen Diebstählen angelegtes Verhalten (mitunter sogar Raub nach § 142, zumindest aber auch räuberischen Diebstahl nach § 131) eine kriminelle Vereinigung iSd § 278 Abs 2. Indem B die Tat des A dadurch maßgeblich erleichtert, dass er das Opfer K ablenkt, liefert er einen tauglichen und kausalen Tatbeitrag iSd § 12 3. Fall, womit der (einfache) Diebstahl (§ 127) unter Mitwirkung eines Mitglieds der kriminellen Vereinigung begangen wurde und zudem genau von jener Gattung war, auf deren Verwirklichung die Vereinigung angelegt war. Insofern verwirklichen A und B §§ 127, 130 Satz 1 zweiter Fall. Da sich beide durch wiederholte Diebstähle eine fortlaufende Einnahmequelle erschließen wollen, machen sie sich idealkonkurrierend dazu auch wegen § 130 Satz 1 erster Fall strafbar. Beide sind zusätzlich wegen krimineller Vereinigung (§ 278) zu verfolgen, der am Diebstahl unbeteiligte C kann nur wegen § 278 verfolgt werden.

Zentrale Probleme zur Wiederholung: *Auslegung von Gewerbsmäßigkeit und krimineller Vereinigung.*

26 *Bertel* in WK² § 130 Rz 9.
27 *K/Schm* BT II § 130 Rz 38.

H. Räuberischer Diebstahl (§ 131)

I. Überblick

1 Das Delikt des räuberischen Diebstahls (§ 131) ist eng verwandt mit dem des Raubes nach § 142 und unterscheidet sich von diesem im Wesentlichen auf subjektiver Ebene. Bei **§ 131** setzt der Täter wie beim Raub Gewalt gegen eine Person ein oder er droht auf qualifizierte Weise (mit gegenwärtiger Gefahr für Leib und Leben). Er tut dies jedoch nicht wie beim Raub mit dem Ziel, den Gewahrsam an Sache zu bekommen, sondern um den im Zuge der Tat erlangten **Gewahrsam** am Diebesgut **aufrechtzuerhalten** und zu verteidigen. Die Notwendigkeit der Gewaltanwendung ergibt sich für ihn gleichsam überraschend aus der Situation.[1]

2 Neben dem **Vermögen** schützt § 131 auch die **Willensbildungs- und -betätigungsfreiheit**.[2] Mit dem Geschehensablauf verbundene Nötigungen oder gefährliche Drohungen (§§ 105 ff) treten als subsidiär zurück. Von der Konstruktion her handelt es sich um ein **zweiaktiges Delikt**: Im ersten Akt wird der Gewahrsam gebrochen, im zweiten dieser erlangte Gewahrsam verteidigt.[3]

3 Die Bedeutung des räuberischen Diebstahls (§ 131) in der **gerichtlichen Verurteilungspraxis** ist relativ **gering**. Im Jahr 2010 wurden lediglich 67 Personen wegen § 131 verurteilt.

Beispielsfall: In einem Elektronikfachmarkt nützt A die Gelegenheit und steckt sich eine hochwertige Digitalkamera in seine Hosentasche, wobei er die anhaftende Diebstahlsicherung nicht entfernt. Schnellen Schrittes bewegt er sich auf den Geschäftsausgang zu, wird jedoch bei seinem gesamten Vorhaben vom Kaufhausdetektiv D beobachtet. Als dieser ihn noch im Geschäft, aber bereits jenseits der Kassa zur Rede stellen will, setzt ihn A durch einen gezielten Schlag in den Bauch außer Gefecht und entkommt mit seiner Beute.

Variante: D gelingt es erst auf dem Parkplatz des Fachmarktes, den A zu stellen. Dort widerfährt ihm dieselbe Grobheit.

II. Tatbestand

Den Tatbestand des räuberischen Diebstahls (§ 131) verwirklicht, wer (kumulativ)

– einen Diebstahl begeht,

---

1 *Bertel* in WK² § 131 Rz 1; *B/S* BT I¹¹ § 131 Rz 2; *K/Schm* BT II § 131 Rz 30; OGH 14 Os 113/08m.

2 *K/Schm* BT II § 131 Rz 3 sehen daher in § 131 ein aus Nötigung und Diebstahl zusammengesetztes Delikt.

3 *K/Schm* BT II § 131 Rz 1 ff; *Burgstaller*, JBl 1978, 396; *Schwaighofer*, ZVR 2000, 187; OGH 11 Os 52/94 = JBl 1995, 737; 12 Os 103/06y; 15 Os 55/09s.

- dabei auf frischer Tat betreten wird und
- Gewalt oder Drohung mit gegenwärtiger Gefahr für Leib und Leben ausübt,
- um sich (§ 5 Abs 2) die weggenommene Sache zu erhalten.

1. Diebstahl

Der Täter muss als Vortat einen Diebstahl (§§ 127 ff) gleich welcher Art (oder Privilegierung wie §§ 141, 166) begangen haben. Ob der **Diebstahl vollendet** sein muss oder die Erreichung bloßen Mitgewahrsams des Täters bereits ausreicht, ist **umstritten**. Im Kern steht dabei die genaue Interpretation des Begriffs der „Wegnahme“ und deren Zeitpunkt. Eine ältere Ansicht stellt auf die formelle Vollendung des Diebstahls ab. Der Täter oder ein Dritter müsse demnach bereits **Alleingewahrsam** an der Sache besitzen.[4] Wendet er vor diesem Zeitpunkt Gewalt an oder setzt er eine qualifiziert-gefährliche Drohung, so begehe er Raub (§ 142). Räuberischer Diebstahl (§ 131) käme nur infrage, wenn der Täter nach Vollendung des Diebstahls Gewalt anwende oder qualifiziert-gefährlich drohe, um den Alleingewahrsam an der Beute zu behaupten. 4

Die Gegenansicht will § 131 bereits dann gelten lassen, wenn der Täter an der Sache **Mitgewahrsam** erlangt hat und der Diebstahl sich somit noch im **Versuchsstadium** befindet.[5] Nach dieser Auffassung wäre der Täter bloß wegen § 131 und nicht wegen § 142 strafbar, wenn er beim Diebstahlsversuch betreten wird und gegen den Eingreifenden räuberische Mittel einsetzt. Macht sich zB ein Dieb an diversen im Wohnzimmer befindlichen Wertgegenständen zu schaffen und wird er dabei vom Besitzer der Wohnung gestört und aufzuhalten versucht, verwirklicht er folglich nach dieser Position § 131 und nicht § 142, wenn es ihm gelingt, mit der Beute zu fliehen. 5

Insgesamt ist davon auszugehen, dass eine **unterschiedlich starke kriminelle Energie** eingesetzt wird, wenn die räuberischen Mittel lediglich zur (spontanen) Aufrechterhaltung eines bereits erlangten Mitgewahrsams eingesetzt werden, als wenn diese Tatmittel von vornherein der Gewahrsamserlangung dienen. Insofern erscheint es sachgerecht, auch bei der Verteidigung der Beute eines Diebstahlsversuchs räuberischen Diebstahl (§ 131) und nicht Raub (§ 142) anzunehmen (siehe auch bei Rz 19). 6

2. Betreten auf frischer Tat

Die Tat ist so lange als „frisch“ anzusehen, **bis** der Täter die **Beute in Sicherheit** gebracht hat,[6] sie also versteckt oder in einem Raum untergebracht 7

---

4 *K/Schm* BT II § 131 Rz 8; *Zipf* in WK[1] § 142 Rz 53; *L/St* StGB[3] § 131 Rz 3.

5 StRspr des OGH 11 Os 52/94; zuletzt 14 Os 113/08m; *Fabrizy* StGB[10] § 131 Rz 2; *Lewisch* BT I[2] 172 f; *Bertel* in WK[2] § 131 Rz 7.

6 *Lewisch* BT I[2] 167.

hat, an dem er oder ein Dritter ein Hausrecht haben.[7] Wird er daher während oder nach der Tatausführung am Tatort, in dessen unmittelbarer Nähe oder beim Transport der Beute in das Versteck betreten, so ist der erforderliche enge zeitliche Zusammenhang zum ersten Akt gewahrt.[8] Dies ist zB der Fall, wenn der Kaufhausdetektiv einen Dieb bis auf den Parkplatz des Geschäftes verfolgt und dort von diesem weggestoßen wird[9] oder wenn ein Angestellter des Geschäfts den Dieb bis zur nahe gelegenen U-Bahnstation verfolgt und dort von ihm niedergeschlagen wird.[10]

8 Hat dagegen der Dieb seine **Beute bereits in Sicherheit gebracht** und wird er in seinem Versteck gestellt, so liegt (schwere) Nötigung (§§ 105 f) realkonkurrierend zum Diebstahl (§ 127) vor, wenn er die Beute zu verteidigen versucht. Kommt es im Zuge der Auseinandersetzung zu einer Verletzung, verwirklicht er zusätzlich Körperverletzung nach §§ 83 ff).

3. Anwendung der räuberischen Mittel

9 Der auf frischer Tat betretene Dieb muss für die Erfüllung des Tatbestands von § 131 entweder **Gewalt gegen eine Person** anwenden oder **sie mit gegenwärtiger Gefahr für Leib oder Leben** (§ 89) bedrohen. Diese Mittel sind der Art nach jene des Räubers[11] und heben sich nur durch eine anders gerichtete Zwecksetzung **(Sacherhalt statt Sachwegnahme)** ab. Der Täter **droht qualifiziert**, wenn er jemandem in Aussicht stellt, er werde ihn auf der Stelle töten oder erheblich verletzen.[12] Nicht unbedingt muss die Drohung an den gerichtet sein, dessen Gewahrsam gebrochen wurde bzw in dessen Eigentum die Sache steht. Adressat ist vielmehr jeder Störer bei der Tatausführung bzw eine dem Störer nahestehende Person (vgl § 74 Abs 1 Z 5; siehe dazu näher bei §§ 142, 143 Rz 7, 9). Einschlägig ist etwa das Vorhalten einer Waffe, das Zufahren mit dem Kfz auf den Störenden oder das Losgehen mit Schlägen und Tritten auf den ihn aufhaltenden Kaufhausdetektiv. Bloßes Losreißen aus einem Arretierungsgriff erfüllt dagegen idR noch nicht die erforderliche Schwelle an Gewaltintensität.[13]

10 Ab wann eine **Gewaltanwendung gegen eine Person** vorliegen soll, wird nicht einheitlich beantwortet (siehe dazu näher bei §§ 142, 143 Rz 8 ff). Überwiegend wird sie verstanden als jede Anwendung nicht ganz unerheblicher kör-

7 *Bertel* in WK^2 § 131 Rz 8a.

8 *K/Schm* BT II § 131 Rz 10. Laut OGH 16 Os 9/90 auch dann, wenn der Dieb durch schnelles Zuschlagen dem Bemerktwerden zuvorkommt.

9 OGH 11 Os 52/94.

10 OGH 14 Os 44/10w.

11 *Lewisch* BT I^2 168.

12 *Bertel* in WK^2 § 131 Rz 4.

13 Siehe etwa OGH 14 Os 118/94; anders 11 Os 120/89 = RIS-Justiz RS0093762, wonach das Wegstoßen einer anhaltungsberechtigten (§ 80 Abs 2 StPO) Person die für den normativen Gewaltbegriff vorausgesetzte Erheblichkeitsschwelle überschreitet.

perlicher Kraft, die eingesetzt wird zur Überwindung eines tatsächlich geleisteten oder eines erwarteten Widerstands.[14] Anderer Auffassung nach genügt jeder Einsatz physischer Kraft gegen den Körper einer Person, unabhängig von einer besonderen körperlichen Kraftanstrengung oder Willensbeugungsqualität.[15] Angesichts der deutlich erhöhten Strafdrohung, die mit § 131 verbunden ist, erscheint eine Erheblichkeitsschwelle als sachgerecht.

Einigkeit besteht dahingehend, dass sich die Gewalttätigkeit bzw qualifiziert-gefährliche Drohung **nicht gegen denjenigen, dessen Gewahrsam gebrochen wurde**, richten muss. Es reicht die Gewaltanwendung gegenüber zu Hilfe eilenden Dritten.[16] Dies ergibt sich letztlich aus den Überlegungen zur Nötigung, wo nicht nur Gewalt und Drohung gegen den Genötigten den Tatbestand begründen, sondern auch solche Tathandlungen gegen Sympathiepersonen (siehe dazu bei §§ 105, 106 Rz 10 ff). Da es bei § 131 um den Sacherhalt des Opfers geht, kommt es nicht einmal auf der Erfordernis der Sympathieperson an, sondern es reicht, wenn der Sacherhalt von irgendeinem Unbeteiligten verhindert werden soll.[17] **11**

4. Erweiterter Vorsatz

Auf subjektiver Seite ist es erforderlich, dass der Dieb bei Anwendung von Gewalt oder qualifiziert-gefährlicher Drohung die **Absicht** (§ 5 Abs 2) verfolgt, sich oder einem Dritten die **Sache zu erhalten**.[18] Diese Absicht liegt dann nicht vor, wenn der Täter die Beute fallen lässt und bloß Gewalt anwendet, um seine eigene Flucht zu gewährleisten. (Versuchter) Diebstahl (§ 127) tritt in diesem Fall realkonkurrierend zu Nötigung (§ 105), allenfalls auch einem Körperverletzungsdelikt (§§ 83 ff) hinzu, wenn er im Rahmen der bei der Flucht ausgeübten Gewalt einen anderen verletzt. **12**

Auch der Ladendieb, der die Verkäuferin zur Seite stößt, weil er fliehen will und das Auspacken der Ware seine Flucht nicht gefährden könnte, begeht bloß einfachen Diebstahl (§ 127), weil es ihm nicht darauf ankommt, sich den Gewahrsam an der Sache zu erhalten, sondern er davon ausgeht, dass der Zeitaufwand der Entledigung der Beute seine Flucht gefährden würde. Dass dem Dieb während der Flucht der Gewahrsam am Feuerzeug in seiner Manteltasche mitbewusst ist, genügt für die Absicht, die § 131 erfordert, nicht.[19] **13**

---

14 *Lewisch* BT I² 172 f; *Eder-Rieder* in WK² § 142 Rz 20; *L/St* StGB³ § 105 Rz 4, § 131 Rz 8, § 142 Rz 6; OGH 11 Os 91/93. Nach *Bertel* in WK² § 131 Rz 2 erreicht die Einwirkung auf den Körper eines anderen die für eine Gewaltanwendung nötige Erheblichkeit, wenn sie dem Opfer einen Widerstand unmöglich macht, es bewusstlos macht, ihm Schmerzen bereitet oder das Opfer zu Boden wirft.

15 *K/Schm* BT II § 131 Rz 14.

16 *K/Schm* BT II § 131 Rz 15; *L/St* StGB³ § 131 Rz 11; *Fabrizy* StGB¹⁰ § 131 Rz 2.

17 Siehe in diese Richtung *K/Schm* BT II § 131 Rz 11 und 15; *L/St* StGB³ § 131 Rz 11.

18 *K/Schm* BT II § 131 Rz 17; *Lewisch* BT I² 171.

19 *K/Schm* BT II § 131 Rz 18; *Bertel* in WK² § 131 Rz 10.

III. Qualifikation

14 Der räuberische Diebstahl ist qualifiziert und mit einer höheren Strafdrohung versehen, wenn die Gewaltanwendung eine **Körperverletzung mit schweren Dauerfolgen** (§ 85) oder den **Tod** eines Menschen nach sich zieht. Es handelt sich dabei um Erfolgsqualifikationen iSd § 7 Abs 2, weshalb der Täter schon bei bloß fahrlässiger (objektiv zurechenbarer) Verursachung der besonderen Folge haftet. Unter dieser Schwelle liegende Körperverletzungen, die aus der Gewaltanwendung resultieren, werden jedoch durch eine Strafbarkeit nach § 131 als gleichsam typische Folge des Gewaltaktes konsumiert.[20] Bei vorsätzlicher Tötung tritt § 75 neben den nicht nach § 131 qualifizierten einfachen Diebstahl (§ 127).[21]

IV. Versuch und Beteiligung

15 § 131 ist schon dann vollendet, wenn der Dieb nach der Wegnahme vom Vorsatz der Sacherhaltung getragene Gewalt anwendet. Es ist **nicht notwendig**, dass es ihm auch gelingt, seine **Beute zu erhalten**. Insofern ist **Versuch** nur innerhalb enger Grenzen vorstellbar. Er kommt dann infrage, wenn der Einsatz von Gewalt gegen eine Person oder einer qualifiziert-gefährlichen Drohung sein Ziel nicht erreicht, weil zB der gewaltbereite Dieb noch vor Ergreifen einer Schlagwaffe überwältigt wird.[22]

16 Folgt man der hier präferierten Ansicht, wonach der Einsatz von Gewalt vor vollendeter Wegnahme bei Sacherhaltungsabsicht räuberischen Diebstahl (§ 131) und nicht Raub (§ 142) begründet (vgl Rz 4 ff), so ergibt sich ein breiterer Anwendungsbereich für versuchten räuberischen Diebstahl: Der Einsatz von Gewalt ist die Ausführungshandlung. Durch die nicht erreichte Aufrechterhaltung des Gewahrsams ist der für § 131 erforderliche Taterfolg nicht eingetreten.

17 Eine **Beteiligung** an § 131 setzt voraus, dass der Beteiligte zu jedem Teilakt (also Wegnahme und Gewaltwendung/Drohung) zumindest beiträgt[23] und selbst mit dem erweiterten Vorsatz auf Erhalt des Diebsguts durch den Einsatz räuberischer Mittel handelt. Wer also ohne aktive Beteiligung am Diebstahl bloß in weiterer Folge Gewalt übt, verwirklicht lediglich §§ 83, 105 ff. Weiters machen sich am Diebstahl Beteiligte noch nicht wegen § 131 strafbar, wenn sich ein Komplize spontan, ohne Vereinbarung im Tatplan, dazu entschließt, die Diebe zu unterstützen, indem er die Verfolger gewaltsam aufhält.[24] Daran ändert auch das bloße billigende Einverständnis mit der Aktion nichts, wobei freilich hier

---

20 *Bertel* in WK² § 131 Rz 12; *K/Schm* BT II § 131 Rz 33.

21 *Lewisch* BT I² 172.

22 *K/Schm* BT II § 131 Rz 22.

23 *K/Schm* BT II § 131 Rz 25; anders offenbar *Bertel* in WK² § 131 Rz 11.

24 *Bertel* in WK² § 131 Rz 11.

die Grenzen zur Beteiligung durch psychischen Tatbeitrag (§ 12 3. Fall) fließend sind.

V. Abgrenzung und Konkurrenzen

Vom **einfachen Diebstahl** (§ 127) grenzt sich § 131 vor allem durch die Gewaltanwendung ab, wobei die Schwelle zwischen bloßer Rohheit und Gewalt entscheidend ist. Nach der Judikatur reicht etwa ein Niederstoßen des Opfers, das Losreißen aus seinem Haltegriff[25] oder das Zerren oder Entreißen der Tasche für § 131 aus, nicht aber das bloße Anrempeln.[26] **18**

Für die Abgrenzung zwischen räuberischen Diebstahl (§ 131) und **Raub** (§ 142) ist entscheidend, ob die **räuberischen Mittel zur Sachwegnahme** (zum Gewahrsamsbruch) oder zur **Gewahrsamserhaltung** eingesetzt werden. (vgl Rz 4 ff). Ist noch kein Alleingewahrsam des Täters erreicht worden, ist entscheidend, ob der Einsatz räuberischer Mittel zur Erlangung von Alleingewahrsam von vornherein einkalkuliert war. In solchen Fällen ist von Raub (§§ 142 f) auszugehen. Lockt der Täter zB die Sache unter einem Vorwand heraus und wendet er unmittelbar daran anschließend Gewalt – wie geplant – an, handelt es sich um Raub (§ 142) und nicht räuberischen Diebstahl.[27] **19**

Führt ein am Diebstahl Beteiligter eine Waffe mit sich, um sie gegebenenfalls einzusetzen, bzw weiß ein am Diebstahl Beteiligter um diesen Umstand bei einem anderen, kommt ein Diebstahl mit Waffen (§ 129 Z 4) in Betracht, solange es zu keinem Waffeneinsatz kommt. Ist § 131 (zumindest als Versuch) verwirklicht, wird § 129 Z 4 von dieser Norm konsumiert.[28] **20**

VI. Prozessuales

Räuberischer Diebstahl (§ 131) fällt aufgrund ausdrücklicher gesetzlicher Anordnung (§ 31 Abs 3 Z 3 StPO) in die sachliche Zuständigkeit des **Schöffengerichts**. Eine diversionelle Erledigung (§§ 198 ff StPO) scheidet daher von vornherein aus. **21**

Ad Beispielsfall: Zumindest nach der Rspr des OGH hat A aufgrund der Beobachtung durch den Kaufhausdetektiv D trotz der intensiven körperlichen Zuordnung (Einstecken eines kleinen Gegenstandes) bloßen Mitgewahrsam an einer fremden Sache im Zeitpunkt der Konfrontation mit dem Detektiv. Der Diebstahl ist damit noch nicht vollendet. Durch den Schlag in die Ma-

25 OGH 16 Os 11/90.

26 Nachweise bei *Lewisch* BT I^2 172 f.

27 So OGH 14 Os 113/08m.

28 AA *K/Schm* BT II § 131 Rz 32; *L/St* $StGB^3$ § 129 Rz 43; *Bertel* in WK^2 § 131 Rz 13; *B/S* BT I^{11} § 131 Rz 20.

gengrube wendet A Gewalt an, um die Sache in den Alleingewahrsam überzuführen. Nach der neueren Auffassung der Judikatur gelangt man zu einer Strafbarkeit wegen räuberischen Diebstahls (§ 131), während die ältere Raub (§ 142) annehmen würde.

Bei der genannten Variante würde dieselbe Gewalthandlung auf dem Parkplatz, also bloß ein paar Meter weiter, zu einem anderen Ergebnis führen. Der Diebstahl wäre aufgrund der alleinigen Gewahrsamsbegründung des Täters vollendet, und es käme ausschließlich § 131 zur Anwendung.

Zentrale Probleme zur Wiederholung: *erweiterter Vorsatz auf Sacherhalt; Abgrenzung zum Raub.*

I. (Schwerer) Raub (§§ 142, 143)

I. Überblick

1 Die strafbare Handlung des Raubes (§§ 142 f) setzt sich aus den Elementen der schweren Nötigung (§§ 105, 106) und des Diebstahls (§ 127) zusammen. Insofern ist Raub in seinem logischen Aufbau ein **Spezialfall des Diebstahls und der Nötigung**.[1] **Geschütztes Rechtsgut** sind damit diebstahlstaugliche **Gegenstände** als Ausschnitte des Vermögens.[2] Die Willensfreiheit iS der **Freiheit der Willensbildung** in eine bestimmte Richtung, die Freiheit der Willensbetätigung und die Fähigkeit zur Willensbildung ist durch den Konnex zur Nötigung ein mitgeschütztes Rechtsgut[3] (siehe dazu bei §§ 105, 106 Rz 1 und 8).

2 Der Taterfolg des Raubs besteht im Begründen von Gewahrsam an einer raubtauglichen Sache. Der Raub (§ 142) ist damit ein **Erfolgsdelikt** und mit der Gewahrsamsbegründung vollendet. Im Normalfall nimmt der Räuber die Sache mit Gewalt oder durch Drohung weg. Allerdings erfasst der Tatbestand des § 142 nicht nur die **Sachwegnahme**, sondern auch die Erzwingung der **Herausgabe einer Sache** durch das Opfer oder einen Dritten angesichts einer gegenwärtigen Bedrohung (Abnötigen).

3 **§ 142 Abs 1** beschreibt das **Grunddelikt** des Raubs. Der in § 143 normierte schwere Raub erfasst verschiedene **Qualifikationen**, die zum einen an der erhöhten Gefährlichkeit der Begehungsweise anknüpfen (zB Raub mit einer Waffe), zum andern an den eingetretenen Tatfolgen (zB Raub mit Todesfolge). § 142 Abs 2 normiert demgegenüber eine **Privilegierung** und senkt den Strafsatz für den sog „minderschweren Raub".

4 Im **Jahr 2010** gab es 836 gerichtliche Verurteilungen wegen Raubs (§§ 142 f). Dies entsprach einem Anteil von 5,5 % an allen gerichtlichen Verurteilungen wegen eines Vermögensdelikts. Von diesen Raubverurteilungen betrafen 355 (42 %) schweren Raub (§ 143), 45 erfolgten als Verurteilung wegen minderschweren Raubs (§ 142 Abs 2).

Beispielsfall: A ist nach einem Studentenfest ziemlich „abgebrannt". Nach Ende des Fests hatte er den Rest der Nacht in einem in der Nähe der Uni gelegenen Park verbracht. Als er am nächsten Morgen den B, der gerade auf dem Weg in die Vorlesung ist, dahereilen sieht, greift er sich ein etwa einen Meter langes Holzstück im Durchmesser von ca 10 cm. Er stürmt auf B zu und bedroht ihn mit den Worten: „Geld und Handy her, oder du bist ein toter

1 OGH 13 Os 181/80 = EvBl 1981/174; *Eder-Rieder* in WK² Vorbem §§ 142–145 Rz 2, § 142 Rz 5; *L/St* StGB³ § 142 Rz 1; *F/R-K* BT I³ 127; differenzierend *K/Schm* BT II § 142 Rz 4 ff.

2 *Hintersteininger* in SbgK § 142 Rz 8; *Eder-Rieder* in WK² Vorbem §§ 142–145 Rz 1, § 142 Rz 11; *K/Schm* BT II § 142 Rz 7.

3 *Hintersteininger* in SbgK § 142 Rz 8; *Eder-Rieder* in WK² Vorbem §§ 142–145 Rz 1; *K/Schm* BT II § 142 Rz 7.

Mann." B gibt ihm die Geldbörse, in der sich etwa 30 Euro Bargeld befinden, und sein neues Mobiltelefon im Wert von ca 250 Euro. A nimmt Geld und Handy, lässt die Geldbörse jedoch liegen, sodass B sie wiedererlangt.

II. Tatbestand

Den Tatbestand des Raubes (§ 142) verwirklicht, wer

- mit Gewalt gegen eine Person oder
- durch Drohung mit gegenwärtiger Gefahr für Leib oder Leben (§ 89)
- mit Tat- und Bereicherungsvorsatz
- einem anderen eine fremde bewegliche Sache wegnimmt oder abnötigt.

1. Tatobjekt

5 Das Tatobjekt stimmt mit jenem des Diebstahls (§ 127) vollständig überein und besteht in jeder **fremden beweglichen Sache** mit nicht unerheblichem **Tauschwert**. Zu den Einzelheiten siehe bei §§ 127, 128 Rz 4 ff.

2. Tathandlung

6 Der Raub in der Tatvariante des **Wegnehmens** ist ein **zweiaktiges Delikt**, weil sowohl der Einsatz von Gewalt oder qualifiziert-gefährlicher Drohung nötig ist (1. Akt) als auch eine Wegnahmehandlung gesetzt werden muss (2. Akt). Anders verhält es sich bei der Tatvariante des **Abnötigens**: Hier liegt in der Übergabe durch das Opfer bereits der durch die Tathandlung (Gewalt oder Drohung) angestrebte Erfolg. Insofern ist diese Tatvariante ein **einaktiges Delikt**[4].

7 Bei einem mehraktigen Delikt reicht es für eine **unmittelbare (Mit)-Täterschaft** aus, dass der Beteiligte in einem Akt eine dem Wortlauttatbestand entsprechende Ausführungshandlung setzt. Unmittelbarer Täter des Raubes (§ 142) ist somit auch jener, der am Abtransport der Beute vom Tatort und damit an der Wegnahme (Gewahrsamsbruch und Gewahrsamsbegründung) mitwirkt.[5]

a) Gewalt gegen eine Person

8 **Gewalt** iS der sog **Körperlichkeitstheorie** ist der Einsatz bzw die Einwirkung von nicht unerheblicher physischer Kraft zur Überwindung eines körperlichen Widerstands (Einzelheiten dazu siehe bei §§ 105, 106 Rz 5 ff). Im Unterschied zur Gewalt bei der Nötigung (§ 105) ist beim Raub (§ 142) der Einsatz

---

4 Siehe dazu *K/Schm* BT II § 142 Rz 6; *Eder-Rieder* in WK^2 § 142 Rz 3, *Hintersteininger* in SbgK § 142 Rz 5.

5 Vgl OGH 11 Os 83/11g, wo auf Grund von Kenntnis und Ausnützung des Waffeneinsatzes die Qualifikation des schweren Raubes mit einer Waffe (§§ 142, 143 zweiter Fall) für den die Beute Abtransportierenden in unmittelbarer Mittäterschaft angenommen wurde.

von **Gewalt gegen eine Person** erforderlich. **Sachgewalt**, wie etwa das Zertrümmern von Eingangstüren, Fenstern oder Mobiliar oder das Quälen des Lieblingstiers zum Zweck der Sachwegnahme, ist schon nach dem Gesetzeswortlaut kein taugliches Raubmittel, selbst wenn der Gewahrsamsinhaber durch das Zerstören zB zur Angabe des Geldverstecks genötigt wird. In solchen Fällen besteht allenfalls eine Strafbarkeit wegen Erpressung (§§ 144 f).

Eine **bestimmte Intensität** der Gewalt ist **nicht erforderlich**. Es genügt die Anwendung jeder überlegenen und zur Beugung bzw Beseitigung eines vorausgesetzten Widerstandswillens des Opfers geeigneten Kraft, die auf den Körper eines anderen einwirkt. Faustschläge, Fußtritte oder auch das Würgen ist ebenso ausreichend wie die Anwendung chemischer Substanzen (zB Verabreichung eines Betäubungsmittels) oder der Einsatz physikalischer Mittel (zB Elektroschocks). **Maßgebend** ist nicht die vom Täter entwickelte Kraftentfaltung, sondern die **beim Opfer erzielte körperliche Zwangswirkung** und die Ausschaltung bzw Verringerung jeder Art von Widerstand durch körperlich wirkenden Zwang. 9

Gewalt muss nicht eingesetzt werden, um wirklich geleisteten Widerstand zu brechen. Es genügt, wenn sie **zu erwartenden Widerstand** verhindern soll. Insofern reicht das Einschließen des Opfers in einen Raum, um einen Widerstand von vornherein auszuschließen.[6] Kommt der Täter allerdings durch das **Überraschungsmoment** dem Widerstand des Opfers zuvor, fehlt es an der erforderlichen Gewalt zum Zweck der Überwindung eines erwarteten Widerstands. Das Entreißen einer Tasche ist daher nur Raub (§ 142), wenn die Wegnahme unter gewaltsamer Ausschaltung oder Überwindung des widerstrebenden Willens des Opfers erfolgt, zB durch gewaltsames Zerren an der vom Opfer festgehaltenen Sache. Kommt es dagegen zu gar keinem Widerstand, weil sich das Opfer aufgrund der unvermittelten Handlung des Täters gar nicht gewehrt hat, liegt lediglich ein Diebstahl (§ 127) vor.[7] 10

Die **Gewalt** muss sich nicht unbedingt gegen den Gewahrsamsinhaber selbst richten. Tauglicher Adressat der Gewaltanwendung durch den Täter ist jede Person, von der sich dieser einen Einfluss auf das Verhalten des Opfers verspricht (sog **Sympathieperson**; siehe dazu bei §§ 105, 106 Rz 10).[8] Eine ausreichende Tathandlung liegt zB vor, wenn der Täter die Begleiterin des Opfers würgt, um vom Opfer die Herausgabe des mitgeführten Geldes zu erreichen. 11

---

6 AA *Eder-Rieder* in WK² § 142 Rz 16; *K/Schm* BT II § 142 Rz 20, die bloßes Einsperren nicht ausreichen lassen, sondern zusätzlich ein Gewalt- oder Drohelement im Rahmen des Einsperrens für erforderlich halten.

7 *Eder-Rieder* in WK² § 142 Rz 63; *Hintersteininger* in SbgK § 142 Rz 20; *K/Schm* BT II § 142 Rz 24 ff; *B/S* BT I¹¹ § 142 Rz 4; *F/R-K* BT I³ 128.

8 *Eder-Rieder* in WK² § 142 Rz 27; *Hintersteininger* in SbgK § 142 Rz 19; *L/St* StGB³ § 142 Rz 7; *K/Schm* BT II § 142 Rz 21; *F/R-K* BT I³ 129.

b) Drohung mit gegenwärtiger Gefahr für Leib oder Leben

12 Im Unterschied zur gefährlichen Drohung nach § 74 Abs 1 Z 5 sind die Anforderungen an das angedrohte Übel bei § 142 enger. Es muss ein entsprechendes **schweres Übel** (Tod oder eine nicht unerhebliche Verletzung der körperlichen Unversehrtheit; vgl § 89) **in Aussicht gestellt** werden, dessen **Eintritt sofort bewirkt** werden soll (sog **Imminenz der Drohung**). Eine Drohung mit einer zukünftigen Verletzung von Leib oder Leben reicht für § 142 nicht aus. Allenfalls kann sie als Erpressung (§ 144) oder als Nötigung (§ 105) strafbar sein.

13 Dass sich das an Leib und Leben angedrohte Übel gegen den Bedrohten selbst richtet, ist wie bei der Gewaltanwendung nicht vorausgesetzt. Es kann sich auch **gegen einen Angehörigen** des Bedrohten oder überhaupt gegen jeden Dritten richten, sofern sich der Täter dadurch einen Einfluss auf das Opferverhalten verspricht **(Sympathieperson).**[9] So ist es zB ausreichend, wenn der Bankräuber eine Bankkundin mit der Schusswaffe bedroht und vom Bankangestellten Geld verlangt.[10] Dies ergibt sich letztlich aus der Legaldefinition der gefährlichen Drohung in § 74 Abs 1 Z 5. Diese Bestimmung ist zwar beim Raub nicht direkt anwendbar, aber dem Wesen der Drohung, wie sie das StGB versteht, immanent.[11]

14 **Keine ausreichende Drohung** ist es, wenn der Täter mit einer **Selbsttötung oder Selbstverletzung** droht. Dies ergibt sich aus dem Verweis in § 142 auf § 89, der lediglich die Gefährdung der körperlichen Sicherheit eines anderen pönalisiert. Daran ändert sich auch nichts, wenn der drohende Täter in einem Naheverhältnis zur bedrohten Person steht.[12]

15 Die eingesetzten Raubmittel müssen auf den **sofortigen Übergang einer gegenwärtigen Sache** in die Verfügungsgewalt des Angreifers abzielen.[13] Es ist daher ein gewisses zeitlich-räumliches Naheverhältnis des Beraubten zur geraubten Sache erforderlich, sodass sich das Handeln des Täters **nach außen hin noch als einheitliches Geschehen** darstellt.[14] Dagegen ist es nicht erforderlich,

---

9 OGH 11 Os 80/77 = RIS-Justiz RS0094186 = SSt 48/52; *Eder-Rieder* in WK[2] § 142 Rz 33; *Hintersteininger* in SbgK § 142 Rz 27; *L/St* StGB[3] § 142 Rz 8a; *K/Schm* BT II § 142 Rz 33; *B/S* BT I[11] § 142 Rz 7; *F/R-K* BT I[3] 129.

10 OGH 11 Os 15/80 = EvBl 1980/148; *Eder-Rieder* in WK[2] § 142 Rz 33; *Hintersteininger* in SbgK § 142 Rz 27; *L/St* StGB[3] § 142 Rz 7; *K/Schm* BT II § 142 Rz 33; abweichend *Wach,* ÖJZ 1987, 718.

11 *K/Schm* BT II § 142 Rz 21; *Hintersteininger* in SbgK § 142 Rz 19; *Wach*, ÖJZ 1987, 720 f.

12 *K/Schm* BT II § 142 Rz 30; *Eder-Rieder* in WK[2] § 142 Rz 32a; *Fabrizy* StGB[10] § 142 Rz 3.

13 *Eder-Rieder* in WK[2] § 142 Rz 40; *Hintersteininger* in SbgK § 142 Rz 31; *L/St* StGB[3] § 142 Rz 14; *Fabrizy* StGB[10] § 142 Rz 4; *B/S* BT I[11] § 142 Rz 8.

14 OGH 10 Os 14/84 = JBl 1985, 175 = SSt 55/8; 9 Os 38/84 = SSt 55/37; *Eder-Rieder* in WK[2] § 142 Rz 40; *Hintersteininger* in SbgK § 142 Rz 31 f; *L/St* StGB[3] § 142 Rz 14; *Fabrizy* StGB[10] § 142 Rz 4.

dass Raubmittel und Wegnahme im selben Raum erfolgen. Es reicht zB aus, wenn der Täter das Opfer vor dem Hotel niederschlägt, ihm den (für sich genommen wertlosen) Schlüssel zum Hoteltresor abnimmt und anschließend aus diesem Bargeld entnimmt[15] oder der Täter das Opfer so lange bedroht, bis sich der Komplize das Geld aus dem Tresor im entfernten Büro genommen hat.[16]

c) Gewahrsamsbruch

Der Gewahrsamsbruch beim Raub kann im Wegnehmen oder im Abnötigen bestehen. Das **Wegnehmen** ist ident mit der Tathandlung des Diebstahls (§ 127). Der Täter bricht den fremden Gewahrsam und begründet neuen eigenen Gewahrsam. **Abnötigen** bedeutet im Unterschied dazu die erzwungene Heraus- bzw Übergabe einer Sache. Der Gewahrsam wird also dadurch gebrochen, dass das Opfer selbst oder ein Dritter angesichts der gegenwärtigen Drohung den Gewahrsamswechsel vornimmt **(Sach-Hingabe)**. 16

Erforderlich ist es beim Raub, dass der **Gewahrsamswechsel sofort** geschieht, indem der Täter unmittelbar Herrschaft über die Sache erlangt. Dazu genügt es, dass die Gewaltanwendung oder die qualifiziert-gefährliche Drohung und die nachfolgende Sachbemächtigung in so kurzer zeitlicher Aufeinanderfolge und innerhalb so enger räumlicher Grenzen erfolgen, dass sich das Handeln des Täters auch nach außen hin noch als ein einheitliches Geschehen darstellt.[17] Nötigt der Täter dem Opfer zB mit Gewalt eine (unaufgeladene) Bankomatkarte samt Code ab, um später bei einem Bankomaten damit Geld zu beheben, scheidet mangels sofortigen Gewahrsamswechsels an einem Wertträger Raub aus (zur Abgrenzung mit Erpressung nach §§ 144 f siehe bei Rz 30).[18] 17

3. Taterfolg

Der Taterfolg besteht im vollzogenen Gewahrsamswechsel. Insofern bestehen keine Unterschiede zum Diebstahl (§ 127; siehe dazu näher §§ 127, 128 Rz 30 ff). 18

4. Subjektiver Tatbestand

§ 142 ist ein Vorsatzdelikt. Der **Vorsatz** muss sich auf sämtliche objektive Tatbestandsmerkmale beziehen. Darüber hinaus ist ein **spezifischer Zueignungs- und Bereicherungsvorsatz** erforderlich, aufgrund dessen der Täter die weggenommene oder abgenötigte Sache nicht nur vorübergehend gebrauchen, sondern sich endgültig zueignen will. Darüber hinaus muss er von der Unrechtmäßigkeit der Bereicherung ausgehen, also in der Annahme handeln, keinen Anspruch auf die Übergabe der Sache zu haben. 19

---

15 OGH 11 Os 142, 143/97 = EvBl 1998/70.

16 OGH 10 Os 14/84 = JBl 1985, 175.

17 Siehe etwa *Fabrizy* StGB[10] § 142 Rz 4; *Eder-Rieder* in WK² § 142 Rz 40; OGH 12 Os 157/10w; 12 Os 41/07g.

18 OGH 14 Os 71/96 = RZ 1997/50; 11 Os 95/88 = WBl 1989, 100.

5. Qualifikationen (§ 143)

§ 143 StGB normiert verschiedene Fälle von schwerem Raub.

a) Raub durch Mitglieder einer kriminellen Vereinigung (§ 143 Satz 1 erster Fall)

20 Voraussetzungen der Qualifikation sind das **Bestehen** einer kriminellen Vereinigung, die **mitgliedschaftliche Tatbegehung** und die **Mitwirkung zumindest eines Mitglieds** am Raub iS von § 12. Zum Begriff der **kriminellen Vereinigung** siehe **§ 278 Abs 2** (siehe § 130 Rz 10 ff). Demnach ist eine kriminelle Vereinigung ein auf längere Zeit angelegter Zusammenschluss von mehr als zwei (mindestens drei) Personen, der darauf ausgerichtet ist, dass von einem oder mehreren Mitgliedern der Vereinigung eine oder mehrere der in § 278 Abs 2 abschließend aufgezählten strafbaren Handlungen begangen wird. Für die Erfüllung der Qualifikation des § 143 Satz 1 erster Fall ist die **Begehung des Raubs durch zwei Mitglieder** der kriminellen Vereinigung ausreichend. Dabei ist es nicht erforderlich, dass Bestimmungs- und Beitragshandlungen am Tatort selbst gesetzt werden, sondern es reichen Beteiligungshandlungen fernab vom Tatort, sofern sie sich in der Tat des unmittelbaren Täters auswirken bzw diese fördern. Lockt zB das Mitglied einer kriminellen Vereinigung die Polizei durch Telefonanrufe vom Tatort weg, ist dies eine taugliche Tatbeteiligung iS von § 12 3. Fall.

b) Raub mit Waffen (§ 143 Satz 1 zweiter Fall)

21 Hintergrund für diese Qualifikation ist die **besondere Gefährlichkeit**, die mit Waffen verbunden ist. Als **Waffen** iS von § 143 gelten somit zum einen alle Waffen iS des **§ 1 WaffG**, also alle Gegenstände, die **ihrem Wesen nach** dazu bestimmt sind, die Angriffs- und Abwehrfähigkeit von Menschen durch unmittelbare Einwirkung zu beseitigen oder herabzusetzen **(funktionaler Waffenbegriff)**.[19] Dazu zählen zB Schuss-, Hieb-, Stich- oder Stoßwaffen. Auch ein sog Pfefferspray ist eine Waffe iS von § 1 WaffG, wenn auch keine verbotene.

22 Eine Waffe iSd § 143 ist nach der Rspr darüber hinaus jeder **Gegenstand**, der nach **Form, Wirkungsweise und Anwendbarkeit im Kampf** einer Waffe im technischen Sinn (vgl § 1 WaffG) **gleichwertig** ist und sich damit zur Gewaltanwendung gegen eine Person oder zur Drohung mit gegenwärtiger Gefahr für Leib oder Leben eignet.[20] Als Beispiele für solche Waffen sind ein Maurerhammer, ein Stanleymesser,[21] eine Injektionsspritze mit Nadel[22] oder eine ex-

---

19 OGH 15 Os 23, 24/00 = EvBl 2001/169; 13 Os 45/01 = EvBl 2001/180; *Eder-Rieder* in WK[2] § 142 Rz 19; *Hintersteininger* in SbgK § 143 Rz 19 ff; *Fabrizy* StGB[10] § 143 Rz 5 ff; *K/Schm* BT II § 143 Rz 15.

20 OGH 15 Os 18/92; 11 Os 91/93.

21 OGH 15 Os 173/93.

22 OGH 15 Os 23/01.

plosive Flüssigkeit[23] zu nennen. Mitunter fällt auch ein Raub mit einem Küchenmesser oder einem Taschenmesser unter diese Qualifikation.[24] **Gegen** diese **weite Ausdehnung** des § 143 ist die **Wortlautgrenze** des Tatbestands einzuwenden, der für einen technischen Waffenbegriff nach dem Wesen eines Gegenstands spricht, zumal bei § 143 der Verweis auf ein „anderes Mittel, um den Widerstand einer Person zu überwinden oder zu verhindern" (vgl § 129 Z 4) fehlt (siehe § 129 Rz 28 ff).[25]

Entscheidend für die Subsumtion unter die Qualifikation des § 143 Satz 1 zweiter Fall ist insgesamt nicht der subjektive Eindruck der Gefährlichkeit auf das Opfer allein,[26] sondern darüber hinaus ein gewisses Maß an **objektiver Gefährlichkeit**.[27] Der technisch-funktionale Waffenbegriff trägt diesem Doppelerfordernis Rechnung. Insofern ist es **irrelevant**, ob eine solche Waffe **geladen oder überhaupt funktionsfähig** ist. Folglich erfüllen auch ungeladene Schusswaffen einen Raub nach § 143 Satz 1 zweiter Fall.[28] Hingegen fällt das Benützen einer **Waffenattrappe** (Spielzeugrevolver)[29] oder das Vortäuschen einer Waffe, zB durch das Ansetzen eines Schlüssels am Rücken des Bedrohten, um den Lauf einer Schusswaffe anzudeuten, nach der hM nicht unter die Qualifikation des § 143.[30] Vor diesem Hintergrund ist es trotz allen Abstellens auf die objektive Gefährlichkeit einer „Waffe" gut vertretbar, auch ungeladene Waffen nicht unter den § 143 Satz 1 zweiter Fall zu subsumieren, weil von ihnen im konkreten Fall nicht mehr Gefährlichkeit ausgeht als von einer Spielzeugwaffe.[31] 23

Voraussetzung für die Qualifikation des § 143 Satz 1 2. Fall ist die **tatsächliche Verwendung der Waffe**. Der Täter verwendet die Waffe aber nicht nur, wenn er die Schusswaffe als Mittel der Drohung oder als Schlaginstrument[32] einsetzt, sondern auch, wenn er zB die geladene Pistole sichtbar im Halfter stecken hat und sie solcherart im Rahmen der Drohung zur Ausführung des Raubs einsetzt. Das bloße Mitführen einer Pistole in der Jackentasche allein macht – 24

---

23 OGH 12 Os 108/02.
24 Vgl OGH 11 Os 112/07s; 15 Os 71/11x.
25 Siehe zum Ganzen auch *Rebisant* Rz 271 ff.
26 Für eine stärkere Berücksichtigung des Opferaspekts *Eder-Rieder* in WK^2 § 142 Rz 21a.
27 ZB OGH 11 Os 112/07s; 15 Os 71/11x.
28 OGH 12 Os 59/78 (verstärkter Senat) = SSt 49/45 = EvBl 1978/175 = RZ 1978/101 = JBl 1979, 380; *Eder-Rieder* in WK^2 § 142 Rz 20 f. Differenzierend *K/Schm* BT II § 142 Rz 19 ff, die darauf abstellen, ob die ungeladene oder funktionsuntüchtige Waffe rasch geladen oder funktionstüchtig gemacht werden kann. In diesem Fall bejahen sie die Qualifikation des § 143 Satz 1 zweiter Fall, was unter dem Gesichtspunkt der objektiven Gefährlichkeit sachlich gerechtfertigt ist.
29 OGH 13 Os 84/96.
30 OGH 12 Os 59/78 (verst Senat) = EvBl 1978/175; *Eder-Rieder* in WK^2 § 143 Rz 21; *Hintersteininger* in SbgK § 143 Rz 22; *K/Schm* BT II § 143 Rz 18; *B/S* BT I^{11} § 143 Rz 3; *Lewisch* BT I^2 215.
31 So *F/R-K* BT I^3 130.
32 OGH 10 Os 59/76 = RZ 1976/106.

im Unterschied zu § 129 Z 4 – einen Raub aber noch nicht zu einem bewaffneten Raub.

c) Raub mit schweren Folgen (§ 143 2. und 3. Satz)

25 Ein Raub ist weiters qualifiziert, wenn im Zuge seiner Begehung bestimmte schwere Tatfolgen eintreten. Qualifikationsbegründende Folgen sind eine **schwere Körperverletzung** (§ 84 Abs 1), eine **Körperverletzung mit schweren Dauerfolgen** (§ 85) oder der **Tod** eines Menschen. Dabei ist es nicht erforderlich, dass die genannten Folgen beim bedrohten Raubopfer eintreten. Es genügt auch eine Verletzung Unbeteiligter,[33] zB durch abgegebene Schreckschüsse oder den Einsatz von Handgranaten als Gewaltmittel. **Leichte Körperverletzungen** des Angegriffenen werden vom Grunddelikt des § 142 konsumiert, und zwar auch dann, wenn die Voraussetzungen des § 84 Abs 2 Z 1 (Körperverletzung mit einem solchen Mittel und auf solche Weise, womit in der Regel Lebensgefahr verbunden ist) vorliegen.

26 Bei den genannten schweren Raubfolgen handelt es sich um sog **erfolgsqualifizierte Delikte**. Es reicht also aus, dass die besondere Folge **fahrlässig** herbeigeführt worden ist (§ 7 Abs 2). Bezieht sich der Vorsatz auf die Verletzungsfolge, kann diese Erfolgsqualifikation ebenso zum Zug kommen. Handelt der Täter jedoch mit Tötungsvorsatz („Raubmord"), so konkurrieren § 142 und § 75 echt miteinander.[34]

6. Privilegierung (§ 142 Abs 2)

27 Ein sog **minderschwerer Raub** mit einer geringeren Strafdrohung liegt vor, wenn der Täter **keine erhebliche Gewalt** angewendet hat, lediglich eine **Sache geringen Werts** (ca 100 Euro) weggenommen bzw abgenötigt wird und nur **unbedeutende Folgen** eingetreten sind. All diese Voraussetzungen müssen **kumulativ** vorliegen. Nach dem klaren Gesetzeswortlaut scheidet die Anwendung dieser Privilegierungsnorm von vornherein aus, wenn es sich um einen schweren Raub nach § 143 handelt.

28 **Keine erhebliche Gewalt** sind zB ein Stoß, der das Opfer zum Stolpern bringt, oder ein paar leichte Ohrfeigen.[35] Hinsichtlich der eingesetzten qualifizierten gefährlichen Drohung bestehen keine Einschränkungen. Dies bedeutet, dass in allen Fällen des Raubes durch Drohung die Privilegierung des § 142 Abs 2 grundsätzlich zur Anwendung kommen kann, sofern dabei keine Waffe eingesetzt und dadurch der Tatbestand des § 143 zweiter Fall verwirklicht wird.[36] Unter den **unbedeutenden Raubfolgen** sind die negativen Auswirkun-

---

33 *Hintersteininger* in SbgK § 143 Rz 34; *L/St* StGB[3] § 143 Rz 17; *K/Schm* BT II § 143 Rz 32.

34 AA *Wegscheider* Konkurrenz, 233 f, der echte Konkurrenz zwischen § 143 Satz 3 zweiter Fall und § 75 vertritt, da somit der gesamte Unwert im Urteil ersichtlich wird.

35 So *F/R-K* BT I[3] 129.

36 OGH 12 Os 59/78 = RIS-Justiz RS0094296 (verst Senat) = SSt 49/45; *Eder-Rieder* in WK[2] § 142 Rz 56; *Hintersteininger* in SbgK § 142 Rz 48; *K/Schm* BT II § 142 Rz 96; *L/St* StGB[3] § 142 Rz 31; *Fabrizy* StGB[10] § 142 Rz 7; *F/R-K* BT I[3] 129.

gen der Tat gemeint.[37] Dazu gehört auch die aus der Tat resultierende psychische Beeinträchtigung des Opfers.[38]

III. Abgrenzung und Konkurrenzen

Schwierig gestaltet sich mitunter die Abgrenzung zwischen räuberischem Diebstahl (§ 131) und Raub (§ 142). Beim **räuberischen Diebstahl** (§ 131) kommt es darauf an, dass die Gewalt oder qualifizierte Drohung angewendet wird, um sich den Besitz des vorher – ohne Widerstand des Geschädigten – weggenommenen Gegenstandes zu erhalten. Im Unterschied dazu wird beim **Raub** (§ 142) Gewalt oder qualifizierte Drohung eingesetzt, um sich in den Besitz der Sache zu setzen. Entscheidend ist also, ob die Sachwegnahme beim Einsatz der räuberischen Mittel bereits geschehen ist und eine Gewahrsamsbegründung des Täters stattgefunden hat (siehe zu den unterschiedlichen Positionen bei § 131 Rz 4 ff). 29

Erpressung (§ 144) ist gegeben, wenn die eingesetzte Gewalt oder Drohung nicht die unverzügliche, sondern erst eine **künftige Sachübergabe** erzwingen soll.[39] **Raub** (§ 142) setzt dagegen voraus, dass Gewalt oder Drohung mit gegenwärtiger Gefahr für Leib oder Leben als unmittelbares Übel auf **sofortigen Übergang einer präsenten** Sache in die Verfügungsgewalt des Angreifers abzielt. Erpressung (§ 144) und nicht Raub (§ 142) verwirklicht auch, wer einen anderen nicht zur Übergabe einer Sache, sondern zu einer Handlung, Duldung oder Unterlassung zwingt, die das Opfer oder einen Dritten unmittelbar am Vermögen schädigt, zB durch die Nötigung, die Bankomatkarte in den Bankomaten zu stecken und den passenden Code einzutippen, damit sich der Drohende das Geld nehmen kann (siehe zum Abnötigen der Bankomatkarte auch §§ 144, 145 Rz 6). Erpressung (§ 144) liegt weiters vor, wenn die eingesetzte Drohung nicht das für Raub (§ 142) genannte **Erfordernis der gegenwärtigen Gefahr für Leib oder Leben** erfüllt, sondern es sich bloß um eine gefährliche Drohung nach § 74 Abs 1 Z 5 handelt, oder die Gewalt sich nicht gegen eine Person richtet.[40] 30

Nötigung (§ 105) und nicht **Raub** (§ 142) liegt vor, wenn der Täter **nicht mit Bereicherungsvorsatz** handelt, zB weil er durch die Raubhandlung einen tatsächlich bestehenden oder nur vermeintlichen Rechtsanspruch durchsetzen will.[41] 31

---

37 *Eder-Rieder* in WK² § 142 Rz 60 f; *Hintersteininger* in SbgK § 142 Rz 51 f; *L/St* StGB³ § 142 Rz 32.

38 *Eder-Rieder* in WK² § 142 Rz 60; *Hintersteininger* in SbgK § 142 Rz 52; *F/R-K* BT I³ 129.

39 *Eder-Rieder* in WK² § 144 Rz 39 ff; *Hintersteininger* in SbgK § 142 Rz 70, § 144 Rz 56; *L/St* StGB³ § 142 Rz 24; *K/Schm* BT II § 144 Rz 75; *F/R-K* BT I³ 128; *Lewisch* BT I² 220.

40 *Eder-Rieder* in WK² § 142 Rz 25, 32, 35; *Hintersteininger* in SbgK § 142 Rz 18, § 144 Rz 12; *K/Schm* BT II § 142 Rz 17, 29; *F/R-K* BT I³ 129.

41 *Eder-Rieder* in WK² § 142 Rz 45; *Hintersteininger* in SbgK § 142 Rz 42; *L/St* StGB³ § 142 Rz 15 iVm § 127 Rz 56 f; *K/Schm* BT II § 127 Rz 172; *B/S* BT I¹¹ § 142 Rz 10.

32 Wird bei einem **Raub** (§ 142) das Opfer leicht **verletzt**, erfolgt keine gesonderte Bestrafung der leichten Verletzungen (§§ 83 ff), weil dieses Delikt vom Raub konsumiert wird.[42] Bei schweren Verletzungen (§§ 84 f) besteht keine Idealkonkurrenz mit den Körperverletzungsdelikten, weil in diesem Fall die Tat als schwerer Raub (§§ 142, 143 Satz 3) zu qualifizieren ist.

33 **Raub** (§ 142) kann mit **Hausfriedensbruch** (§ 109) echt konkurrieren, wenn die bei einem Hausfriedensbruch eingesetzte Gewalt über das zur Verübung des Raubes erforderliche Maß hinaus gegen im Haus befindliche Personen angewendet wird.

34 Zwischen **Raub** (§ 142) und **erpresserischer Entführung** (§ 102) ist Konkurrenz möglich.[43] Dabei ist zu unterscheiden, ob die Geiselnahme (zB das Bedrohen eines Bankkunden mit einer Pistole, um den Kassier zur Ausfolgung von Geld zu bewegen) allein dem Zweck der Sacherlangung dient und danach sofort beendet wird oder ob sie darüber hinaus etwa zur Erzwingung eines freien Abzugs oder zur Erlangung eines Fluchtautos eingesetzt wird. Nur in den beiden letzten Fällen ist eine echte Konkurrenz zu bejahen.[44]

IV. Prozessuales

35 Das **Grunddelikt** des Raubes nach § 142 Abs 1 fällt aufgrund des Strafsatzes (vgl § 31 Abs 3 Z 1 StPO), die **Privilegierung** nach § 142 Abs 2 aufgrund ausdrücklicher gesetzlicher Anordnung in die sachliche **Zuständigkeit des Schöffengerichts** (§ 31 Abs 3 Z 3 StPO). Somit ist bei sämtlichen Raubfällen von Erwachsenen **kein diversionelles Vorgehen** zulässig (vgl § 198 Abs 2 Z 1 StPO).

36 Die **Qualifikationen** fallen nach der Erweiterung des Anwendungsbereichs des Schöffengerichts durch das Budgetbegleitgesetz 2009[45] mit Ausnahme des Raubs mit schweren Dauerfolgen (§ 85) sowie mit Todesfolge (§ 143 Satz 3 aE) ebenfalls in die Zuständigkeit des **Schöffengerichts**. Der **Raub mit schweren Dauerfolgen bzw mit Todesfolge** liegt im Kompetenzbereich des **Geschworenengerichts** (§ 31 Abs 2 Z 1 StPO).

Ad Beispielsfall: A droht durch die Äußerung: „Geld und Handy her, oder du bist ein toter Mann" dem B mit gegenwärtiger Gefahr für Leib oder Leben (§ 89). Beim eingesetzten Holzstück handelt es sich um keine Waffe im technischen Sinn. Die Gleichwertigkeit einer Waffe im technischen Sinn

42 OGH 9 Os 108/75 = RIS-Justiz RS0092619 = SSt 46/66; 14 Os 171/87 = EvBl 1988/105; 12 Os 130, 167/97 = EvBl 1998/100; *Eder-Rieder* in WK^2 § 142 Rz 67; *Hintersteininger* in SbgK § 142 Rz 77; *K/Schm* BT II § 142 Rz 83.

43 OGH 11 Os 147/84 = SSt 55/73.

44 *Eder-Rieder* in WK^2 § 142 Rz 73; *Hintersteininger* in SbgK § 142 Rz 75; *L/St* StGB^3 § 142 Rz 39; *Lewisch* BT I^2 102.

45 BGBl I 2009/52.

nach Form, Wirkungsweise und Anwendbarkeit im Kampf ist eher zu verneinen, wodurch die Qualifikation des § 143 Satz 1 zweiter Fall ausscheidet.[46] Aufgrund der Drohung kommt es zur Weggabe der raubtauglichen Sachen 30 Euro Bargeld und Mobiltelefon im Wert von ca 250 Euro. Der Wert der Beute lässt die Privilegierung des § 142 Abs 2 nicht zur Anwendung gelangen. A handelt mit entsprechendem Tat- und Bereicherungsvorsatz und erfüllt somit den entsprechenden Tatbestand des § 142 Abs 1 hinsichtlich der genannten Tatobjekte. Die Geldbörse will er sich dagegen nicht zueignen, sodass für dieses Tatobjekt Raub nach § 142 ausscheidet. Bei entsprechend unwahrscheinlicher Rückerlangung des Eigentümers kommt mitunter dauernde Sachentziehung (§ 135) in Betracht.

Zentrale Probleme zur Wiederholung: *Auslegung der Raubmittel; Qualifikationen und Privilegierung; Abgrenzungen und Konkurrenzen.*

Weiterführende Literatur: *Eder*, Die Strafbarkeit des Anwerbens von Raubkomplizen, JBl 2000, 69; *dies*, Gewaltanwendung in der Vollbringungsphase eines Raubes, RZ 1994, 268; *Hochmayr/ Schmoller*, Die Definition der Gewalt im Strafrecht, ÖJZ 2003, 628; *Krückl*, Der Waffenbegriff des schweren Raubes, ÖJZ 1981, 566; *Wach*, Die Beschaffenheit der „Drittbeziehung" bei Nötigung (§ 105 StGB) und Raub (§ 142 StGB), ÖJZ 1987, 715; *dies*, Herbeiführung schwerer Raubfolgen nach vollendetem Gewahrsamswechsel? ÖJZ 2003, 750; *Zipf*, Raub und Erpressung, LJZ 1991, 24.

46 In OGH 10 Os 177/76 wurde eine „kantige Zaunlatte" in bedenklicher Erweiterung des Gesetzeswortlautes als einer Waffe im technischen Sinn gleichwertig angenommen.

J. Veruntreuung (§ 133)

I. Überblick

1 Die Veruntreuung (§ 133) gehört zu den **Delikten**, die **besondere Vermögenswerte** schützen, nämlich das Eigentum des Berechtigten an einem „Gut". § 133 zählt somit zu den sog **Enteignungsdelikten**. Das dahinterstehende **geschützte Rechtsgut** ist ein **Ausschnitt des Vermögens**, der sich im Gut verkörpert. In Abgrenzung zum Diebstahl kommt es bei § 133 zu **keinem Bruch von übergeordnetem Gewahrsam**, sondern Gewahrsam an der Sache wurde bereits vor der Enteignungshandlung durch Anvertrauen begründet. Das **geschützte Rechtsgut** ist dennoch nicht der Missbrauch des Vertrauens, sondern **ausschließlich** der **besondere Vermögenswert des Eigentümers**.[1]

2 Die Tathandlung besteht im **Zueignen** des anvertrauten Gutes für sich oder einen Dritten. Da sich keine von dieser Tathandlung abtrennbare Wirkung in der Außenwelt ausmachen lässt, kann § 133 als **schlichtes Tätigkeitsdelikt** und nicht als Erfolgsdelikt verstanden werden.[2] Eine Begehung durch Unterlassen (§ 2) würde somit ausscheiden. Freilich kann in der Zueignung als Begründung der eigentümerähnlichen Verfügungsmacht – ähnlich wie bei der Gewahrsamsbegründung beim Diebstahl (§ 127) – ein Erfolg gesehen und auch die Veruntreuung als Erfolgsdelikt aufgefasst werden, wodurch eine Begehung durch Unterlassen (§ 2) zumindest theoretisch in Betracht kommt.[3]

3 Die **praktische Bedeutung** der Veruntreuung (§ 133) ist nicht besonders hoch. Im Jahr 2010 gab es 469 gerichtliche Verurteilungen wegen dieses Delikts. Dies entsprach einem Anteil von 3 % an allen gerichtlichen Verurteilungen wegen eines Vermögensdelikts (§§ 125–168e aF). Dennoch ist dieser relativ geringe Anteil nicht zu unterschätzen. Da Veruntreuungen mit einem nicht allzu hohen Schaden weitgehend diversionell erledigt werden (vgl §§ 198 ff StPO), ist die Zahl von Verurteilungen auch unter dem Gesichtspunkt zu betrachten, dass in diesen Fällen wohl ein beträchtlicher Schaden vorhanden war.

Beispielsfall: A ist als Kellner im Restaurant „Giuseppe" beschäftigt. Er hat die Aufgabe, Bestellungen aufzunehmen, zu servieren und auch zu kassieren. Am Ende der Schicht muss er abrechnen und die Tageslosung mit Ausnahme von 200 Euro Wechselgeld, das stets in der Kasse verbleibt, zum Nachttresor einer nahe gelegenen Bank bringen. Da A gerade in finanziellen Schwierigkeiten steckt, nimmt er sich von der Tageslosung eines guten Geschäftstags den Betrag von 500 Euro und bringt nur den Restbetrag von 2.300 Euro zum Nachttresor.

---

1 Vgl *K/Schm* BT II § 133 Rz 6.
2 So die hA *K/Schm* BT II § 133 Rz 61 f; *Wach* in SbgK § 133 Rz 7; *Kienapfel/Höpfel* AT[13] Z 9 Rz 14.
3 OGH 10 Os 134/80.

II. Tatbestand

Den Tatbestand der Veruntreuung (§ 133) erfüllt, wer

- ein ihm anvertrautes Gut
- vorsätzlich und mit Bereicherungsvorsatz
- sich oder einen Dritten zueignet.

1. Tatobjekt

Gegenstand der Veruntreuung ist ein **anvertrautes Gut**. Unter den Begriff „Gut" fallen jedenfalls – wie beim Diebstahl (§ 127) – **körperliche, bewegliche und nicht ganz wertlose Sachen**.[4] Wertlose Sachen können insofern nicht Gegenstand der Veruntreuung (§ 133) sein, als man sich hier nicht durch Zueignung unmittelbar selbst bereichern kann. Das Erfordernis der unmittelbaren Bereicherung ergibt sich aus dem Wort „dadurch" als Erfordernis für den Bereicherungsvorsatz.[5] 4

Inwieweit auch **unkörperliche Sachen**, insb Forderungen, Gegenstand der Veruntreuung sein können, ist **umstritten** (siehe dazu auch bei § 134 Rz 4). Die Rspr und ein überwiegender Teil der Lehre gehen davon aus, dass auch ein unkörperlicher Vermögenswert, der nach der Vereinbarung im Innenverhältnis als Sondervermögen des Empfängers zu behandeln ist, wie zB ein auf ein Konto überwiesener Geldbetrag, veruntreut werden kann. Die Veruntreuungshandlung besteht dann darin, dass der vereinbarte Sonderstatus aufgehoben und mit dem Gut wie mit dem eigenen freien Vermögen verfahren wird.[6] Diese weite Auslegung ist angesichts des Wortlauts der §§ 133, 134 äußerst kritisch zu sehen.[7] Davon unabhängig erlaubt es die Verwendung des relativ unbestimmten Begriffs **„Gut"**, den Anwendungsbereich des Tatobjekts zu erweitern. 5

Als Erfordernis für die Veruntreuung muss das Gut **anvertraut**, also in die **alleinige Verfügungsmacht** des Täters übertragen worden sein. Mit dieser Gewahrsamsübertragung muss darüber hinaus eine vom Täter freiwillig übernommene **Rückstellungs- oder Verwendungsverpflichtung** verbunden sein. Er muss sich verpflichtet haben, das Gut im Interesse des Übergebers zu verwahren, zurückzustellen oder an Dritte weiterzuleiten. Der Gewahrsamsinhaber darf folglich mit der anvertrauten Sache nicht wie ein Eigentümer nach seinem Belieben verfahren, sondern nur in ganz bestimmter Weise. Dies ist zB bei gemieteten Sachen oder bei unter Eigentumsvorbehalt gekauften Sachen der Fall oder auch bei Sachen, die zur Aufbewahrung übernommen wurden.[8] 6

---

4 Vgl *K/Schm* BT II § 133 Rz 17 ff; *L/St* StGB[3] § 133 Rz 1a; *Bertel* in WK[2] § 133 Rz 1; *Fabrizy* StGB[10] § 133 Rz 2; *B/S* BT I[11] § 133 Rz 1.

5 Vgl *F/R-K* BT I[3] 131. Es entfällt etwa dann, wenn der Täter das Gut an sich bringt, nur um die von dritter Seite in Aussicht gestellte Belohnung zu kassieren.

6 Siehe etwa OGH 10 Os 206/84 = EvBl 1985/104 mit Anm *Liebscher*; 11 Os 31/02 = JSt 2003/7; 11 Os 94/99 = EvBl 2000/47; *Bertel* in WK[2] § 133 Rz 1, 20 ff; *Fabrizy* StGB[10] § 133 Rz 2; *B/S* BT I[11] § 133 Rz 10; *Rebisant*, Rz 236 ff.

7 Vgl *Kienapfel*, ÖJZ 1985, 487 ff; ebenso *K/Schm* BT II § 133 Rz 14 ff, 20.

8 Vgl ua *Bertel* in WK[2] § 133 Rz 10; *Fabrizy* StGB[10] § 133 Rz 4a; *B/S* BT I[11] § 133 Rz 5; *Lewisch* BT I[2] 142.

7 Am Anvertrauen fehlt es jedoch, wenn eine **Ware unaufgefordert zugesendet** wird, denn die Verpflichtung zu einem bestimmten Umgang mit einer Sache kann nicht einseitig aufgebürdet werden. Wer also ein unaufgefordert zugesendetes wertvolles Buch in den Urlaub mitnimmt und am Strand liest, wodurch sich aufgrund von Sand und Meer der Wert des Buches entscheidend verringert, begeht keine Veruntreuung (zur allfälligen Strafbarkeit wegen Unterschlagung siehe bei § 134 Rz 10).

8 Die mit dem Anvertrauen verbundene **Rückstellungs- oder Verwendungspflicht** muss **sachbezogen** sein (sachbezügliche Fürsorgepflicht), also einen konkreten Bezug zum anvertrauten Gut haben.[9] Die bloße Verpflichtung, eine gleiche Menge von vertretbaren Sachen zurückzustellen, wie zB bei einem Darlehen, reicht nicht für ein Anvertrauen aus. Daher begeht keine Veruntreuung, wer das zugezählte Geld verwendet.[10] Kein Anvertrauen begründet auch die Vorauszahlung eines vereinbarten Kaufpreises.[11]

2. Tathandlung

9 Die Tathandlung besteht im **Zueignen des anvertrauten Gutes** für sich oder einen Dritten, also im Überführen in das eigene Vermögen oder das Vermögen eines Dritten und im damit verbundenen Entzug aus dem Zugriff des Berechtigten.[12] Der Täter verfährt somit abredewidrig auf **eigentümerähnliche Weise** mit der anvertrauten Sache. Typische Zueignungshandlungen sind Verkaufen, Verpfänden oder Verschenken.

10 Entscheidend ist dabei freilich aufgrund der sachbezogenen Rückstellungs- und Verwendungspflicht, dass der Gegenstand der Veruntreuung im Zeitpunkt der Zueignungshandlung noch vorhanden ist. Ist die Sache zu diesem Zeitpunkt bereits untergegangen, weil zB die zur Aufbewahrung übernommenen Geldscheine im Versteck von Mäusen gefressen wurden, kann an ihnen auch keine Veruntreuung mehr begangen werden, weil eine Zueignungshandlung zu diesem Zeitpunkt nicht mehr möglich ist.

11 Dass das anvertraute Gut nicht in das juristische Eigentum übergehen darf, ist keine zwingende Voraussetzung. Es kommt insofern bei der Zueignung auf das wirtschaftliche und nicht das juristische Eigentum an. Somit können auch **Sachen veruntreut** werden, die sich im Zeitpunkt der Zueignungshandlung **bereits juristisch im Eigentum des Täters** befinden, weil zB durch Vermischung mit eigenen Sachen Eigentum erworben wurde. Dies ist etwa der Fall, wenn ein Bote 100 Euro überbringen soll, diese in seine Brieftasche zu seinem Geld steckt und die anvertrauten Geldscheine nun nicht mehr von seinen eigenen zu unterscheiden sind.

12 Für die Zueignungshandlung ist es nicht erforderlich, dass eine dauernde Willensherrschaft über die Sache begründet wird. Es genügt bereits eine **abredewidrige Verwendung über eine bestimmte Zeit**, die den Wert des anvertrauten Guts wesentlich verringert.[13] Daher handelt es sich um eine ausreichen-

9 Vgl *K/Schm* BT II § 133 Rz 32 ff.

10 *Bertel* in WK² § 133 Rz 13; *K/Schm* BT II § 133 Rz 39; *B/S* BT I¹¹ § 133 Rz 8; *L/St* StGB³ § 133 Rz 10.

11 OGH 12 Os 152/09h.

12 *L/St* StGB³ § 133 Rz 14; *Bertel* in WK² § 133 Rz 24; *K/Schm* BT II § 133 Rz 57; *Fabrizy* StGB¹⁰ § 133 Rz 3.

13 Abweichend *K/Schm* BT II § 133 Rz 66; ebenso *L/St* StGB³ § 133 Rz 14.

de Tathandlung, wenn der Leihwagenmieter den ihm anvertrauten Pkw nach Ablauf der Mietzeit nicht zurückstellt, sondern mit ihm noch mehrere tausend Kilometer zurücklegt, bevor er ihn wieder übergibt. Das bloße vertragswidrige Vorenthalten ohne entsprechende Verwendung reicht dagegen nicht aus.[14]

Werden vertretbare Sachen (zB Geld) übergeben, kann man von einem Anvertrauen nur sprechen, wenn der Täter verpflichtet ist, ebenso viel derselben Art (zB einen gleich hohen Geldbetrag) ständig zur Rückgabe, Weitergabe oder Verwendung bereitzuhalten. Daher sind Gelder, die der Täter bis zur vereinbarten Rückgabe, Weitergabe oder Verwendung für sich verwenden darf, etwa indem er sie in eigenen Geschäften anlegen darf, nicht anvertraut.[15] 13

3. Qualifikationen

Die Tat wird nach § 133 Abs 2 strenger bestraft, wenn der Wert des veruntreuten Gutes die Grenzen von 3.000 bzw 50.000 Euro übersteigt. Bei mehreren Veruntreuungshandlungen wird dabei der Wert des jeweiligen Tatobjekts nach den Grundsätzen des § 29 zusammengerechnet. 14

4. Subjektiver Tatbestand

§ 133 ist ein Vorsatzdelikt. Der Vorsatz muss sich zunächst **auf alle objektiven Tatbestandsmerkmale** beziehen und, sofern die Anwendung der Qualifikation des § 133 Abs 2 im Raum steht, auch auf das Übersteigen der im Gesetz normierten Wertgrenzen. Der Vorsatz muss sich auch auf die **Zueignungshandlung** erstrecken, wobei hier der jeweilige Vorsatz letztlich zur Beurteilung herangezogen werden muss, ob ein bestimmtes Verhalten überhaupt eine Zueignungshandlung ist. Zueignung ist letztlich nichts anderes als die Betätigung des Zueignungsvorsatzes durch eine konkrete Handlung.[16] Bloßer Vorsatz, eine anvertraute Sache nicht zurückzugeben, sondern (unbenützt) im eigenen Gewahrsam zu belassen, reicht jedenfalls nicht als Zueignungsvorsatz aus. 15

Die Veruntreuung verlangt zusätzlich zum Tatvorsatz den Vorsatz, sich oder einen Dritten **durch Zueignung unrechtmäßig zu bereichern**. Die Bereicherungstendenz muss sich im Zeitpunkt der Zueignung ergeben. Sie fehlt, wenn der Täter über einen sog **„präsenten Deckungsfonds"** verfügt, also bei der Zueignung ersatzwillig und ersatzfähig zu sein glaubt. Das anvertraute Gut muss durch eine dem Täter zur Tatzeit präsent verfügbare, binnen kurzem verwertbare[17] gleichwertige Sache ausgetauscht werden können. Vergreift sich zB der Angestellte einer Firma an der Betriebskassa, so fehlt es am erforderlichen subjektiven Tatbestand, wenn er (ernsthaft) in der Lage zu sein glaubt, den veruntreu- 16

14 OGH 15 Os 41/10h.

15 Siehe Fn 9.

16 Vgl OGH 12 Os 6/77 = ZVR 1978/93 (14 Tage statt halber Stunde). Freilich kommt es nicht unbedingt auf die Dauer des Gebrauchs an, sondern auf die Wertminderung iS eines „verbrauchenden Gebrauchs". Siehe auch *K/Schm* BT II § 133 Rz 67, die die Notwendigkeit des Entschlusses, mit dem Gut wie ein Eigentümer zu verfahren, betonen und nicht unbedingt die Dauer des Gebrauchs.

17 Vgl etwa OGH 9 Os 79/79.

ten Geldbetrag aus jederzeit frei verfügbaren eigenen Barmitteln oder einem Bankguthaben ersetzen zu können.[18] Wenn der Täter erst Liegenschaftsanteile, Schmuck oder ein Auto verkaufen bzw er das nächste Gehalt noch abwarten muss, um den Wert des anvertrauten Gutes zu ersetzen, fehlt es ebenso am vorgestellten präsenten Deckungsfonds wie bei der bloßen Möglichkeit der Aufnahme oder Überziehung eines Kredits.[19]

17 Am Vorsatz unrechtmäßiger Bereicherung fehlt es schließlich auch, wenn der Täter glaubt, wirksam mit einer **fälligen Gegenforderung aufrechnen** zu können. In diesem Fall strebt er insgesamt keine Vermögensvermehrung an.

III. Privilegierung und tätige Reue

18 Wird eine Sache geringen Werts (bis zu etwa 100 Euro) aus Not, Unbesonnenheit oder zur Befriedigung eines Gelüsts veruntreut, so kommt anstelle von § 133 Abs 1 **Entwendung** (§ 141) in Betracht. Bei dieser Privilegierung wird der Strafrahmen deutlich reduziert. Wird eine Veruntreuung (§ 133) – unabhängig vom Wert des veruntreuten Gutes – **im Familienkreis** begangen, so kommt die Privilegierung des § 166 zum Zug (dazu näher Vorbem §§ 125–168b Rz 21 ff).

19 Wie bei den meisten Vermögensdelikten ohne Gewaltanwendung kann auch bei Veruntreuung (§ 133) **Strafaufhebung durch tätige Reue** (§ 167) erlangt werden. Demnach wird straffrei, wer rechtzeitig und freiwillig den zugefügten Schaden gutmacht oder sich doch zumindest vertraglich zur Schadensgutmachung verpflichtet (siehe dazu Vorbem §§ 125–168b Rz 19 f).

IV. Abgrenzung und Konkurrenzen

20 **Veruntreuung** (§ 133) und **Diebstahl** (§ 127) schließen einander auf Tatbestandsebene durch das **Gewahrsamsbegründungserfordernis** aus. Während beim Diebstahl Gewahrsam gebrochen werden muss, ist Grunderfordernis für die Veruntreuung, dass ein Gut anvertraut und damit Gewahrsam übertragen worden ist. Das entscheidende Abgrenzungserfordernis ist folglich die Gewahrsamslage.

21 Im **Arbeitsleben** besteht häufig **Mitgewahrsam des Eigentümers** fort, wodurch Veruntreuung (§ 133) ausscheidet, weil bei einem Bruch des übergeordneten Mitgewahrsams Diebstahl (§ 127) einschlägig ist. Entscheidendes Abgrenzungskriterium im Hinblick auf die Frage Allein- oder Mitgewahrsam ist der Umstand, ob eine laufende und unmittelbare Kontroll- und Überwachungstätigkeit durch den Eigentümer, Geschäftsherrn oder von diesem mit Kontrollfunktionen ausgestattete Personen gegeben ist. Wurde zB einem Kassier die al-

---

18 Vgl *L/St* StGB³ § 133 Rz 25; *K/Schm* BT II § 133 Rz 97 ff; *B/S* BT I¹¹ § 133 Rz 17 f; *Lewisch* BT I² 186.

19 Vgl *B/S* BT I¹¹ § 133 Rz 18; OGH 13 Os 125/88 = JBl 1989, 665; 12 Os 60/79.

leinige Verantwortung für die Kassa – wenn auch nur für einige Stunden oder einen bestimmten Tag – übertragen, besteht Alleingewahrsam, sodass der Griff in die Kasse in solchen Fällen eine Veruntreuung (§ 133) begründet.[20] Auch ein Zahlkellner erlangt am eingenommenen Geld Alleingewahrsam, wenn er das kassierte Geld zunächst bei sich verwahren darf und erst am Ende der Schicht abgeben muss.[21] Dagegen hat ein Kraftfahrer bei Transporten innerhalb eines engeren Ortsbereichs, wo der Firmenchef aufgrund des idR festen Zeitplans und der festgelegten Fahrtroute eine hinreichende Kontroll- und Einwirkungsmöglichkeit hat, am Frachtgut und allenfalls einkassiertem Geld nur Mitgewahrsam, sodass hier bei einem „Untertauchen" mit der Ladung bzw dem einkassierten Geld Diebstahl (§ 127) und nicht Veruntreuung (§ 133) in Betracht kommt.[22] Ähnlich verhält es sich bei einem Postzusteller mit einem fixen Rayon und festgelegter Reihenfolge der Häuser, in die zugestellt werden muss.

Die **Rspr tendiert** in jüngster Zeit **dazu**, das **Gewahrsamselement** in Richtung Mitgewahrsam **zu überdehnen** und folglich Diebstahl auch in Fällen anzunehmen, in denen eine faktische Einwirkungsmöglichkeit des Eigentümers auf die Sache in keinster Weise mehr besteht. So wurde zB ein Stützpunktfahrer eines sehr großen Rayons, dessen Aufgabe es war, Geldkasetten aus Münzfernsprechern auszutauschen und später zu bestimmten Stützpunkten zu bringen, wegen Diebstahls (§ 127) und nicht Veruntreuung (§ 133) verurteilt, weil er aus diesen Geldkassetten Münzen herausgeschüttelt hatte.[23] Da in solchen Fällen auf Grund der Größe des Rayons und der freien Einteilung bei der Auswahl der Münztelefone für den Arbeitgeber keine Möglichkeit bestand, in irgendeiner Weise eine Sachherrschaft auszuüben, waren dem Fahrer die Behältnisse samt Inhalt in den Alleingewahrsam übertragen, wodurch richtigerweise von Veruntreuung auszugehen gewesen wäre. **22**

Dass Gewahrsam übertragen wurde und ein anderer **untergeordneten Mitgewahrsam** an einer Sache hat, schließt Veruntreuung (§ 133) nicht aus. Daher kann ein Filialleiter durch Zueignung ihm anvertrauter Gegenstände Veruntreuung gegenüber dem Eigentümer begehen, obwohl sein Verkaufspersonal untergeordneten Mitgewahrsam an diesen Gegenständen besitzt.[24] **23**

Ähnlich wie die **Veruntreuung** (§ 133) setzt auch die **Unterschlagung** (§ 134) voraus, dass Gewahrsam an dem Gut ohne Gewahrsamsbruch begründet wurde. In diesem Punkt unterscheiden sich beide Normen vom Diebstahl (§ 127). Bei der Unterschlagung (§ 134) wird aber das Gut nicht wie bei der Veruntreuung (§ 133) anvertraut, sondern der Täter gelangt auf andere Weise in den Gewahrsam. Der Unterschied zwischen den beiden Strafbestimmungen liegt also in der Art, wie der Alleingewahrsam an der Sache erlangt wurde, durch Anvertrauen oder auf andere Weise. Zur Strafbarkeit beim **Selbstbedienungstanken ohne Bezahlung** siehe § 134 Rz 24 ff. **24**

Wird jemand, dem eine Sache anvertraut ist, dazu genötigt, die Sache dem Nötigenden zu übertragen, liegt keine echte Konkurrenz von Bestimmung zur **25**

---

20 Vgl *K/Schm* BT II § 127 Rz 84 ff insb 91; *L/St* StGB[3] § 127 Rz 79 sowie § 133 Rz 33 f; *Bertel* in WK[2] § 127 Rz 11 und 18 ff.

21 *L/St* StGB[3] § 133 Rz 34; *K/Schm* BT II § 127 Rz 91.

22 Vgl etwa *L/St* StGB[3] § 127 Rz 36; anders ist dies bei einem Fernfahrer zu beurteilen, siehe dazu OGH 12 Os 133/68.

23 OGH 13 Os 69/11p. Dagegen zurecht krit *Schwaighofer*, JSt 2012, 66.

24 Siehe dazu *K/Schm* BT II § 133 Rz 28.

Veruntreuung (§§ 12 2. Fall, 133) und Nötigung (§§ 105 f) vor, sondern allenfalls **Erpressung** (§§ 144, 145), weil es für die Erpressung ausreicht, dass ein anderer als der Genötigte einen Vermögensschaden erleidet (vgl §§ 105, 106 und §§ 144, 145 Rz 13).

26 Der Unterschied zwischen **Veruntreuung** (§ 133) und **Betrug** (§ 146) bestimmt sich im Hinblick auf die Gewahrsamslage danach, ob der Alleingewahrsam mit oder ohne Täuschung übertragen wurde. Veruntreuung (§ 133) kommt nur in Betracht, wenn der Berechtigte den Gewahrsam aus freien Stücken und ohne Vorspiegelung von falschen Tatsachen durch den Gewahrsamsübernehmer oder einen Dritten übertragen hat.[25]

27 Schwieriger gestaltet sich die Abgrenzung zwischen **Veruntreuung** (§ 133) und **Untreue** (§ 153). In beiden Fällen steht der Missbrauch von Vertrauen hinter der jeweiligen Strafnorm. Verkürzt kann die Abgrenzung dahingehend vorgenommen werden, dass Veruntreuung (§ 133) **ungetreue Verwahrung** des anvertrauten Gutes ist, während Untreue (§ 153) die **ungetreue Verwaltung** fremden Vermögens zum Inhalt hat.[26] **Veruntreuung** (§ 133) ist somit das Ausnutzen **faktisch bestehender Verfügungsmöglichkeit** über eine fremde Sache, **Untreue** (§ 153) dagegen der Missbrauch **rechtlich eingeräumter Verfügungsmacht** über fremdes Vermögen, bedingt also einen Stellvertretungssachverhalt iSd ABGB. Wenn es eine sachbezügliche Rückstellungs- oder Verwendungsverpflichtung hinsichtlich einer bestimmten Sache gibt, liegt im Regelfall Veruntreuung (§ 133) vor.

28 **Veruntreuung** begeht der Beamte, der im Rahmen der Privatwirtschaftsverwaltung tätig wird und sich dabei kraft seines Amtes eine anvertraute Sache rechtswidrig zueignet (§ 133 iVm § 313). Wird der Beamte hingegen im Bereich der Hoheitsverwaltung tätig und eignet er sich unter Missbrauch seiner Befugnis, Amtsgeschäfte vorzunehmen, eine ihm anvertraute Sache zu, so verantwortet er **Amtsmissbrauch** (§ 302). Ein Polizeibeamter mit der (hoheitlichen) Befugnis, Strafgelder für bestimmte Verkehrsdelikte zu kassieren, verantwortet also, wenn er Strafmandate ausstellt und von vornherein vorhat, einen Teil der von ihm kassierten Strafgelder einzubehalten, Amtsmissbrauch (§ 302). Veruntreuung (§ 133 iVm § 313) liegt hier lediglich vor, wenn sich der Polizeibeamte erst später dazu entschließt, nicht die gesamten einkassierten Strafgelder abzuführen.

V. Prozessuales

29 **§ 133 Abs 1** fällt in die sachliche Zuständigkeit des **Bezirksgerichts** (§ 30 Abs 1 StPO). Übersteigt der Wert des Gutes 3.000 Euro (**§ 133 Abs 2 erster Fall**), ist eine Kompetenz des **Einzelrichters am LG** gegeben (§ 31 Abs 4 Z 1

---

25 Vgl *K/Schm* BT II § 133 Rz 120; *Bertel* in WK^2 § 133 Rz 52; *L/St* StGB^3 § 133 Rz 37; *Fabrizy* StGB^{10} § 133 Rz 5; für Veruntreuung *F/R-K* BT I^3 156 f.

26 *L/St* StGB^3 § 133 Rz 35; *Fabrizy* StGB^{10} § 133 Rz 5; *Pfeifer* in SbgK § 153 Rz 62; *Lewisch* BT I^2 179.

StPO). Bei Übersteigen des Werts des veruntreuten Guts von 50.000 Euro (**§ 133 Abs 2 zweiter Fall**) liegt eine Zuständigkeit des **Schöffengerichts** vor (§ 31 Abs 3 Z 1 StPO). Eine diversionelle Verfahrenserledigung (§§ 198 ff StPO) ist somit nur für § 133 Abs 1 und 2 erster Fall zulässig.

Kommt die Privilegierung der **Entwendung** (§ 141) zur Anwendung, handelt es sich um ein **Ermächtigungsdelikt** iS von § 92 StPO (§ 141 Abs 2). Im Falle der Begehung der Veruntreuung **im Familienkreis** (§ 166) wird § 133 zum **Privatanklagedelikt** iS von § 71 StPO (vgl § 166 Abs 3). 30

Ad Beispielsfall: A ist aufgrund der Vereinbarung mit seinem Chef das während seiner Schicht kassierte Geld sowie das Wechselgeld in der Kassa (Alleingewahrsam an einem fremden Gut) anvertraut. Wenn er einen Teil dieses Betrags nicht vereinbarungsgemäß in den Nachttresor der Bank wirft, sondern für sich behält, eignet er sich fremdes anvertrautes Geld zu. A handelt auch mit dem entsprechenden Bereicherungsvorsatz, weil er aufgrund seiner finanziellen Schwierigkeiten über keinen „präsenten Deckungsfonds" verfügen kann und er auch von keiner fälligen Forderung gegenüber seinem Chef als Eigentümer der Tageslosung ausgeht. A hat somit den objektiven und subjektiven Tatbestand der Veruntreuung nach § 133 Abs 1 verwirklicht.

Zentrale Probleme zur Wiederholung: *Tatobjekt Gut; Auslegung der Tatbestandsmerkmale „anvertraut" und „Zueignung"; Abgrenzungsfragen, insb zu § 153.*

Weiterführende Literatur: *Baumgartner,* Der Schutz zivilrechtlicher Forderungen durch Veruntreuung, Untreue und Unterschlagung (1996); *Birklbauer,* Ist die Verwendung irrtümlich erlangter Abgabengutschriften strafbar? JSt 2004, 145; *Brandstetter,* Die Fragwürdigkeit der „wirtschaftlichen Betrachtungsweise" und andere aktuelle Fragen des Wirtschaftsstrafrechts, StPdG 26 (1998) 127; *Burgstaller,* Diebstahl, Veruntreuung und Unterschlagung, ÖJZ 1974, 540; *Friedrich,* „Giralgeld" – wirklich kein „Gut"? Bemerkungen zu einer Entscheidungskritik, ÖJZ 1985, 713; *Karollus,* Veruntreuung der Pfandsache durch den Eigentümer, RdW 1988, 39; *Kienapfel,* Zur Veruntreuung und Unterschlagung von „Giralgeld", ÖJZ 1985, 487; *ders,* Zur strafrechtlichen Problematik des Giralgeldes, ÖJZ 1986, 338; *ders,* Probleme des strafrechtlichen Geldbegriffs, ÖJZ 1986, 423; *Leitner/Eckhard,* Irrtum des Finanzamtes zugunsten des Abgabepflichtigen – Verfügung über das daraus entstehende Guthaben – Veruntreuung, Unterschlagung, Betrug? RdW 1994, 88; *Lewisch,* Strafrechtliche Beurteilung der Rückzahlung Eigenkapital ersetzender Gesellschafterdarlehen in der Krise, RdW 2000, 584; *Maleczky,* Missbrauch von Selbstbedienungseinrichtungen in strafrechtlicher Sicht, ÖJZ 1994, 416; *Rosbaud,* Veruntreuung und Unterschlagung eigener Sachen? (1998); *Schwaighofer,* Unterschlagung von Treibstoff nach Tanken an einer Selbstbedienungstankstelle? ZVR 1989, 1; *ders,* Neue Ansichten des OGH zum Gewahrsamsbegriff – Bemerkungen zu 13 Os 69/11p, JSt 2012, 66; *E. Steininger,* Strafrechtliche Probleme des Selbstbedienungstankens, RZ 1988, 233; *H. Steininger,* Typische Erscheinungsformen der Wirtschaftskriminalität und ihre Bekämpfung, ÖJZ 1982, 589; *Wegscheider/Sautner,* Diebstahl und Veruntreuung zwischen Mitgewahrsam und Vertrauensverhältnis, RZ 2001, 11.

K. Unterschlagung (§ 134)

I. Überblick

1 Ebenso wie die Veruntreuung (§ 133) erfasst auch die Unterschlagung (§ 134) Fälle der **rechtswidrigen Zueignung fremder Sachen ohne Gewahrsamsbruch**. Das dahinterstehende **geschützte Rechtsgut** ist somit ein **Ausschnitt des Vermögens**. Freilich ist im Unterschied zur Veruntreuung (§ 133) bei der Unterschlagung (§ 134) das „Gut" dem Täter nicht anvertraut worden, sondern auf andere Weise, die im Gesetz näher ausgeführt ist, in seinen Gewahrsam gelangt. Die Unterschlagung (§ 134) unterscheidet sohin **drei Deliktsfälle**: Fundunterschlagung (Abs 1 erster Fall), Gelegenheitsunterschlagung (Abs 1 zweiter und dritter Fall) und Anschlussunterschlagung (Abs 2).

2 Die Tathandlung besteht – wie auch bei der Veruntreuung (§ 133) – im Zueignen des Gutes für sich oder einen Dritten. Da sich keine von dieser Tathandlung abtrennbare Wirkung in der Außenwelt ausmachen lässt, kann auch § 134 als **schlichtes Tätigkeitsdelikt** und nicht als Erfolgsdelikt verstanden werden.[1] Freilich kann man in der Begründung der eigentümerähnlichen Verfügungsmacht – ähnlich wie bei der Gewahrsamsbegründung beim Diebstahl (§ 127) oder bei der Zueignung bei der Veruntreuung (§ 133) – einen Erfolg sehen und auch die Unterschlagung (§ 134) als Erfolgsdelikt auffassen (vgl § 133 Rz 2)[2].

3 Gemessen an der **praktischen Bedeutung** ist die Unterschlagung (§ 134) unbedeutend. Im Jahr 2010 gab es lediglich 53 gerichtliche Verurteilungen wegen dieses Delikts. Dies entsprach einem Anteil von 0,3 % an allen gerichtlichen Verurteilungen wegen eines Vermögensdelikts (§§ 125–168e aF).

Beispielsfall: A kauft sich im Geschäft neue Schuhe zum Preis von 49,99 Euro und gibt der Verkäuferin einen 50-Euro-Schein. Die Verkäuferin gibt ihm als Retourgeld 50 Euro und 1 Cent, weil sie irrtümlich davon ausging, dass ihr A einen 100-Euro-Schein übergeben hat. A freut sich über den unerwarteten „Gewinn" und geht sogleich in den nahe gelegenen Elektronik-Markt, wo er die 50 Euro ausgibt.

II. Tatbestand

Den Tatbestand der Unterschlagung (§ 134) verwirklicht, wer

- ein fremdes Gut, das
  - er gefunden hat,
  - durch Irrtum oder sonst ohne sein Zutun in seinen Gewahrsam geraten ist oder

1 Zur hA vgl *K/Schm* BT II § 134 Rz 29; *Bertel* in WK^2 § 134 Rz 21; *B/S* BT I^{11} § 134 Rz 13.

2 OGH 10 Os 134/80.

  - er ohne Zueignungsvorsatz in seinen Gewahrsam gebracht hat,
- mit Tat- und Bereicherungsvorsatz
- sich oder einem Dritten zueignet.

1. Tatobjekt

Tatobjekt der Unterschlagung (§ 134) ist ein **fremdes Gut**. So wie bei der Veruntreuung (§ 133) stellt sich auch hier wegen des Begriffs „Gut" die Frage, ob nur körperliche Sachen Gegenstand der Unterschlagung sein können oder auch unkörperliche Sachen, insb Forderungen (siehe dazu auch § 133 Rz 5). Die Rspr nimmt einen sehr weiten Gutsbegriff an und bejaht zumindest für **Giralgeld** (Forderungen eines Kontoinhabers gegenüber der Bank) die Eigenschaft als taugliches Tatobjekt.[3] Dagegen wird von Teilen der Lehre zu Recht die Wortlautgrenze des § 133 bzw § 134 eingewendet. An einer unkörperlichen Sache kann kein Gewahrsam begründet werden, womit es sich auch um kein Gut handeln kann, das man verlieren bzw finden kann oder das sonst in jemandes Gewahrsam gelangen kann. Aus diesem Grund scheiden unkörperliche Güter entgegen der hRspr zumindest aus dem Anwendungsbereich der Unterschlagung aus.[4] Es kann nicht Aufgabe der Rspr sein, allenfalls empfundene Strafbarkeitslücken durch eine Ausdehnung zulasten des Täters (vgl § 1 StGB) zu schließen. Diese Aufgabe kommt alleine dem Gesetzgeber durch Novellierung eines Tatbestandes zu. 4

a) Tatobjekt der Fundunterschlagung (Abs 1 erster Fall)

„Gefunden" werden können nach dem ersten Verständnis des Begriffs nur Sachen, die jemand **anderer** (unfreiwillig) **verloren** hat und die folglich unter objektiven Gesichtspunkten **gewahrsamsfrei** sind oder bei denen zumindest der Anschein der Gewahrsamsfreiheit besteht.[5] Dass der Berechtigte nicht weiß, wo eine Sache ist, begründet noch keine absolute Gewahrsamsfreiheit. Zusätzliches Erfordernis für § 134 Abs 1 erster Fall ist, dass auch niemand anderer Gewahrsam an der Sache begründet hat. Besteht (zumindest subsidiärer) Gewahrsam eines anderen, scheidet Unterschlagung (§ 134) jedenfalls zugunsten von Diebstahl (§ 127) aus. Da die Konstruktion des subsidiären Gewahrsams sehr weit geht (vgl bei §§ 127, 128 Rz 19 ff), begründet der „Finder" einer Geldbörse, die in der Schalterhalle des Bahnhofs verloren worden ist, seine Sachherrschaft durch Gewahrsamsbruch und nicht durch Fund. Somit verwirklicht er den Tatbestand des Diebstahls (§ 127) und nicht der Unterschlagung (§ 134). 5

Sachliche Überlegungen sprechen dafür, iS einer ausdehnenden Interpretation unter den Begriff der gefundenen Sache auch jene Fälle zu subsumieren, in 6

---

3 OGH 10 Os 206/84 = EvBl 1985/104; 15 Os 56/01 = RIS-Justiz RS0093878.

4 Siehe etwa *F/R-K* BT I[3] 136; *L/St* StGB[3] § 134 Rz 2; *Kienapfel,* ÖJZ 1985, 488; *Wegscheider/Sautner,* RZ 2001, 16; *Rebisant* Rz 240 ff.

5 OGH 14 Os 34/89 = RIS-Justiz RS0093478; *Bertel* in WK[2] § 134 Rz 3; *L/St* StGB[3] § 134 Rz 6; *B/S* BT I[11] § 134 Rz 3; *Lewisch* BT I[2] 189; abweichend *K/Schm* BT II § 134 Rz 22 f.

denen sich der Berechtigte von einer Sache entfernt und diese Sache in einer Lage zurückbleibt, in der man solche Sachen üblicherweise nicht zu verlassen pflegt. Insofern muss es **nicht unbedingt** zu einem **unfreiwilligen Gewahrsamsverlust** gekommen sein.[6] Wer zB einen Koffer auf einer vielbelebten Straße stehen lässt, um in aller Ruhe ein Hotel suchen zu können, macht diese Sache gewahrsamsfrei. Ebenso ist eine Sache gewahrsamsfrei, die ein Dieb als „heiße Ware" im Gebüsch bei der Flucht vor der Polizei versteckt hat. Dass er noch weiß, wo sich die Sache befindet, und er vorhat, die Beute einige Stunden später abzuholen, vermag keinen Gewahrsam daran zu begründen.

7 Nach dem Gesetzeswortlaut kommt es darauf an, dass die Sache **fremd** ist, also im zivilrechtlichen Eigentum eines anderen steht. Hat der ursprüngliche Eigentümer eine Sache aufgegeben, ohne sie zugleich einem anderen zu übertragen, dann steht sie nicht mehr in fremdem Eigentum und ist damit kein fremdes Gut iSd § 134. Eine **derelinquierte Sache** scheidet als Tatobjekt des § 134 daher aus. Ihre Aneignung ist straflos. Bei einem **unfreiwilligen Gewahrsamsverlust** bleibt das **Eigentumsrecht** im Regelfall **bestehen**. Weil das Gesetz vom „fremden Gut" und nicht von einer „fremden beweglichen Sache" spricht, kommt es auch bei der Unterschlagung (§ 134) nicht auf die Eigentumsverhältnisse im juristischen Sinn an, sondern maßgeblich ist auch hier ein sog **„wirtschaftlicher Eigentumsbegriff"**.[7] Hat der Täter im Zeitpunkt der Zueignung möglicherweise bereits durch Vermischung mit eigenen Sachen Eigentum erworben, weil er zB einen gefundenen Geldschein in seine Geldbörse eingesteckt hat, um ihn bei der zuständigen Stelle abzugeben, schließt dies eine Unterschlagung (§ 134) keineswegs aus.

8 Freilich ist nicht immer klar, ob die Sache noch in jemandes Eigentum steht oder derelinquiert ist. **Vor dem Haus abgestellter Müll**, der am nächsten Tag vom städtischen Müllentsorgungsunternehmen abgeholt werden soll, ist meist keine derelinquierte Sache, weil durch das Müllabstellen Eigentum an das Müllentsorgungsunternehmen übertragen werden soll. Vom Eigentumserfordernis ist wiederum die Gewahrsamslage zu unterscheiden. Bei einem zeitlichen Naheverhältnis zur Abholung ist nach der Verkehrsauffassung entweder davon auszugehen, dass das Entsorgungsunternehmen bereits am Vorabend Sachherrschaft an diesem Müll erlangt hat, oder davon, dass der Gewahrsam des Hausbesitzers noch bis zur Müllabholung fortbesteht.[8] Wird Müll in eine Mülltonne oder zB Altpapier in einen Altpapiercontainer geworfen, bestehen Eigentum und Gewahrsam seitens des Müllentsorgungsunternehmens ab dem Zeitpunkt, in dem ein Gegenstand in die Mülltonne geworfen wird.[9] Somit kann an solcherart abgelegtem Müll Diebstahl (§§ 127 ff) begangen werden.

---

6 *F/R-K* BT I^3 134; *Bertel* in WK^2 § 134 Rz 3 ff; *K/Schm* BT II § 134 Rz 24 f; *B/S* BT I^{11} § 134 Rz 3; *Rebisant*, Rz 243 ff.

7 *F/R-K* BT I^3 134; *K/Schm* BT II § 134 Rz 22 ff; *Rosbaud,* Veruntreuung 97 ff, 106.

8 Vgl OGH 4 Ob 117/88 = EvBl 1989/100, wonach der Hausbesitzer seinen Müll (Altpapier) nicht einfach preisgibt, sondern in die Macht des zwar abwesenden, aber zustimmenden Übernehmers – des Entsorgungsunternehmens – übergibt. Siehe dazu auch bei §§ 127, 128 Rz 5.

9 OGH 4 Ob 117/88 = EvBl 1989/100; *K/Schm* BT II § 127 Rz 54; aA *B/S* BT I^{11} § 127 Rz 2.

b) Tatobjekt der Gelegenheitsunterschlagung (Abs 1 zweiter und dritter Fall)

Tatobjekt der Gelegenheitsunterschlagung ist ein Gut, das irrtümlich oder sonst ohne Zutun in den **Gewahrsam** des Täters gelangt ist. Dabei muss der Irrtum beim „Opfer" liegen. Liegt der Irrtum aufseiten des Täters, ist Anschlussunterschlagung nach Abs 2 einschlägig. Durch **Irrtum** – aber ohne sein Zutun – in den Gewahrsam des Täters geraten ist zB eine Postsendung, die der Briefträger irrtümlich falsch zugestellt hat.[10] Auch das Geld, das die Verkäuferin irrtümlich dem Kunden zu viel herausgegeben hat, ist ein geeignetes Tatobjekt für eine Gelegenheitsunterschlagung.[11] 9

Sonst ohne Zutun des Täters ist eine Sache in den Gewahrsam des Unterschlagenden gelangt, wenn die Gewahrsamsbegründung ohne Wissen und sohin zufällig erfolgt ist, wie zB bei Sachen, die der Besucher in der Wohnung eines anderen vergessen hat.[12] Auch Waren, die jemand ungefragt und ohne seine Veranlassung zur Ansicht zugesandt bekommen hat, sind ohne sein Zutun in den Gewahrsam übertragen worden. Allerdings greift hier die Sondernorm des § 864 Abs 2 ABGB, nach der der Empfänger nicht verpflichtet ist, die Sache zu verwahren oder zurückzuleiten, sondern er sich ihrer auch entledigen darf. Wenn er sie also sogar wegwerfen darf, kann ihre Zueignung als geringere Beeinträchtigung des Eigentums nicht strafbar sein.[13] Als weitere Beispiele für taugliche Tatobjekte können ein zugelaufenes Haustier oder fremde Sachen, die strafunmündige Kinder den Eltern zutragen, genannt werden.[14] 10

c) Tatobjekt der Anschlussunterschlagung (Abs 2)

Tatobjekt der Anschlussunterschlagung ist ein fremdes Gut, das der Täter **zunächst ohne Zueignungsvorsatz in seinen Gewahrsam** gebracht hat. Um Strafbarkeitslücken zu vermeiden, wird dieses Tatbestandsmerkmal dahingehend verstanden, dass der Gewahrsam begründet wurde ohne den Vorsatz, sich oder einen Dritten unrechtmäßig zu bereichern. Nur dann schließen Gewahrsamsbegründungsdelikte und § 134 Abs 2 in sachgerechter Weise aneinander an.[15] 11

Es ist dabei gleichgültig, ob Gewahrsam rechtmäßig oder rechtswidrig begründet wurde. Erfüllt allerdings die rechtswidrige Gewahrsamsbegründung schon den Tatbestand einer strafbaren Handlung, zB als Diebstahl (§ 127) oder Betrug (§ 146), kann an dieser Beute keine Unterschlagung mehr begangen wer- 12

10 *Bertel* in WK² § 134 Rz 10; *L/St* StGB³ § 134 Rz 12; *B/S* BT I¹¹ § 134 Rz 6; *F/R-K* BT I³ 135.

11 *Bertel* in WK² § 134 Rz 10; *L/St* StGB³ § 134 Rz 12; *K/Schm* BT II § 134 Rz 54; *B/S* BT I¹¹ § 134 Rz 6; *F/R-K* BT I³ 135.

12 *Bertel* in WK² § 134 Rz 8; *K/Schm* BT II § 134 Rz 56; *B/S* BT I¹¹ § 134 Rz 8; *F/R-K* BT I³ 135; *Lewisch* BT I² 142.

13 *F/R-K* BT I³ 135; *K/Schm* BT II § 134 Rz 57.

14 *Bertel* in WK² § 134 Rz 8; *Fabrizy* StGB¹⁰ § 134 Rz 1; *L/St* StGB³ § 134 Rz 13; *K/Schm* BT II § 134 Rz 56.

15 *K/Schm* BT II § 134 Rz 76; *Schwaighofer,* ZVR 1989, 3 f; *Maleczky,* ÖJZ 1994, 420 f.

den. Bemerkt dagegen der Dieb eines Pkw, dass sich im Handschuhfach ein Fotoapparat befindet, und behält er diesen, verwirklicht er § 134 Abs 2, wenn sich sein Vorsatz zum Zeitpunkt der Wegnahme des Pkw nicht auf die im Handschuhfach befindlichen Gegenstände bezogen hat.[16]

13 Eine Sache, die dem Täter vom Berechtigten übergeben wird und somit mit **Wissen des Übergebers** in den Gewahrsam des Täters gelangt, kann nicht Gegenstand einer Unterschlagung sein. Eine übergebene Sache wurde niemandem weggenommen und ist somit auch nicht „in den Gewahrsam des Täters gebracht" worden. Bei anvertrauten Gütern kommt allenfalls Veruntreuung (§ 133) in Betracht.

d) Sonderproblem: Fehlbuchung und Fehlüberweisung

14 Schwierig zu beurteilen sind unter dem Gesichtspunkt der Unterschlagung (§ 134) jene Fälle, in denen jemand Geld auf seinem Konto vorfindet, dessen Herkunft er sich nicht erklären kann und das er sich dann zueignet. Bereits erörtert wurde die Frage, ob Giralgeld überhaupt als Tatobjekt für eine Unterschlagung (§ 134) in Betracht kommt (vgl Rz 4). Darüber hinaus ist für die Strafbarkeit von Bedeutung, ob es sich bei der Gutschrift um eine sog Fehlüberweisung oder eine Fehlbuchung handelt. Bei einer **Fehlüberweisung** hat der Überweisende falsche Angaben gemacht, die zur entsprechenden Transaktion führten. In solchen Fällen besteht eine Forderung des Kontoinhabers, auf dessen Konto das Geld gebucht wurde, gegenüber der Bank. Er hat also „Gewahrsam am Gut" zum Zeitpunkt der Behebung. Insofern kann er, sofern man der Rspr folgt und Giralgeld als taugliches Tatobjekt betrachtet, durch die Geldbehebung Unterschlagung (§ 134) verwirklichen.[17] Bei einer **Fehlbuchung** handelt es sich dagegen um eine irrtümliche Gutschrift der Bank, die ihren Ausgang nicht im Verhalten eines anderen Bankkunden hat. In solchen Fällen besteht nach den allgemeinen Geschäftsbedingungen keine Forderung des Kontoberechtigten gegen die Bank und insofern auch kein „Gewahrsam an der Forderung". Die Behebung des durch eine Fehlbuchung gutgeschriebenen Betrags kann daher keine Unterschlagung (§ 134) sein, sondern unter allgemeinen Gesichtspunkten entweder Betrug (§ 146)[18] im Falle einer Behebung am Schalter oder bei einer Bankomatbehebung Diebstahl (§ 127) bzw betrügerischer Datenverarbeitungsmissbrauch (§ 148a), je nach Position, die zur Strafbarkeit unberechtigter Bankomatbehebung vertreten wird (siehe dazu §§ 127, 128 Rz 36 und § 148a Rz 9 ff).

2. Tathandlung

15 Tathandlung der Unterschlagung (§ 134) ist wie bei der Veruntreuung (§ 133) die **Zueignung des Gutes**. Dafür ist letztlich der Wille entscheidend, die Sache nunmehr als eigene zu behalten bzw mit ihr auf eine Art zu verfahren, die nur dem Eigentümer zusteht und die diesen auf Dauer von der Sache ausschließen soll.[19] Typische Zueignungshandlungen sind zB Verkaufen, Verpfänden, Ein-

---

16 Vgl *Lewisch* BT I^2 142.

17 OGH 12 Os 135/96; für Straflosigkeit *K/Schm* BT II § 134 Rz 51 ff, 71; *B/S* BT I^{11} § 134 Rz 11; *Lewisch* BT I^2 190 f; *F/R-K* BT I^3 135 f.

18 *F/R-K* BT I^3 136. Für eine Straflosigkeit im Anschluss an die Rspr des BGH, wenn nicht auf Nachfrage des Bankangestellten ausdrücklich behauptet wird, es handle sich um den (inhaltlich) wahren Kontostand, sondern nur eine Behebung des Geldbetrags vorgenommen wird, *K/Schm* BT II § 146 Rz 66.

19 *F/R-K* BT I^3 136.

tauschen, Verbrauchen usw.[20] Da § 134 ein schlichtes Tätigkeitsdelikt ist, kommt eine Begehung durch Unterlassen (§ 2) nicht in Betracht.[21] Insofern kann nicht zwingend auf Zueignung einer gefundenen Sache geschlossen werden, wenn der Täter die Sache behält und den Fund bei einer Nachfrage verschweigt.[22] Dieses Verschweigen alleine ist keine taugliche aktive Handlung. Es muss aus anderen Umständen darauf geschlossen werden, dass der Täter innerlich Position bezogen hat, sich die Sache zueignen zu wollen.

3. Qualifikationen

Wie zahlreiche andere Vermögensdelikte kennt auch die Unterschlagung 16
(§ 134) **Wertqualifikationen**. Der Strafsatz ist erhöht, wenn der Wert des unterschlagenen Gutes 3.000 Euro (§ 134 Abs 3 erster Fall) bzw 50.000 Euro (§ 134 Abs 3 zweiter Fall) übersteigt. Bei mehreren Tathandlungen (Realkonkurrenz) ist auch hier bei der Berechnung der Schadenshöhe die Zusammenrechnung iS von § 29 vorzunehmen (siehe Vorbemerkungen §§ 125–168b Rz 17).

4. Subjektiver Tatbestand

§ 134 verlangt unter allgemeinen Grundsätzen Tatvorsatz, der sich **auf sämt-** 17
liche objektive Tatbestandsmerkmale beziehen muss. Im Fall einer in Betracht zu ziehenden Wertqualifikation nach § 134 Abs 3 muss sich der Vorsatz auch auf das Überschreiten der dort genannten Schadenshöhe beziehen. Darüber hinaus ist der Vorsatz erforderlich, dass durch die Tathandlung der Täter oder ein Dritter unrechtmäßig bereichert werden soll.

Hinsichtlich der Problematik von **Fehlbuchung und Fehlüberweisung** (vgl 18
Rz 14) ist für den Kunden häufig nicht erkennbar, ob es sich bei einer irrtümlichen Gutschrift auf dem Konto um eine Fehlbuchung oder eine Fehlüberweisung handelt. Insofern könnte einem geltend gemachten **Tatbildirrtum** prinzipielle Bedeutung zukommen. Ein solcher behaupteter Irrtum betrifft allerdings nur die Subsumtion des an sich richtig erkannten Sachverhalts (unberechtigte Gutschrift) unter eine Norm. Ob dadurch ein ausreichender Vorsatz vorliegt, beurteilt sich unter allgemeinen Irrtumsüberlegungen an der Bedeutungskenntnis des Tatbestandsmerkmals in der Laiensphäre.

---

20 *Bertel* in WK[2] § 134 Rz 19; *L/St* StGB[3] § 133 Rz 16; *K/Schm* BT II § 134 Rz 29 f; *F/R-K* BT I[3] 136.

21 *K/Schm* BT II § 134 Rz 30.

22 *K/Schm* BT II § 134 Rz 30; aA OGH 12 Os 12/82 = EvBl 1982/174 = RIS-Justiz RS0094729.

III. Privilegierung und tätige Reue

19 Als Privilegierung kommt auch bei § 134 die **Entwendung** (§ 141) in Betracht, wenn der Täter eine Sache geringen Werts aus Not, Unbesonnenheit oder zur Befriedigung eines Gelüsts unterschlägt (siehe auch §§ 127, 128 Rz 61 ff).

20 Im Falle einer Unterschlagung (§ 134) **im Familienkreis**, kommt – unabhängig von der Schadenshöhe – die Privilegierung des § 166 zur Anwendung (dazu näher Vorbem §§ 125–168b Rz 21 ff).

21 Wie die meisten Vermögensdelikte ohne Gewaltanwendung kommt auch für die Unterschlagung (§ 134) eine Strafaufhebung wegen **tätiger Reue** (§ 167) in Betracht. Demnach wird straffrei, wer rechtzeitig und freiwillig den zugefügten Schaden gutmacht oder sich doch zumindest vertraglich zur Schadensgutmachung verpflichtet (siehe dazu Vorbem §§ 125–168b Rz 19 f).

IV. Abgrenzung

22 Die entscheidende Abgrenzung von **Unterschlagung** (§ 134) zu Diebstahl (§ 127), Veruntreuung (§ 133) oder Betrug (§ 146) ist die Art der Gewahrsamsbegründung. Eine Sache ist nicht verloren, solange der Gewahrsam eines anderen noch nicht vollständig beseitigt ist oder zumindest kein Anschein der Gewahrsamsfreiheit besteht. Liegt **zumindest subsidiärer Gewahrsam** einer anderen Person vor, kommt nicht Unterschlagung (§ 134), sondern **Diebstahl** (§ 127) in Betracht.

23 Besteht Gewahrsam des Unterschlagenden, ist die **Veruntreuung** (§ 133) gegenüber der Unterschlagung (§ 134) exklusiv, wenn der **Gewahrsam** von einem Dritten **einverständlich übertragen** wurde. Wurde der Gewahrsam durch **Täuschung** erlangt, ist **Betrug** (§ 146) gegenüber Unterschlagung (§ 134) und Veruntreuung (§ 133) das speziellere Delikt.

24 Dass die einzelnen Normen mitunter nicht leicht gegeneinander abzugrenzen sind, zeigt sich an der Diskussion über die **Strafbarkeit beim Selbstbedienungstanken**. Hat der Tankende **von vornherein** vor, **nicht zu bezahlen**, wäre es denkbar, **Betrug** (§ 146) zu prüfen.[23] Der Tankende erklärt durch das Einfüllen des Treibstoffs in sein Auto, dass er zahlungsfähig und zahlungswillig sei. Wenn er nicht vorhat zu bezahlen, täuscht er diese Tatsache vor. Aufgrund dieser Täuschung (Irrtum) schreitet der Tankwart nicht ein, sondern lässt den Kunden gewähren (Vermögensverfügung). Wenn nun der Treibstoff letztlich nicht bezahlt wird, tritt beim Getäuschten bzw dem in seinem Lager stehenden sonstigen Geschädigten ein Schaden ein. Der Tatbestand des Betrugs kommt freilich nicht zur Anwendung, wenn der Tankende nicht beobachtet wird.[24] Da die Täuschung voraussetzt, dass ein Mensch getäuscht wird, reicht die bloße Überwachung mit einer Kamera nicht zur Betrugsstrafbarkeit aus. Da es gerade auf

23 *Maleczky,* ÖJZ 1994, 418; *K/Schm* BT II § 127 Rz 217; *F/R-K* BT I³ 157.

24 *Maleczky,* ÖJZ 1994, 418; *K/Schm* BT II § 127 Rz 219; *F/R-K* BT I³ 157.

größeren Tankstellen unrealistisch ist, dass der Tankwart tatsächlich den Tankenden beobachtet, kommt Betrug in zahlreichen Fällen nicht infrage. Allenfalls wäre an Versuch zu denken.

Bisweilen wird auch eine Strafbarkeit wegen **Diebstahls** (§ 127) diskutiert.[25] 25
Durch das Einfüllen des Treibstoffes, spätestens aber durch das Wegfahren, breche der Kunde den Gewahrsam des Tankstellenpersonals. Das Personal lässt den Kunden nur unter der Bedingung gewähren, dass auch tatsächlich bezahlt werde (geistiger Vorbehalt). Dieser stark geistig orientierte Gewahrsamsbegriff wird aber vielfach abgelehnt.[26] Folgt man dieser Position, ist Selbstbedienungstanken ohne Bezahlung in zahlreichen Fällen straflos.

Problematisch ist auch die Konstruktion, wenn der Täter erst **nach dem** 26
Tanken beschließt, nicht zu bezahlen. Die Rspr nimmt in solchen Fällen **Anschlussunterschlagung** nach § 134 Abs 2 an.[27] Der Täter habe den Treibstoff ohne Vorsatz auf unrechtmäßige Bereicherung in seinen Gewahrsam gebracht, indem er ihn in das Auto gefüllt und noch vorgehabt habe, ihn zu bezahlen. Wenn er es sich nach dem Tanken anders überlegt, eignet er sich dieses Gut mit dem Vorsatz auf unrechtmäßige Bereicherung zu.

Gegen diese Position der Rspr ist einzuwenden, dass der Tankwart den 27
Gewahrsamsübergang zugelassen hat und aufgrund des Einverständnisses des Tankwarts der Täter den Treibstoff eigentlich nicht „in seinen Gewahrsam gebracht hat", sondern der Gewahrsam ihm übertragen wurde unter einem kurzfristigen Eigentumsvorbehalt bis zur unmittelbar dem Tankvorgang folgenden Bezahlung. Fährt er mit dem Treibstoff weg, ohne ihn zu bezahlen, begeht er **Veruntreuung** (§ 133).[28] Bei Abstellen auf das Anvertrauen kommt es für eine Strafbarkeit wegen Veruntreuung auch nicht darauf an, ob der Täter bereits vorgefassten oder erst nachträglichen Vorsatz hinsichtlich des Nichtbezahlens gehabt hat.[29] Freilich kann gegen diese Position eingewendet werden, dass es ja zu einer Vermengung mit dem bereits im Tank befindlichen Benzin kommt und es insofern an der sachbezüglichen Fürsorgepflicht fehlt. Insofern liege in solchen Fällen Straflosigkeit vor.[30] Allerdings verhält es sich hier wie bei Kommissionsgeschäften, bei denen nach überwiegender Meinung im Falle einer Vermengung des in Empfang genommenen Geldes mit dem eigenen eine Veruntreuung (§ 133) angenommen wird, wenn der Kommissär das Geld nicht an den Kommittenten weiterleitet.[31]

---

25 *E. Steininger,* RZ 1988, 235; *Maleczky,* ÖJZ 1994, 418 f; *K/Schm* BT II § 127 Rz 217; *F/R-K* BT I³ 157.

26 *F/R-K* BT I³ 120; *Maleczky,* ÖJZ 1994, 419; *E. Steininger,* RZ 1988, 234; zum Meinungsstand siehe auch *Rebisant* Rz 246 ff.

27 ZB OGH 14 Os 138, 139/87 = EvBl 1988/77 = RIS-Justiz RS0094814.

28 *Maleczky,* ÖJZ 1994, 420 f; *K/Schm* BT II § 127 Rz 218; *F/R-K* BT I³ 158.

29 *F/R-K* BT I³ 157 f.

30 OGH 14 Os 138, 139/87 = EvBl 1988/77; *Bertel* in WK² § 134 Rz 15; *B/S* BT I¹¹ § 134 Rz 10; *Schwaighofer,* ZVR 1989, 5.

31 Os 218/28 = SSt 8/46; 1 Os 31/48 = SSt 19/142; *L/St* StGB³ § 133 Rz 5; *K/Schm* BT II § 133 Rz 55; *F/R-K* BT I³ 132.

V. Prozessuales

28 **§ 134 Abs 1** fällt in die sachliche Zuständigkeit des **Bezirksgerichts** (§ 30 Abs 1 StPO). Die **Wertqualifikationen** des § 134 Abs 2 fallen allesamt in die Kompetenz des **Einzelrichters am LG** (§ 31 Abs 4 Z 1 StPO). Somit sind sämtliche Fälle von Unterschlagung einer **diversionellen Verfahrenserledigung** (§§ 198 ff StPO) zugänglich.

29 Kommt die Privilegierung der **Entwendung** (§ 141) zur Anwendung, handelt es sich um ein **Ermächtigungsdelikt** iS von § 92 StPO (§ 141 Abs 2). Im Falle der Begehung der Unterschlagung **im Familienkreis** (§ 166) wird § 134 zum **Privatanklagedelikt** iS von § 71 StPO (vgl § 166 Abs 3).

Ad Beispielsfall: Am zu viel herausgegebenen Geldbetrag von 50 Euro hatte A durch Irrtum Gewahrsam erlangt. Dieses Gut eignete er sich zu, indem er es einsteckte (Gelegenheitsunterschlagung nach § 134 Abs 1 zweiter Fall). Er bemerkte den Irrtum und hat durch das Einstecken mit Tat- und Bereicherungsvorsatz gehandelt. Die Bereicherung ist bereits durch das Einstecken eingetreten. Der Verbrauch des Geldes ist eine straflose Nachtat.

Zentrale Probleme zur Wiederholung: *Tatobjekt Gut; Fehlbuchung und Fehlüberweisung; Selbstbedienungstanken; Abgrenzungsfragen.*

Weiterführende Literatur (ergänzend zu § 133): *Fellner,* Guthaben aufgrund fehlerhafter Abgabenbescheide, SWK 2004, 749; *ders*, Gelegenheit macht Diebe, SWK 2004, T 113; *Fuchs,* Diebstahl und dauernde Sachentziehung eines Fahrzeugs im Anschluss an einen unbefugten Gebrauch, RZ 1980, 5; *ders,* Neue Formen rechtswidriger Vermögensschädigung, StPdG 12 (1984) 63; *Gitschthaler,* Betrug an einer Tankstelle? ÖJZ 1984, 512; *R. Leitner*, Irrtum des FA zugunsten des Abgabepflichtigen, RdW 1994, 88; *Löschnigg/Schick,* Vermittlungsprovisionen für Betriebsratkredite und Versicherungsverträge – arbeits- und strafrechtliche Problemlagen, DRdA 2005, 229; *Maleczky*, Missbrauch von Selbstbedienungseinrichtungen in strafrechtlicher Sicht, ÖJZ 1994, 416; *Scheil,* Zueignung und Preisgabe eines unbefugt gebrauchten Fahrzeugs, ZVR 1979, 161; *ders,* Worin besteht die Tathandlung der Dauernden Sachentziehung nach § 135 StGB? ÖJZ 1982, 421; *Schmoller,* Fehlüberweisungen und Fehlbuchungen im Strafrecht, in Weber-FS (2004) 251; *Schwaighofer*, Unterschlagung von Treibstoff nach Tanken an einer Selbstbedienungstankstelle? Zur E des OGH EvBl 1988/77, ZVR 1989, 1; *Segelhuber,* Zur Gewahrsamsproblematik bei Nachlassgegenständen, ÖJZ 1994, 480; *E. Steininger*, Strafrechtliche Probleme des Selbstbedienungstankens, RZ 1988, 233; *Wegscheider/Sautner*, Diebstahl und Veruntreuung zwischen Mitgewahrsam und Vertrauensverhältnis, RZ 2001, 11.

L. Dauernde Sachentziehung (§ 135)

I. Überblick

Die dauernde Sachentziehung (§ 135) ist ein reines **Enteignungsdelikt**. Der Eigentümer wird um die Möglichkeit gebracht, über die Sache zu verfügen, ohne dass ein anderer an seine Stelle tritt, der sich die Sache zueignet.[1] Vielmehr gibt der Täter die Sache preis. Das dahinterstehende **geschützte Rechtsgut** ist somit ein **Ausschnitt des Vermögens**. Streitig ist, ob lediglich **Sachen mit Tauschwert** in den Schutzbereich des § 135 fallen oder auch Sachen mit bloßem Gebrauchswert, wie zB Urkunden.[2] 1

Gemessen an der **praktischen Bedeutung** ist die dauernde Sachentziehung (§ 135) unbedeutend. Im Jahr 2010 gab es lediglich 47 gerichtliche Verurteilungen wegen dieses Delikts. Dies entsprach einem Anteil von 0,3 % an allen gerichtlichen Verurteilungen wegen eines Vermögensdelikts (§§ 125–168e aF). 2

Beispielsfall: A und B sammeln Spielfiguren einer bestimmten Comicreihe. Als es A eines Tages gelingt, das seltene Exemplar des Mr. X im Internet zu ersteigern, ist ihm B diesen Erfolg ziemlich neidig. Bei einem Besuch in der Wohnung des A gelingt es ihm, die Figur unbemerkt einzustecken. „Wenn ich sie nicht kriegen kann, soll auch A sie nicht haben." Mit diesen Worten wirft B die Figur beim Nachhauseweg – wie geplant – in die Donau.

II. Tatbestand

Den Tatbestand der dauernden Sachentziehung (§ 135) verwirklicht, wer

- eine fremde bewegliche Sache
- vorsätzlich
- aus dem Gewahrsam eines anderen dauernd entzieht und
- einen anderen dadurch schädigt,
- ohne die Sache sich oder einem Dritten zuzueignen.

1. Tatobjekt

Tatobjekt der dauernden Sachentziehung (§ 135) ist eine **fremde bewegliche Sache**. Das Gesetz verwendet somit dieselbe Formulierung **wie beim Diebstahl** (§ 127). Deshalb geht die hM davon aus, dass die Tatobjekte bei beiden strafba- 3

---

1 Vgl *Wach* in SbgK § 135 Rz 2; *F/R-K* BT I^3 137; *Lewisch* BT I^2 200.

2 Einen Tauschwert für erforderlich hält seit jeher die Judikatur, vgl OGH 13 Os 29/80. Nach der üA soll dagegen schon ein bloßer Gebrauchswert genügen, vgl *L/St* StGB^3 § 135 Rz 2; *Wach* in SbgK § 135 Rz 13; *K/Schm* BT II § 135 Rz 15, *Lewisch* BT I^2 200. Ebenso treten *Bertel* in WK^2 § 135 Rz 5 sowie *B/S* BT I^{11} § 135 Rz 1 für einen weiten Begriff des wirtschaftlichen Wertes ein.

ren Handlungen grundsätzlich ident sind.[3] Somit können wie beim Diebstahl (§ 127) nur körperliche Sachen, die juristisch zumindest im Miteigentum eines anderen stehen und **Tauschwert** haben, Tatobjekt der dauernden Sachentziehung (§ 135) sein.

4 Gegen die Begrenzung auf Sachen mit wirtschaftlichem Tauschwert wird eingewendet, dass auch bei der Sachbeschädigung (§ 125) von einer fremden „Sache“ gesprochen wird, jedoch alle **Sachen mit einem wirtschaftlichen Gebrauchswert** Tatobjekt sein können (siehe §§ 125, 126 Rz 4 f). Insofern sollten als Tatobjekt für § 135 ebenfalls Gegenstände in Betracht kommen, an deren Erhaltung das Opfer ein vernünftiges Interesse hat und bei denen ein vermögensrechtlicher Nachteil durch den Verlust der Gebrauchsmöglichkeit eintritt (zB Kosten für Ersatzbeschaffung, Mietgebühren).[4] Dass der Gebrauchswert einen wirtschaftlich messbaren Wert haben muss, ergibt sich jedenfalls daraus, dass die Zufügung eines Schadens nach dem Gesetzeswortlaut zur Tatbestandserfüllung gehört. Folglich wären auch eine Urkunde oder ein Album mit Familienfotos taugliche Tatobjekte,[5] weil an diesen der Eigentümer regelmäßig ein vernünftiges Interesse hat und durch den Verlust der Gebrauchsmöglichkeit ein vermögensrechtlicher Nachteil eintritt.

5 Für diese Position spricht, dass es sich bei der dauernden Sachentziehung (§ 135) wie bei der Sachbeschädigung (§ 125) um ein **Vermögensschädigungsdelikt** handelt, für dessen Verwirklichung kein Bereicherungsvorsatz erforderlich ist. Dagegen lässt sich einwenden, dass die dauernde Entziehung von Urkunden ohne Tauschwert ohnehin unter Urkundenunterdrückung (§ 229) fallen kann und insofern keine Strafbarkeitslücke besteht. Hier ist § 229 als lex specialis zu betrachten.[6] Auf ein Erinnerungsfoto trifft dieses Argument freilich nicht zu, wodurch ein Abstellen auf den Gebrauchswert Berechtigung hat.

2. Tathandlung

6 Die Tathandlung besteht im **Entziehen** einer fremden beweglichen Sache. Darunter ist das Beseitigen des Besitzes (des Gewahrsams) zu verstehen, ohne dass der Täter sich diese Sache zueignen oder sich aus der Sache bereichern will.[7] Insofern ist für die Beurteilung, ob es sich um eine Entziehungshandlung iS von § 135 handelt, auch die Zielrichtung der Handlung und damit der Vorsatz des Täters entscheidend.

---

3 *K/Schm* BT II § 135 Rz 6; *L/St* StGB³ § 135 Rz 2; *Wach* in SbgK § 135 Rz 15; *Bertel* in WK² § 135 Rz 2 ff; *B/S* BT I¹¹ § 135 Rz 2 ff; *Fabrizy* StGB¹⁰ § 135 Rz 5.

4 *L/St* StGB³ § 135 Rz 2 sprechen in diesem Zusammenhang vom „subjektiven Gebrauchswert“. Die Parallelität zur Sachbeschädigung ist letztlich daraus abzuleiten, dass die Qualifikation des § 135 Abs 2 auf die schwere Sachbeschädigung nach § 126 Abs 1 Z 1–6 verweist.

5 Siehe zu diesen Bsp *F/R-K* BT I³ 137; gegen die Berücksichtigung von Sachen, an denen bloßes Affektionsinteresse besteht, *K/Schm* BT II § 135 Rz 16.

6 *K/Schm* BT II § 135 Rz 16.

7 *K/Schm* BT II § 135 Rz 23; *L/St* StGB³ § 135 Rz 4 f; *Wach* in SbgK § 135 Rz 18.

Im Zusammenhang mit dem Entziehen ist fraglich, ob für die dauernde Sachentziehung (§ 135) ein **Gewahrsamsbruch Voraussetzung** ist oder ob auch die dauernde Entziehung einer Sache, an der Gewahrsam übertragen wurde, ausreicht.[8] Folgt man der zuletzt genannten Position, wäre die bloße Enteignung ohne vorausgehenden Gewahrsamsbruch nicht straflos, sondern würde unter § 135 subsumiert werden können. 7

Wirft zB der Entleiher einer teuren Bohrmaschine diese im Zorn, weil er mit ihr nicht umgehen kann, in den nahe gelegenen Badesee, würde er den Tatbestand der dauernden Sachentziehung (§ 135) verwirklichen. Das kriminalpolitische Bedürfnis für eine solche Interpretation liegt darin, dass der Eigentümer bei der dauernden Sachentziehung ohne Gewahrsamsbruch den gleichen Nachteil erleidet wie bei einem Gewahrsamsbruch.[9] Die **Rspr** tendiert zu dieser Lösung, indem sie das Schwergewicht auf das Wort „dauernd" legt, um die Problematik des Gewahrsamsbruchs zu umgehen.[10] Auch wer eine Sache schon in seinem Gewahrsam hat, kann mit ihr auf eine Weise verfahren, dass sie fortan dem Gewahrsam des anderen auf Dauer entzogen wird.[11] Dies reicht für eine dauernde Sachentziehung (§ 135) aus. 8

Dauernd ist eine Sachentziehung, wenn der Eigentümer nach den Erfahrungen des täglichen Lebens **nicht mit der Wiedererlangung rechnen** kann (überproportionales Rückerlangungsrisiko). Mögliche oder tatsächliche zufällige Wiedererlangung der Sache schließt eine dauernde Sachentziehung nicht aus,[12] denn für die Erfüllung dieses Tatbestandsmerkmals kommt es auf das Risiko der Rückerlangung an.[13] 9

Bertel[14] geht im Unterschied dazu davon aus, dass „dauernd" kein Merkmal der äußeren, sondern der inneren Tatseite ist. „Dauernd entzogen" ist damit eine Sache, die mit dem Vorsatz weggenommen wurde, dass der Eigentümer die Sache nicht mehr zurückbekommen soll. Die dauernde Sachentziehung (§ 135) ist daher schon mit der Wegnahme oder mit dem Ver- 10

8 Eine Begehung an bereits in Gewahrsam des Täters befindlichen Sachen für möglich halten *L/St* StGB[3] § 135 Rz 5; *Burgstaller*, ÖJZ 1974, 541; *Fuchs*, RZ 1980, 9. AA die überwiegende Lehre, zB *K/Schm* BT II § 135 Rz 23; *Lewisch* BT I[2] 201; *Wach* in SbgK § 135 Rz 17; *Bertel* in WK[2] § 135 Rz 2; *Scheil*, ÖJZ 1982, 424. Zusammenfassend zum Meinungsstand siehe *Rebisant* Rz 255 ff.

9 Siehe dazu *F/R-K* BT I[3] 138; die Argumentation ebenfalls darlegend *K/Schm* BT II § 135 Rz 4; *Wach* in SbgK § 135 Rz 3.

10 OGH 12 Os 139/83 = ZVR 1984, 352. Kennzeichnend auch 15 Os 108/90: Bei der Wegnahme von Sachen aus einer Wohnung, deren Inhaber einem Nachbarn einen Schlüssel dazu belässt oder übergibt, kommt § 135 infrage. Zu einem unbefugt in Betrieb genommenen Fahrzeug und bei nachträglichem Entziehungvorsatz siehe 12 Os 139/83 = RIS-Justiz RS0093735 (echte Konkurrenz von § 136 und § 135).

11 Vgl OGH 10 Os 104/80 = RIS-Justiz RS0093634; 13 Os 152/81; 12 Os 139/83; 14 Os 70/87; weiters 10 Os 104/80 = SSt 52/18 = RZ 1981, 132 mit Anm *Kienapfel*; *L/St* StGB[3] § 135 Rz 5.

12 Vgl OGH 15 Os 73/02 (Ein wenige Meter vom Einbruchsort entfernt weggeworfenes Sparvereinskästchen, das durch die sofort einschreitenden Sicherheitswachebeamten in einem nahen Gebüsch sichergestellt wurde); OGH 15 Os 111/96 = RIS-Justiz RS0093768; 13 Os 29/80; 13 Os 151/75; *Lewisch* BT I[2] 202; *L/St* StGB[3] § 135 Rz 4.

13 Vgl OGH 15 Os 111/96 = ÖJZ-LSK 1997/62, *B/S* BT I[11] § 135 Rz 6; *Fuchs*, RZ 1980, 10; *L/St* StGB[3] § 135 Rz 4, 14; *Scheil*, ÖJZ 1982, 425.

14 *Bertel* in WK[2] § 135 Rz 14.

stecken vollendet; auf die Höhe der Rückerlangungschancen kommt es nicht an. Wer allerdings eine Sache nur auf Zeit entziehen will (zB ein Brautkleid am Vorabend der Hochzeit, um es am Tag nach der Hochzeit wieder zurückzugeben), verwirklicht keine dauernde Sachentziehung.[15]

3. Taterfolg

11 Durch die Sachentziehung muss der Eigentümer oder Besitzer der fremden beweglichen Sache einen **Schaden** erleiden. Die Tat muss also eine **Vermögensverringerung** des Eigentümers um den durch die Sache repräsentierten wirtschaftlichen Wert bewirken. Wer einen Schlüsselbund die Toilette hinunterspült, einen Zündschlüssel des Pkw in ein mit hohen Ähren bewachsenes Getreidefeld wirft oder ein fremdes Fahrrad unversperrt vor dem Bahnhof abstellt,[16] führt diesen Schaden herbei, weil mit keiner Rückerlangung der Sache zu rechnen und durch den dauernden Entzug der Sache ein entsprechender Vermögensverlust eingetreten ist. Die **Höhe des Schadens** richtet sich in all diesen Fällen nach dem **Wiederbeschaffungswert**.

4. Qualifikationen

12 Die Tat wird strenger bestraft, wenn sie an Sachen von öffentlichem Interesse iS von § 126 Abs 1 Z 1–6 begangen wird (§ 135 Abs 2 erster Fall) oder an Sachen mit einem Wert von mehr als 3.000 Euro (§ 135 Abs 2 zweiter Fall) bzw mehr als 50.000 Euro (§ 135 Abs 2 dritter Fall). Bei mehreren Straftaten greift für die Frage der Überschreitung der Wertgrenzen wiederum der Zusammenrechnungsgrundsatz des § 29 (siehe Vorbem §§ 125–168b Rz 17).

5. Subjektiver Tatbestand

13 § 135 ist ein Vorsatzdelikt. Sämtliche objektive Tatbestandsmerkmale und somit auch das überproportionale Rückerlangungsrisiko müssen daher vom Vorsatz des Täters erfasst sein, wobei als Stärkegrad Eventualvorsatz (§ 5 Abs 1 zweiter Halbsatz) ausreicht. Ein erweiterter Vorsatz auf unrechtmäßige Bereicherung oder Ähnliches ist im Unterschied zum Diebstahl (§ 127) gerade nicht erforderlich.

III. Privilegierung und tätige Reue

14 Wird eine Sache geringen Werts (bis zu etwa 100 Euro) aus Unbesonnenheit oder zur Befriedigung eines Gelüsts dauernd entzogen, so kommt anstelle von § 135 Abs 1 die **Entwendung** (§ 141) zur Anwendung (vgl §§ 127, 128 Rz 61 ff). Wird eine dauernde Sachentziehung (§ 135) **im Familienkreis** begangen, so kommt die Privilegierung des § 166 zum Zug (dazu näher Vorbem §§ 125–168b Rz 21 ff).

---

15 *Bertel* in WK^2 § 135 Rz 14 f; *K/Schm* BT II § 135 Rz 31; *L/St* StGB^3 § 135 Rz 15.

16 Zu den Unterschieden vgl *Lewisch* BT I^2 200.

15 Wie bei den meisten Vermögensdelikten ohne Gewaltanwendung kommt auch bei dauernder Sachentziehung (§ 135) eine **Strafaufhebung wegen tätiger Reue** (§ 167) in Betracht. Demnach wird straffrei, wer rechtzeitig und freiwillig den zugefügten Schaden gutmacht oder sich doch zumindest vertraglich zur Schadensgutmachung verpflichtet (siehe dazu Vorbem §§ 125–168b Rz 19 f). Bei einer dauernden Entziehung durch Zerstörung kommt lediglich Schadensgutmachung in Betracht.

IV. Abgrenzung und Konkurrenzen

16 Entzieht der Täter die fremde bewegliche Sache mit **Zueignungs- und Bereicherungsvorsatz**, liegt **Diebstahl** (§ 127) vor. Diebstahl (§ 127) und dauernde Sachentziehung (§ 135) können dann echt konkurrieren, wenn der Täter gleichzeitig ein Behältnis mit der Diebesbeute (zB eine Geldbörse) entzieht, ohne sich dieses zueignen zu wollen. Auch wer zB einen Tresor abtransportiert, um ihn vom Tatort entfernt aufzubrechen und sich den Inhalt anzueignen, den Tresor aber verschwinden zu lassen, hat nur den Inhalt gestohlen (§ 127), am Tresor jedoch eine dauernde Sachentziehung (§ 135) begangen.

17 Für die Ansichnahme und Einbehaltung von **Legitimations- und Beweisurkunden** (zB Reisepass, Führerschein usw) kommt nur dann § 135 zur Anwendung, wenn der wirtschaftliche Gebrauchswert für die Tatobjektsqualität als ausreichend angesehen wird (vgl Rz 4). Aufgrund der unterschiedlichen verletzten Rechtsgüter würden zwar dauernde Sachentziehung (§ 135) und Urkundenunterdrückung (§ 229) an sich echt konkurrieren. Aus Wertungsgründen ist aber von Scheinkonkurrenz auszugehen, je nach Argumentation entweder von Spezialität[17] oder stillschweigender Subsidiarität.[18] Stellt man dagegen wie die hL auf das Erfordernis des Tauschwerts ab, scheidet eine Strafbarkeit wegen dauernder Sachentziehung (§ 135) bei Urkunden ohne derartigen Wert von vornherein aus. Für diese Tatobjekte käme ausschließlich **Urkundenunterdrückung** (§ 229) in Betracht.

18 Eine auf Dauer entzogene **Bankomatkarte** wäre als Entfremdung unbarer Zahlungsmittel (§ 241e Abs 3) zu bestrafen. Nimmt zB der Dieb seinem Opfer die Geldbörse weg, steckt er sich im Anschluss daran das Bargeld ein und wirft er später – wie geplant – die für ihn wertlose Geldbörse samt Führerschein und Bankomatkarte in die Donau, verwirklicht er hinsichtlich des Bargelds Diebstahl (§ 127), der Geldbörse dauernde Sachentziehung (§ 135), des Führerscheins Urkundenunterdrückung (§ 229) und der Bankomatkarte Entfremdung unbarer Zahlungsmittel (§ 241e Abs 3) in echter Konkurrenz.

19 Wer einem anderen eine fremde bewegliche Sache aus dessen Gewahrsam dauernd entzogen hat (§ 135), verantwortet bei nachträglicher Beschädigung der

---

17 *L/St* StGB[3] § 135 Rz 2a; *Bertel* in WK[2] § 135 Rz 6; *B/S* BT I[11] Rz 12; OGH 15 Os 13/98 = ÖJZ-LSK 1998/145; 13 Os 38/88 = EvBl 1986/17 = SSt 56/27; 13 Os 109/80 = EvBl 1981/107.

18 So zumindest schlüssig *K/Schm* BT II § 135 Rz 18, indem sie auf die höhere Strafdrohung abstellen.

Sache **nicht auch noch Sachbeschädigung** (§ 125). Der Schaden für den Berechtigten ist bereits durch die dauernde Entziehung eingetreten und bei der diesbezüglichen Schadensqualifikation zu berücksichtigen. Sachbeschädigung geht nur dann vor, wenn die Sache in einer für Sachbeschädigung spezifischen Weise beeinträchtigt, mithin nicht in unversehrtem Zustand dauernd entzogen wird, weil zB mit dem Pkw zunächst vorsätzlich ein Crash verursacht wird und das Fahrzeug erst dann im See versenkt wird (vgl §§ 125, 126 Rz 30).

V. Prozessuales

20 **§ 135 Abs 1** fällt in die sachliche Zuständigkeit des **Bezirksgerichts** (§ 30 StPO). Sämtliche **Qualifikationen** des § 135 Abs 2 fallen in die Kompetenz des **Einzelrichters am LG** (§ 31 Abs 4 Z 1 StPO). Somit kann dauernde Sachentziehung stets **diversionell erledigt** werden (§§ 198 ff StPO).

21 Kommt die Privilegierung der **Entwendung** (§ 141) zur Anwendung, handelt es sich um ein **Ermächtigungsdelikt** iS von § 92 StPO (§ 141 Abs 2). Im Falle der Begehung der dauernden Sachentziehung **im Familienkreis** (§ 166) wird § 135 zum **Privatanklagedelikt** iS von § 71 StPO (vgl § 166 Abs 3).

Ad Beispielsfall: B nimmt dem A die Comicfigur, eine fremde Sache mit Tauschwert, weg, indem er durch das Einstecken den Gewahrsam des A bricht. Er will sich die Figur jedoch nicht zueignen, sondern er will nur, dass auch A sich nicht mehr daran erfreuen kann. Insofern scheidet der Tatbestand des Diebstahls (§ 127) aus. Durch das Werfen in die Donau ist eine Rückerlangung der Figur für den Eigentümer A jedoch nahezu ausgeschlossen (überproportionales Rückerlangungsrisiko). Da sich der Vorsatz des B auf all diese Tatbestandsmerkmale bezog, hat er den objektiven und subjektiven Tatbestand der dauernden Sachentziehung (§ 135) erfüllt. Begeht er die Tat aufgrund eines (spontanen) Gelüstes, kommt die Privilegierung des § 141 in Betracht.

Zentrale Probleme zur Wiederholung: *Tatobjekt fremde bewegliche Sache; Auslegung des Tatbestandsmerkmals „dauernd"; Abgrenzungsfragen.*

Weiterführende Literatur: *Bloy*, Die Behandlung der Sachentziehung im deutschen, österreichischen und schweizerischen Strafrecht, Oehler-FS (1985) 559; *Fuchs,* Diebstahl und dauernde Sachentziehung eines Fahrzeugs im Anschluß an einen unbefugten Gebrauch? RZ 1980, 5; *ders,* Zur Tathandlung der dauernden Sachentziehung, ÖJZ 1983, 206; *Graczol*, Sachbeschädigung durch Unbrauchbarmachen, JBl 1982, 292; *Messner/Zierl*, Strafwürdigkeit des unbefugten Gebrauchs von (Elektro-) Fahrrädern, ZVR 2011, 276; *Scheil,* Zueignung und Preisgabe eines unbefugt gebrauchten Fahrzeugs, ZVR 1979, 161; *ders*, Worin besteht die Tathandlung der dauernden Sachentziehung nach § 135 StGB? Zugleich Besprechung der E des OGH 31. 3. 1981, 10 Os 104/80, ÖJZ 1982, 421.

M. Unbefugter Gebrauch von Fahrzeugen (§ 136)

I. Überblick

Der unbefugte Gebrauch von Fahrzeugen (§ 136) erfasst jene Fälle, in denen ein zum Antrieb mit Maschinenkraft eingerichtetes **Fahrzeug vorübergehend** ohne Einwilligung des Berechtigten **verwendet** wird. In Abgrenzung zum Diebstahl (§ 127) ist auf subjektiver Tatseite entscheidend, dass der Verwender keinen Vorsatz hat, sich durch Zueignung der Sache unrechtmäßig zu bereichern. Im Gegenteil ist der Vorsatz des Benützers darauf gerichtet, das Fahrzeug dem Berechtigten nach dem Gebrauch wieder zukommen zu lassen. Es geht also gleichsam um einen „Gebrauchsdiebstahl" (furtum usus), der ohne die Spezialnorm des § 136 straflos wäre. 1

Geschütztes Rechtsgut ist ein **Ausschnitt des Vermögens**, nämlich die Verfügungsmöglichkeit über das zum Antrieb mit Maschinenkraft eingerichtete Fahrzeug. § 136 ist als **Dauerdelikt** zu verstehen.[1] Daraus folgt für die Beteiligung (§ 12), dass auch ein Benützen während der Fahrt (zB durch eigenes Lenken oder durch die Bestimmung eines Fahrzieles) eine Strafbarkeit nach §§ 12, 136 begründen kann. Ein bloßes Mitfahren genügt jedoch nicht (vgl Rz 11).[2] 2

Gemessen an der **praktischen Bedeutung** ist der unbefugte Fahrzeuggebrauch (§ 136) bedeutsamer als Unterschlagung (§ 134) oder dauernde Sachentziehung (§ 135). Im Jahr 2010 gab es 210 gerichtliche Verurteilungen wegen § 136. Dies entsprach einem Anteil von 1,4 % an allen gerichtlichen Verurteilungen wegen eines Vermögensdelikts (§§ 125–168e aF). 3

Beispielsfall: Der Rekrut A sieht auf dem Bett seines Kameraden B die Schlüssel für dessen Privat-Pkw liegen. Da B beim Außenlager Wache schieben muss und sein Fahrzeug die nächsten Stunden ohnehin nicht benötigen wird, beschließt A, sich den Pkw für eine Discotour auszuleihen. Er nimmt sich die Schlüssel und verlässt das Kasernengelände. Auf der Rückfahrt wird A in einen Unfall verwickelt. Weil der übermüdete Lkw-Fahrer C das Rotlicht bei einer Kreuzung übersehen hat, kollidiert er mit dem von A vorschriftsmäßig gelenkten Pkw. An diesem dem B gehörenden Fahrzeug entsteht ein Schaden von 4.000 Euro.

II. Tatbestand

Den Tatbestand des § 136 StGB erfüllt, wer

- ein Fahrzeug, das zum Antrieb mit Maschinenkraft eingerichtet ist,

1 *Triffterer* in SbgK § 136 Rz 6; *L/St* StGB[3] § 136 Rz 32; *K/Schm* BT II § 136 Rz 5; OGH 14 Os 63/93 = EvBl 1993/151.

2 *L/St* StGB[3] § 136 Rz 35; *Bertel* in WK[2] § 136 Rz 7; *K/Schm* BT II § 136 Rz 65.

– vorsätzlich
– ohne Einwilligung des Berechtigten in Gebrauch nimmt.

1. Tatobjekt

4 Tatobjekt ist nach dem Wortlaut des Gesetzes ein **Fahrzeug**, das **zum Antrieb mit Maschinenkraft eingerichtet** ist. Zur weiteren Eingrenzung ist darüber hinaus erforderlich, dass das Fahrzeug auch der **Beförderung von Personen** dienen muss.[3] Motorbetriebene Modellautos sind daher keine tauglichen Tatobjekte für § 136. Auch motorbetriebenes Kinderspielzeug, das eine Personenbeförderung ermöglicht, ist aufgrund teleologischer Reduktion aus dem Anwendungsbereich des § 136 auszuschließen. Als taugliches Abgrenzungskriterium bietet sich an, dass es zum Wesen des Fahrzeugs gehören muss, überwiegend der Personenbeförderung von einem Ort zum anderen zu dienen. Ein batteriebetriebenes Kinderfahrzeug, das nur zum Herumfahren im Garten oder auf dem Spielplatz gedacht ist, scheidet daher als taugliches Tatobjekt aus.

5 Auf die **Art der Kraftquelle**, die dem Maschinenantrieb dient (Strom, Benzin usw), kommt es nicht an. Weiters ist es nicht erforderlich, dass die Beförderungsmöglichkeit auf dem Landweg wahrgenommen wird. Flugzeuge („Luftfahrzeuge") oder Motorboote sind daher ebenso taugliche Tatobjekte wie Kraftfahrzeuge, Elektrokarren, Motorschlitten[4] oder sog „Segways". **Fahrräder** kommen dann als taugliche Tatobjekte in Betracht, wenn sie einen Hilfsmotor haben (E-Bikes) und daher mit Maschinenkraft angetrieben werden können.[5] Da es nicht darauf ankommt, dass ein Fahrzeug ausschließlich mit Motorkraft betrieben werden kann, fallen auch Segelboot oder Segelflugzeug mit Hilfsmotor in den Schutzbereich des § 136.[6]

2. Tathandlung

6 Die Tathandlung des § 136 besteht in der **Ingebrauchnahme ohne Einwilligung** des Berechtigten. Dabei bedeutet Ingebrauchnahme, dass das Fahrzeug **als übliches Fortbewegungsmittel** benützt wird. Es muss also mit dem Fahrzeug eine **Ortsveränderung** stattfinden, wobei strittig ist, ob die Ortsveränderung mit oder ohne **Verwendung der Motorkraft** geschieht. Das unbefugte

---

3 *L/St* StGB[3] § 136 Rz 6a; *K/Schm* BT II § 136 Rz 13; aA *Triffterer* in SbgK § 136 Rz 14.

4 *K/Schm* BT II § 136 Rz 8; *Bertel* in WK[2] § 136 Rz 1; *Triffterer* in SbgK § 136 Rz 7.

5 *Schwaighofer*, JSt 2012, 66. AA *Messner/Zierl*, ZVR 2011, 278 ff, die in einem E-Bike aus mehreren Gründen kein taugliches Tatobjekt des § 136 StGB sehen: Einerseits bedarf es immer des Einsatzes von Muskelkraft, dh das E-Bike kann nicht allein mit Maschinenkraft betrieben werden, andererseits unterscheiden weder StVO noch KFG zwischen E-Bikes und Fahrrädern ohne Hilfsmotor, sondern wenden einheitlich die Regelungen für Fahrräder an. Darüber hinaus sehen sie keine kriminalpolitische Notwendigkeit, E-Bikes unter den Schutz des § 136 zu stellen.

6 *K/Schm* BT II § 136 Rz 8; OGH 10 Os 118–120/65.

Abrollenlassen eines Fahrzeugs auf einer Strecke von ein paar hundert Metern wird beispielsweise von der Rspr als ausreichende Tathandlung angesehen.[7] Die überwiegende Lehre verlangt dagegen den Einsatz der Motorkraft zum unbefugten Fahrzeuggebrauch.[8] Mag ein kriminalpolitisches Bedürfnis auch für diese einschränkende Interpretation sprechen, setzt der Gesetzeswortlaut den Schwerpunkt beim Tatobjekt, das zum Antrieb mit Maschinenkraft eingerichtet sein muss, und nicht bei der Tathandlung in der Weise, dass diese in einer motorisierten Benützung liegen muss. Insofern ist der erstgenannten Position der Vorzug zu geben. Die Benutzung eines Pkw zum Schlafen oder zum Wärmen durch Verwendung der Fahrzeugheizung reicht jedenfalls nach einhelliger Meinung nicht für die Tatbestandserfüllung aus, weil für die Ingebrauchnahme iSd Gesetzes eine Fortbewegung wesensimmanent ist.[9]

Für einen unbefugten Fahrzeuggebrauch (§ 136) ist es **nicht erforderlich**, 7
dass das **Fahrzeug aus dem Gewahrsam des Opfers entfernt** wird.[10] Den Tatbestand erfüllt zB auch, wer ein Fahrzeug auf einem Firmengelände in Betrieb nimmt und dort, also im Gewahrsamsbereich des Berechtigten, seine Runden dreht.

Für die Dauer der **Benutzung** ist **kein bestimmtes Zeiterfordernis** maßgeb- 8
lich.[11] Das Zurücklegen einer Strecke von einigen Metern reicht als Minimalerfordernis aus. Entscheidend ist als Abgrenzung gegenüber dem Diebstahl (§ 127), dass der Täter das Fahrzeug als Bestandteil des fremden Vermögens achtet und nur für einen relativ kurzen Zeitraum benützen will, wodurch der Wert des Fahrzeugs durch die Benützung nicht besonders gemindert wird. Wird das Fahrzeug in Gebrauch genommen, um damit eine Urlaubsreise von einigen Tausend Kilometern zu unternehmen, fehlt es aufgrund des damit einhergehenden Wertverlusts an dieser Achtung des Fahrzeugs als Bestandteil fremden Vermögens. Eine solche Fahrt ist eine Zueignungshandlung, sodass Diebstahl (§ 127) vorliegt.

Der Fahrzeuggebrauch muss **ohne Einwilligung**, also ohne Willen des Be- 9
rechtigten erfolgen (tatbestandsausschließendes Einverständnis). Die Einwilligung kann unter allgemeinen Grundsätzen ausdrücklich oder schlüssig erteilt werden. Zu einer **schlüssigen Einwilligung** kommt es zB bei der Pkw-Reparatur in einer Werkstätte im Hinblick auf eine angemessene Probefahrt. Fahrten des Mechanikers zu anderen Zwecken, zB zur Beschaffung von Ersatzteilen oder zur Besorgung von Einkäufen, sind von der Einwilligung nicht erfasst.[12]

---

7 OGH 6 Os 208/57 = SSt 28/63; *L/St* StGB[3] § 136 Rz 6.

8 *Bertel* in WK[2] § 136 Rz 2; *Triffterer* in SbgK § 136 Rz 14; *K/Schm* BT II § 136 Rz 13; *B/S* BT I[11] § 136 Rz 2; zum Meinungsstreit siehe auch *Rebisant* Rz 258 ff.

9 Vgl *L/St* StGB[3] § 136 Rz 6; *K/Schm* BT II § 136 Rz 14; *Fabrizy* StGB[10] § 136 Rz 2.

10 *Triffterer* in SbgK § 136 Rz 15; *Bertel* in WK[2] § 136 Rz 5; *K/Schm* BT II § 136 Rz 11.

11 *K/Schm* BT II § 136 Rz 15; *Bertel* in WK[2] § 136 Rz 4.

12 *Bertel* in WK[2] § 136 Rz 9; *L/St* StGB[3] § 136 Rz 7a; OGH 9 Os 49/82.

10 Eine **durch Täuschung erlangte Einwilligung** des Berechtigten zur unentgeltlichen Benützung eines Pkw fällt ebenfalls unter den Tatbestand des § 136, weil die Erlaubnis zur Fahrzeugbenützung nicht unter Kenntnis der wahren Sachlage erteilt worden ist. Wer also zB eine Kaufabsicht vortäuscht, um den Wagen benützen zu können, verwirklicht einen unbefugten Fahrzeuggebrauch.[13]

11 Für den unbefugten Fahrzeuggebrauch (§ 136) gibt es keine Sonderbestimmungen hinsichtlich der **Beteiligung**. Allerdings ist nicht schon das Mitfahren alleine eine ausreichende Tathandlung.[14] Aufgrund der Konstruktion des § 136 als Dauerdelikt macht sich als unmittelbarer Täter wegen § 136 strafbar, wer im Laufe der Zeit mit dem unbefugt in Betrieb genommenen Fahrzeug fährt. Wegen Beitrags zum unbefugten Fahrzeuggebrauch (§§ 12 3. Fall, 136) könnte zB strafbar sein, wer durch die Auswahl des Fahrziels die Route entsprechend beeinflusst.

3. Qualifikationen

12 Die Tathandlung ist nach **§ 136 Abs 2** qualifiziert, wenn der Täter die Tat,
- indem er sich Gewalt über das Fahrzeug durch Einbruch oder mit Waffen (§ 129) verschafft,
- räuberisch (§ 131)
- gewerbsmäßig oder als Mitglied einer kriminellen Vereinigung (§ 130)

begeht.

Durch **„Einbruch“** verschafft sich Gewalt über das Fahrzeug, wer zB ein Zündschloss oder eine Lenkradsperre gewaltsam oder mittels eines nachgemachten oder widerrechtlich erlangten Schlüssels überwindet. Steckt der Schlüssel im Zündschloss, kommt diese Qualifikation nicht in Betracht, wenn der Täter das Auto startet und wegfährt, weil er zwar allenfalls einen widerrechtlich erlangten Schlüssel benützt, aber nur für den Gebrauch des Fahrzeugs und nicht auch dafür, sich Gewalt über das Fahrzeug zu verschaffen. Die Hindernisüberwindung muss somit noch vor Ingebrauchnahme des Fahrzeugs erfolgen.[15]

13 Die Tathandlung ist nach **§ 136 Abs 3** qualifiziert, wenn der durch die Tat verursachte **Schaden** am Fahrzeug, an der Ladung oder durch den Verbrauch von Betriebsmitteln 3.000 bzw 50.000 Euro übersteigt. Durch diesen eng umschriebenen Schadensbegriff fällt zB der Aufwand für ein Ersatzfahrzeug, der Verdienstentgang durch den Entzug des Fahrzeugs oder die Beschädigung eines anderen Fahrzeugs bei einem Unfall nicht unter diese Qualifikation. Diese Schadenskomponente braucht nicht vom Vorsatz des Täters erfasst zu sein. Entsprechend den Grundsätzen des § 7 Abs 2 reicht allerdings auch eine bloße

---

13 Siehe die Darstellung des diesbezüglichen Meinungsstands bei *K/Schm* BT II § 136 Rz 23.

14 *L/St* StGB[3] § 136 Rz 35; *Bertel* in WK[2] § 136 Rz 7; *K/Schm* BT II § 136 Rz 65.

15 Zur Frage, ob Schlüssel, die im Schloss stecken oder sich in unmittelbarer Nähe des Schlosses befinden, überhaupt unter das Tatbestandsmerkmal „widerrechtlich erlangt“ fallen, siehe bei § 129 Rz 16.

Verursachung des Schadens nicht aus, sondern der Schaden muss fahrlässig verursacht worden sein. Wer also mit einem unbefugt benützten Pkw schuldlos in einen Verkehrsunfall verwickelt wird, erfüllt nicht den Qualifikationstatbestand des § 136 Abs 3.[16]

4. Subjektiver Tatbestand

§ 136 ist ein **Vorsatzdelikt**. Der Vorsatz muss sich also darauf beziehen, das Fahrzeug ohne Einwilligung des Berechtigten zu gebrauchen. In Abgrenzung zum Diebstahl (§ 127) muss sich der Vorsatz weiters darauf beziehen, das Fahrzeug dem Berechtigten in angemessener Zeit wieder zukommen zu lassen. Ein Bereicherungsvorsatz ist bei § 136 nicht erforderlich. 14

Die **Qualifikationen** des § 136 Abs 2 müssen ebenfalls vom Vorsatz des Täters erfasst sein. Für die Schadensqualifikation des § 136 Abs 3 reicht dagegen Fahrlässigkeit aus (erfolgsqualifiziertes Delikt iS von § 7 Abs 2). 15

III. Abgrenzung und Konkurrenzen

Eine wesentliche Abgrenzung betrifft unbefugten Fahrzeuggebrauch (§ 136) und Diebstahl (§ 127). **Diebstahl** (§ 127) liegt vor, wenn der Täter im Augenblick der Ingebrauchnahme mit dem Vorsatz handelt, sich oder einen Dritten durch die Zueignung des Fahrzeugs unrechtmäßig zu bereichern. Dass sich der Täter durch die Benutzung des fremden Fahrzeugs Fahrt- und Reisekosten sparen will, ist eine selbstverständliche Begleiterscheinung jedes unbefugten Fahrzeuggebrauchs und begründet für sich allein keinen Diebstahl. Die Abgrenzung zwischen § 127 und § 136 erfolgt somit im subjektiven Tatbestand. 16

Unbefugter Fahrzeuggebrauch (§ 136) scheidet mitunter auch aus, wenn die Benützung eines Fahrzeugs über einen Zeitraum ausgedehnt wird, der so nicht vereinbart war. Wer also als Fahrzeugmieter das Fahrzeug nicht rechtzeitig zurückstellt, sondern ausgedehnte Fahrten damit unternimmt, sodass darin eine Zueignungshandlung zu sehen ist, verantwortet **Veruntreuung** (§ 133). Hatte der Täter bereits im Moment der Anmietung des Fahrzeugs den Vorsatz, den Pkw nicht zurückzustellen, sondern sich zuzueignen, liegt **Betrug** (§ 146) vor.[17] 17

An einen unbefugten Fahrzeuggebrauch (§ 136) kann sich auch eine **Unterschlagung** (§ 134 Abs 2) anschließen, wenn der Täter später während des unbefugten Gebrauchs beschließt, sich den Wagen zuzueignen. Beschließt er dagegen, das Fahrzeug verschwinden zu lassen, kommt eine Strafbarkeit wegen **dauernder Sachentziehung** (§ 135) in Betracht. Die Strafbarkeit in solchen Fällen hängt aber davon ab, ob für die dauernde Sachentziehung (§ 135) ein Gewahr- 18

16 Siehe zB *K/Schm* BT II § 136 Rz 43; *L/St* StGB^3 § 136 Rz 40 f; *Bertel* in WK^2 § 136 Rz 39; OGH 11 Os 36/85 = EvBl 1985/166.

17 *K/Schm* BT II § 136 Rz 76; *Bertel* in WK^2 § 136 Rz 8; für Veruntreuung (§ 133) *F/R-K* BT I^3 156 f. Siehe auch § 133 Rz 9.

samsbruch vorausgesetzt wird (siehe dazu näher § 135 Rz 7). Wird ein Gewahrsamsbruch für erforderlich gehalten, liegt eine dauernde Sachentziehung (§ 135) in jenen Fällen vor, in denen der unbefugte Fahrzeuggebrauch (§ 136) durch die Überdehnung einer erteilten Einwilligung verwirklicht ist.

19 Wird jemand bei der Ingebrauchnahme des Fahrzeugs **auf frischer Tat betreten** und hält er den Fahrzeuggebrauch mit **räuberischen Mitteln** (Gewalt gegen eine Person oder Drohung mit gegenwärtiger Gefahr für Leib oder Leben) aufrecht, so kommt **räuberischer unbefugter Fahrzeuggebrauch** (§ 136 Abs 1 und 2 iVm § 131) in Betracht. Werden allerdings die genannten Raubmittel angewendet, um sich den Gewahrsam am Fahrzeug mit Zueignungs- und Bereicherungsvorsatz zu verschaffen, ist **Raub** (§ 142) einschlägig. Liegt ein solcher Vorsatz nicht vor, kommt auch in solchen Fällen § 136 Abs 1 und 2 zur Anwendung, weil es aufgrund der Formulierung des § 136 Abs 2 ausreicht, dass sich jemand Gewalt über das Fahrzeug durch eine der in §§ 129 bis 131 geschilderten Handlungen verschafft.[18] Erreicht die Drohung nicht die Qualität der Drohung mit gegenwärtiger Gefahr für Leib oder Leben (§ 89), kann § 136 Abs 1 mit **Nötigung** (§ 105) echt konkurrieren.[19]

IV. Strafausschließungsgründe (Abs 4)

20 § 136 Abs 4 normiert einen Strafausschließungsgrund, wenn der Fahrzeuggebrauch zum **Nachteil bestimmter Angehöriger oder des Dienstgebers** erfolgt. Bei den **Angehörigen** wird differenziert: Nahe Angehörige (Ehegatten, eingetragene Partner, Verwandte in gerader Linie, Geschwister) kommen uneingeschränkt in den Genuss dieses Strafausschließungsgrunds. Für die übrigen Angehörigen (vgl § 72) ist Voraussetzung, dass der Täter mit ihnen in Hausgemeinschaft lebt. Eine Hausgemeinschaft verlangt eine persönliche Nahebeziehung, wie sie bei familiärem Zusammenleben üblich ist. Das Zusammenleben muss dabei nicht dauerhaft sein, solange es nur über die für einen bloßen Besuch charakteristische Zeitspanne hinausgeht.[20]

21 Für das **Dienstnehmerprivileg** (§ 136 Abs 4 zweiter Fall) ist Voraussetzung, dass der Dienstnehmer zur Tatzeit eine generelle Fahrerlaubnis besitzt. Eine bloß fallweise Überlassung des Fahrzeugs begründet kein Anvertrautsein.[21] Der Dienstgeber muss überdies berechtigt sein, das Fahrzeug anzuvertrauen.[22]

22 Aufgrund ausdrücklicher gesetzlicher Anordnung kommt dieser Strafausschließungsgrund auch **Mittätern und sonstigen Beteiligten** zugute, die sich

18 *F/R-K* BT I^3 142.

19 *K/Schm* BT II § 136 Rz 81; *Bertel* in WK^2 § 136 Rz 38.

20 *Kirchbacher/Presslauer* in WK^2 § 166 Rz 15; *Rainer* in SbgK § 166 Rz 19; *L/St* StGB^3 § 166 Rz 6.

21 *K/Schm* BT II § 136 Rz 54 f; *L/St* StGB^3 § 136 Rz 45; *Triffterer* in SbgK § 136 Rz 38, *Bertel* in WK^2 § 136 Rz 18; OGH 12 Os 162/74.

22 *K/Schm* BT II § 136 Rz 56; *Bertel* in WK^2 § 136 Rz 18; OGH 11 Os 24/86.

nicht im Angehörigenverhältnis gegenüber dem Berechtigten befinden (§ 136 Abs 4 letzter Satz).

V. Prozessuales

Das Grunddelikt des **§ 136 Abs 1** fällt aufgrund des Strafsatzes in die Zu- **23**
ständigkeit des **Bezirksgerichts** (§ 30 Abs 1 StPO). Die **Qualifikationen** des § 136 Abs 2 und 3 fallen aufgrund des höheren Strafrahmens in den sachlichen Kompetenzbereich des **Einzelrichters am LG** (§ 31 Abs 4 Z 1 StPO). In allen Varianten ist § 136 somit einer **diversionellen Verfahrenserledigung** (§§ 198 ff StPO) zugänglich.

Ad Beispielsfall: A hat den Pkw von B und somit ein Fahrzeug, das zum Antrieb mit Maschinenkraft eingerichtet ist, ohne Einwilligung des Berechtigten in Gebrauch genommen, indem er mit dem Fahrzeug eine längere Wegstrecke zurückgelegt hat (§ 136 Abs 1). Gewalt über das Fahrzeug hat er sich mit einem widerrechtlich erlangten Schlüssel verschafft, wodurch auch die Qualifikation des § 136 Abs 2 iVm § 129 erfüllt ist. Die Schadensqualifikation des § 136 Abs 3 kommt dagegen nicht zur Anwendung, weil er den Schaden am Pkw nicht fahrlässig verursacht hat.

Zentrale Probleme zur Wiederholung: *Auslegung des Tatobjekts; Auslegung der Tathandlung; Abgrenzung zu §§ 127, 135; Qualifikationen; Strafausschließungsgründe.*

Weiterführende Literatur: *Fuchs,* Diebstahl und dauernde Sachentziehung eines Fahrzeugs im Anschluß an einen unbefugten Gebrauch? RZ 1980, 5; *Messner/Zierl*, Strafwürdigkeit des unbefugten Gebrauchs von (Elektro-) Fahrrädern, ZVR 2011, 276; *Scheil,* Zueignung und Preisgabe eines unbefugt gebrauchten Fahrzeugs, ZVR 1979, 161; *ders*, Zur Einwilligung beim Unbefugten Gebrauch von Fahrzeugen nach § 136 StGB, ZVR 1984, 129; *Schwaighofer,* Zur Straflosigkeit des unbefugten Fahrzeuggebrauchs nach § 136 Abs 4 StGB, ZVR 1993, 1; *ders,* Zur Qualifikation des unbefugten Fahrzeuggebrauchs nach § 136 Abs 2 StGB, ZVR 2000, 187; *ders*, Neue Ansichten des OGH zum Gewahrsamsbegriff – Bemerkungen zu 13 Os 69/11p, JSt 2012, 66.

I.II. Delikte gegen andere besondere Vermögensgüter

A. Entziehung von Energie (§ 132)

I. Überblick und Tatbestand

1 Während der Diebstahl (§ 127) die Wegnahme körperlicher Gegenstände erfasst, will die Entziehung von Energie (§ 132) eine Lücke schließen, indem sie die **Entziehung bestimmter unkörperlicher Gegenstände**, nämlich von Energie, unter Strafe stellt. Schutzgegenstand des § 132 sind **alle Formen von Energie**, die nicht in körperlichen Sachen bestehen. Zu nennen sind elektrischer Strom, magnetische Energie oder auch Wärme (zB aus einem Fernheizwerk).[1] Es geht aber nicht um die Entziehung von Energieträgern (zB Kohle, Erdöl, Holz oder Erdgas usw), die körperliche Gegenstände sind und an denen Diebstahl (§ 127) begangen werden kann.

2 Dieses **Tatobjekt Energie** muss für den Entzieher **fremd** sein; er darf also kein Recht zur Entnahme dieser Energie haben. Die **Tathandlung** besteht im **Entziehen** von Energie **aus einer Anlage**, die der Gewinnung, Umformung, Zuführung oder Speicherung von Energie dient. Dazu zählen zB das Stromnetz, Batterien oder auch Akkus. Tathandlungen sind somit **manipulative Umgehungsmaßnahmen**, die einen widerrechtlichen **Zugriff auf das Energieversorgungssystem** ermöglichen. Dies sind typischerweise das Umgehen von Zählern oder das Anzapfen von Stromleitungen, um eigene Geräte zu betreiben. Indirekte unberechtigte Energieentnahme durch das bloße Benutzen einer fremden Steckdose oder das unbefugte Verwenden nicht genehmigter elektrischer Geräte in Büros oder Hotels fällt nicht darunter.[2]

3 **Taterfolg** ist eine **Minderung der gewonnenen Energie** oder des Energievorrats. Der unberechtigte Empfang von Fernsehsendungen aus einem Kabelsystem ist nicht nach § 132 strafbar, weil eine Kabelfernsehanlage ihrem Wesen nach weder der Umformung noch der Zuführung von Energie dient.[3] Eine allfällige Strafbarkeit eines solchen Verhaltens kann sich aus § 10 ZugangskontrollG ergeben (siehe dazu oben bei § 126c Rz 10).

4 Die Entziehung von Energie (§ 132) ist ein **Vorsatzdelikt**. Im Rahmen des subjektiven Tatbestandes muss der Täter mit zumindest bedingtem Tat- und Bereicherungsvorsatz handeln.

5 Die Tat ist **qualifiziert**, wenn der Wert der entzogenen Energie 3.000 bzw 50.000 Euro übersteigt (**§ 132 Abs 2**). Dieses Übersteigen der Wertgrenzen muss vom Vorsatz des Täters erfasst sein.

6 Die unberechtigte Entnahme von Energie geringen Werts (ca 100 Euro) aus Not, Unbesonnenheit oder zur Befriedigung eines Gelüstes ist als **Entwendung** (§ 141) ebenso privilegiert wie die Entziehung von Energie **im Familienkreis** (§ 166). § 132 ist einer Strafaufhebung durch **tätige Reue** (§ 167) zugänglich.

7 Die **praktische Bedeutung** dieser Strafnorm ist **relativ gering**, wenn auch nicht völlig unerheblich. So gab es im Jahr 2010 immerhin 66 gerichtliche Verurteilungen wegen dieser strafbaren Handlung.

---

1 *L/St* StGB[3] § 132 Rz 1; *Fabrizy* StGB[10] § 132 Rz 1 f; *F/R-K* BT I[3] 143.

2 AA *Bertel* in WK[2] § 132 Rz 2; *B/S* BT I[11] § 132 Rz 2; *L/St* StGB[3] § 132 Rz 3.

3 OGH 12 Os 156/85 = SSt 56/93; *Bertel* in WK[2] § 132 Rz 1; *L/St* StGB[3] § 132 Rz 4; *B/S* BT I[11] § 132 Rz 1.

II. Prozessuales

Aufgrund der Strafdrohung fällt das Grunddelikt des **§ 132 Abs 1** in die sachliche Zuständigkeit des **Bezirksgerichts** (§ 30 Abs 1 StPO). Bei Übersteigen des Wertes der entzogenen Energie von 3.000 Euro **(§ 132 Abs 2 erster Fall)** ist die sachliche Zuständigkeit des **Einzelrichters am LG** gegeben (§ 31 Abs 4 Z 1 StPO). Diese beiden Deliktsfälle sind somit uneingeschränkt einer **diversionellen Erledigung** (§§ 198 ff StPO) zugänglich. Übersteigt der Wert der hinterzogenen Energie jedoch 50.000 Euro **(§ 132 Abs 2 zweiter Fall)**, fällt die strafbare Handlung in den Zuständigkeitsbereich des **Schöffengerichts** (§ 31 Abs 3 Z 1 StPO), wodurch eine diversionelle Verfahrenserledigung ausscheidet. **8**

Im Falle der Privilegierung des § 132 Abs 1 als **Entwendung** (§ 141) ist die Tat ein **Ermächtigungsdelikt** iS von § 92 StPO (vgl § 141 Abs 2). Bei Begehung sämtlicher Fälle des § 132 **im Familienkreis** (§ 166) handelt es sich um ein **Privatanklagedelikt** iS von § 71 StPO (vgl § 166 Abs 3), wodurch eine diversionelle Verfahrenserledigung (§§ 198 ff StPO) stets ausscheidet. **9**

Zentrales Problem zur Wiederholung: *Tatobjekt Energie.*

B. Wilderei (§§ 137–140)

I. Überblick

1 Die §§ 137–140 schützen das **Jagd- und Fischereirecht**, soweit bestimmte willensbeugende Mittel eingesetzt werden auch die Freiheit der Willensbildung und Willensbetätigung in eine bestimmte Richtung.[1] Unter Jagdrecht wird dabei das **Jagdausübungsrecht** als Befugnis verstanden, sich Wild anzueignen. Fischereirecht bedeutet **Fischereiausübungsrecht** als Befugnis, sich Wassertiere oder sonstige dem Fischereirecht unterliegende Sachen anzueignen. Geschützt wird dabei nicht das „öffentliche Interesse" an einem ausreichenden Wild- oder Fischbestand, sondern das vermögenswerte Aneignungsrecht von Wild. Insofern fallen zB Jagdvergehen in der Schonzeit durch einen Jagdberechtigten nicht unter die gerichtlichen Strafnormen der §§ 137 ff, sondern ausschließlich in den Zuständigkeitsbereich der Verwaltungsbehörden (Landesrecht).

2 Die §§ 137–140 haben jene **Tiere** zum Gegenstand, die **in niemandes Eigentum** stehen. Deren Tötung oder Wegnahme fällt somit nicht unter die Vermögensdelikte Sachbeschädigung (§ 125) oder Diebstahl (§ 127). Diese Sachen werden generell nicht durch die Eigentumsdelikte des StGB geschützt. **Gefangene Tiere und Haustiere** (zB das Wild im Gehege oder Fische im Teich) stehen dagegen in fremdem Eigentum; ihre Zueignung ist Diebstahl (§ 127), ihre Tötung ohne Zueignungs- und Bereicherungsvorsatz Sachbeschädigung (§ 125).

3 Grundsätzlich darf an Sachen, die in niemandes Eigentum stehen, jeder durch Aneignung Eigentum begründen, sofern nicht das Gesetz ausdrücklich bestimmten Personen das Aneignungsrecht vorbehält (sog **ansprüchige Sachen**). Bestimmte, in den Landesjagdgesetzen genannte Tiere (**„jagdbare Tiere"**) darf sich nur der Jagdberechtigte aneignen. Das Gleiche gilt für Fische in freien Gewässern. Die Strafbestimmungen der §§ 137–140 schützen also das **subjektive Jagd- und Fischereirecht** als besonderes Vermögensgut des Berechtigten.[2] Sie **ergänzen die Eigentumsdelikte**.

4 Die **praktische Bedeutung** der Wildereidelikte (§§ 137–140) ist **gering**. Die gerichtliche Kriminalstatistik für das Jahr 2010 weist lediglich 17 Verurteilungen wegen solcher Delikte aus.

II. Tatbestand

Den Tatbestand des Eingriffs in fremdes Jagd- oder Fischereirecht (§ 137) verwirklicht, wer

- unter Verletzung fremden Jagd- oder Fischereirechts
- vorsätzlich
- dem Wild nachstellt, fischt, Wild oder Fische tötet, verletzt oder sich oder einem Dritten zueignet.

Weiters verwirklicht den Tatbestand, wer

- sonst eine Sache, die dem Jagd- oder Fischereirecht eines anderen unterliegt,
- vorsätzlich
- zerstört, beschädigt oder sich oder einem Dritten zueignet.

1 *Wach* in SbgK § 140 Rz 2.
2 *Wach* in SbgK § 140 Rz 2.

1. Tatobjekt

§ 137 nennt zwei Tatobjekte: Das **erste Tatobjekt** umfasst **Wild und Fische**. Unter den Begriff „**Wild**" fallen alle in landesrechtlichen Vorschriften als jagdbar erklärte Tiere, deren Aneignung dem Jagdausübungsberechtigten oder von diesem bestimmten Personen vorbehalten ist. Da es sich bei den Jagdgesetzen um eine landesrechtliche Materie handelt, kann der Wildbegriff in Österreich von Bundesland zu Bundesland variieren.[3] 5

Fische sind alle Wassertiere, auf die sich nach landesrechtlichen Vorschriften das Aneignungsrecht des Fischereiberechtigten bezieht. Durch den weiten Begriff der „Wassertiere" fallen in manchen Bundesländern auch Krebse unter den Schutzbereich des § 137.[4] 6

Zum **zweiten Tatobjekt** des § 137 gehören alle **anderen Sachen**, deren Aneignung nach den landesrechtlichen Vorschriften dem Jagd- oder Fischereiberechtigten vorbehalten ist. Dazu zählt zB **Wild**, das **auf natürlichem Wege gestorben** oder durch andere äußere Einwirkungen als solche des Jägers verendet ist (zB das von einem Kraftfahrzeug getötete Wild), denn unter das erste Tatobjekt des § 137 fallen nur jene Tiere, die im Tatzeitpunkt noch am Leben sind.[5] 7

2. Tathandlung

Die Tathandlung besteht in jedem Fall in der **Verletzung der Befugnisse des Jagd- oder Fischereiberechtigten**. Eine solche liegt bei abgeleiteten Jagd- und Fischereirechten auch vor, wenn jemand zwar jagen darf, aber nicht die konkrete Wildart, die er jagt. Weiters erfüllt den Tatbestand, wer seine Befugnisse dadurch überschreitet, dass er eine zu hohe Stückzahl von Wild erlegt. 8

Hinsichtlich der Tatobjekte **Wild und Fische** konkretisiert das Gesetz die Tathandlungen als 9

- dem Wild nachstellen,
- fischen,
- Wild oder Fische töten, verletzen oder sich oder einem Dritten zueignen.

Dabei erfassen die Tathandlungen **„nachstellen" und „fischen"** alle Handlungen, die die Durchführung der anderen Tathandlungen bezwecken oder ermöglichen (finale Begriffe). Es handelt sich somit um selbstständige, unter Strafe gestellte Vorbereitungs- und Versuchshandlungen. Darunter fällt zB das Anschleichen, Auflauern, Auslegen von Fallen, Durchstreifen des Waldes mit schussbereitem Gewehr oder die Verfolgung flüchtenden Wildes sowie das Auswerfen der Angel.[6]

Die Tathandlung für die **Tatobjekte in der zweiten Variante** (sonstige Sachen, die dem Jagd- oder Fischereirecht eines anderen unterliegen) besteht im **Zerstören, Beschädigen** oder **Zueignen** des Tatobjekts für sich oder einen anderen. Den Tatbestand in der Variante des Zueignens verwirklicht zB ein Autofahrer, der einen überfahrenen Hasen in seinen Kofferraum legt und mitnimmt, um ihn zu kochen.[7] 10

3. Qualifikationen

§ 138 sieht verschiedene **Qualifikationen** vor, die zum einen an die **Art der Begehungsweise** anknüpfen (Z 2–4), zum anderen an den **Wert des Tatobjekts**. So ist die Tat qualifiziert, 11

3 *Wach* in SbgK § 137 Rz 5 f; *L/St* StGB[3] § 137 Rz 4; *Fabrizy* StGB[10] § 137 Rz 2; *B/S* BT I[11] § 137 Rz 1; *F/R-K* BT I[3] 144.

4 *Wach* in SbgK § 137 Rz 7; *L/St* StGB[3] § 137 Rz 5.

5 *Wach* in SbgK § 137 Rz 8.

6 *Bertel* in WK[2] § 137 Rz 3; *Wach* in SbgK § 137 Rz 15 ff; *L/St* StGB[3] § 137 Rz 7 f; *Fabrizy* StGB[10] § 137 Rz 2; *F/R-K* BT I[3] 144.

7 *Wach* in SbgK § 137 Rz 76.

wenn sie an Wild, Fischen oder anderen dem Jagd- oder Fischereirecht unterliegenden Sachen begangen wird, deren Wert 3.000 Euro übersteigt (Z 1).

12 Die Handlungsqualifikation der **Z 2** bezieht sich zum einen auf die **Zeit des Eingriffs** (Schonzeit), zum anderen auf die **Art und Weise des Jagens** (Anwendung von Eisen, Giftködern, elektrischer Fanganlagen oder Sprengstoff). Dabei ist es nach dem Gesetzeswortlaut zusätzlich erforderlich, dass dies in einer den Wild- oder Fischbestand gefährdenden Weise passiert.[8]

13 Nach **Z 3** ist qualifiziert, wer die Tat in **Begleitung eines Beteiligten** (§ 12) begeht und dabei entweder selbst eine **Schusswaffe** bei sich führt oder weiß, dass der Beteiligte eine Schusswaffe bei sich führt. **Z 4** qualifiziert schließlich die **gewerbsmäßige Begehung**.

14 **§ 140** qualifiziert die **„räuberische Wilderei"**. Dabei wird – ähnlich wie beim räuberischen Diebstahl (§ 131) – qualifizierend unter Strafe gestellt, wer bei einem Eingriff in ein fremdes Jagd- oder Fischereirecht **auf frischer Tat betreten** wird und daran **anschließend räuberische Mittel einsetzt** (Gewalt gegen eine Person oder Drohung mit gegenwärtiger Gefahr für Leib oder Leben), um sich oder einem Dritten die **Beute zu erhalten**. Kommt es im Zuge dieser Gewaltanwendung zu einer Körperverletzung mit schweren Dauerfolgen (§ 85) oder gar zum Tod eines Menschen, ist der Strafsatz nochmals erhöht.

4. Subjektiver Tatbestand

15 Die Wildereidelikte (§§ 137–140) sind **Vorsatzdelikte**. Dabei kommt es in allen Fällen nur auf den Tatvorsatz an, der zumindest im Stärkegrad des dolus eventualis (§ 5 Abs 1 zweiter Halbsatz) vorliegen muss. Ein spezifischer Bereicherungsvorsatz ist nicht gefordert.

16 Vom Vorsatz muss auch die **konkrete Verletzung eines fremden Jagd- oder Fischereirechts** erfasst sein. Aufgrund der zahlreichen landesgesetzlichen Vorschriften, die dabei zu beachten sind, kann ein den Vorsatz ausschließender Irrtum über dieses normative Tatbestandsmerkmal Beachtung finden, gerade im Hinblick auf Wildtiere, die nur in manchen Bundesländern unter das Jagdrecht fallen.

5. Privilegierungen und tätige Reue

17 Wer eine Wilderei nach § 137 an Wild geringen Werts (bis zu 100 Euro) aus Not, Unbesonnenheit oder zur Befriedigung eines Gelüstes begeht, kann nur wegen **Entwendung** (§ 141) bestraft werden. Dies gilt aufgrund ausdrücklicher gesetzlicher Anordnung auch für schwere Wilderei nach § 138 Z 1 und 4. Die anderen Fälle schwerer Wilderei (§ 138 Z 2 und 3) sowie die räuberische Wilderei (§ 140) sind von dieser Privilegierung von vornherein ausgeschlossen. Die zuletzt genannten Einschränkungen gelten auch für die Privilegierung der **Begehung im Familienkreis** (§ 166).

18 Bei sämtlichen Fällen der Wilderei (§§ 137–140) kommt eine Strafaufhebung wegen **tätiger Reue** (§ 167) in Betracht, wobei im Falle von getötetem Wild oder Fisch der Schaden lediglich finanziell ausgeglichen werden kann.

III. Abgrenzung und Konkurrenzen

19 Ist das Wild oder sind die Fische nicht herrenlos, kommen bei entsprechenden Eingriffen nicht Wilderei (§§ 137–140), sondern die anderen Vermögensdelikte (zB Sachbeschädigung nach § 125 oder Diebstahl nach § 127) zur Anwendung. **Diebstahl** (§ 127) liegt auch vor, wenn zB der Jäger das Wild zwar bereits erlegt, es aber noch nicht aufgegriffen und in seinen

---

8 AA *Bertel* in WK^2 § 138 Rz 5.

unmittelbaren Herrschaftsbereich gebracht hat, denn Gewahrsam am Wild (wenn auch gelockerten) sowie Eigentum hat er bereits durch das Erlegen begründet.[9]

Hat ein Wilderer seine Beute noch nicht an sich gebracht, so ist die Anwendung von Gewalt oder Drohung, um sich der Anhaltung zu entziehen, idealkonkurrierend auch als **Nötigung** (§ 105) zu bestrafen.[10] Wenn es sich beim Anhalter um ein Jagdaufsichtsorgan handelt, kommt eine Strafbarkeit wegen **Widerstands gegen die Staatsgewalt** (§ 269) in Betracht.[11] Kommt es im Zuge der Gewaltanwendung zu **Verletzungen** oder gar zum **Tod**, ist echte Konkurrenz mit §§ 83 ff bzw 80 f anzudenken.[12] Geht es freilich bei der Gewaltanwendung darum, sich die Beute zu erhalten, greifen die Erfolgsqualifikationen des § 140, wodurch keine echte Konkurrenz mit §§ 83 ff möglich ist, weil die Verletzungsdelikte in solchen Fällen konsumiert werden.[13] 20

IV. Prozessuales

Das Grunddelikt des **§ 137** fällt aufgrund der Strafdrohung in die sachliche Zuständigkeit des **Bezirksgerichts** (§ 30 Abs 1 StPO), die Qualifikationen des **§ 138** fallen in den Kompetenzbereich des **Einzelrichters am LG** (§ 31 Abs 4 Z 1 StPO). Sämtliche dieser Fälle sind somit uneingeschränkt einer **diversionellen Verfahrenserledigung** (§§ 198 ff StPO) zugänglich. Die Gewaltanwendung eines Wilderers (**§ 140**) gehört aufgrund gesetzlicher Anordnung in allen Fällen in die sachliche Zuständigkeit des **Schöffengerichts** (§ 31 Abs 3 Z 3 StPO). Eine diversionelle Verfahrenserledigung scheidet somit hier von vornherein aus. 21

Besteht der Eingriff in ein fremdes Jagd- oder Fischereirecht darin, dass ein an sich **Jagd- oder Fischereiberechtigter** seine **Kompetenzen überschreitet**, so werden die §§ 137 und 138 zu **Ermächtigungsdelikten** (§ 92 StPO), die zur Verurteilung die Ermächtigung des Jagd- oder Fischereiberechtigten voraussetzen (§ 139). Diese prozessuale Privilegierung gibt es auch für Fälle der **Entwendung** (§ 141 Abs 2). Bei einer **Begehung im Familienkreis** ist die Tat ein **Privatanklagedelikt** (vgl § 166 Abs 3). 22

Zentrale Probleme zur Wiederholung: *Tatobjekt Wild und Fische; Anwendung des § 141; Abgrenzungsfragen.*

9 Enger *Wach* in SbgK § 137 Rz 76. Sie verlangt eine Okkupation durch den Jagdnutzungsberechtigten (Wild bereits aufgebrochen uä).

10 *Wach* in SbgK § 140 Rz 23.

11 *Wach* in SbgK § 140 Rz 23, 25.

12 *Wach* in SbgK § 140 Rz 27.

13 *Wach* in SbgK § 140 Rz 27.

II. Delikte gegen das Vermögen als Ganzes

A. (Schwere) Erpressung (§§ 144, 145)

I. Überblick

1 **Geschütztes Rechtsgut** der Erpressung (§§ 144 f) ist das **Vermögen als Ganzes**.[1] Darüber hinaus sind, weil die Erpressung ein **Spezialfall der Nötigung** (§§ 105 f) ist,[2] die **Freiheit der Willensbildung** in eine bestimmte Richtung, die Freiheit der Willensbetätigung und die Fähigkeit zur Willensbildung mitgeschützte Rechtsgüter.[3] Da zur Vollendung der Erpressung eine Vermögensverfügung als abgenötigtes Verhalten gehört, ist die Erpressung ein **Erfolgsdelikt**.[4]

2 Von der Nötigung (§§ 105 f) unterscheidet sich die Erpressung (§§ 144 f) durch zwei Besonderheiten:

- Die abgenötigte Handlung, Duldung oder Unterlassung führt einen **Vermögensschaden** des Genötigten oder eines anderen herbei.
- Außerdem handelt der Erpresser mit dem **Vorsatz**, durch das Verhalten des Genötigten sich oder einen Dritten **unrechtmäßig zu bereichern**.

3 Die **schwere Erpressung** in § 145 erfasst verschiedene **Qualifikationen**, die – ähnlich § 106 zu § 105 – entweder an die Tathandlung (Abs 1 Z 1; Abs 2 Z 2), deren Auswirkungen (Abs 1 Z 2 und Abs 2) oder an die Gefährdung der genötigten Person (Abs 3) anknüpfen und dafür einen höheren Strafsatz vorsehen. Außerdem ist die bei Vermögensdelikten übliche gewerbsmäßige Begehung qualifiziert (§ 145 Abs 2 Z 1).

4 Die **praktische Bedeutung** der Erpressung in der Kriminalstatistik ist gering. Im Jahre 2010 gab es lediglich 65 gerichtliche Verurteilungen wegen Erpressung (§§ 144 f), davon etwa ein Drittel (24) wegen schwerer Erpressung (§ 145). Somit entfielen nur 0,4 % aller gerichtlichen Verurteilungen wegen eines Vermögensdelikts (§§ 125–168e aF) auf Erpressungen.

Beispielsfall: Der Student A droht Prof. B, die wahre Tatsache, dass dieser gestern bei einem Studentenfest die Studentin C innig geküsst hat, der Ehefrau von B mitzuteilen, wenn Prof. B nicht bereit sei, ihm 2.000 Euro Schweigegeld zu zahlen. Prof. B kommt dieser Forderung nach, um die Beziehung zu seiner Frau nicht zu belasten.

---

1 *Eder-Rieder* in WK² § 144 Rz 2; *Hintersteininger* in SbgK § 144 Rz 2; *K/Schm* BT II § 144 Rz 7.

2 AA *Eder-Rieder* in WK² Vor §§ 144-145 Rz 2; *Zipf*, LJZ 1991, 25 (delictum sui generis); differenziert *K/Schm* BT II § 144 Rz 7..

3 Siehe Fn 1.

4 *K/Schm* BT II § 144 Rz 5; *Eder-Rieder* in WK² § 144 Rz 2; *Hintersteininger* in SbgK § 144 Rz 6, 71.

II. Tatbestand

Den Tatbestand der Erpressung (§ 144) begeht, wer
- einen anderen
- mit Gewalt oder gefährlicher Drohung
- mit Tat- und Bereicherungsvorsatz
- zu einer Handlung, Duldung oder Unterlassung nötigt,
- die diesen oder einen anderen am Vermögen schädigt.

1. Tatobjekt und Tathandlung

Tatobjekt und Tathandlung entsprechen diesen Tatbestandsmerkmalen bei 5
§ 105. Erpresst werden kann jeder **zu einem willkürlichen Verhalten fähige Mensch** (Tatobjekt). Die **Tathandlung** besteht im Nötigen dieser Person mit **Gewalt** oder durch **gefährliche Drohung** iS von § 74 Abs 1 Z 5 (siehe dazu näher §§ 105, 106 Rz 5 ff). Das **angedrohte Übel** oder die **Gewalt** müssen nicht unmittelbar gegen die Person des Erpressten, sondern können auch **gegen dritte Personen** gerichtet sein, sofern das Opfer dadurch beeinflusst wird, das vom Täter gewollte Verhalten zu setzen **(Sympathieperson)**.[5]

2. Taterfolg

Zwischenerfolg der Erpressung (§ 144) ist das **Erleiden von Gewalt** bzw 6
die Kenntnisnahme der Drohung, **Enderfolg** das **abgenötigte Verhalten**, das den Erpressten oder eine andere Person **am Vermögen schädigt**. Durch die Nötigung als Tathandlung muss die Vermögensschädigung **unmittelbar** eintreten. Dies ist zB der Fall, wenn der Täter einen anderen dazu nötigt, die Bankomatkarte in den Bankomaten zu stecken und den passenden Code einzutippen, damit sich der Drohende das Geld nehmen kann (zur Abgrenzung zum Raub, der nicht nur eine unmittelbare Vermögensschädigung, sondern – noch enger – einen unmittelbaren Übergang der Sache erfordert, siehe bei §§ 142, 143 Rz 30). Es reicht aber nicht aus, dass dem Opfer eine Bankomatkarte ohne Wertträgereigenschaft abgepresst wird, um mit dieser später Geld zu beheben.[6] Ein Vermögensschaden kann daher der Verzicht auf eine Forderung sein.[7]

Für die Beurteilung des durch die erpresserische Handlung bewirkten Ver- 7
mögensschadens ist es weiters erforderlich, dass die **Vermögensverschiebung nicht** bereits **durch** eine **zeitlich vorgelagerte strafbare Handlung eingetre-**

5 *Hintersteininger* in SbgK § 144 Rz 14; *K/Schm* BT II § 144 Rz 19; *L/St* StGB[3] § 144 Rz 4; OGH 9 Os 129/7 = EvBl 1977/119.

6 OGH 15 Os 2/07v; ähnlich 11 Os 131/10i = RIS-Justiz RS0121847. Das Abnötigen einer Bankomatkarte kann unter § 105 subsumiert werden. Die Bargeldbehebung zu einem späteren Zeitpunkt ist jedoch eine eigene strafbare Handlung (siehe dazu näher bei §§ 127, 128 Rz 36 und § 148a Rz 7 ff).

7 OGH 11 Os 54/10s = JusGuide 2010/40/7987; so schon Jus 1986/15/15.

ten ist. Hindert zB der Täter das Betrugsopfer mit Gewalt an der eigenmächtigen Durchsetzung seines zivilrechtlichen Rückforderungsanspruchs, bewirkt er keinen über den durch den zuvor begangenen Betrug (§ 146) hinausreichenden Vermögensschaden. Es ist daher nicht Erpressung (§ 144), sondern Nötigung (§ 105) verwirklicht.[8] Droht jedoch der Dieb (§ 127) eines wertvollen Kunstgegenstandes mit dessen Zerstörung, falls nicht die Sache mit Lösegeld ausgelöst wird, geht die Rspr von echter Konkurrenz mit Erpressung (§ 144) aus.[9] Die Argumentation, dass die angebotene Sachübergabe auf die abgenötigte Leistung nicht anrechenbar sei, weil durch die Wegnahme ein Herausgabeanspruch des Eigentümers (§ 366 ABGB) bestehe, den die Sachrückgabe abdecke, womit aber dem Lösegeld kein Wert gegenüberstehe und damit ein eigenständiger Vermögensschaden entstehe, bringt die tatsächliche Vermögenslage nicht wirklich zum Ausdruck und geht an der Realität vorbei. Nach dieser Ansicht ist neben Diebstahl daher Nötigung anzunehmen.[10]

8 Die Erpressung ist versucht, wenn zwar Gewalt angewendet oder gefährlich gedroht wird, der Vermögensnachteil aber noch nicht zugefügt ist. Zur **Deliktsvollendung** ist es erforderlich, dass der **Vermögensverlust effektiv eingetreten** ist. Kommt zB das Opfer nur scheinbar der Forderung des Erpressers nach und füllt es zB statt des vereinbarten Geldes Papierschnitzel in das am vereinbarten Ort hinterlegte Kuvert, gibt es noch keinen Vermögensverlust, sodass die Erpressung nur versucht ist, obwohl der Erpresste zu einem bestimmten Verhalten veranlasst worden ist.[11] Ebenso handelt es sich um einen Versuch, wenn der Hinterlegungsort von der Polizei überwacht wird und der Erpresser bei der Abholung des Geldes festgenommen wird, weil hier ebenfalls noch kein effektiver Vermögensverlust eingetreten ist.[12] Dagegen ist das Delikt vollendet, wenn das Geldkuvert wie vereinbart auf Verlangen des Täters an einer bestimmten Stelle aus dem fahrenden Auto geworfen wird. Die abgepresste Sache ist in diesem Fall aus dem Verfügungsbereich des Opfers gelangt.[13]

3. Subjektiver Tatbestand

9 Der **Vorsatz** des Täters muss sich auf alle objektiven Tatbestandsmerkmale erstrecken. Darüber hinaus ist **unrechtmäßiger Bereicherungsvorsatz** erforderlich. Geht der Täter irrigerweise davon aus, einen Anspruch auf die erstrebte Leistung zu haben, fehlt es am entsprechenden Bereicherungsvorsatz.[14] In solchen Fällen bleibt allenfalls eine Strafbarkeit wegen Nötigung (§ 105) bestehen.

---

8 OGH 11 Os 54/10s; 15 Os 13/11t = RIS-Justiz RS0126177.

9 Sog „Saliera-Fall" OGH 11 Os 3/07m.

10 *K/Schm* BT II § 144 Rz 44; *Mayerhofer* StGB^5 § 144 E 6; *Venier,* JSt 2004, 74 ff.

11 *Eder-Rieder* in WK^2 § 144 Rz 21 f; *L/St* StGB^3 § 144 Rz 7, 17; *K/Schm* BT II § 144 Rz 33; *Lewisch* BT I^2 221; OGH 15 Os 81/97 = EvBl 1997/205.

12 *Eder-Rieder* in WK^2 § 144 Rz 22.

13 *Eder-Rieder* in WK^2 § 144 Rz 22.

14 OGH 15 Os 43/02.

4. Qualifikationen

§ 145 enthält vier Qualifikationen: 10

- die Anwendung besonders schwerwiegender Drohungen (Abs 1 Z 1),
- die qualifizierte Dauer der herbeigeführten Folgen (Abs 1 Z 2),
- die gewerbsmäßige bzw fortgesetzte Begehung der Tat (Abs 2) und
- die Herbeiführung besonders qualifizierter Folgen (Abs 3).

Die Qualifikationen der Abs 1 und 3 entsprechen den § 106 Abs 1 Z 1 (Drohung mit dem Tod, einer erheblichen Verstümmelung oder einer auffallenden Verunstaltung, mit einer Entführung usw) und Z 2 (Versetzen in einen qualvollen Zustand eine längere Zeit hindurch) bzw Abs 2 (Selbstmord oder Selbstmordversuch als Folge der Tat; zu den Details siehe bei §§ 105, 106 Rz 20 ff). Die gewerbsmäßige Begehungsweise (Abs 2) ist eine Eigentümlichkeit der Vermögensdelikte und kennt keine Entsprechung bei den Freiheitsdelikten.

III. Sittenwidrigkeitskorrektiv (§ 144 Abs 2)

§ 144 Abs 2 erklärt die Tat für „nicht rechtswidrig", wenn die Anwendung 11
von Gewalt oder Drohung als Mittel zum angestrebten Zweck nicht den guten Sitten widerstreitet. Es soll nach der Intention des Gesetzes in bestimmten Fällen somit das Unrecht der Tat entfallen. Dieser Unrechtsausschluss unterscheidet sich nicht vom in § 105 Abs 2 normierten Sittenwidrigkeitskorrektiv (zu den Einzelheiten, insbes auch der dogmatischen Einordnung siehe bei §§ 105, 106 Rz 27 ff). Der praktische Anwendungsbereich von § 144 Abs 2 ist gering, weil bereits der Tatbestand der Erpressung mangels Bereicherungsvorsatz entfällt, wenn der Täter zumindest glaubt, einen Anspruch auf den abgenötigten Vermögenswert zu haben.[15] An der Sittenwidrigkeit fehlt es zB, wenn zur Erzielung höherer Löhne mit Streik gedroht wird.[16] Die Drohung, Geschäfts- und Betriebsgeheimnisse einem Konkurrenzunternehmen zu verraten, wenn es zu keiner Lohnerhöhung kommt, ist dagegen sittenwidrig.[17]

IV. Abgrenzung und Konkurrenzen

Wer **ohne Bereicherungsvorsatz** jemanden mit Gewalt oder durch gefährli- 12
che Drohung zu einem bestimmten Verhalten nötigt, das diesen oder einen anderen am Vermögen schädigt, begeht **Nötigung** (§ 105). Nötigt zB der Täter einen anderen zur Hingabe eines Darlehens zu geschäftsüblichen Bedingungen, so verwirklicht er, wenn er im Zeitpunkt der Empfangnahme des Darlehens rück-

15 *K/Schm* BT II § 144 Rz 65; *Hintersteininger* in SbgK § 144 Rz 47; *L/St* StGB[3] § 144 Rz 15; *Eder-Rieder* in WK[2] § 144 Rz 33.

16 *K/Schm* BT II § 144 Rz 65; *Eder-Rieder* in WK[2] § 144 Rz 34; *Hintersteininger* in SbgK § 144 Rz 47; JAB 959 BlgNR XIII.GP 24, 27.

17 IdS *L/St* StGB[3] § 144 Rz 16; *Hintersteininger* in SbgK § 144 Rz 47 ff.

zahlungsfähig und rückzahlungswillig ist, mangels Schädigungs- und Bereicherungsvorsatzes nur § 105. Eine Erpressung nach § 144 liegt dagegen vor, wenn er das Darlehen von vornherein nicht zurückzahlen will.

13 Werden **Gewalt gegen eine Person** oder **Drohung mit gegenwärtiger Gefahr gegen Leib oder Leben** angewendet, um vom Opfer den sofortigen Übergang einer präsenten Sache zu erreichen, liegt **Raub** (§ 142) vor.

14 Wird jemand, dem eine Sache anvertraut ist, dazu genötigt, die Sache dem Nötigenden zu übertragen, liegt keine echte Konkurrenz von Bestimmung zur Veruntreuung (§§ 12 2. Fall, 133) und Nötigung (§§ 105 f) vor, sondern ebenfalls Erpressung (§§ 144 f), weil es für die Erpressung ausreicht, dass ein anderer als der Genötigte einen Vermögensschaden erleidet (vgl §§ 105 f Rz 31 und § 133 Rz 21).

15 **Erpressung** (§ 144) und **Betrug** (§ 146) unterscheiden sich durch das angewendete Mittel der Willensbeeinflussung des Opfers. Bei Anwendung von Gewalt oder gefährlicher Drohung liegt Erpressung vor. **Täuscht der Täter** hingegen über Tatsachen, so ist **Betrug** (§ 146) gegeben. Schwierig ist die Abgrenzung bei einem sog „Bluff". Liest zB A in der Tageszeitung einen Bericht, wonach B nach einer Schiabfahrt vermisst wird, und ruft er im Anschluss daran bei den Eltern der Vermissten an mit der Behauptung, dass er die Tochter in seiner Gewalt habe und ihr etwas antun werde, wenn sie nicht 10.000 Euro Lösegeld zahlen würden, so handelt es sich um Erpressung (§ 144).[18] Die wahrheitswidrige Behauptung des A ist geeignet, den Eltern begründete Besorgnis einzuflößen, und sie aufgrund dieser gefährlichen Drohung iS von § 74 Abs 1 Z 5 zu einem vermögensschädigenden Verhalten zu bewegen. Behauptet A im Unterschied dazu nur, den Aufenthalt der Tochter zu wissen, ohne dass er mit dieser Äußerung ein bevorstehendes Übel ankündigt, wäre die dadurch bewirkte Vermögensverschiebung als Betrug (§ 146) zu bestrafen.[19]

16 Führt die im Rahmen der Erpressung (§ 144) eingesetzte Gewalt zu einer Körperverletzung, so besteht echte Konkurrenz mit den **Körperverletzungsdelikten** (§§ 83 ff).[20] Es handelt sich um unterschiedliche verletzte Rechtsgüter, und die eingetretene Körperverletzung ist selbst in solchen Fällen keine typische Begleittat, weil nicht jede Form der eingesetzten Gewalt (zB das Abdrängen in einen Raum und anschließendes Absperren des Raums) regelmäßig zu einer Körperverletzung führt.

---

18 *Hintersteininger* in SbgK § 144 Rz 60; *Eder-Rieder* in WK² § 144 Rz 45; *Lewisch* BT I² 224; *K/Schm* BT II § 144 Rz 77; *L/St* StGB³ § 144 Rz 20; OGH 13 Os 197, 198/75; abweichend 9 Os 129/75 = EvBl 1977/119.

19 Vgl etwa *K/Schm* BT II § 144 Rz 77; *Hintersteininger* in SbgK § 144 Rz 60.

20 *L/St* StGB³ § 144 Rz 23; *Hintersteininger* in SbgK § 144 Rz 65; *Eder-Rieder* in WK² § 144 Rz 51; aM *B/S* BT I¹¹ § 144 Rz 8; vgl auch OGH 9 Os 137/75.

V. Prozessuales

Das Grunddelikt der Erpressung nach § 144 Abs 1 fällt aufgrund des anzuwendenden Strafsatzes und mangels gesetzlicher Sonderzuweisung in den sachlichen Zuständigkeitsbereich des **Einzelrichters am LG** (vgl § 31 Abs 4 Z 1 StPO). Somit besteht auch die Möglichkeit, ein diesbezügliches Strafverfahren **diversionell** (vgl §§ 198 ff StPO) zu erledigen. Die **Qualifikationen** des § 145 fallen alle aufgrund der Strafdrohung in die sachliche Kompetenz des **Schöffengerichts** (§ 31 Abs 3 Z 1 StPO) und sind daher keiner Diversion zugänglich. 17

Ad Beispielsfall: Die Drohung des Studenten A, eine ehrenrührige Tatsache der Ehefrau von Prof. B mitzuteilen, ist eine geeignete gefährliche Drohung iS von § 74 Abs 1 Z 5 (Drohung mit einer Ehrverletzung). Da diese gefährliche Drohung Prof. B dazu veranlasst, 2.000 Euro Schweigegeld zu zahlen, ist der Tatbestand des § 144 Abs 1 erfüllt. Tatvorsatz und Bereicherungsvorsatz sind unproblematisch. Da es laut Sachverhalt bei einer einmaligen Geldzahlung bleiben soll, scheidet die Qualifikation der gewerbsmäßigen Begehung (§ 145 Abs 2 Z 1) aus.

Zentrale Probleme zur Wiederholung: *Abgrenzungsfragen, insb zu § 142; Sittenwidrigkeitskorrektiv; Konkurrenzen.*

Weiterführende Literatur: *Hochmayr/Schmoller,* Die Definition der Gewalt im Strafrecht, ÖJZ 2003, 628; *Sautner,* Die Gewalt bei der Nötigung (§ 105 StGB), JBl 2001, 361; *Schwaighofer,* Gefährliche Drohung oder Warnung? – Zur Strafbarkeit des Vortäuschens einer Gefahr, JSt 2005, 86; *R. Seiler,* Die Gewalt als Mittel der Nötigung, FS Pallin (1989) 381; *Stigelbauer,* Nötigung und Erpressung im neuen Strafrecht, ÖJZ 1974, 645; *Venier,* „Kunsterpressung" – ein vermögensstrafrechtliches Paradoxon? JSt 2004, 73; *Zipf,* Raub und Erpressung, LJZ 1991, 24; siehe auch bei §§ 105, 106.

B. Betrug (§§ 146 ff)

I. Überblick

1 Das Wesen des Betruges ist eine **Täuschung**, aufgrund derer der **Getäuschte** eine **Verfügung** trifft, die ihn selbst oder einen Dritten effektiv am **Vermögen schädigt**. Der Täter muss dabei mit dem Willen handeln, sich oder einen Dritten durch diese Verfügung des Getäuschten **unrechtmäßig zu bereichern**. § 146 stellt sich seiner Struktur nach als **Selbstschädigungsdelikt** dar. Der Täter wirkt derart auf den Getäuschten ein, dass dieser unmittelbar selbst eine Vermögensverfügung trifft, die ihn oder einen Dritten schädigt (siehe dazu auch Vorbem §§ 125–168b Rz 9).

2 Beim Betrug handelt es sich um ein **mehraktiges Erfolgsdelikt**: Der Zwischenerfolg besteht in der auf der Täuschung beruhenden Vermögensverfügung, der Enderfolg im Eintritt eines Vermögensschadens. Bis zu vier Personen (Täter, Getäuschter [= Verfügender], am Vermögen Geschädigter und derjenige, der bereichert werden soll) können in die Tat eingebunden sein. Dabei müssen nur **Getäuschter und Verfügender personenident** sein, nicht aber Bereicherter und Täuschender oder Getäuschter und Geschädigter.[1]

3 **Geschütztes Rechtsgut** ist nach hA ausschließlich das **Vermögen**[2] und nicht etwa die Dispositions-, mithin Willensfreiheit des Getäuschten. Das hat zur Folge, dass jede Täuschungshandlung ohne Vermögensbezug keinen Betrug begründet. Allenfalls kommt Täuschung (§ 108) als eigenständiges Delikt in Betracht.

4 Der Betrug kennt mehrere **Qualifikationen**. Sie knüpfen zum einen an besonders verwerfliche Tatmittel/Tatumstände (§ 147 Abs 1) oder an die Schadenshöhe (§ 147 Abs 2 und 3) an, zum andern stellen sie auf die Begehung des Delikts in Wiederholungsabsicht, um sich aus dem Profit ein laufendes Einkommen zu sichern, ab (§ 148).

5 Die **gerichtliche Kriminalstatistik** für das Jahr 2010 weist 2.713 Verurteilungen wegen Betrugs (§§ 146–148) aus. Das sind knapp 18 % aller gerichtlichen Verurteilungen wegen eines Vermögensdelikts (§§ 125–168e aF). Innerhalb der Betrugsdelikte (§§ 146–148) erfolgte etwa ein Drittel aller Verurteilungen nur wegen des Grunddelikts (§ 146), etwa ein Viertel wegen schweren Betrugs nach § 147 Abs 1 und 2 und ein weiteres Drittel wegen gewerbsmäßigen Betrugs (§ 148). Der Anteil von schwerem Betrug mit einem Schaden von mehr als 50.000 Euro (§ 147 Abs 3) an allen Betrugsverurteilungen machte nur etwa 2 % aus.

---

1 *K/Schm* BT II § 146 Rz 13.

2 *K/Schm* BT II § 146 Rz 17 f; *Kirchbacher* in WK[2] § 146 Rz 4. Vgl hingegen den gespaltenen deutschen Meinungsstand im Überlick bei *Cramer/Perron* in *Schönke/Schröder*, StGB[28] § 263 Rz 1.

Beispielsfall: Der nicht in Österreich krankenversicherte A weist bei seinem Zahnarztbesuch die E-Card[3] seines inländisch versicherten Bruders vor. Der behandelnde Zahnarzt schöpft keinen Verdacht und verrechnet der Gebietskrankenkasse das für seine Dienstleistung (Plombierung eines Zahnes) vorgesehene Honorar. Diese tilgt, ohne zu zögern, die an sie gerichtete Forderung.

II. Tatbestand

Den Tatbestand des Betrugs (§ 146) verwirklicht, wer
- mit Tat- und Bereicherungsvorsatz
- einen anderen durch Täuschung über Tatsachen
- in einen themengleichen Irrtum versetzt,
- wodurch der Getäuschte zu einer Verfügung veranlasst wird,
- die ihn selbst oder einen Dritten am Vermögen schädigt.

1. Täuschung über Tatsachen

Wenn das Gesetz von Täuschung über Tatsachen spricht, erfasst es damit zwei Aspekte: die Vornahme einer **Täuschungshandlung** sowie als tatbestandlichen **Zwischenerfolg** den **Eintritt eines täuschungsbedingten Irrtums**.[4] Beide Komponenten müssen kumulativ vorliegen, widrigenfalls eine Strafbarkeit wegen vollendeten Betrugs ausscheidet und allenfalls Versuch in Betracht kommt. 6

a) Tatsachen

Tatsachen sind alle einem Beweis zugänglichen Umstände, egal ob sie in der Gegenwart oder Vergangenheit liegen.[5] Es kann sich dabei sowohl um innere als auch um äußere Tatsachen handeln. **Äußere Tatsachen** sind **rechtlich oder faktisch objektivierbare Gegebenheiten**, wie die Beschaffenheit und Qualität einer Ware, die wirtschaftliche Leistungsfähigkeit des Schuldners oder Eigentumsverhältnisse.[6] Praktisch relevant sind auch behauptete Fähigkeiten einer Person, wie jene, eine Partnerzusammenführung durch okkulte Handlungen bewirken oder schwarze Magie abwenden[7] zu können, wobei sich bei kritischer 7

3 Die E-Card ist ein elektronischer Ausweis, der von Versicherten der meisten österreichischen Krankenkassen bei jedem Arztbesuch vorzulegen ist. Seine Vorlage bescheinigt den Umstand, dass der darin Ausgewiesene Versicherungsnehmer ist und der Arzt seine Versorgungsleistungen direkt über den Versicherer abrechnen kann. Näher zur Funktionsweise OGH 15 Os 6/07g.

4 *K/Schm* BT II § 146 Rz 32.

5 *K/Schm* BT II § 146 Rz 36; *Kirchbacher* in WK[2] § 146 Rz 31; *Kert* in SbgK § 146 Rz 45.

6 *Kirchbacher* in WK[2] § 146 Rz 34; *K/Schm* BT II § 146 Rz 37; *Kert* in SbgK § 146 Rz 47 ff.

7 OGH 13 Os 127/04; vgl auch 13 Os 74/07t: Fähigkeit, durch spiritistische Sitzungen und diverse Rituale die jeweiligen Probleme der Geschädigten lösen zu können.

Betrachtung allerdings die Frage stellt, ob es sich hierbei überhaupt um Tatsachen iS des Gesetzes handelt. Schließlich wird sich die (übersinnliche) Eignung zur Herbeiführung der versprochenen Erfolge regelmäßig nicht objektiv feststellen lassen und daher keinem Beweis zugänglich sein.[8] Bei **Submissionsabsprachen** wird darüber getäuscht, dass der – in Wahrheit aus wettbewerbswidrigen Abreden von Bietern entstandene – Angebotspreis durch eine auf freiem und lauterem Wettbewerb beruhende Kalkulation ermittelt worden sei.[9]

8 **Innere Tatsachen** betreffen **psychische Umstände des Täters** wie Motivationen, Bereitschaften oder Werturteile **mit einem Tatsachenkern** (Zahlungswilligkeit, Einschätzung eines Gemäldes als künstlerisch wertvoll, die Bereitschaft, Geld an andere Personen weiterleiten[10] oder mit einer Person eine Lebensgemeinschaft/Ehe eingehen zu wollen[11]). Nicht tatbestandsmäßig sind dagegen reine Werturteile, reklamehafte Übertreibungen und bloße Redewendungen,[12] wobei die Abgrenzung zu den inneren Tatsachen nicht immer einfach ist.

b) Täuschungshandlung

aa) Überblick

9 Ganz allgemein kann eine Täuschung durch ein **Tun oder Unterlassen** begangen werden.[13] Die aktive Täuschung kann wiederum **ausdrücklich** oder **schlüssig** (konkludent) erfolgen.[14] **Ausdrückliche Täuschung** wird durch eine mündliche oder schriftliche Erklärung gegenüber dem Getäuschten bewirkt. Sie liegt etwa dann vor, wenn von einer Ware als „echtem Goldschmuck" gesprochen wird, obwohl es sich um ein minderwertiges Imitat handelt oder wenn der Kreditnehmer in einem Formular zur Kreditvergabe seine Vermögenssituation falsch darstellt.

10 **Schlüssig** über die äußere Tatsache seiner **Zahlungsfähigkeit** täuscht, wer in einem Restaurant Speisen bestellt, wohlwissend, dass er sie nicht bezahlen kann. Hat er von vornherein den Entschluss, nicht bezahlen zu wollen, so liegt in der Bestellung eine konkludente Täuschung über die innere Tatsache der **Zahlungs-**

---

8 AA *Kirchbacher* in WK[2] § 146 Rz 36: Wissen und Fähigkeiten einer Person sind jedenfalls Tatsachen, auch wenn sie mit rational unüberprüfbaren Ursprungsbehauptungen verknüpft sind.

9 *Kirchbacher* in WK[2] § 146 Rz 34a; *K/Schm* BT II § 146 Rz 61; *Kert* in SbgK § 146 Rz 96. Da der Nachweis eines Vermögensschadens erhebliche Probleme mit sich führen kann, wurde als subsidiäres Auffangdelikt § 168b geschaffen (siehe dazu bei Rz 107 ff).

10 OGH 14 Os 130/06h. Hierunter fällt auch Spendenbetrug.

11 Sog Heiratsschwindel, vgl OGH 11 Os 106/90.

12 *K/Schm* BT II § 146 Rz 41 f.

13 *Kirchbacher* in WK[2] § 146 Rz 19 ff; *L/St* StGB[3] § 146 Rz 18; *Fabrizy* StGB[10] § 146 Rz 15; *K/Schm* BT II § 146 Rz 85 ff; *B/S* BT I[11] § 146 Rz 13; *Lewisch* BT I[2] 229; *F/R-K* BT I[3] 152.

14 *Kirchbacher* in WK[2] § 146 Rz 20; *L/St* StGB[3] § 146 Rz 16 f; *Fabrizy* StGB[10] § 146 Rz 14a; *K/Schm* BT II § 146 Rz 51 ff; *B/S* BT I[11] § 146 Rz 5; *Lewisch* BT I[2] 228; *F/R-K* BT I[3] 152.

willigkeit. Bei der schlüssigen Täuschung geht es also darum, dass der Täuschende durch sein Verhalten einen entsprechenden Erklärungswert nach den Regeln des redlichen Geschäftsverkehrs und unter Berücksichtigung der Verkehrsauffassung kommuniziert.[15] Wer zB eine Urkunde zu Beweiszwecken im Rechtsverkehr benutzt, erklärt durch ihre Vorlage idR konkludent, dass sie nicht manipuliert ist. Auch wer einen Rechtsanspruch auf eine bestimmte Leistung oder Zahlung erhebt, teilt damit schlüssig mit, dass ihm eine entsprechende Forderung (in richtiger Höhe) auch zusteht. Der Täter, der vorhat, nach dem Selbstbedienungstanken ohne zu zahlen davonzufahren, täuscht den ihn beobachtenden Tankwart über seine Zahlungswilligkeit (siehe zur Frage der Strafbarkeit beim Selbstbedienungstanken bei § 134 Rz 24 ff).[16]

Strittig ist mitunter die Behandlung von im Wirtschaftsleben immer wieder auftauchenden neuartigen Konstellationen, zB wenn jemand sog Prepaid-Handies beim an Endabnehmer verkaufenden Elektronik-Händler in großem Stil erwirbt, diese entsperren lässt und sie im Ausland weiterverkauft. Der OGH[17] nimmt hier Täuschung und im Endeffekt auch Betrug an, da sich der Verkäufer beim Erwerb verpflichte, für einen bestimmten Zeitraum aktive Gespräche – wenn solche überhaupt geführt werden – lediglich über das Netz des Betreibers zu führen.[18] 11

Auch wenn im Zuge einer **umfassenderen Erklärung** bloß **einzelne Tatsachen weggelassen** werden (wie die Unfallfreiheit des Autos bei einem Verkaufsgespräch über einen Neuwagen), liegt aufgrund des einheitlichen Erklärungswertes und des Primats des strafbarkeitsausschöpfenden Tuns oftmals aktive Täuschung vor. Eine **Täuschung durch Unterlassen** (§ 2) kommt nur dann in Betracht, wenn nicht bereits das fassbare Gesamtverhalten auf ein aktives Tun hinausläuft, wie etwa wenn der Täter einen ohne Vorsatz ausgelösten Irrtum im Nachhinein vorsätzlich nicht aufklärt.[19] 12

bb) Einzelheiten

Eine bestimmte **Qualität der Täuschung** iS einer besonderen Raffinesse ist zur Erfüllung des Tatbestands nicht erforderlich. Auf eine abstrakte Eignung zur Irrtumserregung oder die Möglichkeit der Durchschauung kommt es nicht an. Auch eine allfällige Nachlässigkeit oder Leichtgläubigkeit des in die Irre Geführten ist unbeachtlich.[20] 13

Verkehrsadäquate Täuschungen wie reklamehafte marktschreierische Anpreisungen scheiden dagegen trotz Täuschungseignung aus normativen Erwä- 14

---

15 Vgl auch *K/Schm* BT II § 146 Rz 52.
16 Zu den Bsp vgl *Lewisch* BT I^2 228.
17 OGH 14 Os 116/03.
18 Krit demgegenüber *Velten*, JSt 2006, 123.
19 *Kert* in SbgK § 146 Rz 114.
20 *K/Schm* BT II § 146 Rz 49; OGH 11 Os 106/96 = RIS-Justiz RS0106200. Zum sog „Hütchenspiel" vgl OGH 12 Os 104/95.

gungen aus. Darüber hinausgehend gebietet eine angemessene Risikoverteilung im Geschäftsleben, dass der Getäuschte selbst für seine Vermögensverfügungen verantwortlich bleibt, solange er aufgrund besonderer Schutzwürdigkeit (Wissensvorsprünge des Kontraktpartners) nicht anders zu behandeln ist.[21] Die Stellung eines überhöhten Angebots mit der (zumindest konkludenten) Behauptung, dieses entspreche den marktüblichen Bedingungen, reicht somit regelmäßig für einen Betrug nicht aus.

15 Umstritten ist der sog **Behörden- oder Prozessbetrug**. Die nunmehr **stRspr** nimmt Betrugsstrafbarkeit bei vorsätzlich falschen Angaben einer Partei gegenüber der Behörde zur Erlangung vermögensrechtlicher Leistungen an, selbst wenn diese zur Überprüfung der entsprechenden Tatsachen verpflichtet ist.[22] Dabei wird nicht danach differenziert, ob die Verwaltungsbehörde oder das Gericht über einen Anspruch zu erkennen hat (Prozessbetrug).[23] An die Redlichkeit einer sich insoweit erklärenden Person können nach Ansicht der Rspr keine geringeren Anforderungen gestellt werden als im Rechts- und Geschäftsleben zwischen Privaten.

16 Dieser **Ansatz bedarf** jedoch **einer Einschränkung**: Vernachlässigt eine zur amtswegigen Sachverhaltsaufklärung verpflichtete staatliche Institution ihre generellen Nachforschungs- und Erhebungspflichten, so sollte bloß passives Verhalten einer Partei, selbst bei deren sicherem Wissen um die resultierende Fehlvorstellung der Behörde/des Gerichts, keine ausreichende Täuschungshandlung und damit keinen Betrug begründen. Die amtswegige Ermittlungspflicht steht in solchen Fällen über der Aufklärungspflicht des Betroffenen.[24] Dies folgt letztlich auch aus dem bei Unterlassungsdelikten anzuwendenden Gleichwertigkeitskorrektiv, das von der Rspr jedoch nur selten iS einer normativen strafbarkeitseinschränkenden Bewertung herangezogen wird. Meist wird ein solches Verhalten generell als einer aktiven Täuschung gleichwertig angesehen.[25] Wenn freilich ein Antrag auf eine bestimmte Leistung gestellt worden ist, beurteilt sich das daran anschließende passive Verhalten des Antragsstellers anders. Aus dem Antrag folgt gleichsam die Pflicht des Antragstellers zu einem weiteren Tätigwerden, um den Irrtum richtig zu stellen.

2. Irrtum

17 Ein Irrtum ist **jede von der Wirklichkeit abweichende Vorstellung**. Nur ein **Mensch** kann in einen Irrtum geführt werden. Gegenstände wie Automaten oder Computer scheiden aus, weil sie zur geforderten Kognition nicht fähig sind.[26] Der Täter muss einen **Irrtum durch seine Täuschung** erregen, zumindest aber verstärken. Eine Mitverursachung des Irrtums reicht daher schon aus.[27] Wenn der Täter nach § 2 zur Aufklärung verpflichtet wäre, genügt schon das **Ausnützen eines bestehenden Irrtums**.

---

21 Derart besondere Vertrauenselemente liegen etwa zwischen Gesellschaftern vor. *Kirchbacher* in WK^2 § 146 Rz 18.

22 OGH 15 Os 73/00; zuletzt 14 Os 103/09t.

23 *Kirchbacher* in WK^2 § 146 Rz 41.

24 So nun auch *Kert* in SbgK § 146 Rz 105.

25 Vgl etwa OGH 12 Os 68/84 = RIS-Justiz RS0094297 = ÖJZ-LSK 1984/177; die hL steht dem kritisch gegenüber: vgl dazu die Nw bei *Kert* in SbgK § 146 Rz 105, 127.

26 In Betracht kommt allerdings betrügerischer Datenverarbeitungsmissbrauch gem § 148a.

27 *Lewisch* BT I^2 223.

Es ist nicht erforderlich, dass der Getäuschte den Umstand, über den er irrt, auch aktuell vor Augen hat. Vielmehr genügt bloßes **Mitbewusstsein**.[28] Es wird sogar oft vorkommen, dass das Opfer nicht explizit an den Umstand (zB Zahlungswilligkeit des Kunden) denkt, sondern davon ausgeht, es sei „alles in Ordnung". Selbst **Zweifel des Opfers** ändern an seiner Fehlvorstellung von der Wirklichkeit nichts.[29] Wer beim Kauf von „Wunderpillen" an deren Wirkung zweifelt, sich aber dennoch zu einem Kauf entscheidet, unterliegt einer Fehlvorstellung über die tatsächlichen Verhältnisse. Würde er aber in jedem Fall die Vermögensverfügung treffen, so fehlt es an der Kausalität des Irrtums. 18

Themengleichheit des Irrtums ist durch den Kausalzusammenhang mit der Täuschung erforderlich. Der Irrtum muss zumindest auch die Tatsache umfassen, über die getäuscht wird.[30] Ausreichend ist jedoch bereits seine **Ausprägung als mitbestimmendes Motiv**. Wer einen wertvollen Oldtimer überwiegend wegen dieser Eigenschaft kauft und über seine zugesicherte Fahrtüchtigkeit getäuscht wird, verfällt dennoch einem themagleichen Irrtum. Die Fahrtüchtigkeit des Wagens war – wenn auch nur untergeordnetes – mitbestimmendes Motiv für den Kauf. 19

3. Vermögensverfügung

Beim Betrug trifft der Getäuschte ausgehend von seinem Irrtum eine Vermögensdisposition. Darunter ist jede **Handlung, Duldung und Unterlassung, die auf das Vermögen des Getäuschten oder eines Dritten unmittelbar einwirkt**, zu verstehen.[31] Maßgeblich ist rein faktisches Verhalten, unabhängig von seiner rechtlichen Wirksamkeit. Auch der Geschäftsunfähige kann daher eine Vermögensverfügung treffen.[32] 20

Die **Einwirkung auf das Vermögen** durch die Verfügung muss **unmittelbar** erfolgen. Daran fehlt es, wenn für den Schadenseintritt außer der irrtumsbedingten Vermögensverfügung noch weitere Zugriffshandlungen erforderlich sind.[33] Der Getäuschte wirkt etwa dann unmittelbar auf sein Vermögen ein, wenn er eine Barzahlung leistet, eine Überweisung tätigt, Dienstleistungen erbringt oder eine Forderung nicht geltend macht. Bei einer Anmeldung von tatsächlich als Dienstnehmer beschäftigten Personen beim zuständigen Sozialversicherungsträger kommt es dagegen nach der Rspr zu keiner Vermögensverfügung des Sozialversicherungsträgers, weil die Pflichtversicherung schon ex 21

28 *Kirchbacher* in WK² § 146 Rz 44; *L/St* StGB³ § 146 Rz 26; *K/Schm* BT II § 146 Rz 96.

29 *Kirchbacher* in WK² § 146 Rz 45; *K/Schm* BT II § 146 Rz 99; *Kert* in SbgK § 146 Rz 142 ff.

30 *Kirchbacher* in WK² § 146 Rz 48.

31 *Kirchbacher* in WK² § 146 Rz 53; *K/Schm* BT II § 146 Rz 108; *Kert* in SbgK § 146 Rz 159 ff.

32 *Kirchbacher* in WK² § 146 Rz 53; *L/St* StGB³ § 146 Rz 36; *K/Schm* BT II § 146 Rz 108.

33 *L/St* StGB³ § 146 Rz 37; *B/S* BT I¹¹ § 146 Rz 17; *Lewisch* BT I² 230.

lege besteht und nicht erst durch eine Anmeldung bewirkt wird.[34] Keinen Betrug, sondern eine Vorbereitungshandlung zum Diebstahl begeht etwa, wer einem Juwelier seine Kaufabsicht vorspiegelt und sich ein Schmuckstück im Sonnenlicht ansehen möchte, im Anschluss mit der Beute jedoch wegläuft, oder wer sich durch Täuschung eine Anstellung verschafft, um anschließend Bürodiebstähle zu begehen.[35]

22 **Täuschung und Irrtum** müssen **für die nachfolgende Vermögensverfügung kausal**, also zumindest mitbestimmend gewesen sein. Kausalität ist etwa dann zu verneinen, wenn das Opfer dem Täter einen Kredit auch dann eingeräumt hätte, wenn dieser seine wirtschaftliche Lage nicht wahrheitswidrig vorgespiegelt hätte, etwa aus Mitleid mit dem Täter. Wer einem Bettler Geld gibt, nur um ihn loszuwerden, trifft keine irrtumskausale Vermögensverfügung, selbst wenn ihm die Bedürftigkeit des Täters vorgespielt wurde (siehe zum Spenden- und Bettelbetrug auch bei Rz 37 f).[36]

4. Vermögensschaden

23 Der Enderfolg des Betrugs besteht im Vermögensschaden. Ob dieser beim Getäuschten oder einem Dritten eintritt, spielt keine Rolle. Geschädigt kann demnach auch eine juristische Person sein, obgleich eine Täuschung ihr gegenüber unmöglich ist. Der Vermögensschaden muss auch nicht den treffen, der nach dem Tatplan geschädigt sein sollte. Eine Schadensüberwälzung auf zB eine Versicherung bleibt damit unberücksichtigt.[37]

a) Schadensbegriff

aa) wirtschaftliche Betrachtungsweise

24 Das österreichische Vermögensstrafrecht geht von einer **wirtschaftlichen Betrachtungsweise** aus, die beim Betrug nur den **unmittelbar** aus der Vermögensverschiebung des Getäuschten entstandenen Schaden im Sinne eines dabei **aufgetretenen effektiven Verlustes an Vermögenssubstanz** erfasst.[38] Letzterer ist durch einen Vergleich der Vermögenslage vor und nach der durch die Täuschung bewirkten Vermögensverfügung zu ermitteln **(Gesamtsaldierung)**. Vermögen ist daher die **Gesamtheit der einer Person zustehenden wirtschaft-**

---

34 OGH 6 Ob 190/04s. Die Täuschung bestand im der Entscheidung zu Grunde liegenden Sachverhalt in der vorgespiegelten Zahlungsfähigkeit und Zahlungswilligkeit. Zur allfälligen Betrugsstrafbarkeit im Falle einer Anmeldung von tatsächlich nicht beschäftigten Dienstnehmern zur Sozialversicherung siehe bei Rz 97, zum Vorenthalten von Sozialversicherungsbeiträgen unten bei § 153c und d.

35 *Kert* in SbgK § 146 Rz 170.

36 Vgl dazu *K/Schm* BT II § 146 Rz 185.

37 *Kirchbacher* in WK^2 § 146 Rz 60.

38 OGH 15 Os 72/02; *Lewisch* BT I^2 224; *Kert* in SbgK § 146 Rz 228 ff.

lichen Werte.[39] Ob diese Werte mit einer rechtlich geschützten Stellung des Sachinhabers verbunden sind, bleibt – anders als etwa bei einer juristischen Auffassung des Vermögensbegriffs – außer Betracht. Geschützt sind auch Vermögenseinbußen eines unredlichen Besitzers, etwa eines Diebs.[40]

Erfasst sind damit zB Eigentumsrechte, Pfandrechte, Immaterialgüterrechte,[41] klagbare und unklagbare Forderungen sowie Anwartschaftsrechte und (Dienst-)Leistungen aus Arbeits- und Werkverträgen. **Urkunden** sind nur dann dem Vermögen zuzuordnen, wenn ihnen selbstständige **Wertträgereigenschaft** zukommt (siehe dazu bei §§ 127 f Rz 9 ff). In solchen Fällen kann ihre betrügerische Herauslockung unter § 146 fallen. Da **Sparbüchern** nach der BWG Novelle die selbstständige Wertträgerschaft fehlt, begründet ihre Herauslockung unter Vorspiegelung falscher Tatsachen keinen Betrug. Sehr wohl begründet es aber Betrug, wenn der Dritte unter Vorlage des fremden Sparbuchs und eines gefälschten Ausweises den Bankangestellten über seine Identität täuscht und damit zur Auszahlung des Guthabensstandes an den Unberechtigten veranlasst. **25**

Auch **zu einem konkreten Recht verfestigte Gewinnchancen**, wie zB die Gewinnspanne, die ein Unternehmer aus einem bereits geschlossenen gültigen Kaufvertrag lukrieren würde, fallen unter den Schadensbegriff. Dies gilt nach hL und Rspr auch für den Entgang von Gewinnchancen eines Glücksgeschäfts (Börsespekulationsgeschäfts).[42] Freilich bildet wohl nur der komplette Entfall einer Gewinnchance einen Vermögensschaden. So schädigt der Verkauf eines Loses bei einem Gewinnspiel, bei welchem der Hauptgewinn bereits gezogen wurde und damit keinerlei Aussicht auf ihn mehr besteht, den Käufer unmittelbar um den Kaufpreis des Loses, weil er unter keinen Umständen mit dem ersehnten Gewinn rechnen kann. Das Los ist für den Käufer wie auch jeden anderen wirtschaftlich wertlos. **26**

In Verkennung der wirtschaftlichen Betrachtungsweise gehen die Rspr und ein Teil der Lehre davon aus, dass das wahrheitswidrige Ausfüllen eines Vermögensbekenntnisses zur Erlangung von **Verfahrenshilfe** nicht unter Betrug (§ 146) fällt.[43] Der Trugschluss liegt darin, dass bei der Verfahrenshilfe auf ein staatliches Vermögensinteresse abgestellt wird, das sich im Dienste des Strafverfolgungsanspruches des Staates befinde. Dieser Strafverfolgungsanspruch sei gegenüber dem Beschuldigten nicht strafgesetzlich geschützt. Dem ist entgegenzuhalten, dass das hinter bestimmten Vermögenspositionen stehende Interesse des Rechtsgutsträgers unter Zugrundelegung des gegenwärtigen Schadensbegriffs überhaupt nicht maßgeblich für den Schaden ist. Es kommt alleine auf die Erbringung einer wirtschaftlich messbaren Leistung an. Wird dies durch falsche Angaben bewirkt, liegt Betrug vor. **27**

39 Siehe zB *K/Schm* BT II § 146 Rz 135.

40 Vgl *K/Schm* BT II § 146 Rz 135.

41 *K/Schm* BT II § 146 Rz 128.

42 *L/St* StGB³ § 146 Rz 39; *Kirchbacher* in WK² § 146 Rz 61; OGH 9 Os 78/83 = JBl 1984, 267; 11 Os 31/02.

43 OGH 12 Os 24/08h; *Kirchbacher* in WK² § 146 Rz 42a; *Kert* in SbgK § 146 Rz 215; siehe auch *Murschetz*, ÖJZ 2001, 843.

bb) Realer Verlust an Vermögenssubstanz

28 Es muss ein **realer Verlust an Vermögenssubstanz** vorliegen, um den Schadensbegriff zu erfüllen.[44] Das ist bspw der Fall, wenn ein Kfz, dessen Kilometerzähler vom Täter manipuliert wurde, zu einem unangemessenen Preis erworben wird, die verkauften Wunderpillen in Wahrheit wertlos sind oder die Versicherung nach Schadensmeldung den entstandenen Schaden liquidiert.

29 Dass der **Schaden nicht dauerhaft** eintritt, ändert nichts am Vorliegen des gegenständlichen Tatbestandsmerkmals. Bereits eine vorübergehende Vermögensminderung für einen wirtschaftlich nicht völlig bedeutungslosen Zeitraum ist eine ausreichende Beeinträchtigung der Vermögenssubstanz.[45] Der Täter kann daher auch nicht einwenden, dass es bei Unterbleiben der Tat möglicherweise aus anderen Gründen zu einer Vermögenseinbuße gekommen wäre, da nur der wirkliche Geschehensablauf und der Erfolg in seiner konkreten Gestalt maßgeblich sind.[46]

30 Die wirtschaftliche Betrachtungsweise impliziert, dass von einem Schaden dann nicht gesprochen werden kann, wenn eine **äquivalente Gegenleistung** erbracht wurde. Wird der Wagen mit manipuliertem Kilometerzähler dennoch zu einem den wahren Verhältnissen entsprechenden Preis verkauft, so entsteht dem Käufer kein Schaden. Dass er bei Kenntnis der wahren Sachlage den Wagen nicht gekauft hätte, bleibt aus strafrechtlicher Sicht irrelevant. Dies folgt aus der Auffassung, dass die Dispositionsfreiheit des Getäuschten kein geschütztes Rechtsgut des § 146 ist.[47]

31 Entsprechend sind auch Fälle sog **Anstellungsbetrugs** zu beurteilen. Wer eine Stelle unter Vorspiegelung falscher Aufnahme- oder Entlohnungskriterien (wie Ausbildung oder sonstige Qualifikation) erschleicht, verursacht nur dann einen Vermögensschaden beim Arbeitgeber, wenn dem Gehalt keine gleichwertige Arbeitsleistung gegenübersteht. Selbst unter diesen Umständen kann Strafbarkeit wegen Betrugs entfallen, wenn der Täter trotz Kenntnis seiner unzureichenden Qualifikation glaubt, eine gleichwertige Arbeitsleistung erbringen zu können. Es mangelt in solchen Fällen am entsprechenden Schädigungsvorsatz.[48]

32 Der objektive Tatbestand des Schadenseintritts wird nicht schon dadurch ausgeschlossen, dass ein **präsenter Deckungsfonds** existiert.[49] Wird eine Waschmaschine betrügerisch herausgelockt, tritt trotz vereinbartem Eigentumsvorbehalt bereits mit Übergabe ein Vermögensschaden beim Opfer ein.[50] Auch wenn die Gegenleistung nicht innerhalb eines wirtschaftlich vertretbaren Zeitraumes geleistet wird, kann ein für den Betrug beachtlicher **Verzögerungsschaden** vorliegen, sodass es letztlich an der äquivalenten Gegenleistung fehlt. Muss zB der Kaufpreis erst durch die Verwertung eines gegebenen Pfands hereingebracht

---

44 *Lewisch* BT I² 232.
45 *Kirchbacher* in WK² § 146 Rz 74; *Kert* in SbgK § 146 Rz 231.
46 *Kirchbacher* in WK² § 146 Rz 66; OGH 14 Os 162/01.
47 *K/Schm* BT II § 146 Rz 180; *Lewisch* BT I² 233; vgl auch *F/R-K* BT I³ 154.
48 *Kirchbacher* in WK² § 146 Rz 75; *K/Schm* BT II § 146 Rz 206.
49 *K/Schm* BT II § 146 Rz 168; *Kert* in SbgK § 146 Rz 243; OGH 13 Os 140/96.
50 *Lewisch* BT I² 234.

werden, ist trotz der vollständigen Besicherung des Primäranspruchs der Schadensbegriff erfüllt.[51]

cc) Bloße Vermögensgefährdungen

Aufgrund des wirtschaftlichen Vermögensbegriffs, der auf eine effektive Reduktion der Vermögenssubstanz abstellt, bilden **Verbindlichkeiten und bloße Vermögensgefährdungen noch keinen Schaden**.[52] Werden versprochene **Sicherheiten für eine Kreditforderung** plangemäß **nicht vertragsgemäß erbracht**, so kann freilich gegen diese Position eingewendet werden, dass der Gläubiger bereits vor eventuellem Eintritt der Insolvenz des Schuldners einen **Schaden** am Vermögen in Form **reduzierter Werthaltigkeit der Forderung** erleidet, denn bei bilanziellem Ansatz hat er der Ausfallswahrscheinlichkeit und der fehlenden Besicherung Rechnung zu tragen und die Forderung risikoadäquat auf ihren wirtschaftlichen Wert abzuschreiben. Insofern handle es sich nicht nur um eine bloße Vermögensgefährdung, sondern um einen effektiven Vermögensverlust.[53] 33

Dass es sich jedoch lediglich um eine Vermögensgefährdung handelt, zeigt sich letztlich darin, dass der endgültige Schaden der Höhe nach in beide Richtungen abweichen kann, wenn etwa ein Insolvenzverfahren eine noch niedrigere Quote einbringt als in der Bilanz vorsorglich angenommen oder das Geschäft letztlich „gut" geht und die volle Schuldhöhe beglichen wird.[54] Weil bereits eine **vorübergehende Vermögensminderung** den **wirtschaftlichen Vermögensbegriff erfüllt** (Rz 29) und die Vermögensgefährdung bisweilen einen so hohen Grad erreicht hat, dass sie letztlich einem Vermögensverlust gleichkommt, sind die Verhältnisse hier nicht anders zu beurteilen als bei Erschleichung eines Darlehens durch einen rückzahlungsunfähigen oder -unwilligen Täter, wo die hA bereits mit Auszahlung der Summe einen realen Vermögensschaden annimmt.[55] Auch in diesem Fall würde der Gläubiger seine Forderung vorerst nur (teilweise oder gänzlich) abschreiben, obwohl deren völliger Ausfall noch keineswegs feststeht. In beiden Konstellationen findet ein tatsächlicher Zahlungsstrom in Form der Auszahlung der Kreditsumme statt, der sich mangels gleichwertiger Gegenleistung als unmittelbarer Vermögensschaden darstellt. Insofern ist eine Subsumtion solcher Vermögensgefährdungen unter den Vermögensschadensbegriff sachgerecht. 34

---

51 *Kirchbacher* in WK² § 146 Rz 83; OGH 13 Os 17/92; 11 Os 12/05g.

52 Siehe zur hA zB mwN *Kirchbacher* in WK² § 146 Rz 76 und die Nw bei *Kert* in SbgK § 146 Rz 275; siehe weiters etwa OGH 12 Os 177/81 = SSt 53/3.

53 *K/Schm* BT II § 146 Rz 160 mit dem Hinweis, dass Verbindlichkeiten die Kehrseite von Forderungen sind. Weil Forderungen unstreitig als Vermögenswerte angesehen sind, sollten Verbindlichkeiten als „negative[] Vermögenswert[e]" betrachtet werden. Bei § 153 ist daher die Vermehrung von Passiva bereits als Vermögensschaden anerkannt (OGH 13 Os 136/87 = RIS-Justiz RS0095618 = SSt 59/7). Jedoch darf nach OGH 13 Os 179/79 = RIS-Justiz RS0094444 = SSt 46/36 = EvBl 1976/74 = JBl 1976, 216 der Begriff des Schadens nicht mit bloß buchhalterisch bedeutsamen Vermögensverschiebungen gleichgesetzt werden. Vertiefend *Kessel*, JBl 1999, 14 ff.

54 Siehe umfassend zur Bedeutung der Forderungsbewertung im Strafrecht *Wegscheider*, RZ 1998, 158.

55 *K/Schm* BT II § 146 Rz 197; OGH 13 Os 98/85 = RIS-Justiz RS0094458; zuletzt 14 Os 148/00.

35 Bloße **Exspektanzen,** wie etwa das erwartete bessere Auskommen durch „reiche Heirat“ oder Aussichten auf eine Erbschaft noch zu Lebzeiten des Erblassers, sind strafrechtlich nicht von § 146 geschützt. Im Unterschied zu Verbindlichkeiten oder Vermögensgefährdungen fehlt es hier schon an der rechtlichen Durchsetzbarkeit der Gewinnerwartung. Davon abzugrenzen sind die sehr wohl strafbaren Fälle des sog Heiratsschwindels, in denen der vermeintlich heiratswillige Bräutigam unter Vorspiegelung redlicher Absichten bereits vor Verehelichung Geldbeträge von seiner Braut herauslockt und danach die Hochzeit plangemäß platzen lässt.

36 Schließlich finden auch Schäden, die in der Verkürzung bloßen **Affektionsinteresses** liegen, keine Berücksichtigung.[56] Wer einem anderen das an sich wertlose Gemälde eines Laien herauslockt, weil es ihm gut gefällt, verwirklicht keinen Betrug, auch wenn persönliche Erinnerungen des Eigentümers daran hängen. Es fehlt in solchen Fällen an der wirtschaftlichen Messbarkeit des Schadens.

dd) Spenden-/Bettelbetrug

37 Beim sog **Spenden-/Bettelbetrug** erbringt der Getäuschte eine Leistung, ohne eine Gegenleistung zu erwarten, und schädigt sich insoweit in jedem Fall bewusst selbst (siehe dazu auch oben bei Rz 20 ff). In Übereinstimmung mit dem wirtschaftlichen Vermögensbegriff soll nach hA hier der tatbestandsimmanente Vermögensschaden dann vorliegen, wenn das **einseitige Vermögensopfer** des Spenders bei gebotener wirtschaftlicher Betrachtungsweise eine **unvernünftige Ausgabe** ist, weil das Ziel, wirtschaftliche Werte zur Förderung des Spendenzwecks zu schaffen, verfehlt wird.[57] Damit erfolgt in gewisser Weise eine Distanzierung vom wirtschaftlichen Vermögensbegriff: Der Eintritt des Vermögensschadens wird dadurch begründet, dass die Vermögensminderung nicht durch die Erreichung des mit der Verfügung verbundenen Zwecks kompensiert wird.[58]

38 Die **wirtschaftliche Betrachtungsweise**, wie sie sich speziell auch in der fehlenden Berücksichtigung des Affektionsinteresses ausdrückt (vgl Rz 36), **spricht** an sich **gegen die Position der hA**. Letztlich fehlt es am eingetretenen Schaden, wodurch auch dem Bedürfnis nach einer Entkriminalisierung dieses Bereichs entsprochen werden könnte. Zur Eingrenzung der Strafbarkeit wird etwa vorgeschlagen, keinen Schaden in jenen Fällen anzunehmen, in denen das Geld der Person zugutekommt, die der Spender unterstützen wollte, unabhängig davon, was dieser damit macht (zB Alkohol statt Essen kauft). Lediglich wenn der Betrag an eine andere Person weitergeleitet wird, liege eine Zweckverfeh-

---

56 *K/Schm* BT II § 146 Rz 143; *Kert* in SbgK § 146 Rz 209.

57 *K/Schm* BT II § 146 Rz 185 ff; *Kirchbacher* in WK^2 § 146 Rz 68; *Lewisch* BT I^2 234; speziell zur These der frustrierten Hauptmotivation *Schmoller*, ZStW 1991, 92; OGH 9 Os 132/86; 11 Os 58/97.

58 Vgl nur *Lewisch* BT I^2 234 f.

lung vor, die zur Betrugsstrafbarkeit führen sollte.[59] Trotz dieser kriminalpolitisch zu begrüßenden Strafbarkeitseinschränkung scheint diese Lösung nur bedingt geeignet, die Abgrenzung ist schwierig.[60] Nimmt man die wirtschaftliche Betrachtungsweise beim Vermögensschaden ernst, ist es konsequent, die Fälle des Bettel-/Spendenbetrugs generell aus der Strafbarkeit herauszunehmen.

b) Schadensberechnung

Bei der Berechnung des Schadens kommt nach hM ein **objektiv-individueller Maßstab** zum Tragen, der **den Verkehrswert (Marktwert)** der vom Täter erschlichenen Leistungen und der allenfalls von ihm erbrachten Gegenleistungen berücksichtigt.[61] Bei Waren kommt es nach hM **im Großhandel** auf den **Großhandelspreis**, im **Einzelhandel** auf den **Detailverkaufspreis** an.[62] 39

Überzeugend ist diese Auffassung freilich nicht. Sobald auf einen bestimmten Preis abgestellt wird, fließen Gewinnspannen des kalkulierenden Unternehmers in die Wertberechnung ein. Wird eine Gewinnspanne mangels ordnungsgemäßen Verkaufsvorgangs nicht realisiert, so handelt es sich dabei regelmäßig um entgangenen Gewinn, eine bloße Exspektanz, die angesichts des beim wirtschaftlichen Vermögensbegriff angestellten Vermögensvergleichs vor und nach der Verfügung keine Berücksichtigung findet (vgl Rz 35). Insofern wäre es konsequent, als **Schaden nur** jenen **Buchwert** anzunehmen, den der **Unternehmer in seiner Bilanz** für den bis dato vorhandenen Gegenstand ansetzte. Erst recht bildet im Einzelhandel die – bei ordnungsgemäßem Verkauf – aufgeschlagene Umsatzsteuer keinen Vermögensschaden für das Opfer. Dass der Täter um den vollen Detailverkaufspreis (Selbstkosten + Gewinnspanne + Umsatzsteuer) bereichert ist, steht zwar außer Frage. § 146 stellt aber im objektiven Tatbestand nicht auf die Bereicherung des Täters oder auf den Wert der Sache, sondern auf den Schaden des Opfers ab. 40

Mit dem wirtschaftlichen Vermögensbegriff als vereinbar angesehen wird die Berücksichtigung gewisser **opferbezogener Faktoren** bei der Schadensberechnung.[63] Der somit objektiv-individuelle Maßstab soll Fälle erfassen, in denen das Opfer täuschungsbedingt einen Gegenstand zwar zum marktüblichen Preis erwirbt, jedoch aus Gründen, die in der Sphäre des Opfers selbst liegen, das die Sache nicht gebrauchen kann oder will. Da das Opfer in solchen Fällen den Gegenstand sinnvollerweise nur weiterverkaufen kann, soll der Schaden in der Differenz zum Wiederverkaufspreis liegen.[64] Wird zB dem Käufer wahrheitswidrig vorgespiegelt, dass eine bestimmte (teure) Reifensorte zu seinem Wagentypus passe, haben die in Wahrheit unpassenden gekauften Reifen für ihn individuell keinen Gebrauchswert. Er muss sie letztlich weiterverkaufen. Der **Vermögensschaden** liegt in der **Differenz zwischen Anschaffungs- und Weiterverkaufspreis**. Wenn sich der subjektiv unbrauchbare Gegenstand indes ab- 41

59 *F/R-K* BT I[3] 156.

60 So mit Recht *Kert* in SbgK § 146 Rz 294.

61 *Kirchbacher* in WK[2] § 146 Rz 80; *K/Schm* BT II § 146 Rz 161; *B/S* BT I[11] § 146 Rz 21.

62 OGH 10 Os 76/75 = RIS-Justiz RS0076279 = SSt 46/44; *Kirchbacher* in WK[2] § 146 Rz 80; *K/Schm* BT II § 146 Rz 175.

63 *Kirchbacher* in WK[2] § 146 Rz 80; *K/Schm* BT II § 146 Rz 175; OGH 12 Os 36/04.

64 *Lewisch* BT I[2] 234.

schlagsfrei weiterverkaufen lässt, scheidet auch hier ein Vermögensschaden aus.[65]

42 Die Berücksichtigung von opferbezogenen Faktoren bei der Schadensberechnung mag zwar rechtspolitisch einleuchten, mit dem gegenwärtig herrschenden wirtschaftlichen Vermögensbegriff lässt sie sich allerdings nur schwer in Einklang bringen. In Wahrheit distanziert man sich von diesem und nähert sich einem personalen Vermögensbegriff, der Vermögensschutz als Garantie einer Persönlichkeitsentfaltung im Rahmen wirtschaftlicher Zwecksetzungen begreift.[66]

43 Die saldierende Betrachtung des Vermögensschadens hat zur Konsequenz, dass jede wirtschaftlich bedeutsame Form der Gegenleistung in die Schadensberechnung einfließt. Folgen zB aus der betrügerischen Handlung Maßnahmen, die sich als wirtschaftlich fassbarer Vermögenswert darstellen, so kommt in diesem Umfang **Schadenskompensation** zum Tragen und der durch den Betrug verursachte Schaden wird geringer. Dies ist zB bei Aufschließung einer zugunsten des geschädigten Kreditgebers hypothekarisch belasteten Liegenschaft der Fall.[67]

44 **Zivilrechtliche Ersatzansprüche gegen den Betrüger** finden **keine Berücksichtigung** in der Beurteilung eines Schadens und seiner Höhe. Ihre Einrechnung würde stets jeden Vermögensschaden ausschließen.[68] Überhaupt sind viele rechtliche Umstände, wie die Anfechtbarkeit des schädigenden Rechtsgeschäfts, dessen Sittenwidrigkeit oder gar Verbot für die Qualifikation als Vermögensschaden unbeachtlich.[69]

5. Qualifikation „schwerer Betrug“ (§ 147)

45 § 147 normiert mehrere **Deliktsqualifikationen**, die zum einen an besondere Tatmodalitäten (Abs 1), zum anderen an eine bestimmte Schadenshöhe (Abs 2) anknüpfen. Seit 1.1.2010[70] tritt in Abs 1a eine – beide Elemente enthaltende – Bestimmung hinzu, welche Doping im Sport auf Seiten der Athleten sanktionieren soll. Sämtliche Qualifikationen müssen vorsätzlich begangen werden. Versuch ist daher nach allgemeinen Regeln möglich.[71]

---

65 Auch beim nur eine Kuh besitzenden Bauern, dem eine Melkmaschine, die nur in einem Großbetrieb einsetzbar ist, verkauft wird, ist dies ähnlich zu beurteilen; vgl *Lewisch* BT I^2 234. Einen solchen Melkmaschinenfall hat der deutsche BGH im Jahre 1961 zu 4 StR 166/61, BGHSt 16, 321 zu entscheiden.

66 Siehe zu diesem Vermögensbegriff bei *Kindhäuser*, Strafrecht Besonderer Teil II^4 § 26 Rz 20 f.

67 OGH 12 Os 108/97.

68 *Lewisch* BT I^2 225.

69 Vgl *L/St* $StGB^3$ § 146 Rz 48; *Kirchbacher* in WK^2 § 146 Rz 70; *Kert* in SbgK § 146 Rz 195.

70 BGBl I 2009/142.

71 *Kirchbacher* in WK^2 § 147 Rz 2.

a) Urkunden, unbare Zahlungsmittel usw (§ 147 Abs 1 Z 1)

aa) Urkundenbetrug

Der Täter verantwortet schweren Betrug, wenn er zur Täuschung eine **falsche oder verfälschte Urkunde** verwendet. Als Urkunden gelten alle Dokumente iSd § 74 Abs 1 Z 7, mithin allein sog Absichtsurkunden.[72] Nicht unter den Urkundenbegriff fallen etwa unbeglaubigte Fotokopien von Urkunden. Das Verwenden von Fotokopien unechter oder verfälschter Urkunden oder deren Verbreitung über Fax (Fernkopie) zu Täuschungszwecken wird dennoch als gleichsame Sonderform des Urkundenbetrugs unter § 147 Abs 1 Z 1 subsumiert.[73] 46

Weist jemand beim Arztbesuch eine E-Card vor, die auf einen anderen Versicherten ausgestellt ist, verwendet er keine falsche oder verfälschte Urkunde, sondern täuscht lediglich über seine Identität mit dem auf ihr ausgewiesenen Versicherungsnehmer.[74] Gibt jemand gegenüber der Versicherung eine echte, jedoch inhaltlich unzutreffende Schadensmeldung ab und begehrt er die Leistung der Versicherung, täuscht er (nur) mittels einer sog „Lugurkunde". Er verantwortet somit allein § 146. Unterfertigt jemand das nach dem MeldeG vorgesehene Gästeblatt anlässlich seines Check-ins mit einem Falschnamen, weil er plant, das Entgelt für seine Nächtigung zu prellen, verwendet er anschließend das falsch ausgefüllte Gästeblatt als Mittel zur tatbestandsrelevanten Täuschung, verwirklicht er §§ 146, 147 Abs 1 Z 1. Anderenfalls konkurrieren einfacher Betrug (§ 146) und Urkundenfälschung (§ 223) idealiter.[75] 47

Eine Urkunde wird immer dann benutzt, wenn sie zum **Zweck der Erregung eines verfügungs- und schadenskausalen Irrtums** dem zu Täuschenden **zugänglich gemacht** wird.[76] Der Vorsatz des Täters muss sich auf die Verwendung einer falschen oder verfälschten Urkunde beziehen. Hält der Täter trotz Betrugsvorsatzes den vorgelegten Ausweis für echt, so liegt lediglich § 146 vor. 48

Das Delikt der **Urkundenfälschung** (§ 223) wird von vollendetem oder versuchtem Urkundenbetrug qua Spezialität verdrängt (§ 223 Abs 2) bzw konsumiert (§ 223 Abs 1),[77] sofern das Urkundendelikt dem Betrug dient. Ansonsten ist Realkonkurrenz anzunehmen und der Täter verantwortet beide Delikte,[78] wenn der Täter zB eine Lohnbestätigung zunächst nur für eine Bewerbung gefälscht hat und sie später auch dazu verwendet, von der Bank einen Kredit zu erhalten.[79] 49

---

72 *L/St* StGB[3] § 147 Rz 7; zum Urkundenbegriff siehe zB *Hinterhofer/Rosbaud* BT II[5] § 223 Rz 3 ff.

73 *Kirchbacher* in WK[2] § 147 Rz 15; *Kienapfel/Schroll* in WK[2] § 223 Rz 219 f.

74 OGH 15 Os 6/07g.

75 *Kirchbacher* in WK[2] § 147 Rz 14; OGH 11 Os 54/08p.

76 *K/Schm* BT II § 147 Rz 23; *L/St* StGB[3] § 147 Rz 13; *Kirchbacher* in WK[2] § 147 Rz 11. Eine Vorlage bloß anlässlich der Täuschung reicht nach der Rspr dagegen nicht aus, vgl OGH 13 Os 123/07y; 11 Os 54/08p; zust *Kirchbacher* in WK[2] § 147 Rz 11.

77 *K/Schm* BT II § 147 Rz 33 f.

78 *Kirchbacher* in WK[2] § 146 Rz 23.

79 *K/Schm* BT II § 147 Rz 34; vgl zur Konkurrenz mit Urkundendelikten auch *Kert* in SbgK § 146 Rz 419 f.

bb) Zahlungsmittelbetrug

50 Verwendet der Täter zu Täuschungszwecken ein **falsches, verfälschtes oder entfremdetes unbares Zahlungsmittel,**[80] so erfüllt er die Qualifikation des Zahlungsmittelbetrugs. Unbare Zahlungsmittel sind in § 74 Abs 1 Z 10 legaldefiniert und zeichnen sich durch ihre Bargeldersatz- oder Bargeldbezugsfunktion aus. Sie müssen im allgemeinen Zahlungsverkehr ubiquitär einsetzbar sein und die breit gestreute allgemeine Zahlungsfunktion von Geld ersetzen.[81] Kundenkarten und bspw auch die E-Card scheiden nach dieser Definition aus.

51 **Falsch** ist ein unbares Zahlungsmittel dann, wenn es nach außen hin fälschlich den **Eindruck** erweckt, es stamme **von einem bestimmten Aussteller** und/oder sei einem bestimmten Inhaber (einschließlich des auf diesen lautenden Girokontos) zuzuordnen.[82] Neben der Einwirkung auf das äußere Erscheinungsbild genügt bereits das Anbringen eines Datensatzes auf einem Kartenrohling (sog **„white-plastic"-Fälschung**), mithin wenn die Daten des Ausstellers allein elektronisch ablesbar sind,[83] also die Manipulation bspw nur bei den gespeicherten Daten erfolgt ist.

52 Ein **Zahlungsmittel** gilt dann als **entfremdet**, wenn es der Täter ohne Alleinverfügungsbefugnis entwendet und einen Betrug zB dadurch begeht, dass er mittels entwendeter (vgl § 241e) Kredit-/Bankomatkarte unter Anwesenheit einer kassierenden Person bezahlt.

53 Wie beim Urkundenbetrug reicht zur Erfüllung des Tatbestandsmerkmals **„benützen"** aus, dass der Täter das unbare Zahlungsmittel der zu täuschenden Person zugänglich macht, unabhängig davon, ob deren Irrtum letztendlich gerade darauf beruht.[84]

54 Sofern aufgrund vorhandener Urkundeneigenschaft des unbaren Zahlungsmittels rein tatbildlich auch Urkundenbetrug (§ 147 Abs 1 Z 1 erster Fall) in Betracht käme, weil eine multifunktionale Karte zugleich zur Legitimation verwendet wird, kommt allein der **speziellere Deliktstatbestand des Zahlungsmittelbetrugs** (Abs 1 Z 1 zweiter Fall) zur Anwendung.[85] Delikte, welche die Herstellung von falschen unbaren Zahlungsmitteln oder deren Besitz sanktionieren (§§ 241a Abs 1, 241b), treten bei tatsächlicher Verwendung der gefälschten unbaren Zahlungsmittel im Wege eines Betrugs hinter diese stillschweigend subsidiär zurück.[86]

---

80 Zum Begriff des unbaren Zahlungsmittels siehe *Hinterhofer/Rosbaud* BT II[5] § 241a Rz 2 ff.

81 OGH 14 Os 2/06k = RIS-Justiz RS0120525.

82 *Kirchbacher* in WK[2] § 147 Rz 28/6.

83 *Sautner,* RZ 2004, 27; *Schroll* in WK[2] § 241a Rz 4.

84 *Kirchbacher* in WK[2] § 147 Rz 28/10.

85 *Kirchbacher* in WK[2] § 147 Rz 28/2; EBRV StRÄG 2004, 309 BlgNR XXII. GP 8.

86 OGH 11 Os 102/05t = RIS-Justiz RS0120382 = JSt 2006, 51 = RZ 2006, 157 = SSt 2005/80; *Kirchbacher* in WK[2] § 147 Rz 28/11; *Schroll* in WK[2] § 241a Rz 28; *B/S* BT I[11] § 146 Rz 10.

cc) Datenbetrug

55 Der Tatbestand des sog Datenbetrugs geht auf einen multilateralen Rechtsakt (Cyber-Crime-Konvention des Europarates) und dessen Umsetzung durch das StRÄG 2002 zurück. Nachdem in § 225a bereits der Tatbestand der Datenfälschung analog zum Tatbestand der Urkundenfälschung in § 223 eingeführt wurde, bot sich auch eine Erfassung in § 147 Abs 1 Z 1 an. Mit „**Daten**" (= jede Darstellung einer Information) sind sowohl personenbezogene Daten als auch Programme gemeint (vgl § 74 Abs 2), nach dem Telos der Norm sowie den Materialien jedoch nur insoweit, als diese **automationsunterstützt erfasst** wurden.[87]

56 **Falsche** Daten sind solche, die nicht von der Person stammen, die als Hersteller bzw Aussteller angegeben ist. **Verfälschte** Daten sind ursprünglich echt und wurden nachträglich durch Austausch der Angabe des Herstellers oder Ausstellers oder durch einen anderen gedanklichen Inhalt geändert.[88] Notwendigerweise muss daher der Hersteller/Aussteller der Daten erkennbar sein, widrigenfalls dieser Tatbestand ausscheidet.[89]

57 Für die **Benützung** gilt das zum Urkundenbetrug Gesagte sinngemäß. Es reicht mithin bereits die Zugänglichmachung zur Kenntnisnahme.

58 Datenbetrug liegt vor, wenn der Täter in fremdem Namen eine E-Mail versendet, um den Adressaten zu täuschen und zu einer schädigenden Vermögensverfügung zu veranlassen. Der Täter wendet sich zB an sein Opfer, gibt sich als Testamentsvollstrecker aus und teilt dem Adressaten mit, der weitschichtig Verwandte X sei gestorben. Um in den Genuss der Erbschaft zu gelangen, müsste ein verhältnismäßig „kleiner" Geldbetrag auf das Konto des „Testamentsvollstreckers" geleistet werden. Tatsächlich existiert weder ein Erbfall, noch hat der Täter jemals vor, die einbezahlte Summe zugunsten des Opfers zu verwenden.

59 Solange der Benutzer eines Textverarbeitungsprogramms dessen Ergebnis allein in elektronischer Form erhält, erfüllt es den für § 147 Abs 1 Z 1 maßgeblichen Datenbegriff. Sobald es jedoch ausgedruckt wird und der Inhalt des Schriftstücks die übrigen Voraussetzungen (siehe § 223) erfüllt, liegt eine Urkunde iSv § 74 Abs 1 Z 7 vor. Eine Täuschung mittels dieses Ausdrucks von Daten, der eine falsche Urkunde ist, begründet allein Urkundenbetrug (§ 147 Abs 1 erster Fall). Werden jedoch sowohl diese Urkunde als auch der falsche Datensatz (Chip, CD-Rom) zur Täuschung verwendet, stehen Urkunden- und Datenbetrug (§ 147 Abs 1 Z 1 erster und dritter Fall) in echter Konkurrenz. Datenfälschung (§ 225a) wird von § 147 Abs 1 Z 1 dritter Fall verdrängt. Zu betrügerischem Datenverarbeitungsmissbrauch (§ 148a) besteht Exklusivität, da § 148a nur jene Fälle abdeckt, in denen eine Datenmanipulation unmittelbar, ohne Zwischenschaltung einer Person, zum Vermögensschaden führt.[90]

---

87 *K/Schm* BT II § 147 Rz 40; *Kirchbacher* in WK² § 146 Rz 28b. Siehe auch EBRV StRÄG 2002, 1166 BlgNR XXI. GP 23.

88 OGH 15 Os 6/07g = RIS-Justiz RS0122091.

89 *K/Schm* BT II § 147 Rz 41.

90 *K/Schm* BT II § 147 Rz 52.

dd) Beweismittelbetrug

60 Eine gewisse **Auffangfunktion** wird dem Tatbestand des Beweismittelbetrugs zugesprochen, der die Verwendung eines falschen oder verfälschten Beweismittels sanktioniert. Alle **persönlichen Beweismittel** wie Zeugen, Sachverständige oder Parteien werden nicht von § 147, sondern exklusiv von §§ 288 ff abschließend erfasst.[91]

61 Strittig ist jedoch, welcher **Beweismittelbegriff** zur Anwendung gelangen soll.[92] Die Rspr vertritt in Anlehnung an § 293 (Fälschung eines Beweismittels) einen weiten, prozessualen Beweismittelbegriff, der alles, was dazu dienen kann, ein Gericht oder eine Behörde von der Wahrheit oder Unwahrheit einer Behauptung zu überzeugen, miteinbezieht.[93] Beweismittel sind daher unstrittigerweise auch solche, die keine (Absichts-)Urkunden und damit vom Urkundenbetrug nicht erfasst sind. Während die neuere Rspr[94] auch Absichtsurkunden unwahren Inhalts (Lugurkunden) als Beweismittel iSd § 147 Abs 1 Z 1 begreift, stützt sich die überwiegende Lehre[95] auf die Exklusivität der Aufzählung der betrugsrelevanten Absichtsurkunden. Die Rspr vertritt mittlerweile den einschränkenden Standpunkt, dass der bloß inhaltlich **unrichtigen Urkunde ein eigener Beweiswert** zukommen muss, was bei einer unrichtig ausgefüllten Schadensmeldung, die nur die unwahren Sachverhaltsbehauptungen eines Anspruchstellers gegenüber einem Versicherungsunternehmen umfasst, nicht der Fall ist.[96] Schließlich bewirkt der Vorgang, dass ein Anspruchsteller seine Sachverhaltsbehauptungen schriftlich festhält, für sich allein keinen eigenen Beweiswert der Urkunde.[97]

62 Ein **falsches Beweismittel** stellt der Täter selbst erstmals her, während ein **verfälschtes Beweismittel** bereits real existiert, aber dermaßen verändert wird, dass die aus ihm zu ziehenden Schlussfolgerungen in eine andere Richtung deuten.[98]

63 Briefe, Fahrtenschreiberdiagramme oder verfälschte, unbeglaubigte Fotokopien (zur Frage, inwieweit unbeglaubigte Kopien Tatobjekte für den Urkundenbetrug nach § 147 Abs 1 Z 1

---

91 *K/Schm* BT II § 147 Rz 56; zur Einschränkung auf Sachbeweise siehe auch OGH 13 Os 81/93 = EvBl 1995/21.

92 *K/Schm* BT II § 147 Rz 54 ff.

93 OGH 15 Os 127/10f = RIS-Justiz RS0126400; 9 Os 132/75 = RS0094378 = SSt 47/22; zuletzt 14 Os 2/01; dem folgend auch *L/St* StGB[3] § 147 Rz 16; *Fabrizy* StGB[10] § 147 Rz 3.

94 OGH 13 Os 81/93 = RZ 1995, 41 = RIS- Justiz RS0103663; zuletzt 12 Os 149/08s.

95 *Lewisch* BT I[2] 239; *L/St* StGB[3] § 147 Rz 16; *K/Schm* BT II § 147 Rz 67; differenzierend *Kirchbacher* in WK[2] § 147 Rz 36.

96 OGH 12 Os 29/09w; ebenso verhält es sich mit dem wahrheitswidrigen Ausfüllen eines Formblatts für Verfahrenshilfe, siehe 12 Os 24/08h.

97 *Kirchbacher* in WK[2] § 147 Rz 36; OGH 14 Os 128/06i. Der gerichtlichen Vorlage kommt tendenziell die Qualität eigenen Parteienvorbringens, nicht aber Beweiswert zu; vgl zum Meinungsstand *Rebisant* Rz 278 f.

98 *Kirchbacher* in WK[2] § 147 Rz 38 f; *L/St* StGB[3] § 147 Rz 118; vgl auch OGH 12 Os 75/92 = EvBl 1993/29.

erster Fall sein können, siehe bei Rz 46) sind ebenso Beweismittel wie private Beweiszeichen (Preisaufkleber)[99]. Das Umkleben der Preisetiketten auf andere Artikel im Supermarkt und anschließendes Vorweisen an der Kassa begründet jedoch keinen nach Abs 1 qualifizierten Betrug, da zwar Preisetiketten als Beweismittel dienen, jedoch sie selbst weder falsch (der Täter stellt sie nicht her) noch verfälscht (der Täter streicht auch keine Ziffern weg oder dgl) sind.

Der Täter muss die **Beweismittel nicht zwingend** in einem **gerichtlichen oder verwaltungsbehördlichen Verfahren** benutzen,[100] wenn auch eine derartige Vorgangsweise den Tatbestand begründen kann. Stets reicht bereits der rein faktische Einsatz zu Täuschungszwecken aus; auf eine reale Beeinflussung des Willensbildungsprozesses des Opfers kommt es nicht an.[101] Wer ein Beweismittel fälscht oder verfälscht, um es in einem gerichtlichen oder verwaltungsbehördlichen Verfahren zu benützen, macht sich schon allein deshalb wegen **Beweismittelfälschung** (§ 293) strafbar, auch wenn er ein wirkliches oder vermeintliches Recht durchsetzen will. Legt er das falsche oder verfälschte Beweismittel aber mit Schädigungs- und Bereicherungsvorsatz (dolus eventualis reicht aus) vor, so verantwortet er allein Beweismittelbetrug (§ 147 Abs 1 Z 1 vierter Fall), mit dessen Verwirklichung auch § 293 abgegolten ist (Konsumtion).[102] 64

ee) Betrug durch ein unrichtiges Messgerät

Messgeräte sind alle Vorrichtungen, die dazu bestimmt sind, im **Rechtsverkehr** zum Wiegen, Zählen oder Messen verwendet zu werden und das Ergebnis anzuzeigen, gleich ob sie geeicht sind oder nicht, und unabhängig von der technischen Beschaffenheit.[103] Es kann sich demnach etwa um Waagen, Gewichte, Gas-, Strom oder Telefongebührenzähler handeln. Das Messgerät wird dann unrichtig, wenn es **falsch zählt, misst oder wiegt**, wobei eine Manipulation am Gerät selbst erforderlich ist.[104] Für den Messbetrug ist als weitere Tathandlung entscheidend, dass dieses unrichtige Messergebnis Grundlage der Täuschung einer physischen Person ist, zB der den Gaszähler ablesenden Person. 65

Ein anlässlich des Kfz-Kaufs zurückgedrehter Tacho erfüllt nach Rspr und hA diesen Tatbestand nicht, da nur die Anzeige des Kilometerstandes verändert wird, nicht aber das Messgerät an sich.[105] Tatbestandsmäßig sind jedoch manipulierte Waagen, Benzinzapfsäulen oder Telefongebührenzähler.[106] 66

b) Grenzbetrug (§ 147 Abs 1 Z 2)

Der Täter täuscht qualifiziert, wenn er ein zur Bezeichnung der **Grenze** oder des Wasserstands bestimmtes Zeichen **unrichtig setzt**, verrückt, beseitigt oder 67

99 Zu den Bsp vgl *Lewisch* BT I² 238.
100 *Kirchbacher* in WK² § 147 Rz 33.
101 *Lewisch* BT I² 238; *Kirchbacher* in WK² § 147 Rz 46; *L/St* StGB³ § 147 Rz 21.
102 *Kirchbacher* in WK² § 147 Rz 44.
103 *Kirchbacher* in WK² § 147 Rz 44.
104 *K/Schm* BT II § 147 Rz 76.
105 OGH 12 Os 43/03; zust *Lewisch* BT I² 239. OGH 11 Os 133/10h = RIS-Justiz RS0126348.
106 *Lewisch* BT I² 239.

unkenntlich macht.[107] Aufgrund elektronischer Grundbuchsführung und Katastralmappe kommt dem Delikt kaum mehr praktische Bedeutung zu.

c) Amtsbetrug (§ 147 Abs 1 Z 3)

68 Die Täuschungshandlung ist weiters qualifiziert, wenn sich der Täter fälschlich für einen Beamten (§ 74 Abs 1 Z 4) ausgibt. Dies tut er auch, wenn er zwar Beamter, aber in concreto unzuständig ist.[108] Missbraucht er in einem solchen Fall wissentlich (§ 5 Abs 3) seine Befugnis, ist von Amtsmissbrauch (§ 302) auszugehen, der den nicht strenger pönalisierten Amtsbetrug verdrängt.[109] Umgekehrt verdrängt § 147 Abs 1 Z 3 als lex specialis das Vergehen der Amtsanmaßung (§ 314).[110]

69 Der Täter verantwortet nur dann die Qualifikation des § 147 Abs 1 Z 3, wenn er den besonderen Unwert, nämlich den **Einsatz vorgetäuschter amtlicher Autorität**, herbeiführt. Das bloße Zunutzemachen des Ansehens eines Beamten (jemand gibt sich als Polizist aus in der Hoffnung, der Wirt werde ihm daraufhin die Zeche ersparen) genügt nicht.[111]

d) Betrug durch Doping (§ 147 Abs 1a)

70 Seit einer Strafgesetznovelle von 2009[112] ist wegen qualifizierten Betrugs strafbar, wer einen **Betrug mit mehr als geringem Schaden** begeht, indem er über die **Anwendung eines verbotenen Wirkstoffs** oder einer **verbotenen Methode** nach der Anlage der Anti-Doping-Konvention zu Zwecken des Dopings im Sport **täuscht**. Bereits zuvor wurde eine Strafbarkeit von „Athleten", die unter Einnahme von Dopingmitteln Siegesprämien und Sponsorenverträge kassierten, wegen § 146 in einigen Konstellationen angenommen, was in der Literatur auf dogmatische Bedenken stieß.[113] Die angesprochene Novelle beseitigt diese Bedenken keineswegs, handelt es sich doch lediglich um eine Qualifikation des Betrugs.[114]

71 Das erste Tatbestandsmerkmal des **mehr als geringen Schadens** soll den Materialien zufolge nur Fälle von Geringfügigkeit, ausdrücklich Preisgelder oder Preisgeschenke (Pokale) mit einem **Wert unter 100 Euro** ausschließen, da der Bereich des Hobbysports aus der Strafbarkeit ausgeklammert sein soll.[115]

---

107 Das Delikt des Versetzens von Grenzzeichen gem § 230 wird diesfalls von der Qualifikation verdrängt.

108 *K/Schm* BT II § 147 Rz 80; *Kirchbacher* in WK² § 147 Rz 57.

109 *Kirchbacher* in WK² § 146 Rz 178.

110 *Kirchbacher* in WK² § 147 Rz 58; *K/Schm* BT II § 147 Rz 83.

111 *Kirchbacher* in WK² § 147 Rz 56; *K/Schm* BT II § 147 Rz 81; *Lewisch* BT I² 239; OGH 9 Os 3, 4/78 = EvBl 1978/185 = SSt 49/16.

112 Gesetz zur Änderung des Strafgesetzbuches, des Strafvollzugsgesetzes, der Strafprozessordnung, des Jugendgerichtsgesetzes 1988 und des Strafregistergesetzes, BGBl I 142/2009.

113 Vgl *Markowetz,* JBl 2004, 409; *Hagn*, ÖJZ 1993, 402.

114 Zur Neuregelung siehe umfassend *Pirnat*, JSt 2010, 165 ff.

115 EBRV 487 BlgNR XXIV. GP 5.

72 Die **Tathandlung** besteht im **Täuschen über die Anwendung eines verbotenen Wirkstoffs** oder einer verbotenen Methode, was **akzessorisch** zur periodisch aktualisierten Anlage (genannt **Referenzliste**) der Anti-Doping-Konvention[116] zu beurteilen ist. Vom Telos der Norm her geht es um die Einnahme von unerlaubten Präparaten zur Leistungssteigerung im Sport. Damit soll nicht jede mit Bereicherungsvorsatz erfolgte Täuschung über die Einnahme verbotener Substanzen, die zu einem Irrtum und zu einer vermögensschädigenden Verfügung führt, sanktioniert werden, sondern nur eine Tathandlung im Rahmen sportlichen Wettbewerbs.

73 Der Täter muss es in **subjektiver Hinsicht** zumindest ernstlich für möglich halten, dass er beim Getäuschten (Sponsor, Preisausschüttender oder Mitwettbewerber) eine Fehlvorstellung über die (Nicht-)Anwendung verbotener Substanzen zur Leistungssteigerung hervorruft und ihn damit zu einer nicht bloß geringfügig schädigenden Vermögensverfügung bewegt. Wird das Preisgeld nicht ausbezahlt, weil ein bestimmter Wettbewerb nicht gewonnen wurde, ist an Versuch zu denken.

74 Die **Anwendung von Dopingmitteln** bei anderen („Fremddoping") wird seit 2007 durch § 22a ADBG[117] sanktioniert. Daneben findet abhängig von der gebrauchten Substanz das SMG uneingeschränkte Anwendung. § 22a Abs 6 ADBG kennt eine ausdruckliche Subsidiaritatsvorschrift, nach der wegen § 22a ADBG nur zu betrafen ist, wenn die Tat nicht nach anderen Bestimmungen mit strengerer Strafe bedroht ist. Insofern tritt bei einer Strafbarkeit wegen Dopingbetrugs nach § 147 Abs 1a (in Form der Beteiligung nach § 12) eine Strafbarkeit wegen § 22a ADBG regelmäßig zurück.

e) Wertqualifizierter Betrug (§ 147 Abs 2 und 3)

75 Gem § 147 Abs 2 und 3 verantwortet der Täter schweren Betrug und ist mit bis zu drei bzw zehn Jahren Freiheitsstrafe zu bestrafen, wenn der von ihm verwirklichte und von seinem Vorsatz (zumindest § 5 Abs 1) getragene Vermögensschaden **3.000 bzw 50.000 Euro übersteigt**. Eine Zusammenrechnung mehrerer Betrügereien ist unter den Grundsätzen des § 29 zulässig (siehe dazu Vorbemerkungen §§ 125–168b Rz 17). § 147 Abs 3 verdrängt als lex specialis nur Abs 2, kommt aber bspw neben anderen Varianten des schweren Betrugs (zB Urkundenbetrug nach § 147 Abs 1 Z 1 erster Fall) uneingeschränkt zur Anwendung.[118]

6. Subjektiver Tatbestand

76 Zur Erfüllung des Grundtatbestands muss der Täter auf subjektiver Ebene mit **Täuschungs-, Schädigungs- und Bereicherungsvorsatz** handeln. Darüber hinaus muss sich bei den Qualifikationen des § 147 der Vorsatz auch auf die jeweiligen Qualfikationsmerkmale beziehen. Sämtliche Komponenten müssen im Zeitpunkt des äußeren tatbildlichen Verhaltens (Täuschung über Tatsachen) vorliegen.[119]

---

116 In Österreich erstmals kundgemacht in BGBl 451/1991; zuletzt BGBl III 13/2012.
117 Anti-Doping-Bundesgesetz BGBl I 30/2007.
118 *Kirchbacher* in WK² § 147 Rz 61.
119 *Kirchbacher* in WK² § 146 Rz 113.

a) Schädigungsvorsatz

77 Schädigungsvorsatz erfordert, dass der Täter den **Eintritt eines Vermögensschadens** zumindest für möglich hält und diesen willensmäßig hinnimmt.[120] Tut er dies nicht, handelt er nur bewusst fahrlässig und die Strafbarkeit entfällt. Nicht notwendig ist allerdings, dass die Tätervorstellung den gesamten Kausalverlauf erfasst.[121]

78 Der Nachweis des Schädigungsvorsatzes ist in der Praxis oftmals nicht leicht zu führen. Sofern zB der Beschuldigte einen tauglichen Bürgen oder ein Pfand für seine durch Täuschung entstandene Schuld bestellt hat, kann er regelmäßig den Vorwurf eines Schädigungsvorsatzes gegenüber dem Gläubiger abwehren.[122] Wohl aber kommt Betrug hinsichtlich des gutgläubigen Bürgen infrage. Ein vorhandener Kompensationswille schließt den Schädigungsvorsatz aus, auch wenn die zu kompensierende Forderung bestritten ist.[123] Wer (glaubwürdig nachvollziehbar) davon ausgeht, dass ihm eine Rückzahlung des erschlichenen Kredits binnen der vereinbarten Frist möglich sein wird, begeht mangels Schädigungsvorsatzes keinen Betrug.[124] Unerheblich ist dagegen die namenhafte Kenntnis der Person des Geschädigten oder ein Irrtum über dieselbe.[125]

79 Auch bei **Risikogeschäften** kann es immer wieder am Schädigungsvorsatz fehlen. Erforderlich ist, dass der Täter den Eintritt eines Vermögensschadens zumindest ernstlich für möglich hält und in Kauf nimmt. Reicht dieser Vorsatz aber nur bis zu einer – wenn auch noch so krassen – Vermögensgefährdung, so scheidet etwa im Fall einer Täuschung über Gewinnaussichten eine Strafbarkeit wegen Betrugs kategorisch aus.

80 Schwierig ist die Nachweisbarkeit des Vorsatzes auch in Fällen, in denen bloße **Gewinnchancen verkauft** werden, wie dies in Form von Optionskontrakten[126] geschieht. Von einem Schädigungsvorsatz ist erst dann auszugehen, wenn die veranschlagte Provision aufgrund ihrer Höhe alle Hoffnungen oder Erwartungen auf eine Amortisation des Geschäfts bei Ex-ante-Betrachtung zunichte macht und dem Kunden ein „sicheres" Produkt vorgespiegelt wurde.

b) Bereicherungsvorsatz

81 Zusätzlich zum Schädigungsvorsatz ist beim Betrug ein **erweiterter Vorsatz** nötig, indem der Täuschende durch sein Verhalten und die damit verbundene Vermögensschädigung des Opfers auch sein eigenes Vermögen oder das Vermögen eines Dritten um diesen Wert vermehren wollen muss. Unter **Bereicherung** fällt jede (auch bloß) faktische Vermehrung der Aktiva, Verringerung der Passiva oder Ersparnis von Aufwendungen.[127] Schaden des Opfers und angestrebte Bereicherung des Täters müssen folglich „stoffgleich" sein, dh der ange-

---

120 *L/St* StGB[3] § 146 Rz 53; *Kert* in SbgK § 146 Rz 323 ff.

121 *Kirchbacher* in WK[2] § 146 Rz 115.

122 *L/St* StGB[3] § 146 Rz 55; OGH 12 Os 44/77 = ÖJZ-LSK 1977/268.

123 *Kirchbacher* in WK[2] § 146 Rz 115. Das Bestehen einer aufrechenbaren Forderung schließt per se den Schädigungsvorsatz noch nicht aus. Dazu ist jedenfalls ein zur Tatzeit gegenwärtiger Aufrechnungswille erforderlich, vgl OGH 14 Os 5/09f.

124 *K/Schm* BT II § 146 Rz 211; *Lewisch* BT I[2] 236.

125 *K/Schm* BT II § 146 Rz 213.

126 Optionskontrakte geben dem Käufer der Option das Recht, aber nicht die Pflicht, einen Basiswert zu einem festen Preis innerhalb einer bestimmten Frist zu kaufen (Call) oder zu verkaufen (Put).

127 *Kirchbacher* in WK[2] § 146 Rz 120; *Kert* in SbgK § 146 Rz 333.

strebte Vermögensvorteil des Täters muss zumindest bei funktionaler Betrachtung aus dem Vermögensschaden des Opfers stammen. Veranlasst bspw der Täter unter Vorspiegelung falscher Tatsachen die Zerstörung eines wertvollen Gegenstandes durch den Eigentümer, um dadurch die von einem Dritten versprochene Belohnung zu kassieren, kann von einer Stoffgleichheit von Schaden und Bereicherung nicht gesprochen werden.[128]

Die vom Vorsatz erfasste **Bereicherung** muss weiters – zumindest in der Vorstellung des Täters – **unrechtmäßig** sein. Der Täter muss also glauben, keinen Anspruch auf die angestrebte Vermögensvermehrung zu haben.[129] Das hat zur Folge, dass Betrug immer dann ausscheidet, wenn der Täter (obgleich irrig) im Zeitpunkt der Täuschung davon ausgeht, einen fälligen Anspruch in gleicher Höhe gegenüber dem Opfer zu haben (sog Selbsthilfebetrug). 82

Verleitet der Schuldnervertreter in der Insolvenz durch Täuschung einen Gläubiger zur Zahlung einer der zu liquidierenden Gesellschaft zustehenden Schuld, mangelt es ihm am Vorsatz einer unrechtmäßigen Bereicherung. Anders ist das, wenn umgekehrt ein Gläubiger den Insolvenzverwalter zur Auszahlung seiner – wenn auch rechtmäßig entstandenen – Forderung gegen die Gesellschaft in voller Höhe, also entgegen der vorgesehenen Quotenbefriedigung aus dem Sondervermögen, veranlasst. Die angestrebte Bereicherung ist in jenem Teil, der die reguläre Insolvenzquote übersteigt, unrechtmäßig, denn die Forderung besteht zwar der Schuldnerin gegenüber zu Recht, nicht aber gegenüber der Insolvenzmasse, zumal es im Insolvenzverfahren nur mehr einen Anspruch auf quotenmäßige Befriedigung gibt.[130] 83

Für die Bereicherung und deren Unrechtmäßigkeit reicht der Vorsatzgrad des **dolus eventualis** aus.[131] Die Bereicherung muss weiters nicht ausschließlicher Zweck der Tathandlung oder von fortdauernder Wirkung sein.[132] Sie kann gleichsam auch nur als Reflex gewollt sein. 84

7. Gewerbsmäßiger Betrug (§ 148)

§ 148 sieht deutlich erhöhte Strafdrohungen vor, sobald der Täter einfachen oder schweren Betrug in der **Absicht** begeht, sich durch eine **wiederkehrende Begehung** eine **fortlaufende Einnahmequelle** (Gewerbsmäßigkeit iSd § 70) zu verschaffen. Wiederkehrende Begehung zur Schaffung einer fortlaufenden Einnahmequelle erfordert einen **längeren**, keineswegs aber unbegrenzten **Zeitraum**. Für die Qualifikation als **Einnahme** reicht bereits jeder wirtschaftlich nicht ganz zu vernachlässigende Zuschuss zu seinem Lebensunterhalt.[133] 85

Da lediglich der Vorsatz auf eine wiederkehrende Tatbegehung gerichtet sein muss, genügt für die Annahme von Gewerbsmäßigkeit bereits das **Vorliegen einer einzigen Tat**. Insofern kann das Delikt auch den (unglücklichen) Ersttäter treffen. 86

---

128 *K/Schm* BT II § 146 Rz 230; *L/St* StGB³ § 146 Rz 59; vgl auch OGH 14 Os 20/96 = ÖJZ-LSK 1996/244.

129 *L/St* StGB³ § 146 Rz 58; *Kert* in SbgK § 146 Rz 344 ff.

130 OGH 14 Os 100/03.

131 *K/Schm* BT II § 146 Rz 214.

132 *L/St* StGB³ § 146 Rz 57; OGH 12 Os 92/78 = RIS-Justiz RS0094299.

133 *L/St* StGB³ § 148 Rz 2.

87 Obgleich bei den §§ 146, 147 auch der erweiterte Vorsatz, einen Dritten unrechtmäßig zu bereichern, genügt, muss bei der Qualifikation nach § 148 zwingend dem Täter **eigene Bereicherungsabsicht** iSv § 5 Abs 2 dahingehend nachzuweisen sein, dass er sich – und nicht einer anderen Person – eine fortlaufende Einnahmequelle verschaffen wollen muss. Die Absicht einer bloß vorübergehenden Bereicherung (der Täter will die Beute anschließend zugunsten eines anderen verwenden) reicht für die Strafbarkeit nach § 148 nicht aus.

88 Die beiden in § 148 enthaltenen Fälle heben sich voneinander allein durch eine **unterschiedliche subjektive Tatseite** ab, deren Vorwerfbarkeit zu einer Verdoppelung des Strafsatzes innerhalb des § 148 führt. Verwirklicht der Täter schweren Betrug (§ 147[134]), so ist er nur dann wegen gewerbsmäßigen schweren Betrugs zu bestrafen (§ 148 zweiter Fall), wenn er auch in Zukunft die gewerbsmäßige Begehung von schwerem Betrug in seinen Vorsatz aufnimmt und geradezu darauf abzielt (höchster Vorsatzgrad, Absicht § 5 Abs 2). Andernfalls verwirklicht der Täter (nur) § 147 realkonkurrierend zu § 148 erster Fall.[135]

89 Die Qualifikation des gewerbsmäßigen schweren, **nur durch die Schadenshöhe** qualifizierten Betrugs (§ 148 zweiter Fall), **verdrängt** die des **gewerbsmäßigen leichten Betrugs** (§ 148 erster Fall) im Wege der **Spezialität**. Anders ist die Lösung bei Vorliegen mehrerer Taten, bei denen Gewerbsmäßigkeitsabsicht im Hinblick auf **nicht ausschließlich durch die Schadenshöhe** qualifizierte Betrugsformen (etwa Urkundenbetrug nach § 147 Abs 1 Z 1 gepaart mit wertqualifiziertem Betrug nach § 147 Abs 2) anzulasten ist. Hier treffen die Qualifikationen nach **§ 148 erster und zweiter Fall** in **echter Konkurrenz** zusammen.[136]

8. Notbetrug (§ 150)

90 Privilegiert sind Betrugstaten im Bagatellbereich durch den Notbetrug (§ 150). Er ist **lex specialis** bei Erfüllung bestimmter objektiver und die Schuld betreffende Voraussetzungen. Erforderlich ist, dass der Täter einen

- **nicht** nach §§ 147 oder 148 **qualifizierten** Betrug
- mit nur **geringem Schaden**
- aus **Not** begeht.

Als Pendant zur Entwendung (§ 141) bei Diebstahl (§ 127), Veruntreuung (§ 133), Unterschlagung (§ 134) usw verdrängt § 150 bei Erfüllung der eben genannten Voraussetzungen das Grunddelikt des § 146, auch in Versuchsform. Prozessual handelt es sich um ein **Ermächtigungsdelikt** (vgl § 92 StPO; siehe zum Ermächtigungsdelikt auch bei § 108 Rz 16).

---

134 Dieser kann sich in seiner wertqualifizierten Form durchaus auch über die gem § 29 vorzunehmende Zusammenrechnung der Schadensbeträge einzelner Delikte ergeben; vgl *Kirchbacher* in WK^2 § 148 Rz 5.

135 Rechtspolitische Kritik bei *K/Schm* BT II § 148 Rz 2 f.

136 OGH 13 Os 1/07g (verst Senat); so bereits *Kirchbacher* in WK^2 § 148 Rz 9.

Das Merkmal des **geringen Schadens** ist unter dem Oberbegriff finanzieller Geringfügigkeit zu betrachten, die nach der Rechtsprechung grundsätzlich bei **Werten unter 100 Euro** vorliegen soll.[137] Eine Zusammenrechnung der Wertbeträge nach § 29 ist mangels Festlegung einer konkreten Wertgrenze in § 150 von vornherein ausgeschlossen.[138] 91

In **Not** befindet sich, wer objektiv infolge Mittellosigkeit einen Mangel an dem hat, was zum Leben unbedingt erforderlich ist.[139] Ob „Not" vorliegt, ist daher nach einem **objektiven Maßstab** zu beurteilen; es kommt nicht (allein) auf das Empfinden des Täters an, sondern darauf, ob in der Lage des Täters von einem mit den rechtlich geschützten Werten verbundenen Menschen kein anderes Verhalten zu erwarten wäre.[140] Ob die Notlage verschuldet ist, bleibt unbeachtlich.[141] Dass derjenige, der aufgrund von Arbeitsscheu in Not geraten ist, nicht vom Anwendungsbereich des § 150 erfasst ist,[142] lässt sich mit dem Wortlaut der Gesetzesbestimmung daher nicht vereinbaren.[143] 92

Eine nach § 150 privilegierte Beteiligung iSv § 12 ist nur möglich, wenn der Beteiligte selbst aus Not handelt.[144] Andernfalls ist nur der unmittelbare Täter nach § 150, der Beitrags- und Bestimmungstäter jedoch nach § 146 strafbar. Wie bei der Entwendung (§ 141) handelt es sich beim Notbetrug (§ 150) zwar um kein Sonderdelikt, das bereits aus § 14 Abs 2 nur denjenigen privilegieren würde, bei dem dieses Merkmal höchstpersönlich vorliegt. Das Ergebnis bei Vorliegen von Not als „bloßem Motiv"[145] ist jedoch das gleiche.[146] 93

Gänzlich straffrei ist, wer einen **Notbetrug zum Nachteil bestimmter Angehöriger** (Ehegatte, eingetragener Partner, Verwandter in gerader Linie, Bruder oder Schwester) oder zum Nachteil eines anderen Angehörigen, sofern er mit diesem in Hausgemeinschaft lebt, begeht (§ 150 Abs 3). Dieser **persönliche Strafausschließungsgrund** geht über die sonst bei Vergehen nach § 146 mögliche Privilegierung bei Begehung im Familienkreis (§ 166) deutlich hinaus. Gleichwohl kommt der Strafausschließungsgrund nur dem Angehörigen selbst, nicht aber beteiligten Extranei zugute. 94

---

137 *Kirchbacher/Presslauer* in WK² § 150 Rz 3. Auch hier können opferbezogene Faktoren fallweise zu einer niedrigeren Schwelle führen.

138 *Kirchbacher/Presslauer* in WK² § 150 Rz 3; OGH 10 Os 128/79.

139 *L/St* StGB³ § 150 Rz 5; zust *Kirchbacher/Presslauer* in WK² § 150 Rz 4.

140 OGH 10 Os 128/79 = RIS-Justiz RS0094451 = EvBl 1980/105 = SSt 50/62; zuletzt 12 Os 131/09w.

141 OGH 10 Os 128/79 = RIS-Justiz RS0094465 ; 9 Os 3/87.

142 So die überweigende Meinung, vgl etwa *Tipold* in SbgK § 150 Rz 36; *Kirchbacher/Presslauer* in WK² § 150 Rz 4; ebenso *K/Schm* BT II § 141 Rz 31; OGH 9 Os 3/87.

143 *Tipold* in SbgK § 150 Rz 36.

144 *Kirchbacher/Presslauer* in WK² § 150 Rz 5.

145 *K/Schm* BT II § 141 Rz 40 mwN.

146 *Bertel* in WK² § 141 Rz 17; *Tipold* in SbgK § 150 Rz 46 mwN zur Rspr; vgl auch OGH 11 Os 50/78 = EvBl 1978/174 = RZ 1978/79 (zu § 141).

III. Versuch

95 Solange der Täter noch nicht sämtliche objektiven Tatbestandsmerkmale verwirklicht hat, insbesondere ein Vermögensschaden (einstweilen oder dauerhaft) ausbleibt, ist der Betrug allenfalls versucht. Für die **Abgrenzung von Versuch und Vollendung** sind in zahlreichen Fällen abermals die Definition des Schadens und der Zeitpunkt seines Eintritts entscheidend. Aus der **wirtschaftlichen Betrachtungsweise** folgt eine Beurteilung unabhängig von vielen rechtlichen Aspekten, etwa einer bloß schwebenden Wirksamkeit des Rechtsgeschäfts, der ausstehenden Genehmigung durch eine Grundverkehrs- oder Kartellbehörde usw.

96 Wird eine Liegenschaft unter Vorspiegelung falscher Eigenschaften gekauft, so tritt der Vermögensschaden beim Verkäufer bereits mit der Überlassung zur Nutzung und nicht erst mit grundbücherlicher Einverleibung des neuen Eigentümers ein.[147] An einem eingetretenen Vermögensschaden fehlt es aber, wenn bloß ein Versicherungsrisiko übernommen oder eine Bürgschaftsverpflichtung eingegangen wurde, solange der Haftungsfall noch nicht eingetreten ist.[148]

97 Wer mit auf unrechtmäßige Bereicherung gerichtetem Vorsatz einen die Pflichtversicherung begründenden Sachverhalt vortäuscht (etwa durch die **Vorspiegelung, eine bestimmte Person zu beschäftigen**), damit aufgrund der Täuschung Leistungen aus der Sozialversicherung gewährt werden, verantwortet mit der Anmeldung versuchten, bei Schadenseintritt, also mit Inanspruchnahme einer Sozialversicherungsleistung, vollendeten Betrug.[149] Gleiches gilt für Fälle, in denen wahrheitswidrig ein anderes Unternehmen (oftmals eine in Insolvenz befindliche juristische Person) als Dienstgeber angegeben wird und auf diese Weise die Bediensteten der Sozialversicherung täuschungsbedingt von der Beitragseinhebung beim tatsächlichen Dienstgeber Abstand nehmen.[150]

98 Schwierig ist zT auch die Frage zu beantworten, ab welchem Zeitpunkt bereits eine **Ausführungs- oder ausführungsnahe Handlung** vorliegt.[151] Unproblematisch ist dies nur dann, wenn nach dem Tatplan des Täters nur eine **einzige Täuschungshandlung** die tatbestandliche Kausalkette in Gang setzen soll. Der Beginn jeder tatbildhaften Täuschungshandlung sowie jeder Handlung, die nach dem konkreten Tatplan des Täters unmittelbar und ohne weitere Zwischenschritte in die Ausführung münden soll, bildet die Strafbarkeitsgrenze.[152] Auf eine Nähe zum Erfolgseintritt (Vermögensschaden) kommt es dabei nicht an, er kann sich auch geraume Zeit später verwirklichen.

99 Die Anschaffung von Ingredienzien, mit denen **gepanschter Wein** hergestellt und dieser schließlich verkauft werden soll, stellt noch keine ausführungsnahe Handlung dar. Es trennen

---

147 OGH 9 Os 141/84 = RIS-Justiz RS0094563.

148 *Kirchbacher* in WK^2 § 146 Rz 106.

149 *Kirchbacher* in WK^2 § 146 Rz 98a; OGH 9 Os 83/85. Zur allfälligen Strafbarkeit wegen Betrugs im Zusammenhang mit der Anmeldung von tatsächlich beschäftigten Dienstnehmern bei der Sozialversicherung siehe oben bei Rz 21.

150 *Kirchbacher* in WK^2 § 146 Rz 98b.

151 Vgl dazu *Kert* in SbgK § 146 Rz 354 ff.

152 Vgl OGH 13 Os 82/91 = JBl 1992, 726 mit Anm *Kienapfel.*

die Anschaffungshandlung noch etliche Zwischenschritte von der planmäßigen Täuschung der Abnehmer über die Qualität des Weines. Ausführungsnahe wäre dagegen, wenn der unredliche Weinhändler an seinem Produktstand mit einem Interessenten Gespräche aufnimmt und diese unmittelbar in einen Vertragsabschluss münden sollten.[153] Mit ausdrücklicher oder konkludenter Vorspiegelung der nicht zutreffenden Güte des Weines schließlich setzt der Täter eine Ausführungshandlung zum Betrug.

Komplizierter sind **mehraktige Täuschungshandlungen** zu beurteilen, bei denen jede für sich genommen nach dem Tatplan des Täters einen Irrtum beim Getäuschten bewirken soll. Dabei gilt, dass nicht unbedingt der erste oder letzte Täuschungsakt als Ausführungshandlung des Betrugs anzusehen ist. Vielmehr ist auf den Tatplan des Täters abzustellen, auf welches **Stadium des Betrugsvorhabens** er das **entscheidende Gewicht** legen wollte, maW mit welchem Schritt der **Täuschende** den für das Gelingen entscheidenden Punkt erreicht zu haben glaubte.[154] Täuschungshandlungen, die nach der Vorstellung des Täters nur der notwendigen Vorbereitung der letztlich entscheidenden Täuschungshandlung dienen sollten, bilden demnach noch keine Ausführungshandlung bzw ausführungsnahe Handlung. Die Rspr stellt eher auf die Perspektive des **Getäuschten** ab, indem sie eine Ausführungshandlung nur dann annimmt, wenn die Täuschungshandlungen für den auszulösenden Willensentschluss des Getäuschten zumindest mitbestimmend waren.[155] Damit wird im Ergebnis der Schwerpunkt auf die Kausalität zwischen Täuschung und Irrtum gelegt. 100

Wer einen Dritten über seine wahre Identität täuscht und sich dadurch Vertrauen verschaffen, jedoch erst in weiterer Folge durch eine eigene Täuschungshandlung eine unmittelbare Vermögensverfügung herbeiführen will, setzt noch keine dem § 146 unterfallende Ausführungshandlung bzw ausführungsnahe Handlung. Nicht anders verhält es sich mit Täuschungsakten, die bloß auf die Erkundung einer Betrugsmöglichkeit abzielen. Beim sog **Versicherungsbetrug** liegt im (womöglich bereits mit Vorsatz des nachfolgenden Missbrauchs herbeigeführten) Vertragsabschluss noch eine straflose Vorbereitungshandlung zu § 146. Auch in der mutwilligen Zerstörung versicherter Haushaltsgegenstände liegt idR nur eine Vorstufe zur Erlangung der angestrebten Ersatzleistungen; damit verwirklicht der Täter allenfalls das Vorbereitungsdelikt des Versicherungsmissbrauchs (§ 151). Spätestens mit Absendung der wahrheitswidrigen Schadensmeldung liegt jedoch eine strafbare Ausführungshandlung zum Betrug vor. 101

Dass ein Versuch **absolut untauglich** wäre, ist nur in Ausnahmefällen denkbar. Auch plumpen Täuschungsmanövern kommt die abstrakte Eignung zu, einen Irrtum herbeizuführen.[156] Der OGH hat etwa auch die Täuschung mit einem fotokopierten Testament, auf welchem entgegen den Formvorschriften nur zwei Zeugenunterschriften zu finden waren, als nicht absolut untaugliche Täuschungshandlung klassifiziert.[157] Gleiches gilt für die Übergabe einer harmlosen Substanz wie Mehl anstatt des vereinbarten Suchtgifts an einen verdeckten Ermitt- 102

---

153 Vgl etwa *K/Schm* BT II § 146 Rz 243.

154 *Karollus*, JBl 1989, 635 f.

155 OGH 14 Os 3/10p; 11 Os 111/07v; 12 Os 71/92 = EvBl 1993/39.

156 *Kirchbacher* in WK^2 § 146 Rz 129; *Kert* in SbgK § 146 Rz 358.

157 OGH 14 Os 51/95 = EvBl 1995/184.

ler, selbst wenn dieser zur Bezahlung der Kaufsumme weder ermächtigt noch bereit war.[158] Dadurch bleibt für die absolute Untauglichkeit faktisch kein Raum mehr übrig. Insbesondere der Betrug mit Falschgeld bietet hierfür verschiedenste Beispiele. Je nachdem, wie das Falschgeld hergestellt oder gestaltet ist, kann ein Versuch relativ oder absolut untauglich sein.[159]

IV. Abgrenzung und Konkurrenzen

1. Erschleichen einer Leistung (§ 149)

103 In § 149 Abs 1 finden bestimmte Deliktsformen des Betrugs eine **Privilegierung**. Abs 2 dagegen stellt sich als betrugsfremdes Delikt sui generis dar.[160] Insgesamt ist § 149 eine **lex specialis bei bestimmten objektiven Tatbestandsmerkmalen**. Die Staatsanwaltschaft hat Sachverhalte wegen § 149 nur mit **Ermächtigung** des im Rechtsgut Verletzten zu verfolgen (vgl § 92 StPO).

a) Beförderung durch öffentliche Verkehrsmittel und Zutritt zu einer Veranstaltung

104 **§ 149 Abs 1** trägt einem breiten Bagatellbereich Rechnung, indem er die Erschleichung der **Beförderung** durch eine dem öffentlichen Verkehr dienende Anstalt oder des **Zutritts** zu einer Veranstaltung oder Einrichtung erfasst. Der **erste Fall** (Beförderung durch ein öffentliches Verkehrsmittel) liegt vor, wenn die Beförderung von Personen, Tieren oder Gepäck[161] in einem der Allgemeinheit dienenden Verkehrsmittel (Bahn, Schilift oder Bus, nicht aber individuelle Verkehrsmittel wie Taxi) erlangt und täuschungsbedingt das dafür festgesetzte Entgelt nicht abgeführt wird, wobei bereits die Inanspruchnahme einer Ermäßigung, die objektiv nicht zusteht, ausreicht.[162]

105 Der **zweite Fall**, die Erschleichung des Zutritts zu einer Veranstaltung (zB Oper, Theater, Konzert, Kino) oder einer Einrichtung (Freibad, Eislaufplatz,[163] Diskothek), ist der Beförderungsvariante gleichgestellt.

106 **Voraussetzung** ist **in beiden Fällen**, dass ein **Entgelt** (vgl § 74 Abs 1 Z 6) **festgesetzt** ist. Freiwillige Spenden führen zu keiner Verpflichtung; auch die Entrichtung von Parkgebühren für öffentliche Verkehrsflächen sind wirtschaftlich keine Gegenleistung und damit kein Entgelt.[164]

---

158 OGH 12 Os 61/99 = JBl 2001, 61.

159 Vgl etwa OGH 11 Os 51/91; 13 Os 134/10w.

160 *Kirchbacher/Presslauer* in WK² § 149 Rz 13; *L/St* StGB³ § 149 Rz 13; vgl auch *Kert* in SbgK § 146 Rz 391.

161 *Kirchbacher/Presslauer* in WK² § 149 Rz 3.

162 *Kirchbacher/Presslauer* in WK² § 149 Rz 6; OGH 12 Os 141/94 = EvBl 1995/141.

163 Siehe nur OLG Linz 9 Bs 164/93 = JBl 1994, 423: Das Entgelt für den Eintritt zum Eislaufplatz wird durch Vorlage gefälschter Schülerausweise hinterzogen. Echte Konkurrenz mit § 223 Abs 2 (Verwendung eines falschen oder gefälschten Ausweises) kommt in Betracht.

164 *Kirchbacher/Presslauer* in WK² § 149 Rz 9.

Das festgesetzte Entgelt darf weiters **die Geringfügigkeitsgrenze nicht überschreiten**. Andernfalls scheidet § 149 aus und es ist Betrug (§ 146) zu prüfen. Die Geringfügigkeitsgrenze wird von der Rspr[165] aktuell mit etwa 100 Euro bemessen, wobei im Einzelfall auch opferbezogene Faktoren eine niedrigere Schwelle begründen können.[166] 107

Zu beachten ist, dass im Rahmen des § 149 Abs 1 stets die **Täuschung einer natürlichen Person** vorliegen muss. Wer erst im Nachhinein ohne gültige Fahrkarte erwischt wird und seine Schwarzfahrt gegenüber dem Kontrollor eingesteht, ist nur verwaltungsstrafrechtlich verantwortlich (Art III Abs 1 Z 2 EGVG). 108

Ändert der Täter auf seinem Studentenausweis sein Geburtsdatum, um so in den Genuss einer Karte zu kommen, die ihm zukünftige Leistungen (Bahnfahrten, Eintritte) verbilligt oder überhaupt erspart (Saisonkarte für das Freibad), so begeht er ausschließlich § 149 Abs 1. Das ansonsten nach § 147 qualifizierende Tatmittel der gefälschten Urkunde hindert die Anwendbarkeit des § 149 nicht.[167] Es ist jeweils eine straflose Nachtat anzunehmen, wenn die erschlichene Ermäßigungs-/Freikarte bei Kontrollen anlässlich der einzelnen Eintritte/Fahrten vorgelegt wird. Sobald der Täter dem Zugschaffner seinen abgelaufenen Studentenausweis vorlegt, um einen günstigeren Tarif zu bekommen, begeht er versuchte, lässt sich der Schaffner darauf irrtümlich ein, sogar vollendete Erschleichung einer Beförderung iSd § 149 Abs 1.[168] Täuscht er den Kontrollor dagegen nur über seine Berechtigung, die bereits zurückgelegte Wegstrecke entgeltlich konsumiert zu haben, geht er nach dem StGB straffrei. Schlichte Schwarzfahrten werden nur vom Verwaltungsstrafrecht geahndet, vgl Art III Abs 1 Z 2 EGVG.[169] 109

b) Missbrauch eines Leistungsautomaten

§ 149 Abs 2 betrifft den Missbrauch eines Leistungsautomaten, indem der Täter sich oder einem Dritten die nicht in einer Ware bestehende Leistung des Automaten verschafft, ohne das vorgesehene Entgelt zu bezahlen. **Tatobjekt** ist jeder **Werk- oder Dienstleistungsautomat** (automatische Waagen, Musikboxen, Münz- und Wertkartenfernsprecher, Spielautomaten, Kopiergeräte, Fotoautomaten).[170] Hingegen fällt die Manipulation von Waren(ausgabe)automaten (Zigaretten- oder Getränkeautomaten, aber auch Bankomaten) nach hA unter 110

---

165 OGH 11 Os 140/04 = RIS-Justiz RS0120079; zuletzt OGH 11 Os 53/09t. Eine Zusammenrechnung der hinterzogenen Fahrtgelder findet im Rahmen des § 149 dagegen nicht statt, vgl OGH 12 Os 141/94.

166 *Kirchbacher/Presslauer* in WK² § 149 Rz 10; OGH 13 Os 125/75 = RIS-Justiz RS0094478 = EvBl 1976/28.

167 *Kirchbacher/Presslauer* in WK² § 149 Rz 8; *B/S* BT I¹¹ § 149 Rz 4; *K/Schm* BT II § 149 Rz 28. Hingegen wird von der Rspr und hL echte Konkurrenz mit dem Delikt der Urkundenfälschung (§ 223) angenommen, vgl *Kirchbacher/Presslauer* in WK² § 149 Rz 12; *L/St* StGB³ § 149 Rz 9; OGH 12 Os 2/06k; OLG Linz 9 Bs 164/93 = JBl 1994, 423; aM *B/S* BT I¹¹ § 149 Rz 4. Jedenfalls besteht echte Konkurrenz zum Gebrauch fremder Ausweise (§ 231), wenn etwa ein amtlicher Ausweis des Bruders zur Erlangung einer ÖBB-Vorteilscard vorgezeigt wird.

168 Für einen strengen Maßstab bei Beurteilung der Ausführungsnähe treten *L/St* StGB³ § 149 Rz 12 ein.

169 Vgl *Lewisch* BT I² 243; so bereits OGH 12 Os 30/75 = RIS-Justiz RS0094748.

170 *Kirchbacher/Presslauer* in WK² § 149 Rz 14; *L/St* StGB¹⁰ § 149 Rz 14.

§ 127.[171] Erfasst von § 149 Abs 2 sind nur solche Automaten, deren Leistung man sich durch vorherige Entgeltbezahlung beschaffen kann. Der Missbrauch von Kabelfernseh- oder Faxanlagen ist daher nicht tatbildlich iSd § 149 Abs 2.[172]

111 **Tathandlung** ist die **Inanspruchnahme der Leistung** unter **ordnungswidriger Einwirkung auf den Mechanismus** oder das elektronische Steuerungssystem ohne volle Bezahlung für sich oder den Dritten.[173] Das übermäßige Rütteln des Geräts, um an die Ware zu gelangen oder der Einwurf von Falschgeld sind Beispiele für eine taugliche Tathandlung. Bei gleichzeitiger Beschädigung des Automaten kann echte Konkurrenz mit §§ 125 f bestehen. Wird jedoch ein technisches Gebrechen ausgenützt, um eine Leistung zu erhalten, fehlt es an der erforderlichen Tathandlung.

112 Sofern nur um ein geringes Entgelt (zur Geringfügigkeit siehe oben) geprellt wird, privilegiert **Abs 3** den Missbrauch eines Leistungsautomaten nach Abs 2.

2. Wettbewerbsbeschränkende Absprachen bei Vergabeverfahren (§ 168b)

113 § 168b sanktioniert die als wettbewerbsverzerrend und volkswirtschaftlich schädlich angesehenen **Absprachen zwischen Ausschreibungswerbern** über das jeweils zu legende Preisanbot. Es handelt sich bei dieser Norm um eine lex specialis gegenüber dem Betrug (§ 146) bei bestimmten objektiven Tatbestandsmerkmalen. Gleichgerichtete Strafnormen im Kartellgesetz sind mittlerweile beseitigt.

114 § 168b ist ein **schlichtes Tätigkeitsdelikt** (zugleich **abstraktes Gefährdungsdelikt**), das keinen Erfolg kennt und bereits mit vorsatzgetragener Ausführung der Tathandlungen vollendet ist.[174]

Den Tatbestand des § 168b erfüllt, wer

- vorsätzlich
- in einem **Vergabeverfahren**
- einen **Teilnahmeantrag** stellt, ein **Angebot legt** oder **Verhandlungen führt**,
- die auf einer **rechtswidrigen Absprache** beruhen, die darauf abzielt, den Auftraggeber zur Annahme eines bestimmten Angebots zu veranlassen.

a) Objektiver Tatbestand

115 Ein **Vergabeverfahren** liegt dann vor, wenn der Auftraggeber einer bestimmten Werk- oder Dienstleistung an einen offenen oder von ihm selbst eingegrenzten Kreis von Unternehmen seine Aufforderung richtet, Preisangebote für die Durchführung des umschriebenen Auftrags zu legen. Da sich der Wortlaut der Bestimmung nicht auf Vergabeverfahren nach dem BVergG bezieht, wird ver-

---

171 *Kirchbacher/Presslauer* in WK² § 149 Rz 15; *Fabrizy* StGB³ § 149 Rz 3.

172 *Kirchbacher/Presslauer* in WK² § 149 Rz 16; OGH 13 Os 100/84.

173 *Kirchbacher/Presslauer* in WK² § 149 Rz 17; *Lewisch* BT I² 244; *L/St* StGB³ § 149 Rz 15.

174 *Kirchbacher/Presslauer* in WK² § 168b Rz 54; *Zeder* in SbgK § 168b Rz 56.

treten, dass § 168b sowohl öffentliche als auch private Vergabeverfahren betrifft.[175] Sinnvoll ist diese Ausweitung auf den privaten Bereich freilich nicht. Auch wenn es im Gesetz keinen ausdrücklichen Niederschlag gefunden hat, legen der Begriff „Vergabeverfahren“ in der Überschrift des § 168b sowie die einzelnen Tathandlungen, die an jene des BVergG angelehnt sind, eine Begrenzung des § 168b auf Vergabeverfahren nach den BVergG nahe.[176]

Die alternativen Tathandlungen des Stellens eines **Teilnahmeantrags**, der **Angebotslegung** und der **Verhandlungsführung** verlagern den Zeitpunkt der Deliktsvollendung unterschiedlich weit nach vorne. Bei Auslegungsschwierigkeiten sind die Normen des Vergaberechts heranzuziehen, an welches die gesamte Norm stillschweigend anknüpft.[177] 116

Unter **rechtswidriger Absprache** versteht man eine Vereinbarung zwischen den Bietern, durch die der Preiswettbewerb um einen (meist öffentlichen) Auftrag auf unlautere Weise beschränkt wird. Die Rechtswidrigkeit der Absprache ergibt sich **jedenfalls aus kartellrechtlichen Maßstäben** (vgl die Kartellverbote des § 1 Kartellgesetz), ist jedoch auch nach § 879 Abs 1 (Sittenwidrigkeit) ABGB zu beurteilen.[178] Freilich ist nicht jede Verständigung bereits eine Absprache. Die Verständigung muss **über bloße Auslotungs- und Kontaktgespräche hinausgehen** und darauf abzielen, den Auftraggeber zur Annahme eines bestimmten Angebotes zu veranlassen.[179] Da auf eine erfolgte Täuschung nicht abgestellt wird, bleibt die Strafbarkeit auch bei vom Auftraggeber durchschauter oder sogar kollusiv herbeigeführter Submissionsabsprache bestehen. 117

Zwischen der **rechtswidrigen Absprache und einer der Tathandlungen** (Stellen eines Teilnahmeantrags, Angebotslegung oder Verhandlungsführung) muss eine **kausale Beziehung** bestehen.[180] Dieser Kausalzusammenhang kann auch bei einem an der Absprache selbst nicht beteiligten Angebotsleger, der im Wissen um den Inhalt der Absprache ein Angebot legt, vorhanden sein. Insofern können auch derartige Trittbrettfahrer den Tatbestand des § 168b verwirklichen.[181] 118

b) Submissionsabsprachen

Am häufigsten handelt es sich bei rechtswidrigen Absprachen um sog **Submissionsabsprachen**: Bei einer Ausschreibung einigen sich die in Betracht kommenden Anbieter darauf, wer von ihnen den Auftrag erhalten soll – die übrigen geben Scheinangebote (idR gegen finanzielle Entschädigung durch den scheinbaren Bestbieter) ab. Auf diese Weise wird vorgetäuscht, dass der Angebotspreis durch eine auf freiem und lauterem Wettbewerb beruhende Kalkulation ermittelt worden sei, während er in Wahrheit auf wettbewerbswidrigen Abreden präsumtiver Bieter beruht. Dass es sich dabei um eine rechts- 119

175 *Kirchbacher/Presslauer* in WK² § 168b Rz 12 ff.
176 *Zeder* in SbgK § 168b Rz 69.
177 Siehe zur Vertiefung *Kirchbacher/Presslauer* in WK² § 168b Rz 25-35.
178 Vgl etwa *Zeder* in SbgK § 168b Rz 77.
179 Vgl etwa *Kirchbacher/Presslauer* in WK² § 168b Rz 33.
180 *Zeder* in SbgK § 168b Rz 86; *Kirchbacher/Presslauer* in WK² § 168b Rz 53.
181 Ausführlich *Zeder* in SbgK § 168b Rz 87.

widrige Absprache handelt, ergibt sich aus vergabe- und kartellrechtlichen Normen.

120 Submissionsabsprachen begründen nach hA ohnedies **Betrug** (§ 146), sofern es beim Auftraggeber zu einem **Vermögensschaden** kommt.[182] Durch Abgabe eines Angebots erklärt der Bieter nämlich schlüssig (vgl Rz 10), dass dieses ohne vorhergehende Verabredung mit den übrigen Bietern, mithin wettbewerbskonform zustande kam.[183] Probleme bereitet allerdings die Definition des Schadens infolge einer Submissionsabsprache. Der Weg der Judikatur,[184] den Schaden in der Differenz zwischen dem bei intaktem Wettbewerb zu erzielenden Preis und dem verabredeten (höheren) Billigstgebot zu suchen, ist nicht unumstritten.[185]

121 § 168b erfüllt nach Ansicht des Gesetzgebers eine gewisse Auffangfunktion gegenüber § 146.[186] Denn diese Strafbestimmung schützt das Vermögen des Auftraggebers nur sekundär, **primär aber den Wettbewerb**, genauer gesagt ein Vergabeverfahren unter Wettbewerbsbedingungen.[187] Die Anwendbarkeit dieser Norm ist folglich vom Nachweis eines Schadens beim Auftraggeber unabhängig und reicht damit bedeutend weiter als jene des Betrugs (§ 146).

c) Subjektiver Tatbestand

122 Der Täter muss hinsichtlich aller objektiven Tatbestandsmerkmale **zumindest bedingt vorsätzlich** handeln. Ein darüber hinausgehender, erweiterter Schädigungs- oder Bereicherungsvorsatz ist nicht erforderlich.

d) Besonderer Strafaufhebungsgrund

123 Dem Täter kommt ein in **§ 168b Abs 2** definierter **besonderer Strafaufhebungsgrund** zugute, wenn er **freiwillig verhindert**, dass der **Auftraggeber das Angebot annimmt** oder dieser seine Leistung erbringt. Gemeint ist jenes Angebot, auf dessen Annahme die rechtswidrige Absprache beruht. Die Verhinderung der Angebotsannahme kann zB durch den vermeintlichen Bestbieter selbst geschehen, indem er sein Angebot zurückzieht. Mitbewerber, die ein Schutzangebot legten, können zB die Angebotsannahme durch Aufklärung über

---

182 *Kirchbacher/Presslauer* in WK^2 § 168b Rz 6; im Ergebnis auch *B/S* BT I^{11} § 168b; abl und mit zutreffender Kritik aber *Zeder* in SbgK § 168b Rz 111; er sieht Submissionsabsprachen exklusiv von § 168b und schon mangels Erfüllung des Schadensbegriffs nicht von § 146 erfasst; abl auch *F/R-K* BT I^3 165; *Kert* in SbgK § 146 Rz 418.

183 *B/S* BT I^{11} § 168b Rz 5.

184 OGH 14 Os 107/99 = RIS-Justiz RS0113808. Siehe auch die Parallelen zur Rspr des BGH, veranschaulicht durch *Zeder* in SbgK § 168b Rz 39. In Deutschland besteht daneben bereits länger der § 168b ähnelnde § 298 dStGB.

185 Für eine Schadensbemessung in Abhängigkeit von der Angemessenheit von Leistung und Gegenleistung etwa *B/S* BT I^{11} § 168b Rz 6.

186 ME JMZ 9.100/438-I.4/2001, 21.

187 *Zeder* in SbgK § 168b Rz 52 ff; *Kert* in SbgK § 146 Rz 418; aA *Kirchbacher/Presslauer* in WK^2 § 168b Rz 55 ff, die ua aus der Gesetzessystematik die Einordung als Vermögensdelikt vertreten.

die Preisabsprache verhindern. Selbst nach Angebotsannahme kann sich der Täter noch vor der Strafbarkeit retten, indem er die Leistung des Auftraggebers (etwa durch Warnung über das Zustandekommen des Angebots) unterbindet.

Wird **ohne Zutun des Täters** das Angebot nicht angenommen oder die Leis- 124
tung des Auftraggebers nicht erbracht, entfällt nach Abs 2 die Strafbarkeit wegen § 168b, sofern sich der Täter freiwillig und ernsthaft bemüht hatte, die Annahme des Angebots oder das Erbringen der Leistung zu verhindern („Putativrücktritt"). Freilich darf der Täter nicht schon Kenntnis vom Unterbleiben der Angebotsannahme oder der Leistungserbringung haben.[188]

3. Versicherungsmissbrauch (§ 151)

Das Delikt des Versicherungsmissbrauchs ist ein **Vorbereitungsdelikt** zum 125
Versicherungsbetrug. Es findet kraft ausdrücklicher gesetzlicher Anordnung dann keine Anwendung, wenn das Verhalten des Täters einen (versuchten) Betrug begründet **(ausdrückliche Subsidiarität).**[189] § 151 sanktioniert sozialinadäquates Verhalten gegenüber dem **Versicherer einer Sache (Z 1)** oder einer **Person (Z 2)**. Es erschöpft sich nicht schon im bloßen Vortäuschen des Versicherungsfalls, sondern muss stets mit der realen Herbeiführung des äußeren Anscheins desselben einhergehen.[190]

a) Missbrauch einer Sachversicherung (Abs 1 Z 1)

Die **Tathandlung** besteht beim Missbrauch einer Sachversicherung (§ 151 126
Abs 1 Z 1: Eine Sache wird gegen Zerstörung, Diebstahl, Beschädigung oder Verlust versichert[191]) alternativ im Zerstören, Beschädigen oder Beiseiteschaffen der versicherten Sache. **Zerstören und Beschädigen** entspricht den Tathandlungen bei § 125.[192] Durch ein **Beiseiteschaffen** wird spezifisch eine Manipulation wie Wegschaffen, Wegwerfen oder Verstecken angesprochen, wodurch die Sache wenigstens in einer Phase eines möglicherweise weitläufigeren Täuschungsmanövers dem üblichen Wahrnehmungsbereich entzogen und der Anschein erweckt wird, sie sei abhandengekommen.[193]

Es ist unbedeutend, ob die versicherte Sache dem Täter oder einem Dritten 127
gehört. Entscheidend ist allein, dass die **Sache** im Zeitpunkt der Handlung **aufrecht versichert** ist. Z 1 findet indes keine Anwendung, solange nur die **Leis-**

188 *Kirchbacher/Presslauer* in WK² § 168b Rz 64; differenzierend *Zeder* in SbgK § 168b Rz 98, der in diesem Umstand eher einen Mangel an reueschädlicher Ernsthaftigkeit erblickt.

189 *Kirchbacher/Presslauer* in WK² § 151 Rz 3 treten letztlich zu Recht auch für materielle Subsidiarität zugunsten von (versuchter) Untreue (§ 153) ein.

190 *Kirchbacher/Presslauer* in WK² § 151 Rz 4; vgl auch *Tipold* in SbgK § 151 Rz 13; *L/St* StGB³ § 151 Rz 11.

191 Erfasst sind damit alle Sparten der Sachversicherung, etwa Feuer-, Sturmschaden-, Diebstahls-, Kfz-, Kasko-, Ski-, Transport- oder Naturschadenversicherung, vgl *Tipold* in SbgK § 151 Rz 15.

192 Siehe dazu bei §§ 125 f Rz 7 f.

193 *Kirchbacher/Presslauer* in WK² § 151 Rz 5.

tung einer Haftpflichtversicherung erschlichen wird, denn in solchen Fällen ist nicht die Sache, sondern das schädigende Verhalten durch eine Person versichert.[194]

128 Wer zB einen Verkehrsunfall verursacht, um die Haftpflichtversicherung zur Schadensdeckung zu motivieren, verwirklicht nicht § 151, weil die unlautere Erwirkung des Ersatzes von Sachschäden durch Haftpflichtversicherungen nicht in den Schutzbereich des Delikts fällt. Wer allerdings mutwillig sein Auto zu Schrott fährt, um von der Kaskoversicherung Ersatz zu bekommen, erfüllt den Tatbestand des § 151 Abs 1 Z 1.

b) Missbrauch einer Personenversicherung (Abs 1 Z 2)

129 Beim Missbrauch einer **Personenversicherung** ist es erforderlich, dass das Tatsubjekt sich oder einen anderen **am Körper verletzt** oder **an der Gesundheit schädigt** bzw sich **verletzen oder schädigen lässt**. All diese Taterfolge sind nach § 83[195] zu beurteilen. Kommt es zum Tod der verletzten Person, sind die Handlungen selbst bei entsprechendem Vorsatz der Fremdbegünstigung (den Hinterbliebenen soll zB die Lebensversicherung zugutekommen) aufgrund des klaren Gesetzeswortlauts keine tauglichen Tathandlungen.[196]

130 Anders als bei Z 1 setzt Z 2 nicht voraus, dass gegen diese Schadensereignisse als solche eine spezielle Versicherung besteht. Folgerichtig sind Leistungen privater Kranken- und Unfallversicherungen sowie der Sozialversicherung infolge der eingetretenen Verletzung ebenfalls vom Anwendungsbereich dieser Norm erfasst.[197]

c) Erweiterter Vorsatz

131 In subjektiver Hinsicht muss der Täter **stets** mit dem **erweiterten Vorsatz** handeln, **sich oder einem Dritten eine Versicherungsleistung zu verschaffen**; dolus eventualis (§ 5 Abs 1 zweiter Halbsatz) genügt. Der Vorsatz muss dem Deliktscharakter gemäß auf eine Versicherungsleistung gerichtet sein, die nach den konkreten Umständen **nicht gebührt.** Das geht zwar nicht aus dem Wortlaut, wohl aber aus dem Normzweck eindeutig hervor. Allein die unrechtmäßige Erlangung von Versicherungsleistungen ist verpönt. Glaubt der Täter an eine legitime Deckung, so handelt er nicht mit dem nötigen Vorsatz. Es genügt auch nicht der Wille allein, einem gutgläubigen Dritten eine Versicherungsleistung zukommen zu lassen, da es an der Vorbereitung einer die Leistungspflicht des Versicherers betreffenden Täuschung mangelt.[198]

132 § 151 kann zum einen nach allgemeinen Regeln **versucht** werden, enthält aber in Abs 2 auch einen für Vorbereitungsdelikte charakteristischen **Reuetatbestand**: Nach Abs 1 ist nicht zu bestrafen, wer, bevor die Versicherungsleistung erbracht worden ist und bevor eine Behörde von seinem Verschulden er-

194 Im Ergebnis auch *Kirchbacher/Presslauer* in WK² § 151 Rz 8.
195 Siehe dazu bei § 83 Rz 6 ff.
196 *Tipold* in SbgK § 151 Rz 17.
197 *Tipold* in SbgK § 151 Rz 16.
198 *Kirchbacher/Presslauer* in WK² § 151 Rz 10; *Tipold* in SbgK § 151 Rz 28.

fahren hat, freiwillig von der weiteren Verfolgung seines Vorhabens Abstand nimmt.

133 Zu beachten ist in diesem Zusammenhang, dass regelmäßig die mit einem Verhalten nach § 151 einhergehenden, unrichtigen behördlichen Diebstahls- oder Sachbeschädigungsmeldungen den Tatbestand des § 298 **(Vortäuschen einer gerichtlich strafbaren Handlung)** erfüllen.[199] Es besteht in solchen Fällen echte Konkurrenz.[200]

4. Weitere Abgrenzungen des Betrugs

134 Täuscht der Täter, um den weiteren Erfolg einer anderen, bereits abgeschlossenen Vermögensstraftat sicherzustellen, so fällt sein Verhalten nicht auch noch zusätzlich unter Betrug, da der Vermögensschaden aus der Vortat resultiert.[201] Vermögensstrafrechtlich handelt es sich hier um ein strafloses Deckungsverhalten.

135 Liegt beim Täter kein Bereicherungs-, sondern allein ein Schädigungsvorsatz vor, kommt nach der Rspr[202] und einem Teil der Lehre[203] das Delikt der **Täuschung** nach § 108 infrage.[204]

136 Vom **Diebstahl** (§ 127) grenzt sich der Betrug (§ 146) ganz wesentlich durch die dominante, schädigende Handlung des Getäuschten ab, wogegen bei § 127 die Vermögensschädigung durch eine unmittelbare Handlung des Täters (Wegnahme) herbeigeführt werden soll. Fälle des sog **Dreiecksbetruges** sind nach § 146 und nicht nach § 127 zu beurteilen, solange der Getäuschte im Lager desjenigen steht, bei dem sich der Vermögensschaden verwirklicht (sog Lagertheorie). Daher verwirklicht Betrug und nicht Diebstahl, wer den Lagerleiter eines Warenhauses durch Täuschung veranlasst, Waren herauszugeben, oder wer dem Wachpersonal eines Parkhauses vortäuscht, zur Abholung eines Kfz berechtigt zu sein.[205] In all diesen Fällen wird der Getäuschte (Lagerleiter, Wachmann) dem Lager des Geschädigten zugerechnet und liegt somit Betrug vor.

---

199 *Lewisch* BT I[2] 241.

200 *Fabrizy* StGB[10] § 298 Rz 3; *Lewisch* BT I[2] 241; *Tipold* in SbgK § 298 Rz 57; *Pilnacek* in WK[2] § 298 Rz 24; *L/St* StGB[3] § 298 Rz 14; OGH 11 Os 5/98 = EvBl 1998/129.

201 *Kirchbacher* in WK[2] § 146 Rz 135; *K/Schm* BT II § 146 Rz 260.

202 OGH 13 Os 149/90 = RIS-Justiz RS0093030.

203 *Kirchbacher* in WK[2] § 146 Rz 136; *L/St* StGB[3] § 146 Rz 77; *F/R-K* BT I[3] 77; abl *K/Schm* BT II § 146 Rz 25 ff, 255.

204 AM diesbezüglich auch *B/S* BT I[11] § 108 Rz 3 und § 146 Rz 33, wonach Fälle, in denen es am Bereicherungsvorsatz fehlt, weder als Betrug noch als Täuschung zu bestrafen sind. Würde ein solches Verhalten ohne Bereicherungsvorsatz unter § 108 fallen, wäre es mit strengerer Strafe bedroht, als hätte der Täter mit Bereicherungsvorsatz gehandelt (siehe dazu auch bei § 108 Rz 1).

205 Vgl *L/St* StGB[3] § 146 Rz 85; ebenso *K/Schm* BT II § 146 Rz 223; ähnlich OGH 13 Os 158, 159/74 = EvBl 1975/154; vgl auch *Kert* in SbgK § 146 Rz 373 ff.

137 Das Delikt der **Veruntreuung** (§ 133) setzt voraus, dass dem Täter ein bestimmtes Gut ohne Irrtum anvertraut wurde. Ist dieses Anvertrauen jedoch nur unter Vorspiegelung falscher Tatsachen durch den Vertrauensmann ermöglicht worden, so liegt Betrug (§ 146) vor.

138 **Untreue** (§ 153) verlangt eine Konstellation direkter Stellvertretung, die den Täter mit Befugnissen ausstattet und die er in Folge ohne Zutun des Machtgebers missbraucht. Beim Betrug (§ 146) ist es jedoch der Getäuschte selbst, der die vermögensschädigende Verfügung trifft, und nicht eine Person, die stellvertretend für einen anderen handelt. Der Lkw-Fahrer verwirklicht Untreue (§ 153), wenn er bewusst zu überhöhten Preisen auf Rechnung der Firma Benzin tankt. Dagegen liegt Beitrag zum Betrug (§§ 12, 146) vor, wenn er dem Tankstellenbesitzer gegenüber überhöhte Tankmengen bestätigt, die Letzterer wiederum der Speditionsfirma in Rechnung stellt (siehe dazu auch bei § 153 Rz 13).[206]

139 **Betrügerischer Datenverarbeitungsmissbrauch** (§ 148a) erfordert die Manipulation eines Datenverarbeitungsprozesses mit Bereicherungsvorsatz und sollte insofern Sachverhalte abdecken, die mangels Täuschung einer Person gerade nicht unter Betrug fallen (siehe dazu § 148a Rz 8). Wird hingegen nach dem Vorliegen des durch die Manipulation beeinflussten Verarbeitungsergebnisses in das zur Schädigung führende Geschehen noch eine Person dazwischengeschaltet, die ihrerseits dann erst infolge einer Täuschung durch den Täter die schädigende Vermögensverfügung trifft, dann liegt der Tatbestand des Betrugs (§ 146) vor.[207] Dies ist zB der Fall, wenn eine Kreditkarte gleichsam als Legitimationsmittel verwendet wird und bei erfolgreicher Legitimation eine Vermögensverfügung getätigt wird.

140 Betrug kann mit **betrügerischer Krida** (§ 156) echt realkonkurrieren, wenn sich der Unrechtsgehalt des Täterverhaltens nicht im Betrug erschöpft, sondern darüber hinaus eine – wenn auch nur teilweise – Vereitelung der Befriedigungsmöglichkeiten von Gläubigern herbeiführt.[208] Dies ist zB der Fall, wenn zunächst ein Unternehmen durch betrügerische Herauslockung von Waren geschädigt wird und sodann – wie zahlreiche andere Gläubiger – durch kridaträchtige Handlungen des Angeklagten um die Befriedigung aus dessen Vermögen gebracht wird.[209] Sonstige kridaträchtige Handlungen sind allein von § 156 abgegolten und nicht als Betrug an den Gläubigern strafbar.[210]

141 Verhaltensweisen gegenüber **Finanzbehörden**, die ohne Weiteres unter § 146 fallen würden, sind kraft gesetzlicher Anordnung (§ 22 Abs 2 FinStrG) aus-

---

206 Vgl OLG Wien 20 Bs 43/93 = EvBl 1996/89.

207 *L/St* StGB³ § 146 Rz 74a; OGH 15 Os 25/90 = EvBl 1990/133 = RZ 1991/37 = RIS-Justiz RS0094395.

208 *Kirchbacher* in WK² § 146 Rz 159; *Kert* in SbgK § 146 Rz 409.

209 OGH 15 Os 335, 36/00 = ÖJZ-LSK 2000/191.

210 *K/Schm* BT II § 146 Rz 262; *L/St* StGB³ § 156 Rz 22.

schließlich nach dem Finanzstrafrecht zu beurteilen. Idealkonkurrenz ist daher ausgeschlossen.[211]

V. Prozessuales

Für das Grunddelikt des **Betrugs (§ 146)** sowie den **Versicherungsmissbrauch** (§ 151) ist aufgrund des Strafrahmens das **Bezirksgericht** zuständig (§ 30 Abs 1 StPO). **Schwerer Betrug** (§ 147) wird vor dem **Einzelrichter am LG** abgehandelt, mit Ausnahme des **hohen, wertqualifizierten schweren Betrugs** nach Abs 3 (**Schöffengericht**; vgl § 31 Abs 3 Z 1 und Abs 4 Z 1). Ebenfalls in die Schöffenzuständigkeit fällt das Delikt des **gewerbsmäßigen** schweren Betrugs (§ 148 zweiter Fall). Der erste Fall des gewerbsmäßigen Betrugs fällt wiederum in die sachliche Zuständigkeit des Einzelrichters am LG. 142

Wettbewerbsbeschränkende Absprachen bei Vergabeverfahren (§ 168b) begründen **Einzelrichterzuständigkeit. §§ 149 und 150** sind aufgrund ihrer minimalen Strafrahmen dem **Bezirksgericht** zugeordnet und überdies nur mit **Ermächtigung** des Betrugsopfers (vgl § 92 StPO) zu verfolgen. Alle anderen Betrugsformen sind reine Offizialdelikte, die amtswegig aufgeklärt und angeklagt werden müssen. 143

Für eine **diversionelle Vorgangsweise** eignen sich vor allem die §§ 149, 150 sowie das Grunddelikt des § 146. Doch auch die Qualifikationen des 147 Abs 1 und 2, § 148 erster Fall und § 168b sind – zumindest theoretisch – dieser Form der Verfahrenserledigung zugänglich. 144

Ad Beispielsfall (siehe Seite 375): Durch die Vorlage des falschen Ausweises gegenüber dem behandelnden Arzt bestimmt der Täter diesen zur Täuschung über Identität und Versicherungsschutz des Patienten gegenüber der Gebietskrankenkasse (sog Dreiecks-Betrug). Der OGH[212] nahm ohne nähere Begründung unmittelbare Täterschaft des Patienten kraft Täuschung der Gebietskrankenkasse (in Form einer Art Kettenveranlassung) an. Am Ergebnis ändert dies allerdings nichts, da auch bei Annahme der Bestimmungsvariante der bloß instrumentalisierte Arzt mangels Vorsatzes straffrei geht und für A auch die Anwendbarkeit von § 34 Abs 1 Z 6 im Rahmen der Strafzumessung ausscheidet.

Die letztlich getäuschte Gebietskrankenkasse erliegt einem themagleichen Irrtum in dem Sinne, dass die medizinische Behandlung in dem Glauben gesetzt wurde, ein Versicherungsfall sei durch die Behandlung eines Versicherten eingetreten. Aufgrund dieses Irrtums trifft die Gebietskrankenkasse eine Vermögensverfügung in Form einer Honorarauszahlung an den Arzt, wodurch die Gebietskrankenkasse in ihrem Vermögen effektiv geschädigt wird. A handelt mit Wissen und Willen, den Arzt zu einer Täuschung der Gebiets-

211 *Kirchbacher* in WK[2] § 146 Rz 185; OGH 14 Os 53/03.
212 OGH 15 Os 6/07g.

krankenkasse zu bewegen, die aufgrund dessen irrtümlich eine sie schädigende Verfügung unternimmt. Der Täter legte es auch darauf an, sich durch diese Tathandlung unrechtmäßig zu bereichern, indem er die ansonsten ihm selbst anfallenden Behandlungskosten abwälzt.

Eine Qualifikation nach § 147 Abs 1 Z 1 kommt nicht in Betracht, da es sich bei der E-Card um kein unbares Zahlungsmittel handelt und auch trotz Urkundeneigenschaft diese weder falsch noch verfälscht (lediglich einer anderen Person zugewiesen) ist. Im Übrigen scheitert eine Strafbarkeit wegen Gebrauchs fremder Ausweise (§ 231) an der mangelnden Eigenschaft einer E-Card als amtlicher Ausweis. Mag ihr auch das Attribut einer öffentlichen Urkunde zugesprochen werden, so fehlt es ihr an der Zwecksetzung des Ausstellers, als Nachweis der Identität oder der persönlichen Verhältnisse zu dienen.[213] Sie soll bloß ihrer Konzeption nach die Abrechnung der Versicherungsleistung auf elektronischem Wege vereinfachen und allenfalls den Versicherungsschutz des zu Behandelnden feststellen lassen.

Zentrale Probleme zur Wiederholung: *Auslegung der Täuschungshandlung; Vermögensschaden; Dreiecksbetrug; Versuch, insb beim mehraktigen Betrug; Qualifikationen; Abgrenzungen und Konkurrenzen.*

Weiterführende Literatur: *Baritsch/Helmreich,* Der fingierte Krankenstand. Zur Strafbarkeit von Gefälligkeitsattesten, ZAS 2003/30, 171; *Baumgartner/Bayer,* Der „Vorsteuerbetrug“ in umsatzsteuer- und strafrechtlicher Sicht, ÖStZ 1998, 228; *Bertel,* Der Prozessbetrug, AnwBl 1976, 203; *ders,* Der Schaden des Betrogenen, ÖJZ 1977, 201; *ders,* Zum Problem des „Behördenbetruges“, ÖJZ 1989, 144; *Bichler,* Rechtliche Aspekte des Kreditkartengeschäfts, ÖBA 1986, 594; *Brandstetter,* Die Fragwürdigkeit der „wirtschaftlichen Betrachtungsweise“ und andere aktuelle Fragen des Wirtschaftsstrafrechts, StPdG 26, 127; *Fuchs,* Probleme von Untreue und Betrug, StPdG 11, 197; *ders,* Neue Formen rechtswidriger Vermögensschädigung, StPdG 12, 63; *Hartig,* Strafbarkeit des Gebrauchs verfälschter Anwohnerparkkarten als Betrug? JBl 1997, 23; *Kainz,* Die strafrechtlichen Gefahren der Anlageberatung – Betrug oder Untreue? RdW 2011, 462; *Karollus,* Zum Versuchsbeginn beim Betrug, JBl 1989, 627; *ders,* Erbringung unnotwendiger und unwirtschaftlicher Leistungen als Betrug? RdW 1990, 244; *Kessel,* Belastung mit einer Verbindlichkeit als Betrugsschaden, JBl 1999, 12; *Killmann,* Mehrwertsteuerbetrug und Schutz der finanziellen Interessen der Europäischen Gemeinschaft – eine österreichische Perspektive, wbl 2004, 545; *Lewisch,* Wirtschaftliche Betrachtungsweise und Vermögensschaden beim Betrug, RdW 1990, 369; *Maleczky,* Missbrauch von Selbstbedienungseinrichtungen in strafrechtlicher Sicht, ÖJZ 1994, 416; *Messner,* Erschleichung von Wohnbauförderungsdarlehen straflos? wobl 2006, 353; *Murschetz,* Erschleichung der Verfahrenshilfe im Strafverfahren: ein Betrug? ÖJZ 2001, 836; *Pirnat,* Zum Sportbetrug, JSt 2010, 165; *Schmoller,* Fehlüberweisung und Fehlbuchung im Strafrecht, in Weber-FS (2004); *ders,* Zur individuellen Schadenskomponente beim Betrug, StPdG 18, 27; *ders,* Ermitt-

213 Zu diesem Erfordernis vgl nur *Kienapfel/Schroll* in WK[2] § 231 Rz 4 mwN. Dass die Ausweiseigenschaft unabhängig von einem Lichtbild gegeben sein kann, ist zutreffend, hier aber nicht entscheidend. Anders die Rspr, die nach § 231 verurteilt, vgl OGH 15 Os 6/07g.

lung des Betrugsschadens bei Bezahlung eines marktüblichen Preises: Zur wirtschaftlichen Relevanz subjektiver Nützlichkeitsvorstellungen, ZStW 1991, 92; *ders,* Betrug bei bewusst unentgeltlichen Leistungen, JZ 1991, 117; *Schumann/Bruckmüller/Gappmayer*, Wettbewerbsbeschränkende Absprachen im Vergabeverfahren und kollusive Beteiligung auf Seiten des Auftraggebers, RPA 2009, 224; *Schwaighofer,* Unterschlagung von Treibstoff nach Tanken an einer Selbstbedienungstankstelle? ZVR 1989, 1; *Schwartz,* Von Exorzisten und Heilpraktikern: Geistheilungen rechtlich betrachtet, RdM 1999, 13; *E. Steininger*, Strafrechtliche Probleme des Selbstbedienungstankens, RZ 1988, 233; *H. Steininger,* Zur Strafbarkeit von Preisabsprachen im Baugewerbe, RZ 2000, 116.

C. Betrügerischer Datenverarbeitungsmissbrauch (§ 148a)

I. Überblick

1 Betrug (§ 146) setzt voraus, dass ein Mensch getäuscht wird und in diesem Irrtum eine Vermögensverfügung tätigt, die letztlich zu einem Vermögensschaden beim Getäuschten oder einem Dritten führt. Der **betrügerische Datenverarbeitungsmissbrauch** (§ 148a) will nun jene Fälle erfassen, in denen **kein Mensch getäuscht** wird, sondern eine **Maschine**. Der von der Maschine durchgeführte Vorgang führt letztlich zu einem Vermögensschaden bei einem Dritten. Aufgrund der betrugsähnlichen Konstruktion ist der betrügerische Datenverarbeitungsmissbrauch (§ 148a) vom Rechtsgut her mit dem Betrug (§ 146) vergleichbar.[1] **Geschütztes Rechtsgut** ist damit das **Vermögen als Ganzes**.[2]

2 Die **praktische Bedeutung** des betrügerischen Datenverarbeitungsmissbrauchs (§ 148a) ist **gering**. So gab es laut gerichtlicher Kriminalstatistik im Jahr 2010 lediglich 35 Verurteilungen nach dieser Strafbestimmung. Diese geringe Zahl wird jedoch der praktischen Bedeutung nicht gerecht. Zum einen dürfte der Schaden bei zahlreichen Missbräuchen nicht allzu hoch sein, wodurch sich ein großes Anwendungsfeld für eine diversionelle Verfahrenserledigung (§§ 198 ff StPO) findet. Zum anderen subsumiert die Rspr Fälle der unberechtigten Verwendung von Bankomatkarten unter Diebstahl (§ 127),[3] was ebenfalls zur Unterschätzung der Bedeutung dieser Strafnorm führt.

Beispielsfall: A entdeckt beim Staubsaugen die Bankomatkarte seines Freundes B, die dieser offenbar bei seinem gestrigen Besuch in der Wohnung des A „verloren" hat. Damit er sich den PIN-Code leichter merkt, hat B ihn mit einem Folienstift auf die Rückseite der Karte geschrieben. A vermutet, dass die auf die Karte geschriebene Zahl der passende PIN-Code ist, geht mit der Bankomatkarte zum nächsten Bankomaten und behebt den Betrag von 400 Euro. Daran anschließend wirft er die Karte in den Aktenschredder in seinem Arbeitszimmer, wodurch diese zerstört wird.

II. Tatbestand

Den Tatbestand des betrügerischen Datenverarbeitungsmissbrauchs (§ 148a) verwirklicht, wer

- das Ergebnis einer automationsunterstützten Datenverarbeitung
- durch Gestaltung des Programms, durch Eingabe, Veränderung, Löschung oder Unterdrückung von Daten

1 *Triffterer* in SbgK § 148a Rz 3.

2 *Triffterer* in SbgK § 148a Rz 2; *Kirchbacher/Presslauer* in WK² § 148a Rz 2.

3 OGH 15 Os 131/95; 12 Os 113/91 = RIS-Justiz RS0093057; zust *K/Schm* BT II § 127 Rz 103, § 148a.

- oder sonst durch Einwirkung auf den Ablauf des Verarbeitungsvorgangs
- mit Tat- und Bereicherungsvorsatz
- beeinflusst und
- dadurch einen anderen am Vermögen schädigt.

1. Tatobjekt

Tatobjekt des betrügerischen Datenverarbeitungsmissbrauchs (§ 148a) ist das **Ergebnis einer automationsunterstützten Datenverarbeitung**. Es kommt also darauf an, dass auf elektronischem Wege Daten verarbeitet werden. Der Datenbegriff orientiert sich an der Legaldefinition des § 74 Abs 2. Er erfasst somit sowohl personenbezogene als auch nicht personenbezogene Daten sowie Programme. 3

2. Tathandlung

Die Tathandlung des betrügerischen Datenverarbeitungsmissbrauchs (§ 148a) besteht in der **Beeinflussung des Ergebnisses** einer automationsunterstützten Datenverarbeitung durch bestimmte, **taxativ aufgezählte Begehungsmittel**. Diese sind 4

- die Gestaltung des Programms (1. Variante; Programm-Manipulation),
- die Eingabe, Veränderung, Löschung oder Unterdrückung von Daten (2. Variante; Input-Manipulation) sowie
- die sonstige Einwirkung auf den Ablauf des Verarbeitungsvorgangs (3. Variante; Konsolen- und Output-Manipulation).

Die Beeinflussung durch Gestaltung des Programms (sog **Programm-Manipulation**) erfasst Eingriffe in den Datenverarbeitungsvorgang, die von vornherein oder nachträglich mit der Wirkung vorgenommen werden, dass die Anlage **eingespeicherte Daten unrichtig verarbeitet** und falsche Daten erzeugt. Dies ist zB der Fall, wenn jemand in ein Buchhaltungsprogramm ein eigenes Programm einfügt, durch das bei Abrechnungen durch Abrundungen ersparte Beträge in ihrer Gesamtsumme auf ein eigens dafür angelegtes Konto eines anderen überwiesen werden.[4] 5

Die Eingabe, Veränderung, Löschung oder Unterdrückung von Daten als sog **Input-Manipulation** erfasst unstreitig jene Fälle, in denen **unrichtige oder unvollständige Daten eingegeben** und weiterverarbeitet werden.[5] Dies ist zB der Fall, wenn der Täter ein falsches Geburtsdatum in ein Programm eingibt, aufgrund dessen dann eine Anweisung durchgeführt wird.[6] 6

---

4 Vgl *Lewisch* BT I[2] 241; *Kirchbacher/Presslauer* in WK[2] § 148a Rz 21.

5 *Kirchbacher/Presslauer* in WK[2] § 148a Rz 13; *Triffterer* in SbgK § 148a Rz 19 f; *L/St* StGB[3] § 148a Rz 11.

6 *Lewisch* BT I[2] 241.

7 Umstritten sind allerdings jene Fälle, in denen **richtige Daten unbefugt eingegeben** werden. Die **Rspr** und ein Teil der Lehre lassen das bloße Beeinflussen des Datenverarbeitungsvorgangs nicht für die Erfüllung des Tatbestands ausreichen. Werden also richtige Daten bloß unbefugt eingegeben, ist § 148a nicht erfüllt.[7]

8 Der **überwiegende Teil der Lehre** lässt dagegen das bloße Auslösen eines Datenverarbeitungsprozesses als Beeinflussung der Datenverarbeitung für die Erfüllung des Tatbestands des § 148a genügen.[8] Um den Tatbestand sachlich zu begrenzen, wird mitunter gefordert, dass es sich dabei um betrugsähnliche Sachverhalte handeln muss. Als „Probe" wird gleichsam gefragt, ob ein Betrug (§ 146) vorliegen würde, wenn anstelle der EDV-Anlage ein Mensch die Angaben des Täters entgegengenommen und bewertet hätte. Wird dies bejaht, wird ein betrugsähnlicher Sachverhalt angenommen.[9] Verwendet zB jemand unberechtigterweise die Kontodaten eines anderen, um von dessen Konto eine Überweisung auf sein eigenes Konto durchzuführen, ist demnach der Tatbestand des § 148a verwirklicht.[10] Dies gilt auch für den Fall, dass die Daten der Kreditkarte unberechtigterweise im Internet zur Bezahlung eines Kaufes verwendet werden.[11]

9 Besonders deutlich werden die unterschiedlichen Positionen bei **missbräuchlicher Geldbehebung am Bankomaten**. Verwendet der Täter unberechtigt eine fremde Bankomatkarte samt dem dazugehörigen Code, um sich damit Geld zu beschaffen, so begründet dies nach der Rspr Diebstahl (§ 127).[12] Eine Diebstahlsstrafbarkeit lässt sich freilich nur dann begründen, wenn von einem stark vergeistigten Gewahrsamsbegriff ausgegangen wird (siehe dazu §§ 127 f Rz 36). Der überwiegende Teil der Lehre findet einen derart „vergeistigten Gewahrsamsbegriff" wenig überzeugend und löst die Fälle über § 148a.[13] Doch auch die Rspr ist diesbezüglich nicht immer einheitlich. So hat sie das Aufladen eines Wertkartentelefons oder der Quick-Funktion unter Verwendung einer entfremdeten Bankomatkarte samt dazugehörigem Code als betrügerischen Datenverarbeitungsmissbrauch nach § 148a qualifiziert.[14] Der Einwirkungsvorgang ist in solchen Fällen aber kein anderer als bei der Bargeldbehe-

7 Siehe zB OGH 11 Os 114/85 = EvBl 1986/108. *L/St* StGB[3] § 148a Rz 20 f; *Lewisch* BT I[2] 241; im Ergebnis auch *Kirchbacher/Presslauer* in WK[2] § 148a Rz 28.

8 *Triffterer* in SbgK § 148a Rz 22; *B/S* BT I[11] § 148a Rz 2; *Kienapfel* BT II[3] § 148a Rz 22.

9 ZB *F/R-K* BT I[3] 161.

10 *B/S* BT I[11] § 127 Rz 1; *Triffterer* in SbgK § 148a Rz 22; im Ergebnis auch *Kirchbacher/Presslauer* in WK[2] § 148a Rz 18.

11 *B/S* BT I[11] § 127 Rz 2.

12 OGH 13 Os 53/06b; 15 Os 127/89. Siehe bereits FN 2.

13 *Triffterer* in SbgK § 148a Rz 22; *B/S* BT I[11] § 127 Rz 2; OLG Linz AnwBl 1990, 209 mit Anm *Fromherz*.

14 OGH 15 Os 99/05f; siehe auch 12 Os 45/06v (Durchführung von Geldüberweisungen bei einem Überweisungsautomaten durch den Angeklagten unter Verwendung einer entfremdeten Bankomatkarte).

bung, wodurch unter sachlichen Gesichtspunkten auch eine Subsumtion der Bargeldbehebung unter § 148a geboten ist.

10 Die 3. Variante des § 148a besteht in der Einwirkung auf den Ablauf des Verarbeitungsvorgangs (sog **Konsolen- und Output-Manipulation**). Bei dieser Tatvariante muss eine **Einflussnahme auf** den zum **Ausdruck von Daten** führenden Verarbeitungsvorgang mit der Wirkung erfolgen, dass unrichtige oder unvollständige Daten ausgedruckt werden oder der Ausdruck überhaupt unterbleibt.[15] Dies ist etwa der Fall, wenn die Tastaturbelegung zwischen zwei Ziffern ausgetauscht wird (Konsolenmanipulation) oder wenn ein Drucker derart manipuliert wird, dass Zeilen am unteren Ende der Seite nicht ausgedruckt werden (Output-Manipulation).[16]

3. Taterfolg

11 Der betrügerische Datenverarbeitungsmissbrauch (§ 148a) kennt als gleichsamen **Enderfolg** den **Vermögensschaden** eines anderen. Als **Zwischenerfolg** kann – vergleichbar mit dem Betrug (§ 146) – die **Manipulation** des Verarbeitungsvorgangs gesehen werden. Die „Täuschung“ der Maschine muss also dazu führen, dass eine Beeinflussung des Verarbeitungsvorgangs erfolgt und diese wiederum zu einem Vermögensschaden führt.

4. Qualifikationen

12 § 148a Abs 2 normiert drei Qualifikationen. Strafsatzerhöhend sind sowohl die **gewerbsmäßige Begehung** als auch die **Höhe des Schadens**. Bei der Schadenshöhe sind die üblichen Wertgrenzen von 3.000 Euro bzw 50.000 Euro maßgeblich.

5. Subjektiver Tatbestand

13 Der betrügerische Datenverarbeitungsmissbrauch nach § 148a ist ein **Vorsatzdelikt**. Sämtliche objektive Tatbestandsmerkmale müssen vom Vorsatz des Täters erfasst sein. Darüber hinaus ist der **erweiterte Vorsatz** erforderlich, dass durch die Manipulation der Täter oder ein Dritter unrechtmäßig bereichert wird.

III. Privilegierung und tätige Reue

14 Ein betrügerischer Datenverarbeitungsmissbrauch (§ 148a) ist privilegiert, wenn er zum **Nachteil eines Familienangehörigen** begangen wird (§ 166). Das Delikt ist auch uneingeschränkt einer Strafaufhebung wegen **tätiger Reue** (§ 167) zugänglich.

---

15 *L/St* StGB[3] § 148a Rz 15 f; *Kirchbacher/Presslauer* in WK[2] § 148a Rz 21; *Triffterer* in SbgK § 148a Rz 30 ff.

16 *Triffterer* in SbgK § 148a Rz 31 f.

IV. Abgrenzung und Konkurrenzen

15 Hinsichtlich der **Vermögensentziehungsdelikte** ist **keine echte Konkurrenz** zwischen § 148a und anderen Bestimmungen möglich. Die unberechtigte Behebung mit einer entfremdeten Bankomatkarte ist – je nach vertretener Position – entweder als betrügerischer Datenverarbeitungsmissbrauch (§ 148a) oder als Diebstahl (§ 127) zu bestrafen. Entscheidend dafür ist, wie weit der Anwendungsbereich des § 148a gefasst wird (vgl Rz 9).

16 **Betrug** (§ 146) verhält sich zu § 148a exklusiv; **Untreue** (§ 153) geht § 148a wegen materieller Subsidiarität vor.[17] Wer mit seiner eigenen Bankomatkarte den ihm eingeräumten Überziehungsrahmen überschreitet und Geld abhebt, macht sich allein wegen § 153 strafbar,[18] da § 148a als subsidiär verdrängt wird.

17 **Echte Konkurrenz** ist allenfalls mit den entsprechenden **Beschädigungsdelikten** möglich. Insofern kann betrügerischer Datenverarbeitungsmissbrauch (§ 148a) mit Datenbeschädigung (§ 126a) echt konkurrieren, wenn er zB die auf einem Datenträger gespeicherten Daten zerstört oder unterdrückt.

V. Prozessuales

18 Das **Grunddelikt** des betrügerischen Datenverarbeitungsmissbrauchs (§ 148a Abs 1) fällt aufgrund der angedrohten Strafe in die sachliche Zuständigkeit des **Bezirksgerichts** (§ 30 Abs 1 StPO). Die **gewerbsmäßige Begehung** (§ 148a Abs 2 erster Fall) sowie der betrügerische Datenverarbeitungsmissbrauch mit einem Schaden von mehr als **3.000 Euro** (§ 148a Abs 2 zweiter Fall), aber nicht mehr als 50.000 Euro fallen in den sachlichen Kompetenzbereich des **Einzelrichters am LG** (§ 31 Abs 4 Z 1 StPO). All diese genannten Varianten sind uneingeschränkt einer **diversionellen Verfahrenserledigung** (§§ 198 ff StPO) zugänglich. Führt der betrügerische Datenverarbeitungsmissbrauch jedoch zu einem Schaden von mehr als 50.000 Euro (§ 148a Abs 2 dritter Fall), so besteht eine sachliche Zuständigkeit des **Schöffengerichts** (§ 31 Abs 3 Z 1 StPO). In dieser Variante scheidet eine diversionelle Verfahrenserledigung aus.

Ad Beispielsfall: Sofern der Quick-Chip der Bankomatkarte aufgeladen und die Karte unter diesem Aspekt folglich ein Wertträger ist, begeht A durch die Zueignung der Karte eine Anschlussunterschlagung nach § 134 Abs 1 dritter Fall. Die Behebung von 400 Euro vom Bankomaten begründet nach der Rspr und einem Teil der Lehre Diebstahl (§ 127), nach einem anderen Teil der Lehre zutreffend betrügerischen Datenverarbeitungsmissbrauch nach § 148a Abs 1 zweiter Fall (Input-Manipulation), da ein der materiellen Rechtslage wider-

---

17 *Kirchbacher/Presslauer* in WK[2] § 148a Rz 33.

18 *Kirchbacher/Presslauer* in WK[2] § 148a Rz 34; *L/St* StGB[3] § 148a Rz 22; im Ergebnis ebenso *Lewisch* BT[2] 242.

sprechendes Ergebnis durch die unbefugte Eingabe der Daten entstanden ist.[19] Das anschließende Vernichten der Karte ist unter vermögensrechtlichen Gesichtspunkten straflos, hinsichtlich der mit unbaren Zahlungsmitteln verbundenen Rechtssicherheitsfunktion ist es jedoch eine strafbare Unterdrückung von unbaren Zahlungsmitteln nach § 241e Abs 3, weil A zumindest mitbewusst ist, dass der Berechtigte B die Bankomatkarte nicht mehr verwenden kann.

Zentrale Probleme zur Wiederholung: *Vielzahl möglicher Tathandlungen; „Bankomatkartenbetrug".*

Weiterführende Literatur: *Beer,* Die Convention on Cybercrime und österreichisches Strafrecht (2005); *Bergauer*, Phishing im Internet – eine kernstrafrechtliche Betrachtung, RZ 2006, 82; *Engin-Deniz,* Pay-TV-Piraterie im Strafrecht, ecolex 2001, 587; *Fuchs,* Zum Entwurf von Strafbestimmungen gegen die Computer-Kriminalität, RdW 1985, 330; *Lichtenstrasser,* Wireless LAN – Drahtlose Schnittstelle für Datenmissbrauch? ÖJZ 2003, 253; *Proske,* Hacking im Strafrecht, EDVuR 1990, 102; *Schick/Schmölzer,* Das österreichische Computer-Strafrecht – eine Bestandsaufnahme, EDVuR 1992, 107; *Schmölzer,* Das neue Computer-Strafrecht (StRÄG 1987), EDVuR 1988, 20; *dies,* Die unbefugte Verwendung einer fremden Bankomatkarte – Strafrechtliche Aspekte, EDVuR 1990, 30; *Ch. Schwaighofer,* Zur Strafbarkeit des Missbrauchs fremder Bankomatkarten, ÖJZ 1990, 457.

19 Bei dem von einem Teil der Lehre angestellten Vergleich zu einer Betrugssituation nach § 146 gelangt man zum selben Ergebnis, da die gleiche Handlung gegenüber einem Menschen (Vorgabe der falschen Verfügungsbefugnis über ein Konto) ohne Weiteres eine Strafbarkeit nach § 146 eröffnen würde.

D. Untreue (§ 153)

I. Überblick

1 Untreue (§ 153) ist verwirklicht, wenn der Machthaber seinem Machtgeber durch Missbrauch seiner Befugnis einen Vermögensschaden zufügt. Es handelt sich um ein **verhaltensgebundenes Erfolgsdelikt**. Unmittelbarer Alleintäter kann nur ein Machthaber (Intraneus) sein, andere Personen können nur als Beteiligte (§ 12) strafbar sein (**unrechtsgeprägtes Sonderdelikt** iSd § 14 Abs 1).[1]

2 § 153 schützt das **Vermögen**, wobei der **wirtschaftliche Vermögensbegriff**[2] maßgeblich ist.[3] Vom Schutz des § 153 ist allerdings nur das Vermögen des jeweiligen Machtgebers umfasst und nicht auch jenes von Geschäftspartnern udgl.[4]

3 Zu beachten ist weiters, dass das Vertrauensverhältnis zwischen Machtgeber und Machthaber, ebenso wie Treu und Glauben, kein eigenständiges, von § 153 geschütztes Rechtsgut darstellt.[5] Untreue ist nur verwirklicht, wenn es durch **missbräuchliche Ausnutzung der eingeräumten rechtlichen Befugnis** zur **Vermögensschädigung** des Machtgebers kommt (davor ist allerdings Versuch möglich). Insofern weicht der Schutzzweck des § 153 öStGB von jenem des § 266 dStGB ab. § 266 dStGB ist – anders als § 153 öStGB – schon dann verwirklicht, wenn der Machthaber die ihm obliegende **Treuepflicht zur Wahrnehmung fremder Vermögensinteressen verletzt** und so den Treugeber **am Vermögen schädigt**.[6] Untreue iSd § 153 öStGB ist daher, anders als § 266 dStGB, kein – zumindest primärer – Treubruchstatbestand.[7]

4 Ein erweiterter Vorsatz des Täters auf unrechtmäßige Bereicherung ist im Gesetz nicht vorgesehen. Dies resultiert daraus, dass es sich bei § 153 um ein Vermögensschädigungs-, nicht aber um ein Vermögensverschiebungsdelikt handelt.

5 Die **praktische Bedeutung** der Untreue (§ 153) ist nicht allzu hoch. So gab es im Jahr 2010 lediglich 150 Verurteilungen wegen dieser strafbaren Handlung. Dies machte einen Anteil von etwa 1 % aller Verurteilungen wegen eines Vermögensdelikts (§§ 125–168e aF) aus. Aufgrund der Möglichkeit diversioneller Verfahrenserledigung bei geringen Schadensbeträgen (§§ 198 ff StPO) ist davon auszugehen, dass der Schaden bei den Verurteilungen relativ hoch war und die Verurteilungszahl in der gerichtlichen Kriminalstatistik die tatsächliche Bedeutung des § 153 nur sehr beschränkt wiedergibt. In diesem Zusammenhang

1 *Kirchbacher/Presslauer* in WK[2] § 153 Rz 2; *Pfeifer* in SbgK § 153 Rz 3; *Fabrizy* StGB[10] § 153 Rz 2; *L/St* StGB[3] § 153 Rz 4.

2 OGH 15 Os 85/02 = RIS-Justiz RS0116843; siehe zum wirtschaftlichen Vermögensbegriff auch bei §§ 146 ff Rz 23 ff.

3 ZB *Kirchbacher/Presslauer* in WK[2] § 153 Rz 1.

4 *Pfeifer* in SbgK § 153 Rz 4.

5 *K/Schm* BT II § 153 Rz 12; OGH 11 Os 39/05b = RIS-Justiz RS0120455.

6 *Pfeifer* in SbgK § 153 Rz 5; sog Treubruchstatbestand, siehe dazu *Samson/Günther,* in *Rudolphi/Horn/Günther/Samson,* Systematischer Kommentar zum Strafgesetzbuch[5] § 266 Rz 22 ff; *Perron,* in *Schönke/Schröder,* Strafgesetzbuch Kommentar[28] § 266 Rz 22 ff, 39 ff.

7 *K/Schm* BT II § 153 Rz 7.

ist auch darauf hinzuweisen, dass verschiedene dogmatische Untiefen der Untreue bislang keineswegs ausgelotet sind. Insbesondere im Bankenbereich werden mitunter alltagstypische Handlungen – nicht zuletzt unter dem Stichwort Compliance – vermehrt unter dem Blickwinkel der Untreue diskutiert, was als weiteres Indiz dafür gesehen werden kann, dass die Verurteilungszahlen allein keineswegs die praktische Bedeutung dieser Strafnorm beschreiben können.

Beispielsfall: Der Prokurist (P) einer Bank vergibt ein Darlehen an ein krisengeschütteltes Unternehmen, ohne die bankintern zwingend vorgesehene grundbücherliche Sicherstellung vornehmen zu lassen. In der Folge schlittert dieses Unternehmen in die Insolvenz, und die Bank erleidet einen Ausfall iHv 70.000 Euro. Diese Möglichkeit hat P von Beginn an in Betracht gezogen und in Kauf genommen.

II. Tatbestand

Den Tatbestand der Untreue (§ 153) verwirklicht, wer

- die ihm durch Gesetz, behördlichen Auftrag oder Rechtsgeschäft eingeräumte Befugnis, über fremdes Vermögen zu verfügen oder einen anderen zu verpflichten (Machthaber),
- wissentlich (§ 5 Abs 3)
- missbraucht und
- dadurch (vorsätzlich) einem anderen einen Vermögensnachteil zufügt.

1. Tatsubjekt

Unmittelbarer Täter des § 153 kann nicht jedermann sein, sondern nur, wem 6
durch Gesetz, behördlichen Auftrag oder Rechtsgeschäft die Befugnis eingeräumt wurde, über fremdes Vermögen zu verfügen oder einen anderen zu verpflichten **(Machthaber)**.[8] Es handelt sich hierbei um ein **unrechtsgeprägtes Sonderdelikt** iSd § 14 Abs 1, welches das Vorliegen besonderer persönlicher Eigenschaften oder Verhältnisse erfordert.[9] Daraus folgt, dass derjenige, dem die **Befugnis zur rechtsgeschäftlichen Verpflichtung** fehlt, weil er sich zB außerhalb der Grenzen seiner Vollmacht bewegt oder bloß intern an der Vorbereitung von Vertretungsakten beteiligt ist,[10] keine Untreue begehen kann.[11] Auch wer sich bloß eine Vertretungsmacht anmaßt, ohne tatsächlich vertretungsbefugt zu sein (**falsus procurator**), kommt als Tatsubjekt der Untreue nicht in Betracht.[12] Zu denken wäre allenfalls an eine Strafbarkeit wegen Be-

8 *Pfeifer* in SbgK § 153 Rz 8.
9 *Kirchbacher/Presslauer* in WK^2 § 153 Rz 2; *Pfeifer* in SbgK § 153 Rz 3, 8 ff; *Fabrizy* StGB^{10} § 153 Rz 2; *L/St* StGB^3 § 153 Rz 4.
10 Siehe hierzu *Lewisch* BT I^2 248 f; OGH 14 Os 101/96 = RIS-Justiz RS0094435.
11 Vgl *Kirchbacher/Presslauer* in WK^2 § 153 Rz 16.
12 Vgl *Plöckinger*, JSt 2012, 88.

trugs (§§ 146 ff), wenn der Täter die Verfügungsbefugnis vortäuscht und auch die anderen Tatbestandsmerkmale des genannten Delikts verwirklicht sind.

7 Das Tatsubjekt der Untreue (§ 153) ist insofern **enger als beim Amtsmissbrauch** (§ 302), als das zuletzt genannte Delikt auf das Tatsubjekt „Beamter“ abstellt und nicht auf dessen konkrete Beauftragung mit rechtsgeschäftlichen Handlungen. Insofern sind auch **Hilfskräfte**, die Vorbereitungshandlungen für Amtshandlungen setzen, taugliche Tatsubjekte des § 302, während sie **aus dem Anwendungsbereich der Untreue ausscheiden**.

8 **Vertretungsmacht aus Gesetz** haben etwa Eltern bezüglich des Kindesvermögens, aus **behördlichem Auftrag** der Insolvenzverwalter bezüglich des Massevermögens, der Sachwalter bezüglich des Vermögens der unter Sachwalterschaft gestellten Person oder Beamte im Bereich der Privatwirtschaftsverwaltung.[13] Die auf **Rechtsgeschäft** beruhende Vertretungsmacht wird durch privatrechtlichen Vertrag eingeräumt. Machthaber iSd § 153 sind daher Geschäftsführer einer GmbH, Vorstände einer AG, Rechtsanwälte, Notare, Prokuristen usw,[14] aber auch der Kreditkarteninhaber hinsichtlich der Begründung der Zahlungspflicht des Kreditkarteninstitutes bei Bezahlung mittels Kreditkarte.[15]

9 Nicht abschließend geklärt ist die Frage, ob ein **Treuhänder unmittelbarer Täter der Untreue** gem § 153 sein kann. Von der hL[16] wird nur der direkte Stellvertreter iSd § 1002 ABGB als Machthaber und somit tauglicher unmittelbarer Täter des § 153 verstanden. Denn nur ein solcher könne über fremdes Vermögen verfügen und den Machtgeber unmittelbar verpflichten.[17] Ein indirekter Stellvertreter sei bloß ein Beauftragter ohne Vollmacht und somit ohne Befugnis. Daher müsse für die Beurteilung, ob ein Treuhänder Machthaber iSd § 153 ist, das Treuhandverhältnis genau analysiert werden. Ergibt sich bei dieser Analyse, dass der Treuhänder wirtschaftlich[18] betrachtet die Rechtsmacht zur Verfügung über fremdes Vermögen besitzt, kann er unmittelbarer Täter der Untreue gem § 153 sein. Hat der Treuhänder jedoch bloß einen Auftrag oder eine Ermächtigung zu vollmachtslosem Handeln, kommt ihm keine Befugnis iSd § 153 zu.[19] In solchen Fällen kann bei vermögensschädigendem Handeln allenfalls eine Strafbarkeit wegen Veruntreuung (§ 133) in Betracht kommen.

10 Grundsätzlich **reicht Kollektivvertretungsbefugnis** des Machthabers aus, um taugliches Tatsubjekt zu sein. Kollektivvertretungsbefugnis liegt dann vor, wenn sämtliche Mitglieder eines kollegialen Vertretungskörpers bestimmte Vertretungshandlungen nur gemeinsam vornehmen dürfen. Ein Kollektivvertretungsberechtigter, der die Zustimmung der übrigen Vertretungsbefugten durch

13 Vgl *Pfeifer* in SbgK § 153 Rz 10.
14 *Pfeifer* in SbgK § 153 Rz 11.
15 OGH 12 Os 130/77 = EvBl 1978/73.
16 *Kirchbacher/Presslauer* in WK[2] § 153 Rz 12; *K/Schm* BT II § 153 Rz 46, *L/St* StGB[3] § 153 Rz 13, OGH 11 Os 1/74; aA *Mayerhofer* StGB[5] § 153 Rz 21a; OGH 11 Os 81/84.
17 Zum diesbezüglichen Meinungsstand siehe bei *Pfeifer* in SbgK § 153 Rz 9.
18 So auch *Pfeifer* in SbgK § 153 Rz 16.
19 *Kirchbacher/Presslauer* in WK[2] § 153 Rz 11; *Pfeifer* in SbgK § 153 Rz 15.

Verschweigen wesentlicher Umstände oder dadurch erreicht, dass er sich auf deren mangelnde Kontrolle verlässt, verantwortet grundsätzlich ausschließlich Untreue (§ 153) und nicht Betrug (§ 146).[20] Da er formal mit Zustimmung der anderen handelt, ist er kein vollmachtslos agierender falsus procurator.

2. Tathandlung

Tathandlung des § 153 ist der **Missbrauch** der Befugnis, über fremdes Vermögen zu verfügen und einen anderen zu verpflichten. Missbrauch liegt vor, wenn der Machthaber im Rahmen seines (externen) rechtlichen Könnens gegen sein (internes) rechtliches Dürfen verstößt.[21] Um beurteilen zu können, welche Vertretungshandlungen im Innenverhältnis erlaubt bzw geboten sind, müssen **interne Vereinbarungen**, Weisungen, gesetzliche Bestimmungen oder der behördliche/gerichtliche Auftrag herangezogen werden. Sofern solche nicht existieren, hat der Machthaber nach überwiegender Ansicht stets darauf zu achten, dem Machtgeber durch die Ausübung seiner Befugnis den größtmöglichen Nutzen zu verschaffen.[22] Missbrauch bedeutet in solchen Fällen den unvertretbaren (Nicht-) Gebrauch der rechtlichen Befugnis, über fremdes Vermögen zu verfügen, was in Richtung Treubruchstatbestand deutet. Eine solche Pönalisierung des Treubruchs entspricht freilich nicht oder nur sehr eingeschränkt der Konstruktion der österreichischen Untreueregelung (vgl Rz 3), sodass diese Ausweitungstendenzen der genannten Strafnorm äußerst kritisch zu sehen sind. 11

Befugnismissbrauch liegt zB vor bei der Gewährung von intern nicht vorgesehenen Preisnachlässen an Kunden, der Vergabe von Krediten an kreditunwürdige Schuldner, der Einschaltung eines preiserhöhenden Zwischenerwerbers beim Liegenschaftskauf[23] oder der Beauftragung eines Unternehmens seitens der Hausverwaltung mit der Reparatur des Daches zum Preis von 2 Mio Euro, obwohl eine andere Firma dies für 1,5 Mio Euro getan hätte.[24] 12

Als Missbrauch kommen **nur Rechtshandlungen** in Betracht, **nicht** aber **rein faktische Handlungen**, wie zB das Verfallenlassen eines Hauses oder das Nichtverständigen der Feuerwehr bei einem Brand am Firmengelände.[25] Darüber hinaus muss eine Rechtshandlung **unmittelbare Auswirkungen für den Vertretenen** zeitigen. Ist zB ein Lkw-Fahrer von der Spedition bevollmächtigt, seinen Lkw bei einer bestimmten Tankstelle aufzutanken und die getankten Mengen in Listen einzutragen, aufgrund derer zu einem späteren Zeitpunkt eine Abrechnung zwischen Spedition und Tankstelle erfolgt, fehlt es im Falle der Eintragung überhöhter Treibstoffmengen am Tatbestand der Untreue (§ 153), 13

---

20 Siehe dazu OGH 11 Os 158/88 = RIS-Justiz RS0094442.

21 *L/St* StGB[3] § 153 Rz 15; OGH 14 Os 101/96 = RIS-Justiz RS0108872; 14 Os 162/09v = RIS-Justiz RS0094545.

22 *Kirchbacher/Presslauer* in WK[2] § 153 Rz 28; *Pfeifer* in SbgK § 153 Rz 23; OGH 14 Os 80/10m = RIS-Justiz RS0094918.

23 Vgl *Lewisch* BT I[2] 249 f.

24 Vgl *F/R-K* BT I[3] 171; *Lewisch* BT I[2] 249 f.

25 *Pfeifer* in SbgK § 153 Rz 25; *K/Schm* BT II § 153 Rz 55; OGH 14 Os 107/99 = RIS-Justiz RS0094733.

weil sich die Eintragung nicht auf den Vertretenen auswirkt. Dazu kommt es erst bei der späteren Abrechnung. In dieser Handlung liegt aber kein Vollmachtsmissbrauch. Infrage kommt allerdings wegen der falschen Eintragung in die Liste eine Strafbarkeit wegen Betrugs (§§ 146 ff).[26]

14 Untreue kann auch durch **Unterlassen** begangen werden,[27] nämlich durch den Nichtgebrauch der rechtlichen Vertretungsmacht, wenn die Voraussetzungen des § 2 vorliegen und somit eine Garantenstellung besteht, zB wenn es der zum Handeln verpflichtete Machthaber unterlässt, Verhaltensweisen zu setzen, die die Vermögenslage des Machtgebers verbessern würden (§§ 2, 153),[28] etwa indem er eine Forderung verjähren lässt oder ein Rechtsmittel nicht einbringt.[29] Unterlässt er den Abschluss von für den Machtgeber günstigen Verträgen, rückt die Annahme einer strafbaren Untreue (§§ 2, 153) das Delikt wiederum in die Nähe eines Treubruchstatbestands (siehe dazu bei Rz 3), wenn die unterlassene Rechtshandlung nicht durch die eingeräumte Befugnis konkretisiert ist. Da diese Konstruktion nur schwer der österreichischen Untreueregelung entspricht, ist bei Annahme einer solchen Unterlassungsstrafbarkeit Zurückhaltung geboten.

3. Vermögensnachteil

15 Untreue iSd § 153 ist ein **Erfolgsdelikt**. Um den Machthaber wegen Vollendung bestrafen zu können, ist es notwendig, dass unmittelbar aufgrund des Befugnismissbrauches **beim Machtgeber** ein **Vermögensschaden** eingetreten ist. Vor Eintritt des Vermögensschadens kommt allenfalls Bestrafung wegen Versuchs in Betracht.[30]

16 Der Vermögensschaden kann sowohl in der **Verminderung von Aktiven** als auch in der **Vermehrung von Passiven**[31] oder in einem **Gewinnentgang** bestehen.[32] Der zugefügte Schaden ist im Wege der Gesamtsaldierung zu ermitteln. Dies bedeutet, dass unmittelbar aus dem missbräuchlichen Geschäft[33] stammende Vor- und Nachteile gegeneinander aufgerechnet werden und nur die sich daraus ergebende Differenz[34] als Schaden iSd § 153 angesehen wird.[35] Freilich ist der Schaden nicht immer leicht nachvollziehbar, etwa bei der Ermittlung des

---

26 *Lewisch* BT I^2 245 f.

27 OGH 14 Os 96/05g = RIS-Justiz RS0089539.

28 Siehe etwa OGH 13 Os 25/09i = RIS-Justiz RS0094716.

29 *L/St* $StGB^3$ § 153 Rz 18.

30 *Pfeifer* in SbgK § 153 Rz 3 f; ebenso *K/Schm* BT II § 153 RZ 14 ff.

31 OGH 15 Os 102/07z = RIS-Justiz RS0089375.

32 *Kirchbacher/Presslauer* in WK^2 § 153 Rz 36, wonach allerdings eine bereits rechnerisch feststellbare Position im wirtschaftlichen Vermögen betroffen sein muss; *Pfeifer* in SbgK § 153 Rz 32; RIS-Justiz RS0094716.

33 OGH 14 Os 123/00 = RIS-Justiz RS0095517.

34 OGH 14 Os 96/05g = RIS-Justiz RS0094686.

35 *Kirchbacher/Presslauer* in WK^2 § 153 Rz 39.

Vorteils einer Beraterleistung, die mit einem sehr hohen Betrag abgegolten wurde.

Nicht notwendig ist, dass der Vermögensnachteil des Machtgebers ein dauernder ist. Es reicht aus, wenn dieser **bloß vorübergehend** in seiner Vermögensposition geschädigt wird.[36] So tritt zB bei wirtschaftlich unvertretbaren Investitions- und Risikogeschäften der strafrechtlich relevante Schaden im Zeitpunkt des Geldabflusses aus der Sphäre des Machtgebers ein, unabhängig von der Frage, ob sich das Risiko letztendlich verwirklicht hat. Entscheidend ist die nach der Bonität des Schuldners zu beurteilende Einbringlichkeit des Rückzahlungsanspruchs im Zeitpunkt der Kreditschuldentstehung, für sonstige Investitions- und Risikogeschäfte in erster Linie das – vom Machthaber auf der Basis der einschlägigen Normen zu garantierende – Vorhandensein eines angemessenen Risikoausgleichs und ausreichender Sicherheiten.[37] 17

§ 153 Abs 2 beinhaltet zwei **Wertqualifikationen**. Das Delikt ist mit Freiheitsstrafe bis zu drei Jahren bedroht, wenn der Schaden 3.000 Euro überschreitet. Bei einem Schaden von mehr als 50.000 Euro kann eine Freiheitsstrafe von einem bis zu zehn Jahren verhängt werden. 18

4. Subjektiver Tatbestand

Um den Machthaber wegen Untreue (§ 153) bestrafen zu können, muss dieser einen doppelten Vorsatz aufweisen. Einerseits muss er seine **Befugnis wissentlich missbrauchen**, andererseits muss er im Hinblick auf den Eintritt eines **Vermögensnachteiles beim Machtgeber** zumindest **bedingt vorsätzlich** handeln.[38] Nicht erforderlich ist hingegen, dass der Machthaber mit dem Vorsatz handelt, sich oder einen anderen zu bereichern. 19

a) Wissentlicher Befugnismissbrauch

Der Machthaber muss im Zeitpunkt des Befugnismissbrauches **wissen** (§ 5 Abs 3), dass er **gegen internes Dürfen verstoßt**, also durch sein Verhalten die ihm gesetzten Grenzen überschreitet. Dass er vom Machthaber nachträglich die Genehmigung erwartet, schließt die Wissentlichkeit nicht aus.[39] 20

Die Tathandlung ist immer **in Relation zur eingeräumten Befugnis** zu betrachten: Je konkreter diese ausgestaltet ist, desto eher liegt ein wissentlicher Befugnismissbrauch vor. Nicht ausreichend ist es, wenn sich der Machthaber seines Ermessens nicht ganz sicher ist oder aufgrund unklarer Weisungen oÄ seine Befugnis überschreitet.[40] 21

---

36 *Kirchbacher/Presslauer* in WK² § 153 Rz 36.

37 OGH 14 Os 143/09z = RIS-Justiz RS0126620.

38 *Pfeifer* in SbgK § 153 Rz 39.

39 *Kirchbacher/Presslauer* in WK² § 153 Rz 43; aM *L/St* StGB³ § 153 Rz 44.

40 *Pfeifer* in SbgK § 153 Rz 40.

b) Schädigungsvorsatz

22 Hinsichtlich der Zufügung eines Vermögensnachteiles beim Machtgeber reicht das Vorliegen von **dolus eventualis** (§ 5 Abs 1 zweiter HS) aus. Der Machthaber muss es ernstlich für möglich halten und sich damit abfinden, dass er seinem Machtgeber durch sein Verhalten einen Vermögensschaden zufügt. Nicht bestraft werden kann somit derjenige, der zwar seine Befugnis wissentlich missbraucht, allerdings davon ausgeht, dass dadurch kein Schaden beim Machtgeber eintreten wird,[41] etwa wenn ein Bankangestellter pflichtwidrig einen Kredit an ein krisengeschütteltes Unternehmen vergibt im Vertrauen darauf, dass die gesamte Kreditsumme zurückgezahlt wird.[42]

c) Wertqualifikationen

23 Die Wertqualifikationen des § 153 Abs 2 sind als **Deliktsqualifikationen** zu verstehen, was zur Folge hat, dass die jeweils strafbestimmenden Beträge vom **Vorsatz des Täters** umfasst sein müssen.[43]

III. Privilegierung und Strafaufhebungsgründe

24 Im Falle der Begehung der Untreue **im Familienkreis** kommt die Privilegierung gem § 166 zur Anwendung. Die Strafsätze werden entsprechend gesenkt und die Anklageberechtigung geht auf den Geschädigten über (vgl dazu Vorbem §§ 125–168b Rz 21 ff).

25 § 153 ist in § 167 ausdrücklich als **reuefähiges Delikt** angeführt. Bei Erfüllung aller Voraussetzungen des § 167 (freiwillige und rechtzeitige Schadensgutmachung) wird daher die Strafbarkeit wegen Untreue gem § 153 aufgehoben (siehe hierzu bei den Vorbem zu §§ 125–168b Rz 19 f).

IV. Beteiligung

1. Erfordernisse in objektiver Hinsicht

26 § 153 ist ein **unrechtsgeprägtes Sonderdelikt** iSd § 14 Abs 1 (vgl Rz 6).[44] Daraus folgt, dass nur Befugnisträger, sog Intranei, unmittelbare Täter der Untreue sein können. Extranei, also solche, die keine Befugnis zur Verfügung über Fremdvermögen besitzen, können folglich nur als Bestimmungs- oder Beitragstäter iSd § 12 2. oder 3. Fall strafbar sein.

---

41 *Pfeifer* in SbgK § 153 Rz 41; OGH 12 Os 50/90 = RIS-Justiz RS0094857.

42 *F/R-K* BT I³ 172.

43 *Kienapfel/Höpfel* AT¹³ Z 9 Rz 13; *Pfeifer* in SbgK § 153 Rz 42.

44 Vgl *Kirchbacher/Presslauer* in WK² § 153 Rz 2; *Pfeifer* in SbgK § 153 Rz 3, 8 ff; *Fabrizy* StGB¹⁰ § 153 Rz 2; *L/St* StGB³ § 153 Rz 4; *B/S* BT I¹¹ § 153 Rz 17.

27 Unstreitig ist, dass für eine Beteiligung an § 153 ein Befugnismissbrauch des Intraneus vorliegen muss. Aus der Einordnung der Untreue als **Sonderpflichtdelikt** iSd § 14 Abs 1 Satz 2 zweiter Fall folgt, dass der extrane Beteiligte nur dann bestraft werden kann, wenn der unmittelbare Täter „sonst in bestimmter Weise“ an der Tat mitwirkt. Dies bedeutet, dass eine Bestrafung des Extraneus nur dann möglich ist, wenn der Intraneus das volle subjektive Unrecht des § 153 verwirklicht,[45] er also seine **Befugnis wissentlich missbraucht**. Demzufolge erfordert die Strafbarkeit extraner Beteiligter in objektiver Hinsicht den **wissentlichen Befugnismissbrauch durch den Machthaber**.[46] Andere Meinungen, wonach in objektiver Hinsicht schon das Vorliegen eines objektiven[47] bzw bedingt vorsätzlichen[48] Befugnismissbrauches genügen soll, tragen der strafbarkeitseinschränkenden Diktion des § 14 Abs 1 Satz 2 zweiter Fall nicht hinreichend Rechnung.

2. Erfordernisse in subjektiver Hinsicht

28 Der Beteiligte (§ 12) muss **Vorsatz** zumindest im Stärkegrad des dolus eventualis (§ 5 Abs 1 zweiter HS) auf **die Tatsubjektsqualität des Machthabers** als unmittelbarem Täter sowie auf **Vermögensschädigung** des Machtgebers aufweisen.

29 Umstritten sind die Anforderungen an den **Vorsatz** des Beteiligten im Hinblick auf den **Befugnismissbrauch des Machthabers**. Neben der vollständigen Verwirklichung des subjektiven Tatbestands durch den Machthaber selbst muss auch beim **extranen Beteiligten** der **deliktsspezifische Vorsatz** gegeben sein.[49] Aus § 5 Abs 3 iVm § 12 ergibt sich, dass jeder Täter iSv § 12, der ein Delikt verwirklichen will, für welches das Gesetz ausdrücklich Wissentlichkeit erfordert, nur dann bestraft werden kann, wenn er bezüglich dieses Umstands oder Erfolgs wissentlich handelt. Folglich müssen auch **Tatbeteiligte** zur Deliktsverwirklichung den **deliktsspezifischen Vorsatz**, im Falle von Untreue gem § 153 Wissentlichkeit hinsichtlich des Befugnismissbrauches aufweisen.[50] Allerdings werden an die innere Tatseite des Beteiligten je nach Verständnis des Begriffes „Missbrauch“ unterschiedliche Anforderungen gestellt.

---

45 Vgl JBl 2003, 330 mit Anm *Sautner.*

46 Vgl JBl 2003, 330 mit Anm *Sautner;* ebenso *F/R-K* BT I^3 172 f.

47 Siehe zu dieser Auffassung *K/Schm* BT II § 153 Rz 121; ihre Meinung, wonach bereits das Vorliegen eines „objektiven Missbrauchs“ ausreiche, untermauern *Kienapfel/Schmoller* mit dem Argument, dass auch bei § 153 kein Anlass zur Abkehr vom allgemeinen Prinzip, dass eine Beteiligung auch bei unvorsätzlichem Handeln des unmittelbaren Täters möglich ist, bestehe. Zu den unterschiedlichen Positionen siehe auch *Rebisant* Rz 284 ff.

48 IdS *Fabrizy* in WK^2 § 14 Rz 15, wonach Missbrauch schon rein sprachlich als vorsätzlicher Fehlgebrauch zu verstehen sei.

49 Vgl OGH 13 Os 29/08a = RIS-Justiz RS0090558.

50 Anders *Lewisch* BT I^2 255.

a) „Missbrauch“ als objektiv pflichtwidriger Gebrauch

30 Versteht man „Missbrauch“ als **objektiv pflichtwidrigen Gebrauch** iSv rechtlicher Unvertretbarkeit, ergeben sich bezüglich der Beteiligung keine Besonderheiten. Tatbeteiligte iSv § 12 müssen einen deliktsspezifischen Vorsatz aufweisen, im Falle der Untreue gem § 153 hinsichtlich des (objektiven) Befugnismissbrauchs durch den Machthaber wissentlich iSv § 5 Abs 3 handeln. Sie müssen es also für gewiss halten, dass die betreffende Befugnisausübung durch den Machthaber objektiv pflichtwidrig, mithin rechtlich unvertretbar ist.[51]

b) „Missbrauch“ als vorsätzlicher Fehlgebrauch

31 Vom OGH[52] wird Missbrauch bei § 153 nicht als objektiv pflichtwidriger Gebrauch, sondern als zumindest bedingt **vorsätzlicher Fehlgebrauch** der Befugnisausübung durch den Machthaber verstanden.[53] Eine Beteiligung an der Untreue des Machthabers ist bei Zugrundelegung dieser Definition nur dann möglich, wenn der Beteiligte iSv § 12 einen (zumindest bedingt) vorsätzlichen Fehlgebrauch der Befugnis durch den Machthaber für gewiss hält („Wissen hinsichtlich Eventualvorsatzes“).[54] Die Vertreter dieser Auffassung stützen sich dabei auf § 14 Abs 1 Satz 2 zweiter Fall, wonach der Intraneus „sonst in bestimmter Weise“ an der Tat mitwirken muss, damit eine Strafbarkeit der extranen Beteiligten begründet wird (vgl Rz 27).

c) „Missbrauch“ als wissentlicher Fehlgebrauch

32 Versteht man dagegen Missbrauch als **wissentlichen Fehlgebrauch** der Befugnis durch den Machthaber, hat dies zur Folge, dass ein Beteiligter iSv § 12 nur dann gem § 153 bestraft werden kann, wenn er es für gewiss hält, dass der Machthaber seine Befugnis wissentlich fehlgebraucht[55] (sog „doppelte Wissentlichkeit“).

d) Stellungnahme

33 Eine Beteiligung an der Untreue eines Machthabers ist nur dann möglich, wenn dieser seine **Befugnis missbraucht** (objektive Komponente) und der **Beteiligte wissentlich hinsichtlich des objektiv pflichtwidrigen Befugnisgebrauchs** des Machthabers handelt (subjektive Komponente). Nicht gefordert werden kann hingegen, dass der Beteiligte den vorsätzlichen oder gar wissentlichen Befugnismissbrauch durch den unmittelbaren Täter für gewiss hält. Denn

---

51 IdS auch *K/Schm* BT II § 153 Rz 118.

52 Vgl OGH 12 Os 94/06z = RIS-Justiz RS0116032.

53 Vgl JBl 2003, 330 mit Anm *Sautner.*

54 IdS *Kirchbacher/Presslauer* in WK² § 153 Rz 44; OGH 14 Os 96/05g = RIS-Justiz RS0090382; 13 Os 29/08a = RIS-Justiz RS0090558.

55 Diesbezüglich abl *Kirchbacher/Presslauer* in WK² § 153 Rz 44.

die Unrechtsakzessorietät des § 14 Abs 1 Satz 2 zweiter Fall geht nicht so weit, dass der Vorsatz des Extraneus auch die innere Tatseite des Intraneus erfassen muss. Vielmehr normiert § 14 Abs 1 Satz 2 zweiter Fall eine **objektive Unrechtsakzessorietät**, die zwar die volle Verwirklichung des subjektiven Unrechts durch den Intraneus, mithin den wissentlichen Befugnismissbrauch durch den Machthaber, erfordert, nicht aber auf den Vorsatz des Extraneus durchschlägt.[56]

V. Abgrenzung und Konkurrenzen

Während die rein **faktische Zueignung** von anvertrauten Gütern[57] **Veruntreuung** (§ 133) begründet, begeht Untreue (§ 153), wer die ihm eingeräumte Befugnis, über fremdes Vermögen zu verfügen, missbraucht. Da nunmehr vermehrt auch unkörperliche Sachen als Güter iSd § 133 angesehen werden (vgl § 133 Rz 4), ist der Begriff des Gutes kein geeignetes Abgrenzungskriterium zwischen Veruntreuung und Untreue.[58] Für die Abgrenzung ist daher entscheidend, dass die infrage kommenden Handlungen exakt ermittelt und festgestellt werden.[59] Somit liegt bei einer **Schädigung durch Rechtshandlungen** Untreue vor, bei **Schädigung durch tatsächliche Handlungen** begeht der Täter jedoch Veruntreuung.[60] Ein Abstellen auf die gesamte Geschäftsführung, bei der nicht zwischen missbräuchlichen Rechtshandlungen und rein faktischen, nur anlässlich der Verfügungsbefugnis gesetzten Handlungen differenziert wird, ist, insoweit entgegen der Rspr,[61] nicht möglich.[62] 34

Die Abgrenzung von **Betrug** (§ 146) **und Untreue** (§ 153) erfolgt danach, dass bei der Untreue der Machtgeber durch einen Befugnismissbrauch des Machthabers geschädigt wird, beim Betrug der Schaden jedoch dadurch eintritt, dass das Opfer oder ein Dritter irrtumsbedingt eine nachteilige Vermögensverfügung vornimmt.[63] Betrug liegt daher vor, wenn der Täter eine tatsächlich nicht vorhandene Vertretungsmacht bloß vortäuscht,[64] eine Vollmacht herauslockt oder eine Dispositionsbefugnis erschleicht und aus Tätersicht damit schon ein Handlungselement gewollter Vermögensverschiebung gesetzt wird.[65] Will der Täter dagegen die herausgelockte Verfügungsbefugnis erst in späterer Zukunft gebrauchen, liegt nicht Betrug (§ 146), sondern eine straflose Vorbereitungshandlung 35

56 Vgl JBl 2003, 330 mit Anm *Sautner.*
57 *Bertel* in WK² § 133 Rz 48; *Kirchbacher/Presslauer* in WK² § 153 Rz 48.
58 *Pfeifer* in SbgK § 153 Rz 62.
59 *Pfeifer* in SbgK § 153 Rz 49.
60 *F/R-K* BT I³ 171 f.
61 Vgl diesbezüglich OGH 13 Os 121/96 = RIS-Justiz RS0105874.
62 *B/S* BT I¹¹ § 153 Rz 8.
63 *Pfeifer* in SbgK § 153 Rz 64; *Kirchbacher/Presslauer* in WK² § 153 Rz 50; *L/St* StGB³ § 153 Rz 55.
64 Vgl dazu OGH 12 Os 19/01 = RIS-Justiz RS0094480.
65 *Kirchbacher/Presslauer* in WK² § 153 Rz 50 f.

zur Untreue (§ 153) vor.[66] Die Rspr geht jedoch bereits von Betrug (§ 146) aus, wenn jemand einen Kreditkartenvertrag abschließt mit dem Vorsatz, das Kreditkarteninstitut durch spätere Kreditkartenverwendung trotz mangelnder Kontodeckung zu schädigen.[67] Diese Ansicht ist allerdings mit dem Argument, dass zu diesem Zeitpunkt eine bloße Vermögensgefährdung und noch kein Vermögensschaden vorliegt, abzulehnen.[68]

36 **Geschenkannahme durch Machthaber** (§ 153a) ist ein Auffangdelikt, das dann zur Anwendung gelangt, wenn die Voraussetzungen des § 153 nicht vorliegen,[69] weil kein Vermögensnachteil beim Vertretenen entstanden ist.[70] So ist § 153a und nicht § 153 beispielsweise anwendbar, wenn ein Machthaber Provisionen von einem Geschäftspartner erhält, ohne dass dies einen Vermögensnachteil in Form eines versteckten Preisnachlasses für den Machtgeber zur Folge hat.[71] Nur wenn erwiesen ist, dass es sich bei der gewährten Provision in Wahrheit um einen Preisnachlass handelt, kann der Machthaber wegen Untreue (§ 153) bestraft werden,[72] wenn zB ein Bauunternehmer dem Prokuristen des Auftraggebers den Bau einer Fabrikhalle für 2 Mio Euro anbietet, in der Folge aber ein Vertrag um 2,1 Mio Euro abgeschlossen wird, weil der Prokurist eine Abschlussprovision in Höhe von 5 % kassiert.[73]

37 **Untreue** (§ 153) kann – entgegen den Materialien[74] – sowohl mit aktiver als auch mit passiver **Privatbestechung** (§ 309)[75] eintätig oder mehrtätig iS von echter Konkurrenz zusammentreffen.[76] Eine Subsumtion nur unter § 153 kann dem Unrechtsgehalt der Handlung nicht gerecht werden, weil die Privatbestechung neben dem Vermögen auch die Lauterkeit des Wettbewerbs schützt.[77] Gegen diese Position ist freilich kritisch einzuwenden, dass die „Lauterkeit des Wettbewerbs" ein sehr abstraktes Rechtsgut ist, das gleichsam bei jedem anderen Delikt zu einer echten Konkurrenz führt.

38 **Amtsmissbrauch** (§ 302) begeht, wer als Beamter (§ 74 Abs 1 Z 4) in Vollziehung der Gesetze seine Befugnis im Bereich der Hoheitsverwaltung oder der Gerichtsbarkeit missbraucht. **Untreue** (§ 153) hingegen liegt dann vor, wenn

66 *Kirchbacher/Presslauer* in WK^2 § 153 Rz 53.

67 Vgl 14 Os 69/07i = JBl 2008, 539; abl *Kienapfel* (Urteilsanm), weil zu diesem Zeitpunkt noch keine Vermögensverfügung und somit auch kein Vermögensschaden vorliege.

68 Vgl hierzu mit weiteren Argumenten *Kienapfel,* JBl 2008, 540 f.

69 *L/St* StGB^3 § 153 Rz 58.

70 *Pfeifer* in SbgK § 153 Rz 69.

71 *Kirchbacher/Presslauer* in WK^2 § 153 Rz 33.

72 *Kirchbacher/Presslauer* in WK^2 § 153 Rz 31; *L/St* StGB^3 § 153 Rz 25 f; OGH 13 Os 110/97 = RIS-Justiz RS0094817; 14 Os 2/05h = RIS-Justiz RS0095562.

73 *F/R-K* BT I^3 173.

74 Vgl EBRV 285 BlgNR XXIII. GP 10.

75 IdF KorrStÄG 2012, BGBl I 61/2012.

76 *Kirchbacher/Presslauer* in WK^2 § 153 Rz 47; *Kirchbacher/Presslauer* in WK^2 § 168c Rz 41; *Kirchbacher/Presslauer* in WK^2 § 168d Rz 6; *Plöckinger,* ÖJZ 2009, 211.

77 *Kirchbacher/Presslauer* in WK^2 § 168c Rz 6; insofern allerdings einschränkend *Brandstetter/Rauch,* in: Jahrbuch Strafrecht Besonderer Teil 09, 18.

ein Machthaber die ihm durch Gesetz, behördlichen Auftrag oder Rechtsgeschäft eingeräumte Befugnis, über fremdes Vermögen zu verfügen oder einen anderen zu verpflichten, missbraucht.[78] Der **Unterschied** dieser beiden Delikte liegt somit nicht in der Tathandlung (diese ist bei beiden der Missbrauch), sondern in der **Art der Befugnis**. Ein Beamter kann daher je nach Befugnisausübung Amtsmissbrauch (§ 302) oder Untreue (§ 153) begehen. Missbraucht er seine Befugnis im Rahmen der Hoheitsverwaltung, ist allein § 302 anwendbar. Besorgt er allerdings im konkreten Fall Angelegenheiten der Privatwirtschaftsverwaltung,[79] kommt § 153 iVm § 313 zum Zug.[80] Erhält zB ein Bürgermeister für den Abschluss eines Vertrages iHv 2 Mio Euro zum Bau des neuen Gemeindeamtes vom ausgewählten Baumeister 100.000 Euro Provision, obwohl andere Anbieter das gleiche Gemeindeamt billiger gebaut hätten,[81] verwirklicht er Untreue gem § 153 (in Verbindung mit § 313) und nicht Amtsmissbrauch (§ 302).

VI. Prozessuales

§ 153 Abs 1 fällt in die sachliche Zuständigkeit des **Bezirksgerichts** (§ 30 Abs 1 StPO). Übersteigt der Schaden 3.000 Euro (**§ 153 Abs 2 erster Fall**), ist die Kompetenz des **Einzelrichters am LG** gegeben (§ 31 Abs 4 Z 1 StPO), übersteigt er jedoch 50.000 Euro (**§ 153 Abs 2 zweiter Fall**), besteht gem § 31 Abs 3 Z 1 StPO **schöffengerichtliche Zuständigkeit**. Eine diversionelle Verfahrenserledigung (§§ 198 ff StPO) ist daher nur bei § 153 Abs 1 sowie § 153 Abs 2 erster Fall möglich. 39

Im Falle der Begehung der Untreue im **Familienkreis** wird § 153 gem § 166 Abs 3 zum Privatanklagedelikt iS von § 71 StPO. 40

Ad Beispielsfall: Ein Prokurist hat nach außen die Befugnis, sein Unternehmen unmittelbar zu berechtigen oder zu verpflichten und über dessen Vermögen zu verfügen. Er ist daher Machthaber der Bank und somit tauglicher unmittelbarer Täter der Untreue gem § 153. P vergibt entgegen internen Vorgaben ein Darlehen an ein kreditunwürdiges Unternehmen. Dies stellt einen Missbrauch seiner Befugnis dar, da er im Rahmen seines externen Könnens gegen internes Dürfen verstößt. Laut Sachverhalt wird das Unternehmen insolvent, und der Bank entsteht dadurch ein Vermögensschaden iHv 70.000 Euro. In subjektiver Hinsicht ist erforderlich, dass der Machthaber P wissentlich hinsichtlich des Befugnismissbrauchs sowie zumindest bedingt vorsätzlich hinsichtlich des Vermögensschadens gehandelt hat. Zu beachten ist weiters, dass der Schaden mehr als 50.000 Euro beträgt und daher die

78 *Pfeifer* in SbgK § 153 Rz 8.
79 OGH 14 Os 107/99 = RIS-Justiz RS0113813.
80 *L/St* StGB[3] § 153 Rz 59; *Pfeifer* in SbgK § 153 Rz 67; *Kirchbacher/Presslauer* in WK[2] § 153 Rz 55 ff.
81 *F/R-K* BT I[3] 176.

Qualifikation des § 153 Abs 2 vorliegt. Da es sich hierbei um eine Deliktsqualifikation handelt, muss P auch hinsichtlich eines 50.000 Euro übersteigenden Schadens zumindest bedingt vorsätzlich gehandelt haben. Nach dem Sachverhalt wird man den Vorsatz des P für sämtliche objektiven Tatbestandsmerkmale bejahen können.

Zentrale Probleme zur Wiederholung: *Feststellung der Grenzen der Befugnis; Beteiligung am Sonderdelikt; Abgrenzung zur Veruntreuung.*

Weiterführende Literatur: *Barnert*, Untreue als Vermögensgefährdungsdelikt? Befugnismissbrauch – Schadensbegriff – Schädigungsvorsatz, AnwBl 2012, 141; *Brandstetter/Rauch,* Korruptionsbekämpfung im privaten Bereich, in *Mitgutsch/ Wessely* (Hg), Jahrbuch Strafrecht Besonderer Teil 09, 11 ff; *Fuchs*, Korruptionsstrafrecht: Strafbarkeit als Vorfrage auf die gerichtliche „Strafbedrohtheit“ im Abgabenrecht wirft schwierige Rechtsfragen auf, SWK 2012, 502; *Hörlsberger/Schrökenfuchs,* Können strafrechtliche Konsequenzen „zu hoher“ Prämien an den Vorstand vermieden werden? ecolex 2004, 373; *Kainz*, Die strafrechtlichen Gefahren der Anlageberatung – Betrug oder Untreue? RdW 2011, 462; *Lukas*, Schnittstellen zwischen Straf- und Zivilrecht. Plädoyer für eine verstärkte interdisziplinäre Forschung, Aus- und Weiterbildung, AnwBl 2010, 259; *Löschnigg/Schick*, Vermittlungsprovisionen für Betriebsratskredite und Versicherungsverträge, RdA 2005, 229; *Nowotny,* Zur Spendenverantwortung des Vorstandes, RdW 2002, 258; *Plöckinger,* Bestechungs-, Provisions- und Schmiergeldzahlungen im geschäftlichen Bereich, ÖJZ 2009, 207; *ders*, Untreue und falsus procurator, JSt 2012, 88; *H. Steininger,* Typische Erscheinungsformen der Wirtschaftskriminalität und ihre Bekämpfung, ÖJZ 1982, 589.

E. Geschenkannahme durch Machthaber (§ 153a)

I. Überblick

Die hM versteht § 153a als **zweiaktiges delictum sui generis**, welches sich aus einer **schlichten Tätigkeit** (Annehmen des Vermögensvorteils) und einem **Unterlassen** (pflichtwidriges Nichtabführen desselben) zusammensetzt.[1] Strafbar ist demnach ein **Machthaber**, der in Ausübung seiner Vollmacht einen nicht nur geringfügigen Vermögensvorteil annimmt und diesen pflichtwidrig nicht an seinen Machtgeber abführt. **1**

Bei § 153a handelt es sich um ein **Bestechungsdelikt**, das dazu dienen soll, Straflücken zu schließen, die dadurch entstehen, dass ein bestimmter Sachverhalt nicht unter § 153 subsumierbar ist. So sollen damit zB Fälle aufgefangen werden, in denen der Machtgeber durch den Befugnismissbrauch des Machthabers nicht am Vermögen geschädigt wird oder diesem kein Schädigungsvorsatz nachgewiesen werden kann bzw die Vorteilszuwendung von dritter Seite erfolgt.[2] **2**

Anders als die Untreue gem § 153 ist das **geschützte Rechtsgut** bei § 153a nicht das Vermögen des Machtgebers an sich, sondern die **vermögensbezogene Treuepflicht des Machthabers gegenüber dem Machtgeber**.[3] Aus diesem Grund gibt es bei § 153a keine Wertqualifikationen.[4] **3**

Das Delikt ist mit der Annahme des Vermögensvorteils als erster Ausführungshandlung versucht und **mit dem Nichtabführen vollendet**.[5] Ebenso ist es als Versuch zu qualifizieren, wenn ein Machthaber für Vertretungshandlungen einen persönlichen Vermögensvorteil (direkt oder indirekt) fordert, obwohl eine Abfuhrverpflichtung besteht.[6] **4**

Die **praktische Bedeutung** der Geschenkannahme durch Machthaber (§ 153a) ist **gering**. So gab es nach der gerichtlichen Kriminalstatistik im Jahr 2010 keine einzige Verurteilung wegen dieser strafbaren Handlung. Der Grund liegt wohl darin, dass die strafwürdigen Fälle im Regelfall als Untreue (§ 153) erfasst werden. **5**

Beispielsfall: Der Prokurist eines Unternehmens erhält nach Abschluss eines Vertrages von seinem Geschäftspartner Reisegutscheine im Wert von 2.000 Euro als Dankeschön für das erfolgreiche Geschäft. Er finanziert damit einen Teil seiner Asien-Rundreise, obwohl er laut seinem Dienstvertrag verpflichtet ist, sämtliche Vorteile an seinen Arbeitgeber abzuführen.

II. Tatbestand

Den Tatbestand der Geschenkannahme durch Machthaber (§ 153a) erfüllt, wer

- als Machthaber
- für die Ausübung seiner Befugnis
- vorsätzlich

1 Vgl *Pfeifer* in SbgK § 153a Rz 3; *L/St* StGB[3] § 153a Rz 18; *Kirchbacher/Presslauer* in WK[2] § 153a Rz 11; aM *Kienapfel,* RZ 1988, 74, mit dem Argument, dass das Annehmen des Vorteils keinen unrechtsgeprägten Handlungsteil darstellt, sondern nur logische Voraussetzung für das anschließende Nichtabführen desselben ist; siehe auch *K/Schm* BT II §§ 153a–153b, die in § 153a ein echtes Unterlassungsdelikt sehen („pflichtwidrig nicht abführt").

2 *Kirchbacher/Presslauer* in WK[2] § 153a Rz 19.

3 *Pfeifer* in SbgK § 153a Rz 3.

4 Vgl JAB StRÄG 1987, 19.

5 *Kirchbacher/Presslauer* in WK[2] § 153a Rz 15; *Pfeifer* in SbgK § 153a Rz 23 ff; *L/St* StGB[3] § 153a Rz 18; *B/S* BT I[11] § 153a Rz 3.

6 *Kirchbacher/Presslauer* in WK[2] § 153a Rz 16.

– einen nicht bloß geringfügigen Vermögensvorteil annimmt und pflichtwidrig nicht abführt.

1. Tatsubjekt

6 § 153a StGB ist ein **unrechtsgeprägtes Sonderdelikt** iSd § 14 Abs 1 erster Satz.[7] Dies bedeutet, dass nur ein **Machthaber unmittelbarer Täter** der Geschenkannahme sein kann. „Machthaber" ist iSd § 153 zu verstehen. Unmittelbarer Täter der Geschenkannahme kann daher nur sein, wem durch Gesetz, behördlichen Auftrag oder Rechtsgeschäft die Befugnis eingeräumt wurde, über fremdes Vermögen zu verfügen oder einen anderen zu verpflichten.[8] Aus dieser Gruppe müssen allerdings noch alle Amtsträger iSd § 74 Abs 1 Z 4a ausgeschieden werden, da für diese ausschließlich die speziellen Bestimmungen der §§ 304 ff gelten.[9]

2. Tathandlung

7 Tathandlung der Geschenkannahme gem § 153a StGB ist das **Annehmen eines** nicht unter der Bagatellgrenze liegenden **Vermögensvorteils** und das daran anschließende **pflichtwidrige Nichtabführen** desselben[10] (vgl hierzu insb § 1009 ABGB, § 13 Angestelltengesetz).

a) Innere Konnexität

8 Der Gesetzeswortlaut spricht davon, dass der Vermögensvorteil „für die Ausübung" der Verfügungsbefugnis gewährt wird. Daraus folgt, dass **zwischen der Vorteilsgewährung und der Ausübung der Vollmacht** ein **innerer Zusammenhang** bestehen muss.[11] Nicht in den Einzugsbereich des § 153a fallen daher Zuwendungen, die dem Machthaber nicht aufgrund des Zusammenhanges mit einer konkreten Geschäftsführung gewährt werden, sondern lediglich, um sein **allgemeines Wohlwollen** zu sichern oder zu erlangen.[12] Das klassische „Sich-Anfüttern-Lassen", ohne Bezug zu einem konkreten Geschäft, ist somit keine taugliche Tathandlung.

9 Ob von der Vollmacht **pflichtwidrig oder pflichtgemäß** Gebrauch gemacht wird, ist im Anwendungsbereich des § 153a nicht relevant. Es reicht aus, dass der Machthaber einen Vermögensvorteil annimmt und nicht abführt, den er für die Ausübung seiner Vollmacht erhält.[13]

b) (nicht bloß geringfügiger) Vermögensvorteil

10 Vermögensvorteil iSd § 153a ist jeder Vorteil, der **in Geld bewertet** werden kann. Infrage kommen Geld- und Sachzuwendungen (zB in Form von Provisionen[14]), unentgeltliche Einladungen, Gebrauchsüberlassungen und Dienstleistungen, aber auch der Verzicht auf bestehende Forderungen.[15]

11 Bei der Bestimmung der Höhe des Vermögensvorteils ist aufgrund ausdrücklicher gesetzlicher Anordnung die tatbestandliche **Geringfügigkeitsgrenze** zu beachten. In Übereinstimmung mit der Rspr zu den §§ 141, 150[16] wird diese bei einem Sachwert von **100 Euro** gezo-

---

7 *Pfeifer* in SbgK § 153a Rz 8; *Kirchbacher/Presslauer* in WK² § 153a Rz 2; *B/S* BT I¹¹ § 153a Rz 1; *Lewisch* BT I² 256.

8 *Pfeifer* in SbgK § 153 Rz 8.

9 *Kirchbacher/Presslauer* in WK² § 153a Rz 2.

10 *Kirchbacher/Presslauer* in WK² § 153a Rz 5.

11 *Kirchbacher/Presslauer* in WK² § 153a Rz 6.

12 *Kirchbacher/Presslauer* in WK² § 153a Rz 6.

13 *Kirchbacher/Presslauer* in WK² § 153a Rz 6.

14 OGH 6 Ob 110/07f = RIS-Justiz RS0123047; 7 Ob 1589/92 = RIS-Justiz RS0019482.

15 *Kirchbacher/Presslauer* in WK² § 153a Rz 8; *Pfeifer* in SbgK § 153a Rz 11; *Lewisch* BT I² 257; *B/S* BT I¹¹ § 153a Rz 2.

16 Vgl ua OGH 11 Os 140/04 = EvBl 2005/641.

gen.[17] Vorteile unter dieser Bagatellschwelle fallen nicht in den Anwendungsbereich des § 153a. Die Bestimmung des § 29 über die Zusammenrechnung bei mehreren Fakten ist im Hinblick auf das Überschreiten der Geringfügigkeitsgrenze unmaßgeblich. Allerdings kann eine Zusammenrechnung mehrfacher Zuwendungen dann erfolgen, wenn zwischen den einzelnen Zuwendungen eine Handlungseinheit iwS besteht[18] und zB Handlungen in zeitlich kurzer Abfolge mehrfach wiederholt werden und eine einheitliche Motivationslage vorliegt.[19]

c) Nichtabführung

Der eigentliche Unrechtsgehalt des § 153a liegt im pflichtwidrigen Nichtabführen des erhaltenen Vermögensvorteils.[20] Insofern normiert diese Strafbestimmung die **Konsequenzen**, die sich **aus der Verletzung** gesetzlicher (§ 1009 ABGB) oder vertraglicher **Abfuhrverpflichtungen** ergeben. Besteht im Verhältnis zwischen Machthaber und Machtgeber keine Abfuhrverpflichtung, kann sich der Machthaber nicht gem § 153a strafbar machen.[21] 12

4. Subjektiver Tatbestand

Der **Vorsatz** des Täters muss sich aufgrund der Ausgestaltung des § 153a als zweiaktiges Delikt sowohl auf die **Annahme** als auch auf die **pflichtwidrige Nichtabfuhr** des Vermögensvorteils beziehen. Da bei einem zweiaktigen Delikt der Gesamtvorsatz schon im Zeitpunkt der ersten Tathandlung vorliegen muss, ist es in subjektiver Hinsicht nötig, dass beim Machthaber schon **im Zeitpunkt der Annahme des Vorteils** der Vorsatz auf dessen Nichtabfuhr vorliegt.[22] Vom Stärkegrad reicht das Vorhandensein von dolus eventualis (§ 5 Abs 1 zweiter Halbsatz) hinsichtlich aller Tatbildmerkmale.[23] 13

III. Beteiligung

Strittig ist die Frage, ob der **Vorteilsgeber wegen Beteiligung an der Geschenkannahme** (§§ 12, 153a) bestraft werden kann. Gegen eine Strafbarkeit des Vorteilsgebers als Bestimmungs- oder Beitragstäter spricht die Tatsache, dass zu § 153a keine den §§ 307 und 309[24] vergleichbare Bestimmung vorhanden ist, welche die aktive Bestechung eines Machthabers (auch für die pflichtgemäße Vornahme einer Vertretungshandlung) pönalisiert. Daraus wird von einem Teil der Lehre geschlossen, dass der Vorteilsgeber nicht als Beteiligter wegen § 153a zu bestrafen ist.[25] 14

Aus der Nichtexistenz einer den §§ 307 und 309 vergleichbaren Regelung für die Vorteilsannahme lässt sich aber genauso gut ableiten, dass die generellen Beteiligungsbestimmungen des allgemeinen Teils des StGB gelten. Allerdings ergibt sich aus der Existenz des § 309 Abs 2, dass die **aktive Bestechung** nur dann strafwürdig erscheint, wenn der Bestechende dem Bediensteten oder Beauftragten einen Vorteil für die **pflichtwidrige** Vornahme einer 15

---

17 Siehe auch *Kirchbacher/Presslauer* in WK² § 153a Rz 9 und § 150 Rz 3.

18 *Kirchbacher/Presslauer* in WK² § 153a Rz 10; *Löschnigg/Schick*, RdA 2005, 229.

19 Vgl OGH 13 Os 1/07g = JBl 2008, 467 mit Anm *Schütz*; siehe auch OGH 12 Os 4/12y = RIS-Justiz RS0120233.

20 Siehe diesbezüglich *Kienapfel,* RZ 1988, 74.

21 *Kirchbacher/Presslauer* in WK² § 153a Rz 12 f.

22 *Kirchbacher/Presslauer* in WK² § 153a Rz 14; *Pfeifer* in SbgK § 153 Rz 17; für *K/Schm* BT II §§ 153a–153b, die in § 153a ein echtes Unterlassungsdelikt sehen, ergeben sich bezüglich des Zeitpunktes des Vorsatzes keine Besonderheiten.

23 *L/St* StGB³ § 153a Rz 17.

24 IdF KorrStrÄG 2012, BGBl I 61/2012.

25 Siehe insb *Lewisch* BT I² 257 f; *B/S* BT I¹¹ § 153a Rz 5; aA *Kirchbacher/Presslauer* in WK² § 153a Rz 17; *Kienapfel,* BT II³ Rz 48–50.

Rechtshandlung gewährt. Wird der Vorteil jedoch für die pflichtgemäße Vornahme einer Rechtshandlung gewährt, bleibt der Vorteilsgeber straflos. Freilich ist ein Bediensteter/Beauftragter weniger als ein Machthaber, woraus durchaus ein Anwendungsbereich für eine strafbare Beteiligung an § 153a angenommen werden kann.

IV. Tätige Reue

16 Aufgrund der Aufnahme in den Deliktskatalog des § 167 kann die Strafbarkeit gem § 153a durch tätige Reue aufgehoben werden, wenn der Schaden rechtzeitig und freiwillig gutgemacht wird. Bei § 153a wird dafür regelmäßig das nachträgliche Abführen des erhaltenen Geschenks erforderlich sein.

V. Abgrenzung und Konkurrenzen

17 Gegenüber der **Untreue** (§ 153) ist § 153a ein Auffangdelikt,[26] welches dann zur Anwendung gelangt, wenn die Voraussetzungen der Untreue nicht vorliegen,[27] weil kein Vermögensnachteil[28] beim Vertretenen entstanden ist[29] oder der Täter nicht mit Schädigungsvorsatz handelt.[30] Auch im Anwendungsbereich der **Bestechungsdelikte** (§§ 304 ff) bleibt kein Platz für § 153a, weil die §§ 304 ff spezieller sind.

VI. Prozessuales

18 § 153a fällt in die sachliche Zuständigkeit des **Bezirksgerichts** (§ 30 Abs 1 StPO). Eine **diversionelle Verfahrenserledigung** (§§ 198 ff StPO) ist daher möglich.

19 Im Falle der Begehung der Geschenkannahme durch Machthaber **im Familienkreis** (§ 166) wird § 153a gem § 166 Abs 3 zum **Privatanklagedelikt** iSv § 71 StPO.

Ad Beispielsfall: Der Prokurist ist Machthaber des Unternehmens und somit taugliches Tatsubjekt der Geschenkannahme gem § 153a. Die Tathandlung besteht in casu im Annehmen und anschließenden – aufgrund des Dienstvertrags – pflichtwidrigen Nichtabführen der Reisegutscheine im Wert von 2.000 Euro. Diese stellen unzweifelhaft einen geldwerten Vorteil dar, und auch der erforderliche konkrete Geschäftsbezug kann nach dem Sachverhalt bejaht werden. In subjektiver Hinsicht reicht aus, dass der Prokurist bezüglich aller objektiven Tatbestandsmerkmale mit dolus eventualis handelt.

Zentrale Probleme zur Wiederholung: *Beteiligung des Geschenkgebers; Abgrenzung.*

Weiterführende Literatur: *Kienapfel,* Der bestechliche Machthaber (§§ 153, 153a StGB), RZ 1988, 74; *Löschnigg/Schick,* Vermittlungsprovisionen für Betriebsratskredite und Versicherungsverträge – arbeits- und strafrechtliche Problemlagen, RdA 2005, 229.

26 OGH 15 Os 113/96 = RIS-Justiz RS0094680.
27 *L/St* StGB³ § 153 Rz 58.
28 OGH 15 Os 9/88 = JBl 1989, 122.
29 *Pfeifer* in SbgK § 153 Rz 69.
30 *Kirchbacher/Presslauer* in WK² § 153a Rz 19.

F. Förderungsmissbrauch (§ 153b)

I. Überblick

§ 153b pönalisiert die **Zweckentfremdung rechtmäßig erlangter Subventionen**, welche weder von § 146 noch von § 133 erfasst wird. Eine solche Zweckentfremdung liegt dann vor, wenn aus öffentlichen Haushalten gewährte Mittel zu anderen als den vorgesehenen Zwecken verwendet werden.[1] 1

§ 153b schützt die **finanziellen Interessen des Subventionsgebers**, der mit der Gewährung von Förderungen ein bestimmtes Verhalten des Subventionsempfängers anstrebt. Eine Strafbarkeit kommt daher nur dann in Betracht, wenn finanzielle Interessen des betroffenen öffentlichen Haushaltes beeinträchtigt sind.[2] § 153b verlangt allerdings keinen Vermögensschaden und auch sonst keinen bestimmten Erfolgseintritt.[3] 2

Die **praktische Bedeutung** des Förderungsmissbrauchs (§ 153b) ist **gering**. So gab es nach der gerichtlichen Kriminalstatistik im Jahr 2010 keine einzige Verurteilung wegen dieser strafbaren Handlung. 3

Beispielsfall: A erhält eine Förderung der Europäischen Union iHv 2.500 Euro für den Anbau von Raps. In der Folge verwendet er dieses Geld jedoch für den Ankauf eines neuen Traktors.

II. Tatbestand

Den Tatbestand des Förderungsmissbrauchs (§ 153b) verwirklicht, wer

- Zuwendungen aus öffentlichen Haushalten
- vorsätzlich
- missbräuchlich zu anderen Zwecken als zu jenen verwendet, zu denen sie gewährt wurden.

1. Tatobjekt

In den Anwendungsbereich des § 153b fallen Zuwendungen sowohl aus **nationalen öffentlichen Haushalten** als auch aus Haushalten der **Europäischen Union**.[4] Eine **Förderung** iSd § 153b liegt gem Abs 5 dann vor, wenn die gegenständliche Zuwendung zur Verfolgung öffentlicher Interessen gewährt und **keine äquivalente Gegenleistung** erbracht wird.[5] Förderungen aus Haushalten der Europäischen Union sind zB Mittel aus den Agrar- und Strukturfonds, der Entwicklungshilfe und der Forschungs- und Technologieförderung,[6] Förderungen aus nationalen Haushalten, die von den Bundesländern gewährten Geldmittel zur Beschaffung und Errichtung von Wärmepumpen oder Solaranlagen. 4

Nicht in den Anwendungsbereich des § 153b fallen gem Abs 5 leg cit **Zuwendungen mit Sozialleistungscharakter** (zB Sozialhilfe, Notstandsunterstützung und Familienbeihilfe) sowie Zuschüsse nach § 12 FinVerfG 1948. 5

---

1 *Kirchbacher/Presslauer* in WK² § 153b Rz 3; JAB 1359 BlgNR XX. GP 2; *Gangl,* Strafbarer Förderungsmissbrauch 71 ff.

2 *Garcia Marques/Kert,* ÖJZ 1999, 213.

3 *Kirchbacher/Presslauer* in WK² § 153b Rz 4; JAB 1359 BlgNR XX. GP 2; *Garcia Marques/Kert,* ÖJZ 1999, 217.

4 *Kirchbacher/Presslauer* in WK² § 153b Rz 11 ff.

5 *Kirchbacher/Presslauer* in WK² § 153b Rz 15; EBRV StRÄG 1998, 20.

6 Vgl EBRV 1230 BlgNR XX. GP 16.

6 § 153b Abs 3 und 4 enthalten **Wertqualifikationen** iHv 3.000 bzw 50.000 Euro, an deren Verwirklichung höhere Strafen geknüpft sind. Maßgeblich ist dabei die Höhe der gewährten (und in weiterer Folge zweckwidrig verwendeten) Förderung.

2. Tatsubjekt

7 § 153b ist ein **unrechtsgeprägtes Sonderdelikt** iSd § 14 Abs 1 Satz 1 iVm Satz 2 zweiter Fall. Unmittelbare Täter des Förderungsmissbrauchs gem § 153b können nur Intranei sein. Dies sind bei **Förderung einer natürlichen Person** der Empfänger selbst (§ 153b Abs 1) oder ein ohne dessen Einverständnis handelnder leitender Angestellter (Abs 1 iVm Abs 2).[7] Eine Beteiligung von Extranei ist im Rahmen der allgemeinen Regeln möglich.[8]

8 Eine **Förderung** kann auch **einer juristischen Person** oder einer Personengemeinschaft ohne Rechtspersönlichkeit gewährt werden. In solchen Fällen kommt gem § 153b Abs 2 nur ein leitender Angestellter als unmittelbarer Täter des Förderungsmissbrauchs in Betracht. Leitende Angestellte sind nach § 74 Abs 3 Angestellte, denen maßgeblicher Einfluss auf die Geschäftsführung ihres Unternehmens zukommt. Geschäftsführer, Mitglieder des Vorstandes oder Aufsichtsrates und Prokuristen ohne Angestelltenverhältnis sind diesen gleichgestellt.

3. Tathandlung

9 Eine taugliche Tathandlung iSv § 153b verwirklicht, wer eine **Förderung missbräuchlich** zu anderen Zwecken **verwendet** als zu jenen, zu denen sie gewährt wurde.[9] Nach den Materialien[10] ist unter missbräuchlicher Verwendung bloß ein **aktives Tun** zu verstehen. Missbräuchlich iSd § 153b bedeutet, dass der Täter die Zuwendung zu einem eindeutig außerhalb des Förderungszweckes gelegenen Zweck verwendet.[11] Wer die zugewendeten Fördermittel nicht dem angestrebten Zweck zuführt, diese aber auch nicht anderweitig verwendet, erfüllt hingegen den Tatbestand nicht,[12] weil der Wortlaut des § 153b ausdrücklich eine Verwendung „zu anderen Zwecken“ erfordert.

4. Vorsatz

10 In subjektiver Hinsicht ist zur Erfüllung des Tatbestandes des § 153b nötig, dass der Täter es ernstlich für möglich hält und sich damit abfindet, dass eine Förderung missbräuchlich zu anderen als den angestrebten Zwecken verwendet wird (**dolus eventualis** iSv § 5 Abs 1 zweiter Halbsatz). Ein Vorsatz auf unrechtmäßige Bereicherung ist zur Deliktserfüllung hingegen nicht erforderlich.[13]

11 Da es sich bei den **Wertqualifikationen** der Abs 3 und 4 um Deliktsqualifikationen handelt, muss sich der Vorsatz des Täters auf das Übersteigen der Wertgrenze beziehen.

III. Tätige Reue

12 Aufgrund der Aufnahme in den Deliktskatalog des § 167 kann die Strafbarkeit gem § 153b durch tätige Reue aufgehoben werden, wenn der Schaden rechtzeitig und freiwillig gutgemacht wird. Bei § 153b wird dafür regelmäßig die Rückzahlung der gewährten Förderung erforderlich sein.

---

7 *Kirchbacher/Presslauer* in WK² § 153b Rz 6 ff.
8 *Kirchbacher/Presslauer* in WK² § 153b Rz 10.
9 *Kirchbacher/Presslauer* in WK² § 153b Rz 19 ff.
10 Vgl EBRV 1230 BlgNR XX. GP 19; vgl auch *Gangl*, Förderungsmissbrauch 71.
11 *Garcia Marques/Kert*, ÖJZ 1999, 213.
12 Vgl EBRV 1230 BlgNR XX. GP 19.
13 *Kirchbacher/Presslauer* in WK² § 153b Rz 22.

IV. Abgrenzung und Konkurrenzen

13 Die Erschleichung von öffentlichen Fördermitteln durch **Falschangaben** begründet keine Strafbarkeit gem § 153b, sondern wegen **Betrugs** (§ 146). Wenn der Täter zu der Zeit, als er um Förderung ansucht, nicht bereit ist, das geförderte Verhalten zu setzen, täuscht er die fördernde Stelle und verleitet sie zur Auszahlung.[14] Förderungsmissbrauch gem § 153b liegt nur dann vor, wenn eine zunächst ohne Täuschung erlangte Subvention zweckwidrig verwendet wurde.[15]

V. Prozessuales

14 **§ 153b Abs 1** fällt aufgrund gesetzlicher Sonderzuweisung trotz des relativ geringen Strafrahmens in die sachliche Zuständigkeit des **Einzelrichters am LG** (§ 30 Abs 1 Z 3a iVm § 31 Abs 4 Z 2 StPO). Übersteigt der Schaden 3.000 bzw 50.000 Euro, ist ebenso die Kompetenz des Einzelrichters am LG gegeben (§ 31 Abs 4 Z 1 StPO). Eine **diversionelle Verfahrenserledigung** (§§ 198 ff StPO) ist daher in sämtlichen Fällen möglich.

Ad Beispielsfall: Die von der EU gewährte Zuwendung zum Anbau von Raps ist eine Förderung iSd § 153b Abs 5, weil sie zur Verfolgung öffentlicher Interessen gewährt wurde und der Bauer A, außer der Zuführung zum angestrebten Zweck, keine Gegenleistung erbringen muss. Indem A das Geld zum Ankauf eines neuen Traktors verwendet, führt er es einem eindeutig außerhalb des angestrebten Förderungszweckes gelegenen Zweck zu und setzt so eine Tathandlung iSd § 153b.

Zentrale Probleme zu Wiederholung: *Tathandlung; Abgrenzung zu § 146.*

Weiterführende Literatur: *Gangl,* Strafbarer Förderungsmissbrauch (2004); *Garcia Marques/Kert,* Strafrechtsänderungsgesetz 1998: Umsetzung des EU-Betrugs-Übereinkommens in Österreich, ÖJZ 1999, 213.

14 *B/S* BT I[11] § 153b Rz 4.
15 *Kirchbacher/Presslauer* in WK[2] § 153b Rz 25.

G. Vorenthalten von Dienstnehmerbeiträgen zur Sozialversicherung (§ 153c)

I. Überblick

1 § 153c pönalisiert das **Nichtabführen einbehaltener oder übernommener Dienstnehmerbeiträge** an den Versicherungsträger durch den Dienstgeber. Ziel dieser Bestimmung ist es, den Dienstgeber zur regelmäßigen und pünktlichen Abfuhr der einbehaltenen Beiträge an den Sozialversicherungsträger zu veranlassen,[1] schließlich handelt es sich dabei um Beiträge des Dienstnehmers, die der Dienstgeber für diesen abzuführen hat. § 153c ist ein **unrechtsgeprägtes Sonderdelikt** (§ 14 Abs 1). Unmittelbarer Alleintäter kann somit nur ein Intraneus sein.

2 Im **Jahr 2010** gab es 390 rechtskräftige Verurteilungen wegen § 153c. Die praktische Bedeutung dieser Strafnorm ist somit durchaus gegeben.

Beispielsfall: Der Kleinunternehmer K ist aufgrund der Insolvenz eines Auftraggebers diesen Monat etwas knapp bei Kasse. Als er sich zur Lohnverrechnung seiner Arbeiter setzt, erkennt er, dass er mit einem leichten Minus aussteigen wird. Während er darüber nachsinnt, wie er dieses Problem löst, fällt ihm das Credo seines Vaters ein: „Gib nie mehr Geld aus, als du hast!" Nochmals geht er alle Posten durch und stellt fest, dass er es knapp in die schwarzen Zahlen schafft, wenn er diesen Monat keine Sozialversicherungsbeiträge abführt. Zufrieden über seine „ausgeglichene" Bilanz schließt er die Lohnverrechnung ab.

II. Tatbestand

Den Tatbestand des Vorenthaltens von Dienstnehmerbeiträgen zur Sozialversicherung (§ 153c) verwirklicht, wer

- als Dienstgeber
- Beiträge eines Dienstnehmers zur Sozialversicherung
- vorsätzlich
- dem berechtigten Versicherungsträger vorenthält.

1. Tatsubjekt

3 Da § 153c ein unrechtsgeprägtes **Sonderdelikt** iSd § 14 Abs 1 ist, kann unmittelbarer Täter nur sein, wer Träger der besonderen Eigenschaften oder Verhältnisse ist. Im Falle des § 153c handelt es sich dabei um die **Dienstgebereigenschaft**.

4 Ist der Abfuhrverpflichtete keine natürliche Person, sondern **eine juristische Person** oder eine Personengemeinschaft ohne Rechtspersönlichkeit, kann gem § 153c Abs 2 jeder unmittelbarer Täter sein, der dem vertretungsbefugten Organ angehört. Darunter fallen va Geschäftsführer einer GmbH, Vorstandsmitglieder einer AG, Prokuristen einer OG.[2] Ein leitender Angestellter (vgl § 74 Abs 3), der einem solchen vertretungsbefugten Organ nicht angehört, kann auf Grund des Gesetzeswortlautes mangels Dienstgebereigenschaft kein tauglicher unmittelbarer Täter des § 153c sein.

5 Das vertretungsbefugte Organ hat gem § 153c Abs 2 die Möglichkeit, die **Verantwortung für die Beitragsentrichtung** an einzelne Mitglieder dieses Organs zu **delegieren** (zB mittels Satzung, Dienstvertrag oÄ). In einem solchen Fall ist dann nur diese Person tauglicher unmittelbarer Täter iSd Abs 1.

---

1 *Kirchbacher/Presslauer* in WK[2] § 153c Rz 2.

2 *Wonisch,* ZAS 2008, 15.

2. Vorenthalten

Gem § 58 Abs 2 und 4 ASVG ist der Dienstgeber verpflichtet, Dienstnehmerbeiträge einzubehalten und an den Sozialversicherungsträger abzuführen. Der Dienstgeber enthält die Beiträge dann vor, wenn er sie zwar vom Lohn einbehält, diese aber nicht an den Sozialversicherungsträger abführt **(Unterlassung der fristgerechten Beitragsabfuhr)**.[3] § 153c ist somit ein echtes Unterlassungsdelikt, wobei das gebotene Tun in der Erfüllung der Einzahlungsverpflichtung liegt. 6

Die Ausgestaltung des § 153c als **Unterlassungsdelikt** bringt es mit sich, dass eine Bestrafung nur dann möglich ist, wenn der Täter eine tatsächliche Handlungsmöglichkeit hatte. Eine solche ist erst dann nicht mehr gegeben, wenn keine die Nettolöhne übersteigenden Mittel mehr zur Verfügung stehen.[4] In solchen Fällen mangelt es an der Erfüllung des objektiven Tatbestands. 7

3. Subjektiver Tatbestand

In subjektiver Hinsicht erfordert § 153c (zumindest) das Vorliegen von **dolus eventualis** (§ 5 Abs 1 zweiter Halbsatz) hinsichtlich aller objektiver Tatbestandsmerkmale. Hierfür ist insb auch wichtig, dass der Täter seine Dienstgebereigenschaft samt der damit verbundenen Verpflichtung zur Abführung der Sozialversicherungsbeiträge zumindest laienhaft erkennt und sich der Vorsatz somit auch darauf bezieht.[5] 8

III. Tätige Reue

§ 153c Abs 3 normiert einen **Strafaufhebungsgrund** für den Fall, dass der **Dienstgeber** die gesamten ausstehenden Beiträge bis zum Schluss der Verhandlung entrichtet oder sich vertraglich dazu verpflichtet, die ausstehenden Beiträge innerhalb einer bestimmten Frist nachzuerbringen.[6] Diese Reuebestimmung ist gerade im Hinblick auf den Zeitpunkt, bis zu dem eine strafbefreiende Nachzahlung erfolgen kann, äußerst großzügig und geht über die allgemeine Regelung des § 167 hinaus. 9

IV. Abgrenzung und Konkurrenzen

Nicht Vorenthalten von Dienstnehmerbeiträgen zur Sozialversicherung (§ 153c), sondern **betrügerisches Vorenthalten von Sozialversicherungsbeiträgen** nach § 153d kommt in Betracht, wenn ein Dienstgeber trotz Kenntnis seiner Zahlungsunfähigkeit hinsichtlich der Sozialversicherungsbeiträge Personen zur Sozialversicherung anmeldet und in weiterer Folge keine Beiträge an den Sozialversicherungsträger entrichtet. § 153d verdrängt § 153c in diesem Fall als Folge materieller Subsidiarität.[7] 10

V. Prozessuales

Gem § 31 Abs 4 Z 1 StPO ist für § 153c sachliche Zuständigkeit des **Einzelrichters am LG** gegeben. Eine diversionelle Verfahrenserledigung (§§ 198 ff StPO) ist daher möglich. 11

---

3 *Kirchbacher/Presslauer* in WK^2 § 153c Rz 18.
4 *Kirchbacher/Presslauer* in WK^2 § 153c Rz 19; *Wonisch,* ZAS 2008, 3.
5 *Wonisch,* ZAS 2008, 15.
6 Kritisch dazu *Balla,* infas 2005, 33.
7 *Kirchbacher/Presslauer* in WK^2 § 153c Rz 30.

Ad Beispielsfall: K ist sich darüber im Klaren, dass er für seine Arbeiter Sozialversicherungsbeiträge abzuführen hat. Dennoch entschließt er sich dazu, die Beiträge nicht zu entrichten, und verwirklicht somit § 153c. Käme es zu einem Verfahren und erklärte sich K aufgrund seiner inzwischen besser gewordenen finanziellen Lage bereit, die Beiträge doch zu entrichten, würde für ihn Straffreiheit nach Abs 3 eintreten.

Zentrale Probleme zur Wiederholung: *Tätige Reue; Abgrenzung zu § 153d.*

Weiterführende Literatur: *Balla,* Sozialbetrugsgesetz, infas 2005, 33, *Derntl,* Strafbarkeit des Vorenthaltens von Nebenbeiträgen gem § 153c StGB und Buchung von ungewidmeten Zahlungen, ÖJZ 2007, 232; *ders,* § 153c StGB: Täterkreis, Liquiditätsprobleme, Ratenvereinbarung und Spezialfragen, SozSi 2008, 439; *Mayer*, Keine Tatbestandsmäßigkeit des § 153c StGB nach Zahlungsanfechtung, ZIK 2/2007, 44; *dies*, Nochmals: Keine Tatbestandsmäßigkeit des § 153c StGB nach Zahlungsanfechtung, ZIK 3/2007, 80; *Reindl-Krauskopf,* Sozialbetrug aus strafrechtlicher Sicht, RdA 2008, 389; *Wonisch,* Die gerichtlichen Straftatbestände des Sozialbetrugsgesetzes (SozBeG, BGBl I 2004/152), ZAS 2008, 14.

H. Betrügerisches Vorenthalten von Sozialversicherungsbeiträgen (§ 153d)

I. Überblick

§ 153d erfasst die Nichtentrichtung von Sozialversicherungsbeiträgen des Dienstgebers, unabhängig davon, ob zum Fälligkeitszeitpunkt die Nettolöhne übersteigenden Beträge beim Dienstgeber auch tatsächlich vorhanden sind[1] (dh hier wird die von § 153c noch vorgesehene tatsächliche Handlungsmöglichkeit nicht gefordert; siehe dazu bei § 153c Rz 7). Ebenso wie bei § 153c handelt es sich bei § 153d StGB um ein **unrechtsgeprägtes Sonderdelikt** (§ 14 Abs 1), das in unmittelbarer Täterschaft nur von einem Intraneus begangen werden kann. 1

Im **Jahr 2010** gab es 18 rechtskräftige Verurteilungen wegen § 153d. Das Delikt ist somit von untergeordneter praktischer Bedeutung. 2

Beispielsfall: G ist in seiner Funktion als Geschäftsführer der Baumanagement GmbH unter anderem für die Einstellung von Personal und die Personalverrechnung zuständig. Schon seit längerer Zeit empört er sich über die stetig steigenden Lohnnebenkosten, da er der festen Überzeugung ist, diese führten zum Niedergang der ganzen Branche. Als er für einen neuen Auftrag fünf Arbeiter einstellen soll, entschließt er sich, die Sozialversicherungsbeiträge und die Zuschläge für Bauarbeiter nicht zu entrichten. Wie geplant meldet er die Arbeiter zur Sozialversicherung an und behält bei Fälligkeit die Beiträge ein.

II. Tatbestand

Den Tatbestand des betrügerischen Vorenthaltens von Sozialversicherungsbeiträgen und Zuschlägen nach dem Bauarbeiter-Urlaubs- und Abfertigungsgesetz (§ 153d) verwirklicht, wer

- als Dienstgeber
- Dienstgeberbeiträge zur Sozialversicherung
- dem berechtigten Versicherungsträger
- betrügerisch vorenthält, indem er die Anmeldung zur Sozialversicherung mit dem Vorsatz vorgenommen hat, keine ausreichenden Beiträge zu leisten.

1. Tatsubjekt

§ 153d ist ein **unrechtsgeprägtes Sonderdelikt** iSd § 14 Abs 1. Unmittelbarer Täter kann somit nur sein, wer Träger der besonderen Eigenschaften oder Verhältnisse ist. Im Falle des § 153d handelt es sich dabei, ebenso wie bei § 153c, um die **Dienstgebereigenschaft**. 3

Handelt es sich beim Abfuhrverpflichteten um eine **juristische Person** oder eine Personengemeinschaft ohne Rechtspersönlichkeit, kann gem § 153d Abs 3 nur ein **leitender Angestellter** (§ 74 Abs 3) unmittelbarer Täter sein.[2] Ist der Dienstgeber jedoch eine **natürliche Person**, kommt ein leitender Angestellter nur dann als unmittelbarer Täter in Betracht, wenn er ohne dessen Einverständnis handelt (§ 153d Abs 3 letzter Halbsatz). 4

2. Tathandlung

Tathandlung des § 153d ist das **betrügerische Vorenthalten** der geschuldeten Beiträge. § 153d ist somit als **zweiaktiges Delikt**[3] ausgestaltet: In der **ersten Phase** meldet der Dienst- 5

1 *Kirchbacher/Presslauer* in WK² § 153d Rz 20.
2 Vgl auch *Kirchbacher/Presslauer* in WK² § 153d Rz 4 ff.
3 *Kirchbacher/Presslauer* in WK² § 153d Rz 18.

geber den Dienstnehmer zur Sozialversicherung an, obwohl er bereits zu diesem Zeitpunkt den Vorsatz hat, die dadurch fälligen Beiträge nicht zu entrichten. **Betrügerisch** handelt er, weil er durch die Anmeldung des Dienstnehmers zur Sozialversicherung den Anschein erweckt, dass er die dadurch entstehenden Beiträge bezahlen wird.

6 Die **zweite Phase** dieses Delikts besteht im **Nichtentrichten der fälligen Beiträge** durch den Täter (Dienstgeber oder dessen leitende Angestellte). Dabei kommt es – anders als bei § 153c (vgl § 153c Rz 7) – nicht darauf an, dass der Dienstgeber auch eine tatsächliche Handlungsmöglichkeit hat. Vielmehr ist unerheblich, ob die Nettolöhne übersteigende Beträge vorhanden sind.[4] Dies erklärt sich letztlich daraus, dass es sich bei § 153d um kein reines (echtes) Unterlassungsdelikt handelt, sondern – auf Grund der Ausgestaltung als zweiaktiges Delikt – um eine Kombination aus Begehungs- und Unterlassungsdelikt.

7 Der Tatbestand ist gem Abs 2 qualifiziert **(Wertqualifikation)**, wenn die vorenthaltenen Beträge 50.000 Euro übersteigen.

3. Subjektiver Tatbestand

8 Aus der Ausgestaltung des § 153d als zweiaktiges Delikt ergibt sich, dass der Täter zur Deliktsverwirklichung bereits in der **ersten Phase**, also im Zeitpunkt der Anmeldung des Dienstnehmers zur Sozialversicherung, zumindest **dolus eventualis** (§ 5 Abs 1 zweiter Halbsatz) dahingehend aufweisen muss, die geschuldeten Beiträge in Hinkunft nicht zu bezahlen. Weiters muss er im Zeitpunkt der Fälligkeit der Beiträge zumindest mit bedingtem Vorsatz die Entrichtung der Beiträge unterlassen.

9 Bei der Wertqualifikation des Abs 2 handelt es sich um eine **Deliktsqualifikation**. Der Täter muss daher das Übersteigen der Wertgrenze in seinen Vorsatz aufgenommen haben.

III. Tätige Reue

10 Aufgrund der Aufnahme in den Deliktskatalog des § 167 kann die Strafbarkeit gem § 153d durch tätige Reue aufgehoben werden, wenn der Schaden rechtzeitig und freiwillig gutgemacht wird. Dazu wird bei § 153d regelmäßig die Entrichtung der Dienstgeberbeiträge zur Sozialversicherung erforderlich sein. Hinsichtlich der Dienstnehmerbeiträge greift die großzügiger Reuebestimmung des § 153c Abs 3 (siehe dazu bei § 153c Rz 9).

IV. Abgrenzung und Konkurrenzen

11 Fehlt im Zeitpunkt der Anmeldung des Dienstnehmers zur Sozialversicherung der Vorsatz auf die zukünftige Nichtentrichtung der Beiträge, kommt eine Strafbarkeit gem § 153d nicht in Betracht. In einem solchen Fall käme lediglich eine Bestrafung gem **§ 153c** infrage, wobei allerdings zu beachten ist, dass hierbei nur die Nichtentrichtung der **Dienstnehmerbeiträge** strafbar ist, wenn tatsächlich die Nettolöhne übersteigende Beträge vorhanden sind.

12 Wird betrügerisch die Anmeldung von tatsächlich als Dienstnehmer beschäftigten Personen beim zuständigen Sozialversicherungsträger unterlassen, scheidet **Betrug** (§§ 146 ff) aus, weil es selbst im Falle einer Anmeldung zu keiner unmittelbaren Vermögensverfügung des Sozialversicherungsträgers käme, zumal die Pflichtversicherung schon ex lege durch die Beschäftigung besteht und nicht erst durch eine Anmeldung bewirkt wird (siehe dazu bei §§ 146 ff Rz 21).

---

4 OGH 15 Os 87/09x = RIS-Justiz RS0125317; *Kirchbacher/Presslauer* in WK^2 § 153d Rz 20.

V. Prozessuales

§ 153d Abs 1 und 2 fallen gem § 31 Abs 4 Z 1 StPO in die sachliche Zuständigkeit des **Einzelrichters am LG**. Eine diversionelle Verfahrenserledigung (§§ 198 ff StPO) ist daher möglich. **13**

Ad Beispielsfall: Schon vor Anmeldung der neuen Dienstnehmer ist G fest entschlossen, die erforderlichen Beiträge nicht zu bezahlen. Durch das Anmelden der Dienstnehmer (erste Phase) und das Nichtentrichten der Beiträge (zweite Phase) ist der Tatbestand des § 153d erfüllt. Dass G nicht selbst Dienstgeber ist, sondern Geschäftsführer der GmbH, ändert nichts an seiner Strafbarkeit: Gemäß § 153d Abs 3 ist er als leitender Angestellter (§ 74 Abs 3) zu betrachten.

Zentrale Probleme zur Wiederholung: *Zweiaktiges Delikt; Abgrenzung zu § 153c.*

Weiterführende Literatur: *Balla,* Sozialbetrugsgesetz, infas 2005, 33; *Derntl/Neumann,* Scheinfirmen und Schwarzarbeit sollen künftig effektiver bekämpft werden, ASoK 2005, 92.

I. Organisierte Schwarzarbeit (§ 153e)

I. Überblick

1 § 153e bedroht jene Personen mit Strafe, die Schwarzarbeit in einem größeren Ausmaß fördern.[1] § 153e Abs 1 fasst in drei Ziffern unterschiedliche Tatbestände zusammen. Umfassendes Element ist dabei die **Gewerbsmäßigkeit**, die bei allen drei Tatbeständen vorliegen muss. Dadurch bringt der Gesetzgeber zum Ausdruck, dass er zwar größere Firmen (zB im Baugewerbe) bestraft wissen will, nicht aber sog „kleine Fische“,[2] welche Schwarzarbeiter nur gelegentlich beschäftigen (zB der klassische „Pfusch“ beim privaten Hausbau).

2 Im **Jahr 2010** gab es lediglich acht rechtskräftige Verurteilungen wegen organisierter Schwarzarbeit gem § 153e. Die praktische Bedeutung dieser Norm scheint sich somit in Grenzen zu halten, möglicherweise auch dadurch, dass es nicht gelingt, die Strukturen organisierter Schwarzarbeit zu durchblicken bzw zu durchbrechen.

Beispielsfall: Aufgrund des wachsenden Konkurrenzdrucks hat B, der Inhaber einer Baufirma, ein sehr knapp kalkuliertes Angebot für den Bau einer neuen Schule gestellt. Als er den Zuschlag erhält, wird ihm klar, dass er bei realistischer Einschätzung das Projekt niemals mit Gewinn abschließen kann. Um den drohenden Verlust in Grenzen zu halten, wendet er sich an 20 Leasing-Arbeiter, die schon mehrmals für ihn tätig waren, und bietet ihnen „bares Geld für 18 Monate sichere Arbeit“.

II. Tatbestand

Den Tatbestand der organisierten Schwarzarbeit (§ 153e) verwirklicht, wer

- gewerbsmäßig (vgl § 70)
- Personen zur Schwarzarbeit anwirbt, vermittelt oder überlässt (Z 1),
- eine größere Zahl illegal erwerbstätiger Personen beschäftigt oder beauftragt (Z 2) oder
- in einer Verbindung einer größeren Zahl illegal erwerbstätiger Personen führend tätig ist (Z 3)

1. Tatsubjekt

3 Anders als bei den §§ 153c und 153d handelt es sich bei § 153e **grundsätzlich** um ein **Allgemeindelikt**. Unmittelbarer Alleintäter kann somit jedermann sein. § 153e Abs 2 bezieht leitende Angestellte (§ 74 Abs 3) einer juristischen Person oder einer Personengemeinschaft ohne Rechtspersönlichkeit ausdrücklich in den Täterkreis mit ein.

2. Tathandlungen

4 § 153e pönalisiert **drei unterschiedliche Verhaltensweisen:** Anwerben, Vermitteln oder Überlassen (Z 1), Beschäftigen oder Beauftragen (Z 2) und führendes Tätigsein in einer Verbindung von illegal erwerbstätigen Personen (Z 3).

5 § 153e Abs 1 Z 1 definiert **„illegal erwerbstätige Personen“** und damit letztlich – entsprechend der Überschrift zu § 153e – die „Schwarzarbeit“. Es geht um Personen, die die erforderliche Anmeldung zur Sozialversicherung nicht aufweisen oder keine erforderliche Gewerbeberechtigung besitzen.

---

1 *Kirchbacher/Presslauer* in WK[2] § 153e Rz 2.

2 *B/S* BT I[11] § 153e Rz 2.

a) Anwerben, Vermitteln oder Überlassen (Z 1)

Anwerben bedeutet, dass bei potenziellen Schwarzarbeitern die Motivation zur konkreten illegalen Tätigkeit geweckt werden soll.[3] Ab wann ein Anwerben vorliegt, ist umstritten. Während die einen auf den Vertragsabschluss abstellen,[4] wollen andere den Zeitpunkt früher ansetzen.[5] Im Ergebnis ist einzelfallbezogen vorzugehen. Formale Erfordernisse sollten dabei nicht im Vordergrund stehen. 6

Eine **Vermittlung** ist hingegen dann gegeben, wenn die Schwarzarbeiter vom Täter einem Dritten empfohlen[6] werden, damit sie von diesem beschäftigt und entlohnt werden.[7] 7

Werden Schwarzarbeiter, die bereits bei einem Auftraggeber beschäftigt sind, in Hinkunft für einen anderen Auftraggeber tätig, wobei die Entlohnung aber weiterhin durch Ersteren erfolgt, liegt die Tatvariante des **Überlassens** vor. 8

b) Beschäftigen oder Beauftragen (Z 2)

Der Tatbestand der Z 2 stellt darauf ab, dass **eine größere Zahl illegal erwerbstätiger Personen** gleichzeitig beschäftigt oder beauftragt wird. Eine größere Zahl von Personen wird nach den Materialien zum Sozialbetrugsgesetz[8] dann anzunehmen sein, wenn etwa **zehn Personen** gleichzeitig beschäftigt oder beauftragt werden. 9

c) Führende Tätigkeit in einer Verbindung (Z 3)

Gem Z 3 ist zu bestrafen, wer in einer Verbindung einer größeren Zahl illegal erwerbstätiger Personen führend tätig ist. Eine **Verbindung** idS liegt laut den Materialien[9] dann vor, wenn es sich um eine mehr oder weniger **hierarchisch gegliederte Organisation** handelt, deren Zweck die Ausübung illegaler Erwerbstätigkeit ist. Z 3 unterscheidet sich insofern von den beiden vorhergehenden Ziffern, als nur unmittelbarer Alleintäter sein kann, wer als Mitglied in dieser Organisation führend tätig ist. Es handelt sich somit um ein **unrechtsgeprägtes Sonderdelikt** (§ 14 Abs 1). 10

Der Begriff der führenden Tätigkeit ist iSv **faktischer Befehlsgewalt** zu verstehen.[10] Der Täter muss also in der Lage sein, einen gewissen **Einfluss** auf die Tätigkeit der Gruppe auszuüben. 11

3. Subjektiver Tatbestand

Hinsichtlich der objektiven Tatbestandsmerkmale reicht in subjektiver Hinsicht jeweils das Vorliegen von **bedingtem Vorsatz** iSv § 5 Abs 1 zweiter Halbsatz. Der Täter muss es zumindest ernstlich für möglich halten und billigend in Kauf nehmen, dass die Person, die ins Erwerbsleben eingegliedert wird, ihre Tätigkeit hinkünftig illegal – also ohne die erforderliche Anmeldung zur Sozialversicherung bzw ohne erforderliche Gewerbeberechtigung – ausübt. 12

Darüber hinaus ist bei allen drei Ziffern des § 153e Abs 1 notwendig, dass der Täter in der **Absicht** (§ 5 Abs 2) handelt, sich durch die Tathandlung eine **fortlaufende Einnahmequelle** zu verschaffen (**Gewerbsmäßigkeit** iSv § 70). 13

---

3 *Wegscheider* BT[3] 252.
4 *B/S* BT I[11] § 153e Rz 1.
5 *Kirchbacher/Presslauer* in WK[2] § 153e Rz 9.
6 *Wegscheider* BT[3] 253.
7 *Kirchbacher/Presslauer* in WK[2] § 153e Rz 10.
8 SozBeG, BGBl I 2004/152; EBRV 698 BlgNR XXII. GP 10.
9 Vgl EBRV 698 BlgNR XXII. GP 10.
10 *Wegscheider* BT[3] 255.

III. Abgrenzung und Konkurrenzen

14 Die drei in den Ziffern 1–3 normierten Tatbestände des § 153e Abs 1 bilden zueinander ein **kumulatives Mischdelikt**. Dies hat zur Folge, dass bei entsprechend gesetzten Verhaltensweisen der Täter auch wegen mehrerer Vergehen nach den verschiedenen Ziffern des § 153e Abs 1 verurteilt werden kann.

15 **Anders** verhält es sich **innerhalb** der Ziffern 1 und 2. Die Tathandlungsvarianten des Anwerbens, Vermittelns und Überlassens (Z 1) bzw des Beschäftigens oder Beauftragens (Z 2) sind jeweils rechtlich gleichwertige Begehungsweisen und bilden somit eine **alternative Verknüpfung**.

16 Zu den §§ 153c und 153d sowie zu § 33 FinStrG kann § 153e in echter Konkurrenz hinzutreten.[11]

IV. Prozessuales

17 Gem § 31 Abs 4 Z 1 StPO ist für § 153e sachliche Zuständigkeit des **Einzelrichters am LG** gegeben. Eine diversionelle Verfahrenserledigung (§§ 198 ff StPO) ist daher möglich.

Ad Beispielsfall: Mit dem Angebot an die Leasing-Arbeiter setzt B die Tathandlung des Anwerbens (§ 153e Abs 1 Z 1) von Personen ohne die erforderliche Anmeldung zur Sozialversicherung. B handelt in der Absicht, sich eine fortlaufende Einnahme zu verschaffen (§ 70), denn schließlich will er nach 18 Monaten mit Gewinn aussteigen. Somit erfüllt er auch das Tatbestandsmerkmal der Gewerbsmäßigkeit. Gehen die Leasing-Arbeiter auf das Angebot des B ein und treten die Arbeit an, ist er wegen der Beschäftigung zusätzlich gemäß § 153e Abs 1 Z 2 zu bestrafen. Die größere Zahl illegal erwerbstätiger Personen ist bei 20 Arbeitern jedenfalls erreicht.

Zentrale Probleme zur Wiederholung: *Vielzahl möglicher Tathandlungen; Gewerbsmäßigkeit.*

Weiterführende Literatur: *Derntl/Neumann,* Scheinfirmen und Schwarzarbeit sollen künftig effektiver bekämpft werden, ASoK 2005, 92.

11 *Kirchbacher/Presslauer* in WK^2 § 153e Rz 20.

III. Schutz der Gläubigerinteressen

Vorbemerkungen §§ 156–163

I. Allgemeines und Systematik

„Niemandem darf die Freiheit allein deswegen entzogen werden, weil er nicht in der Lage ist, eine vertragliche Verpflichtung zu erfüllen“ (Art 1 4. ZPEMRK). Die bloße Nichterfüllung einer Verbindlichkeit des Schuldners gegenüber dem Gläubiger stellt keine Straftat dar, sondern zieht lediglich zivilrechtliche Folgen nach sich.[1] Auch der Insolvenzfall begründet per se keine Strafbarkeit. 1

Die Schwelle der Strafwürdigkeit ist allerdings insbesondere dann erreicht, wenn eine Beeinträchtigung der Gläubigerbefriedigung auf grober Misswirtschaft, dem Beiseiteschaffen von Vermögenswerten im Krisenfall, der Bevorzugung von Gläubigern im Falle der Zahlungsunfähigkeit oder bestimmten schädigenden Verhaltensweisen während des Exekutions- bzw Insolvenzverfahrens beruht, sich also nicht lediglich das „normale“ wirtschaftliche Risiko verwirklicht.[2]

Dem **Schutz** des **Vermögens** in Gestalt der **Forderungsbefriedigungsrechte der Gläubiger** dient das – terminologisch spezifisch österreichische – **Kridastrafrecht**,[3] zu dem die §§ 156 bis 163 zu zählen sind.[4] 2

Präziser ist allerdings die Bezeichnung dieser Deliktsgruppe als **Gläubigerschutzdelikte**, da der Schutz zum Teil bereits vor dem Insolvenzfall (§§ 156, 157; Herbeiführen des Insolvenzfalls: § 159 Abs 1) bzw unabhängig vom Insolvenzfall (§§ 162, 163), zum Teil im Insolvenzfall, aber unabhängig von der Anhängigkeit eines Insolvenzverfahrens (§§ 158, 159 Abs 2) eingreift,[5] und zum Teil die Eröffnung eines Insolvenzverfahrens bzw Zwangsvollstreckungsverfahrens zur Voraussetzung hat (§§ 160, 162, 163).

II. Täter

Im Bereich der Gläubigerschutzdelikte dominieren die **Sonderdelikte**: siehe §§ 156, 158, 159, mehrere Deliktsfälle der §§ 160 und 162. Als Tatsubjekte werden Schuldner, Gläubiger oder bestimmte Organwalter genannt. Nach dem 3

1 DokStGB, 175; *L/St* StGB³ Vorbem zu §§ 156 ff Rz 2.

2 Vgl *F/R-K* BT I³ 182.

3 Zum Begriff der „Krida“ siehe § 156 Rz 1.

4 *F/R-K* BT I³ 181; aA (dh nur die §§ 156 bis 160 einbeziehend) *L/St* StGB³ Vorbem zu §§ 156 ff Rz 2, § 161 Rz 1 (anders allerdings, dh § 162 miterfassend, § 14 Rz 8); *Kienapfel* BT II³ §§ 156 f Rz 5.

5 §§ 156 f setzen zwar Zahlungsunfähigkeit nicht voraus, können aber freilich auch im Insolvenzfall (und auch im Falle der Anhängigkeit eines Insolvenzverfahrens) begangen werden; Letzteres gilt auch für § 158 (*L/St* StGB³ Vorbem zu §§ 156 ff Rz 4).

jeweiligen Tatbestand kommt daher als **unmittelbarer Täter** nur eine natürliche Person in Betracht, welche die geforderte **Schuldner-**, **Gläubiger-** bzw **Organwalterstellung** innehat.

4 Da die Akteure des modernen Wirtschaftslebens neben den natürlichen Personen (und Einzelunternehmen) vor allem – private und öffentliche – Unternehmen und sonstige Verbände sind, dehnt die Norm des **§ 161 Abs 1 erster Satz und Abs 2** die Strafbarkeit auf **leitende Angestellte** von **juristischen Personen** (AG, GmbH, Genossenschaften, Vereine etc) und **Personengemeinschaften ohne Rechtspersönlichkeit** (OG, KG), die Schuldner, Gläubiger oder Organwalter sind, aus.

5 Auch natürliche Personen können als Unternehmer andere Personen als Geschäftsführer bestellen. **§ 161 Abs 1 zweiter Satz** erstreckt daher den Anwendungsbereich der Kridasonderdelikte auch auf leitende Angestellte von Schuldnern bzw Gläubigern, die **natürliche Personen** sind, die sich aber selbst nicht an der Tat beteiligen („ohne Einverständnis"). Agieren leitende Angestellte einer natürlichen Person mit deren Einverständnis, so kommen die Beteiligungsregeln gem §§ 12, 14 Abs 1 zur Anwendung (siehe unten Rz 11).[6]

6 Durch die Bestimmung des § 161 werden die leitenden Angestellten (insoweit) zu **Intranei** und können sich daher als **unmittelbare Täter** der Kridadelikte strafbar machen.[7]

7 Ohne diese explizite Einbeziehung der leitenden Angestellten würde eine empfindliche Strafbarkeitslücke entstehen, da sich juristische Personen und Personengemeinschaften (die selbst Schuldner/Gläubiger/Organwalter sind) nicht unmittelbar wegen eines Kridadelikts strafbar machen können. Die in den einzelnen Straftatbeständen normierten Verbote bzw Gebote richten sich – auch nach dem Inkrafttreten des **VbVG** – weiterhin ausschließlich an natürliche Personen; diesen fehlt aber die notwendige Subjektsqualität, sodass sie sich ohne § 161 ebenfalls nicht strafrechtlich verantworten müssten.

Erst aufgrund der Ausdehnung der Strafbarkeit auf den Kreis der leitenden Angestellten wird im Übrigen die Zurechnung der Tat der natürlichen Person zur juristischen Person und damit die strafrechtliche Verantwortlichkeit der juristischen Person nach dem VbVG möglich!

8 Dem § 161 vergleichbare Regelungen finden sich etwa in den §§ 153b Abs 2, 153c Abs 2, 153d Abs 3, 153e Abs 2. Zu bevorzugen wäre jedoch eine generelle Regelung der Vertreter- und Organhaftung (bzw Angestelltenhaftung) im Allgemeinen Teil des StGB wie in der Schweiz oder in Deutschland.[8]

6 *L/St* StGB³ § 161 Rz 11 f.

7 OGH 11 Os 158/95; 14 Os 179/95; *Kienapfel* BT II³ § 161 Rz 4; *L/St* StGB³ § 161 Rz 1; *Rainer* in SbgK § 161 Rz 4; *Kirchbacher/Presslauer* in WK² § 161 Rz 17 f.

8 Zu dieser Forderung schon: *Schick,* Ausgewählte Probleme des Wirtschaftsstrafrechts im Lichte des neuen Strafgesetzbuches, in: Wertung und Interessensausgleich im Recht (1975) 221; *Kienapfel* BT II³ § 161 Rz 2.

§ 74 Abs 3 – auf welchen in § 161 verwiesen wird – enthält die **Legaldefinition** der **leitenden Angestellten**: Es sind dies 9

- **Angestellte** eines Unternehmens, auf dessen **Geschäftsführung** ihnen ein **maßgeblicher Einfluss** zusteht (also *Dienstnehmer*, die de iure oder – unabhängig von der hierarchischen Position im Unternehmen – de facto unternehmerähnliche Funktionen haben bzw ausüben, einschließlich angestellte Prokuristen);[9] auf eine Befugnis im Innenverhältnis kommt es nicht an.[10]

Diesen sind *unabhängig* vom Vorliegen eines *Dienstverhältnisses* sowie (ebenso) unabhängig davon, ob sie tatsächlich *maßgeblichen Einfluss* auf die Geschäftsführung haben, gleichgestellt:[11] 10

- **Geschäftsführer** (einer GmbH; eines Einzelunternehmers; geschäftsführende Gesellschafter von Personengemeinschaften ohne Rechtspersönlichkeit;[12] sohin auch De-iure-Geschäftsführer, dh sog Strohmänner;[13] aber auch De-facto-Geschäftsführer, die also – umgekehrt – zwar nicht förmlich bestellt sind, aber maßgeblichen Geschäftsführungseinfluss ausüben, zB Gesellschafter, Angehörige, externe Sanierer.)[14]

  Aus dem Gesagten ergibt sich: Sowohl der Geschäftsführer der Tochtergesellschaft, der aufgrund der wirtschaftlichen und weisungsmäßigen Verbindung mit der Muttergesellschaft in seinen Entscheidungen nicht unabhängig ist, als auch der Geschäftsführer der Muttergesellschaft sind leitende Angestellte (auch) der Tochtergesellschaft.[15]

  Selbst *nach Eröffnung des Insolvenzverfahrens* kann sich der Geschäftsführer einer GmbH strafbar machen, weil er seine Organstellung behält, auch wenn die rechtliche Verfügungsbefugnis über das Gesellschaftsvermögen auf den Insolvenzverwalter übergeht.[16] Der (noch nicht gelöschte) Eintrag im Firmenbuch ist bedeutungslos, wenn ein Geschäftsführer seinen *Rücktritt* erklärt und sich jeglicher weiterer Geschäftsführungstätigkeit enthält.[17]

---

9 *Kienapfel* BT II[3] § 161 Rz 12 f; *L/St* StGB[3] § 161 Rz 6, 13; *Rainer* in SbgK § 161 Rz 6; *Kirchbacher/Presslauer* in WK[2] § 161 Rz 16. AA *Lewisch* BT I[2] 263: Der maßgebliche Einfluss müsse sich institutionell, dh aus der vom Angestellten bekleideten Position ergeben.

10 *L/St* StGB[3] § 161 Rz 6; *Fabrizy* StGB[10] § 161 Rz 3 mN aus der Rspr.

11 *Kirchbacher/Presslauer* in WK[2] § 161 Rz 5, 9 mwN; OGH 11 Os 52/05i = JBl 2007, 333.

12 *L/St* StGB[3] § 161 Rz 5; *Kirchbacher/Presslauer* in WK[2] § 161 Rz 8.

13 Entscheidend ist die Organfunktion als solche (siehe nur etwa *L/St* StGB[3] § 161 Rz 5; *Rainer* in SbgK § 161 Rz 18).

14 HM: *Kienapfel* BT II[3] § 161 Rz 11; *Kirchbacher/Presslauer* in WK[2] § 161 Rz 9, 13 mwN; *Rainer* in SbgK § 161 Rz 25; die Rspr anerkennt die Rolle des De-facto-Geschäftsführers in weitem Rahmen: siehe nur OGH 13 Os 42/87 = JBl 1987, 798; 13 Os 135/93 = RZ 1995/4; 11 Os 117/05y. AA *Lewisch* BT I[2] 263 („keine gesetzliche Grundlage"); krit auch *B/S* BT I[11] § 161 Rz 2.

15 OGH 13 Os 195/83 = SSt 55/76 = ÖJZ-LSK 1985/25; *B/S* BT I[11] § 161 Rz 2; *Kienapfel* BT II[3] § 161 Rz 10; *L/St* StGB[3] § 161 Rz 5.

16 OGH 11 Os 76/03.

17 OGH 12 Os 97/83 = SSt 54/82.

- **Mitglieder des Vorstands** (einer AG, einer Genossenschaft, eines Vereins[18])

  Kollegialorgane: Besteht die Geschäftsführung oder der Vorstand aus mehreren Personen, so haftet auch bei interner Aufteilung der Kompetenzen *jedes* Mitglied für den gesamten Geschäftsführungs- oder Vorstandsbereich; jedes Vorstandsmitglied hat trotz Geschäftsverteilung eine *Überwachungspflicht* in Bezug auf den gesamten Geschäftsbetrieb, dh auch eine Kontrollpflicht gegenüber den übrigen Geschäftsbereichen, und ist bei Verdacht von Missständen im Zuständigkeitsbereich eines anderen verpflichtet, sich aktiv einzuschalten, konkret etwa bei Erkennbarkeit einer Krisensituation dem Gläubigerschutz dienende *Maßnahmen* zu ergreifen (siehe § 2: Begehung durch Unterlassen).[19]
- **Mitglieder des Aufsichtsrats** (einer AG, einer GmbH, einer Genossenschaft) sowie
- **Prokuristen ohne Anstellungsverhältnis** (auch von Einzelunternehmern).[20]

11 Während die leitenden Angestellten iSd § 161 ebenso wie der Schuldner/Gläubiger/Organwalter selbst **Intranei** der Kridadelikte und somit potenzielle unmittelbare Täter sind, können sich alle anderen Personen lediglich als **Extranei** gem §§ 12 2. Fall oder 3. Fall, 14 Abs 1 als Bestimmungs- oder Beitragstäter an den Kridadelikten beteiligen.[21] Beteiligen sich mehrere am Sonderdelikt, so ist es erforderlich, genügt aber auch, dass die Schuldner-, Gläubiger- bzw Organwaltereigenschaft bei einem der Täter gegeben ist; diese betrifft das Unrecht der Tat iSd **§ 14 Abs 1 erster Satz.**[22]

III. Rechtswidrigkeit und Schuld

12 Die Rspr zum (rechtfertigenden, aber auch zum entschuldigenden) **wirtschaftlicher Notstand** ist äußerst restriktiv, sodass dieser nur in Ausnahmefällen zugebilligt wird.[23]

---

18 OGH 11 Os 52/05i = JBl 2007, 333 (Bundesliga-Fußballverein).

19 OGH 11 Os 52/05i = JBl 2007, 333; *Kienapfel* BT II³ § 161 Rz 8; *L/St* StGB³ § 161 Rz 7; *Kirchbacher/Presslauer* in WK² § 161 Rz 10 mN.

20 Für eine teleologische Reduktion auf einen „maßgeblichen Einfluss auf die Geschäftsführung" zur Gleichstellung mit den angestellten Prokuristen: *Kienapfel* BT II³ § 161 Rz 7; aA *Rainer* in SbgK § 161 Rz 6.

21 *Kienapfel* BT II³ § 156 Rz 28; *Rainer* in SbgK § 156 Rz 13; vgl auch *Kienapfel/Höpfel* AT¹³ E 7 Rz 9 f mwN; *Fuchs* AT⁷ Kap 35 Rz 4, 13; aA siehe nur *L/St* StGB³ § 14 Rz 7 f (siehe aber § 156 Rz 2); *Fabrizy* in WK² § 14 Rz 8 mwN.

22 OGH 9 Os 125/78 = SSt 50/2; *Fabrizy* StGB¹⁰ § 156 Rz 1; *Rainer* in SbgK § 156 Rz 13.

23 OGH 12 Os 121/82 = SSt 54/42; 12 Os 107/01; 14 Os 79/00; 11 Os 8/84 = JBl 1984, 619; 13 Os 29/72 = SSt 43/20; siehe insbes auch *Kienapfel/Höpfel* AT¹³ Z 20 Rz 11 f mwN; *Kienapfel* BT II³ § 156 Rz 22, § 159 Rz 78 (nicht so restriktiv bei § 159 Abs 2 aF); *Rainer* in SbgK § 156 Rz 38.

Der den Tatbestand des § 156 Abs 1 erfüllende Verkauf eines Pianinos in einer wirtschaftlichen Notlage, in der sich der Täter gezwungen sieht, dies für den Lebensunterhalt seines zwölfjährigen Sohnes sowie für sich selbst zu tun, ist kein Fall eines entschuldigenden Notstands, wenn nicht einmal versucht wurde, auf rechtmäßige Art (zB durch Bemühen um eine zumutbare Arbeit oder sonstige Hilfe) für die Befriedigung der vom Täter vorhersehbaren dringenden Bedürfnisse zu sorgen (siehe § 10 Abs 2). Der OGH führt des Weiteren unter Hinweis auf die bestehenden rechtlichen Vorkehrungen gegen die Vernichtung der physischen Existenz (Vorschriften über unpfändbare Gegenstände etc) aus: „Selbst eine derartige Vernichtungsangst könnte darum, von Ausnahmefällen abgesehen, keinen Notstand begründen."[24]

Die **Vorwerfbarkeit** eines **Rechtsirrtums** gem § 9 kann ausgeschlossen sein, 13
wenn der Täter fachkundigen Rat bei einer verlässlichen, sachlich kompetenten Stelle eingeholt hat, die über den gesamten Sachverhalt informiert war.[25] Darauf kann sich der Kridatar jedoch dann nicht erfolgreich berufen, wenn er selbst es für möglich hält und sich damit abfindet, dass seine Tathandlung eine Gläubigerschädigung nach sich zieht.[26]

IV. Tätige Reue

Der taxative Vermögensdeliktskatalog des § 167 umfasst auch die §§ 156, 14
157, 158, 159, 162 und 163 (letztgenanntes Delikt ist unter den Übertitel der Vollstreckungsvereitelung zu subsumieren) samt deren Qualifikationen. Nicht aufgezählt und damit nicht reuefähig ist lediglich § 160.

Die **Rechtzeitigkeit** der tätigen Reue bleibt auch bei Tatkenntnis des Insol- 15
venzgerichts oder des Insolvenzverwalters gewahrt, weil diese keine zur Strafverfolgung berufenen Institutionen iSd § 151 Abs 3 darstellen; Anzeigepflichten stehen dem nicht entgegen.[27]

Die Schadensgutmachung ist **vollständig**, wenn der Stand des Vermögens 16
vor Tatbegehung wiederhergestellt ist; dies kann nicht nur durch Wiederbeschaffen bzw -zugänglichmachen der konkreten (der Exekution entzogenen) Vermögensbestandteile geschehen, sondern auch durch Ermöglichung des Zugriffs auf ein der Vermögensverringerung entsprechendes Äquivalent.[28]

Im Kontext des § 158 Abs 1 besteht tätige Reue nicht in der vollständigen Befriedigung des benachteiligten Gläubigers, sondern in der Bezahlung der Differenzsumme zur ohne Gläubigerbegünstigung zustehenden Insolvenzquote.[29]

---

24 OGH 13 Os 210/83 = EvBl 1984/142, aA OLG Innsbruck 7 Bs 390/91 = RdU 1994, 76 m Anm *Wegscheider*.

25 OGH 15 Os 103/94.

26 *Rainer* in SbgK § 156 Rz 39. Siehe zu § 9 im Übrigen auch OGH 12 Os 134/80.

27 *Kirchbacher/Presslauer* in WK² § 156 Rz 26, § 167 Rz 30; *L/St* StGB³ § 156 Rz 28; OGH 15 Os 75/04.

28 *L/St* StGB³ § 156 Rz 50, § 162 Rz 27; *Rainer* in SbgK § 162 Rz 21.

29 *Rainer* in SbgK § 158 Rz 18.

Weiterführende Literatur: *Brandstetter*, Der „Strohmann-Geschäftsführer" im Kridastrafrecht, ecolex 1992, 244; *Dellinger/Keppert* (Hg), Eigenkapitalersatzrecht (2004); *Feldbauer-Durstmüller/Schlager* (Hg), Krisenmanagement – Sanierung – Insolvenz (2007); *Flora,* § 159 StGB – Die grob fahrlässige Beeinträchtigung von Gläubigerinteressen, ecolex 2001, 176; *Fuchs/Keppert* (Hg), Grundfragen des Kridastrafrechts (2001); *Lewisch*, Neues vom Wirtschaftsstrafrecht: Quo vadis „Betrügerische Krida"?, ÖJZ 1998, 455; *Medigovic*, Das neue Delikt der grob fahrlässigen Beeinträchtigung von Gläubigerinteressen gemäß § 159 StGB, ÖJZ 2003, 161; *Ratka/Rauter* (Hg), Handbuch Geschäftsführerhaftung (2008); *Rosbaud/Manquet*, Die „fahrlässige Krida" geht – was bleibt? Zur Reform des § 159 StGB, wbl 2001, 97; *Schick*, Die „fahrlässige Krida" (§ 159 StGB alt) – eine gefährliche Drohung oder ein Mittel des Krisenmanagements, in: *Bernat/Böhler/Weilinger* (Hg), Zum Recht der Wirtschaft, FS Krejci (2001) 1865; *ders*, Ausgewählte Probleme des Wirtschaftsstrafrechts im Lichte des neuen Strafgesetzbuches, in: Wertung und Interessenausgleich im Recht (1975) 221; *Wolf*, Wann sind Bilanzfehler strafbar? – Gedanken eines Sachverständigen über legale und illegale Fehler, RZ 2011, 139.

A. Betrügerische Krida (§ 156)

I. Überblick

Betrügerische Krida ist die **vorsätzliche (wirkliche** oder **scheinbare) Verringerung** des Tätervermögens oder des **Vermögens** des von ihm geleiteten Unternehmens (siehe § 161 Abs 1), wodurch zumindest **einer der Gläubiger** einen **Befriedigungsausfall** erleidet. Die möglichen Tathandlungen sind weit gefasst. Entgegen der Bezeichnung des Delikts als „betrügerische" Krida ist es keineswegs erforderlich, dass der Täter betrugsartig agiert. Ebenso wenig bedarf es der Anhängigkeit eines Exekutions- oder Insolvenzverfahrens bzw eines Zusammenrufens der Gläubiger, wie die Bezugnahme auf den Begriff der „Krida" im Titel vermuten ließe.[1] Auch eingetretene Zahlungsunfähigkeit oder Überschuldung ist kein Tatbestandsmerkmal. Die höchstgerichtliche Rspr verlangt nicht einmal das Vorliegen einer wirtschaftlichen Krisensituation.[2] Unklar bleibt dabei, wie es mangels einer **konkreten Gefahr einer Insolvenz** – also einer Krise, in der der wirtschaftliche Zusammenbruch droht – zu einem (vom Vorsatz umfassten) Befriedigungsausfall durch Vermögensverringerung kommen kann.[3] 1

Geschütztes Rechtsgut ist das Vermögen in Gestalt des Gläubigerinteresses an der Befriedigung der Forderungen gegenüber dem Schuldner.[4] 2

§ 156 ist ein **Sonderdelikt** iSd § 14 Abs 1; zu beachten ist auch § 161 Abs 1.[5] 3

Bei § 156 handelt es sich des Weiteren um ein **Erfolgsdelikt**. Der Erfolg besteht in der effektiven Beeinträchtigung der Befriedigung zumindest eines Gläubigers (Verletzungsdelikt); eine Gefährdung des Gläubigerinteresses reicht nicht aus.[6] Kausalität und objektive Zurechnung sind nach den allgemeinen Regeln zu prüfen. Als Erfolgsdelikt kann § 156 in Verbindung mit § 2 auch durch **Unterlassen** begangen werden; dies setzt insbesondere Garantenstellung voraus. Als Vorsatzdelikt kann § 156 **versucht** werden. 4

Allfällige Rechtfertigungs- und Entschuldigungsgründe sind nach den allgemeinen Regeln zu beurteilen. **Wirtschaftlicher Notstand** vermag die Tat idR weder zu rechtfertigen noch zu entschuldigen.[7] 5

---

1 Die Formulierung der Überschrift hat historische Gründe: *Rainer* in SbgK § 156 Rz 1, 8; *L/St* StGB^{3} § 156 Rz 1; *Kirchbacher/Presslauer* in WK^{2} § 156 Rz 1.

2 OGH 15 Os 70/09x; 14 Os 53/03 = SSt 2003/79; siehe auch *Kienapfel* BT II^{3} § 156 Rz 6 f; *Kirchbacher/Presslauer* in WK^{2} § 156 Rz 5; *Fabrizy* StGB^{10} § 156 Rz 1.

3 Vgl auch *Tipold* in Ratka/Rauter (Hg), Handbuch Geschäftsführerhaftung 4/28; *F/R-K* BT I^{3} 184. Siehe im Übrigen EBRV 1971, 302; *Rainer* in SbgK § 156 Rz 35. Eingehend zu dieser Problematik: *Lewisch*, ÖJZ 1998, 45 ff.

4 *K/Schm* BT II § 156, *Kirchbacher/Presslauer* in WK^{2} § 156 Rz 2.

5 Siehe oben Vorbem §§ 156 ff Rz 3 ff sowie unten Rz 7 f.

6 *Rainer* in SbgK § 156 Rz 3.

7 Siehe oben Vorbem §§ 156 ff Rz 12.

6 Für die Aburteilung des § 156 Abs 1 ist der **Einzelrichter** des Landesgerichts zuständig (§ 31 Abs 4 Z 1 StPO). Das **Grunddelikt**, das bereits ein Verbrechen darstellt, kann **diversionell** erledigt werden, nicht hingegen der Qualifikationstatbestand des § 156 Abs 2, der gem § 31 Abs 3 Z 1 StPO in die Zuständigkeit des Schöffengerichts fällt (§ 198 Abs 2 Z 1 StPO). Beachte im Übrigen § 20a StPO hinsichtlich der Zuständigkeit der WKStA für § 156 Abs 2. Für das Jahr 2010 werden im polizeilichen Kriminalitätsbericht 206 angezeigte Fälle ausgewiesen, davon vier Anzeigen wegen Versuchs. In der gerichtlichen Kriminalstatistik 2011 scheinen 101 Verurteilungen nach § 156 auf.

Beispielsfälle: Eric verkauft ein paar Tage vor Anmeldung der Insolvenz seinen Porsche um einen Spottpreis an seine Ehefrau (vgl OGH 10 Os 184/83 = SSt 55/44). Kirsten versteckt Teile ihres Schmucks bei einer Freundin. Benjamin verheimlicht sein Arbeitseinkommen gegenüber dem Insolvenzverwalter (OGH 11 Os 205/85). Franz verbringt 60.000 Euro ins Ausland, mit dem kein Vollstreckungsabkommen besteht (OGH 12 Os 118/87 = JBl 1988, 467). Michael, der Geschäftsführer der X-GmbH, lässt die Kunden der X-GmbH die Rechnungen auf das Konto der Y-GmbH einzahlen (OGH 15 Os 35, 36/00). Eva, eine leitende Angestellte der G-GmbH, behebt für einen Maledivenurlaub 10.000 Euro vom Konto der Gesellschaft und deckt diese Summe durch Scheinrechnungen von Subfirmen (OGH 15 Os 70/09x). In allen Fällen sind die Handelnden Schuldner mehrerer Gläubiger und es kommt in weiterer Folge zu einem partiellen oder vollständigen Befriedigungsausfall aufseiten mindestens eines Gläubigers, was vom zumindest bedingten Vorsatz der Handelnden umfasst ist.

II. Tatbestandsmäßigkeit nach § 156

Betrügerische Krida begeht, wer

- als Schuldner mindestens zweier Gläubiger
- vorsätzlich
- sein Vermögen wirklich oder zum Schein verringert
- und dadurch die Befriedigung wenigstens eines seiner Gläubiger zumindest schmälert.

1. Täter

7 Als unmittelbarer Täter kommt nur der Schuldner mindestens zweier Gläubiger bzw – gem § 161 Abs 1 – ein leitender Angestellter des Schuldners in Betracht (Sonderdelikt).[8] Gefordert ist sohin das Bestehen einer Gläubigermehrheit, laut OGH unter Berufung auf den Sinn des Gesetzes darüber hinaus sogar

8 Siehe nur *L/St* StGB[3] § 156 Rz 2 f; *Rainer* in SbgK § 156 Rz 4.

das Bestehen einer Mehrheit von abstrakt gefährdeten Gläubigern (also einer „potenziellen Opfermehrheit“, dh: Gläubiger, die durch das Verhalten des Täters nicht einmal abstrakt einen Nachteil erleiden könnten, zählen nicht hinzu).[9] Eine (letztlich) tatsächliche Opfermehrheit ist nicht erforderlich (siehe unten Rz 15).

Gläubiger können gleichermaßen Privatpersonen wie privatrechtliche Unternehmen oder öffentlichrechtliche Körperschaften (zB das Finanzamt hinsichtlich Abgaben)[10] sein, die einen Anspruch auf Befriedigung ihrer Forderungen aus dem Schuldnervermögen haben.[11] Die Gläubigereigenschaft ist unabhängig davon, ob die Forderung fällig ist oder der Gläubiger seine Forderung bereits geltend gemacht hat.[12]

Die Strafbarkeit von **Extranei**, dh Personen, die weder Schuldner noch in 8
§ 161 aufgezählt sind, richtet sich nach § 14 Abs 1, wenn sie im Einverständnis mit dem Intraneus (dem Schuldner bzw dessen leitenden Angestellten) handeln;[13] andernfalls siehe § 157.

2. Tathandlungen

Tathandlung ist jede wirkliche (= tatsächliche) oder scheinbare (= vorgetäusch- 9
te) Verringerung des Schuldnervermögens. Relevant ist das Vermögen im wirtschaftlichen, nicht im juristischen Sinn.[14] Als Tatobjekt (**Bestandteil des Vermögens**) kommt alles in Betracht, was dem Gläubigerzugriff durch Zwangsvollstreckung unterliegt[15] (körperliche Sachen, Forderungen, Rechte, einschließlich Geschäftsanteilen,[16] der Klientenstock eines Wirtschaftstreuhänders[17] sowie rechtlich und tatsächlich verfestigte konkrete Gewinnchancen).[18]

Eine **wirkliche Vermögensverringerung** liegt vor, wenn die Aktiva redu- 10
ziert oder die Passiva erhöht werden. Eine gleichzeitige bzw entsprechende Verringerung der Aktiva und der Passiva stellt keine Vermögensverringerung dar.[19] Das Gesetz nennt **beispielhaft** das **Veräußern** (also jedes rechtsgeschäftliche

9 OGH 11 Os 184/01; aA *Kirchbacher/Presslauer* in WK² § 156 Rz 5a f.

10 OGH 11 Os 59/86 = SSt 57/84.

11 OGH 12 Os 91/08m; 14 Os 53/03; *Fabrizy* StGB¹⁰ § 156 Rz 1; *L/St* StGB³ § 156 Rz 4.

12 OGH 12 Os 91/08m; *Kienapfel* BT II³ § 156 Rz 4; *Rainer* in SbgK § 156 Rz 11.

13 Siehe oben Vorbem §§ 156 ff Rz 11.

14 *Kienapfel* BT II³ § 156 Rz 11.

15 OGH 14 Os 170/95 = SSt 62/79; *L/St* StGB³ § 156 Rz 6; auch im Ausland befindliches Vermögen, sofern es dem exekutiven Zugriff der Gläubiger unterliegt (11 Os 60/88 = JBl 1989, 329; *Fabrizy* StGB¹⁰ § 156 Rz 2).

16 OGH 10 Os 46/87 = JUS-E 1988/6/27.

17 OGH 12 Os 90/90 = JUS-E 1991/6/580.

18 OGH JUS-E 1993/6/1338. Ebenso das Arbeitsentgelt (12 Os 21/06i), nicht hingegen die Arbeitskraft des Schuldners (12 Os 59/76 = SSt 47/47). Der Schuldner ist nicht verpflichtet, eine Arbeit aufzunehmen oder aufrechtzuerhalten (*L/St* StGB³ § 156 Rz 8; OGH 11 Os 205/85).

19 OGH 5 Os 1087/51 = SSt 23/21; *L/St* StGB³ § 156 Rz 10, 12. Siehe auch unten Rz 21.

Überlassen eines Vermögensbestandteils ohne Entgegennahme eines wirtschaftlichen Äquivalents, zB Verkauf unter Wert, Verschenken, Verzicht) oder **Beschädigen** (iSd § 125) eines Bestandteils des Vermögens.

11 Eine **scheinbare Vermögensverringerung** ist dann gegeben, wenn zwar der Vermögensstand unverändert bleibt, die Befriedigungschancen entgegen der wahren Situation jedoch als geringer dargestellt werden. **Beispielhaft** für die (lediglich) scheinbare Vermögensverringerung nennt das Gesetz das **Verheimlichen** (also das Entziehen des Vermögensbestandteils der Kenntnis des Gläubigers) oder **Beiseiteschaffen** eines Vermögensbestandteils (in einem weiten Sinn, also jede tatsächliche oder rechtliche Verhinderung des Zugriffs des Gläubigers)[20] sowie das **Vorschützen** (dh auf Initiative des Schuldners) **oder Anerkennen** (dh auf Initiative bzw unter Mitwirkung des angeblichen Gläubigers) einer **nicht bestehenden Verbindlichkeit**.

12 Das „Verheimlichen" von Vermögensbestandteilen ist das Verschleiern von deren Existenz, was bewirkt, dass diese dem Gläubiger bzw dessen Interessenvertreter, wie zB dem Insolvenzverwalter, entweder gänzlich unbekannt bleiben oder zumindest nicht als solche des Schuldners identifiziert werden. Dies kann etwa durch Irreführung über das Eigentum an einer Sache geschehen.[21] Eine lediglich falsche Behauptung des Schuldners gegenüber dem Exekutor über seine Vermögenssituation, etwa dass ein konkreter Gegenstand nicht ihm (sondern einem anderen) gehöre bzw nicht in seinem, sondern in fremdem Eigentum stehe, erfüllt den Tatbestand des § 156 allerdings nicht.[22] Der Einsatz zusätzlicher Täuschungsmittel vermag wohl idR ein tatbildliches Verheimlichen oder Beiseiteschaffen darzustellen.[23]

Verheimlichen durch Verschweigen setzt eine Rechtspflicht zur Offenbarung voraus.[24]

13 Neben diesen demonstrativ aufgezählten Tathandlungen kommt iSd gesetzlichen **Generalklausel** jede Verhaltensweise, die „sonst" das Schuldnervermögen „tatsächlich oder zum Schein verringert", in Betracht, sofern sie eine

---

20 *Rainer* in SbgK § 156 Rz 16; *Kirchbacher/Presslauer* in WK² § 156 Rz 15, 18. Im konkreten Einzelfall kann das Beiseiteschaffen auch eine wirkliche Vermögensverringerung darstellen (vgl *L/St* StGB³ § 156 Rz 9; *Kienapfel* BT II³ § 156 Rz 25; *Rainer* in SbgK § 156 Rz 41).

21 OGH 11 Os 29/83 = EvBl 1984/66.

22 Wie hier – mangels (wirklicher oder scheinbarer) Vermögensverringerung – *Lewisch* BT I² 273, 275 f (der im Übrigen zu Recht darauf hinweist, dass für die Vornahme einer Pfändung lediglich Gewahrsam, nicht jedoch Eigentum des Schuldners erforderlich sei); siehe auch – wenngleich insgesamt etwas vorsichtiger – im Kontext des § 162: *Kirchbacher/Presslauer* in WK² § 162 Rz 8a. AA *L/St* StGB³ § 162 Rz 8; *Rainer* in SbgK § 156 Rz 15; siehe auch OGH 4 Os 605/37 = SSt 17/110 (Beiseiteschaffen); 12 Os 141/81.

23 Tendenziell aA offenbar im Kontext des § 162: *Kirchbacher/Presslauer* in WK² § 162 Rz 8a.

24 OGH 12 Os 59/76 = SSt 47/47; *L/St* StGB³ § 156 Rz 10; *Rainer* in SbgK § 156 Rz 15. Im Rahmen der Beschuldigtenvernehmung im Strafverfahren besteht keine solche Offenbarungspflicht (Os IV 312/24 = SSt 4/96).

den gesetzlichen Regelbeispielen inhaltlich gleichwertige Tatmodalität darstellt.[25]

Beispiel: Eine gegenüber einem Gläubiger wahrheitswidrig erhobene Behauptung einer das gesamte Vermögen betreffenden Exekution durch einen Dritten – konkret das Vorbringen einer „Kontosperre" iS einer Forderungsexekution und einer Beschlagnahme des gesamten Warenbestands durch das Finanzamt – „entspricht im Wesentlichen einem aggraviert dargestellten Vorschützen einer nicht bestehenden Forderung", sofern dies die tatsächlich bestehende Befriedigungsmöglichkeit des Gläubigers de facto aussichtslos erscheinen lässt, die Verifizierung der – unwahren – Angaben des Täters über seine Vermögenssituation nicht verkehrsüblich ist oder dem Gläubiger nicht zugemutet werden kann und in Folge auf die Durchsetzung der Ansprüche zumindest partiell verzichtet wird.[26]

Beispiele aus der Rechtsprechung: Verschenken von Waren,[27] Verkauf von Gegenständen unter deren Wert,[28] Treiben übermäßigen persönlichen Aufwandes,[29] Abschluss eines langfristig unkündbaren ertraglosen Bestandvertrages (wodurch der mögliche Erlös aus der Verwertung der Liegenschaft reduziert wird),[30] Anerkennung und Befriedigung nicht zustehenden oder überhöhten Unterhalts,[31] Bezahlung von Schulden eines anderen Unternehmens aus dem Vermögen einer GmbH,[32] Vorlage eines Scheinvertrages,[33] Einräumung eines Belastungs- und Veräußerungsverbotes,[34] Ausschlagen einer Erbschaft,[35] Rückzahlung Eigenkapital ersetzender Darlehen an die Gesellschafter,[36] Honorarvorauszahlung an einen Rechtsanwalt,[37] Leistung von Zahlungen ohne zugrunde liegenden Leistungsaustausch durch Geschäftsführer aus dem Vermögen der GmbH für andere Gesellschaften, an denen die Geschäftsführer beteiligt sind;[38] sowie oben genannte Beispielsfälle. 14

25 OGH 12 Os 152/09h (zur sonstigen scheinbaren Vermögensverringerung).
26 OGH 12 Os 152/09h.
27 OGH 14 Os 174/93 = JUS-E 1994/6/1507.
28 OGH 10 Os 184/83 = SSt 55/44.
29 OGH 5 Os 911/53 = EvBl 1954/127.
30 OGH 9 Os 190/81 = EvBl 1982/157; 15 Os 60/90 = WoBl 1991, 241.
31 OGH 15 Os 16/92 = SSt 61/106.
32 OGH 15 Os 13, 14/00.
33 OGH 14 Os 127/01; 12 Os 189/10a.
34 OGH 12 Os 87, 88/97 = SSt 62/140; JBl 11 Os 184/01 = 2003, 952; krit *F/R-K* BT I^3 184.
35 OGH 13 Os 77/90 = JUS-E 1991/6/545.
36 OGH 11 Os 41/02 = JBl 2003, 592 m Anm *Köck*; 11 Os 76/03, *Kirchbacher/Presslauer* in WK^2 § 156 Rz 17a; *B/S* BT I^{11} § 156 Rz 8; aA *Lewisch* BT I^2 273, 277.
37 OGH 11 Os 87/90.
38 OGH 15 Os 38/08i. Siehe auch 12 Os 176/11s.

3. Vollendung

15 Vollendet ist die betrügerische Krida zu dem Zeitpunkt, ab dem es außer Zweifel steht, dass zumindest einer der Gläubiger infolge des tatbestandsmäßigen Verhaltens einen vollständigen oder wenigstens partiellen Befriedigungsausfall erleidet; der Erfolg liegt in der tatsächlichen Beeinträchtigung, nicht schon in der Gefährdung der Befriedigungsinteressen.[39] Zwar erfordert der Tatbestand Gläubigermehrheit (siehe oben Rz 7), nicht hingegen (tatsächliche) Opfermehrheit.[40] Es genügt der einen einzigen Gläubiger treffende effektive Befriedigungsausfall.[41] Die Tathandlung der (tatsächlichen oder scheinbaren) Vermögensverringerung muss für den Befriedigungsausfall kausal sein.[42]

16 Im Falle der tatsächlichen Vermögensverringerung tritt die Vollendung des Delikts bereits mit dem Ausschluss des Zugriffs des Gläubigers ein, dh mit der Beschädigung oder Veräußerung,[43] dies jedoch nur, sofern auch tatsächlich eine Gläubigerbenachteiligung eintritt. Tatsächliche Vermögensverringerung kann daher zugleich Befriedigungsausfall (und damit Vollendung) bedeuten, wenn dadurch das Vermögen zur Begleichung der Schulden nicht mehr ausreicht bzw das bereits unzulängliche Schuldnervermögen noch weiter reduziert wird.[44] Es bedarf jedenfalls keiner – erfolglosen – Inanspruchnahme des Schuldners.[45]

17 Bei scheinbarer Vermögensverringerung tritt die Vollendung demgegenüber erst ein, „sobald der scheinbar verringerte Befriedigungsfonds Gegenstand einer seine Verwertung betreffenden konkreten Disposition der Gl[äubiger] oder des Gerichtes“[46] ist, dh sobald sich die scheinbare Vermögensverringerung auswirkt.[47]

Die Gläubigerschädigung muss keine endgültige bzw dauernde sein; könnte die Vermögensverringerung im Rechtsweg (zB mittels Anfechtungsklage) rückgängig gemacht werden, so ändert dies nichts an der bereits eingetretenen Schmä-

---

39 OGH 12 Os 189/10a; 12 Os 21/06i; 15 Os 120/05v.

40 OGH 12 Os 176/11s; 12 Os 91/08m; 14 Os 53/03; Os 230/26 = SSt 6/69; *Kienapfel* BT II[3] § 156 Rz 2; *L/St* StGB[3] § 156 Rz 4; *Fabrizy* StGB[10] § 156 Rz 1; vgl auch *Kirchbacher/Presslauer* in WK[2] § 156 Rz 5b, die diese Aussage allerdings auch auf die potenzielle Opfermehrheit ausdehnen.

41 OGH 12 Os 176/11s; 14 Os 42/09x; 12 Os 91/08m.

42 OGH 12 Os 189/10a; 11 Os 65/01.

43 Nach der Rspr schon mit Vertragsabschluss: OGH 9 Os 3/86; 10 Os 184/83= SSt 55/44; siehe auch *Rainer* in SbgK § 156 Rz 41; *L/St* StGB[3] § 156 Rz 16; wohl auch *Fabrizy* StGB[10] § 156 Rz 3; aA *Kienapfel* BT II[3] § 156 Rz 16, 25 (lediglich Versuch); *Lewisch*, ÖJZ 1998, 455 ff. *Kirchbacher/Presslauer* in WK[2] § 156 Rz 11, 23, weisen zu Recht darauf hin, dass es bei der Deliktsvollendung auf die Gläubigerbenachteiligung und nicht auf den Abschluss der Tathandlung ankommt.

44 StRspr: siehe nur OGH 10 Os 194/81; 12 Os 63/96; vgl *Kirchbacher/Presslauer* in WK[2] § 156 Rz 19a; krit *Lewisch*, ÖJZ 1998, 455 ff.

45 OGH 14 Os 141/02.

46 *Rainer* in SbgK § 156 Rz 41; *L/St* StGB[3] § 156 Rz 16; OGH 12 Os 189/10a; 12 Os 152/09h; 12 Os 31/07m; 10 Os 184/83= SSt 55/44; aA *B/S* BT I[11] § 156 Rz 11.

47 Vgl *Fabrizy* StGB[10] § 156 Rz 7.

lerung der Befriedigung des Gläubigers und damit Vollendung des Delikts.[48] Lediglich unwesentliches zeitliches Verzögern der fälligen Forderungsbefriedigung ist nicht tatbestandsmäßig.[49]

Kommt es trotz Gelingens der – vom Schädigungsvorsatz getragenen – Vermögensverringerung nicht zur Gläubigerschädigung, kann Versuch vorliegen.[50] 18
Im Übrigen kann Versuch gegeben sein, wenn die (wirkliche oder scheinbare) Vermögensverringerung nicht gelingt.

Die Freiwilligkeit des Rücktritts vom Versuch (§ 16) wird durch einen Appell der Gläubiger bzw des Insolvenzverwalters nicht ausgeschlossen.[51]

4. Subjektive Tatseite

Der (zumindest bedingte) Vorsatz des Täters muss auf die Schuldnereigen- 19
schaft, die (wirkliche oder scheinbare) Vermögensverringerung sowie auf deren Konsequenz des Befriedigungsausfalls gerichtet sein. Das Motiv des Täters ist irrelevant.[52] Im Falle mangelnden (Beweises des) Vorsatzes kommt fahrlässige Begehung gem § 159 in Betracht.

Vermeint ein Schuldner irrtümlich eine zu Recht bestehende Forderung zu begleichen, so verringert er zwar dadurch objektiv betrachtet sein Vermögen, tut dies aber unvorsätzlich. Eine Bestrafung nach § 156 kommt daher nicht in Betracht, allenfalls jedoch nach § 158.[53]

III. Qualifikation

Die Deliktsqualifikation des Abs 2, die vom (zumindest bedingten) Vorsatz 20
des Täters umfasst sein muss, stellt auf die Herbeiführung eines 50.000 Euro übersteigenden Schadens ab. Es kommt dabei auf die Höhe des – durch den Betrag der Vermögensverringerung limitierten – Befriedigungsausfalls, also auf die Summe der unbefriedigten Forderungen an.[54]

IV. Abgrenzung und Konkurrenzen

1. Dem Tatbestand des § 156 entsprechende Verhaltensweisen eines Extra- 21
neus ohne Einverständnis mit dem Schuldner sind nach § 157 strafbar.

---

48 OGH 12 Os 152/09h (ist lediglich objektive Schadensgutmachung); 12 Os 31/07m; 11 Os 38/05f.

49 *Kienapfel* BT II³ § 156 Rz 17; OGH 12 Os 189/10a; 15 Os 206/96.

50 OGH 12 Os 189/10a; 14 Os 42/09x; 14 Os 22/08d; 11 Os 92/02.

51 *Kirchbacher/Presslauer* in WK² § 156 Rz 24. Zum Rücktritt vom Versuch siehe auch OGH 12 Os 189/10a.

52 *Kirchbacher/Presslauer* in WK² § 156 Rz 21; OGH 9 Os 190/81 = EvBl 1982/157.

53 *Rainer* in SbgK § 158 Rz 7.

54 OGH 15 Os 120/05v; 15 Os 38/08i; *Rainer* in SbgK § 156 Rz 50.

2. Die Bezahlung bestehender – nicht notwendig auch fälliger – Forderungen stellt keine Vermögensverringerung dar, sodass dadurch keine betrügerische Krida begangen werden kann;[55] in Betracht kommt § 158, wenn der Schuldner dadurch einen Gläubiger nach Eintritt der Zahlungsunfähigkeit bevorzugt.

3. Mit grob fahrlässiger Benachteiligung von Gläubigerinteressen gem § 159 Abs 5 Z 1, 2 oder 3 kommt echte Konkurrenz in Betracht. Bei einheitlichem Tatgeschehen und Identität des Objekts tritt jedoch die fahrlässige Begehung nach § 159 hinter die vorsätzliche Begehung nach § 156 zurück (Subsidiarität).[56]

4. Zum Verhältnis zu § 162 siehe unten bei § 162. § 292a ist gegenüber § 156 subsidiär.[57]

5. Mit allgemeinen Vermögensdelikten ist Idealkonkurrenz möglich, so zB mit Untreue gem § 153.[58] Mit Betrug ist jedoch nur Realkonkurrenz denkbar, da Täuschung zum Zwecke der betrügerischen Krida durch § 156 abschließend geregelt wird.[59]

6. Mit § 153c besteht echte Konkurrenz.[60]

Zentrale Probleme zur Wiederholung: *Weite des Tatbestands; Vollendung.*

55 OGH 15 Os 91/94 = JUS-E 1994/6/1548.

56 *Kirchbacher/Presslauer* in WK[2] § 159 Rz 98; OGH 15 Os 54/09v; 11 Os 196/09x.

57 OGH 13 Os 90/94 = ÖJZ-LSK 1995/70.

58 OGH 10 Os 170/80 = SSt 53/45.

59 *Kirchbacher/Presslauer* in WK[2] § 156 Rz 27; *Rainer* in SbgK § 156 Rz 49; siehe auch *L/St* StGB[3] § 156 Rz 22; aA *Köck* Wirtschaftsstrafrecht[2] 123.

60 OGH 14 Os 170/07t.

B. Schädigung fremder Gläubiger (§ 157)

I. Überblick

1 Die Schädigung fremder Gläubiger ist die **vorsätzliche (wirkliche** oder **scheinbare) Verringerung** des Schuldnervermögens durch einen (beliebigen) Dritten (dh Außenstehenden) ohne Einverständnis des Schuldners, wodurch zumindest **einer der Gläubiger** einen **Befriedigungsausfall** erleidet. Mit gewissen Einschränkungen mit Blick auf die Tathandlungen wird das in § 156 statuierte – und durch § 161 erweiterte – Verbot der Gläubigerbeeinträchtigung somit auch an Dritte gerichtet, die ohne Einverständnis des Schuldners agieren. § 157 ist im Gegensatz zu § 156 ein **Allgemeindelikt**.

2 Dritte, die an § 156 entsprechenden Tathandlungen des Schuldners (bzw eines leitenden Angestellten iSd § 161) mitwirken, werden allenfalls gem §§ 12 2. oder 3. Fall, 14 Abs 1, 156 als Beteiligte strafbar. Ohne einverständliche Mitwirkung des Schuldners ist eine Beteiligung an § 156 nicht denkbar; diese Lücke schließt § 157.[1]

3 Geschütztes **Rechtsgut** ist auch hier das **Vermögen** in Gestalt des **Gläubigerinteresses an der Forderungsbefriedigung** gegenüber dem (nicht als Täter agierenden) Schuldner.[2] Auch bei § 157 handelt es sich um ein **Erfolgsdelikt.**

4 Die Struktur des § 157 entspricht im Wesentlichen jener des § 156. Im Folgenden werden daher nur die Besonderheiten des § 157 bzw die Unterschiede zur Regelung des § 156 hervorgehoben. Im Übrigen kann auf die obigen Ausführungen zu § 156 verwiesen werden.

5 Zur sachlichen Zuständigkeit sowie zur Diversionstauglichkeit siehe § 156 Rz 6. Für das Jahr 2010 werden im polizeilichen Kriminalitätsbericht vier angezeigte Fälle ausgewiesen. In der gerichtlichen Kriminalstatistik 2011 scheinen insgesamt zehn Verurteilungen nach den §§ 157 und 158 auf.

Beispielsfall: Johanna, die Ehefrau des Schuldners Eric, schafft ohne Wissen ihres Ehemannes dessen Münzensammlung im Wert von 30.000 Euro sowie 3.000 Euro in bar aus dessen Schreibtischschublade in ein nur ihr bekanntes Versteck, um diese im Fall des Falles vor den Gläubigern zu retten. Die 3.000 Euro gibt sie – wie von Anfang an geplant – in weiterer Folge für einen Urlaub mit ihrer Mutter aus. Das Schuldnervermögen reicht ohne die 33.000 Euro zur Befriedigung sämtlicher Forderungen nicht mehr aus (vgl DokStGB 174).

1 *K/Schm* BT II § 157.

2 *K/Schm* BT II § 156; *Kirchbacher/Presslauer* in WK^2 § 157 Rz 1; *Rainer* SbgK § 157 Rz 4.

II. Tatbestandsmäßigkeit nach § 157

Schädigung fremder Gläubiger begeht, wer
- als Dritter
- ohne Einverständnis mit dem Schuldner mindestens zweier Gläubiger
- vorsätzlich
- das Schuldnervermögen durch eine der taxativ genannten Tathandlungen wirklich oder zum Schein verringert
- und dadurch die Befriedigung wenigstens eines der Gläubiger zumindest schmälert.

1. Täter

6 Täter des Allgemeindelikts des § 157 kann jeder außenstehende **Dritte** sein, der nicht Schuldner (bzw aufgrund § 161 oder als Beteiligter aufgrund §§ 12, 14 – also im Einverständnis mit dem Schuldner oder leitenden Angestellten iSd § 161 handelnd – gem § 156 strafbar) ist und **ohne** dessen **Einverständnis** handelt. Das Einverständnis des Schuldners liegt bereits dann vor, wenn dieser Kenntnis vom gläubigerschädigenden Verhalten hat und den Dritten gewähren lässt.[3] Zur Gläubigermehrheit siehe oben § 156 Rz 7.

Neben der im Beispielsfall erwähnten Ehegattin kommen als Täter – neben jedem anderen Dritten – insbesondere auch Angestellte des Schuldners oder Gläubigers in Betracht.[4]

2. Tathandlungen

7 Die Tathandlungen des § 157 werden **taxativ** aufgezählt und entsprechen im Wesentlichen jenen Verhaltensweisen, die in § 156 als Regelbeispiele genannt sind. Es fehlt jedoch die in § 156 enthaltene Generalklausel, die jede sonstige Vermögensverringerung erfasst.

8 Als tatbestandsmäßige tatsächliche oder scheinbare Vermögensverringerung gem § 157 kommt sohin (lediglich) in Betracht: das Verheimlichen, Beiseiteschaffen, Veräußern oder Beschädigen von Bestandteilen des Schuldnervermögens (siehe dazu wie auch zum Vermögensbegriff § 156 Rz 9 ff) sowie das Geltendmachen eines nicht bestehenden Rechts,[5] also einer Scheinforderung (nicht erfasst sind hingegen: bestrittene oder verjährte sowie nicht fällige oder bedingte Forderungen).[6]

---

3 Siehe nur *Kienapfel* BT II³ § 157 Rz 7 mN; *L/St* StGB³ § 157 Rz 5; *Kirchbacher/Presslauer* in WK² § 157 Rz 2 mN.

4 *Kienapfel* BT II³ § 157 Rz 2; *L/St* StGB³ § 157 Rz 2.

5 Als Pendant zum Vorschützen oder Anerkennen einer nicht bestehenden Verbindlichkeit gem § 156.

6 *L/St* StGB³ § 157 Rz 3; *Kirchbacher/Presslauer* in WK² § 157 Rz 4; *Rainer* in SbgK § 157 Rz 8.

Mangels Generalklausel kommen zB der Verzicht oder das Verfallenlassen von Rechten oder Forderungen, das Anerkennen von Verbindlichkeiten des Schuldners oder buchhalterische Manipulationen zur scheinbaren Vermögensverringerung nicht als Tathandlungen des § 157 in Betracht.[7]

Zur Vermögensverringerung siehe § 156 Rz 10 f. Nimmt im Beispielsfall die Ehefrau des Schuldners weitere 2.000 Euro aus dem Schuldnervermögen und bezahlt damit Schulden ihres Ehemannes, so steht der Verringerung der Aktiva eine entsprechende Verringerung der Passiva gegenüber; es liegt also insoweit keine tatbestandliche Vermögensverringerung vor. Die Ehefrau bleibt straflos (dies gilt auch mit Blick auf § 158, da eine dem § 157 entsprechende Regelung betreffend Dritte für den Bereich des § 158 nicht existiert).[8] 9

Zur **Vollendung** siehe § 156 Rz 15 ff. Nach der Rspr liegt die effektive Benachteiligung mindestens eines Gläubigers und damit Deliktsvollendung im Falle wirklicher Vermögensverringerung immer (schon) dann vor, wenn der Vermögensbestandteil – etwa durch Veräußerung – aus dem exekutiv realisierbaren Schuldnervermögen ausgeschieden ist.[9] Dies trifft freilich nur dann zu, wenn dadurch das Vermögen zur Begleichung der Schulden nicht mehr ausreicht bzw das bereits unzulängliche Schuldnervermögen noch weiter reduziert wird (siehe § 156 Rz 16). 10

3. Subjektive Tatseite

Der (zumindest bedingte) Vorsatz des Täters muss auf die (wirkliche oder scheinbare) Vermögensverringerung sowie auf deren Konsequenz des Befriedigungsausfalls gerichtet sein. 11

Das Motiv, dass mit der Tathandlung zugleich ein für den Schuldner oder dessen Angehörige besonderer ideeller Wert dem Gläubigerzugriff entzogen werden soll,[10] schließt bedingten Tatvorsatz nicht aus. Insoweit unerheblich ist auch, ob der Täter Vermögensbestandteile für den Schuldner oder ausschließlich für sich selbst retten will.

Hat der Täter vor, den zunächst vorsätzlich herbeigeführten Gläubigerschaden später durch Schadensgutmachung zu beseitigen, so stellt dies die Verwirklichung der subjektiven Tatseite nicht infrage.[11]

---

7 OGH 12 Os 88/85 = SSt 56/87; *Kienapfel* BT II³ § 157 Rz 4; *Rainer* in SbgK § 157 Rz 8; *L/St* StGB³ § 157 Rz 3.

8 *Rainer* in SbgK § 157 Rz 9; *B/S* BT I¹¹ § 156 Rz 8, § 157 Rz 1, § 158 Rz 1.

9 OGH 12 Os 63/96. Zum Erfordernis der Kausalität von Tathandlung und Erfolg siehe 12 Os 82/83 = SSt 54/81.

10 *Fabrizy* StGB¹⁰ § 157 Rz 1.

11 OGH 10 Os 117/86.

III. Qualifikation

12 Der in § 157 enthaltene Verweis auf § 156 („Ebenso ist zu bestrafen, ...") umfasst auch die Deliktsqualifikation des § 156 Abs 2, welche auf die Herbeiführung eines 50.000 Euro übersteigenden Schadens abstellt.[12] Die Überschreitung der qualifikationsbegründenden Wertgrenze muss vom (zumindest bedingten) Vorsatz des Täters erfasst sein.

IV. Abgrenzung und Konkurrenzen

13 **1.** Wird durch eine der gegen die Befriedigung der Gläubigerinteressen gerichteten Tathandlungen des § 157 auch ein Vermögensdelikt zum Nachteil des Schuldners begangen (zB Sachbeschädigung, Diebstahl oder Veruntreuung) – beschädigt oder stiehlt etwa die Ehefrau Bestandteile aus dem Schuldnervermögen ihres Ehemannes –, so liegt aufgrund des Umstandes, dass § 157 nicht das Schuldnervermögen, sondern das Vermögen in Gestalt der Befriedigungsinteressen der Gläubiger schützt, **echte Konkurrenz** vor, sofern der jeweils erforderliche Tatvorsatz vorliegt.[13] Zu berücksichtigen ist freilich auch § 166 (Begehung im Familienkreis), der nicht auf die Kridadelikte, jedoch auf zahlreiche andere Vermögensdelikte Anwendung findet.[14]

2. Zum Verhältnis zu § 163 siehe unten bei § 163.

Zentrales Problem zur Wiederholung: *Vollendung.*

---

12 „Versteckte Deliktsqualifikation" (*Kienapfel* BT II[3] § 157 Rz 9).

13 *Kienapfel* BT II[3] § 157 Rz 8; *L/St* StGB[3] § 157 Rz 12; *Kirchbacher/Presslauer* in WK[2] § 157 Rz 6; *F/R-K* BT I[3] 184 f; aA *B/S* BT I[11] § 157 Rz 2.

14 *Kirchbacher/Presslauer* in WK[2] § 157 Rz 6.

C. Begünstigung eines Gläubigers (§ 158)

I. Überblick

1 Begünstigung eines Gläubigers ist die **nach** Eintritt der **Zahlungsunfähigkeit** vorgenommene **vorsätzliche Bevorzugung** eines Gläubigers (allenfalls des vom Täter geleiteten Unternehmens, siehe § 161 Abs 1), wodurch zumindest **einer der Gläubiger** einen **Befriedigungsausfall** erleidet.

2 § 158 ist Ausfluss des Gleichbehandlungsgebots:[1] Gläubiger sollen nicht dadurch schlechtergestellt werden, dass der Schuldner (einen) einzelne(n) Gläubiger durch Forderungsbegleichung (über die Insolvenzquote hinaus) bevorzugt behandelt.[2] Geschütztes **Rechtsgut** ist das **Vermögen** in Gestalt des **Gläubigerinteresses an der (gleichmäßigen) Befriedigung der Forderungen** gegenüber dem Schuldner.[3]

3 § 158 Abs 1 ist ein **Sonderdelikt** iSd § 14 Abs 1; zu beachten ist auch § 161 Abs 1.[4]

4 Bei § 158 Abs 1 handelt es sich des Weiteren um ein **Erfolgsdelikt**. Der Erfolg besteht in der effektiven Beeinträchtigung der Befriedigung zumindest eines Gläubigers (Verletzungsdelikt); eine Gefährdung des Gläubigerinteresses reicht nicht aus.[5] Kausalität und objektive Zurechnung sind nach den allgemeinen Regeln zu prüfen. Als Erfolgsdelikt kann § 158 in Verbindung mit § 2 auch durch **Unterlassen** begangen werden; dies setzt insbesondere Garantenstellung voraus. Als Vorsatzdelikt kann § 158 Abs 1 **versucht** werden.

5 Für die Aburteilung des § 158 Abs 1 ist der **Einzelrichter** des Landesgerichts zuständig (§ 31 Abs 4 Z 1 StPO). Eine Qualifikation ist nicht vorgesehen. Das Delikt kann **diversionell** erledigt werden. Für das Jahr 2010 werden im polizeilichen Kriminalitätsbericht 18 angezeigte Fälle ausgewiesen. In der gerichtlichen Kriminalstatistik 2011 scheinen insgesamt zehn Verurteilungen nach §§ 157, 158 auf.

Beispielsfall: Die Geschäftsführerin Heidi der zahlungsunfähigen G-GmbH, die Schuldner zahlreicher Gläubiger ist, zahlt den Lohn an ihren im Unternehmen angestellten Ehemann vollständig aus, wodurch es zu einem partiellen Befriedigungsausfall aufseiten mehrerer Gläubiger kommt, was vom bedingten Vorsatz der Handelnden umfasst ist.

---

1 *L/St* StGB[3] § 158 Rz 1; *Kirchbacher/Presslauer* in WK[2] § 158 Rz 1.
2 *Kirchbacher/Presslauer* in WK[2] § 158 Rz 4; *F/R-K* BT I[3] 185.
3 *K/Schm* BT II § 156; *Kirchbacher/Presslauer* in WK[2] § 158 Rz 2; *Rainer* in SbgK § 158 Rz 11; *Fabrizy* StGB[10] § 158 Rz 1.
4 Siehe oben Vorbem §§ 156 ff Rz 3 ff sowie unten Rz 6 f.
5 *Rainer* in SbgK § 158 Rz 2 f.

II. Tatbestandsmäßigkeit nach § 158

Begünstigung eines Gläubigers begeht, wer
- als Schuldner mindestens dreier Gläubiger
- vorsätzlich
- nach Eintritt der Zahlungsunfähigkeit
- die Forderung eines Gläubigers bevorzugt befriedigt
- und dadurch die Befriedigung wenigstens eines seiner Gläubiger zumindest schmälert.

1. Täter

6 Als unmittelbarer Täter kommt nur der Schuldner mindestens dreier Gläubiger bzw – gem § 161 Abs 1 – ein leitender Angestellter des Schuldners in Betracht **(Sonderdelikt)**.[6] Gefordert ist sohin auch hier das Bestehen einer Gläubigermehrheit. Die **hM** fordert – wohl von teleologischen Erwägungen geleitet – lediglich **zwei Gläubiger**.[7] Dem steht jedoch der Wortlaut der Bestimmung entgegen („und dadurch die anderen Gläubiger oder wenigstens einen von *ihnen* benachteiligt").[8]

7 Die Strafbarkeit von **Extranei**, dh Personen, die weder Schuldner noch in § 161 aufgezählt sind, richtet sich nach §§ 12 2. Fall oder 3. Fall, 14 Abs 1.[9] Siehe aber den Strafausschließungsgrund des Abs 2 (unten Rz 14 ff).

2. Tathandlungen

8 Tathandlung ist das Begünstigen (zumindest) eines Gläubigers gegenüber den anderen, dh die Zahlung (oder Sicherstellung) eines höheren Betrages (aus dem Schuldnervermögen) als dem Gläubiger aus dem Befriedigungsfonds anteilsmäßig zusteht.[10] Unter dieser Voraussetzung ist das Begleichen einer tatsächlich bestehenden Forderung tatbestandsmäßig. Das tatbestandsmäßige Verhalten besteht in einer die Insolvenzvorschriften missachtenden **Verschiebung** der Stellung der Gläubiger zueinander. Der Stand der Aktiva und Passiva bleibt dabei unverändert, es kommt zu keiner Vermögensverringerung; dies ist einer der entscheidenden Unterschiede zu den §§ 156 f.[11]

9 Voraussetzung ist **eingetretene Zahlungsunfähigkeit** (Schuldnerinsolvenz); dies ist ein weiterer entscheidender Unterschied zu den §§ 156 f (bei diesen kann Zahlungsunfähigkeit vorliegen, ist aber nicht Voraussetzung). Ob ein Insolvenzverfahren anhängig ist, ist irrelevant;[12] ebenso, ob ein solches bereits

---

6 Vgl *L/St* StGB³ § 158 Rz 2; *Kirchbacher/Presslauer* in WK² § 158 Rz 2.

7 *L/St* StGB³ § 158 Rz 2; *Kirchbacher/Presslauer* in WK² § 158 Rz 2; *Rainer* in SbgK § 158 Rz 4, 9, 21; *Fabrizy* StGB¹⁰ § 158 Rz 1; *F/R-K* BT I³ 185; *B/S* BT I¹¹ § 158 Rz 1.

8 So schon zu Recht *Lewisch* BT I² 276.

9 *Rainer* in SbgK § 158 Rz 21; siehe auch oben Vorbem §§ 156 ff Rz 11.

10 *L/St* StGB³ § 158 Rz 4; *Kienapfel* BT II³ § 158 Rz 3; *Rainer* in SbgK § 158 Rz 10.

11 OGH 11 Os 127/85; *Kirchbacher/Presslauer* in WK² § 158 Rz 1, 4; *Rainer* in SbgK § 158 Rz 7; *F/R-K* BT I³ 185.

12 OGH 15 Os 113/95; *Kirchbacher/Presslauer* in WK² § 158 Rz 5.

mangels Masse abgelehnt wurde.[13] Zum Begriff der Zahlungsunfähigkeit siehe § 159 Rz 9.

Die Einhaltung gesetzlicher Verpflichtungen kann insb in den folgenden Fällen keine Strafbarkeit nach § 158 Abs 1 nach sich ziehen: Wer seine Steuerpflicht erfüllt[14] oder Dienstgeberbeiträge an die Versicherungsträger abführt,[15] macht sich nicht gem § 158 Abs 1 strafbar. Fiskus und die genannten Versicherungsträger sind demnach (gesetzlich) begünstigte Gläubiger. 10

3. Vollendung

Vollendet ist die Gläubigerbegünstigung zu dem Zeitpunkt, ab dem es außer Zweifel steht, dass zumindest einer der Gläubiger infolge des tatbestandsmäßigen Verhaltens (Begünstigung) einen vollständigen oder wenigstens partiellen **Befriedigungsausfall** (Benachteiligung) erleidet; das ist das Abzweigen eines Vermögensteiles zur gesonderten Befriedigung eines anderen Gläubigers.[16] Bis zu diesem Zeitpunkt kommt Versuch in Betracht.[17] 11

Die Gläubigerbenachteiligung muss keine dauernde sein; könnte diese im Rechtsweg (zB mittels Anfechtungsklage) rückgängig gemacht werden, so ändert dies nichts an der bereits eingetretenen Vollendung des Delikts.[18] 12

4. Subjektive Tatseite

Der (zumindest bedingte) Vorsatz des Täters muss auf die Schuldnereigenschaft, die eingetretene Zahlungsunfähigkeit, die Begünstigung eines Gläubigers sowie auf deren Konsequenz des Befriedigungsausfalls gerichtet sein. Siehe auch unten Rz 19. 13

Die zivilprozessrechtliche Anfechtungsmöglichkeit betreffend das begünstigende Rechtsgeschäft schließt weder objektiv den Eintritt der Gläubigerbenachteiligung aus noch subjektiv den Vorsatz auf diese.[19]

III. Strafausschließungsgrund des Abs 2

Abs 2, der ausschließlich tatbestandsmäßige Handlungen gem § 158 Abs 1 für straflos erklärt, kommt dem Gläubiger zugute, der den Schuldner zur Si- 14

13 *Kienapfel* BT II[3] § 158 Rz 6; *L/St* StGB[3] § 158 Rz 4; *Rainer* in SbgK § 158 Rz 9.

14 OGH 13 Os 90/86 = SSt 57/55.

15 Andernfalls müsste man sich nach § 153c strafbar machen, um einer Strafbarkeit nach § 158 zu entgehen. Vgl auch *F/R-K* BT I[3] 185.

16 *Rainer* in SbgK § 158 Rz 19; *L/St* StGB[3] § 158 Rz 5; *Kirchbacher/Presslauer* in WK[2] § 158 Rz 6.

17 *L/St* StGB[3] § 158 Rz 7; *Kirchbacher/Presslauer* in WK[2] § 158 Rz 6; *Rainer* in SbgK § 158 Rz 20 (zB bei Nichtannahme der angebotenen Begünstigung).

18 OGH 10 Os 153/83; *L/St* StGB[3] § 158 Rz 5; *Kienapfel* BT II[3] § 158 Rz 8; *Kirchbacher/Presslauer* in WK[2] § 158 Rz 6.

19 OGH 10 Os 153/83.

cherstellung oder Zahlung einer *ihm* zustehenden Forderung verleitet oder diese annimmt. Gäbe es diesen **persönlichen Strafausschließungsgrund**[20] nicht, so wäre der Gläubiger als Beteiligter strafbar.[21]

Der Strafausschließungsgrund nach Abs 2 bezieht sich lediglich auf § 158 Abs 1. Bringt der Gläubiger den Schuldner durch Täuschung, Drohung oder Gewalt dazu, ihn zu begünstigen, so kommt Strafbarkeit wegen Betruges oder Nötigung in Betracht.[22] Zu beachten ist jedoch, dass es dem Gläubiger beim sog „Selbsthilfebetrug" gegenüber dem Schuldner in Bezug auf die ihm zustehende Forderung am Vorsatz, sich unrechtmäßig zu bereichern, mangelt. Anderes gilt, wenn der Gläubiger den Insolvenzverwalter dazu veranlasst, ihm entgegen der nach der IO vorgesehenen Quotenbefriedigung eine höhere Leistung zukommen zu lassen; hier wird gegenüber der Masse eine unrechtmäßige Bereicherung angestrebt.[23]

15 Die Gläubigerbegünstigung initiierende oder unterstützende Dritte sind dann nicht privilegiert, wenn sie aufseiten des Schuldners agieren. Treten sie hingegen helfend auf der Gläubigerseite auf, so spricht vieles für eine analoge Anwendung des Abs 2 auch auf diese.[24]

16 *Steht* dem Gläubiger die Forderung *nicht zu*, weil es sich etwa um eine bestrittene oder bedingte Forderung handelt, so macht er sich strafbar wegen Beteiligung (§§ 12 2. Fall oder 3. Fall, 14 Abs 1) an § 158 Abs 1.[25]

17 Das Bewirken oder Fördern der Begünstigung (auch) *anderer* Gläubiger ist strafbar als Beteiligung (§§ 12 2. Fall oder 3. Fall, 14 Abs 1) an § 158 Abs 1.[26]

IV. Abgrenzung und Konkurrenzen

18 **1.** Bezahlt der Schuldner tatsächlich bestehende Forderungen, so kann – mangels Vermögensverringerung – niemals § 156, sondern lediglich allenfalls § 158 zur Anwendung gelangen.[27] Durch das Begleichen bloßer Scheinforderungen wird das Schuldnervermögen verringert, sodass § 156 vorliegt.[28]

---

20 *Kienapfel* BT II³ § 158 Rz 12 (Berücksichtigung der eigenen Bedrängnis „vorpreschender" Gläubiger); *L/St* StGB³ § 158 Rz 11; *Kirchbacher/Presslauer* in WK² § 158 Rz 10; aA *Rainer* in SbgK § 158 Rz 21 (sachlicher Strafausschließungsgrund).

21 Krit *Kienapfel* BT II³ § 158 Rz 14; *B/S* BT I¹¹ § 158 Rz 6.

22 DokStGB 174; *Kirchbacher/Presslauer* in WK² § 158 Rz 10; *Rainer* in SbgK § 158 Rz 21.

23 OGH 14 Os 100/03.

24 *Kienapfel* BT II³ § 158 Rz 13; ähnlich *Rainer* in SbgK § 158 Rz 21 (allerdings keine Analogie, sondern sachlicher Strafausschließungsgrund); siehe auch *B/S* BT I¹¹ § 158 Rz 6.

25 *Kirchbacher/Presslauer* in WK² § 158 Rz 11.

26 *Kirchbacher/Presslauer* in WK² § 158 Rz 12.

27 *L/St* StGB³ § 158 Rz 8.

28 *Rainer* in SbgK § 158 Rz 7; *Kirchbacher/Presslauer* in WK² § 158 Rz 8; *B/S* BT I¹¹ § 158 Rz 2.

2. Begünstigt der Schuldner, der Kenntnis von seiner Zahlungsunfähigkeit hat, einen Gläubiger im Vertrauen darauf,[29] dass er (zB aufgrund der erwarteten Verbesserung seiner wirtschaftlichen Lage) alle Gläubiger in angemessener Zeit befriedigen kann, so kommt eine Strafbarkeit gem § 158 mangels Vorsatzes nicht in Betracht, möglicherweise jedoch eine gem § 159. Dasselbe gilt, wenn der Schuldner seine Zahlungsunfähigkeit sorgfaltswidrig nicht erkennt.[30] 19

29 *Kienapfel* BT II³ § 158 Rz 16; *Rainer* in SbgK § 158 Rz 8, 14; *L/St* StGB³ § 158 Rz 9 (lassen die Hoffnung des Schuldners ausreichen); *Kirchbacher/Presslauer* in WK² § 158 Rz 9 (verlangen die „feste Ansicht").

30 *Rainer* in SbgK § 158 Rz 8, 14.

D. Grob fahrlässige Beeinträchtigung von Gläubigerinteressen (§ 159)

I. Überblick

1 Grob fahrlässige Beeinträchtigung von Gläubigerinteressen umfasst **drei** eigenständige **Deliktsfälle**,[1] die **auffallend sorgloses Misswirtschaften**, das Gläubigerinteressen verletzt oder konkret gefährdet, unter Strafe stellen: **Abs 1** pönalisiert das grob fahrlässige *Herbeiführen* der Zahlungsunfähigkeit durch kridaträchtiges Handeln, **Abs 2** die grob fahrlässige *Beeinträchtigung* der Gläubigerbefriedigung durch kridaträchtiges Handeln in Kenntnis oder fahrlässiger Unkenntnis der bereits bestehenden Zahlungsunfähigkeit und **Abs 3** die grob fahrlässige Beeinträchtigung der wirtschaftlichen Lage durch kridaträchtige Handlungen, sodass *ohne* freiwillige Sanierungsmaßnahmen der *öffentlichen Hand Zahlungsunfähigkeit* eingetreten wäre.

Der seit 1.8.2000 in Geltung stehende § 159 ist die Nachfolgebestimmung der ehemaligen „fahrlässigen Krida" nach § 159 aF. Mit der nunmehr geltenden Strafbestimmung wurde – insbesondere durch das Abstellen auf grobe Fahrlässigkeit, die Beschränkung der inkriminierten Verhaltensweisen, die Herabsetzung der Strafdrohungen und den Entfall bestimmter Qualifikationen – eine weitreichende Entkriminalisierung beabsichtigt, um die für den Wirtschaftskreislauf notwendige Risikobereitschaft der Wirtschaftsteilnehmer nicht zu beeinträchtigen. Nur echte Misswirtschaft soll kriminalisiert sein.[2] Das Erfordernis der Gläubigermehrheit ist demgegenüber (nach hM) entfallen und es wurden Qualifikationen geschaffen, die auf die Höhe des Befriedigungsausfalls abstellen.

2 Geschütztes Rechtsgut ist das **Vermögen** in Gestalt des Interesses der Gläubiger an der Forderungsbefriedigung gegenüber dem Schuldner (Abs 1, Abs 2 und Abs 3); Abs 3 dient darüber hinaus auch dem Schutz öffentlicher Mittel.[3]

3 Bei allen drei Tatbeständen des § 159 handelt es sich um **Erfolgsdelikte**. Der Erfolg des Abs 1 sowie des Abs 2 liegt in einer *Verletzung*, jener des Abs 3 in einer *konkreten Gefährdung* des geschützten Rechtsgutes Vermögen.[4] Kausalität und objektive Zurechnung des Erfolgs zum tatbestandsmäßigen Handeln sind nach den allgemeinen Regeln zu prüfen. Als Erfolgsdelikt kann § 159 in Verbindung mit § 2 auch durch **Unterlassen** begangen werden; dies setzt – neben der Verletzung einer deliktsspezifischen Sorgfaltspflicht – das Bestehen einer Garantenstellung voraus.

---

1 Siehe nur *L/St* StGB[3] § 159 Rz 1.

2 *Rainer* in SbgK § 159 Rz 3 f; *F/R-K* BT I[3] 185 f.

3 OGH 11 Os 23/89 = EvBl 1990/78; *Kienapfel* BT II[3] § 159 Rz 63, 74; *Kirchbacher/Presslauer* in WK[2] § 159 Rz 7. Demgegenüber nur für Schutz öffentlicher Mittel: *L/St* StGB[3] § 159 Rz 38. Für den ausschließlichen Schutz der Gläubiger: *Schick* in Jelinek (Hg), Insolvenz- und Wirtschaftsstrafrecht 126.

4 *Kirchbacher/Presslauer* in WK[2] § 159 Rz 8.

§ 159 ist ein **Fahrlässigkeitsdelikt** mit gesetzlich bestimmter Verhaltensbeschreibung (kridaträchtiges Handeln iSd Abs 5).[5] Als Fahrlässigkeitsdelikt kann § 159 **nicht versucht** werden.[6] 4

§ 159 ist ein **Sonderdelikt** iSd § 14 Abs 1; zu beachten ist auch § 161 Abs 1.[7] 5

Für die Aburteilung aller **Grunddelikte** des § 159 (dh Abs 1, Abs 2 und Abs 3) ist – trotz der Strafdrohung von lediglich bis zu einem Jahr – aufgrund der strafprozessrechtlichen Ausnahmeregelung des § 30 Abs 1 Z 4 StPO der **Einzelrichter** des Landesgerichts zuständig. Auch für die Aburteilung der **Qualifikationstatbestände** ist – schon aufgrund der Strafdrohung von bis zu zwei Jahren – der Einzelrichter des Landesgerichtes zuständig. § 159 ist grundsätzlich diversionstauglich. 6

Für das Jahr 2010 werden im polizeilichen Kriminalitätsbericht 273 angezeigte Fälle ausgewiesen. In der gerichtlichen Kriminalstatistik 2010 scheinen 142 Verurteilungen nach § 159 auf, 2011 immerhin 182. Im Vergleich dazu: Im Jahr 2000 erfolgten 1.053 Verurteilungen nach § 159 aF (fahrlässige Krida).

Beispielsfälle: Die halbtags beschäftigte Sekretärin Emma finanziert mittels Kredit einen dreiwöchigen Luxusurlaub für sich und ihren neuen Freund F auf den Malediven und tätigt zur Urlaubsvorbereitung auch mehrere teure Bestellungen bei Modeversandhäusern, wodurch sie schließlich zahlungsunfähig wird; Fabian, einer von zwei Geschäftsführern einer Abfallentsorgungs-GmbH, tätigt – in Absprache mit seinem Geschäftsführerkollegen – in der Hoffnung auf Gewinne für das Unternehmen mit Firmengeldern hochriskante Aktiengeschäfte, wodurch das Unternehmen in die Insolvenz gerät; Anna, die Geschäftsführerin der bereits zahlungsunfähigen X-GmbH, gibt die Erarbeitung einer extrem kostspieligen Werbekampagne für das Unternehmen in Auftrag, die sie in weiterer Folge nicht bezahlen kann; Peter führt die geschäftlichen Aufzeichnungen für sein Unternehmen so nachlässig, dass er die bereits eingetretene Zahlungsunfähigkeit lediglich als Zahlungsstockung einschätzt und daher einige seiner Gläubiger voll befriedigt, wodurch die übrigen Gläubiger benachteiligt werden; in allen Fällen handeln die Täter ohne Gläubigerschädigungsvorsatz, jedoch grob fahrlässig mit Blick auf die eintretenden Folgen.

II. Tatbestandsübergreifende Merkmale

Alle drei Deliktsfälle (Abs 1, Abs 2, Abs 3) sind

- **Sonderdelikte,**
- verlangen **grobe Fahrlässigkeit**

---

5 *Kienapfel* BT II[3] § 159 Rz 2 mN; *L/St* StGB[3] § 159 Rz 3; *Kirchbacher/Presslauer* in WK[2] § 159 Rz 9.

6 *Kirchbacher/Presslauer* in WK[2] § 159 Rz 8.

7 Siehe oben Vorbem §§ 156 ff Rz 3 ff sowie unten Rz 7 f.

- und stellen auf **kridaträchtiges Handeln**
- im Kontext der **Zahlungsunfähigkeit** ab.

Bevor auf die drei Deliktsfälle im Einzelnen eingegangen wird, sollen vorab diese tatbestandsübergreifenden Merkmale betrachtet werden.

1. Täter

7 Als unmittelbarer Täter kommt nur der Schuldner mindestens eines Gläubigers bzw – gem § 161 Abs 1 – ein leitender Angestellter des Schuldners in Betracht **(Sonderdelikt)**. Das Bestehen einer Gläubigermehrheit ist nicht erforderlich.[8] Dies gilt nach hM – trotz des Wortlauts – auch für den Tatbestand des Abs 2.[9] Das Erfordernis der Schuldnereigenschaft ergibt sich aus dem Tatbestandsmerkmal der Zahlungsunfähigkeit, die schließlich nur bei Vorliegen von Verbindlichkeiten relevant ist.[10]

8 Die Strafbarkeit von **Extranei**, dh Personen, die weder Schuldner noch in § 161 aufgezählt sind, richtet sich nach § 14 Abs 1.[11] Voraussetzung einer strafbaren Beteiligung ist allerdings stets die Verletzung einer den Extraneus selbst treffenden deliktsspezifischen, dh den Gläubigerschutz bezweckenden **Sorgfaltspflicht**. Neben Mitarbeitern des Unternehmens kommen daher zB auch Gesellschafter sowie externe Personen (zB Berater, Kreditgeber etc) als Beteiligte in Betracht, allerdings stets nur, soweit sie selbst dazu verpflichtet sind, die Gläubigerinteressen in Bezug auf das Schuldnervermögen zu wahren.[12] Eine solche Verpflichtung wird idR nur Personen treffen, die zumindest maßgeblichen Einfluss auf die Geschäftsführung des Schuldners haben. Da diese jedoch idR leitende Angestellte iSd § 161 (iVm § 74 Abs 3) und sohin Intranei sind, verbleibt kein großer Anwendungsbereich für die Beteiligung von Extranei.[13]

Während nach einem Teil des Schrifttums den Extranei sämtliche Täterschaftsformen offenstehen,[14] ist diesen nach der Rspr sowie einem Teil des Schrifttums[15] nur eine Beteiligung als Bestimmungs- oder Beitragstäter möglich.

---

8 *Kirchbacher/Presslauer* in WK[2] § 159 Rz 33; *Rainer* in SbgK § 159 Rz 12.

9 *Kirchbacher/Presslauer* in WK[2] § 159 Rz 33; *Rainer* in SbgK § 159 Rz 68; *F/R-K* BT I[3] 186; *Fabrizy* StGB[10] § 159 Rz 2; aA wohl zu Recht *Nemec* in Fuchs/Keppert (Hg), Grundfragen des Kridastrafrechts 98.

10 Erl RV 92 BlgNR XXI. GP 10.

11 Siehe oben Vorbem §§ 156 ff Rz 3 ff.

12 *Kienapfel* BT II[3] § 159 Rz 31 ff; *L/St* StGB[3] § 159 Rz 52 f; *Rainer* in SbgK § 159 Rz 15, § 161 Rz 7 ff; *Kirchbacher/Presslauer* in WK[2] § 159 Rz 92 f.

13 So schon *B/S* BT I[11] § 159 Rz 18.

14 Siehe dazu die Ausführungen von *Rainer* in SbgK § 159 Rz 14; *Kirchbacher/Presslauer* in WK[2] § 159 Rz 33, 35 f, die auf die geringe praktische Relevanz dieser Streitfrage insbesondere im Bereich der Fahrlässigkeitsdelikte hinweisen.

15 OGH 14 Os 100/08z; 14 Os 22/08d; 12 Os 21/06i; 14 Os 125/02; 14 Os 68/90; 9 Os 160/79 = SSt 51/2; *Kienapfel* BT II[3] § 159 Rz 9, 31 ff; *L/St* StGB[3] § 158 Rz 4; *F/R-K* BT I[3] 188; *Fabrizy* StGB[10] § 159 Rz 2.

2. Zahlungsunfähigkeit

Das Tatbestandsmerkmal der Zahlungsunfähigkeit ist zum einen von Bedeutung für die **Grenzziehung** zwischen den Deliktsfällen (nach Abs 1 muss die Zahlungsunfähigkeit erst herbeigeführt werden, während die Begehung des Abs 2 deren Vorliegen voraussetzt) sowie zum anderen für die Frage der **Vollendung** (des Abs 1 sowie – mit Blick auf deren unmittelbares Bevorstehen iS einer konkreten Gefahr – des Abs 3). 9

Zahlungsunfähigkeit ist eingetreten, wenn der Schuldner mangels flüssiger Mittel dauerhaft außerstande ist, bei redlicher wirtschaftlicher Gebarung binnen angemessener Frist alle fälligen Schulden zu begleichen.[16] 10

Die Abgrenzung zu einer – den Tatbestand nicht erfüllenden – bloßen **Zahlungsstockung**, also einem lediglich vorübergehenden, binnen kurzer Zeit behebbaren Mangel an flüssigen Mitteln, kann im Einzelfall schwierig sein. Vorhandenes, aber nicht alsbald liquidierbares Vermögen oder eine Kreditmöglichkeit, die ein redlicher Geschäftsmann mangels Rückzahlungsfähigkeit jedoch nicht mehr in Anspruch nehmen würde, vermögen am Eintritt der Zahlungsunfähigkeit nichts zu ändern.[17]

3. Kridaträchtiges Handeln

Die in § 159 Abs 1 bis 3 unter Strafe gestellten Verhaltensweisen (= kridaträchtiges Handeln) werden in **Abs 5** in Form eines kasuistischen, taxativen Katalogs **legaldefiniert**. Dies bedeutet, dass nicht jedes grob sorgfaltswidrige Verhalten § 159 erfüllt, sondern nur jenes, das einer der in Abs 5 Z 1 bis 5 angeführten Verhaltensweisen entspricht. Zwar sind die in Abs 5 aufgelisteten Verhaltensweisen per se objektiv sorgfaltswidrig, doch bedarf es zu deren konkreter Bestimmung bzw zur Ausfüllung der zahlreichen normativen Merkmale („außergewöhnlich gewagt", „übermäßig hoch" etc) – idR mangels relevanter Rechtsvorschriften und Verkehrsnormen[18] – des Rückgriffs auf die differenzierte Maßfigur des mit den rechtlich geschützten Werten verbundenen, besonnenen und einsichtigen Menschen aus dem Verkehrskreis (bzw Geschäfts-, Wirtschaftszweig) des Täters.[19] 11

---

16 HM: siehe nur OGH 14 Os 160/03; 11 Os 75/89 = JBl 1991, 465; 13 Os 195/83 = SSt 55/76; *Kienapfel* BT II³ § 159 Rz 19; *L/St* StGB³ § 158 Rz 4, § 159 Rz 20; *Rainer* in SbgK § 159 Rz 42; *Kirchbacher/Presslauer* in WK² § 159 Rz 60 ff.

17 OGH 12 Os 143/86; *Kienapfel* BT II³ § 159 Rz 21 mN; *L/St* StGB³ § 159 Rz 21 f; *Kirchbacher/Presslauer* in WK² § 159 Rz 61 ff; *Rainer* in SbgK § 159 Rz 42 ff.

18 OGH 11 Os 52/05i = JBl 2007, 333.

19 *Kienapfel* BT II³ § 159 Rz 12; *L/St* StGB³ § 159 Rz 19; *Rainer* in SbgK § 159 Rz 21, 38 ff; *Kirchbacher/Presslauer* in WK² § 159 Rz 21. Alle aufgezählten kridaträchtigen Handlungen sind im Übrigen rechtlich gleichwertig *(Kirchbacher/Presslauer* in WK² § 159 Rz 4, 6, 37).

Kridaträchtig handelt, wer **entgegen Grundsätzen ordentlichen Wirtschaftens**[20]

12 – einen bedeutenden Bestandteil seines Vermögens **zerstört, beschädigt, unbrauchbar macht, verschleudert oder verschenkt (Z 1)**:

Verschleudern ist Veräußerung weit unter dem Wert. Die in Z 1 genannten Handlungen sind an § 156 angelehnt; im Übrigen entsprechen sie jenen des § 125. Ein *bedeutender* Vermögensbestandteil kann – wenn man im Lichte der an konkreten Beträgen anknüpfenden Wertqualifikationen des Vermögensstrafrechts einen absoluten Maßstab anlegt – ab einem Wert von 300 Euro angenommen werden (dies entspricht einem Zehntel der niedrigsten Wertqualifikation).[21]

13 – durch ein **außergewöhnlich gewagtes Geschäft**, das **nicht** zu seinem **gewöhnlichen Wirtschaftsbetrieb** gehört, durch Spiel oder Wette **übermäßig hohe Beträge** ausgibt **(Z 2)**:

Außergewöhnlich gewagte Geschäfte zeichnen sich durch ihren hohen spekulativen bzw aleatorischen Charakter aus, wobei die (insbesondere wirtschaftlichen) Verhältnisse, wie zB die Eigenkapitalausstattung, eine entscheidende Rolle bei der Beurteilung spielen.[22] Darüber hinaus ist im Einzelfall zu berücksichtigen, inwieweit die konkreten gewagten Geschäfte zum gewöhnlichen Wirtschaftsbetrieb des Unternehmens gehören, da manche Wirtschaftszweige typischerweise risikoträchtiger sind als andere.[23] Ob es sich um *übermäßig hohe Beträge* handelt, bemisst sich nach der konkreten Vermögens-, Ertrags- und Finanzlage.[24]

14 – **übermäßigen**, mit seinen Vermögensverhältnissen oder seiner wirtschaftlichen Leistungsfähigkeit in auffallendem Widerspruch stehenden **Aufwand** treibt **(Z 3)**:

Übermäßigen Aufwand – sei es für rein private oder für geschäftliche Zwecke – treibt, wer Ausgaben tätigt, die zu seiner Vermögens- und Einkommenssituation in auffallendem Missverhältnis stehen, indem er zB luxuriöse Bü-

---

20 Dieser Wendung kommt keine eigenständige Bedeutung zu. Die kridaträchtigen Handlungen widersprechen jedenfalls den Grundsätzen ordentlichen Wirtschaftens, sie sind per se sorgfaltswidrig (siehe nur *Rainer* in SbgK § 159 Rz 18, 38) bzw sogar grob sorgfaltswidrig (zumindest legt dies die Umschreibung der Tathandlungen des Abs 5 laut OGH 11 Os 52/05i = JBl 2007, 333 nahe). Siehe auch *F/R-K* BT I³ 187.

21 So mit eingehender Begründung *Kirchbacher/Presslauer* in WK² § 159 Rz 40. AA (dh gegen einen absoluten Maßstab) *Rainer* in SbgK § 159 Rz 22: ein im Verhältnis zum konkreten Schuldnervermögen ins Gewicht fallender, Gläubigerinteressen spürbar schädigender Vermögensbestandteil.

22 Erl RV 92 BlgNR XXI. GP 11 f; OGH 13 Os 54/03 = EvBl 2004/16; *Kirchbacher/Presslauer* in WK² § 159 Rz 13, 45; *Rainer* in SbgK § 159 Rz 37; aA zur Bedeutung der Eigenkapitalausstattung *Medigovic*, ÖJZ 2003, 170 (diese spiele eine Rolle nur bei der Bestimmung der übermäßig hohen Beträge); *B/S* BT I¹¹ § 159 Rz 3.

23 *Kirchbacher/Presslauer* in WK² § 159 Rz 45.

24 *Kirchbacher/Presslauer* in WK² § 159 Rz 46.

romöbel oder einen Lamborghini als Firmenwagen anschafft, teure Werbemaßnahmen finanziert, hohen Repräsentationsaufwand treibt[25] oder indem er die allerbescheidensten Lebensführungskosten übersteigende Privatentnahmen aus der Kasse des ohne Ertrag oder gar mit Verlust betriebenen Unternehmens tätigt[26] oder für ein solches Unternehmen nicht zwingend zur Betriebsfortführung notwendige Anschaffungen tätigt.[27] Die Z 3 ist besonders relevant für den Fall, in dem Zahlungsunfähigkeit bereits eingetreten ist (Abs 2); ab diesem Zeitpunkt ist der Aufwand auf das Allernotwendigste zu beschränken.[28]

- Geschäftsbücher oder **geschäftliche Aufzeichnungen** zu führen unterlässt oder so führt, dass ein **zeitnaher Überblick** über seine wahre **Vermögens-, Finanz- und Ertragslage erheblich erschwert** wird, oder sonstige geeignete und erforderliche **Kontrollmaßnahmen**, die ihm einen solchen Überblick verschaffen, unterlässt **(Z 4)**: 15
  Im Lichte des Gläubigerschutzes hat jeder Wirtschaftstreibende stets den Überblick über seine finanzielle Lage zu wahren; die Z 4 betrifft daher alle Schuldner, unabhängig davon, ob sie gesetzliche Buchführungs- oder Aufzeichnungspflichten treffen.[29] Hat der Schuldner (oder dessen leitender Angestellte) die Buchführung oder Kontrollfunktion delegiert (zB an einen Mitarbeiter oder Steuerberater), so ist er für die Auswahl und Überwachung des Beauftragten sowie für die vollständige Übermittlung der Unterlagen verantwortlich; eine Verletzung dieser Pflichten stellt ebenfalls ein kridaträchtiges Handeln iSd Z 4 dar.[30] Der Verlust des Überblicks allein ist allerdings noch nicht ergebniswirksam: Z 4 und 5 beziehen sich auf die defizitäre Informationsorganisation, die den mangelnden Überblick und damit die Fehleinschätzung der tatsächlichen finanziellen Lage und sohin wirtschaftlich untragbare Dispositionen zur Folge hat (die zB nach Abs 1 zur Zahlungsunfähigkeit führen).[31]
- **Jahresabschlüsse**, zu deren Erstellung er **verpflichtet** ist, zu erstellen unterlässt oder auf eine solche Weise oder so spät erstellt, dass ein zeitnaher Überblick über seine wahre Vermögens-, Finanz- und Ertragslage erheblich erschwert wird **(Z 5)**: 16
  Vorausgesetzt wird eine gesetzliche Pflicht zur Erstellung von Jahresabschlüssen samt Bilanzen. Mit Blick auf deren Delegierung gilt das zu Z 4 Gesagte.

---

25 Vgl OGH 12 Os 37/04; 14 Os 143/04; 13 Os 54/03 = EvBl 2004/16; 11 Os 52/05i = JBl 2007, 333.
26 OGH 14 Os 28/02; 14 Os 158/03 = EvBl 2004/88.
27 *L/St* StGB[3] § 159 Rz 7; *Kirchbacher/Presslauer* in WK[2] § 159 Rz 50.
28 Erl RV 92 BlgNR XXI. GP 12 f; *Kirchbacher/Presslauer* in WK[2] § 159 Rz 14, 49.
29 *Kirchbacher/Presslauer* in WK[2] § 159 Rz 53; *Fabrizy* StGB[10] § 159 Rz 9.
30 *Rainer* in SbgK § 159 Rz 31; *Kirchbacher/Presslauer* in WK[2] § 159 Rz 54; 9 Os 95/76 = EvBl 1978/21.
31 *Kirchbacher/Presslauer* in WK[2] § 159 Rz 70; *F/R-K* BT I[3] 187.

17 **Nicht** (mehr seit der Abschaffung der fahrlässigen Krida im Jahr 2000) *als solche* unter den **kridaträchtigen** Handlungen zu finden sind: unverhältnismäßige Kreditbenutzung/-gewährung, Eingehen oder Begleichen von Schulden nach eingetretener Zahlungsunfähigkeit (Gläubigerbevorzugung) sowie verspätete Insolvenzanmeldung. Strafbarkeit ist lediglich (bzw allerdings) dann gegeben, wenn durch die konkrete Verhaltensweise eine in Z 1–5 aufgezählte Handlung verwirklicht wird.[32]

Nicht (explizit) kridaträchtig handelt, wer ein Unternehmen mit zu hohem Fremdkapitalanteil gründet oder erweitert; allenfalls ist eine Subsumtion unter Z 3 in Betracht zu ziehen.[33] Unzureichendes Eigenkapital spielt im Übrigen insbesondere im Rahmen der Z 2 (siehe oben Rz 13) eine Rolle; ebenso im Zusammenhang mit der Frage des Vorliegens von Zahlungsunfähigkeit sowie grober Fahrlässigkeit.[34]

4. Grobe Fahrlässigkeit

18 Die Fahrlässigkeitsprüfung erfolgt nach dem allgemeinen Fahrlässigkeitsaufbauschema. Es sind lediglich zwei Besonderheiten zu beachten: Zum einen wird in § 159 Abs 5 das inkriminierte Verhalten im Wege der Auflistung der sog *kridaträchtigen Handlungen* spezifisch umschrieben (siehe oben Rz 11 ff), und zum anderen wird – erstmalig (mittlerweile aber nicht mehr einmalig) im StGB[35] – explizit (die aus dem Zivilrecht stammende Kategorie der) *grobe(n)* Fahrlässigkeit für die Tatbestandsverwirklichung gefordert. Die grobe Fahrlässigkeit muss sich auf die kridaträchtige Handlung und auf den Erfolg beziehen.[36]

19 Das Vorliegen grober Fahrlässigkeit ist grundsätzlich **deliktsspezifisch** zu bestimmen[37] und im Einzelfall im Rahmen einer Gesamtbetrachtung und -abwägung der **konkreten** (unrechts- und schuldrelevanten) **Tatumstände** zu beurteilen.[38]

20 Grob fahrlässig handelt, wer mit Blick auf seine Verpflichtung, die Gläubigerinteressen zu schützen, **ungewöhnlich** und **auffallend sorglos** handelt. Ausschlaggebend ist das Ausmaß der objektiven Sorgfaltswidrigkeit. Es bedarf eines **qualifizierten objektiven Sorgfaltsverstoßes**, für dessen Bewertung insbesondere die folgenden Kriterien (eines massiv gesteigerten Handlungsunwer-

32 *Kirchbacher/Presslauer* in WK^2 § 159 Rz 4, 11, 49, 67, 77, 100; *Rainer* in SbgK § 159 Rz 11, 37, 70, 76.

33 So schon *F/R-K* BT I^3 187; siehe auch *Kirchbacher/Presslauer* in WK^2 § 159 Rz 14 (Rz 40, 67: Verschleudern oder Verschenken von Kreditmitteln wird von Z 1 erfasst).

34 *Kirchbacher/Presslauer* in WK^2 § 159 Rz 12 ff; *Rainer* in SbgK § 159 Rz 37.

35 Vgl aber inhaltlich das schwere Verschulden iSd § 88 Abs 2.

36 OGH 15 Os 120/03 = JBl 2005, 473.

37 *Kienapfel* BT II^3 § 159 Rz 15; OGH 14 Os 28/02 = JBl 2003, 395 m Anm *Medigovic*; *Kirchbacher/Presslauer* in WK^2 § 159 Rz 26.

38 *Kirchbacher/Presslauer* in WK^2 § 159 Rz 31; *Fabrizy* StGB^{10} § 159 Rz 14.

tes) heranzuziehen sind: großes Gewicht und Anzahl der verletzten Pflichten, hoher Gefährlichkeitsgrad des Verhaltens (große Wahrscheinlichkeit des Erfolgseintritts); Sozialüblichkeit des gefährlichen Verhaltens, Schwere des (drohenden) Erfolgs.[39] Demgegenüber genügt ein durchschnittliches Maß an spezifischem Schuldunwert.[40]

Sowohl **bewusst** fahrlässiges als auch **unbewusst fahrlässiges** Verhalten kann *grob* fahrlässig sein.[41] 21

Auch wenn – bei grob fahrlässiger Erfolgsherbeiführung (dh wenn also der Täter den Erfolgseintritt nicht in Kauf nimmt) – die kridaträchtigen Handlungen selbst vorsätzlich verwirklicht werden, kommt § 159 in Betracht.[42] 22

III. Tatbestandsmäßigkeit nach Abs 1

Grob fahrlässige Beeinträchtigung von Gläubigerinteressen nach Abs 1 begeht, wer

- als Schuldner mindestens eines Gläubigers
- durch kridaträchtiges Handeln
- grob fahrlässig
- seine Zahlungsunfähigkeit herbeiführt.

Die **Tathandlung** des Abs 1 besteht im die Zahlungsunfähigkeit herbeiführenden kridaträchtigen Handeln. 23

Der **Erfolg** des Abs 1 ist der Eintritt der **Zahlungsunfähigkeit**; dieser muss grob fahrlässig herbeigeführt werden sowie kausal[43] und objektiv zurechenbar auf das kridaträchtige Handeln zurückführbar sein. 24

Der Tatbestand des Abs 1 erfordert für die Vollendung (lediglich) den Eintritt der Zahlungsunfähigkeit, nicht hingegen explizit die Beeinträchtigung der Gläubigerinteressen. Die üM geht allerdings davon aus, dass mit der Zahlungsunfähigkeit die Gläubigerschädigung verbunden ist.[44]

---

39 *Kirchbacher/Presslauer* in WK² § 159 Rz 28; *F/R-K* BT I³ 188; OGH 14 Os 28/02; 11 Os 28/03; 11 Os 52/05i = JBl 2007, 333.

40 *Medigovic*, JBl 2003, 397 f; OGH 11 Os 52/05i = JBl 2007, 333; *Kirchbacher/Presslauer* in WK² § 159 Rz 27, 30; *F/R-K* BT I³ 188.

41 *Kirchbacher/Presslauer* in WK² § 159 Rz 18, 41; *Rainer* in SbgK § 159 Rz 56.

42 *L/St* StGB³ § 159 Rz 50; *Kienapfel* BT II³ § 159 Rz 3; *Kirchbacher/Presslauer* in WK² § 159 Rz 20; *Fabrizy* StGB¹⁰ § 159 Rz 13; *F/R-K* BT I³ 187; *B/S* BT I¹¹ § 159 Rz 14; OGH 15 Os 129/03.

43 Es genügt stets (dh für Abs 1, 2, 3) Mitursächlichkeit (siehe nur OGH 11 Os 23/89 = EvBl 1990/78; *Kienapfel* BT II³ § 159 Rz 23, 70; *L/St* StGB³ § 159 Rz 24, 40; *Rainer* in SbgK § 159 Rz 48).

44 *Kirchbacher/Presslauer* in WK² § 159 Rz 68 mN aus der Rspr (ex lege verbunden); *Rainer* in SbgK § 159 Rz 6; *L/St* StGB³ § 159 Rz 5; *Kienapfel* BT II³ § 159 Rz 18. Vorsichtiger zu Recht: *F/R-K* BT I³ 186 (Zahlungsunfähigkeit hat Gläubigerschädigung in der

IV. Tatbestandsmäßigkeit nach Abs 2

Grob fahrlässige Beeinträchtigung von Gläubigerinteressen nach Abs 2 begeht, wer

- als Schuldner mindestens eines Gläubigers
- in Kenntnis oder fahrlässiger Unkenntnis seiner Zahlungsunfähigkeit
- durch kridaträchtiges Handeln
- grob fahrlässig
- die Befriedigung wenigstens eines seiner Gläubiger zumindest schmälert.

25 Die **Tathandlung** des Abs 2 besteht im die Gläubigerbefriedigung beeinträchtigenden kridaträchtigen Handeln.

26 Voraussetzung ist, dass **Zahlungsunfähigkeit** zum Zeitpunkt der Tathandlung bereits vorliegt. Es ist nicht erforderlich, dass der Täter seine Zahlungsunfähigkeit erkennt, es genügt vielmehr, dass diese erkennbar ist.[45]

27 Der **Erfolg** des Abs 2 ist der **Befriedigungsausfall** (Gläubigerschädigung); dieser muss grob fahrlässig herbeigeführt werden sowie kausal und objektiv zurechenbar auf das kridaträchtige Handeln zurückführbar sein.[46] Siehe im Übrigen oben § 156 Rz 16 ff.

V. Tatbestandsmäßigkeit nach Abs 3

Grob fahrlässige Beeinträchtigung von Gläubigerinteressen nach Abs 3 begeht, wer

- als Schuldner mindestens eines Gläubigers
- durch kridaträchtiges Handeln
- grob fahrlässig
- seine wirtschaftliche Lage derart beeinträchtigt,
- dass Zahlungsunfähigkeit eingetreten wäre, wenn nicht von einer Gebietskörperschaft freiwillig Sanierungsmaßnahmen eingeleitet worden wären.

28 Die **Tathandlung** des Abs 3 besteht im die hypothetische Zahlungsunfähigkeit herbeiführenden kridaträchtigen Handeln.

29 Der **Erfolg** des Abs 3 ist der Eintritt der **konkreten Gefahr der Zahlungsunfähigkeit**, dh der Eintritt der Zahlungsunfähigkeit muss unmittelbar bevor-

---

Regel zur Folge). Krit im Übrigen *Schick* in Bernat/Böhler/Weilinger (Hg), FS Krejci 1873 (Zahlungsunfähigkeit ist kein Erfolg).

45 *Kirchbacher/Presslauer* in WK^2 § 159 Rz 75; *B/S* BT I^{11} § 159 Rz 15; OGH 12 Os 37/04.

46 *Kirchbacher/Presslauer* in WK^2 § 159 Rz 78 ff; OGH 13 Os 95/99.

stehen;[47] diese muss grob fahrlässig herbeigeführt werden sowie kausal und objektiv zurechenbar auf das kridaträchtige Handeln zurückführbar sein.

Die Abwendung der Zahlungsunfähigkeit durch eine oder mehrere dazu rechtlich nicht verpflichtete Gebietskörperschaften mit öffentlichen Mitteln (das Heranziehen eines privaten Unternehmens genügt im Übrigen nicht[48]) ist **objektive Bedingung der Strafbarkeit**.[49] **30**

Abs 3 – eingeführt durch das 2. AntikorrG (BGBl 1982/205) – soll sicherstellen, dass freiwillige Sanierungsmaßnahmen der öffentlichen Hand (zur Sicherung von Arbeitsplätzen etc) nicht zur Straflosigkeit des kridaträchtig handelnden Schuldners führen. Wird die Zahlungsunfähigkeit nämlich auf diese Art abgewendet, so kommt eine Bestrafung nach Abs 1 (eben mangels Eintritts der Zahlungsunfähigkeit) nicht infrage.[50] **31**

Tritt Zahlungsunfähigkeit trotz der Sanierungsversuche der Gebietskörperschaft ein, so kommt nicht Abs 3, sondern wiederum Abs 1 in Betracht.[51] Abs 3 kommt nicht zur Anwendung, wenn die Gebietskörperschaft eine Verpflichtung hat, einzugreifen.[52] Siehe im Übrigen unten Rz 33.

VI. Qualifikation

Abs 4 enthält **Erfolgsqualifikationen** (§ 7 Abs 2: wenigstens fahrlässig, daher nicht notwendigerweise grob fahrlässig verursacht)[53] für alle drei Deliktsfälle: **32**

- Abs 4 Z 1 und Z 2 stellen mit Blick auf die beiden Grunddeliktsfälle des Abs 1 und Abs 2 auf die Herbeiführung eines **800.000 Euro** übersteigenden (zusätzlichen) Befriedigungsausfalls der Gläubiger ab.
- Abs 4 Z 3 normiert eine Erfolgsqualifikation für alle drei Grunddeliktsfälle (Abs 1, 2 und 3) und verlangt die (hypothetische, Abs 3) Schädigung der **wirtschaftlichen Existenz vieler** (ab etwa 30)[54] **Menschen**.

---

47 *L/St* StGB[3] § 159 Rz 39 f; *Kirchbacher/Presslauer* in WK[2] § 159 Rz 85.

48 OGH 11 Os 23/89 = EvBl 1990/78; *L/St* StGB[3] § 159 Rz 44; *Rainer* in SbgK § 159 Rz 102.

49 *Kienapfel* BT II[3] § 159 Rz 71; *L/St* StGB[3] § 159 Rz 42; *Rainer* in SbgK § 159 Rz 104; *Kirchbacher/Presslauer* in WK[2] § 159 Rz 87.

50 *Kirchbacher/Presslauer* in WK[2] § 159 Rz 83; *Fabrizy* StGB[10] § 159 Rz 16; *L/St* StGB[3] § 159 Rz 2, 37.

51 *L/St* StGB[3] § 159 Rz 55; *Kirchbacher/Presslauer* in WK[2] § 159 Rz 95.

52 *F/R-K* BT I[3] 186.

53 *Kirchbacher/Presslauer* in WK[2] § 159 Rz 106 mN; *Rainer* in SbgK § 159 Rz 107; *F/R-K* BT I[3] 188; *Fabrizy* StGB[10] § 159 Rz 20 (offenbar).

54 *F/R-K* BT I[3] 188; *Kirchbacher/Presslauer* in WK[2] § 159 Rz 105. Für einen Richtwert von 100 Menschen: *Rainer* in SbgK § 159 Rz 109.

VII. Abgrenzung und Konkurrenzen

33 **1.** Zwischen **Abs 1**, **Abs 2** und **Abs 3** ist echte **Realkonkurrenz** möglich.[55] Der Täter, der zunächst seine Zahlungsunfähigkeit durch kridaträchtiges Handeln herbeiführt und nach deren Eintritt weitere kridaträchtige Handlungen setzt, die eine weitere Gläubigerbeeinträchtigung zur Folge haben, macht sich nach Abs 1 und Abs 2 strafbar. Wird zunächst der Eintritt der Zahlungsunfähigkeit durch das freiwillige Eingreifen einer Gebietskörperschaft abgewendet, setzt der Täter aber weiterhin kridaträchtige Handlungen, die nunmehr zum Eintritt der Zahlungsunfähigkeit führen, weil die öffentliche Hand nicht abermals einspringt, so kommt eine Bestrafung nach Abs 1 und Abs 3 in Betracht.[56] Siehe auch oben Rz 31.

2. Bei vorsätzlicher Gläubigerschädigung iSd Abs 5 Z 1, 2 oder 3 kommt **§ 156** in Betracht.[57] Siehe im Übrigen oben § 156 Rz 21.

3. Echte Konkurrenz des § 159 mit **Vermögensdelikten** ist möglich: zB mit §§ 133, 146, 153, 153c.[58]

4. Kridaträchtige Handlungen iSd Abs 5 Z 4 oder 5, die zwar nicht kausal für die Herbeiführung eines tatbestandsmäßigen Erfolgs gem Abs 1, 2 oder 3 sind, können allenfalls den Tatbestand des **§ 122 GmbHG** oder des **§ 255 AktG** erfüllen.[59]

Zentrale Probleme zur Wiederholung: *kridaträchtiges Handeln; Reichweite der gläubigerschutzspezifischen Sorgfaltspflichten (Täterkreis); Vollendung.*

---

55 *L/St* StGB[3] § 159 Rz 3, 26, 55, 65; *Kirchbacher/Presslauer* in WK[2] § 159 Rz 96 unter Hinweis auf die stRspr zu § 159 Abs 1 Z 1 und Z 2 aF; *Fabrizy* StGB[10] § 159 Rz 15; *Rainer* in SbgK § 159 Rz 8, 105.

56 *L/St* StGB[3] § 159 Rz 65.

57 *Kirchbacher/Presslauer* in WK[2] § 159 Rz 42, 47, 51; *Rainer* in SbgK § 159 Rz 90.

58 *L/St* StGB[3] § 159 Rz 66 f; *Kirchbacher/Presslauer* in WK[2] § 159 Rz 97 mN aus der Rspr.

59 *Rainer* in SbgK § 159 Rz 36; *Kirchbacher/Presslauer* in WK[2] § 159 Rz 99.

E. Umtriebe während einer Geschäftsaufsicht oder im Insolvenzverfahren (§ 160)

I. Überblick

1 § 160 bedroht als – vorsätzliche – „Umtriebe" während eines anhängigen Insolvenzverfahrens oder einer anhängigen Geschäftsaufsicht **vier** eigenständige **Deliktsfälle,**[1] vorwiegend Bestechungsdelikte, mit Strafe: Stimmrechtserschleichung, Stimmenverkauf/-kauf, Gläubigerbestechung und -bestechlichkeit und Organwalterbestechlichkeit.

2 § 160 **Abs 1** enthält ausschließlich **(abstrakte) Vermögensgefährdungsdelikte** (Tätigkeitsdelikte), weil die pönalisierten Verhaltensweisen geeignet sind, die Zwecke eines anhängigen Insolvenzverfahrens bzw einer angeordneten Geschäftsaufsicht zu beeinträchtigen.[2] Die von § 160 pönalisierten „Umtriebe" gefährden die **Befriedigungsrechte der Gläubiger** (geschütztes Rechtsgut)[3] zumindest abstrakt.[4] § 160 **Abs 2** wird von einem Teil des Schrifttums wegen der geforderten Gläubigerbenachteiligung als **Erfolgsdelikt** angesehen.[5]

3 Die Deliktsfälle des § 160 sind zum Teil **Allgemeindelikte**, zum Teil **Sonderdelikte** (siehe sogleich unten). Täter des Abs 1 ist „typischerweise" ein wirklicher oder vorgeblicher Gläubiger;[6] zu beachten ist mit Blick auf das Erfordernis der Gläubigerstellung stets auch § 161 Abs 1.

4 Für die Aburteilung des § 160 ist das **Bezirksgericht** zuständig (§ 30 Abs 1 StPO). § 160 ist diversionstauglich. § 160 besitzt in der Praxis allerdings kaum Bedeutung. Lediglich im polizeilichen Kriminalitätsbericht wird für das Jahr 2010 ein angezeigter Versuchsfall ausgewiesen.

II. Tatbestandsmäßigkeit nach § 160

Umtriebe während einer Geschäftsaufsicht oder im Insolvenzverfahren stellen dar:

- Stimmrechtserschleichung **(Abs 1 Z 1)**,
- Stimmenverkauf/-kauf **(Abs 1 Z 2)**,
- Gläubigerbestechlichkeit und -bestechung **(Abs 1 Z 3)**,
- Organwalterbestechlichkeit **(Abs 2)**.

---

1 *L/St* StGB[3] § 160 Rz 3; *Kirchbacher/Presslauer* in WK[2] § 160 Rz 1.

2 *L/St* StGB[3] § 160 Rz 1; *Kienapfel* BT II[3] § 160 Rz 1; *K/Schm* BT II § 160; *Rainer* in SbgK § 160 Rz 2.

3 *Kirchbacher/Presslauer* in WK[2] § 160 Rz 2; *Kienapfel* BT II[3] § 160 Rz 1.

4 *Fabrizy* StGB[10] § 160 Rz 1.

5 *Rainer* in SbgK § 160 Rz 3; *Kirchbacher/Presslauer* in WK[2] § 160 Rz 1.

6 *K/Schm* BT II § 160.

1. Erster Deliktsfall: Stimmrechtserschleichung (Abs 1 Z 1)

5 Der erste Deliktsfall pönalisiert die **Stimmrechtserschleichung**, dh die Geltendmachung einer nicht oder nicht im gesamten Umfang oder nicht in diesem Rang bestehenden Forderung zum Zwecke der Erlangung eines sonst nicht zustehenden Einflusses im Insolvenzverfahren.

6 Soweit es um die Geltendmachung einer nicht bestehenden Forderung geht, kommt als unmittelbarer Täter **jeder** Außenstehende (vorgebliche Gläubiger) in Betracht; in den übrigen Fällen der **Gläubiger**.[7]

7 **Vollendet** ist die Tat mit der Geltendmachung der Forderung; die Einflusserlangung braucht lediglich von der Absicht des Täters erfasst zu sein.[8]

2. Zweiter Deliktsfall: Bestechlichkeit und Bestechung von Gläubigern (Stimmenverkauf/-kauf, Abs 1 Z 2)

8 Ver- bzw gekauft wird nicht das Stimmrecht, sondern die Ausübung desselben (auf eine bestimmte Weise), sohin die Stimme des Gläubigers. Strafbar ist zum einen der **Stimmenverkauf** durch den **Gläubiger**, dh die Annahme sowie das Sich-versprechen-Lassen eines Vermögensvorteils für sich oder einen Dritten für die Ausübung des Stimmrechts in einem bestimmten Sinn oder für die Nichtausübung seines Stimmrechts (Abs 1 Z 2 erster Fall). Zum anderen macht sich **jeder** wegen **Stimmenkaufs** strafbar, der zu dem genannten Zweck einem Gläubiger einen Vermögensvorteil gewährt oder verspricht (Abs 1 Z 2 zweiter Fall).

9 **Annahme** eines Vermögensvorteils bedeutet, sich oder einen Dritten in den Genuss desselben zu setzen. **Sich versprechen lassen** erfordert eine Vereinbarung über den Erhalt des Vermögensvorteils; Schweigen des Täters zu einem Angebot reicht nicht aus.[9] **Gewähren** und **Versprechen** sind die entsprechenden Verhaltensweisen des aktiven Bestechers.

Im Gegensatz zu den Amtsträgerbestechungsdelikten kennt § 160 die Tathandlungen des Forderns und Anbietens nicht. Dennoch ist versuchtes Versprechen (lassen) nicht straflos. Es ist nicht zu erkennen, weshalb die Versuchsregelung des § 15 im gegebenen Kontext nicht anwendbar sein sollte.[10]

10 Unter **Vermögensvorteil** lässt sich jedwede in Geld bewertbare Zuwendung subsumieren (zB Bargeld, Sachen, Urlaubsfinanzierung, unentgeltliche Überlassung der Wohnungsbenützung etc).[11] Der Vermögensvorteil muss für die **zukünftige** (Nicht-)Ausübung des Stimmrechts versprochen oder gewährt wer-

---

7 *Fabrizy* StGB[10] § 160 Rz 3; *Rainer* in SbgK § 160 Rz 8.

8 *Kirchbacher/Presslauer* in WK[2] § 160 Rz 3; *Rainer* in SbgK § 160 Rz 2, 17.

9 *Bertel* in WK[2] § 304 Rz 8; *Hinterhofer/Rosbaud* BT II[5] § 304 Rz 27 mwN.

10 So aber *Rainer* in SbgK § 160 Rz 12, 17.

11 *Rainer* in SbgK § 160 Rz 10.

den; nachfolgendes Honorieren ohne vorheriges Versprechen erfüllt den Tatbestand nicht.[12]

Auch Abs 1 Z 2 ist – wie Abs 1 Z 3 – ein **Bestechungsdelikt**. Die Variante des Stimmenverkaufs stellt ein **Sonderdelikt** dar; die Variante des Stimmenkaufs ist ein **Allgemeindelikt**, das sich an jeden Dritten (einschließlich den Schuldner) richtet. 11

Vollendung tritt bereits mit dem Versprechen(lassen) bzw Annehmen/Gewähren des Vermögensvorteils ein.[13] 12

3. Dritter Deliktsfall: Bestechlichkeit und Bestechung von Gläubigern (Zustimmung zum Abschluss eines Sanierungsplans, Abs 1 Z 3)

Ähnlich dem zweiten Deliktsfall pönalisiert Abs 1 Z 3 die aktive und passive Gläubigerbestechung, allerdings im spezifischen Zusammenhang mit der **Zustimmung zum Abschluss eines Sanierungsplans**. Es handelt sich also um einen speziellen Fall des Stimmenverkaufs/-kaufs.[14] Strafbar ist der **Gläubiger**, der für die Zustimmung, ohne Zustimmung der übrigen Gläubiger, für sich oder einen Dritten einen Sondervorteil aus der Masse annimmt oder sich versprechen lässt (Abs 1 Z 3 erster Fall). Strafbar macht sich aber auch **jeder**, der zu dem genannten Zweck einem Gläubiger einen Vermögensvorteil gewährt oder verspricht (Abs 1 Z 3 zweiter Fall). 13

Unter **Sondervorteil** ist jede rechtliche oder wirtschaftliche Besserstellung eines betroffenen Gläubigers zu verstehen.[15] Der Tatbestand ist nur dann erfüllt, wenn die übrigen Gläubiger dem Sondervorteil nicht zustimmen.[16]

Abs 1 Z 3 stellt sowohl die passive Gläubigerbestechung **(Sonderdelikt)** als auch die aktive Gläubigerbestechung **(Allgemeindelikt)** unter Strafe. 14

Vollendet ist die Tat schon mit dem Versprechen(lassen) bzw Annehmen/Gewähren des Sondervorteils.[17] 15

4. Vierter Deliktsfall: Bestechlichkeit von Organwaltern (Abs 2)

Der vierte Deliktsfall pönalisiert die passive Organwalterbestechung im Insolvenzverfahren sowie im Rahmen der Geschäftsaufsicht (über Banken), konkret die Annahme sowie das Sich-versprechen-Lassen eines nicht gebührenden Vermögensvorteils für sich oder einen Dritten – wofür auch immer – durch bestimmte Organwalter zum Nachteil der Gläubiger. 16

---

12 *L/St* StGB³ § 160 Rz 7; *Kirchbacher/Presslauer* in WK² § 160 Rz 6; *Rainer* in SbgK § 160 Rz 9.

13 *Rainer* in SbgK § 160 Rz 17.

14 *Fabrizy* StGB¹⁰ § 160 Rz 2; *Kirchbacher/Presslauer* in WK² § 160 Rz 7.

15 *Rainer* in SbgK § 160 Rz 11.

16 *Kirchbacher/Presslauer* in WK² § 160 Rz 7; *Rainer* in SbgK § 160 Rz 11.

17 *Rainer* in SbgK § 160 Rz 17.

17 Abs 2 ist ein **Sonderdelikt**: Unmittelbare Täter sind zur Geschäftsaufsicht bestellte Personen, Insolvenzverwalter und Mitglieder des Gläubigerausschusses im Insolvenzverfahren. Diese sind keine Beamten iSd § 74 Abs 1 Z 4 und daher keine Intranei des § 304.[18]

18 Ist eine der in Abs 2 bezeichneten Aufgaben einer juristischen Person oder einer Personengemeinschaft ohne Rechtspersönlichkeit übertragen worden, so sind nach § 161 Abs 2 die den Vorteil annehmenden/sich versprechen lassenden leitenden Angestellten (§ 74 Abs 3) zu bestrafen.[19]

19 Der Tatbestand des Abs 2 kriminalisiert explizit zwar **lediglich** die **Bestechlichkeit** der Organwalter; aktive Bestechung stellt keinen eigenen Tatbestand dar. Der Bestecher kann sich entgegen der hM[20] dennoch als Beteiligter an Abs 2 gem §§ 12 2. Fall oder 3. Fall, 14 Abs 1 strafbar machen.[21]

20 Die **Vollendung** tritt nach einem Teil des Schrifttums nicht schon mit dem Versprechen(lassen) bzw Annehmen/Gewähren des nicht gebührenden Vermögensvorteils, sondern erst mit der Gläubigerschädigung, dh mit dem partiellen oder vollständigen Befriedigungsausfall (Erfolg) ein.[22]

5. Subjektive Tatseite

21 Für die Verwirklichung jedes der vier Deliktsfälle ist zumindest bedingter Vorsatz erforderlich, im Fall des Abs 1 Z 1 darüber hinaus Absicht iSd § 5 Abs 2 auf die Erlangung nicht zustehenden Einflusses im Insolvenzverfahren.[23]

III. Abgrenzung und Konkurrenzen

22 **1.** Echte Konkurrenz der einzelnen Deliktsfälle ist möglich.[24]

23 **2.** §§ 156, 157 verdrängen § 160 Abs 1 Z 1.[25]

24 **3.** § 160 Abs 2 ist gegenüber § 153 (wissentlicher Befugnismissbrauch zum Schaden der Gläubiger) und § 153a subsidiär.[26]

---

18 *Rainer* in SbgK § 160 Rz 13.

19 *Rainer* in SbgK § 160 Rz 15; *Kirchbacher/Presslauer* in WK^2 § 160 Rz 9, § 161 Rz 20.

20 *L/St* StGB^3 § 160 Rz 10 mN; *Kirchbacher/Presslauer* in WK^2 § 160 Rz 8, § 161 Rz 1.

21 Die Beteiligungsregeln gem §§ 12, 14 gelten auch hier. Zumindest zweifelnd auch *Lewisch* BT I^2 277.

22 *Rainer* in SbgK § 160 Rz 3, 13, 17; *Kirchbacher/Presslauer* in WK^2 § 160 Rz 1.

23 *L/St* StGB^3 § 160 Rz 11.

24 *L/St* StGB^3 § 160 Rz 13; *Kirchbacher/Presslauer* in WK^2 § 160 Rz 11; *Rainer* in SbgK § 160 Rz 7.

25 *Kirchbacher/Presslauer* in WK^2 § 160 Rz 4, 11; betr § 160 Abs 1 Z 1, 2 und 3 sowie Abs 2: *Rainer* in SbgK § 160 Rz 5 f, 13; siehe auch *B/S* BT I^{11} § 160 Rz 1; *L/St* StGB^3 § 160 Rz 5 (jedoch für echte Konkurrenz „mit anderen Kridadelikten": *dies* Rz 13). Für Idealkonkurrenz von § 157 und § 160 Abs 1 Z 1: *Fabrizy* StGB^{10} § 160 Rz 2.

26 *L/St* StGB^3 § 160 Rz 9; *Kirchbacher/Presslauer* in WK^2 § 160 Rz 8; *Rainer* in SbgK § 160 Rz 14; *B/S* BT I^{11} § 160 Rz 2.

F. Vollstreckungsvereitelung (§ 162)

I. Überblick

Vollstreckungsvereitelung ist die **vorsätzliche (wirkliche** oder **scheinbare) Verringerung** des Tätervermögens oder des **Vermögens** des vom Täter geleiteten Unternehmens (siehe § 161 Abs 1), wodurch ein (Einzel-)Gläubiger einen **Befriedigungsausfall** durch künftige **Zwangsvollstreckung** oder in einem bereits anhängigen Zwangsvollstreckungsverfahren erleidet. 1

Erfasst sind alle staatlichen Exekutionen (des Gerichtes oder der Verwaltungsbehörde, zB des Finanzamtes) zur Durchsetzung vermögensbezogener Ansprüche (Exekutionen auf Sachen, Forderungen, Rechte sowie Herausgabeexekutionen) aufgrund privat- oder öffentlichrechtlicher Exekutionstitel.[1]

§ 162 ist § 156 ähnlich: Die Unterschiede liegen lediglich darin, dass § 162 keine Gläubigermehrheit erfordert und sich ausschließlich auf eine bestimmte Zwangsvollstreckung (Einzelexekution) und nicht auf die Benachteiligung eines Gläubigers schlechthin bezieht. § 162 schützt als „Exekutionssicherungsdelikt"[2] auch den bloßen Einzelgläubiger vor Befriedigungsausfall im Exekutionsverfahren. Die Tathandlungen entsprechen jenen des § 156, erfordern aber nicht in allen Fällen eine Verringerung des *Gesamt*vermögens des Schuldners (siehe näher unten Rz 8 ff).

Geschütztes **Rechtsgut** ist das **Vermögen** in Gestalt des (im Vergleich zu § 156 spezielleren) **Gläubigerinteresses an der Forderungsbefriedigung durch Zwangsvollstreckung**.[3] 2

§ 162 ist ein **Sonderdelikt** iSd § 14 Abs 1; zu beachten ist auch § 161 Abs 1.[4] 3

Auch bei § 162 handelt es sich um ein **Erfolgsdelikt**[5] (siehe im Übrigen § 156 Rz 4 f). 4

Für die Aburteilung des § 162 Abs 1 ist das Bezirksgericht zuständig (§ 30 Abs 1 StPO), für die (Wert-)Qualifikation gem Abs 2 der Einzelrichter des Landesgerichts (§ 31 Abs 4 Z 1 StPO). Sowohl der Grund- als auch der Qualifikationstatbestand können **diversionell** erledigt werden. Für das Jahr 2010 werden im polizeilichen Kriminalitätsbericht 90 angezeigte Fälle ausgewiesen, davon eine Anzeige wegen Versuchs. In der gerichtlichen Kriminalstatistik 2011 scheinen 21 Verurteilungen nach §§ 162, 163 auf. 5

---

1 *Kirchbacher/Presslauer* in WK² § 162 Rz 2; *Rainer* in SbgK § 162 Rz 17; *L/St* StGB³ § 162 Rz 11.

2 *Lewisch* BT I² 274.

3 *K/Schm* BT II § 156; *Rainer* in SbgK § 162 Rz 6; *Kirchbacher/Presslauer* in WK² § 162 Rz 1.

4 Siehe oben Vorbem §§ 156 ff Rz 3 ff sowie unten Rz 6 f.

5 *L/St* StGB³ § 162 Rz 1.

Beispielsfall: Oliver und Christine stellen im Zuge ihrer Übersiedlung von Linz nach Graz das gepfändete Fernsehgerät aus ihrer bisherigen Wohnung im Haus eines Freundes unter, ohne dem betreibenden Gläubiger den neuen Standort bekanntzugeben (OGH JBl 1979, 272).

II. Tatbestandsmäßigkeit nach § 162

Vollstreckungsvereitelung begeht, wer

- als Schuldner mindestens eines Gläubigers
- vorsätzlich
- sein Vermögen wirklich oder zum Schein verringert
- und dadurch die Befriedigung eines Gläubigers durch Zwangsvollstreckung oder in einem anhängigen Zwangsvollstreckungsverfahren zumindest schmälert.

1. Täter

6 Als unmittelbarer Täter kommt nur der Schuldner mindestens eines Gläubigers bzw – gem § 161 Abs 1 – ein leitender Angestellter des Schuldners in Betracht **(Sonderdelikt).**[6] Das Bestehen einer Gläubigermehrheit ist laut Tatbestand nicht erforderlich.

7 Die Strafbarkeit von Personen, die weder Schuldner noch in § 161 aufgezählt sind **(Extranei)**, richtet sich nach § 14 Abs 1, wenn sie im Einverständnis mit dem Schuldner (Intraneus) handeln;[7] andernfalls siehe § 163.

2. Tathandlungen

8 Die möglichen Tathandlungen entsprechen jenen des § 156: Neben der **demonstrativen** Aufzählung einzelner Tathandlungen steht auch hier die weit gefasste **Generalklausel** („…oder sonst sein Vermögen … verringert“; siehe daher § 156 Rz 9 ff, auch zum Tatobjekt).

Keine tauglichen Tatobjekte sind jene Vermögensbestandteile, die der Exekution entzogen sind (§ 251 EO) bzw die ein Dritter beanspruchen kann (§ 37 EO),[8] sowie uneinbringliche Forderungen.[9] Da auch die persönliche Arbeitskraft nicht dem Zugriff der Gläubiger unterliegt, ist das Beenden eines Arbeitsverhältnisses, wodurch auf das Einkommen aus der Weiterbeschäftigung verzichtet wird, nicht tatbestandlich.[10]

9 Da der Tatbestand in seiner zweiten Variante die Vollstreckungsvereitelung in einem bereits **anhängigen Zwangsvollstreckungsverfahren** erfasst, ergibt

6 Siehe nur *L/St* StGB³ § 162 Rz 2; *Kirchbacher/Presslauer* in WK² § 162 Rz 3.
7 Siehe oben Vorbem §§ 156 ff Rz 11.
8 *L/St* StGB³ § 162 Rz 5.
9 *L/St* StGB³ § 162 Rz 6.
10 *Rainer* in SbgK § 162 Rz 11.

sich überdies – aufgrund des von einer Verringerung des *Gesamt*vermögens unabhängigen Dispositionsverbotes des Schuldners – eine im Vergleich zu § 156 weiterreichende Möglichkeit der Tatbegehung: Tatbestandsmäßig handelt gem § 162 auch derjenige, der eine eingeleitete Exekution hinsichtlich eines *bestimmten* davon erfassten Vermögensbestandteils vereitelt oder schmälert, unabhängig davon, ob dadurch das Gesamtvermögen des Schuldners verringert wird oder nicht.[11] Der Gläubiger wird also vor konkreten Exekutionsbeeinträchtigungen geschützt, selbst wenn die exekutive Befriedigung seiner Forderung insgesamt (in einem anderen Exekutionsverfahren) möglich bleibt.

§ 162 erfasst allerdings nicht nur anhängige Zwangsvollstreckungsverfahren, **10**
sondern stellt auch die – vom notwendigen Tatvorsatz getragene – Vereitelung bzw Schmälerung der Befriedigung eines Gläubigers durch **Zwangsvollstreckung überhaupt** unter Strafe. Es genügt daher laut Gesetzesmaterialien, wenn eine Zwangsvollstreckung „erst in fernerer Zeit" droht; der Tatbestand enthält diesbezüglich „keine zeitliche Begrenzung".[12] Die Rspr verlangt aber einschränkend, „dass sich im Tatzeitpunkt die bevorstehende Eintreibung einer bestimmten Forderung im Exekutionsweg bereits am Horizont (allenfalls auch erst durch eine bevorstehende klagsweise Geltendmachung der Forderung ...) abzeichnet."[13] Erst (bzw schon) dann erscheint das Gläubigerinteresse als schützenswert.[14] In diesem Fall muss eine (wirkliche oder scheinbare) Verringerung des Gesamtvermögens des Schuldners eingetreten sein (insofern siehe § 156 Rz 9 ff).[15]

Beispiele aus der Rechtsprechung: Scheinverkauf eines Kfz,[16] Verheimlichen von Arbeitseinkommen durch Zahlungsentgegennahme außerhalb der Lohnverrechnung,[17] zweckwidrige Verfügung des Drittschuldners über die gepfändete Forderung[18] sowie oben Beispielsfall.

Nicht tatbildlich sind hingegen bloße Erschwerungen des Exekutionsver- **11**
fahrens ohne Verletzung einer Mitwirkungspflicht, wie zB die Verweigerung der Übergabe von in Exekution gezogenen Vermögensbestandteilen oder das Nichtöffnen des versperrten Hauses für die Versteigerung darin befindlicher Vermögensbestandteile.[19]

---

11 DokStGB, 176; *L/St* StGB³ § 162 Rz 9, 14 (anderes gilt freilich bei einem Anspruch auf Herausgabe von Sachen); *Kirchbacher/Presslauer* in WK² § 162 Rz 1, 5, 7.

12 DokStGB, 176.

13 OGH 12 Os 59/89 = JBl 1991, 53; 13 Os 177/86 = ÖJZ-LSK 1987/85; vgl auch *L/St* StGB³ § 162 Rz 12; *Fabrizy* StGB¹⁰ § 162 Rz 1.

14 *Kirchbacher/Presslauer* in WK² § 162 Rz 1; siehe auch *Rainer* in SbgK § 162 Rz 17.

15 *L/St* StGB³ § 162 Rz 9.

16 OGH 12 Os 59/89 = JBl 1991, 53.

17 OGH 11 Os 127, 128/91 = JUS E 1992/6/880.

18 OGH 11 Os 2/92 = JBl 1993, 404.

19 *L/St* StGB³ § 162 Rz 28 mN; *Kirchbacher/Presslauer* in WK² § 162 Rz 9 mN; OGH 15 Os 121/91 = EvBl 1992/55.

3. Vollendung

12 Vollendet ist die Vollstreckungsvereitelung zu dem Zeitpunkt, ab dem es außer Zweifel steht, dass der Gläubiger infolge des tatbestandsmäßigen Verhaltens einen vollständigen oder wenigstens partiellen Befriedigungsausfall erleidet, also mit der Vereitelung oder zumindest Schmälerung der Befriedigung eines Gläubigers durch Zwangsvollstreckung überhaupt oder in einem anhängigen Zwangsvollstreckungsverfahren. Eine **Vereitelung** besteht im vollständigen (nicht notwendig endgültigen) Befriedigungsausfall; **Schmälerung** bedeutet eine nicht vollständige oder nicht unerheblich verspätete Befriedigung.[20] Die Möglichkeit der Verhinderung oder erfolgreicher Anfechtung im Rechtsweg schadet der Vollendung nicht.[21]

13 Zum **Versuch** siehe oben § 156 Rz 18. Das Erwirken einer Rangordnung für die beabsichtigte Veräußerung eines Grundstücks ist ohne unmittelbaren zeitlichen Zusammenhang mit dem Kaufvertragsabschluss keine ausführungsnahe Handlung iSd § 15 Abs 2, sondern straflose Vorbereitungshandlung des § 162 („ausführungsferne Vorbereitung des Eigentümerwechsels").[22]

4. Subjektive Tatseite

14 Der (zumindest bedingte)[23] Vorsatz des Täters muss auf die Schuldnereigenschaft, die (wirkliche oder scheinbare) Vermögensverringerung sowie auf deren Konsequenz der Vereitelung oder Schmälerung der Befriedigung eines Gläubigers durch Zwangsvollstreckung oder in einem anhängigen Zwangsvollstreckungsverfahren gerichtet sein.

III. Qualifikation

15 Die Deliktsqualifikation des Abs 2, die vom (zumindest bedingten) Vorsatz des Täters umfasst sein muss, stellt auf die Herbeiführung eines 3.000 Euro übersteigenden Schadens ab. Dieser muss „nicht mit der exekutiv gesicherten Forderung ident sein …; er kann (zB auf Grund des Werts der gepfändeten Sache) geringer, er kann aber auch höher sein, zumal künftige exekutive Eintreibungen gleichermaßen strafrechtlich geschützt werden."[24]

IV. Abgrenzung und Konkurrenzen

16 **1.** Im Gegensatz zu § 156 erfordert § 162 keine Gläubigermehrheit und bezieht sich ausschließlich auf eine bestimmte Zwangsvollstreckung (Einzelexe-

20 DokStGB, 176; *Kirchbacher/Presslauer* in WK² § 162 Rz 10 f.
21 *Kirchbacher/Presslauer* in WK² § 162 Rz 11; OGH 11 Os 98/83.
22 OGH 11 Os 62/98 = EvBl 1998/183.
23 OGH 12 Os 141/81; 12 Os 97/93.
24 OGH 13 Os 129/89 = SSt 60/69.

kution) und nicht auf die Benachteiligung mindestens eines Gläubigers schlechthin.[25] Verwirklicht der Täter – über § 162 hinaus – mit dem notwendigen Vorsatz das Tatbild des § 156, so ist er nur nach § 156 zu bestrafen (höhere Strafdrohung).[26]

2. Dem Tatbestand des § 162 entsprechende Verhaltensweisen eines Extraneus ohne Einverständnis mit dem Schuldner sind nach § 163 strafbar. **17**

3. § 271[27] und §292a[28] sind materiell subsidiär zu § 162: Dient der Verstrickungsbruch oder das falsche Vermögensverzeichnis der Vollstreckungsvereitelung, so erfolgt eine Bestrafung nur nach § 162. **18**

Zentrale Probleme zur Wiederholung: *Weite des Tatbestands; Vollendung.*

25 OGH Os 251/26 = SSt 6/60; 14 Os 157/08g; *L/St* StGB[3] § 156 Rz 21, § 162 Rz 19; *Fabrizy* StGB[10] § 156 Rz 9.

26 *Kirchbacher/Presslauer* in WK[2] § 162 Rz 14; *Lewisch* BT I[2] 276.

27 *L/St* StGB[3] § 162 Rz 20, § 271 Rz 10; *Kirchbacher/Presslauer* in WK[2] § 162 Rz 15; *B/S* BT II[9] § 271 Rz 7; *Rainer* SbgK § 162 Rz 9; *Danek* in WK[2] § 271 Rz 16 (aber Konsumtion); aA (dh für echte Konkurrenz): *Fabrizy* StGB[10] § 271 Rz 1; *Hinterhofer/Rosbaud* BT II[5] § 271 Rz 7; *Lewisch* BT I[2] 275.

28 *Kirchbacher/Presslauer* in WK[2] § 162 Rz 16; *Plöchl/Seidl* in WK[2] § 292a Rz 17; *Hinterhofer/Rosbaud* BT II[5] § 292a, 292b Rz 11; *B/S* BT II[9] § 292a Rz 6 (Konsumtion).

G. Vollstreckungsvereitelung zugunsten eines anderen (§ 163)

I. Überblick

1 Vollstreckungsvereitelung zugunsten eines anderen ist die **vorsätzliche (wirkliche** oder **scheinbare) Verringerung** des Schuldnervermögens durch einen (beliebigen) Dritten (dh Außenstehenden) ohne Einverständnis des Schuldners, wodurch ein (Einzel-)Gläubiger einen **Befriedigungsausfall** durch (allenfalls noch ferne) künftige **Zwangsvollstreckung** oder in einem bereits anhängigen Zwangsvollstreckungsverfahren erleidet. Mit gewissen Einschränkungen im Bereich der Tathandlungen wird das in § 162 statuierte – und durch § 161 erweiterte – Verbot der Vollstreckungsvereitelung somit auch auf Dritte ausgedehnt, die ohne Einverständnis des Schuldners agieren. Im Gegensatz zu § 162 ist § 163 ein **Allgemeindelikt**.

2 Dritte, die an § 162 entsprechenden Tathandlungen des Schuldners (bzw eines leitenden Angestellten iSd § 161) mitwirken, werden allenfalls gem §§ 12 2. oder 3. Fall, 14 Abs 1, 162 als Beteiligte strafbar. Ohne einverständliche Mitwirkung des Schuldners ist eine Beteiligung an § 162 nicht denkbar; diese Lücke schließt § 163.[1]

3 Die Struktur des § 163 entspricht im Wesentlichen jener des § 162. Im Folgenden werden daher nur die Besonderheiten des § 163 bzw die Unterschiede zur Regelung des § 162 hervorgehoben. Im Übrigen kann auf die obigen Ausführungen zu § 162 verwiesen werden.

4 § 163 ist das Pendant zu § 157: In ihrem jeweiligen Anwendungsbereich pönalisieren beide Tatbestände die ohne Einverständnis mit dem Schuldner gesetzten gläubigerbenachteiligenden Verhaltensweisen Dritter. Siehe auch unten Rz 14.

5 Auch bei § 163 handelt es sich um ein **Erfolgsdelikt**. Zum geschützten **Rechtsgut** siehe § 162 Rz 2.

6 Zur sachlichen Zuständigkeit sowie zur Diversionstauglichkeit siehe § 162 Rz 5. Für das Jahr 2010 werden im polizeilichen Kriminalitätsbericht zwei angezeigte Fälle ausgewiesen. In der gerichtlichen Kriminalstatistik 2011 scheinen insgesamt 21 Verurteilungen nach §§ 162 und 163 auf.

Beispielsfall: Christine, die Ehefrau des Schuldners Oliver, bringt heimlich das gepfändete Fernsehgerät aus ihrer Wohnung in das Haus einer Freundin, um es dem Zugriff des Gläubigers zu entziehen.

---

1 *Kienapfel* BT II^3 § 163 Rz 1; DokStGB, 176. Kann im Einzelfall ein vorsätzliches Zusammenwirken des Täters mit dem Schuldner iSd § 162 nicht nachgewiesen werden, so kommt § 163 Auffangfunktion zu (*Kirchbacher/Presslauer* in WK^2 § 163 Rz 2).

II. Tatbestandsmäßigkeit nach § 163

Vollstreckungsvereitelung zugunsten eines anderen begeht, wer
- als Schuldner mindestens eines Gläubigers
- vorsätzlich
- das Schuldnervermögen durch eine der taxativ aufgezählten Tathandlungen wirklich oder zum Schein verringert
- und dadurch die Befriedigung eines Gläubigers durch Zwangsvollstreckung oder in einem anhängigen Zwangsvollstreckungsverfahren zumindest schmälert.

1. Täter

Täter des Allgemeindelikts des § 163 kann jeder außenstehende Dritte sein, 7
der nicht Schuldner (bzw aufgrund § 161 *oder* als Beteiligter aufgrund §§ 12, 14 – also im Einverständnis mit dem Schuldner oder leitenden Angestellten iSd § 161 handelnd – gem § 162 strafbar) ist und ohne dessen Einverständnis handelt. Das Einverständnis des Schuldners liegt bereits dann vor, wenn dieser Kenntnis vom gläubigerschädigenden Verhalten hat und den Dritten gewähren lässt (siehe § 157 Rz 6).[2]

2. Tathandlungen

Die Tathandlungen des § 163 werden **taxativ** aufgezählt und entsprechen im 8
Wesentlichen jenen Verhaltensweisen, die in § 162 als Regelbeispiele genannt sind. Es fehlt jedoch die in § 162 enthaltene Generalklausel, die jede sonstige Vermögensverringerung erfasst.[3]

Als Tathandlungen gem § 163 kommen sohin (lediglich) in Betracht: das Ver- 9
heimlichen, Beiseiteschaffen, Veräußern oder Beschädigen von Bestandteilen des Schuldnervermögens (siehe dazu wie auch zum Vermögensbegriff § 156 Rz 9 ff) sowie das Geltendmachen eines nicht bestehenden Rechts,[4] also einer Scheinforderung (siehe § 157 Rz 8).

Zur Anhängigkeit bzw zumindest Absehbarkeit der Einleitung eines **Zwangs-** 10
vollstreckungsverfahrens siehe § 162 Rz 9 f.

Zur **Vollendung** siehe § 162 Rz 12. 11

3. Subjektive Tatseite

Der (zumindest bedingte) Vorsatz des Täters muss auf die (wirkliche oder 12
scheinbare) Vermögensverringerung sowie auf deren Konsequenz der Vereitelung oder Schmälerung der Befriedigung eines Gläubigers durch Zwangsvoll-

2 *L/St* StGB[3] § 163 Rz 5.

3 OGH 11 Os 2/92 = JBl 1993, 404; *L/St* StGB[3] § 163 Rz 4.

4 Als Pendant zum Vorschützen oder Anerkennen einer nicht bestehenden Verbindlichkeit gem § 156.

streckung oder in einem anhängigen Zwangsvollstreckungsverfahren gerichtet sein (siehe im Übrigen § 157 Rz 11). Das Motiv spielt keine Rolle.[5]

III. Qualifikation

13 Der in § 163 enthaltene Verweis auf § 162 („Ebenso ist zu bestrafen, …") umfasst auch die Deliktsqualifikation des § 162 Abs 2, welche auf die Herbeiführung eines 3.000 Euro übersteigenden Schadens abstellt. Die Überschreitung der qualifikationsbegründenden Wertgrenze muss vom (zumindest bedingten) Vorsatz des Täters erfasst sein. Im Übrigen siehe § 162 Rz 15.

IV. Abgrenzung und Konkurrenzen

14 **1.** Im Gegensatz zu § 157 erfordert § 163 keine Gläubigermehrheit und bezieht sich ausschließlich auf eine bestimmte Zwangsvollstreckung (Einzelexekution) und nicht auf die Benachteiligung mindestens eines Gläubigers schlechthin.[6]

2. Zum Verhältnis zu § 271 siehe § 162 Rz 18.[7]

Zentrales Problem zur Wiederholung: *Vollendung.*

---

5 *L/St* StGB[3] § 163 Rz 2.
6 *L/St* StGB[3] § 163 Rz 8; *Fabrizy* StGB[10] § 157 Rz 3.
7 *L/St* StGB[3] § 163 Rz 9.

IV. Strafbare Nachtaten

A. Hehlerei (§ 164)

I. Überblick

1 Charakteristikum der Hehlerei gem § 164 ist, dass sie im **Anschluss an ein Vermögensdelikt** begangen wird. Die StGB-Nov 1993[1] schränkte die hehlereitauglichen Tatobjekte auf körperliche Sachen ein. Aufgrund dieser Reduktion der Strafbarkeit auf die sog **Sachhehlerei** wird § 164 im Allgemeinen als reines Vermögensdelikt verstanden.[2] **Geschütztes Rechtsgut** ist daher jener **Ausschnitt des Vermögens**, der in der Verfügungsgewalt über körperliche Sachen zum Ausdruck kommt. Es handelt sich um ein Vermögensschädigungsdelikt, Bereicherungsvorsatz ist zur Deliktsvollendung nicht notwendig.

2 Ausgehend von der **Perpetuierungstheorie**[3] wird der Strafgrund der Hehlerei in der Aufrechterhaltung der vom Vortäter geschaffenen rechtswidrigen Vermögenslage gesehen.[4] Ergänzt wird dieser Perpetuierungsansatz von der **Partizipationstheorie**,[5] die den Strafgrund der Hehlerei in der Gesinnungsgemeinschaft zwischen Hehler und Vortäter erblickt. Die Partizipationstheorie greift insofern als ergänzendes Korrektiv ein, als sie die Gefahr der Hehlerei darin erblickt, dass sie Anreize für die Begehung weiterer Vortaten schafft. Die Qualifikation der Koppelung an die Vortat in § 164 Abs 4 Satz 2 lässt erkennen, dass auch Gedanken der Partizipationstheorie der österreichischen Regelung der Hehlerei immanent sind. Freilich ist diese Gefährlichkeit auf Fälle der Gesinnungsgemeinschaft zwischen Vortäter und Hehler zu beschränken.[6]

3 Nach überwiegender Ansicht handelt es sich bei der Hehlerei (egal in welcher Begehungsform) um **kein Dauerdelikt**.[7] Daher beginnt die Verjährung dieser Straftat stets mit dem Abschluss der Tathandlung.

4 Im **Jahr 2010** gab es 290 rechtskräftige Verurteilungen wegen Hehlerei gem § 164. Das waren etwa 2 % aller Verurteilungen wegen strafbarer Handlungen gegen fremdes Vermögen (§§ 125–168e aF).

---

1 BGBl I 1993/527.

2 Dazu ua *L/St* StGB[3] § 164 Rz 1; *K/Schm* BT II § 164 Rz 4.

3 Vgl zu dieser Theorie *K/Schm* BT II § 164 Rz 5.

4 *L/St* StGB[3] § 164 Rz 8; *Fabrizy* StGB[10] § 164 Rz 1.

5 Siehe auch dazu *K/Schm* BT II § 164 Rz 5, *L/St* StGB[3] § 164 Rz 8; *Fabrizy* StGB[10] § 164 Rz 1.

6 *K/Schm* BT II § 164 Rz 6. Zu den Auswirkungen im Hinblick auf Idealkonkurrenz von Hehlerei und einem anderen Vermögensdelikt siehe unten bei Rz 32 ff.

7 *K/Schm* BT II § 164 Rz 22; *Kirchbacher* in WK[2] § 164 Rz 37; aM *Rainer* in SbgK § 164 Rz 20, 51; OGH 15 Os 71/90 = EvBl 1991/21; differenzierend *L/St* StGB[3] § 164 Rz 45; *Fabrizy* StGB[10] § 164 Rz 12.

Beispielsfall: Ein Antiquitätenhändler kauft eine Biedermeierkommode vom Dieb D, um diese in seinem Geschäft zu verkaufen. Dabei ist ihm sehr wohl bewusst, dass diese Kommode aus einem Einbruch stammt.

II. Tatbestand

Den Tatbestand der Hehlerei nach § 164 verwirklicht, wer

- vorsätzlich
- den Täter einer mit Strafe bedrohten Handlung gegen fremdes Vermögen bei der Verheimlichung oder Verwertung der erlangten Sache unterstützt (Abs 1) oder
- diese kauft, sonst an sich bringt oder einem Dritten verschafft (Abs 2).

1. Übergreifende Aspekte

a) Tatsubjekt

5 Tatsubjekt des § 164 kann grundsätzlich jeder sein, es handelt sich somit um ein **Allgemeindelikt**. Einzige **Ausnahme** bildet der **Täter der Vortat**: Jeglicher Beteiligter der Vortat iSd § 12 scheidet als Tatsubjekt des § 164 a priori aus, die Begehung von Hehlerei ist daher erst nach vollendeter Vortat möglich.[8]

b) Vortat

6 Vortat des § 164 kann jede **tatbestandsmäßige** und **rechtswidrige** mit Strafe bedrohte Handlung gegen fremdes Vermögen sein, die auf Erlangung der Sache durch den Täter abzielt. Schuldhafte Begehung durch den Vortäter wird nicht gefordert.[9] Ebenso wenig kommt es auf eine tatsächliche Bestrafung des Vortäters an. Vielmehr hat das Gericht im Hehlereiverfahren autonom zu beurteilen, ob eine Vortat (iSe historischen Ereignisses) vorliegt.[10]

7 Lässt zB der vierjährige A ein Parfum aus der Drogerie „mitgehen“ und präsentiert er am nächsten Tag seiner Mutter M stolz das „Geschenk“, so verwirklicht M Hehlerei gem § 164 Abs 2 2. Fall, wenn sie das Parfum behält. Die Handlung von A war tatbestandsmäßig iSd § 127 (Diebstahl) und rechtswidrig, ob seines jungen Alters aber nicht schuldhaft.[11]

---

8 *Kirchbacher* in WK² § 164 Rz 3 ff; *Rainer* in SbgK § 164 Rz 9; *L/St* StGB³ § 164 Rz 9; *Fabrizy* StGB¹⁰ § 164 Rz 2a; *K/Schm* BT II § 164 Rz 112 ff; *Lewisch* BT I² 280; OGH 11 Os 157/98.

9 *Kirchbacher* in WK² § 164 Rz 12 f; *Rainer* in SbgK § 164 Rz 8; *L/St* StGB³ § 164 Rz 13; *K/Schm* BT II § 164 Rz 51 ff; *F/R-K* BT I³ 190; OGH 9 Os 193/77 = EvBl 1978/169.

10 *Kirchbacher* in WK² § 164 Rz 12; *Rainer* in SbgK § 164 Rz 5 ff; *L/St* StGB³ § 164 Rz 13 f; *K/Schm* BT II § 164 Rz 54 ff.

11 Unterschlagung (§ 134 Abs 1) scheidet aus, weil die Sache ohne Irrtum des übergebenden Kindes und mit Zutun der übernehmenden Mutter in ihren Gewahrsam geraten ist. § 134 Abs 2 ist nicht erfüllt, weil die Mutter die Sache nicht

8 Bei der Beurteilung der Vortat ist insbesondere auf deren rechtlichen **Vollendungszeitpunkt** zu achten. Bis zu diesem Zeitpunkt ist die Unterstützung des Täters als Beteiligung an der Tat iSd § 12 selbst zu verstehen.[12] **Hehlerei** kann als **Anschlussdelikt** erst **nach rechtlicher Vollendung der Vortat** begangen werden. Wer den Dieb (vor Gewahrsamsbruch) – zB durch Aufpasserdienste oder durch die Zusage, bei der Verwertung der Beute zu helfen – unterstützt, ist als Beitragstäter zum Diebstahl zu bestrafen (§§ 12 3. Fall, 127).

c) Tatobjekt

9 Tatobjekt der Hehlerei ist jene (bewegliche oder unbewegliche) **körperliche Sache**, die durch die Vortat erlangt wurde, **nicht** aber eine **Ersatzsache**. So kann zB das Auto, das der Dieb D gestohlen hat, vom Hehler H verhehlt werden, nicht aber das Motorrad, das der Dieb durch ein Tauschgeschäft im Gegenzug für das gestohlene Auto von einem Dritten bekommen hat, obwohl das eingetauschte Motorrad den Wert des Autos repräsentiert (beachte aber eine etwaige Strafbarkeit als Geldwäscherei nach § 165).

10 Eine durch eine Vortat erlangte Sache bleibt so lange taugliches Tatobjekt der Hehlerei, **bis** jemand an ihr **rechtlich unanfechtbares Eigentum erwirbt**, die Vermögensverschiebung rückgängig gemacht wird oder der Vortäter tätige Reue durch sonstigen Ersatz leistet (§ 167) und anzunehmen ist, dass der Berechtigte auf die Sache selbst verzichtet.[13] Hehlerei scheidet mangels Tatobjekts zB dann aus, wenn ein Erwerber am Objekt der Vortat gutgläubig Eigentum erwirbt (§ 367 ABGB). Auch ein bösgläubiger Nacherwerber, der von der ursprünglich deliktischen Herkunft der Sache weiß, ist dann nicht mehr strafbar.

d) Qualifikation

11 Abs 3 und 4 enthalten strafsatzerhöhende Qualifikationen. Der Täter ist strenger zu bestrafen, wenn er eine Handlung gem Abs 1 oder 2 in Bezug auf eine Sache im Wert von **mehr als 3.000 Euro** (Abs 3) bzw **mehr als 50.000 Euro** (Abs 4 Satz 1 erster Fall) setzt. Es handelt sich hierbei um **Deliktsqualifikationen**, dh das Überschreiten der Wertgrenze muss vom Tatvorsatz umfasst sein.

12 Abs 4 Satz 1 zweiter Fall erhöht die angedrohte Strafe für **gewerbsmäßige Begehung**. Dazu ist es notwendig, dass der Hehler die Tathandlungen des Abs 1 und/oder 2 in der Absicht (§ 5 Abs 2) vornimmt, sich durch die wiederkehrende Begehung eine fortlaufende Einnahme zu verschaffen (§ 70). Gewerbsmäßige Hehlerei liegt bspw vor, wenn ein Antiquitätenhändler immer

---

in ihren Gewahrsam gebracht hat, eben weil sie sie übergeben erhielt und niemandem weggenommen hat; siehe dazu *Bertel* in WK[2] § 134 Rz 15 und 18.

12 *Kirchbacher* in WK[2] § 164 Rz 15; *B/S* BT I[11] § 164 Rz 3.

13 OGH 9 Os 83/81 = SSt 52/67 = EvBl 1982/109; *Kirchbacher* in WK[2] § 164 Rz 7 ff; *Rainer* in SbgK § 164 Rz 13 ff; *L/St* StGB[3] § 164 Rz 35; *Fabrizy* StGB[10] § 164 Rz 10.

wieder Waren, die aus Einbrüchen stammen, übernimmt, um sie an seine Kunden zu verkaufen.

13 Strenger ist der Hehler auch dann zu bestrafen, wenn die verhehlte **Sache aus einer schweren Vortat** stammt (Abs 4 Satz 2). Eine solche liegt vor, wenn die Vortat aus einem anderen Grund als der Gewerbsmäßigkeit mit einer Strafe bedroht ist, die fünf Jahre erreicht bzw übersteigt und der Hehler diese Umstände der Vortat kennt. Als schwere Vortaten idS kommen zB in Betracht: Einbruchsdiebstahl (§ 129), räuberischer Diebstahl (§ 131), Raub (§§ 142 f) oder schwere Erpressung gem § 145 Abs 1, Abs 2 Z 2 oder Abs 3. Die Sachverhaltselemente, die die schwere Vortat begründen, müssen vom **Vorsatz** des Hehlers umfasst sein, wobei die hM diesbezüglich Eventualvorsatz ausreichen lässt.[14] Bei einem entsprechenden Irrtum über die schwere Vortat kann der Täter nur wegen des Grunddelikts bestraft werden.

2. Fremdnützige Hehlerei (Abs 1)

14 Wegen fremdnütziger Hehlerei nach Abs 1 ist strafbar, wer den Täter einer mit Strafe bedrohten Handlung gegen fremdes Vermögen nach der Tat bei der **Verheimlichung oder Verwertung der erlangten Sache unterstützt**. Dabei handelt es sich um ein **schlichtes Tätigkeitsdelikt**,[15] das nicht durch Unterlassen (§ 2) begangen werden kann. Mit Vornahme der Unterstützungshandlung ist die Tat bereits vollendet, der Eintritt eines Erfolgs wird nicht gefordert.[16]

15 In **Abgrenzung zur eigennützigen Hehlerei nach Abs 2** ist bei den Handlungsalternativen des Abs 1 darauf zu achten, dass der Hehler den Vortäter nach Vollendung der Vortat iSe Beitragshandlung gem § 12 3. Fall zur Hand gehen muss. Der Vortäter muss stets „das Ruder in der Hand halten“. Nur wenn der Vortäter über das „Ob“ und „Wie“ des Verheimlichens entscheidet bzw die Sache direkt einem Dritten verschafft, liegt fremdnützige Hehlerei iSd Abs 1 vor. Ist hingegen der Hehler Herr des Geschehens, kommt eigennützige Hehlerei nach Abs 2 zum Zug.[17]

16 **Unterstützen beim Verheimlichen** der Sache ist jede Tätigkeit, die darauf abzielt, das **Auffinden** der hehlereitauglichen Sache **zu verhindern oder zu erschweren**.[18] Verheimlichen idS liegt daher vor beim Abtransport des Täters samt Beute mit einem Personenkraftwagen,[19] bei der vorübergehenden Verwahrung der Sache[20] sowie bei der Bereitstellung eines geeigneten Verstecks.

---

14 *Kirchbacher* in WK^2 § 164 Rz 47; *Rainer* in SbgK § 164 Rz 56; *Rebisant* Rz 303.

15 OGH 13 Os 145/92 = RIS-Justiz RS0095379.

16 OGH 14 Os 43/04 = RIS-Justiz RS0119272.

17 Vgl diesbezüglich noch zur alten Rechtslage (vor StGB-Nov 1993) OGH 9 Os 143/75.

18 *Kirchbacher* in WK^2 § 164 Rz 18 ff; *Rainer* in SbgK § 164 Rz 18 f; *L/St* StGB^3 § 164 Rz 21; *Fabrizy* StGB^{10} § 164 Rz 8; *K/Schm* BT II § 164 Rz 142 ff; *Lewisch* BT I^2 281; OGH 11 Os 146/80.

19 OGH 14 Os 3/90.

20 OGH 16 Os 50/89.

Der Hehler **unterstützt** den Vortäter **beim Verwerten**, wenn er ihm hilft, einen **wirtschaftlichen Nutzen** für die Sache oder durch die Sache **zu erlangen**,[21] indem er zB die Schätzung der entzogenen Sache veranlasst[22] oder dem Dieb hilft, dessen Beute zu verpfänden oder zu vermieten.[23] Keine Unterstützung liegt hingegen vor, wenn die Sache zerstört oder an einen Dritten verschenkt wird, weil dadurch kein wirtschaftlicher Nutzen erzielt wird.[24] Eine Schenkung kann jedoch die Handlungsalternative des Verheimlichens erfüllen. **17**

3. Eigennützige Hehlerei (Abs 2)

Anders als die fremdnützige Hehlerei gem Abs 1 ist die eigennützige Hehlerei gem **Abs 2** kein schlichtes Tätigkeitsdelikt, sondern ein **Erfolgsdelikt**.[25] Der Tatbestand ist erfüllt, wenn der Hehler die **Sache an sich bringt oder einem Dritten verschafft**. Umstritten ist, ob zur Deliktsvollendung bereits die Erlangung des bloßen Gewahrsams durch den Hehler oder einen Dritten ausreicht oder ob die Begründung einer eigentümerähnlichen Verfügungsmacht notwendig ist.[26] Mit der üA[27] ist davon auszugehen, dass die bloße **Begründung von Gewahrsam** iSe tatsächlichen Verfügungsmacht an der hehlereitauglichen Sache ausreicht. Es ist nicht notwendig, dass der Hehler oder ein Dritter vorhaben muss, mit der Sache künftig wie ein Eigentümer zu verfahren.[28] **18**

Der Hehler **bringt die Sache an sich**, wenn er eine Verfügungsmacht an der Sache übernimmt, mag diese Übernahme nun entgeltlich oder unentgeltlich, nur vorübergehend oder dauerhaft erfolgen.[29] Ansichbringen liegt daher vor, wenn der Hehler die gestohlenen Lebensmittel verzehrt, die gestohlene Zigarette raucht[30] oder wenn er gestohlene Gegenstände in Kenntnis der diebischen Herkunft übernimmt.[31] **19**

Der Ausdruck „Ansichbringen" setzt schon begrifflich voraus, dass der Täter irgendeine **Handlung** setzt, **durch die** der **Gewahrsam entsteht**. Ansichbringen liegt somit nicht vor, wenn Gewahrsam einer Person ohne deren Zutun entsteht. Die Ehefrau, die bloß duldet, dass ihr Mann ein Fernsehgerät in die gemeinsame Wohnung schafft, erlangt an diesem zwar Mitgewahrsam iSe tat- **20**

---

21 OGH 5 Os 848/52 = SSt 24/2; 10 Os 75/77 = SSt 48/57 = EvBl 1977/23; *Kirchbacher* in WK[2] § 164 Rz 21; *Rainer* in SbgK § 164 Rz 21; *L/St* StGB[3] § 164 Rz 22 f; *Fabrizy* StGB[10] § 164 Rz 8; *K/Schm* BT II § 164 Rz 146 ff; *Lewisch* BT I[2] 282.

22 OGH 9 Os 28/81.

23 *Kirchbacher* in WK[2] § 164 Rz 21; *B/S* BT I[11] § 164 Rz 3.

24 *Kirchbacher* in WK[2] § 164 Rz 21.

25 *K/Schm* BT II § 164 Rz 21, 66, 105; *Lewisch* BT I[2] 283.

26 Siehe zu diesem Meinungsstreit *Kirchbacher* in WK[2] § 164 Rz 25; *Rebisant* Rz 299 ff.

27 *Kirchbacher* in WK[2] § 164 Rz 25; *F/R-K* BT I[3] 190; *Rainer* in SbgK § 164 Rz 28.

28 Vgl diesbezüglich auch OGH 9 Os 28/81 = RIS-Justiz RS0094955.

29 OGH 16 Os 50/89.

30 OGH 10 Os 117/79.

31 OGH 12 Os 29/76.

sächlichen Verfügungsmacht, allerdings setzt sie selbst keinerlei Handlung, die auf die Begründung des Gewahrsams am Fernsehgerät abzielt, mithin bringt sie das Gerät nicht an sich. Daher ist sie nicht gem § 164 strafbar.

21 Das **Kaufen** der hehlereitauglichen Sache ist als **Sonderform des Ansichbringens** nur aufgrund der praktischen Bedeutung beispielhaft in Abs 2 angeführt. Zu beachten ist, dass durch den Abschluss des bloßen Verpflichtungsgeschäfts (Abschluss des Kaufvertrags) noch keine Deliktsvollendung eintritt, sondern erst mit Abschluss der Verfügung (körperliche Übergabe), also mit Begründung der tatsächlichen Verfügungsmacht.[32] Daher ist bloße versuchte eigennützige Hehlerei anzunehmen, wenn das Verpflichtungsgeschäft zwar bereits abgeschlossen wurde, die Sachübergabe aber unmittelbar nachfolgen soll.

22 Der Hehler **verschafft die Sache einem Dritten**, wenn er diesem tatsächliche Verfügungsmacht an ihr verschafft, ohne zuvor selbst Verfügungsmacht erlangt zu haben,[33] zB indem er den Verkauf der Sache vermittelt, ohne dass dies ein Unterstützen des Vortäters beim Verwerten wäre.

4. Subjektiver Tatbestand

23 In subjektiver Hinsicht ist zur Deliktsvollendung erforderlich, dass zumindest **dolus eventualis** (§ 5 Abs 1 zweiter Halbsatz) hinsichtlich aller objektiven Tatbestandsmerkmale vorliegt. Insbesondere muss sich der Vorsatz des Hehlers darauf beziehen, dass die Sache aus einer mit Strafe bedrohten Handlung gegen fremdes Vermögen **(Vortat)** stammt und dass die dadurch entstandene **rechtswidrige Vermögenslage** durch seine Tathandlung **aufrechterhalten** wird.

24 Für das Vorsatzerfordernis reicht es aus, dass der Hehler die **Vortat nach Laienart als hehlereitaugliche Vortat erkennt und beurteilt**. Ein diesbezüglicher Irrtum des Täters, der sich lediglich auf die Art der grundsätzlich hehlereitauglichen Vortat bezieht, ist ohne Bedeutung.[34] Nimmt zB der Hehler an, die Sache stamme aus einem Einbruch (§§ 127, 129), obwohl sie in Wahrheit aus einem Betrug (§ 146) herrührt, berührt dieser Irrtum seinen Vorsatz nicht. Für das Vorliegen von Vorsatz ist nämlich weder die Kenntnis der Person des Vortäters noch der genauen Umstände der Vortat notwendig (zur Relevanz des Vorsatzes hinsichtlich der Vortat für die Qualifikation des Abs 4 Satz 2 siehe oben bei Rz 13).

25 Der Tatvorsatz muss im **Zeitpunkt** der Vornahme der Tathandlung gegeben sein. Erfährt jemand erst nach Vornahme der Tathandlung von der vermögensdeliktischen Herkunft der Sache, begründet späteres Behalten, Verwalten und Verwahren nicht § 164 Abs 1 oder 2[35] (evtl aber § 165). Hat ein Täter eine

---

32 *Kirchbacher* in WK[2] § 164 Rz 24 ff; *K/Schm* BT II § 164 Rz 66 ff; *L/St* StGB[3] § 164 Rz 37; *Fabrizy* StGB[10] § 164 Rz 9.

33 *Kirchbacher* in WK[2] § 164 Rz 27; *K/Schm* BT II § 164 Rz 77.

34 OGH 13 Os 169/85.

35 *Kirchbacher* in WK[2] § 164 Rz 30; *Rainer* in SbgK § 164 Rz 36; *K/Schm* BT II § 164 Rz 87; *B/S* BT I[11] § 164 Rz 6.

hehlereitaugliche Sache zunächst gutgläubig an sich gebracht, kann er somit nicht wegen des Ansichbringens bestraft werden. Wird er allerdings später schlechtgläubig und verschafft er die Sache sodann einem Dritten – zB weil er die „heiße Ware" schnellstmöglich loswerden will –, kann er wegen dieser Weitergabe gem § 164 Abs 2 dritter Fall bestraft werden.[36] Da der Mangel der deliktischen Herkunft der Sache selbst anhaftet, macht sich ein bösgläubiger Nacherwerber gem § 164 Abs 2 strafbar, wenn nicht inzwischen rechtlich unanfechtbares Eigentum begründet wurde.[37]

Da es sich um ein Vermögensschädigungsdelikt – nicht aber um ein Vermögensverschiebungsdelikt – handelt, muss **kein Bereicherungsvorsatz** vorliegen. 26

III. Privilegierung und tätige Reue

Wird Hehlerei (§ 164) – unabhängig vom Wert der verhehlten Sache – **im Familienkreis** begangen, so kommt die Privilegierung des § 166 zum Zug (dazu näher Vorbem §§ 125–168b Rz 21 ff). 27

Hehlerei scheint im Deliktskatalog des § 167 als **reuefähiges Delikt** auf. Der Hehler wird straffrei, wenn er dem durch die Vortat Geschädigten die Sache zurückstellt bzw diesem Ersatz leistet. 28

IV. Sonderfragen

1. Versuch

Versuchte Hehlerei ist sowohl bei Abs 1 als auch Abs 2 möglich. Voraussetzung ist, dass die vermögensrechtliche **Vortat bereits vollendet** wurde. Beim Tatbestand der **eigennützigen Hehlerei** gem **Abs 2** ergeben sich bei der Prüfung der Versuchsstrafbarkeit keine Probleme: Sobald der Hehler eine Handlung iSd § 15 Abs 2 für die eigennützige Hehlerei vornimmt, tritt er in das Versuchsstadium ein. Wegen versuchter Hehlerei gem § 164 Abs 2 1. Fall ist daher zu bestrafen, wer mit einem Dieb einen Kaufvertrag über dessen Beute abschließt und die Sachübergabe unmittelbar nachfolgen soll. 29

Die Tathandlung der **fremdnützigen Hehlerei** gem **Abs 1** (Unterstützen beim Verheimlichen oder Verwerten) beschreibt – faktisch betrachtet – eine Beitragshandlung iSd § 12 3. Fall. Rein rechtlich handelt es sich bei der Vornahme einer Unterstützungshandlung allerdings um die unmittelbare Tatausführung.[38] Daher beginnt mit jeder ausführungsnahen Verheimlichungs/ Verwer- 30

---

36 *Rainer* in SbgK § 164 Rz 37; aM *Kirchbacher* in WK^2 § 164 Rz 30; *K/Schm* BT II § 164 Rz 87.

37 *Kirchbacher* in WK^2 § 164 Rz 28 ff; *K/Schm* BT II § 164 Rz 87; *Rainer* in SbgK § 164 Rz 23.

38 Vgl *Kirchbacher* in WK^2 § 164 Rz 32; *L/St* StGB^3 § 164 Rz 20; *Rainer* in SbgK § 164 Rz 44.

tungshandlung bereits das strafbare Versuchsstadium, und es kommt – entgegen der Straflosigkeit des versuchten Beitrages – nicht auf den Versuch des Vortäters an.[39] Wegen versuchter Hehlerei ist daher zu bestrafen, wer nach Gewahrsamsbruch ein Versteck für das Diebesgut vorbereitet, kurz vor Eintreffen der „heißen Ware" aber von der Polizei aufgegriffen wird.

2. Abgrenzung und Konkurrenzen

31 Hehlerei gem § 164 ist ein **alternatives Mischdelikt**.[40] Sowohl die Tathandlungen innerhalb der Abs 1 (fremdnützige Hehlerei) und 2 (eigennützige Hehlerei) als auch die beiden Absätze untereinander sind rechtlich gleichwertig, eine wahlweise Verurteilung ist daher möglich.

32 Uneinigkeit herrscht darüber, wie Fälle zu beurteilen sind, in denen ein Täter **dem Dieb die erbeutete Sache zB stiehlt** oder betrügerisch herauslockt. Während ein Teil der Lehre und tendenziell auch die Rspr davon ausgehen, dass dieser Täter Hehlerei (§ 164) und Diebstahl (§ 127) bzw Betrug (§ 146) in Idealkonkurrenz verwirklicht,[41] vertritt ein anderer Teil der Lehre, dass dieser nur wegen des anderen Vermögensdelikts strafbar ist und eine Strafbarkeit wegen Hehlerei in solchen Fällen nicht in Betracht kommt.[42] Der Kern dieser Uneinigkeit liegt im Streit über die Notwendigkeit von einverständlichem Zusammenwirken zwischen Vortäter und Hehler zur Begründung von Hehlerei.

33 Jener Teil der Lehre, der **Idealkonkurrenz zwischen Hehlerei und einem sonstigen Vermögensdelikt** für möglich hält, geht davon aus, dass Hehlerei auch ohne Einverständnis zwischen Vortäter und Hehler begründet wird.[43] Dies deshalb, weil „Ansichbringen" jegliche Form der Erlangung von Gewahrsam sei und begrifflich eben kein zwingendes Einverständnis mit dem Vortäter erfordere. Diese Auffassung steht im Einklang mit der Perpetuierungstheorie (vgl Rz 2), weil die rechtswidrige Vermögenslage unter dem Blickwinkel des Opfers der Vortat aufrechterhalten bleibt. Allerdings widerspricht sie der Partizipationstheorie (vgl Rz 2), weil in einer solchen Konstellation gerade keine Gesinnungsgemeinschaft zwischen Vortäter und Hehler besteht.

34 Der **andere Teil** der Lehre moniert, dass die Quintessenz der Hehlerei gerade in der verwerflichen Gesinnungsgemeinschaft von Vortäter und Hehler liege und deshalb eine Strafbarkeit gem **§ 164 ohne einverständliches Zusammen-**

---

39 *Kirchbacher* in WK² § 164 Rz 32; *K/Schm* BT II § 164 Rz 154; aM *Rainer* in SbgK § 164 Rz 44.

40 *Kirchbacher* in WK² § 164 Rz 17; *K/Schm* BT II § 164 Rz 115.

41 ZB *Kirchbacher* in WK² § 164 Rz 39 f; *Rainer* in SbgK § 164 Rz 49; *L/St* StGB³ § 164 Rz 87; ebenso OGH 9 Os 10/86.

42 ZB *Liebscher* in WK § 164 Rz 19; *Fabrizy* StGB¹⁰ § 164 Rz 9; *B/S* BT I¹¹ § 164 Rz 4, 9; *K/Schm* BT II § 164 Rz 122 mit einer Sonderlösung für das Zusammentreffen von Hehlerei und Betrug.

43 *Kirchbacher* in WK² § 164 Rz 26; *Rainer* in SbgK § 164 Rz 16; *L/St* StGB³ § 164 Rz 45.

wirken nicht infrage komme.[44] Für diese Ansicht spricht auch, dass neben dem „Ansichbringen" das „Kaufen" besonders hervorgehoben ist. Daraus lässt sich ableiten, dass unter „Ansichbringen" nur jene Arten der Gewahrsamserlangung zu verstehen sind, die dem Kauf ähneln. Da beim Kaufvertrag unstreitig einvernehmliches Zusammenwirken erforderlich ist, könnte dies auch auf die sonstigen Arten des „Ansichbringens" zu übertragen sein. Konsequenterweise wäre dann ein zweiter Dieb, der die Sache im Bewusstsein der deliktischen Herkunft vom Vortäter stiehlt, ausschließlich gem § 127 – mangels einverständlichen Zusammenwirkens nicht aber gem § 164 – zu bestrafen, obwohl die durch den Vortäter geschaffene rechtswidrige Vermögenslage aufrecht bleibt. Eine Nichtbestrafung wegen Hehlerei in solchen Konstellationen widerspräche zwar dem Perpetuierungsgedanken, die erwähnte korrigierende Funktion der Partizipationstheorie (vgl Rz 2) lässt es aber angebracht erscheinen, der zweitgenannten Position zu folgen und Idealkonkurrenz zwischen Hehlerei und einem sonstigen Vermögensdelikt zu verneinen.

Wenn die Sachhehlerei in Begünstigungsabsicht begangen wird, kann sie mit 35
Begünstigung (§ 299) zusammentreffen. Ist die hehlereitaugliche Sache auch ein Beweismittel iSd § 295, kann Hehlerei – bei Vorliegen entsprechenden Vorsatzes – mit **Beweismittelunterdrückung** konkurrieren. Verbirgt L auf einer Autofahrt eine Kette, die seine Freundin F gestohlen hat, im Mund, unterstützt er die Täterin der Vortat (F) beim Verheimlichen einer aus einer strafbaren Handlung gegen fremdes Vermögen stammenden Sache. Allerdings unterdrückt er dadurch noch kein Beweismittel, wenn es noch nicht konkret zur Verwendung in einem gerichtlichen Verfahren bestimmt und somit ein Strafverfahren bereits anhängig ist.[45]

Zum Verhältnis zwischen Hehlerei und **Geldwäscherei** siehe § 165 Rz 23. 36

V. Prozessuales

Gem § 30 Abs 1 StPO ist zur Ahndung des **Grundtatbestands** der Hehlerei 37
gem § 164 Abs 1 das **Bezirksgericht** sachlich zuständig. Für sämtliche Qualifikationen besteht gem § 31 Abs 4 Z 1 StPO Einzelrichterzuständigkeit am LG. Eine diversionelle Verfahrenserledigung (§§ 198 ff StPO) ist daher – zumindest theoretisch – in allen Fällen des § 164 möglich.

Ad Beispielsfall: Die Kommode ist ein hehlereitaugliches Tatobjekt, weil sie aus einer strafbaren Handlung gegen fremdes Vermögen stammt (§§ 127, 129 Z 1). Laut Sachverhalt nimmt der Händler diesen Umstand auch in seinen Vorsatz auf. Durch den Ankauf setzt er eine Tathandlung iSd § 164 Abs 2 erster Fall, er ist daher wegen eigennütziger Hehlerei zu bestrafen. Der an-

---

44 Vgl *K/Schm* BT II § 164 Rz 13, 122; sowie OGH 9 Os 28/81 = RIS-Justiz RS0095481.

45 *Tipold* in SbgK § 295 Rz 17 ff; einschränkend auch die neuere Rspr, zB OGH 14 Os 167/03 = EvBl 2004/125; anders noch zB OGH 14 Os 17/93 = EvBl 1993/113.

schließende Weiterverkauf der Kommode ist nicht mehr als Hehlerei strafbar, weil die Aufrechterhaltung der Vermögensschädigung bereits mit der ersten Hehlereihandlung verwirklicht wurde. Die weitere Aufrechterhaltung dieses Zustands ist nicht gesondert strafbar. Ein allfällig bösgläubiger Kunde des H, der die vermögensdeliktische Herkunft des Möbelstückes kennt, ist wieder wegen eigennütziger Hehlerei zu bestrafen (sog Kettenhehlerei). Erwirbt der Käufer hingegen gutgläubig Eigentum, wird der Mangel der deliktischen Herkunft endgültig geheilt und der Weiterverkauf wäre nicht mehr gerichtlich strafbar.

Zentrale Probleme zur Wiederholung: *Feststellung der Vortat; Tatobjekt hehlereitaugliche Sache; Versuch; Abgrenzungen.*

Weiterführende Literatur: *Fuchs,* Gewinnabschöpfung und Geldwäscherei, ÖJZ 1990, 544; *Kienapfel,* Dauerdelikt und Dauerstraftat am Beispiel der Begehungsformen der Hehlerei. Zugleich eine Besprechung der grundlegenden E eines verstärkten Senats OGH 16. 10. 1990, 15 Os 71/90, JBl 1991, 435; *Thiele,* Hehlerei mittels eBay-Account, jusIT 2009, 16.

B. Geldwäscherei (§ 165)

I. Überblick

1 Die Geldwäscherei ist ein **Anschlussdelikt**, das nur nach den in § 165 aufgezählten Vortaten begangen werden kann. Mit BGBl I 2010/38[1] hat der Tatbestand der Geldwäscherei umfassende Änderungen erfahren. War dieses Delikt ursprünglich so konzipiert, dass als Täter nur infrage kam, wer nicht an der Vortat mitgewirkt hat, kann nach der geltenden Fassung des § 165 Abs 1 auch jeder Täter der Vortat taugliches Tatsubjekt der Geldwäscherei sein (Strafbarkeit der sog **Eigengeldwäscherei)**. Darüber hinaus wurde auch der Vortatenkatalog des § 165 erheblich erweitert.

2 Die Geldwäschereibestimmung geht über den Schutz der **Vermögenssphäre** hinaus und wird somit auch zu einem Delikt zum **Schutz der Rechtspflege**.[2] Der Normzweck zielt im Wesentlichen darauf ab, die Unverwertbarkeit kriminell kontaminierten Vermögens zu erreichen.[3]

3 Im **Jahr 2010** gab es sechs Verurteilungen wegen Geldwäscherei. Da durch das BGBl I 2010/38 der Vortatenkatalog erheblich erweitert wurde und nunmehr auch die Eigengeldwäscherei strafbar ist, könnte diese Zahl in den nächsten Jahren ansteigen.

Beispielsfall: Ein Rechtsanwalt eröffnet in eigenem Namen ein Konto bei einer Bank und zahlt 55.000 Euro eines Klienten darauf ein, obwohl er weiß, dass dieses Geld aus diversen Erpressungen und schweren Betrügereien stammt.

II. Tatbestand

Den **Grundtatbestand** der Geldwäscherei (**Abs 1**) verwirklicht, wer

- Vermögensbestandteile, die aus einer bestimmten Vortat herrühren (Abs 5),
- vorsätzlich
- verbirgt oder ihre Herkunft verschleiert.

Den **Tatbestand** des **Abs 2** begeht, wer

- Vermögensbestandteile in obigem Sinne,
- die aus der Vortat eines anderen stammen,
- wissentlich
- an sich bringt, verwahrt, anlegt, verwaltet, umwandelt, verwertet oder einem Dritten überträgt.

1 Bundesgesetz, mit dem die Rechtsanwaltsordnung, die Notariatsordnung, das Strafgesetzbuch und die Strafprozessordnung 1975 geändert werden.

2 *Lewisch* BT I² 278.

3 Vgl EBRV 673 BlgNR XXIV. GP 5.

Den **Tatbestand** des **Abs 3** verwirklicht, wer
- eine der Tathandlungen des Abs 2
- wissentlich
- in Bezug auf einer kriminellen Organisation oder terroristischen Vereinigung unterliegende Vermögensbestandteile setzt und dabei
- in deren Auftrag oder Interesse tätig wird.

1. Tatobjekt

4 Tatobjekt der Geldwäscherei gem § 165 ist jeder „**Vermögensbestandteil**", der aus einer der in Abs 1 aufgezählten strafbaren Handlungen herrührt. Geldwäscherei kann somit nicht nur an körperlichen, sondern auch an unkörperlichen Vermögensgegenständen begangen werden. Daher kommt auch eine Forderung als Tatobjekt der Geldwäscherei in Betracht.

5 Ein **Herrühren aus einer strafbaren Handlung** liegt gem der **Legaldefinition** in Abs 5 dann vor, wenn der Täter der strafbaren Handlung den Vermögensbestandteil **aus dieser erlangt oder für ihre Begehung empfangen** hat oder wenn sich in ihm der Wert des ursprünglich erlangten oder empfangenen Vermögenswerts verkörpert. Daraus folgt, dass – anders als bei der Hehlerei (§ 164) – auch **Ersatzsachen** als Tatobjekte der Geldwäscherei in Betracht kommen.

6 Die **geldwäschereitauglichen Vortaten** sind in § 165 Abs 1 aufgezählt. Es muss sich handeln um:
- ein **Verbrechen** iSd § 17 Abs 1,
- eine mit Strafe bedrohte Handlung gegen **fremdes Vermögen,** die mit mehr als einjähriger Freiheitsstrafe bedroht ist,
- ein **Vergehen** gem §§ 223, 224, 225, 229, 230, 269, 278, 288, 289, 293, 295 oder 304–308,
- ein gewerbsmäßig begangenes Vergehen gegen Vorschriften des **Immaterialgüterrechts** (darunter fallen zB Strafbestimmungen des Markenschutzgesetzes 1970, des Patentgesetzes 1970 und des Urheberrechtsgesetzes) oder
- ein in die Zuständigkeit der Gerichte fallendes **Finanzvergehen** des Schmuggels oder der Hinterziehung von Eingangs- oder Ausgangsabgaben.

2. Der Tatbestand des Abs 1: Verbergen oder Verschleiern der Herkunft

a) Tatsubjekt

7 § 165 Abs 1 stellt seit BGBl I 2010/38 **keine besonderen Anforderungen** an das Tatsubjekt. Galten nach alter Rechtslage Tathandlungen iSd Abs 1, die vom Täter der Vortat gesetzt wurden, als straflose Nachtaten, ist seit der Novellierung auch die **Eigengeldwäscherei strafbar**.[4]

---

4 Krit dazu ua *Tipold,* 4/SN-154/ME XXIV. GP 2 f; *Reindl-Krauskopf,* 11/SN-154/ME XXIV. GP 2 f.

8 Die Einbeziehung der Eigengeldwäscherei in die Strafbarkeit bewirkt, dass ein Dieb, der gem § 128 zu bestrafen ist, auch mit einer Verurteilung gem § 165 in echter Konkurrenz rechnen muss, wenn er die durch den Diebstahl erlangten Vermögenswerte verbirgt oder deren Herkunft verschleiert.[5] **Rechtspolitisch** ist dieses Ergebnis **bedenklich**: Der Vortäter wird unter Androhung der Strafbarkeit wegen Geldwäscherei dazu gedrängt, sich selbst zu bezichtigen. Rein formal betrachtet widerspricht diese Quasi-Verpflichtung zur Offenlegung der eigenen strafbaren Handlung, um einer anderen Strafbarkeit (nämlich der wegen Geldwäscherei) zu entgehen, zwar nicht dem prozessualen Nemo-tenetur-Grundsatz (§ 7 Abs 2 StPO),[6] da dieser erst im Strafverfahren, nicht aber vor dessen Einleitung anwendbar ist.[7] Es kann aber nicht Sinn dieses Prinzips sein, dieses Recht dem Täter erst mit Verfahrensbeginn zuzusprechen, va dann nicht, wenn eine derart enge Auslegung des Nemo-tenetur-Grundsatzes erst durch Selbstbezichtigungshandlungen des Täters zu einem Verfahren führt. Deshalb ist angesichts des Art 6 EMRK von einem breiten Anwendungsbereich dieses Grundsatzes[8] auszugehen, der auch den Zwang zur Selbstbezichtigung außerhalb eines Strafverfahrens bzw vor dessen Beginn verbietet. Der Anwendungsbereich des § 165 auf die Eigengeldwäscherei sollte vor diesem Hintergrund wieder zurückgedrängt werden.

b) Tathandlung

9 Gem § 165 Abs 1 macht sich strafbar, wer einen der oben genannten Vermögensbestandteile verbirgt oder deren Herkunft verschleiert, insbesondere (beispielhafte Aufzählung), indem er im Rechtsverkehr über den Ursprung oder die wahre Beschaffenheit dieser Vermögensbestandteile, das Eigentum oder sonstige Rechte an ihnen, die Verfügungsbefugnis über sie, ihre Übertragung oder darüber, wo sie sich befinden, falsche Angaben macht. Im Gegensatz zu den Tathandlungen gem Abs 2 handelt es sich dabei um per se **anrüchige Unterstützungshandlungen**. Gemeinsam ist diesen Tathandlungen, dass sie die **Wahrheitspflicht** im Rechtsverkehr über alle Belange der geldwäschereitauglichen Vermögensbestandteile **verletzen**.[9]

---

5 Eine Qualifizierung des Verbergens oder der Herkunftsverschleierung als straflose Nachtat wird weder nach dem Gesetzeswortlaut selbst noch nach den Materialien (vgl EBRV 673 BlgNR XXIV. GP 5) möglich sein, wenn es dort heißt, dass die Rechtsfolgen der Geldwäscherei – bei entsprechendem Vorsatz – auch den Täter der Vortat treffen sollen. Begründet wird die Strafbarkeit der Eigengeldwäscherei va mit der zusätzlich aufgewendeten kriminellen Energie, mit dem Normzweck der Geldwäschereibestimmung (Unverwertbarkeit kriminell kontaminierten Vermögens) sowie mit internationalem Druck.

6 Demnach darf ein Beschuldigter nicht dazu gezwungen werden, sich selbst zu belasten.

7 Das Strafverfahren beginnt nach § 1 Abs 2 StPO, sobald Kriminalpolizei oder Staatsanwaltschaft zur Aufklärung des Verdachts einer Straftat gegen eine bekannte oder unbekannte Person ermitteln oder Zwang ausüben.

8 Der Nemo-tenetur-Grundsatz ist auch wesentlicher Bestandteil eines fairen Verfahren iSd Art 6 EMRK sowie des Anklagegrundsatzes nach Art 90 Abs 2 B-VG, weshalb die Verfassungskonformität der strafbaren Eigengeldwäscherei zweifelhaft erscheint.

9 *Kirchbacher* in WK[2] § 165 Rz 17.

10 Der Täter **verbirgt** das Tatobjekt, wenn er Handlungen setzt, die das Auffinden des Vermögenswertes vereiteln oder erschweren sollen.[10] Dafür ist nötig, dass dem gesetzten Verhalten ein vom Täter herbeigeführter **Verschleierungseffekt** innewohnt.[11]

c) Subjektiver Tatbestand

11 In subjektiver Hinsicht ist nötig, dass der Täter zumindest **dolus eventualis** hinsichtlich aller objektiven Tatbestandsmerkmale aufweist. Insbesondere muss er es (zumindest) ernstlich für möglich halten und sich damit abfinden, dass der gegenständliche Vermögensbestandteil aus einer der Vortaten gem § 165 Abs 1 herrührt.

3. Der Tatbestand des Abs 2: Verwahrungs- und Verwaltungstätigkeiten

a) Tathandlung

12 Anders als Abs 1 bedroht Abs 2 nur die **Fremdgeldwäscherei** mit Strafe. Zu bestrafen ist, wer **Vermögensbestandteile** an sich bringt, verwahrt, anlegt, verwaltet, umwandelt, verwertet oder einem Dritten überträgt, wenn diese Vermögenswerte aus der **Vortat eines anderen** herrühren. Damit kann sich der Vortäter nicht an Abs 2 beteiligen. All diese Begehungsformen sind **rechtlich gleichwertig**. Verwirklicht ein Täter in Bezug auf denselben Vermögensbestandteil mehrere dieser Begehungsformen zugleich, liegt trotzdem nur eine strafbare Handlung vor, weil § 165 Abs 2 ein alternatives Mischdelikt darstellt.[12] Legt zB der Bankangestellte wissentlich Schwarzgeld auf ein von ihm zu diesem Zweck eröffnetes Konto (Anlegen) und verwaltet er dieses Konto die nächsten Jahre (Verwalten), liegt dennoch nur eine strafbare Geldwäscherei gem § 165 Abs 2 vor.

b) Subjektiver Tatbestand

13 Die Tathandlungen des Abs 2 erfassen auch alltägliche Bankgeschäfte sowie Tätigkeiten von Treuhändern und Vermögensverwaltern.[13] Das **typische Unrecht** der Geldwäscherei gem § 165 Abs 2 hängt daher maßgeblich von der **subjektiven Tatseite** ab.[14] Nur wenn der Täter sicher weiß (**Wissentlichkeit** iS von § 5 Abs 3), dass der konkrete Vermögensbestandteil aus einer Vortat iSd § 165 Abs 1 stammt, und in diesem Wissen die Tathandlung setzt, kann er gem Abs 2 bestraft werden.

---

10 *Kirchbacher* in WK² § 165 Rz 16.

11 Vgl OGH 15 Os 71/90 = RIS-Justiz RS0094947.

12 *Kirchbacher* in WK² § 165 Rz 18.

13 *Lewisch* BT I² 285.

14 Siehe ua *Rainer* in SbgK § 165 Abs 1–4 Rz 41.

4. Der Tatbestand des Abs 3: Geldwäscherei für kriminelle Organisation oder terroristische Vereinigung

a) Tathandlung

Gem § 165 Abs 3 ist zu bestrafen, wer die in Abs 2 genannten Handlungen in Bezug auf einer **kriminellen Organisation**[15] (§ 278a) oder **terroristischen Vereinigung**[16] (§ 278b) unterliegende Vermögensbestandteile setzt und dabei in deren **Auftrag** oder **Interesse** handelt. Im **Auftrag** einer kriminellen Organisation oder terroristischen Vereinigung handelt der Täter, wenn er auf deren **Veranlassung** hin tätig wird.[17] Dies ist zB der Fall, wenn ein Bankangestellter ein Konto eröffnet und wissentlich Mafiagelder darauf einzahlt, weil ihn ein führendes Mitglied dieser Organisation darum gebeten hat. 14

Handeln im **Interesse** einer kriminellen Organisation oder terroristischen Vereinigung liegt hingegen dann vor, wenn der Täter Verhaltensweisen setzt, die der Organisation oder Vereinigung zum **tatsächlichen Vorteil** gereichen.[18] Ein solches Handeln liegt bspw vor, wenn der Bankangestellte das bereits eingezahlte Geld auf ein höher verzinstes Konto umschichtet im Wissen, dass es sich dabei um Mafiagelder handelt. 15

b) Subjektiver Tatbestand

In subjektiver Hinsicht ist bei Abs 3 zu beachten, dass der Täter hinsichtlich des **Tatobjekts** sowie des Handelns im **Auftrag** oder **Interesse** der Organisation oder Vereinigung **wissentlich** iSv § 5 Abs 3 handeln muss. 16

5. Qualifikationen

§ 165 Abs 4 erster Fall qualifiziert die Geldwäscherei, wenn die Tat in Bezug auf einen 50.000 Euro übersteigenden Wert begangen wird. Zur Verwirklichung der **Wertqualifikation** ist es nötig, dass der Täter das Übersteigen der Wertgrenze in seinen Vorsatz aufnimmt. 17

Neben einer Wertqualifikation enthält § 165 Abs 4 zweiter Fall eine Qualifikation, wenn die Tathandlung als **Mitglied einer kriminellen Vereinigung** begangen wird, die sich **zur fortgesetzten Geldwäscherei** verbunden hat. Bei dieser Qualifikation ist besonders auf den Zweck der Verbindung zu achten. Nicht ausreichend ist es, dass die Verbindung zum Zwecke der Begehung von geldwäschereitauglichen Vortaten eingegangen wurde.[19] In subjektiver Hinsicht ist es erforderlich, dass sich der Vorsatz auf den qualifikationsbegründenden Umstand der Begehung als Mitglied einer kriminellen Vereinigung bezieht. 18

---

15 Zum Begriff siehe *Hinterhofer/Rosbaud* BT II[5] § 278a Rz 2.
16 Zum Begriff siehe *Hinterhofer Rosbaud* BT II[5] § 278b Rz 2.
17 *Rosbaud* in SbgK § 165 Abs 5 Rz 23.
18 *Rosbaud* in SbgK § 165 Abs 5 Rz 25.
19 Vgl ua *Rainer* in SbgK § 165 Abs 1–4 Rz 50.

III. Tätige Reue gem § 165a

19 Abweichend von der allgemeinen Regelung der tätigen Reue in § 167 normiert **§ 165a** für die Geldwäscherei spezielle Bestimmungen zur Strafaufhebung wegen tätiger Reue. Demnach ist nicht zu bestrafen, wer **freiwillig** und **rechtzeitig** durch **Mitteilung an die Behörde** oder auf andere Weise die **Sicherstellung** wesentlicher Vermögensbestandteile, auf die sich die Geldwäscherei bezogen hat, bewirkt. Ebenso ist nicht zu bestrafen, wer sich, in Unkenntnis der tatsächlichen Sicherstellung, **freiwillig und ernstlich** um Sicherstellung **bemüht** (§ 165a Abs 2).

20 Sowohl das **Freiwilligkeits-** als auch das **Rechtzeitigkeitserfordernis** sind dabei nach den Grundsätzen der allgemeinen Regelung des § 167 zu beurteilen (siehe dazu Vorbem §§ 125–168b Rz 19 f). Zu beachten ist allerdings, dass die Sicherstellung der Vermögensbestandteile an die Stelle der Schadensgutmachung tritt.[20]

IV. Konkurrenz

21 **Geldwäscherei** (§ 165) kann nach hM mit **Begünstigung** (§ 299) idealkonkurrieren, wenn die Geldwäscherei in Begünstigungsabsicht begangen wird.[21] Ebenso ist Idealkonkurrenz von Geldwäscherei mit **falscher Beweisaussage** (§§ 288 und 289)[22] sowie – wenn die Verschleierung durch Fälschung, Verfälschung oder Unterdrückung von Urkunden erfolgt – mit **Urkundenfälschung** (§ 223) bzw **Urkundenunterdrückung** (§ 229) möglich.[23]

22 Echte Konkurrenz zwischen vortatbezogener Geldwäscherei gem **§ 165 Abs 1 oder 2** wird mit organisationsbezogener Geldwäscherei gem **§ 165 Abs 4 zweiter Fall** wegen des verschiedenen Unwertgehaltes angenommen.[24] Dies ist jedoch zweifelhaft.

23 Weitgehend umstritten ist das Konkurrenzverhältnis zwischen **Geldwäscherei** (§ 165) und **Hehlerei** (§ 164). Ein Teil der Lehre nimmt an, dass Geldwäscherei subsidiär zur Hehlerei ist.[25] Ein anderer Teil der Lehre geht hingegen in jenen Fällen, die die Subsumierbarkeit eines Verhaltens als Hehlerei und als Geldwäscherei zulassen, aufgrund unterschiedlicher Schutzfunktionen von Idealkonkurrenz aus.[26] Die erstgenannte Auffassung führt zu sachgerechten Ergebnissen, auch wenn der Hehlerei als reinem Vermögensdelikt die Geldwäscherei (auch) als Delikt zum Schutz der Rechtspflege gegenübersteht. Denn schließ-

---

20 *Rainer* in SbgK § 165a Rz 5 f.

21 *Rainer* in SbgK § 165 Abs 1–4 Rz 59; *Kirchbacher* in WK^2 § 165 Rz 25; *Pilnacek* in WK^2 § 299 Rz 30; *Hinterhofer/Rosbaud* BT II^5 § 299 Rz 19.

22 *Rainer* in SbgK § 165 Abs 1–4 Rz 61 f; *Kirchbacher* in WK^2 § 165 Rz 25; *Plöchl/Seidl* in WK^2 § 288 Rz 61.

23 *Rainer* in SbgK § 165 Abs 1–4 Rz 61 f.

24 *Kirchbacher* in WK^2 § 165 Rz 26; *Rosbaud* in SbgK § 165 Abs 5 Rz 80.

25 *B/S* BT I^{11} §§ 165, 165a Rz 8; *Lewisch* BT I^2 279; *F/R-K* BT I^3 193.

26 *Kirchbacher* in WK^2 § 164 Rz 42.

lich soll auch das Verbot der Hehlerei den deliktisch erworbenen Gegenstand verkehrsunfähig machen und dem Täter das Verbergen der Sache erschweren.[27]

V. Prozessuales

Für die **Grundtatbestände** des § 165 Abs 1–3 ist gem § 31 Abs 4 Z 1 StPO im Hauptverfahren der **Einzelrichter am LG** zuständig, womit eine **diversionelle Verfahrenserledigung** (vgl §§ 198 ff StPO) an sich zulässig ist. Für die **Qualifikationen** des Abs 4 greift aufgrund der erhöhten Strafdrohung von einem bis zehn Jahren Freiheitsstrafe § 31 Abs 3 Z 1 StPO und es liegt somit **Schöffenzuständigkeit** vor. 24

Ad Beispielsfall: Der Rechtsanwalt eröffnet das Konto in eigenem Namen und legt sodann das mitgebrachte Geld an. Er gibt sich also als wirtschaftlich Berechtigter aus und macht somit falsche Angaben über das Eigentum an die-sem Geld bzw die Verfügungsbefugnis darüber. Es liegt daher die Tatvariante der Herkunftsverschleierung iSd § 165 Abs 1 vor. Laut Sachverhalt nimmt er die deliktische Herkunft des Geldes auch in seinen Vorsatz auf. Sein Vorsatz bezieht sich auch auf die Wertqualifikation des § 165 Abs 4 erster Fall.

Zentrale Probleme zur Wiederholung: *Eigengeldwäscherei; Abgrenzung der Tathandlungen untereinander sowie Feststellung des erforderlichen Vorsatzes; tätige Reue; Abgrenzung zu § 164.*

Weiterführende Literatur: *Burgstaller,* Geldwäscherei durch Annahme eines Rechtsanwaltshonorars? AnwBl 2001, 574; *Glaser,* Der Begriff der Geldwäsche in der 3. Geldwäsche-RL und seine Umsetzung in Österreich, ÖBA 2011, 322; *Graf,* Verletzung der Geldwäschereibestimmungen (§§ 40 ff BWG). Zur Haftung des Kreditinstituts gegenüber den Geschädigten wegen Schutzgesetzverletzung, ÖBA 2009, 799; *Klippl,* Geldwäscherei (1994); *Lafite/Varro,* Abgabenhinterziehung als neue Vortat zur Geldwäscherei, ecolex 2011, 947; *Medigovic,* Qualifizierte Finanzdelikte als Verbrechen iSd § 17 StGB?, RdW 2008, 369; *Meter/Kallab,* Der Tatbestand der Eigengeldwäscherei, ZFR 2010, 207; *Siska,* Die Geldwäscherei und ihre Bekämpfung in Österreich, Deutschland und der Schweiz (1999).

27 *F/R-K* BT I^3 193.

V. Sonstige Vermögensdelikte

A. Kreditschädigung (§ 152)

I. Überblick und Tatbestand

1 Die Kreditschädigung (§ 152) schützt als Bestandteil des Vermögens iwS die **Kreditwürdigkeit einer Person.**[1] Es geht also um die Verletzung der Ehre in Kombination mit einem Vermögensaspekt. **Tatobjekt** können in diesem Zusammenhang sowohl natürliche als auch juristische Personen sein. Nicht entscheidend ist, ob das Tatobjekt eine Wirtschaftstätigkeit entfaltet. Auch ist es nicht erforderlich, dass die Kreditschädigung zu einem bestimmten Zweck begangen wird.

2 Die **Tathandlung** besteht in der **Behauptung unrichtiger Tatsachen**. Eine Behauptung stellt auch auf, wer erhaltene Mitteilungen weiter verbreitet. Die Kreditschädigung ist auf die Behauptung von Tatsachen begrenzt. Reine Werturteile können keine Kreditschädigung begründen. Voraussetzung für eine Tatsachenbehauptung ist, dass sie nach objektiv und allgemein einsichtigen Kriterien überprüfbar sein muss. Die Abgrenzung zwischen Tatsachen und reinen Werturteilen ist im Einzelfall schwierig zu ziehen. **Beispiele** für Tatsachenbehauptungen[2] sind der behauptete Verkauf minderwertiger Ware, die Tatsache, dass B kein Fachmann sei, dass er mit seiner Firma bereits Schiffbruch erlitten habe oder dass Berichte in einer bestimmten Zeitung schwachsinnig seien und der Leserverblödung dienten. Dagegen wurde der Charakter einer Tatsachenbehauptung verneint beim Vorwurf, „politischer Ziehvater des rechtsextremen Terrorismus“[3] zu sein.

3 Die Tathandlung bei der Kreditschädigung (§ 152) erfordert **keine größere Publizität**. Es genügt, dass die unrichtige Tatsachenbehauptung gegenüber einer einzigen vom Opfer verschiedenen Person erhoben wurde.

4 Der **Taterfolg** besteht in der **Schädigung bzw konkreten Gefährdung des Kredits**, des Erwerbs oder des beruflichen Fortkommens eines anderen. § 152 ist damit ein **konkretes Gefährdungsdelikt**. **Kredit** ist das bestehende Vertrauen anderer, der Betroffene werde als Schuldner leistungsfähig und leistungswillig sein.[4] Unter **Erwerb** ist jede wirtschaftliche Tätigkeit zu verstehen, die gegenwärtig auf Erzielung eines Einkommens gerichtet ist.[5] Das **berufliche Fortkommen** blickt im Unterschied dazu in die Zukunft und erfasst die Erreichbarkeit bestimmter Einkommenslagen oder die Wahrnehmbarkeit oder Verbesserung von Aufstiegschancen.[6]

5 Die Kreditschädigung (§ 152) ist ein **Vorsatzdelikt**. Der Vorsatz muss sich auf sämtliche objektiven Tatbestandsmerkmale beziehen und somit auch die Unrichtigkeit der Behauptung und die Schädigung oder konkrete Gefährdung des Kredits als Taterfolg umfassen. Hat es jemand leichtfertig versäumt, die Richtigkeit einer Tatsache vor deren Weiterverbreitung zu überprüfen, und zieht er deren Unrichtigkeit nicht in Betracht, gelangt mangels entsprechenden Vorsatzes § 152 nicht zur Anwendung.

---

1 Vgl *Hinterhofer* in SbgK § 152 Rz 2; *L/St* StGB[3] § 152 Rz 3.

2 Siehe dazu *Kirchbacher/Presslauer* in WK[2] § 152 Rz 3 f; *Hinterhofer* in SbgK § 152 Rz 18; OGH 6 Os 460/57.

3 OGH 6 Ob 18/94.

4 *L/St* StGB[3] § 152 Rz 3; *Hinterhofer* in SbgK § 152 Rz 24; *Kirchbacher/Presslauer* in WK[2] § 152 Rz 6.

5 *L/St* StGB[3] § 152 Rz 3; *Kirchbacher/Presslauer* in WK[2] § 152 Rz 6; *Hinterhofer* in SbgK § 152 Rz 25.

6 Siehe dazu *Kirchbacher/Presslauer* in WK[2] § 152 Rz 6; *L/St* StGB[3] § 152 Rz 3; *Hinterhofer* in SbgK § 152 Rz 26.

Für Kreditschädigung (§ 152) kommen im Hinblick auf eine **mögliche Rechtfertigung** die Grundsätze des Ehrenbeleidigungsstrafrechts (vgl § 114 Abs 1) zur Anwendung, wonach Handeln in Rechtspflichterfüllung oder Rechtsausübung das Unrecht der Tat entfallen lässt.[7] 6

Aufgrund der unterschiedlichen verletzten Rechtsgüter kann nach hM Kreditschädigung (§ 152) mit **übler Nachrede** (§ 111) **echt konkurrieren**.[8] Dies ist zu hinterfragen, weil sich die Schutzrichtung nicht nur auf das Vermögen, sondern auch auf die Ehre erstreckt (Rz 1). 7

II. Prozessuales und praktische Bedeutung

Die Kreditschädigung (§ 152) fällt aufgrund der angedrohten Strafe in die sachliche Zuständigkeit des **Bezirksgerichts** (§ 30 Abs 1 StPO). Die Kreditschädigung ist als **Privatanklagedelikt** (§ 71 StPO) ausgestaltet (§ 152 Abs 2), wodurch eine diversionelle Verfahrenserledigung (§§ 198 ff StPO) ausscheidet. Im Sanktionenrecht sieht § 152 als Besonderheit die **Kumulation von Freiheits- und Geldstrafe** als Sanktionen, die nebeneinander verhängt werden können, vor. 8

Die **praktische Bedeutung** der Kreditschädigung (§ 152) ist zum einen wegen der Ausgestaltung als Privatanklagedelikt **gering**. So gab es im Jahr 2010 nur eine gerichtliche Verurteilung wegen dieser strafbaren Handlung. Zum andern suchen Verletzte eher einen Ausgleich über zivilrechtliche Reaktionen, zB im Rahmen von Schadenersatz nach § 1330 Abs 2 ABGB oder im Wirtschaftsleben auch nach § 7 UWG. 9

Zentrale Probleme zur Wiederholung: *Auslegung des Tatbestandsmerkmals „Tatsachen"; Feststellung des Taterfolgs.*

7 Siehe dazu *Kirchbacher/Presslauer* in WK² § 152 Rz 8a; für die Heranziehung des § 1330 Abs 2 Satz 3 ABGB und § 7 Abs 2 UWG siehe *Hinterhofer* in SbgK § 152 Rz 35 und *B/S* BT I¹¹ § 152 Rz 3, einschränkend dazu allerdings *Kirchbacher/Presslauer* in WK² § 152 Rz 8b.

8 *Kirchbacher/Presslauer* in WK² § 152 Rz 9; *Hinterhofer* in SbgK § 152 Rz 45; *L/St* StGB³ § 152 Rz 10.

B. Wucher (§§ 154, 155)

I. Überblick und Tatbestand

1 Die Strafbestimmungen über Wucher (§§ 154 f) erfassen die Ausbeutung des Einzelnen **(Individualwucher)**, der sich in einer Zwangslage befindet, leichtsinnig oder unerfahren handelt oder einem Mangel an Urteilsvermögen unterliegt. In Abgrenzung zur Erpressung (§ 144) hat der Täter die Zwangslage des Opfers allerdings nicht herbeigeführt, sondern sie besteht unabhängig von ihm. **Geschütztes Rechtsgut** ist das **Vermögen als Ganzes**.[1]

2 **Tatobjekt** ist jeder, der sich in einer Zwangslage befindet, leichtsinnig, unerfahren oder mit einem Mangel an Urteilsvermögen handelt. Die **Tathandlung** besteht im **Ausbeuten** dieser Schwächesituation. Unter Ausbeutung ist eine nicht gerechtfertigte Ausnutzung zu verstehen, die mit einem bedeutenden Nachteil für einen anderen verbunden ist.[2]

3 Das Ausbeuten muss **durch Rechtsgeschäfte** erfolgen. Je nachdem, ob es um Geldgeschäfte oder um Waren bzw Dienstleistungen geht, liegt entweder **Geldwucher** (§ 154 Abs 1) oder **Sachwucher** (§ 155 Abs 1) vor. Beim Sachwucher muss die Ausbeutung überdies **gewerbsmäßig** erfolgen. Es muss dem Täter also darauf ankommen, sich aus der wiederkehrenden Begehung solcher Wuchergeschäfte eine fortlaufende Einnahmequelle zu verschaffen (vgl § 70).

Der **Geldwucher** (§ 154 Abs 1) umfasst alle **Rechtsgeschäfte**, die

- die **Befriedigung eines Geldbedürfnisses** des Bewucherten **bewirken**, wobei die Gewährung oder Vermittlung eines Darlehens im Gesetzestext hervorgehoben wird, oder
- der **Stundung** einer Geldforderung oder
- der **Vermittlung** einer solchen dienen sollen.

Beim **Sachwucher** (§ 155 Abs 1) geht es um,

- **Rechtsgeschäfte**, die den **Erwerb oder die Veräußerung eines Rechts oder einer Sache** zum Gegenstand haben oder
- um andere entgeltliche **Rechtsgeschäfte über eine Ware oder eine Leistung**, insbesondere auch um Lohnvertrag und Werkvertrag über eine Arbeitsleistung.

4 In sämtlichen Fällen muss der versprochene oder gewährte **Vermögensvorteil in einem auffallenden Missverhältnis** zum Wert der eigenen Leistung stehen. Dies ist stets dann der Fall, wenn die Gegenleistung wesentlich von den ortsüblichen Bedingungen abweicht,[3] etwa wenn für einen Kredit von 1.000 Euro für 14 Tage 25 % Zinsen, also 250 Euro, verrechnet werden (§ 154 Abs 1).[4]

5 Strafbar ist sowohl beim Geld- als auch beim Sachwucher der sog **Anschluss- bzw Nachwucher** (§ 154 Abs 2 und § 155 Abs 2). Diesen Tatbestand erfüllt, wer eine Forderung aus einem Wuchergeschäft, die auf ihn übergegangen ist, wucherisch verwertet. **Übergegangen** ist die Forderung, sobald eine andere Person als die bisher berechtigte zur Geltendmachung legitimiert ist. Auf die Art des Übergangs kommt es nicht an. Nur muss schon beim Erwerb der Forderung der wucherische Sachverhalt bekannt sein.

---

1 *Althuber* in SbgK § 154 Rz 9; *F/R-K* BT I[3] 149; abweichend *L/St* StGB[3] § 154 Rz 1, die den Schutz vor Ausbeutung bestimmter individueller Verhältnisse bezweckt sehen.

2 Weiter *Kirchbacher/Presslauer* in WK[2] § 154 Rz 4; *L/St* StGB[3] § 154 Rz 6; *Althuber* in SbgK § 154 Rz 24, die auf ein bewusstes Ausnützen der Situation des Opfers aus Gewinnsucht abstellen; ähnlich OGH 9 Os 185/76 (rücksichtslose Ausnutzung).

3 *Kirchbacher/Presslauer* in WK[2] § 154 Rz 14; *Althuber* in SbgK § 154 Rz 40; *L/St* StGB[3] § 154 Rz 13; *B/S* BT I[11] § 154 Rz 3.

4 Vgl OGH 11 Os 74/82 = EvBl 1983/17.

Eine Forderung wird **wucherisch verwertet**, wenn sie unter wucherischen Bedingungen geltend gemacht wird und dabei die Schwächesituation des bewucherten Schuldners weiterhin ausgenützt wird. Als Verwertungshandlung kommt sowohl das Geltendmachen (zB durch Klage) als auch das Übertragen einer Forderung (zB durch Abtretung) in Betracht. Nachwucher nach § 154 Abs 2 liegt beispielsweise vor, wenn eine Darlehensforderung, aufgrund derer 25 % Zinsen für einen 14-tägigen Kredit zu zahlen sind (vgl Rz 4), auf ein Inkassobüro übertragen wird, damit dieses die Forderung einbringt. Freilich müssen dem Inkassobüro die Notlage und die Darlehensbedingungen bekannt sein. 6

Die Wuchertatbestände sind **Vorsatzdelikte**. Der Vorsatz muss sich im Stärkegrad des dolus eventualis auf sämtliche objektiven Tatbestände beziehen. Er muss insb auch die Zwangslage bzw den Leichtsinn, die Unerfahrenheit oder den Mangel an Urteilsvermögen des Opfers erfassen. 7

Bei den Wucherdelikten sind verschiedene **Qualifikationsfälle** normiert. Mit höherer Strafe ist der gewerbsmäßige Geldwucher (§ 154 Abs 3) bedroht. Der Sachwucher des § 155 Abs 1 sieht darüber hinaus als Qualifikation vor, dass durch die Tat eine **größere Zahl von Menschen schwer geschädigt** wird. Eine größere Zahl von Menschen bedeutet unter Heranziehung der Grundsätze des § 69 (öffentliche Begehung), dass zumindest zehn Personen schwer geschädigt sein müssen. Eine schwere Schädigung liegt dann vor, wenn der Schaden des Einzelnen die Wertgrenze von 3.000 Euro deutlich übersteigt.[5] 8

Unter allgemeinen Grundsätzen ist bei den Wucherdelikten eine Strafaufhebung wegen **tätiger Reue** (§ 167) zulässig. 9

II. Prozessuales und praktische Bedeutung

Aufgrund der Strafdrohung fallen sämtliche Varianten des Wuchers (§§ 154 f) in die sachliche Zuständigkeit des **Einzelrichters am LG** (§ 31 Abs 4 Z 1 StPO). Eine **diversionelle Verfahrenserledigung** (§§ 198 ff StPO) ist somit uneingeschränkt zulässig. Als Besonderheit im Sanktionenrecht ist bei den Wucherbestimmungen vorgesehen, dass **Geldstrafe und Freiheitsstrafe als kumulative Sanktion** nebeneinander verhängt werden dürfen. 10

In der **Praxis** sind die Wucherbestimmungen **unbedeutend**. So gab es im Jahr 2010 lediglich vier Verurteilungen wegen Geldwucher (§ 154) oder Sachwucher (§ 155). 11

Zentrales Problem zur Wiederholung: *Berechnung des Missverhältnisses.*

5 *Althuber* in SbgK § 155 Rz 15; *L/St* StGB[3] § 155 Rz 7. Enger *Kirchbacher/Presslauer* in WK[2] § 155 Rz 7.

C. Glücksspiel (§ 168)

I. Überblick

1 Glücksspiele sind für Menschen gefährlich, da ihnen ein **beträchtliches Suchtpotenzial** innewohnt. Durch die Spielsucht können sich Menschen in existenzgefährdendem Ausmaß an ihrem Vermögen schädigen und in weiterer Folge besteht ein erhebliches Gefahrenpotential für Beschaffungs- und Begleitkriminalität. Geschütztes Rechtsgut des § 168 ist daher das **Vermögen als Ganzes**.[1] Im Unterschied zu den verwaltungsstrafrechtlichen Normen des Glücksspielgesetzes erfasst § 168 nur jene Verhaltensweisen, die das Ziel verfolgen, dem Förderer oder Veranstalter von Glücksspielen bzw einem Dritten einen Vermögensvorteil zuzuwenden.

2 Die **praktische Bedeutung** des § 168 ist **gering**. So gab es im Jahr 2010 nur elf Verurteilungen wegen dieser strafbaren Handlung.

II. Tatbestand

Den Tatbestand des Glücksspiels nach **§ 168 Abs 1** verwirklicht, wer

- ein Spiel, bei dem Gewinn und Verlust ausschließlich oder vorwiegend vom Zufall abhängen oder das ausdrücklich verboten ist,
- vorsätzlich
- veranstaltet oder eine zur Abhaltung eines solchen Spiels veranstaltete Zusammenkunft fördert,
- um (§ 5 Abs 2) aus dieser Veranstaltung oder Zusammenkunft sich oder einem anderen einen Vermögensvorteil zuzuwenden.

Den Tatbestand des Glücksspiels nach **§ 168 Abs 2** verwirklicht, wer

- gewerbsmäßig (vgl § 70)
- sich an einem Glücksspiel iS von Abs 1 beteiligt.

1. Tatobjekt

3 Tatobjekt des § 168 sind **Glücksspiele**, also jene Spiele, bei denen Gewinn und Verlust ausschließlich oder vorwiegend vom Zufall abhängen. Ihnen gleichgestellt werden **ausdrücklich verbotene Spiele**, wobei es nicht darauf ankommt, ob das Verbot auf einem Bundes- oder Landesgesetz beruht. Verbotene Spiele sind selten. Darunter fällt zB das „Hütchenspielen" (vgl § 30 Abs 1 Z 6 Wiener Veranstaltungsgesetz). Kein taugliches Tatobjekt bilden Geschicklichkeitsspiele, bei denen Gewinn oder Verlust auch von einer Strategie abhängen (zB Schach oder Schnapsen).[2] Solche Spiele fallen jedoch dann unter den Anwendungsbereich des § 168, wenn sie ausdrücklich gesetzlich verboten sind.

2. Tathandlung

4 Die Tathandlung des § 168 Abs 1 besteht im **Veranstalten eines Glücksspiels** oder ausdrücklich verbotenen Spiels (Abs 1 erster Fall) oder im **Fördern** einer zur Abhaltung eines sol-

---

1 *Rainer* in SbgK § 168 Rz 3 ortet daneben auch Fiskalaspekte (Glücksspielmonopol) und Gesellschaftsinteressen als geschützte Rechtsgüter; ähnlich auch *Kirchbacher/Presslauer* in WK[2] § 168 Rz 1, wenn sie eine Schutzfunktion zugunsten öffentlicher Interessen bejahen.

2 OGH 14 Os 140/90; 8 Os 130/59 = EvBl 1959/325. Poker gilt mittlerweile auf Grund von § 1 Abs 2 GlücksspielG als Glücksspiel.

chen Spieles veranstalteten Zusammenkunft (Abs 1 zweiter Fall). Nicht entscheidend ist, ob das Spiel öffentlich oder in einem geschlossenen Kreis stattfindet. Auch das Veranstalten eines Spiels zwischen Angehörigen kann eine taugliche Tathandlung sein.

Ein **Spiel veranstaltet**, wer einem bestimmten oder unbestimmten Kreis von Interessenten Gelegenheit zur Beteiligung am Spiel gibt,[3] indem er sich selbst (zB durch das Einrichten einer Spielbank) am Spiel beteiligt.[4] Die **Förderung** liegt in der Bereitstellung von Einrichtungen (zB einer Wohnung oder einem Lokal), der Spielgeräte (zB Würfel oder Spielkarten) oder in der Werbung für die Veranstaltung.[5] 5

Die Tathandlung des § 168 Abs 2 besteht in der **gewerbsmäßigen Beteiligung** an einem solchen Spiel iS von Abs 1. Damit kann nicht jeder Spieler dieses Kriterium erfüllen, sondern nur ein solcher, der gleichsam **berufsmäßig als Spieler** teilnimmt. Gewerbsmäßigkeit erfordert nach der Legaldefinition des § 70 die Absicht (§ 5 Abs 2), sich durch wiederkehrende Begehung eine fortlaufende Einnahme zu verschaffen. 6

3. Taterfolg

Das Glücksspiel (§ 168) ist insofern ein Erfolgsdelikt, als das **veranstaltete Spiel tatsächlich stattgefunden** haben muss. Da ein über das Veranstalten/Fördern hinausgehender äußerer Erfolg jedoch nicht erforderlich ist und sich folglich das Unrecht in der bloßen Handlungsvornahme erschöpft, liegt es nahe, § 168 als **schlichtes Tätigkeitsdelikt** aufzufassen. Die bloße Werbung für ein Glücksspiel kann allenfalls als Versuch strafbar sein, wenn bereits eine ausführungsnahe Handlung gesetzt wurde. 7

4. Subjektiver Tatbestand

Glücksspiel (§ 168) ist ein **Vorsatzdelikt**. Sämtliche objektiven Tatbestandsmerkmale müssen vom Vorsatz des Täters erfasst sein, wobei **dolus eventualis** (§ 5 Abs 1 zweiter Halbsatz) dafür ausreicht. Darüber hinaus ist als **erweiterter Vorsatz** die Absicht (§ 5 Abs 2) erforderlich, sich oder einem anderen aus dem veranstalteten Glücksspiel einen **Vermögensvorteil** zuzuwenden. Als Vermögensvorteil kommt jede in Geld messbare Sache oder Leistung in Betracht. 8

III. Rechtfertigung

Zwar sieht § 168 keine spezifischen Rechtfertigungsgründe vor, wird allerdings ein Glücksspiel mit staatlicher Erlaubnis (zB in einem Spielcasino) betrieben, so entfällt das Unrecht des § 168. In diesen Fällen sind der Veranstalter bzw Förderer des Glücksspiels und auch der gewerbsmäßig teilnehmende Spieler gerechtfertigt.[6] 9

IV. Strafausschließungsgrund

Nach § 168 Abs 1 entfällt die Strafbarkeit, wenn bloß zu **gemeinnützigen Zwecken** oder nur zum **Zeitvertreib** um **geringe Beträge** gespielt wird. In diesen Fällen steht also nicht unmittelbar das Gewinnstreben im Vordergrund. Das Merkmal der „geringen Beträge" ist nicht ident mit dem Begriff der Geringfügigkeit bei der Entwendung (§ 141), sondern muss 10

3 *Kirchbacher/Presslauer* in WK[2] § 168 Rz 14; *Rainer* in SbgK § 168 Rz 12.
4 Vgl *B/S* BT I[11] § 168 Rz 5.
5 *Kirchbacher/Presslauer* in WK[2] § 168 Rz 15; *Rainer* in SbgK § 168 Rz 13; *L/St* StGB[3] § 168 Rz 10; *B/S* BT I[11] § 168 Rz 5.
6 *Rainer* in SbgK § 168 Rz 19; *Höpfel* ÖJZ 1978, 458; *Lewisch* BT I[2] 260.

deutlich darunter liegen. So wird beispielsweise der Einsatz von maximal sieben Euro noch als gering angesehen.[7] Maßgeblich ist dabei grundsätzlich der **Einsatz für das Einzelspiel**. Längeres Spielen zum Zeitvertreib und mit geringem Einsatz ist strafloses Glücksspiel, weil es nicht auf die Addition der einzelnen Spieleinsätze ankommt.[8]

V. Prozessuales

11 Aufgrund der Strafdrohung fallen sämtliche Fälle des § 168 in die sachliche Zuständigkeit des **Bezirksgerichts** (§ 30 Abs 1 StPO). Sie sind damit uneingeschränkt einer **diversionellen Verfahrenserledigung** (§§ 198 ff StPO) zugänglich.

Zentrale Probleme zur Wiederholung: *Auslegung des Tatobjekts Glücksspiel; Strafausschließungsgründe.*

7 *F/R-K* BT I³ 166; siehe auch *Kirchbacher/Presslauer* in WK² § 168 Rz 12 (10 Euro); *B/S* BT I¹¹ § 168 Rz 9 (20 Euro).

8 *F/R-K* BT I³ 166; *Kirchbacher/Presslauer* in WK² § 168 Rz 13. Auch *Lewisch* BT I² 260 stellt auf einen Maximaleinsatz von umgerechnet 7,20 Euro pro Spieler ab und kommt damit zum selben Ergebnis. Nur bei geplanten Serienspielen ist auf den Gesamteinsatz abzustellen, vgl *Rainer* in SbgK § 168 Rz 10; *L/St* StGB³ § 168 Rz 19; OGH 15 Os 27/91 = RIS-Justiz RS0094719; 12 Os 49/02.

D. Ketten- oder Pyramidenspiele (§ 168a)

I. Überblick

§ 168a will einen **speziellen Typ von Glücksspielen** erfassen, nämlich solche, die nach dem sog „**Schneeballprinzip**" ausgestaltet sind.[1] Ein Spieler erbringt einen Einsatz, um selbst einen höheren als den investierten Vermögensbetrag aus dem Spiel zu erhalten. Grundvoraussetzung dafür ist, dass er andere Spielteilnehmer anwirbt, die sich den vereinbarten Bedingungen gemäß verhalten,[2] also selbst ihren Spieleinsatz leisten. 1

Die **praktische Bedeutung** dieser Strafbestimmung ist **relativ gering**. So gab es nach der gerichtlichen Kriminalstatistik für das Jahr 2010 in diesem Zeitraum keine einzige gerichtliche Verurteilung wegen eines Verstoßes gegen diese Norm. 2

II. Tatbestand

Den Tatbestand der Ketten- oder Pyramidenspiele (§ 168a) verwirklicht, wer

- ein Gewinnerwartungssystem, dessen Teilnehmern gegen Einsatz ein Vermögensvorteil unter der Bedingung in Aussicht gestellt wird, dass diesem System unter den gleichen Bedingungen weitere Teilnehmer zugeführt werden,
- vorsätzlich
- in Gang setzt oder veranstaltet (Z 1),
- durch Zusammenkünfte, Prospekte oder auf andere zur Anwerbung vieler Teilnehmer geeignete Weise verbreitet (Z 2) oder
- sonst die Verbreitung eines solchen Systems gewerbsmäßig fördert.

1. Tatobjekt

Tatobjekt sind sog **Ketten- oder Pyramidenspielsysteme**. Das sind nach der Beschreibung in § 168a Abs 1 **Gewinnerwartungssysteme**, bei denen dem Teilnehmer für einen idR in Geld bestehenden Einsatz ein Vermögensvorteil unter der Bedingung in Aussicht gestellt wird, dass dem System zu gleichen Bedingungen weitere Teilnehmer zugeführt werden. Der in Aussicht gestellte **Vermögensvorteil** (zB die Rückzahlung des Einsatzes sowie die Gewinnauszahlung) hängt ganz oder teilweise vom bedingungsgemäßen Verhalten weiterer Teilnehmer ab („**Schneeballsystem**").[3] § 168a ist somit zB auf Fälle anwendbar, in denen Spielteilnehmern für einen Mindesteinsatz von 5.000 Euro in spätestens einem Jahr 10.000 Euro Reingewinn versprochen wird, wenn sie jeweils zwei Personen anwerben, die mit der gleichen Summe einsteigen. Auf Grund des absehbar beschränkten Teilnehmerkreises können letztlich die Auszahlungen nur hinsichtlich an anfänglich geworbenen Interessenten fließen. 3

2. Tathandlung

Die Tathandlung besteht zum einen darin, dass ein nach dem Schneeballsystem organisiertes Spiel **in Gang gesetzt oder veranstaltet** wird (Z 1). Dies ist dann gegeben, wenn der erste Teilnehmer zur Einsatzleistung veranlasst wird.[4] 4

---

1 *Kirchbacher/Presslauer* in WK² § 168a Rz 1; *Rainer* in SbgK § 168a (ohne Rz); *Lewisch* BT I² 261.

2 *F/R-K* BT I³ 166; *Kirchbacher/Presslauer* in WK² § 168a Rz 4; *B/S* BT I¹¹ § 168a Rz 1; *Rainer* in SbgK § 168a; *Lewisch* BT I² 261.

3 Vgl JAB 409 BlgNR XX. GP 9.

4 *Kirchbacher/Presslauer* in WK² § 168a Rz 7; *Rainer* in SbgK § 168a; *B/S* BT I¹¹ § 168a Rz 2.

5 Eine ausreichende Tathandlung setzt auch, wer durch Zusammenkünfte, Prospekte oder auf andere zur Anwerbung vieler Teilnehmer geeignete Weise das Spiel verbreitet (Z 2) oder die Verbreitung eines solchen Systems auf sonstige Weise gewerbsmäßig fördert (Z 3). In diesen Tathandlungen sind verschiedene Verbreitungsmethoden beispielhaft genannt. Es genügt aber jedes Verbreitungsverfahren, durch das – unmittelbar oder mittelbar – vielen Menschen eine Systembeteiligung angeboten wird.[5]

6 Als **Tatsubjekt** für diese Tathandlung kommt vor allem der Veranstalter in Betracht, also derjenige, der das Spiel organisiert und verwaltet. Als Beitragstäter (§ 12 dritter Fall StGB) kann jede Person teilnehmen, die die Interessentenwerbung aktiv unterstützt, zB durch Anwerbung weiterer Teilnehmer. Insgesamt ist § 168a ein **Allgemeindelikt**. Insofern können in gewisser Weise „Opfer" von Ketten- oder Pyramidenspielen selbst zu Tätern werden, wenn sie zB das Spiel unterstützen, um eigene Einsätze wieder zurückzugewinnen.

3. Qualifikationen

7 § 168 Abs 2 normiert als Qualifikation, wenn durch die Tat eine **größere Zahl von Menschen schwer geschädigt** wird. Eine größere Zahl von Menschen ist ab etwa **zehn** Geschädigten gegeben.[6] Von einer schweren Schädigung ist auszugehen, wenn der Vermögensschaden die sonst übliche erste Wertgrenze von **3.000 Euro deutlich übersteigt**.[7]

4. Subjektiver Tatbestand

8 § 168a ist ein **Vorsatzdelikt**. Der Vorsatz muss sich im Stärkegrad von zumindest **dolus eventualis** (§ 5 Abs 1 zweiter Halbsatz) auf sämtliche objektiven Tatbestandsmerkmale beziehen. Da es sich bei § 168a Abs 2 um eine **Deliktsqualifikation** handelt, muss sich für deren Erfüllung der Vorsatz auch auf die darin genannten objektiven Tatbestandsmerkmale beziehen.

III. Strafausschließungsgründe

9 Ähnlich wie beim Glücksspiel (§ 168) besteht auch bei Ketten- oder Pyramidenspielen (§ 168a) keine Strafbarkeit, wenn das System bloß zu **gemeinnützigen Zwecken** veranstaltet wird oder bloß **Einsätze geringen Werts** verlangt werden. Ein „Kettenbrief", bei dem es bspw um den Einsatz von einer Tafel Schokolade geht, überschreitet nicht die Grenze der Strafbarkeit.

IV. Prozessuales

10 Aufgrund des Strafrahmens fällt das Grunddelikt des **§ 168a Abs 1** in die sachliche Zuständigkeit des **Bezirksgerichts** (§ 30 Abs 1 StPO). Die Qualifikation des **§ 168a Abs 2** fällt dagegen in die sachliche Zuständigkeit des **Einzelrichters am LG** (§ 31 Abs 4 Z 1 StPO). Sämtliche Fälle des § 168a sind somit uneingeschränkt einer **diversionellen Verfahrenserledigung** (§§ 198 ff StPO) zugänglich. Freilich wird der eingetretene Schaden im Falle des § 168a Abs 2 faktisch die Diversion in vielen Fällen ausschließen.

Zentrale Probleme zur Wiederholung: *Auslegung des Begriffs Ketten- oder Pyramidenspiel; Strafausschließungsgründe.*

---

5 *Kirchbacher/Presslauer* in WK[2] § 168a Rz 9; *Rainer* in SbgK § 168a; *B/S* BT I[11] § 168a Rz 2; *Lewisch* BT I[2] 261.

6 *F/R-K* BT I[3] 167; *Lewisch* BT I[2] 261; *Rainer* in SbgK § 168a; JAB 409 BlgNR XX. GP 10.

7 *F/R-K* BT I[3] 166; *Rainer* in SbgK § 168a; *B/S* BT I[11] § 168a Rz 4; JAB 409 BlgNR XX. GP 10.

Stichwortverzeichnis

(Die fetten Zahlen beziehen sich auf die Paragrafen, die mageren auf die Randziffern.)